Jürgen Zentek

1980–1985	Studium der Veterinärmedizin an der Tierärztlichen Hochschule Hannover
1985	Approbation als Tierarzt
1987	Promotion mit dem Thema „Untersuchungen zum Mineralstoffhaushalt der Katze unter besonderer Berücksichtigung des Magnesiums"
1993	Fachtierarzt für Tierernährung und Diätetik
1994	Venia Legendi an der Tierärztlichen Hochschule Hannover
1999	Ernennung zum außerplanmäßigen Professor
2000	1-jähriger Forschungsaufenthalt an der University of Bristol
2001	Stiftungsprofessur Klinische Tierernährung an der Veterinärmedizinischen Universität Wien
2002	Vorstand des Instituts für Ernährung an der Veterinärmedizinischen Universität Wien
2005	Professor für Tierernährung an der Freien Universität Berlin

Helmut Meyer †
Jürgen Zentek

Ernährung des Hundes

Grundlagen – Fütterung – Diätetik

6., vollständig überarbeitete Auflage

37 Abbildungen
146 Tabellen

Enke Verlag · Stuttgart

**Bibliografische Information
der Deutschen Nationalbibliothek**
Die Deutsche Nationalbibliothek verzeichnet diese Publikation in der Deutschen Nationalbibliografie; detaillierte bibliografische Daten sind im Internet
über http://dnb.d-nb.de abrufbar.

Anschrift des Autors:

Prof. Dr. Jürgen Zentek
Fachbereich Veterinärmedizin, FUB
Institut für Tierernährung
Brümmerstr. 34
14195 Berlin

1. Auflage 1983 (Meyer), Eugen Ulmer GmbH & Co., Stuttgart

2. Auflage 1990 (Meyer), Eugen Ulmer GmbH & Co., Stuttgart

3. Auflage 1998 Blackwell Wissenschafts-Verlag Berlin/Wien

4. Auflage 2001 Blackwell Wissenschafts-Verlag Berlin/Wien

5. Auflage 2005 Parey in MVS Medizinverlage Stuttgart GmbH & Co KG

© 2010 Enke Verlag in
MVS Medizinverlage Stuttgart GmbH & Co. KG
Oswald-Hesse-Str. 50, 70469 Stuttgart

Unsere Homepage: www.enke.de

Printed in Germany

Umschlaggestaltung: Thieme Verlagsgruppe
Satz: primustype Robert Hurler GmbH, Notzingen
gesetzt in: UltraXML
Druck: Grafisches Centrum Cuno GmbH & Co. KG, Calbe

ISBN 978-3-8304-1082-9   1 2 3 4 5 6

Wichtiger Hinweis: Wie jede Wissenschaft ist die Veterinärmedizin ständigen Entwicklungen unterworfen. Forschung und klinische Erfahrung erweitern unsere Kenntnisse, insbesondere was Behandlung und medikamentöse Therapie anbelangt. Soweit in diesem Werk eine Dosierung oder eine Applikation erwähnt wird, darf der Leser zwar darauf vertrauen, dass Autoren, Herausgeber und Verlag große Sorgfalt darauf verwandt haben, dass diese Angabe dem Wissensstand bei Fertigstellung des Werkes entspricht.

Für Angaben über Dosierungsanweisungen und Applikationsformen kann vom Verlag jedoch keine Gewähr übernommen werden. Jeder Benutzer ist angehalten, durch sorgfältige Prüfung der Beipackzettel der verwendeten Präparate – gegebenenfalls nach Konsultation eines Spezialisten – festzustellen, ob die dort gegebene Empfehlung für Dosierungen oder die Beachtung von Kontraindikationen gegenüber der Angabe in diesem Buch abweicht. Eine solche Prüfung ist besonders wichtig bei selten verwendeten Präparaten oder solchen, die neu auf den Markt gebracht worden sind. Vor der Anwendung bei Tieren, die der Lebensmittelgewinnung dienen, ist auf die in den einzelnen deutschsprachigen Ländern unterschiedlichen Zulassungen und Anwendungsbeschränkungen zu achten. Jede Dosierung oder Applikation erfolgt auf eigene Gefahr des Benutzers. Autoren und Verlag appellieren an jeden Benutzer, ihm etwa auffallende Ungenauigkeiten dem Verlag mitzuteilen.

Geschützte Warennamen (Warenzeichen ®) werden nicht immer besonders kenntlich gemacht. Aus dem Fehlen eines solchen Hinweises kann also nicht geschlossen werden, dass es sich um einen freien Warennamen handelt.

Das Werk, einschließlich aller seiner Teile, ist urheberrechtlich geschützt. Jede Verwertung außerhalb der engen Grenzen des Urheberrechtsgesetzes ist ohne Zustimmung des Verlages unzulässig und strafbar. Das gilt insbesondere für Vervielfältigungen, Übersetzungen, Mikroverfilmungen und die Einspeicherung und Verarbeitung in elektronischen Systemen.

Vorwort zur 6. Auflage

Die Neuauflage der „Ernährung des Hundes" folgt der Tradition, neue Forschungsergebnisse zusammenzufassen und für interessierte Leser und für die Fütterungspraxis verfügbar zu machen. Die Neuauflage weist insbesondere in den Kapiteln zu ernährungsbedingten Erkrankungen und zur Diätetik Änderungen auf, die sich durch den neuen Wissensstand ergeben haben. In den vergangenen Jahren sind diätetische Ansätze zunehmend im Bereich der Kleintiermedizin etabliert worden. Neue Erkenntnisse stammen demzufolge nicht mehr nur aus Untersuchungen mit ernährungsphysiologischem Hintergrund, sondern zunehmend auch aus dem klinischen Umfeld. Die Diätetik hat somit ihren Platz als unverzichtbarer Bestandteil der Veterinärmedizin gefunden.

Prof. Dr. Dr. h.c. Helmut Meyer hat dieses Standardwerk der Tierernährung begründet und über mehr als zwei Jahrzehnte mit der ihm eigenen wissenschaftlichen Akribie fortentwickelt und ausgebaut, so dass es zu einem wichtigen Lehrbuch und Nachschlagewerk im deutschsprachigen Raum wurde. Prof. Meyers Bestreben war es stets, wissenschaftliche Exaktheit und strenge Beachtung naturwissenschaftlicher Zusammenhänge als Grundlage der Ernährungsempfehlungen zu fordern. Sein unbestechlicher Blick für das Wesentliche waren die Voraussetzung, dass dieses Buch für ein breites Leserspektrum Nachschlagewerk und Ratgeber wurde. Stets lagen ihm dabei auch die studentische Ausbildung und die Lehre am Herzen. Leider war es ihm nicht mehr vergönnt, die nunmehr vorliegende 6. Auflage mit zu bearbeiten. Möge das Buch auch in Zukunft den von ihm gesetzten hohen Maßstäben entsprechen.

Für die große Hilfe bei der Fertigstellung des Buchs möchte ich mich bei Frau Nadine Passlack herzlich bedanken. Dem Enke Verlag und insbesondere Frau Cramer danke ich für die ansprechende Gestaltung des Buchs und die vertrauensvolle Zusammenarbeit.

Berlin, im April 2010
J. Zentek

Vorwort zur 1. Auflage

Seit *Mangolds* „Ernährung und Fütterung des Hundes" (1938) ist kein vergleichbares Buch im deutschsprachigen Raum erschienen. Der Wunsch nach einer umfassenden Darstellung dieses Gebietes unter Berücksichtigung neuer wissenschaftlicher Erkenntnisse und der veränderten Fütterungspraxis ist daher verständlich.

Das vorliegende Buch versucht, diese Lücke zu füllen. Es behandelt sowohl die wissenschaftlichen Grundlagen der Hundeernährung als auch die angewandten Fragen der täglichen Fütterungspraxis, einschließlich der Diätetik kranker Hunde. Das Buch wendet sich zunächst an die Studierenden der Veterinärmedizin und praktizierende Tierärzte, darüber hinaus auch an alle Hundehalter, die ihren Hund nicht nur nach Gefühl, sondern auf der Basis wissenschaftlicher Erkenntnisse ernähren möchten.

Diese Zielsetzung verlangte ein ausgewogenes Verhältnis in der Darstellung theoretischer Grundlagen und praktischer Fragen. Kompromisse waren dabei nicht zu umgehen. Die Kapitel zur Fütterungspraxis wurden – unter Wiederholung einiger Grunddaten – so abgefasst, dass sie auch in sich verständlich sind.

Der Text blieb weitgehend frei von Literaturhinweisen. Die Quellenangaben zu den Tabellenwerten und ein detailliertes Schrifttumsverzeichnis am Ende des Buches bieten jedoch die Möglichkeit zu weitergehenden Studien.

Für zahlreiche Hilfen danke ich meinen Mitarbeitern und Doktoranden, vor allem Frau Dr. Dammers, Herrn Dr. Mundt, Herrn Dr. Dr. Drochner und Herrn Dr. Coenen. Für kritische Durchsicht einzelner Kapitel des Manuskriptes und sachgerechte Anregungen bin ich den Kollegen Prof. Dr. Höller, Prof. Dr. von Engelhardt und Prof. Dr. Brass verbunden. Mein besonderer Dank gilt meiner langjährigen Sekretärin, Frau L. Strohbücker, die sich nicht nur um die Herstellung des Textes, sondern auch um die Anfertigung des Literaturverzeichnisses sehr verdient gemacht hat.

Hannover, Januar 1983
H. Meyer

Inhaltsverzeichnis

Allgemeine Grundlagen

1	**Einführung**	2
1.1	Der Hund – ein Fleischfresser?	2
2	**Der Hund in Zahlen**	4
2.1	Verbreitung	4
2.2	Körpermasse	4
2.3	Lebenserwartung	4
2.4	Körperzusammensetzung	5
2.4.1	Muskulatur	5
2.4.2	Skelett	5
2.4.3	Haut und Haare	5
2.4.4	Blut	5
2.4.5	Verdauungskanal und Leber	5
2.4.6	Wasser	6
2.4.7	Protein	6
2.4.8	Fett	6
2.4.9	Mineralstoffe	6
2.5	Zahl, Zusammensetzung und Wachstum der Früchte	7
2.5.1	Entwicklung der Früchte	7
2.6	Milchmenge und Milchzusammensetzung	8
2.6.1	Kolostralmilch	8
2.6.2	Milcheiweiß	9
2.6.3	Milchfett	9
2.6.4	Mineralstoffe	9
2.6.5	Vitamine	9
2.7	**Wachstum**	9
2.7.1	Wachstumsgeschwindigkeit	10
2.8	**Bewegungsleistungen**	11
2.8.1	Kraft	11
3	**Nahrungsaufnahme und Verdauung**	12
3.1	Inhaltsstoffe des Futters und Nährstoffe	12
3.2	Bau und Funktion des Verdauungskanals	13
3.2.1	Anatomischer Aufbau	13
3.2.2	Allgemeine Bedingungen im Lumen des Verdauungstraktes	17
3.2.3	Regulation der Verdauung	21
3.2.4	Verdauungssekrete und -enzyme	22
3.2.5	Nahrungsaufnahme und Chymuspassage	29
3.2.6	Erbrechen	31
3.2.7	Dünn- und Dickdarmpassage	32
3.2.8	Kotzusammensetzung und -absatz	32
3.2.9	Dauer der Nahrungspassage	34
3.3	**Verdauung und Absorption**	35
3.3.1	Organische Futterinhaltsstoffe	35
3.3.2	Mineralien und Wasser	44
3.4	**Futteraufnahme und ihre Regulation**	46
3.4.1	Sensorische Reize	47
3.4.2	Magenfüllung und -entleerung	47
3.4.3	Langfristige Regulationsmechanismen	48
3.4.4	Beeinflussung durch Krankheiten	48
4	**Energie und Nährstoffe – Stoffwechsel und Bedarf**	49
4.1	**Energie**	49
4.1.1	Allgemeine Grundlagen des Energiestoffwechsels	49
4.1.2	Bewertung der Futterenergie	51
4.1.3	Energiebedarf	52
4.1.4	Energiemangel und -überschuss	57
4.2	**Eiweiß**	58
4.2.1	Funktion und Stoffwechsel	58
4.2.2	Bedarf	62
4.2.3	Eiweißgehalte in der Gesamtration	66
4.2.4	Eiweißmangel und -überschuss	66
4.3	**Mineralstoffe: Mengenelemente**	67
4.3.1	Kalzium (Ca) und Phosphor (P)	68
4.3.2	Magnesium (Mg)	72
4.3.3	Natrium (Na) und Chlorid (Cl)	73
4.3.4	Kalium (K)	75
4.4	**Mineralstoffe: Spurenelemente**	76
4.4.1	Eisen (Fe)	76
4.4.2	Kupfer (Cu)	77
4.4.3	Zink (Zn)	79
4.4.4	Mangan (Mn)	80
4.4.5	Kobalt (Co)	80
4.4.6	Jod (I)	80
4.4.7	Selen (Se)	81

4.4.8	Fluor (F)	82	6	**Praktische Fütterung**	130
4.4.9	Molybdän (Mo)	82	6.1	**Allgemeines zur Rationsge-**	
4.4.10	Andere Spurenelemente	82		**staltung und Fütterungspraxis**	130
4.5	**Vitamine**	83	6.1.1	Alleinfuttermittel	130
4.5.1	Allgemeines	83	6.1.2	Eiweißreiche Produkte in Kombination	
4.5.2	Fettlösliche Vitamine	83		mit einem Ergänzungsfutter	130
4.5.3	Wasserlösliche Vitamine	87	6.1.3	Eigene Rationen	131
4.6	**Sonstige essenzielle bzw. semi-**		6.1.4	Futtermengen, Häufigkeit und Zeit-	
	essenzielle Stoffe	92		punkt der Fütterung	134
4.6.1	Ungesättigte Fettsäuren	92	6.1.5	Zubereitung und Zuteilung der Futter-	
4.6.2	Ascorbinsäure (Vitamin C)	94		mittel	135
4.6.3	Cholin	95	6.1.6	Wasserversorgung	136
4.6.4	Carnitin	95	6.1.7	Beurteilung des Fütterungserfolgs	136
4.7	**Ballaststoffe (Rohfaser)**	95	6.1.8	Aufnahme von Kot, Gras u. a. Fremd-	
4.7.1	Funktionen	95		materialien	137
4.7.2	Anforderungen an den Rohfasergehalt		**6.2**	**Hunde im Erhaltungsstoffwechsel**	138
	des Futters	96	6.2.1	Energie- und Nährstoffbedarf im	
4.8	**Wasser**	96		Erhaltungsstoffwechsel	138
4.8.1	Regelmechanismen	96	**6.3**	**Ernährung älterer Hunde**	142
4.8.2	Bedarf	96	6.3.1	Alterungsprozesse	142
4.8.3	Abgabe	96	6.3.2	Energie- und Nährstoffbedarf älterer	
4.8.4	Wasserdefizit	98		Hunde	143
			6.4	**Gebrauchs- und Sporthunde**	145
			6.4.1	Energie- und Nährstoffbedarf von	

Grundlagen der Fütterung

				Gebrauchs- und Sporthunden	145
			6.4.2	Wasser und Temperaturregulation	149
			6.4.3	Futtermenge und Fütterungstechnik	150
5	**Futtermittelkunde**	100	6.4.4	Rationsgestaltung für Gebrauchs-	
5.1	**Allgemeines**	100		hunde	150
5.1.1	Zubereitung, Konservierung, Lagerung	100	6.4.5	Rationsgestaltung für Jagd-, Hüte- und	
5.1.2	Akzeptanz	102		Meutehunde	152
5.2	**Einzelfuttermittel**	103	6.4.6	Rationsgestaltung für Rennhunde	153
5.2.1	Einteilung und allgemeine Eigen-		6.4.7	Rationsgestaltung für Schlittenhunde	155
	schaften	103	**6.5**	**Zuchthunde**	156
5.2.2	Futtermittel tierischer Herkunft	104	6.5.1	Hündinnen	156
5.2.3	Futtermittel pflanzlicher Herkunft	110	6.5.2	Zuchtrüden	163
5.2.4	Futtermittel zur Energieaufwertung	116	**6.6**	**Saug- und Absetzwelpen**	164
5.2.5	Einzelfuttermittel zur Ergänzung von		6.6.1	Allgemeine Grundlagen	164
	Mineralien und Vitaminen	117	6.6.2	Ernährungsphysiologische Grundlagen	168
5.3	**Mischfuttermittel**	117	6.6.3	Fütterung von Saugwelpen	169
5.3.1	Allgemeines	117	6.6.4	Absetzen	173
5.3.2	Alleinfutter	123	6.6.5	Mutterlose Aufzucht von Welpen	174
5.3.3	Ergänzungsfuttermittel	128	6.6.6	Ernährungs- und haltungsbedingte	
5.3.4	Beifutter	129		Krankheiten und Todesfälle	176

6.7	Junghunde	180	7.5.8	Spezifische Funktionsstörungen	219
6.7.1	Energie- und Nährstoffbedarf	180	7.5.9	Chronische Diarrhö/entzündliche Darmerkrankungen	223
6.7.2	Rationsgestaltung	182	7.6	Erkrankungen der Bauchspeicheldrüse (Pankreatitis und chronische exokrine Pankreasinsuffizienz)	227
6.7.3	Fütterungstechnik	184
6.7.4	Haltung	185

Ernährungsbedingte Störungen und Diätetik

7	Ernährungsbedingte Störungen und Diätetik	188
7.1	Ernährung und Tiergesundheit	188
7.1.1	Fertigdiät oder Eigenmischung	189
7.2	Fütterungsprobleme und -fehler	190
7.2.1	Mangel oder Überschuss an Energie und Nährstoffen	190
7.2.2	Fehler in der Futterauswahl, Rationsgestaltung und Fütterungstechnik	190
7.2.3	Aufnahme von Schadstoffen	191
7.3	Ernährung von Intensivpatienten	195
7.3.1	Appetitlosigkeit	195
7.3.2	Sondenernährung	196
7.3.3	Ernährung bei Traumata	197
7.3.4	Ernährung bei Infektionen/Fieber	199
7.3.5	Parenterale Ernährung	200
7.4	Adipositas	202
7.4.1	Pathophysiologie	202
7.4.2	Ursachen	203
7.4.3	Folgeerkrankungen	204
7.4.4	Diätetik der Adipositas	204
7.5	Erkrankungen des Verdauungstraktes	207
7.5.1	Diagnostische Verfahren	208
7.5.2	Alimentär bedingter Durchfall bzw. unerwünschte Veränderungen der Kotkonsistenz	211
7.5.3	Erhöhter Trockensubstanzgehalt im Kot und Obstipationen	214
7.5.4	Flatulenz	214
7.5.5	Erbrechen	215
7.5.6	Akute Diarrhöe	216
7.5.7	Infektionen des Verdauungskanals	218
7.6.1	Pankreatitis	227
7.6.2	Chronische exokrine Pankreasinsuffizienz	227
7.7	Lebererkrankungen	230
7.7.1	Pathophysiologie	230
7.7.2	Diätetik	230
7.8	Hauterkrankungen	235
7.8.1	Nährstoffmängel als Ursache für Dermatosen	235
7.8.2	Empfehlungen zur Fütterung von Hunden mit Hauterkrankungen	238
7.9	Futtermittelallergien	240
7.9.1	Ursachen und Pathophysiologie	240
7.10	Erkrankungen des Bewegungsapparates (Junghunde, adulte Hunde)	243
7.10.1	Junghunde	243
7.10.2	Adulte Hunde	246
7.11	Chronische Niereninsuffizienz	246
7.11.1	Ursachen	246
7.11.2	Pathophysiologie	247
7.11.3	Diätetik bei Hunden mit Niereninsuffizienz	248
7.11.4	Rationsgestaltung beim nierenkranken Hund	250
7.12	Urolithiasis	251
7.12.1	Vorkommen	251
7.12.2	Pathophysiologie	252
7.12.3	Harn-pH-Wert und Kationen-Anionen-Verhältnis	252
7.12.4	Prinzipien der Diätetik beim Hund mit Harnsteinen	253
7.12.5	Rationsgestaltung bei Hunden mit Harnsteinen	253
7.13	Chronische Herzinsuffizienz	257
7.13.1	Pathophysiologie	257
7.13.2	Diätetik	257
7.13.3	Fütterungspraxis	258

7.14	Diabetes mellitus (Zuckerharnruhr) und andere Endokrinopathien	259
7.14.1	Pathophysiologie	259
7.14.2	Therapie	260
7.14.3	Diätetik	260
7.14.4	Fütterungspraxis	261
7.15	**Tumorerkrankungen**	261
7.15.1	Diätetik	261

Tabellenanhang

8	Tabellenanhang	265

Anhang

9	Literaturverzeichnis	305
10	Sachverzeichnis	312

Abkürzungen und Erklärungen

Å	Ångström = 10-10 m (= 1 zehnmillionster Millimeter)	lufttrockenes Futter	im Allgemeinen 88–90 % TS (Trockenfutter)
anaerob	ohne Sauerstoff	luminal	im Darmrohr
Anorexie	Nahrungsverweigerung	MAT	Milchaustauscher
ante partum	vor der Geburt	ME	metabolisierbare (= umsetzbare) Energie
ATP	Adenosintriphosphat		
aufgeschl.	aufgeschlossen	Mg	Magnesium
BE	Bruttoenergie	mg	Milligramm
BW	biologische Wertigkeit des Eiweißes	mind.	mindestens
		Mill.	Millionen
Ca	Kalzium	MJ	Megajoule (1 MJ = 1000 kJ)
Cl	Chlorid	Mn	Mangan
Co	Kobalt	ME	metabolisierbare (= umsetzbare) Energie
Cu	Kupfer		
E (in Tabellen)	Energie	m. o. w.	mehr oder weniger
endogen	von innen	µg	Mikrogramm
fäkal	mit dem Kot	N	Stickstoff
FS	Frischsubstanz, Futter in ursprünglichem Zustand	Na	Natrium
		NfE	N-freie Extraktstoffe
Fe	Eisen	oS	organische Substanz
gek.	gekocht	postprandial	nach der Mahlzeit (ppr.)
getr.	getrocknet	P	Phosphor
Glukoneogenese	Bildung von Glukose aus Aminosäuren oder Glukose	pH	Säuregrad (potentia hydrogenii)
		Ra	Rohasche
gravid	tragend	renal	mit der Niere
hepatisch	in der Leber	Rd	Rind
Hyperglykämie	erhöhter Blutglukosegehalt	Rfa	Rohfaser
Hypoglykämie	verminderter Blutglukosegehalt	Rfe	Rohfett
I	Iod	Rohprotein	= Roheiweiß (N x 6,25)
IE	internationale Einheit	Rp	Rohprotein
Ig	Immunglobulin	Schw	Schwein
ileozäkal	vom Dünndarm in den Dickdarm gerichtet	Se	Selen
		spp.	Spezies (Arten)
iod.	iodiert	Trockenfutter	= lufttrockenes Futter (88–90 % TS)
J.	Joule		
k. A.	keine Angabe	TS	Trockensubstanz
kJ	Kilojoule (1 kJ = 1000 J)	uE	umsetzbare Energie (in Tabellen, bei Zahlenangaben)
KM	Körpermasse (gleich Körpergewicht)		
		ums.	umsetzbar
$KM^{0,75}$	metabolische Körpermasse („Stoffwechselmasse")	v	verdaulich (in Tabellen)
		vE	verdauliche Energie
kutan	an der Haut	verd.	verdaulich
laktierend	milchgebend	Vit.	Vitamin

Abkürzungen und Erklärungen

vitam.	vitaminiert	ZNS	zentrales Nervensystem
vRp	verdauliches Rohprotein (in Tabellen, bei Zahlenangaben)	>	größer als
		<	kleiner als
zerkl.	zerkleinert	∅	durchschnittlich
Zn	Zink		

Allgemeine Grundlagen

1   Einführung   2
2   Der Hund in Zahlen   4
3   Nahrungsaufnahme und Verdauung 12
4   Energie und Nährstoffe – Stoffwechsel und Bedarf 49

1 Einführung

1.1 Der Hund – ein Fleischfresser?

Der Hund stammt vom Wolf ab, seine Domestikation liegt über fünfzehntausend Jahre zurück – eine geringe Zeitspanne im Verlauf der im Fall der Kaniden zehn Millionen Jahre dauernden Evolution, in der sich die anatomisch-physiologischen Besonderheiten einer Spezies herausbilden. Wenn auch äußere Gestalt und Erscheinungsbild des Hundes sich gegenüber seinem Stammvater nachhaltig veränderten, so blieben die wesentlichen artbestimmenden physiologischen Eigenschaften (insbesondere des Verdauungskanals) fast unberührt. Der Hund ist also, wie sein Vorfahr, der Wolf, ein Vertreter aus der Ordnung der Karnivoren, der Fleischfresser.

Diese Bezeichnung – im wörtlichen Sinne – kann jedoch irreführen, denn der Karnivore frisst nicht Fleisch, sondern Beutetiere; beim Wolf sind es – je nach Jahreszeit und lokalen Verhältnissen – Würmer, Insekten, Fische, Mäuse, kleine Nager, Rehe, Rotwild, Lämmer, Kälber, ja selbst Bisons und Moschusochsen. Die Beute wird bis auf geringe schwer oder unverdauliche Reste (stark mineralisierte Knochen, Sehnen, Haut, Haare, Mageninhalt) fast vollständig gefressen und liefert nicht allein Eiweiß und Fett, die Hauptkomponenten in der Muskulatur (Fleisch), sondern auch andere, im Fleisch nicht oder nur in geringen Mengen vorkommende Stoffe wie

- Kalzium aus dem Skelett,
- Natrium aus dem Blut,
- fettlösliche Vitamine sowie Spurenelemente aus den Organen (insbesondere aus Leber und Niere),
- wasserlösliche Vitamine aus Darm und Darminhalt,
- essenzielle Fettsäuren aus dem Körperfett,
- unverdauliche Komponenten (z. B. faseriges pflanzliches Material aus dem Darminhalt), die für die Funktion des Verdauungskanals unentbehrlich sind.

Das Beutetier bietet somit – im Gegensatz zum einseitig zusammengesetzten Fleisch (▶ Tab. 1.1) – sämtliche für den Karnivoren lebensnotwendigen Nährstoffe.

Aus der Zuordnung von Wolf und Hund zu den Fleischfressern leiten selbst heute noch viele Hundehalter ab, Fleisch sei als alleiniges Futtermittel für Hunde angemessen – ja, es gäbe nichts Besseres. Ein Blick in die Natur zeigt jedoch, dass diese Vorstellung falsch ist. Eine Ration, die ausschließlich aus Fleisch besteht, ist nicht vollwertig.

▶ **Tab. 1.1** Nährstoffgehalte in Beutetieren bzw. Fleisch (pro 100 g Trockensubstanz).

		kleine Nager	Broiler	Kaninchen	Schweinefleisch (mittelfett)	Rindfleisch (mager)
Fett	g	25–30	25	25	60	15
Protein	g	50–60	57	61	30	78
Kalzium	mg	3000	1820			30
Phosphor	mg	1500	1450			ca. 400
Natrium	mg	200				ca. 200
Kupfer	mg	1				0,5
Jod	mg	40				9
Vitamin A	IE	300				–

Quellen: Meyer u. Heckötter 1986, Xiccato et al. 2003, Hemme 2004, Swennen et al. 2004.

Der Wolf ist andererseits aber kein strikter Faunivore. Je nach Versorgungslage und Angebot nimmt er in wechselnden Mengen auch pflanzliches Material auf: Früchte, Gräser, Wurzeln, Blätter, evtl. auch Exkremente anderer Tiere und sonstige Abfälle. Er kann sich also in gewissen Grenzen an unterschiedliche Futterarten anpassen. Auch der Hund besitzt diese Fähigkeit. Sein Verdauungskanal und Stoffwechsel sind nicht so extrem auf die ausschließliche Aufnahme von Nahrungsmitteln tierischer Herkunft fixiert wie bei anderen Karnivoren (Feliden, Musteliden). Diese Anpassungsfähigkeit von Verdauungskanal und Stoffwechsel erleichtert die Fütterung des Haushundes erheblich.

In Gemeinschaft mit dem Menschen wurde der Hund mehr und mehr Omnivor – wie sein Herr. Selbst die wertvollsten Meutehunde des Barocks erhielten für lang dauernde Verfolgungsjagden überwiegend Brot: Hundebrot. Der Hund hat sich also schon in der Vergangenheit an die verfügbare Nahrung anpassen müssen. In der industrialisierten Gesellschaft, in einer urbanen Umgebung ohne selbst erschließbare Nahrungsquellen, beginnt ein neues Kapitel. Der Hund hängt nun in weit stärkerem Maße als in früheren Jahrhunderten von der Nahrungszuteilung durch den Menschen ab. Damit wächst dessen Verantwortung für seinen Begleiter. Die artgerechte Ernährung des Hundes sollte nicht auf Gefühl oder Empirie basieren. Menschliche Vorstellungen, meist hergeleitet über eine uns selber angenehme Art der Ernährung, sollten nicht auf den Hund übertragen werden. Das Sprichwort „Was dem Meister frommt, auch dem Hund bekommt" ist in der Regel nicht zutreffend. Die Risiken für Fehlernährung nehmen – selbst in unserem naturwissenschaftlich aufgeklärten Jahrhundert – zu, je mehr Mensch und Hund „hautnah" zusammenleben und der Hund der Gefahr ausgesetzt ist, vermenschlicht zu werden. Das zunehmende Problem überernährter Haustiere verdeutlicht diesen Zusammenhang beispielhaft.

Wissenschaftliche Kenntnisse über Nährstoffansprüche, die Verträglichkeit und Verdauung der Futtermittel sowie den Stoffwechsel der Nährstoffe sind die Leitlinie einer im eigentlichen Sinne „vollwertigen" Ernährung. Die praktische Anwendung dieses Wissens sichert eine artgemäße Ernährung des Hundes und trägt dazu bei, seine Gesundheit, Fruchtbarkeit und Leistungsfähigkeit zu erhalten und dauerhaft zu fördern.

Die dazu notwendigen Kenntnisse aus der Ernährungsforschung haben beim Hund einen hohen Stand erreicht. Schon im 19. Jahrhundert waren Hunde wichtige Modelltiere, um Grundlagen der Verdauungsphysiologie aufzuklären. Doch aus den erzielten Ergebnissen profitierte der Hund selbst erst später. Im Laufe des 20. Jahrhunderts, insbesondere in der zweiten Jahrhunderthälfte, nahmen die Untersuchungen zur Lösung spezieller Ernährungsfragen des Hundes nachhaltig zu. Erschienen in den 70er-Jahren jährlich weltweit ca. 20 Arbeiten zur Hundeernährung, so waren es um die Jahrtausendwende 80 bis 100 bei weiter steigender Tendenz, insbesondere die besonderen diätetischen Ansprüche bei Erkrankungen betreffend.

2 Der Hund in Zahlen

Zum Verständnis der Fütterung sind einige Zahlenangaben nützlich, nicht zuletzt auch, um die Grundlagen der Bedarfsermittlung und die Variationen des Nährstoffbedarfs zu verdeutlichen.

2.1 Verbreitung

Hunde sind weltweit verbreitet, allerdings gibt es traditionell erhebliche regionale Unterschiede in der Hundedichte und Rassenverteilung. In den verschiedenen Ländern variiert die Hundedichte erheblich (▶ Tab. 2.1). Wird ihre Zahl auf die jeweilige Bevölkerung bezogen, so ist die Bundesrepublik Deutschland in der westlichen Welt ein eher hundearmes Land, gefolgt von Österreich. Eine außerordentlich hohe Hundedichte weisen Frankreich und auch die USA auf.

▶ **Tab. 2.1** Hundehaltung in einigen europäischen Ländern.

	Zahl der Hunde pro 100 Haushalte
Deutschland	13
Österreich	15
Dänemark	26
Großbritannien	28
Frankreich	38

Quellen: VDH, 27.7.2008.

▶ **Tab. 2.2** Klassifizierung von Hunderassen.

	Gewicht	Durchschnitt
Zwergrassen	bis 5 kg	4 kg
kleine Rassen	5–15 kg	10 kg
mittelgroße Rassen	15–25 kg	20 kg
große Rassen	25–50 kg	35 kg
Riesenrassen	über 50 kg	60 kg

2.2 Körpermasse

Aufgrund der unterschiedlichen Selektionsziele in der Hundezucht findet man bei keiner anderen Haustierart eine so starke Größenvariation wie beim Hund (Tab. I, Anhang). Riesenrassen (bis 80 kg) sind bis zu 40-mal schwerer als kleinste Vertreter der Zwergrassen. Bei Einzeltieren können die Unterschiede noch ausgeprägter sein. Als Schwerstgewicht steht ein Mastiff mit 156 kg zu Buch, den Rekord der Zwerge hält ein Yorkshire-Terrier mit 113 g (im 2. Lebensjahr). Je nach Zuchtrichtung gibt es zudem innerhalb der Rassen Variationen. Bei den meisten Hunderassen besteht ein deutlicher Geschlechtsdimorphismus zugunsten der Rüden.

Nach allgemeinem Sprachgebrauch werden die Hunderassen in Klassen eingeteilt (▶ Tab. 2.2).

2.3 Lebenserwartung

Die Lebenserwartung von Hunden lässt sich anhand der Altersverteilung innerhalb einer Population abschätzen. Insgesamt ist davon auszugehen, dass sich unter heutigen Haltungs- und Ernährungsbedingungen eine höhere Lebenserwartung ergeben hat. Allerdings gibt es erhebliche Unterschiede, die zum Teil auf genetische Faktoren, teilweise allerdings auch auf die Fütterung zurückzuführen sind. So erreichten nur 13% der Berner Sennenhunde bzw. 10% der Rottweiler das 10. Lebensjahr, kein Tier wurde älter als 15 Jahre. Ähnlich verhielt es sich bei den Boxern. Andererseits lebten 10 bzw. 15% der Dachshunde bzw. Pudel 15 Jahre und länger. Die Lebenserwartung ist bei Hunden großer Rassen im Durchschnitt geringer als bei Hunden kleiner Rassen. Überernährte Labrador Retriever hatten unter vergleichbaren Haltungsbedingungen eine geringere Lebenserwartung als restriktiv gefütterte Tiere. Als häufigste Todesursache werden bei Hunden (älter als 6 Monate) Tumoren (27%) und Herz-Kreislauf-Störungen (16%)

genannt. Es folgen mit je 6–8 % Erkrankungen des Verdauungskanals sowie von Skelett und Harnorganen. Die Funktionsfähigkeit dieser Systeme hängt in erheblichem Umfang von der Ernährung ab. Auch die Überlebensrate von Welpen wird in hohem Maße von der Fütterung beeinflusst.

2.4 Körperzusammensetzung

2.4.1 Muskulatur

Die prozentuale Verteilung der wichtigsten Gewebe und Organe im Organismus des Hundes (▶ Tab. 2.3) zeigt, dass von der Gesamtkörpermasse der größte Teil auf die Muskulatur entfällt, deren Ausprägung jedoch – je nach Rasse, Trainings- und Fütterungszustand – erheblich variieren kann. Von Greyhounds werden 57 % erreicht, während andere Hunde nur 40 % aufweisen.

2.4.2 Skelett

Der Skelettanteil im Organismus liegt im Mittel um 11 %, kann jedoch zwischen 8 und 13 % schwanken. Diese Variation wird vor allem durch individuelle Unterschiede und nicht allein durch die Rasse bedingt. Generell scheint bei großen Rassen der Skelettanteil nicht höher als bei kleinen zu sein.

2.4.3 Haut und Haare

Haut und Haare stellen ca. 14 % der Gesamtkörpermasse. Höhere Anteile sind bei kleinen Rassen (relativ größere Oberfläche) und bei langhaarigen Hunden zu erwarten. Die Haarmenge erreicht in langhaarigen Rassen (z.B. Pekinese, Spitz, Collie, Deutscher Schäferhund) 15–35 g/kg KM, bei kurz- oder drahthaarigen (z.B. Deutsch Drahthaar bzw. Kurzhaar, Dachshund) nur 4–8 g/kg KM. Das Haar wird im Allgemeinen jährlich 2-mal gewechselt. Die Haarmengen wachsen in einem Zeitraum von 4–6 Wochen heran. Die Haare bestehen aus Eiweiß mit einem hohen Anteil (15 %) an schwefelhaltigen Aminosäuren. Daneben enthalten sie erhebliche Mengen an Zink bzw. Kupfer (200 bzw. 14 mg/kg).

▶ **Tab. 2.3** Verteilung der wichtigsten Gewebe und Organe (% der Körpermasse).

	neugeborene Welpen	ausgewachsene Hunde
Muskulatur		40–57
Skelett	10	8–13
Haut, Haare	16	9–16
Blut	13	6–8
Herz		0,5–1[1]
Gehirn	3–4	0,5
Verdauungskanal	2–3,5	3–7
Leber	7–10	2,3–4,2

[1] Greyhounds 0,8–1,7
Quellen: Taylor 1988, Meyer et al. 1993.

▶ **Tab. 2.4** Anteil von Verdauungskanal und Leber an der Gesamtkörpermasse bei unterschiedlich schweren Hunden.

KM (kg)	Verdauungskanal (%)	Leber (%)
5	6,7	4,2
30	3,6	2,7
60	2,8	2,3

Quelle: Meyer et al. 1993.

2.4.4 Blut

Die Blutmenge macht beim ausgewachsenen Hund ca. 6–8 %, beim neugeborenen Welpen 13 % der Körpermasse aus. Sie schwankt in Abhängigkeit von Rasse, Typ sowie Ernährungs- und Gesundheitszustand.

2.4.5 Verdauungskanal und Leber

Auffallend ist die Größenvariation von Verdauungskanal und Leber, die, wie ▶ Tab. 2.4 zeigt, überwiegend von der Größe des Hundes abhängt. Bei Riesenrassen sind Verdauungstrakt und Leber – bezogen auf die Körpermasse – nur halb so groß wie bei kleinen Rassen. Die geringere Kapazität bei großen Rassen hat für Tiere im Erhaltungsstoffwechsel vermutlich noch keine Konsequenzen für die Fütterungspraxis, wohl aber bei Aufnahme größerer Futtermengen (Laktation, Arbeitshunde).

2 Der Hund in Zahlen

▶ **Tab. 2.5** Körperzusammensetzung neugeborener Welpen und ausgewachsener Hunde (pro kg KM).

	Einheit	Welpen	ausgewachsene Hunde
Wasser	g	800	560 (430–670)
Rohprotein (N x 6,25)	g	150	160 (110–210)
Rohfett	g	14	230 (100–400)
Rohasche	g	27	35 (20–67)
Energie	MJ	4,3	13,2 (7,5–20)
Kalzium	g	6,3	10–15
Phosphor	g	4,6	5–8
Magnesium	g	0,3	0,26
Natrium	g	1,9	1,21
Kalium	g	2,1	1,72
Chlorid	g		ca. 1,10
Eisen	mg	82,4	100
Kupfer	mg	3,7	7,60
Zink	mg	22,4	85,0

Quelle: Gesellschaft für Ernährungsphysiologie 1989.

Der Organismus besteht bei zusammenfassender Betrachtung aus Wasser, Protein, Fett und Asche. Wie aus ▶ Tab. 2.5 hervorgeht, entfällt bei ausgewachsenen Hunden gut die Hälfte der Körpermasse auf Wasser, fast ein Viertel auf Fett, ein Sechstel auf Protein und ein Dreißigstel auf Rohasche.

2.4.6 Wasser

Der Wassergehalt im Körper kann – umgekehrt proportional zum Fettgehalt – zwischen 430 und 800 g/kg KM variieren. Die höchsten Werte sind bei Welpen, die niedrigsten bei adipösen Tieren zu erwarten. Vom Gesamtwasser entfallen nahezu 60 % auf den intrazellulären Raum.

2.4.7 Protein

Der Proteingehalt des Organismus ausgewachsener Hunde variiert nur wenig. Welpen weisen bei der Geburt ca. 150 g Protein pro kg KM auf. Dieser Anteil geht in den ersten Lebenswochen leicht zurück (vor allem infolge der beginnenden Fetteinlagerung), steigt aber innerhalb der folgenden 2–3 Monate rasch auf die für adulte Tiere typischen Werte.

2.4.8 Fett

Hunde weisen im Mittel einen hohen Körperfettgehalt auf. Bei einer Population, die überwiegend aus Dachshunden und Pudeln bestand, wurde bei normalgewichtigen Tieren ein mittlerer Fettgehalt von 230 g/kg KM in der ursprünglichen Substanz gemessen (▶ Tab. 2.5). Die Fähigkeit, größere Fettmengen zu speichern, scheint bei den meisten Hunderassen vorhanden zu sein und ist, sofern nicht durch bewusste oder unbewusste Selektion in einzelnen Rassen verändert, vermutlich ein Erbe aus der Zeit vor der Domestikation. Der Stammvater des Hundes, der Wolf, der mit temporär variierendem Nahrungsangebot leben musste, hatte zweifellos größere Überlebenschancen, wenn er in Zeiten mit überschüssigem Nahrungsangebot Fettreserven anlegen konnte. Fett wird beim Hund vor allem unter der Haut und im Bauchraum (Netz) gespeichert.

Neugeborene enthalten pro kg KM nur ca. 14 g Fett (▶ Tab. 2.5), nach 4 Wochen schon über 100 g. Je nach Fütterungsintensität, Rasse, Typ, Geschlecht, Alter und Funktion der Geschlechtsorgane nimmt der Fettgehalt zu und kann bei Adipositas (s. Kap. 7.4) auf über 40 % ansteigen. Hündinnen weisen in der Regel höhere Fettgehalte als Rüden auf. Nach Kastration neigen sowohl weibliche als auch männliche Tiere zu verstärktem Fettansatz.

Das Körperfett des Hundes hat einen hohen Anteil an ungesättigten Fettsäuren (über 50 %), insbesondere Öl- und Linolsäure. Das Fettsäuremuster schwankt in Abhängigkeit von der Futterzusammensetzung.

2.4.9 Mineralstoffe

Von der Gesamtasche, die im Mittel 35 g pro kg KM ausmacht, entfällt der größte Teil auf die im Skelett deponierten Mineralien Kalzium und Phosphor (▶ Tab. 2.5). Im Verlauf des Wachstums verändern sich ihre Gehalte erheblich, da Welpen (als Nesthocker) mit einem noch wenig mineralisierten

Skelett zur Welt kommen. Während der Säugephase geht der Ca- und P-Gehalt, der bei der Geburt 5 bzw. 4 g/kg KM beträgt, leicht zurück, steigt aber infolge verstärkten Skelettwachstums und der vermehrten Mineralisierung der Knochen im 2.–3. Monat steil an und erreicht bei adulten Hunden 12 bzw. 6 g/kg KM. Die Na- und K-Gehalte im Organismus des Hundes werden vom Alter nur unwesentlich beeinflusst.

2.5 Zahl, Zusammensetzung und Wachstum der Früchte

Die Trächtigkeit dauert beim Hund ca. 63 Tage. Die Zahl der Früchte schwankt erheblich – in Abhängigkeit von Rasse, aber auch Alter, Vitalität und Fertilität des Muttertieres bzw. des Rüden. Generell gilt, mit den in biologischen Systemen stets vorkommenden Ausnahmen, dass mit steigender Rassengröße die Zahl der Nachkommen zunimmt (▶ Tab. 2.6; Tab. I, Anhang). Die Gesamtwurfmasse ist bei den verschiedenen Rassen jedoch bemerkenswert konstant (ca. 11 % der mütterlichen KM); kleine Rassen erreichen etwas höhere Anteile als große. Eine Erklärung für die gleich große Gesamtfruchtmasse trotz unterschiedlicher Welpenzahl liefert die relative Größe der Einzelfrüchte: Während in kleinen Rassen der Welpe bei der Geburt bereits bis zu 4 % der Körpermasse im ausgewachsenen Zustand erreicht, kommen Welpen der großen Rassen nur auf ca. 1 % (▶ Tab. 2.6).

2.5.1 Entwicklung der Früchte

Diese unterschiedliche Entwicklung ergibt sich aus der günstigeren uterinen Nährstoffversorgung bei kleinen Würfen. Sie hat jedoch nachhaltige Konsequenzen für die Wachstumsgeschwindigkeit. Das Gewicht von Fruchthüllen und Fruchtwasser beträgt ca. 25 % der Fruchtmasse, schwankt jedoch in Abhängigkeit von der Zahl der Früchte (19–35 %).

Die Entwicklung der Früchte folgt während der Gravidität einer Exponentialfunktion (▶ Abb. 2.1). In der Embryonal- und frühen Fetalphase ist die Massenzunahme zunächst gering. Das befruchtete Ei erreicht am 10. Tag nach der Belegung den Uterus; die Plazentation (Anheftung an die Uteruswand) erfolgt erst nach ca. 20 Tagen. Insgesamt ist aus der Wachstumskurve zu erkennen, dass bis Ende der 6. Trächtigkeitswoche etwa 10 %, in der 7. Woche etwa 25 % und in den beiden letzten Wochen je 33 % der gesamten Fruchtmasse gebildet werden. Bei der Geburt weisen Welpen hohe Wasser-, aber geringe Fett-, Eiweiß- und Mineralstoffgehalte auf (▶ Tab. 2.5).

▶ Tab. 2.6 Zahl der Welpen pro Wurf, Gesamtwurfmasse der Hündin und Geburtsmasse der Einzelwelpen (% der KM der Hündin).

KM der Hündin (kg)	Zahl der Welpen pro Wurf	Variation	Gesamtwurfmasse[1] (% KM der Hündin)	Geburtsmasse Einzelwelpen (% KM Hündin)
< 6	3,6	1–10	14,0	3,9
10	4,4	1–13	11,4	2,6
20	6,6	1–18	11,2	1,7
35	7,3	1–19	11,0	1,5
60	7,5	1–19 [2]	8,3	1,1

[1] berechnet aus der Zahl der Welpen und der Geburtsmasse der Einzelwelpen
[2] große Unterschiede zwischen Rassen: Doggen erreichen eine durchschnittliche Welpenzahl von 8, Bernhardiner und Neufundländer von 12 Welpen pro Wurf.
Quelle: Gesellschaft für Ernährungsphysiologie 1989.

2.6 Milchmenge und Milchzusammensetzung

Die Milchmenge der Hündin hängt von Laktationsstadium, Rassengröße und vor allem von der Welpenzahl ab (▶ Tab. 2.7). Je mehr Welpen pro Wurf, desto höher die Milchproduktion, allerdings nicht linear mit der Zahl der Welpen. Sobald die Welpen Beifutter aufnehmen und das Gesäuge durch die geringer werdende Sauglust der Welpen weniger massiert wird, geht die Milchproduktion zurück.

Die Hundemilch zeichnet sich durch einen hohen Gehalt an Protein (ca. 70% Kasein und 30% Molkenprotein) und Fett aus, während der Milchzuckeranteil relativ gering ist (▶ Tab. 2.8). Von der Energie entfallen, anders als bei der Kuhmilch, relativ geringere Anteile auf Kohlenhydrate. Die Verteilung errechnet sich zu ca. 30% auf Protein, 60% auf Fett und 10% auf Kohlenhydrate (Milchzucker).

2.6.1 Kolostralmilch

Kolostralmilch enthält – aufgrund des Albumin- und Globulinanteils – höhere Proteingehalte als reife Milch, während die Milchzucker- und Milchfettgehalte eher niedriger liegen.

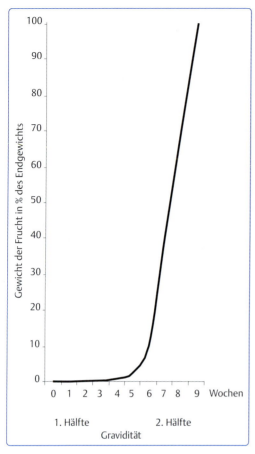

▶ **Abb. 2.1** Wachstum von Embryo bzw. Fetus beim Beagle während der Gravidität.
Quellen: Evans 1974, Ontko und Phillips 1958 (modifiziert).

▶ **Tab. 2.7** Tägliche Milchmengenproduktion von Hündinnen in Beziehung zur Zahl der saugenden Welpen (g pro kg KM).

Zahl der Welpen	Laktationswoche				durchschnittlich
	1.	2.	3.	4.	
< 4	17	19	25	28	22
4–6	33	43	55	59	47
> 6	44	60	66	60	57

Quelle: Gesellschaft für Ernährungsphysiologie 1989.

▶ **Tab. 2.8** Zusammensetzung der Hundemilch (pro 100 g Frischsubstanz).

Hundemilch	g	Hunde-milch	mg
Trockensubstanz	23,6	Kalzium	220
Eiweiß	8,4	Phosphor	180
Albumin, Globulin	2–3	Magnesium	12
Kasein	4–5	Natrium	89
Fett	10,3	Kalium	121
Milchzucker	3,3	Eisen	0,7
Energie	0,65 MJ	Kupfer	0,3
g Rohprotein : MJ	13 : 1	Mangan	0,015
		Zink	1,2

Quellen: Thomee 1978, Meyer 1985, Andersen et al. 1991.

2.6.2 Milcheiweiß

Das Aminosäurenmuster im Milcheiweiß (Tab. IV, Anhang) zeigt erhebliche Unterschiede zur Kuhmilch, insbesondere ist der Gehalt an Lysin niedriger, der an schwefelhaltigen Aminosäuren höher.

2.6.3 Milchfett

Das Hundemilchfett zeichnet sich durch das Fehlen kurzkettiger Fettsäuren, vor allem aber – im Vergleich zur Kuhmilch – durch hohe Anteile an ungesättigten Fettsäuren (▶ Tab. 6.33) aus. Während bei der Hundemilch zwei Drittel der Säuren ungesättigt und nur ein Drittel gesättigt sind, liegen die Relationen im Fett der Rindermilch eher umgekehrt. Durch die Fütterung kann das Fettsäurenspektrum verändert werden, bei geringen Linolsäuregehalten im Futterfett geht diese Säure im Milchfett zurück bzw. sie kann durch gezielte Zufütterung erhöht werden. Auch α-Linolensäure kann im Milchfett angereichert werden, wird aber bei Hündinnen so gut wie nicht in längerkettige und stärker ungesättigte Fettsäuren transformiert.

2.6.4 Mineralstoffe

Unter den Mineralstoffen der Hundemilch (▶ Tab. 2.8) fällt besonders der hohe Ca- und P-Gehalt gegenüber Kuhmilch auf. Während die Protein- und Fettgehalte in der Milch im Verlauf der Laktation weitgehend konstant bleiben, steigen die Laktose-, Ca- und P-Gehalte an. Die Spurenelementgehalte in der Milch (▶ Tab. 2.8) scheinen – soweit Analysen vorliegen – relativ hoch zu sein.

2.6.5 Vitamine

Über den Vitamingehalt in der Hundemilch existieren nur wenige Daten (Tab. V, Anhang). Auffallend sind die hohen Vitamin-A- und -B_2-Gehalte. Neben der Nährstoffzufuhr hat die Milch der Hündin auch wichtige weitere Funktionen, insbesondere für die Abwehr von Infektionserregern über die Immunglobuline und antibakteriellen Wirkstoffe, z. B. das Laktoferrin, bzw. Regulationsfaktoren, die für die Darmentwicklung nötig sind.

2.7 Wachstum

Unter Wachstum wird die Zunahme von Körpermasse während der Jugendentwicklung (bei kleineren Rassen bis zu etwa 1 Jahr, bei großen Rassen länger) verstanden. Größenzunahmen, die allein auf dem Wachstum des Skelettes – einem Teil der Körpermasse – beruhen, sind für ernährungsphysiologische Berechnungen weniger geeignet und bleiben daher in den folgenden Angaben außer Betracht.

Das Wachstum des Hundes wird durch innere (Genetik, Geschlecht) oder äußere (Ernährung, Klima, Krankheit etc.) Faktoren bestimmt und ist für jedes Individuum charakteristisch. Durch ungünstige äußere Bedingungen kann die genetisch vorgegebene Wuchspotenz nicht voll ausgeschöpft werden. Andererseits lässt sich durch entsprechende Gestaltung der äußeren Einflussfaktoren (Ernährung, Haltung, Krankheitsverhütung) das Wachstum beschleunigen, d. h. die pro Zeiteinheit erreichte Zunahme erhöhen, nicht dagegen die spätere Größe.

2 Der Hund in Zahlen

▶ **Tab. 2.9** Durchschnittliche Körpermasse von Welpen und Junghunden.

KM (kg) ausgewachsen	Körpermasse in kg Monatsmittel					Monatsende	
	1.	2.	3.	4.	5./6.	6.	12.
5	0,5	1,2	1,9	2,6	3,5	4	5,0
10	0,7	1,9	3,3	4,8	6,5	7,5	9,5
20	1,1	3,1	5,9	8,9	12,2	14,0	19,0
35	1,5	4,7	9,6	14,5	19,8	22,8	30,8
60	2,1	6,6	13,2	20,4	30,0	36,0	48,0

Quelle: Gesellschaft für Ernährungsphysiologie 1989.

▶ **Tab. 2.10** Tägliche Zunahmen von Welpen und Junghunden.

KM (kg) ausgewachsen	tägliche Zunahme (in g) Monat					
	1.	2.	3.	4.	5./6.	7.–12.
5	20	23	25	25	16	6
10	31	43	49	49	33	11
20	48	85	98	98	59	27
35	63	149	172	149	98	44
60	96	196	236	236	197	66

Quelle: Gesellschaft für Ernährungsphysiologie 1989.

2.7.1 Wachstumsgeschwindigkeit

Der Hund zeichnet sich durch eine rasche Jugendentwicklung aus. In Abhängigkeit von der Rassengröße bestehen jedoch merkliche Unterschiede in der Wachstumsgeschwindigkeit. Während Welpen aus Zwergrassen nach ca. 3 Monaten bereits 50% des Endgewichtes erreicht haben, kommen Welpen der Riesenrassen erst auf ca. 25%. Diese unterschiedliche Entwicklung nach der Geburt hängt mit der relativen Größe zur Zeit der Geburt zusammen (▶ Tab. 2.6). Im Alter von 6 Monaten haben sich diese Unterschiede etwas angeglichen, bleiben aber noch deutlich. Nach ca. 12 Monaten sind 80–100% der Endgewichte erreicht, wobei aufgrund des unterschiedlichen Fettansatzes der Übergang zum Endgewicht unscharf wird (▶ Tab. 2.9).

Die absoluten täglichen Zunahmen variieren erheblich. Während Jungtiere der kleinen Rassen in der Hauptwachstumsphase täglich 25–50 g zunehmen, sind es bei den Riesen über 200 g (▶ Tab. 2.10). Diese Leistung ist aber auch relativ zu sehen, d. h. bezogen auf die jeweilige aktuelle Körpermasse. So nehmen die Welpen aller Rassen im 1. Lebensmonat im Mittel 4–4,5% zu, in den folgenden Monaten weniger, bei Welpen größerer Rassen ist der Rückgang jedoch nicht so ausgeprägt. Der Schäferhund- oder Doggenwelpe setzt also im 2. und 3. Lebensmonat (bezogen auf seine aktuelle KM) mehr an als ein Welpe aus einer kleinen Rasse.

Das Wachstum des Skelettes geht mit dieser Entwicklung etwa parallel. Es ist nach 8–9 Monaten im Wesentlichen abgeschlossen, bei kleineren Rassen offenbar etwas früher. Beim Beagle hatte der Oberschenkelknochen nach 200 Tagen ca. 72% des Endmaßes, nach 300 Tagen die endgültige Länge erreicht.

2.8 Bewegungsleistungen

Hunde werden teilweise zu Arbeitsleistungen herangezogen (Meute-, Hüte-, Jagd-, Schlittenhunde). Die in diesem Rahmen oder bei Sporthunden erbrachten Leistungen sind nicht unerheblich.

2.8.1 Kraft

Hüte- und Jagdhunde können täglich bis zu 60 km zurücklegen, gelegentlich sogar bis zu 150 km, während Schlitten- und Meutehunde 20–40 km pro Tag absolvieren, oft über mehrere Tage hintereinander. Schlittenhunde (25–35 kg KM) erreichen durchschnittlich Zugkraftaufwendungen von ca. 50 Newton, maximal von 4,4 Nm/kg KM (▶ Tab. 4.4). Bei manchen Schlittenhunderennen werden innerhalb von ca. 15 Tagen 1500 km zurückgelegt bei Tagesleistungen von 100–150 km und Geschwindigkeiten von 15–20 km/h.

Geschwindigkeit

Die auf Rennleistung gezogenen Schlittenhunde erreichen über kurze Strecken (300–900 m) Geschwindigkeiten bis zu 70 km/h über eine Zeit von bis zu 60 s. Bei mittelgroßen Hunden ist mit folgenden Geschwindigkeiten bei den verschiedenen Gangarten zu rechnen:
- Schritt: 4–5 km/h
- Trab: 10 km/h
- Galopp: 14–20 km/h

Ausdauer

Bei zügigem Trab zeigen Hunde eine große Ausdauer. So liefen z. B. 13 kg schwere Tiere 17 Stunden im Trab (9 km/h) ohne Ermüdung, wenn jeweils nach 30 Minuten eine 5-minütige Pause eingelegt und Wasser aufgenommen werden konnte.

3 Nahrungsaufnahme und Verdauung

3.1 Inhaltsstoffe des Futters und Nährstoffe

Futter setzt sich aus organischen und anorganischen Komponenten zusammen. Zur Beschreibung der Futterinhaltsstoffe dienen verschiedene Analyseverfahren. Bei der weltweit verwendeten Weender-Futtermittelanalyse werden nicht einzelne, chemisch definierte Nährstoffe erfasst, sondern Gruppen von Inhaltsstoffen mit bestimmten Eigenschaften. Innerhalb einer solchen Gruppe können sich chemisch und funktionell äußerst unterschiedliche Stoffe verbergen. Aus diesem Grunde spricht man bei den nach der Weender-Analyse erhaltenen Werten von „Roh"-Nährstoffen, z. B. vom „Rohprotein" und nicht vom „Protein". Vorteilhaft an diesem Verfahren ist die schnelle und vergleichsweise kostengünstige Charakterisierung der Futterzusammensetzung.

Rohwasser
Trocknen eines Futtermittels bei 103 °C zur Ermittlung des Rohwassers, bestehend aus Wasser und zusätzlich allen bei 103 °C flüchtigen Stoffen (z. B. organische Säuren, Ketone, Aldehyde).

Trockensubstanz
Der nach Trocknung zurückbleibende Anteil eines Futtermittels wird als Trockensubstanz (TS) bezeichnet. Die Frischmasse (ursprüngliche Substanz) eines Futters ist somit die Summe aus Trockensubstanz und Rohwasser.

Rohasche
Durch Ausglühen des Materials im Muffelofen bei 550 °C wird der Gehalt an Rohasche (Ra) bestimmt. Rohasche stellt den anorganischen Anteil eines Futtermittels dar und enthält neben den Mengen- und Spurenelementen u. a. auch Silikate (Sand). Die Rohasche kann ggf. durch Erfassung der säurelöslichen Anteile weiter fraktioniert werden, wobei die salzsäurelöslichen Mineralstoffe (Reinasche), z. B. Kalzium oder Phosphor, von dem unlöslichen Rest (überwiegend Silikate) getrennt werden. Die Differenz von Trockensubstanz minus Rohasche entspricht der organischen Substanz eines Futtermittels.

Rohprotein
Der Stickstoffanteil in einem Futtermittel wird mittels Kjeldahl- oder Dumas-Verfahren bestimmt und mit dem Faktor 6,25 multipliziert, um den Rohproteingehalt (Rp) zu berechnen (im Protein sind 16 % Stickstoff enthalten, 100/16 = 6,25). Da alle stickstoffhaltigen Verbindungen erfasst werden, schließt das Rohprotein nicht nur Eiweiß (Reinprotein) ein, sondern auch Substanzen nicht eiweißartiger Natur, z. B. freie Aminosäuren, Peptide, Alkaloide oder Amide.

Rohfett
Alle Inhaltsstoffe, die in Petroläther löslich sind, werden als Rohfett (Rfe) bezeichnet. Die Analyse erfasst neben den reinen Fetten (Triglyzeriden) auch Lipoide, Wachse, Fettsäuren und fettlösliche Vitamine.

Rohfaser
Wird ein Futtermittel nacheinander für jeweils eine halbe Stunde in verdünnter Säure bzw. Lauge gekocht, so gehen mit Ausnahme pflanzlicher Zellwandbestandteile alle anderen Inhaltsstoffe in Lösung. Die Rohfaserfraktion (Rfa) enthält definitionsgemäß die in verdünnter Säure und Lauge unlöslichen organischen Anteile eines Futters und besteht aus wesentlichen Anteilen der pflanzlichen Zellwand wie Zellulose, Hemizellulosen und Lignin.

Stickstofffreie Extraktstoffe
Sie umfassen die leicht verdaulichen Kohlenhydrate wie Stärke, Zucker und lösliche Anteile der Zellwand und werden rechnerisch ermittelt. Es handelt sich um die Differenz von Trockensubstanz minus der Summe von Rohasche, Rohprotein, Rohfett und Rohfaser.

Die moderne Ernährungslehre kann sich mit den nach der Weender-Analyse ermittelten Inhaltsstoffen nur teilweise zufriedengeben. Mithilfe verbesserter Methoden ist es heute möglich, die Nährstoffe in Futtermitteln weitaus präziser zu beschreiben:

- Das Eiweiß wird qualitativ mithilfe von Aminosäurenuntersuchungen auf chromatographischer Basis weiter charakterisiert.
- Fette bestehen aus Glyzerin und Fettsäuren, die sich nach Kettenlänge und Sättigungsgrad unterscheiden. Eine Charakterisierung des Fettsäurenmusters in einem Futterfett erfolgt üblicherweise mittels gaschromatographischer Untersuchungsverfahren.
- Die im Futter enthaltenen leicht verdaulichen Kohlenhydrate können als Stärke oder Zucker spezifisch mithilfe enzymatischer, optischer oder chromatographischer Verfahren erfasst werden.
- Für die pflanzlichen Gerüststoffe stehen heute verschiedene differenziertere Verfahren zur Verfügung. Neben der Faserbestimmung nach van Soest (weitgehende Erfassung des Zellulose-, Hemizellulose- und Ligningehaltes) werden auch Methoden zur Erfassung der Gesamtnahrungsfasern (Total dietary fibre = TDF) bzw. der Nicht-Stärke-Polysaccharide (NSP) angewendet, insbesondere aufgrund der Möglichkeit, die Faserstoffe in lösliche (mikrobiell fermentierbare) und unlösliche („Ballaststoffe") Anteile zu differenzieren.
- Die Mineralstoffe werden in Mengenelemente (Kalzium, Phosphor, Magnesium, Natrium, Kalium, Chlorid) und Spurenelemente (Eisen, Kupfer, Zink, Mangan, Kobalt, Jod, Selen) unterteilt und mittels spektralanalytischer Verfahren (Flammenphotometrie, Atomabsorptionsspektrophotometrie), ggf. auch mittels ionensensitiver Elektroden oder photometrischer Methoden bestimmt. Eine sehr universelle Möglichkeit stellt die Multielementanalyse mittels induktiv gekoppelter Plasmaspektrometrie dar.
- Fett- und wasserlösliche Vitamine werden heute üblicherweise mittels spezifischer hochdruckflüssigkeitschromatographischer oder auch mikrobiologischer Methoden quantifiziert. Hierbei handelt es sich einerseits um die fettlöslichen Vitamine A, D, E und K sowie die Gruppe der wasserlöslichen B-Vitamine und Vitamin C.

3.2 Bau und Funktion des Verdauungskanals

3.2.1 Anatomischer Aufbau

Der Verdauungskanal ist ein schlauchförmig aufgebautes Organ und hat die Funktion, aufgenommenes Futter durch physikalisch-chemische Mechanismen so weit zu zerlegen, dass die enthaltenen Nährstoffe die Darmwand passieren können und für den Stoffwechsel im Organismus zur Verfügung stehen.

Er lässt sich in 4 übergeordnete, größere Abschnitte unterteilen (▶ Abb. 3.1):
1. Kopfdarm (Lippen bis Schlundkopf)
2. Vorderdarm (Speiseröhre bis Magen)
3. Mitteldarm, bestehend aus den 3 Abschnitten des Dünndarms (Zwölffingerdarm [Duodenum], Leerdarm [Jejunum] und Hüftdarm [Ileum])
4. Enddarm (Dickdarm) mit Blinddarm (Zäkum), Grimmdarm (Kolon) und Mastdarm (Rektum)

Der Aufbau des Verdauungskanals ist im Wesentlichen durch Schleimhaut sowie darum zirkulär bzw. längs angeordnete Muskelschichten charakterisiert. Die Schleimhaut ist für Sekretion und Absorption, die Muskulatur für den Chymustransport und die Durchmischung im Rahmen von Peristaltik und rhythmischer Segmentation funktionell bedeutsam.

Das Gewicht des Verdauungstraktes (ohne Inhalt) erreicht beim Hund 3–7 % der Körpermasse (▶ Tab. 2.4), das relative Darmgewicht reduziert sich bei adulten Beagles im Vergleich zu Welpen. Der Dünndarm stellt den längsten Abschnitt dar, ist jedoch von seinem Volumen (etwa ein Viertel des Gesamtvolumens) gegenüber dem Magen, der ca. zwei Drittel ausmacht, deutlich kleiner. Der Dickdarm erreicht etwa ein Siebtel des Gesamtvolumens.

3 Nahrungsaufnahme und Verdauung

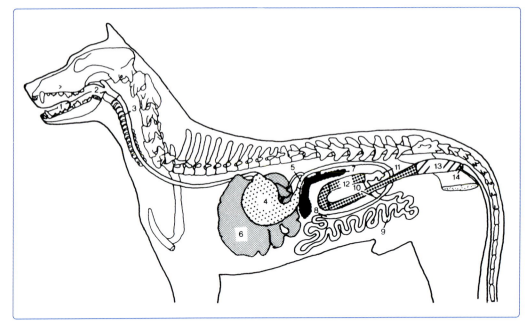

▶ **Abb. 3.1** Verdauungsapparat des Hundes (schematisiert): 1 = Mundhöhle, 2 = Schlingrachen, 3 = Speiseröhre, 4 = Magen, 5 = Anfangsteil des Zwölffingerdarms, 6 = Leber, 7 = Bauchspeicheldrüse, 8 = Ende des Zwölffingerdarms, 9 = Leerdarm, 10 = Hüftdarm, 11 = Blinddarm, 12 = Grimmdarm, 13 = Mastdarm, 14 = After (nach: Nickel/Schummer/Seiferle. Lehrbuch der Anatomie der Haussäugetiere, Bd. 2. Stuttgart: Parey 2004).

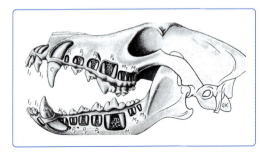

▶ **Abb. 3.2** Bleibendes Gebiss eines Schäferhundes (ca. 8 Monate alt): I = Schneidezähne, C = Eckzähne, P = Prämolaren, M = Molaren, Reißzähne = P_4 im Oberkiefer und M_1 im Unterkiefer (aus: Nickel/Schummer/Seiferle Lehrbuch der Anatomie der Haussäugetiere, Bd. 2. Stuttgart: Parey 2004).

Kopf- und Vorderdarm

Kopfdarm

Der Kopfdarm umfasst im Wesentlichen die Mundhöhle.

Lippen Sie werden nach außen durch Ober- und Unterlippe abgeschlossen. Die Oberlippe bedeckt infolge ihrer größeren Länge die kürzere Unterlippe, besonders im seitlichen Bereich der Mundspalte.

Zähne Am Gebiss des Hundes werden Schneide-, Eck- sowie vordere (Prämolaren) und hintere (Molaren) Backenzähne unterschieden (▶ **Abb. 3.2**). Über Zahl und Zeitpunkt ihres Durchbruchs und Wechsels gibt ▶ **Abb. 3.3** Aufschluss. In den ersten 3 Lebenswochen ist der Welpe zahnlos. Die Milchzähne (3 Schneide-, 1 Eck-, 3 vordere Backenzähne je Kieferhälfte, insgesamt 28) entwickeln sich jedoch rasch innerhalb der ersten 4–6 Lebenswochen und werden nach ca. 6 Monaten durch das bleibende Gebiss, das insgesamt 42 Zähne aufweist, abgelöst. Insbesondere die Eck-(C_1) und Reißzähne (P_4 Oberkiefer, M_1 Unterkiefer) sind für das Ergreifen der Beutetiere sowie zum Zerreißen und Abscheren von Nahrungsteilen, z. T. auch zum Absprengen fester Teile (Knochen), optimal gestaltet.

Zunge Die Zunge, in der Mitte rillenförmig vertieft, hat beim Hund eine längliche, vorn stark

3.2 Bau und Funktion des Verdauungskanals

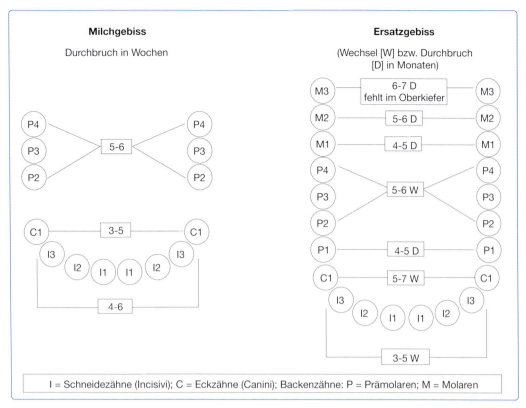

▶ Abb. 3.3 Durchbruch der Milchzähne und Wechsel der Zähne beim Hund.

abgerundete, löffelartige Form mit scharfen Seitenrändern. Die Oberfläche ist mit feinen Papillen besetzt. Dazwischen liegen einzelne Geschmacksknospen. Die Zunge ist sehr beweglich und kann weit aus der Mundhöhle hängen (beim Hecheln) oder auch seitlich aufgewölbt werden (bei Flüssigkeitsaufnahme). In die Mundhöhle, die seitlich von Backenzähnen und Backen, oben vom harten Gaumen und unten von der Zunge begrenzt wird, leiten die Speicheldrüsen ihr Sekret ein. Zu diesen Drüsen zählen die Ohrspeicheldrüsen (unterhalb des Ohrgrundes gelegen), die Unterkieferdrüsen (in Höhe des Kiefergelenkes), mehrere Unterzungendrüsen sowie die unterhalb der Augen gelegenen Backendrüsen (▶ Abb. 3.4).

Vorderdarm

Der Vorderdarm umfasst Speiseröhre und Magen.

Speiseröhre Die Speiseröhre – ein stark dehnungsfähiger Schlauch – ist in der ganzen Länge mit Schleimdrüsen ausgestattet, deren Sekret die Gleitfähigkeit der abgeschluckten Bissen verbessert. Vor dem Mageneingang weist sie einen kräftigen Ringmuskel auf, sodass der Übergang des Speisebreis in den Magen gesteuert werden kann.

Magen Der Magen stellt eine sackartige Erweiterung des Verdauungskanals dar, dessen Eingang (Magenmund oder Kardia) und Ausgang (Pylorus) durch Ringmuskeln verschlossen werden können. Am Magen sind der kugelige Anfangsteil (Magenfundus) und der mehr schlauchförmige Endteil (Antrum) zu unterscheiden (▶ Abb. 3.5). Größe und Form des Magens hängen wegen der starken Dehnungsfähigkeit des Magenfundus von seinem Füllungszustand ab. Im leeren Zustand liegt der Magen vollständig im Brustkorb. Nach Füllung reicht er bis zur 13. Rippe oder darüber hinaus, sodass er von außen ertastet werden kann. Der Magen ist mit Schleimhaut ausgekleidet. Aufgrund der Drüsenverteilung werden 3 Zonen unterschie-

3 Nahrungsaufnahme und Verdauung

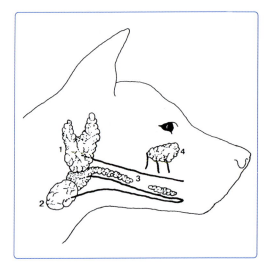

▶ **Abb. 3.4** Speicheldrüsen des Hundes: 1 = Ohrspeicheldrüse, 2 = Unterkieferdrüse, 3 = Unterzungendrüse, 4 = Backendrüse (Anderson 1980).

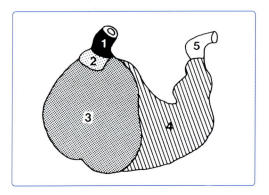

▶ **Abb. 3.5** Schleimhautregionen des Hundemagens: 1 = kutane, drüsenlose Schleimhaut in der Speiseröhre und am Mageneingang, 2 = Kardiadrüsenzone, 3 = Fundusdrüsenzone, 4 = Pylorusdrüsenzone (Antrum), 5 = Dünndarmschleimhaut (aus: Nickel/Schummer/Seiferle. Lehrbuch der Anatomie der Haussäugetiere, Bd. 2. Stuttgart: Parey 2004).

den (▶ **Abb. 3.5**). Am Mageneingang liegt die relativ schmale Kardiadrüsenzone (Bildung von wässrigem Sekret und Schleim). Es folgt die relativ große Zone mit Fundusdrüsen (zwei Drittel bis drei Viertel der gesamten Magenfläche), in der neben Schleim der eigentliche Magensaft (mit Salzsäure und Verdauungsenzymen) produziert wird. Den Abschluss bildet die Pylorusdrüsenzone, in der ebenfalls Verdauungsenzyme, aber auch muzinhaltige Sekrete entstehen.

Mittel- und Enddarm

Der Anfangsteil des Darms, der Dünndarm, ist beim Hund kaum kleinvolumiger als der Dickdarm. Das Duodenum verläuft vom Magenausgang zunächst an der Leber (▶ **Abb. 3.1**) und der Bauchspeicheldrüse (Pankreas) vorbei nach rechts bis zur rechten Bauchwand, dann beckenwärts bis zum Ende der rechten Niere. Dort wendet es sich im Bereich des 6. Lendenwirbels nach links, verläuft wieder brustwärts, wo nahe des Pylorus das Jejunum beginnt. Dieses umfangreichste Teilstück des Darmrohres füllt mit 6–8 Windungen im Wesentlichen den Bauchraum zwischen Magen und Becken aus und geht in das relativ kurze Ileum über, das an der Grenze zwischen Zäkum und Kolon in Höhe des 1. und 2. Lendenwirbels mit einem wulstartigen Vorsprung in den Dickdarm einmündet.

Das sehr kleine Zäkum wird von einem kurzen Gekröse gerafft, sodass 2–3 Windungen entstehen. Das Kolon ist kurz, beginnt in der rechten hinteren Flankengegend, zieht zunächst brustwärts bis in die Nähe des Magens, bildet nach links einen Bogen, läuft dann zurück und geht schließlich in das Rektum (Mastdarm) über.

Der Darm endet mit dem After, der von ringförmig gelagerten Muskelsträngen umgeben ist. Diese sind in der Regel kontrahiert (Verschluss), können jedoch durch willkürliche Reize erschlaffen (Öffnung). Am Übergang zur äußeren Decke liegen die Zirkumanaldrüsen. Außerdem münden hier die Ausführungsgänge der beiden Analbeutel: sackartige Ausstülpungen (erbsen- bis walnussgroß) der Haut, die mit talgdrüsenähnlichen Organen ausgestattet sind und eine dunkelgraue, schleimige Masse enthalten.

Dünndarmschleimhaut Die Schleimhaut des Dünndarms bildet, im Gegensatz zum Dickdarm, zahlreiche Zotten (ca. 4 Mill.) zur Oberflächenvergrößerung aus. Die Zotten erreichen eine Höhe von 0,5–1 mm, mit abnehmender Länge von proximal nach distal. Die Zotten sind lumenseitig mit einem einschichtigen Zylinderepithel besetzt, die Zellen bilden sich in den Krypten und wandern allmählich zur Zottenspitze. Auf der Zelloberfläche befindet sich ein feiner Bürstensaum, der zur Erweiterung der Kontaktfläche zum Darmchymus beiträgt.

Durch Zotten und Bürstensaum wird die Innenfläche des Darms etwa auf das 600-Fache vergrößert.

An der Zelloberfläche befindet sich eine hoch spezialisierte Membran aus Phospholipoproteinen, die feine Poren von etwa 6,5 Å aufweist. Durch diese Öffnungen können die im Darmlumen oder an der Darmoberfläche zerlegten Nahrungsbestandteile mit einem Molekulargewicht von bis zu 180 in die Zelle eintreten. Die Zellen sind dadurch „polarisiert", d. h., sie transportieren die Nährstoffe gerichtet, eine wesentliche Voraussetzung für die transzelluläre Resorption. Daneben befinden sich zwischen den Zellen Verbindungen, die normalerweise durch Proteinstrukturen abgedichtet sind. Wasser, Mineralien sowie größere Moleküle (z. T. wasserlösliche Vitamine etc.) können auf diesem parazellulären Weg aufgenommen werden. Bei Neugeborenen können auch durch Einstülpung und Abschnürung der lumenwärtigen Zellmembran einer resorbierenden Zelle (Pinozytose) größere Moleküle aufgenommen werden.

Dickdarmschleimhaut Im Epithel der Dickdarmschleimhaut finden sich zahlreiche schleimproduzierende Becherzellen, die die Oberfläche des Lumens mit einer schützenden Schleimschicht überziehen. Unter der Schleimhaut befindet sich eine Muskelschicht, von der die Eigenbewegung des Darms ausgeht.

In der Schleimhaut des Darms, insbesondere im Dünndarm, liegen zahlreiche kleinere schlauchförmige Drüsen (Lieberkühn-Drüsen), die den eigentlichen Darmsaft produzieren. Zusätzlich befinden sich am Eingang des Dünndarms (1–2 cm vom Pylorus entfernt) submukös gelegene größere Drüsenkomplexe (Brunner-Drüsen) mit ähnlicher Funktion. Am Übergang vom Duodenum zum Jejunum, etwa 2,5–6 cm vom Magenausgang entfernt, münden die Ausführungsgänge von Gallenblase sowie Bauchspeicheldrüse.

Leber Das Gewicht der Leber variiert in Abhängigkeit von der Rassengröße zwischen 2,3 % und 4,2 % der KM (▶ Tab. 2.4). Wird das Lebergewicht auf die metabolische KM bezogen, so besteht eine weitgehende Konstanz zwischen den Rassen. Die Leber hat neben ihren zentralen Aufgaben im Stoffwechsel (Speicherung von Nährstoffen, Auf- und Umbau von Kohlenhydraten, Eiweißen und Fetten, Entgiftung von Abbauprodukten, die aus dem Darmkanal zugeführt werden) auch eine sekretorische Funktion, indem sie die Galle produziert. Die in den Leberzellen gebildete Galle fließt in den Lebergang, der mit der Gallenblase in Verbindung steht und in den Anfangsteil des Dünndarms führt. Die Gallenblase dient (zeitweise) als Speicher für die Galle, die nicht unmittelbar in den Darmkanal, sondern zunächst in die Blase geleitet und dort eingedickt wird.

Bauchspeicheldrüse Die Bauchspeicheldrüse liegt mit ihren zwei Schenkeln zwischen Magen, Zwölffingerdarm und Leber (▶ Abb. 3.1). Ihre Größe schwankt absolut und relativ erheblich. Das relative Gewicht kann 0,14 bis 0,36 % der KM (im Durchschnitt 0,25 %) betragen. Höhere relative Gewichte werden im Allgemeinen bei leichteren Hunden festgestellt. Das Pankreas hat wesentlichen Anteil an der Protein-, Fett- und Kohlenhydratverdauung (s. Kap. 3.2.4).

3.2.2 Allgemeine Bedingungen im Lumen des Verdauungstraktes

Für den Ablauf der Verdauungsgänge sind physikalische Parameter, insbesondere pH-Wert und Wassergehalt, andererseits aber auch der Keimgehalt im Darmchymus von erheblicher Bedeutung.

pH-Wert

Der pH-Wert im Magen-Darm-Kanal, der sowohl die Wirkung der Verdauungsenzyme als auch die Aktivität der Bakterienflora beeinflusst, variiert in den einzelnen Abschnitten des Verdauungstrakts erheblich. Im Magen werden zwischen den Mahlzeiten relativ hohe Werte ermittelt (um 6), die jedoch nach der Mahlzeit infolge der Salzsäurebildung m. o. w. rasch abfallen. Der Rückgang des pH-Wertes richtet sich nach der gebildeten Sekret-, aber auch der aufgenommenen Futtermenge und Futterzusammensetzung. Bei eiweiß- oder mineralstoffreicher Nahrung kann ein ausreichender pH-Abfall – wichtig nicht nur für eine optimale Wirkung des eiweißspaltenden Enzyms Pepsin, sondern auch zur Inaktivierung exogen aufgenommener Keime – ausbleiben. Tiefstwerte (pH 2–3) im Magenbrei treten einige Stunden nach der Fut-

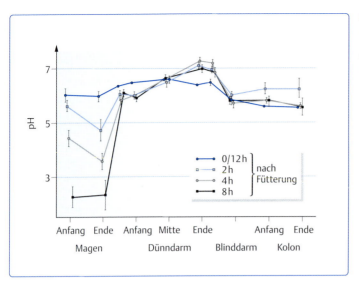

▶ **Abb. 3.6** pH-Wert im Magen-Darm-Inhalt von Hunden 2, 4 und 8 Stunden nach der Aufnahme einer Getreideration (nach Banta et al. 1979)

teraufnahme auf (▶ **Abb. 3.6**). Der aus dem Magen austretende Chymus wird im Duodenum durch den Zufluss des alkalisch wirkenden Pankreassekretes rasch neutralisiert, sodass im Anfangsteil des Duodenums normalerweise pH-Werte von 6–6,5 vorherrschen. Mit fortschreitender Passage durch den Dünndarm nimmt der pH-Wert in der Regel wieder etwas zu (auf 7), fällt im Dickdarm jedoch leicht ab und erreicht im Kot Werte zwischen 6 und 7 (▶ **Abb. 3.6**).

Wassergehalt

Den Wassergehalt im Mageninhalt bestimmt primär der Wassergehalt im Futter. So werden einige Stunden nach der Nahrungsaufnahme Trockensubstanzgehalte von 20 % (Feuchtfutter) bzw. 35–40 % (Trockenfutter) beobachtet. Grund hierfür ist der vermehrte Zufluss von Speichel und Magensaft nach Aufnahme von Trockenfutter. Im Endstück des Magens wird der Mageninhalt dann bis auf ca. 10 % TS verflüssigt. Im Dünndarmchymus liegt der Trockensubstanzgehalt in der Regel zwischen 16 und 20 % und nimmt im Dickdarm infolge verstärkter Wasserabsorption wieder zu (20–30 %). In den Fäzes gelten Werte zwischen 25 und 45 %, je nach Intensität der Wasserresorption, als normal.

Keimbesatz

Der Darmchymus ist keineswegs steril, sondern enthält zahlreiche Bakterien, die sich zum Teil auch an die Schleimhaut heften. Ihre Zahl nimmt vom Magen (0,1 Mill./g) über den Dünndarm bis zum Dickdarm (bis zu 100 Milliarden/g) nachhaltig zu (▶ **Tab. 3.1**).

Die Darmflora besteht aus einer außerordentlichen Vielzahl unterschiedlicher Bakterienarten.

Zusammensetzung und Aktivität

Das Wissen über Zusammensetzung und Stoffwechselaktivität hat sich in den vergangenen Jahren durch den Einsatz molekulargenetischer Untersuchungsverfahren erheblich erweitert, sodass davon auszugehen ist, dass die Konzentrationen und die Zahl der verschiedenen Mikroorganismen bislang erheblich unterschätzt worden sind. Sind im Mageninhalt und auch im Anfangsteil des Dünndarms aerobe oder fakultativ aerobe (sauerstoffverbrauchende bzw. -tolerante) Keime nachzuweisen, so nimmt im Verlauf der Darmpassage die Anzahl anaerober (ohne Sauerstoff lebender) Bakterien deutlich zu und übertrifft im Dickdarm schließlich die Zahl aerober oder fakultativ anaerober Keime.

Nicht nur zwischen den einzelnen Darmabschnitten sind Unterschiede in der bakteriellen Besiedlung festzustellen, auch innerhalb eines bestimmten Bereichs existieren besondere ökologi-

▶ **Tab. 3.1** Keimzahlen regelmäßig im Inhalt von Duodenum, Ileum und Kolon von Hunden anzutreffender Bakterien (je g).

		Duodenum	Ileum	Kolon
aerobe Bakterien[1]	Enterobacteriaceae	10^4–10^5	10^6–10^9	10^8–10^9
	Streptococcus spp.	10^5–10^6	10^2–10^8	10^4–10^{11}
	Staphylococcus spp.	10^3–10^5	10^3–10^6	10^4–10^8
	Corynebacterium spp.	10^3–10^4	10^3–10^7	10^6
	Bacillus spp.	10^4	10^4–10^5	10^3–10^{11}
	Pseudomonas spp.	10^4	10^3	10^4–10^6
anaerobe Bakterien[2]	Bacteroides spp.	10^4–10^6	10^4–10^8	10^7–10^{11}
	Fusobacterium spp.	–	10^8	10^9–10^{10}
	Clostridium spp.	10^3–10^5	10^6–10^8	10^8–10^{10}
	Eubacterium spp.	10^4–10^5	10^6–10^8	10^8–10^{10}
	Bifidobacterium spp.	10^4–10^5	10^5–10^8	10^8–10^{10}
	Lactobacillus spp.	10^3–10^7	10^3–10^8	10^6–10^{10}
	Peptostreptococcus spp.	10^3–10^5	10^6–10^7	10^6–10^{10}

[1] einschließlich fakultativer Keime (sauerstoffverbrauchende bzw. -tolerante Bakterien)
[2] bei Abwesenheit von Sauerstoff wachsende Bakterien, 10^3 = 1000; 10^6 = 1 Million; 10^9 = 1 Milliarde
Quelle: Zentek 1993, 2000.

sche Nischen. Wandständige Bakterien, überwiegend fakultativ anaerobe Spezies, beziehen einen großen Teil der Nährstoffe über die Darmwand, zudem sorgen sie durch ihren Sauerstoffverbrauch dafür, dass die Sauerstoffspannung im Darmlumen stark abnimmt und die Lebensbedingungen für die dort anzutreffenden strikten Anaerobier gewährleistet werden. Diese Bakterien sind Spezialisten, die sich in besonderem Maße an die Standortbedingungen im Intestinaltrakt angepasst haben.

Infolge des evolutionären Anpassungsdrucks haben anaerobe Mikroorganismen „gelernt", ihren Energiestoffwechsel so zu gestalten, dass oxidative Prozesse, die mit einem Elektronentransfer einhergehen, ohne Beteiligung der Atmungskette, d. h. ohne Sauerstoff, ablaufen. Die im Rahmen anaerober Gärungsvorgänge anfallenden Elektronen werden über Wasserstoff, Methan oder kurzkettige Fettsäuren aus der Bakterienzelle in das umgebende Medium transportiert. Der Mangel an Sauerstoff begünstigt also diese besondere Art von Stoffwechselvorgängen, sodass sich eine stabile und charakteristische bakterielle Besiedlung des Darms ausbilden konnte, die sogenannte autochthone Flora (▶ Tab. 3.1).

Eubiose

Endogene und exogene Mechanismen sorgen dafür, dass die autochthone Mikroflora in einem relativ stabilen Gleichgewichtszustand (sog. Eubiose) bleibt, der nur in Ausnahmefällen, z. B. infolge von Infektionen oder auch bei massiven Fütterungsfehlern, so gestört wird, dass klinisch manifeste Erkrankungen auftreten. Regulationsfaktoren werden von Bakterien selbst gebildet und in das umgebende Milieu abgegeben, sogenannte Bakteriozine oder Stoffwechselprodukte wie Schwefelwasserstoff, die stark hemmende Effekte auf konkurrierende Mikroorganismen ausüben können. Endogene Regulationsfaktoren umfassen neben dem pH-Milieu des Magens, das zu einer Reduktion bzw. Selektion von mit dem Futter aufgenommenen Bakterien in Richtung säuretoleranter Arten führt, die Sekretion von Immunglobulinen, Enzymen oder Galle sowie Effekte der Peristaltik.

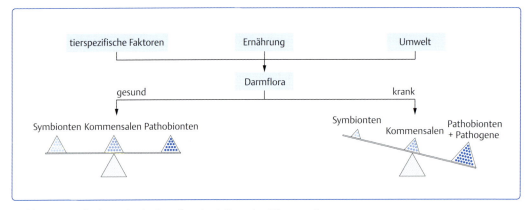

▶ **Abb. 3.7** Das Gleichgewicht der Darmflora beeinflusst den Wirtsorganismus.

Vor- und Nachteile

Die mikrobielle Besiedlung hat Vorteile für den Wirt, da z. B. Vitamine synthetisiert werden, der Abbau pflanzlicher Faserstoffe nur mithilfe mikrobieller Enzyme ablaufen kann und die Ansiedlung von außen aufgenommener Bakterien erschwert bzw. unterdrückt wird (▶ Abb. 3.7).

- Die Zusammensetzung der Darmflora wird durch tierspezifische, ernährungsbedingte und umweltassoziierte Faktoren beeinflusst.
- Sowohl in einem gesunden als auch in einem kranken Tier kommen neben Symbionten und Kommensalen stets auch Pathobionten vor, die unter bestimmten Bedingungen Erkrankungen auslösen. Entscheidend ist das Verhältnis zueinander: Während in einem gesunden Tier ein Gleichgewicht herrscht, überwiegen in einem kranken Tier die Pathobionten oder die krankheitsauslösenden Keime.
- **Symbionten**: vorteilhaft für den Hund, z. B. durch mikrobiellen Aufschluss der im Dünndarm unverdauten Nahrungsbestandteile
- **Kommensalen**: Für den Hund entstehen keine vor- oder nachteiligen Effekte.
- **Pathobionten**: nachteilig für den Hund
- **Pathogene**: krankheitsauslösende Bakterien

Dysbiose

Bei fehlerhafter Futterzusammensetzung kann es über die Darmflora zu nachteiligen Folgen für den Wirt kommen, entweder durch selektive Zunahme der Anzahl bestimmter Bakterienarten oder -gruppen, die Besiedlung von normalerweise keimarmen Lokalisationen des Magen-Darm-Trakts oder die Bildung mikrobieller Stoffwechselprodukte in schädlichen Mengen. Dieser Zustand wird als Dysbiose der Darmflora bezeichnet.

Milchzucker So können Milchzucker (Laktose) oder auch bestimmte Stärkearten bei adulten Hunden zu einer verstärkten Milchsäuregärung im Magen und Dünndarm, teils auch im Kolon mit Anstieg der Milchsäuregehalte und daraus resultierendem pH-Abfall führen. Klinisch entwickelt sich ein sauer-wässriger Durchfall.

Eiweiß Ein in der Praxis gelegentlich zu beobachtendes Problem tritt auch bei Verabreichung einseitig zusammengesetzter, sehr eiweißreicher Futterrationen auf, besonders wenn diese hohe Anteile bindegewebereicher Produkte enthalten. Unter diesen Bedingungen nimmt die Zahl eiweißspaltender Bakterien, z. B. von *Cl. perfringens*, um mehrere Zehnerpotenzen zu, auch schon im Dünndarm, während die für den Wirt eher nützlichen oder protektiv wirkenden Bakterienarten zurückgedrängt werden. Nach experimentellen Befunden kann es zur Bildung von Enterotoxinen durch *Cl. perfringens* Typ A kommen, die eine starke Sekretion an der Darmwand auslösen. Gleichzeitig ist es für exogene Bakterien oder auch Sprosspilze leichter, sich im Darm anzusiedeln. Die Stabilität des intestinalen Ökosystems wird gestört, die Kolonisationsresistenz ist beeinträchtigt, und es reichen geringe Belastungen, z. B. die Aufnahme eines hygienisch nicht einwandfreien Futters, um eine klinisch manifeste Durchfallerkrankung auszulösen.

Fette Auch Fette können auf die Darmflora Einfluss nehmen, allerdings scheinen die Wirkungen eher dämpfend und nicht so ausgeprägt zu sein wie bei fermentierbaren Kohlenhydraten oder Proteinen. Fett kann daher diätetisch genutzt werden, um mikrobielle Fermentationsvorgänge im Darm sowie im Magen zu mindern. Dies ist insbesondere bei Hunden, die zu verstärkter intestinaler Gasbildung neigen, oder auch bei bekannter Disposition für Magenblähungen bzw. -drehungen, von Bedeutung.

Förderung der Stoffwechselaktivität

Praktische Relevanz hat die Verabreichung von im Dickdarm fermentierbaren Kohlenhydraten wie Pektinen, Fruktooligosacchariden oder auch Guar-Gummi, um erwünschte Bakterien wie Laktobazillen und Bifidobakterien und deren Stoffwechselaktivitäten zu fördern. Ähnliche Intentionen liegen der Verabreichung von Probiotika zugrunde, d. h. milchsäurebildenden Keimen der Gattungen *Lactobacillus, Bifidobacterium, Enterococcus* oder auch Bazillus-Arten, die sich experimentellen Beobachtungen zufolge vorübergehend im Darm ansiedeln. Hinsichtlich der Effizienz und beteiligter Mechanismen besteht noch Unklarheit, geringere Durchfallraten konnten jedoch gezeigt werden, auch scheinen Rückwirkungen auf die Reaktivität des Immunsystems zu bestehen.

3.2.3 Regulation der Verdauung

Nervöse, endokrine (= über das Blut wirkende Hormone) und parakrine (= lokal in die unmittelbare Umgebung der Zelle abgegebene Botenstoffe) Mechanismen beeinflussen die Motorik des Gastrointestinaltraktes sowie die Absorptions- und Sekretionsvorgänge. Während die Nahrungsaufnahme bewusst erfolgt, laufen alle folgenden Prozesse – bis auf die Defäkation – unbewusst, allerdings modifiziert über das vegetative (sympathische und parasympathische Neurone) und das darmeigene (enterische) Nervensystem.

Sympathisches Nervensystem

Das sympathische Nervensystem (adrenerg) hat im Wesentlichen hemmende Wirkungen auf Sekretion und Motorik, während das parasympathische Nervensystem (cholinerg) über den Nervus vagus und über lumbosakrale Fasern überwiegend stimulierend wirkt. Relaxierende Effekte können allerdings auch nicht adrenerg und nicht cholinerg, z. B. über Stickstoffmonoxid als Mediator und Aktivierung des zyklischen Guaninphosphats als Botenstoff, ausgelöst werden.

Zentrales Nervensystem

Vom zentralen Nervensystem ausgehende nervöse Reize wirken bereits vor der Nahrungsaufnahme auf den vorderen Verdauungstrakt. Bedingte oder unbedingte Reflexe initiieren sekretorische Prozesse, die die Verdauung der Nahrung einleiten.

Hormonelle Mechanismen

Der weitere Ablauf wird hauptsächlich über endo- oder auch parakrine Prozesse gesteuert, indem Hormone über die Blutbahn oder aber lokal in unmittelbarer Nähe der zu beeinflussenden Zellen abgegeben werden (▶ Tab. 3.2). Die vorderen Abschnitte des Gastrointestinaltraktes können über hormonelle Mechanismen die nachfolgenden Bereiche des Gastrointestinaltraktes stimulieren. Umgekehrt gehen von den hinteren Darmabschnitten modulierende, in der Regel hemmende Effekte auf die oberen Abschnitte aus, sodass letztendlich ein koordinierter Ablauf von Motorik und Transportvorgängen resultiert. Die wirksamen Hormone zählen zu den Polypeptiden und sind auch an der Regulation der Futteraufnahme beteiligt.

Gastrin und Cholecystokinin

Die Hormone Gastrin und Cholecystokinin wirken in vielen Bereichen zumindest partiell ähnlich. Cholecystokinin ist entwicklungsgeschichtlich älter als Gastrin, beide gleichen sich jedoch in ihrem Aufbau. Nach der Futteraufnahme steigt der Gastrinspiegel im Blut von Hunden stark an. Gastrin stimuliert die Wasser-, Elektrolyt- und Enzymsekretion der Verdauungsdrüsen im Magen sowie im Pankreas, während es die Magenmotorik differenziert beeinflusst. Im Antrum des Magens kommt es zu einer Aktivitätssteigerung, während im Fundus eine Hemmung einsetzt mit dem Resultat, dass die Magenentleerung verzögert wird. Auf die Sekretion von Pankreas und Galle hat Gastrin ähnliche Wirkungen wie Cholecystokinin, allerdings schwächer ausgeprägt. Die Gastrinausschüttung der G-Zellen im Magen wird über nervöse oder mechanische Vorgänge sowie bestimmte Aminosäuren (Glycin, Alanin, Serin) und einen hohen pH-Wert im Magen stimuliert. Permanent hohe Gastrinspiegel können zu einer Hypertrophie der Darmschleimhaut und zu Ulzerationen führen, was z. B. infolge endokrin aktiver Tumoren (Zollinger-Ellison-Syndrom) oder auch evtl. bei renaler Insuffizienz auftritt.

Cholecystokinin wird in der Duodenalschleimhaut gebildet, ausgelöst durch Fett- und Proteinabbauprodukte. Es bewirkt die Bildung eines enzymreichen Pankreassekretes sowie eine Kontraktion der Gallenblase. Weiterhin beeinflusst es Magensekretion und -motorik in einer dem Gastrin vergleichbaren Weise, allerdings kann es auch zu einer kompetitiven Hemmung kommen.

Sekretin

Sekretin stammt ebenfalls aus der Duodenalschleimhaut und wirkt teilweise komplementär zum Cholecystokinin. Es regt die Bildung von Pankreassekret sowie besonders die Bikarbonatausscheidung an. Auch die Galleausscheidung wird positiv beeinflusst. In Teilbereichen hemmt Sekretin Wirkungen des Gastrins im Magen. Im Duodenum werden daneben eine Reihe weiterer Hormone gebildet, z. B. mit vasodilatativer und motilitätshemmender Wirkung (Vasoactive intestinal peptide = VIP). Fett- oder Glucosezufluss üben im Sinne eines negativen Feedbacks hemmende Wirkungen auf Magensekretion und -motilität aus (über das Gastric inhibitory polypeptide = GIP). Weitere, im Zusammenhang mit der hormonellen Regulation der Verdauung wichtige Hormone sind in ▶ Tab. 3.2 aufgeführt.

3.2.4 Verdauungssekrete und -enzyme

Verdauungssekrete werden von Speicheldrüsen, Magenschleimhaut, Pankreas, Darmschleimhaut, Darmeigendrüsen, aber auch der Leber gebildet (▶ Abb. 3.8). Sie enthalten Schleimsubstanzen (für die Passage des Chymus und zum Schutz der Schleimhaut), anorganische Komponenten (zur Einstellung des pH-Wertes im Lumen sowie zur Unterstützung der Verdauung) und z. T. auch wichtige Verdauungsenzyme, die auch im Bürstensaum der Darmepithelien sowie durch Mikroorganismen im Darmchymus gebildet werden.

Speichel

Zusammensetzung

Der Speichel (▶ Tab. 3.3) enthält organische und anorganische Komponenten. Der Trockensubstanzgehalt hängt u. a. von der Konsistenz des Futters ab. So werden z. B. bei Aufnahme von rohem Fleisch nur geringe Mengen eines schleimigen Sekretes abgegeben, Fleischpulver fördert hingegen die Bildung eines stark wässrigen Parotisspeichels. Unter den Mineralien dominieren Natrium, Kalium und Chlorid (z. T. als puffernd wirkende Substan-

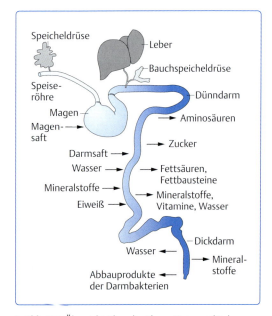

▶ Abb. 3.8 Übersicht über die Absorptions- und Sekretionsvorgänge im Magen-Darm-Trakt.

▶ **Tab. 3.2** Gastrointestinale Hormone und ihre Wirkungen.

Hormon	Bildungsort	fördert	hemmt
Bombesin	Magenfundus, Antrum, Dünndarm	Magensekretion, CCK-Freisetzung	
Cholecystokinin (CCK)	Duodenum	Pankreassekretion, -enzyme, Gallenblasenkontraktion	Magenentleerung
Enkephaline	Magen, Duodenum, Gallenblase	Aktivität von Neuronen, Pankreassekretion	
Gastrin	Magenantrum, Duodenum	Magensekretion (auch Pankreas)	Magenentleerung
gastrisches inhibitorisches Peptid (GIP)[1]	Dünndarm	Insulinfreisetzung	Magenmotilität, -sekretion
Glukagon	Pankreas, Magen, Duodenum	Insulinfreisetzung	Pankreassekretion, Motilität
glukagonähnliches Peptid 1 (GLP-1)	Dünndarm (bes. Jejunum)	Insulinfreisetzung	Magenmotilität, -sekretion, Pankreassekretion, Appetit
glukagonähnliches Peptid 2 (GLP-2)	Dünndarm, Kolon	Proliferation der Mukosa	s. GLP-1
Motilin	Duodenum, Jejunum	Motilität Magen und vorderer Dünndarm	
Neurotensin	Ileum	Vasodilatation, Pankreassekretion, Mukosaproliferation	Magensekretion, -entleerung
pankreatisches Polypeptid (PP)	Pankreas	Flüssigkeitssekretion	Pankreassekretion
Peptid YY (PYY)	Ileum, Kolon (Pankreas)		Motilität und Sekretion, Pankreassekretion
Prostaglandine (PG)	Gastrointestinaltrakt, Pankreas, Leber	Motilität und Sekretion in Teilen des Gastrointestinaltraktes, Blutperfusion, Mucus- und Bikarbonatsekretion im Magen	Magensekretion (PGA und PGE)
Sekretin	Duodenum	Pankreassekretion, Bikarbonatausscheidung	Magen-/Dünndarmmotilität, Magensekretion
Serotonin	Dünn- und Dickdarm	Motilität, Vasodilatation	
Somatostatin	Antrum, Dünndarm		enteroendokrine Peptidsekretion, Sekretion, Motilität
Substanz P	Darmschleimhaut	Pepsinogenbildung, Regulationsprozesse	
vasoaktives intestinales Peptid (VIP)	Magen, Dünndarm, Kolon	Durchblutung, Sekretion im Dünndarm	Magenmotilität, -sekretion

[1] auch als glukoseabhängiges insulinotropes Peptid bezeichnet
Quellen: Guilford 1996, National Research Council 2006.

3 Nahrungsaufnahme und Verdauung

▶ Tab. 3.3 Zusammensetzung und Menge verschiedener Verdauungssekrete beim Hund.

	Einheit	Speichel	Magensaft	Pankreassaft	Darmsaft	Galle	
						Leber	Gallenblase
Menge	ml/kg KM/min.[1)]	2–4	1–2	0,3			
Menge	ml/kg KM/Tag	20–40	50–100	25–50	ca. 20	15	
pH-Wert		6,9–7,7	bis 1	7,0–8,6	6,8–6,9	7,7–8,2	5,3–7,1
Trockensubstanz	%	0,5–1	0,4–1,0	1,5–6,6	1,2–1,5	3–5	12–22
organische Substanz der Trockensubstanz	%	60–70	40–50	50–80	50		
Mineralien							
Natrium	mmol/l	11–74	43–87	157	141[2)]	28	
Kalium	mmol/l	10	10–20	5	4–10	+[3)]	
Chlorid	mmol/l	11	99–144	155	71–141	+	
Phosphor	mmol/l	0,2–1	0,1	0,03	3[2)]	29–90	
Kalzium	mmol/l	1,5–6,7	0,03	0,02	1,5	+	
Magnesium	mmol/l	+	0,2–0,24	0,5	0,6	1,8	

[1)] postprandial
[2)] Jejunalsekret
[3)] + = vorhanden, nicht quantifiziert
Quelle: Meyer 1983.

zen) im Speichel. Die Gehalte an Kalzium, Phosphor und Magnesium sind geringer, schwanken jedoch individuell erheblich. Im Zusammenhang mit der Speichelverdunstung sind diese Unterschiede vermutlich für die Disposition zur Zahnsteinbildung von Bedeutung.

Hundespeichel enthält im Gegensatz zum Menschen keine Verdauungsenzyme. Er dient in erster Linie dazu, die Nahrung gleitfähig zu machen. Während die Unterzungendrüsen zur Feuchthaltung der Maulhöhle kontinuierlich ein besonders muzinhaltiges Sekret produzieren, sezernieren die übrigen Speicheldrüsen erst mit Beginn der Nahrungsaufnahme. Die Gesamtspeichelmenge wird je nach Nahrungsart und -menge auf 20–40 ml/kg KM/Tag geschätzt (▶ Tab. 3.3). Während einer Wärmebelastung wird Speichel der Parotis über Zunge und Maulhöhle verdunstet.

Sekretion

Die Speichelsekretion kann – wie bereits Pawlow um die vorige Jahrhundertwende nachwies – durch unbedingte und bedingte Reflexe ausgelöst werden. Schon durch Riechen oder auch Sehen der Nahrung wird die Sekretion angeregt (bei Warten auf die Nahrung Abfluss von Speichel aus der Maulspalte). Auch mit der Fütterungsvorbereitung verbundene Geräusche oder Handlungen können sekretionsfördernd wirken (bedingte Reflexe). Darüber hinaus regen die durch unmittelbaren Kontakt der Nahrung mit der Maulschleimhaut entstehenden mechanischen und chemischen Reize den Speichelfluss an (unbedingte Reflexe). Bei ra-

▶ Tab. 3.4 Proteinabbauende Enzyme.

Enzyme	Vorstufe	Typ	Ort, Bildung	Wirkung	pH-Optimum	Endprodukte
Pepsine	Pepsinogene	Endopeptidase[1]	Magenschleimhaut	Magenlumen	1,5–3,5	Peptide
Trypsin	Trypsinogen	Endopeptidase[1]	Pankreaslumen	Dünndarmlumen	7–9	Peptide
Chymotrypsine	Chymotrypsinogene	Endopeptidase[1]	Pankreas	Dünndarmlumen	7–9	Peptide
Elastase	Proelastase	Endopeptidase[1]	Pankreas	Dünndarmlumen	>7	Peptide
Carboxypeptidasen A und B	Procarboxypeptidasen	Exopeptidase[2]	Pankreas	Dünndarmlumen	>7	Aminosäuren
Aminopeptidasen		Exopeptidase[2]	Dünndarmschleimhaut	Oberfläche u. Epithel Dünndarmschleimhaut	7	Aminosäuren
Dipeptidasen			Dünndarmschleimhaut	Oberfläche u. Epithel Dünndarmschleimhaut		Aminosäuren
L-Arginase			Dünndarmschleimhaut	Oberfläche u. Epithel Dünndarmschleimhaut		Harnstoff + Ornithin

[1] Spaltung des Proteins von der Mitte aus
[2] Spaltung des Proteins von den Enden aus: Carboxyende = Carboxypeptidasen; N-terminal = Aminopeptidasen.

scher Nahrungsaufnahme (breiiges Futter) spielen diese Auslöser der Speichelsekretion, insbesondere bei kurzer Vorbereitungszeit, auf die Fütterung allerdings eine untergeordnete Rolle.

Magensaft

Der Magensaft, ein wässrig-schleimiges Sekret, wird vor allem in den Drüsen der Fundus- und Pylorusdrüsenschleimhaut gebildet.

Zusammensetzung

Unter den **anorganischen** Anteilen ist der hohe Salzsäuregehalt (0,5–0,6 %) bemerkenswert (▶ Tab. 3.3), der den postprandial, d. h. nach der Fütterung, tiefen pH-Wert im Magen erklärt. Auch die Na- und K-Gehalte sind beträchtlich, wobei Kalium gegenüber dem Plasma 2- bis 4-fach höher konzentriert ist. Bikarbonat, das bei der Salzsäurebildung in den Belegdrüsen der Magenschleimhaut entsteht, diffundiert aus dem Zellinneren bis in die Mucusschicht und schützt dadurch die Magenwand vor direkter Säureeinwirkung.

Die **organische** Substanz des Magensaftes wird durch Schleimstoffe und die eigentlichen Verdauungsenzyme gebildet. Die Schleimstoffe stammen vom Oberflächenepithel der Magenschleimhaut, z. T. auch von den Drüsen im Pylorusteil des Magens und stellen ein viskoses Gemisch aus Kohlenhydraten, Aminozuckern, Glykoproteinen, Phospholipiden und Mucopolysacchariden dar. Sie schützen zusammen mit dem Bikarbonat die Schleimhaut vor den Einwirkungen der Verdauungsenzyme und der Salzsäure, indem sie sich gelartig über die Oberfläche legen. Um diese

Funktion erfüllen zu können, ist eine permanente Schleimproduktion erforderlich, andernfalls kann es zur Bildung von Ulzera kommen. Unter den Verdauungsenzymen kommt den eiweißspaltenden Pepsinen die größte Bedeutung zu, daneben ist jedoch auch schon bei Saugwelpen eine beträchtliche Lipaseaktivität vorhanden.

Die in den Magendrüsen lokalisierten Hauptzellen bilden Pepsinogene, die im Magenlumen durch Salzsäureeinwirkung in mehreren Schritten zu Pepsinen aktiviert werden, indem zunächst vom N-terminalen Ende ein Peptidbruchstück abgespalten wird. Dieser Prozess der Aktivierung der Pepsinvorstufen setzt sich dann autokatalytisch fort. Das Wirkungsoptimum liegt im sauren Milieu (pH 1,5 bis 3,5), sodass kurz nach der Nahrungsaufnahme, bei verminderter Säuresekretion oder auch bei starker Pufferwirkung des aufgenommenen Futters eine reduzierte Aktivität zu verzeichnen ist. Neben dem Pepsin, das aus den sekretorischen Zellen des Magens stammt, werden in geringerem Umfang auch intrazelluläre Enzyme (z. B. Kathepsine) freigesetzt, die bei neutralem pH ihre Wirksamkeit entfalten. Außer den Enzymen kommt im Magen des Hundes ebenso wie im Pankreassekret ein Intrinsic Factor vor, der für die Vitamin- B_{12}-Absorption im Dünndarm essenziell ist.

Funktion
Aufgrund seines tiefen pH-Wertes besitzt der Magensaft gärungs- und fäulniswidrige Eigenschaften. Seine bakteriostatische Wirkung richtet sich im Wesentlichen gegen Keime, die ein pH-Optimum von 6–8 aufweisen, nicht gegen säureliebende Bakterien wie z. B. Milchsäurebakterien. Diese können sich im Magen vermehren, insbesondere solange der Magensaft noch nicht den Magenbrei vollständig durchsäuert hat.

Sekretion
Die Menge des Magensaftes hängt von Art und Umfang der Nahrung ab. Die Sekretion wird, wie schon Pawlow nachwies, indirekt oder direkt ausgelöst. Dabei lassen sich Gehirn-, Magen- und Darmphase unterscheiden.

Gehirnphase Durch visuelle oder olfaktorische Reize seitens der Futtermittel, aber auch durch Gewöhnung an bestimmte Handlungen, die mit der Fütterung einhergehen, wird die Sekretion des Magensaftes schon vor der Futteraufnahme durch bedingte Reflexe eingeleitet.

Magenphase Eine weitere Forcierung erfolgt nach Kontakt des Futters mit der Maulschleimhaut, beim Zerkauen und Abschlingen der Nahrung sowie durch chemische und mechanische Reize, die nach Füllung des Magens von der Magenschleimhaut ausgehen. Dabei wirken Dehnungsreize an der Magenwand und Eiweißabbauprodukte, die anfangs in geringer Menge infolge Einwirkung des während der nervösen Phase gebildeten Magensaftes entstehen, verstärkend. Allgemein scheinen Fleisch, Fleischbrühe, Kochsalz, Säuren und selbst Wasser die Magensäuresekretion zu stimulieren, während konzentrierte Zuckerlösungen eher hemmend wirken. Pflanzliche Eiweiße, z. B. aus der Sojabohne, haben eine geringere Wirkung als Fleisch.

Nach Aufnahme von Fleisch, Bouillon und Milch kam es zu einer annähernd proportionalen Steigerung der Sekretmenge in Abhängigkeit von der Nahrungsmenge, nicht jedoch nach Verfütterung von Brot, Zucker, Kartoffeln oder Butter.

Darmphase Die Magensaftsekretion wird auch endokrin über Gastrin und Cholecystokinin beeinflusst. Als Auslöser dienen Eiweißabbauprodukte sowie hohe duodenale pH-Werte.

> ⚠ Starke körperliche Anstrengung ebenso wie Aufregungen oder Läufigkeit können die Magensaftsekretion einschränken und sind ggf. bei der Entstehung der Magendrehung bedeutsam.

Pankreassaft
Das exokrine Pankreas produziert eine klare, wässrige Flüssigkeit mit einem pH-Wert von 7–8.

Zusammensetzung
Unter den anorganischen Komponenten ist insbesondere der hohe Natriumbikarbonatgehalt zu erwähnen, der zur Abpufferung des in das Duodenum einfließenden, sauren Magenchymus und zur Schaffung optimaler Bedingungen für die Pankreasenzyme dient.

▶ **Tab. 3.5** Kohlenhydratabbauende Enzyme.

Enzyme	Entstehungsort	Zerlegung	
		von	zu
α-Amylase	Pankreas	Amylose	Maltose Maltotriose
		Glykogen, Amylopektin	Maltose Maltotriose α-Limit-Dextrine
Maltase	Bürstensaum	Maltose	Glukose
α-Dextrinase	Bürstensaum	Isomaltose	Glukose
Laktase	Bürstensaum	Laktose	Glukose, Galaktose
Saccharase	Bürstensaum	Saccharose	Glukose, Fruktose
Zellulasen (bakt. Herkunft)	Lumen des Darmrohrs	Zellulose	Glukose
Sonstige (bakt. Herkunft)	Lumen des Darmrohrs	u. a. Glukose	Milchsäure, flüchtige Fettsäuren

Eiweißspaltende Enzyme Neben Lipiden und Muzinen sind im Pankreassekret die wichtigsten Enzyme zur Verdauung von Proteinen, Fetten und Kohlenhydraten enthalten. Zum Schutz vor Selbstverdauung liegen die eiweißspaltenden Verdauungsenzyme als inaktive Vorstufen (Zymogene) im Pankreasgewebe vor. Sie werden über Trypsininhibitoren inaktiviert. Die Umwandlung der Zymogene in die aktiven Verdauungsenzyme vollzieht sich erst im Darmlumen durch Einwirkung von Enterokinase, einer aus dem Bürstensaum des Duodenalepithels stammenden Peptidase. Diese spaltet vom Trypsinogen ein Hexapeptid ab und das entstandene Trypsin aktiviert seinerseits die weiteren eiweißspaltenden Enzyme. Die Enzymsekretion unterliegt dabei einem Feedback-Mechanismus, wobei hohe Aktivitäten im Darmlumen die Pankreassekretion hemmen können.

Fettspaltende Enzyme Die Lipaseaktivität ist beim Hund – im Vergleich zu anderen Spezies – sehr hoch. Lipasen vermögen Fette in Di- und Monoglyzeride sowie Fettsäuren zu spalten, Phospholipasen sind für den partiellen Abbau von Lezithin und anderen Phospholipiden notwendig. Ein Teil der freien Fettsäuren wird dabei infolge des hohen Natriumbikarbonatgehaltes im Pankreassaft in Seifen überführt, die ihrerseits weiterhin die Oberflächenspannung herabsetzen.

Kohlenhydratspaltende Enzyme Von den kohlenhydratspaltenden Enzymen kommt im Pankreassekret vor allem die α-Amylase (▶ Tab. 3.5) vor, welche die Verdauung der Stärke einleitet. Bei Unterbindung des Pankreassaftflusses oder Störung der Pankreassekretion wird die Stärkeverdauung beeinträchtigt. Im Gegensatz zu den eiweißspaltenden Fermenten werden die fett- und kohlenhydratabbauenden Enzyme unmittelbar in ihrer aktiven Form sezerniert.

Sekretion

Die Menge des insgesamt gebildeten Pankreassaftes wird auf etwa 25–50 ml/kg KM/Tag geschätzt. Die Sekretion verläuft kontinuierlich, wird jedoch nach der Futteraufnahme temporär verstärkt. Dabei sind reflektorische sowie humorale Einflüsse zu unterscheiden. Als Mediatoren dienen Enterohormone wie Sekretin und Cholecystokinin, die durch Kontakt der Dünndarmschleimhaut mit der Salzsäure des Magens oder mit Abbauprodukten aus der Nahrung (Peptone, Aminosäuren, Fettsäuren etc.) freigesetzt werden. Fettsäuren mit mehr als neun Kohlenstoffatomen wirken spezifisch sekretionsfördernd, hemmende Effekte können dagegen durch hohe Enzymkonzentrationen im Darmlumen entstehen.

Die insgesamt produzierte Enzymmenge im Pankreassaft kann in begrenztem Umfang durch die Art der Nahrung beeinflusst werden. So wies

3 Nahrungsaufnahme und Verdauung

▶ Tab. 3.6 Disaccharidaseaktivität im Bürstensaum des Dünndarms (Einheiten pro g Protein).

	Laktase	Maltase	Isomaltase	Saccharase
Saugwelpen (Dünndarm)	82	164	50	16
ausgewachsene Hunde				
Duodenum	19	159 (257)[1]	52 (97)[2]	19 (67)[2]
Jejunum	33	226 (242)	80 (94)	30 (66)
Ileum	10	163 (207)	88 (78)	20 (19)

[1] mit Stärkefütterung
[2] mit Saccharosefütterung
Quelle: Kienzle 1988.

bereits Pawlow nach, dass bei einseitiger kohlenhydratreicher Fütterung die Amylaseaktivität im Pankreas zunahm, während eine länger dauernde Eiweißdiät zu einer merklichen Steigerung der eiweißspaltenden Enzyme führte (Enzyminduktion). Saugwelpen bilden noch sehr wenig stärkespaltende Enzyme. Erst im Alter von 3 bis 4 Monaten wird das Niveau von ausgewachsenen Hunden erreicht. Im Pankreas wird zudem ein Intrinsic Factor gebildet, der für die Absorption von Vitamin B_{12} im Ileum benötigt wird.

Darmsaft

Zusammensetzung

Der von den Duodenal- bzw. Darmeigendrüsen gebildete Darmsaft enthält neben Muzinen und Mineralien (insbesondere hohe Natrium- und Bikarbonatgehalte) verschiedene Enzyme wie Peptidasen, Lipasen und Disaccharidasen, die z. T. von der Oberfläche der Dünndarmschleimhaut stammen. Die Enzymkonzentration im Darmsaft ist relativ gering. Die Enzyme wirken im Wesentlichen auf vorverdaute Teilstücke der Nahrung und vollenden die durch andere Verdauungssekrete bereits eingeleiteten Verdauungsvorgänge. Die Gesamtmenge der Sekretion wird auf 20 ml/kg KM/Tag geschätzt.

Sekretion

Die Sekretion des Darmsaftes wird durch humorale und nervöse Impulse ausgelöst. Dabei kommt chemischen Reizen, die vom Chymus ausgehen (Aminosäuren, Di- und Monosaccharide, Fettsäuren), die größte Bedeutung zu.

Enzyme der Darmschleimhaut

Außer in den Verdauungssekreten kommen Verdauungsenzyme auch in den Enterozyten der Darmschleimhaut vor, wo sie ihre Wirkung unmittelbar an der Oberfläche des Bürstensaumes oder innerhalb der Zellen, z. B. beim Abbau von Peptiden, entfalten. Zu diesen Enzymen zählen die Aminopeptidasen (▶ Tab. 3.4) sowie die Disaccharidasen wie Maltase, Saccharase und Laktase (▶ Tab. 3.5).

Laktase

Laktase findet sich nur bei Welpen bis zu einem Alter von ca. 16 Wochen in größeren Mengen; später nimmt die Aktivität erheblich ab, sodass bei adulten Hunden nur geringe Mengen vorhanden sind (▶ Tab. 3.6). Zwischen ausgewachsenen Hunden bleiben z. T. erhebliche Unterschiede bestehen. Der Rückgang der Laktaseaktivität mit zunehmendem Alter kann durch die ständige Präsenz von Laktose (Milchzucker) nicht vollständig aufgehalten werden.

Maltase und Saccharase

Maltase kommt schon bei Saugwelpen vor (▶ Tab. 3.6). Ihre Aktivität nimmt bei Fütterung von Stärke zu, ähnlich wie die der Saccharase. Allerdings bleibt die Saccharaseaktivität auch beim adulten Hund im Vergleich zu anderen Spezies relativ niedrig (▶ Tab. 3.6).

3.2 Bau und Funktion des Verdauungskanals

Galle

Zusammensetzung

Die Galle ist beim Austritt aus der Leber noch dünnflüssig (3,5–5 % TS), wird jedoch bei längerem Aufenthalt in der Gallenblase eingedickt (12–22 % TS). Rund 50 % der Feststoffe werden durch die Gallensäuren präsentiert. Daneben finden sich Gallenfarbstoffe, die beim Hund ausschließlich aus gelbem Bilirubin bestehen, sowie Cholesterin, Phospholipide, Fettsäuren und Seifen.

Gallensäuren Von den Gallensäuren (beim Hund vorwiegend Taurocholsäure, Produktion ca. 100 mg/kg KM/Tag) wird der größte Teil (ca. 95 %) am Ende des Dünndarms wieder resorbiert (enterohepatischer Kreislauf). Die Gallensekretion verläuft kontinuierlich. Die insgesamt gebildete Menge wird auf etwa 15 ml/kg KM/Tag geschätzt.

Die Gallenblase wird sowohl durch bedingte als auch unbedingte Reflexe geleert, im Wesentlichen aber über die Konzentrationen von Abbauprodukten der Nahrung im Duodenum gesteuert (Ausschüttung von Cholecystokinin).

Funktion

Die Galle beeinflusst die Eiweiß-, insbesondere aber die Fettverdauung, in beiden Fällen jedoch nur indirekt. Neben einer Aktivierung der Pankreaslipase überführen die Salze der Gallensäuren die Abbauprodukte der Fette in eine lösliche Form (Mizellenbildung). Sie wirken wie Detergenzien, indem sie die Bildung negativ geladener polymolekularer Aggregate aus den Fettabbauprodukten begünstigen.

Bakteriell gebildete Enzyme

Im Darmlumen werden weiterhin Enzyme wirksam, die von Bakterien stammen. Quantitative Angaben liegen nicht vor; ihre Hauptwirkung entfalten sie im Dickdarm während der verlangsamten Chymuspassage, wenngleich auch im Dünndarm bei mikrobiellen Dysbiosen eine hohe Aktivität möglich ist.

Kohlenhydratspaltende Enzyme

Von den bakteriell produzierten Enzymen sind die Zellulasen, Pektinasen und andere kohlenhydratspaltende Enzyme am wichtigsten. Sie können Zellulose, Pektine, Pentosane etc., die von körpereigenen Enzymen des Hundes nicht zerlegt werden, abbauen. Nur dadurch ist die Verdauung dieser Stoffe beim Hund zu erklären. Auch andere evtl. im Dünndarm nicht vollständig abgebaute und absorbierte Kohlenhydrate sowie Proteine werden durch Enzyme bakterieller Herkunft unter Bildung von organischen Säuren, Gasen sowie weiteren Metaboliten zerlegt.

Eiweißspaltende Enzyme

Die eiweißspaltenden Enzyme bakterieller Herkunft, insbesondere im Dickdarm, haben durchaus praktische Bedeutung. Durch sie werden nicht allein die im Dünndarm unverdauten Eiweiße weiter abgebaut, sondern teilweise auch körpereigene Proteine, die mit Verdauungssekreten oder Schleim in das Darmlumen gelangen. Der bakterielle Proteinabbau bleibt nicht auf der Stufe der Aminosäuren stehen, sondern setzt sich fort bis zur Bildung von Ammoniak, Schwefelwasserstoff, biogenen Aminen (u. a. Cadaverin, Putrescin) und anderen Stoffen.

> ⚠ Bei einer Chymusstase oder vermehrter Anflutung nicht abgebauter Eiweiße in den Dickdarm nimmt die proteolytische Flora und Konzentration der Eiweißabbauprodukte erheblich zu. Ein länger anhaltender Zustrom dieser Stoffe aus dem Darm wirkt für die Leber belastend, evtl. auch für den Gesamtorganismus.

3.2.5 Nahrungsaufnahme und Chymuspassage

Futter- und Wasseraufnahme

Futteraufnahme

Die Art der Nahrungsaufnahme hängt beim Hund stark von Konsistenz und Zerkleinerungsgrad des Futters ab. Vorzerkleinerte Nahrung oder schlingfähige Stücke werden mit den Schneidezähnen erfasst und ohne gründliches Kauen abgeschluckt.

3 Nahrungsaufnahme und Verdauung

Größere Nahrungsteile oder härteres Material fixieren trainierte Hunde mit den Vordergliedmaßen und reißen, schneiden oder sprengen einzelne Teile ab. Dabei liegt der Hund und biegt seinen Kopf so weit seitlich ab, dass er auch seine Reißzähne einsetzen kann. Hunde machen in diesem Zusammenhang oft vergebliche Schluckversuche und nehmen dabei evtl. größere Luftmengen auf.

Wasseraufnahme

Zur Wasseraufnahme taucht der Hund die löffelförmig gebogene Zunge (durch Aufbiegen der Ränder) in die Flüssigkeit und zieht sie nach Füllung in die Maulhöhle zurück. Bei ein bis drei Schöpfbewegungen mit ca. 2 ml (mittelgroßer Hund) pro Sekunde können innerhalb kurzer Zeit größere Wassermengen aufgenommen werden.

Abschlucken

Das Abschlucken von Nahrung und Flüssigkeit wird zunächst durch willkürliche Muskelkontraktionen (Pressen der Nahrung oder Flüssigkeit mittels Zungengrund und Backen zum Racheneingang) eingeleitet und durch unwillkürliche, reflektorische Bewegungen fortgesetzt (dabei Schließung des Atmungsweges und Erweiterung des Speiseröhreneingangs). Nachdem der Bissen in die Speiseröhre eingetreten ist, erschlafft jeweils der magenwärts gelegene Teil der Muskulatur, während mundwärts eine kräftige Kontraktion erfolgt. Dadurch wird der Bissen allmählich in den Magen befördert (Dauer ca. 5–10 s). Vor dem Mageneingang kann evtl. ein kurzer Stau eintreten (auch bei Flüssigkeiten), sodass dann gleichzeitig größere Futtermengen in den Magen eingelassen werden.

Magenfüllung und -entleerung

> ❗ **Der Magen des Hundes dient nicht allein der Verdauung des Futters, sondern reguliert auch den gleichmäßigen Übergang der Nahrung in den Dünndarm. Darüber hinaus ist er Speicherorgan für die Nahrung. Diese Funktion leitet sich vermutlich von den ursprünglichen Ernährungsbedingungen bei Karnivoren ab, für die z. T. lange Intervalle zwischen den Mahlzeiten typisch sind.**

Magenfüllung

Die Nahrung gelangt in der Regel in den leeren Magen, der sich schichtweise füllt bei gleichzeitiger Zunahme des Volumens (insbesondere des Fundusteiles, bedingt durch Erschlaffung der Wandmuskulatur). Während der kugelförmige Fundusdrüsenteil des Magens als Speicher der aufgenommenen Nahrung sowie zur Vorbereitung und Einleitung der Eiweißverdauung dient, durchmischt der schlauchförmige Endteil des Magens den Inhalt und sorgt für eine dosierte Entleerung in den Dünndarm.

Im Fundusdrüsenteil dringt der Magensaft allmählich von den Wandschichten in den Magenbrei ein und verflüssigt nach und nach seine äußeren Lagen. Dieser Vorgang dauert je nach Art und Konsistenz der Nahrung unterschiedlich lange. Breiartige, stark verkleisternde Futtermassen werden langsamer durchtränkt als Futtermittel, die in Einzelstücken geschichtet vorliegen, wie z. B. Fleischstücke, die von Bindegewebe umschlossen sind. Bindegewebefaszien werden im Magen bereits so stark aufgelöst, dass die eingeschlossenen Muskelfasern von den Verdauungsenzymen erreicht werden können.

Mäßige Kontraktionen im Fundusdrüsenteil sorgen je nach Füllung des Magens für eine langsame Weiterleitung des Inhaltes in Richtung Magenausgang. Im schlauchartigen Endteil des Magens wird der Inhalt nach ausreichender Verflüssigung kräftig durchmischt und je nach Fortschritt der Durchsaftung und Durchmischung in m. o. w. großen Mengen in das Duodenum weitergeleitet.

Entleerung des Magens

Die Entleerung des Magens hängt nicht allein von dem jeweiligen Füllungsgrad ab, sondern vorwiegend von den chemisch-physikalischen Bedingungen in Magen und Anfangsteil des Duodenums. Vom Magen aus wirkt vor allem der Grad der Zerkleinerung und Verflüssigung des Inhalts auf die Geschwindigkeit der Weiterleitung. Je stärker die Verflüssigung, umso rascher die Passage. Feste Stücke (Fleisch oder Leber) werden länger retiniert, ebenso sehr visköses Material. Die Abbau- und Zerlegungsfähigkeit bzw. -geschwindigkeit von partikulärer Nahrung (z. B. Bindegewebe) ist somit für die Entleerung des Magens von erheblicher Bedeutung. Nicht verdaute Stücke werden erst gegen Ende der Gesamtentleerung durch starke Kontraktionen der Magenwand in den Dünndarm befördert, dabei evtl. auch abgeschluckte feste Fremdkörper.

Duodenum

Das Duodenum wirkt über Füllungsgrad sowie pH-Wert, Osmolalität und Konzentration an Fett- oder Aminosäuren in seinem Chymus modifizierend auf die Magenentleerung. Fette mit einem größeren Anteil an einfach ungesättigten Fettsäuren (Olivenöl, Leinöl) verzögern sie. Unter den gesättigten Fettsäuren wirken Säuren mit einer Kettenlänge von C 10 bis C 14 (besonders die Myristinsäure) am stärksten hemmend, während Säuren mit einer Kettenlänge von unter 4 oder über 16 C-Atomen weniger effektiv sind.

Unter den verschiedenen Aminosäuren scheint die Konzentration des L-Tryptophans im Duodenalchymus die Magenentleerung zu verzögern. Da die Konzentration der Fett- und Aminosäuren im Duodenalchymus u. a. auch von der Geschwindigkeit der Absorption abhängt, kommt der Duodenalverdauung und -absorption für die Entleerung des Magens indirekt eine erhebliche Bedeutung zu. Bei tiefen pH-Werten oder hohen Osmolalitäten im Zwölffingerdarm wird der Zufluss aus dem Magen über entsprechende hemmende Feedback-Mechanismen gehemmt.

Unabhängig von den direkt am Darmkanal wirkenden Faktoren spielen beim Übergang des Mageninhaltes in den Darm auch physische und psychische Einflüsse eine Rolle. Eine 2-stündige Bewegung auf einem Laufband nach der Futteraufnahme führte z. B. zu einer verzögerten Magenentleerung. Auch physische (Schmerzen, Erschöpfung, Harndrang) ebenso wie psychische Belastungen (Aufregungen oder Angstzustände) verzögern die Entleerung.

Einflussfaktoren

Schließlich können Erkrankungen bzw. Medikamente die Magenentleerung beeinflussen. Im Allgemeinen ist spätestens 15–20 Stunden nach der letzten Nahrungsaufnahme der Mageninhalt vollständig in den Dünndarm übergegangen.

Unter bestimmten Bedingungen (antiperistaltische Bewegungen des Duodenums) kann beim Öffnen des Pylorus Dünndarminhalt in den Magen zurückfluten und damit zusätzliche Verdauungsprozesse (Abbau von Fetten oder Kohlenhydraten) induzieren.

Die während des Fressens oder nach der Mahlzeit aufgenommene Flüssigkeit kann sich je nach Futterart im Magenbrei insgesamt verteilen oder direkt bis in den Dünndarm gelangen. Bei leerem Magen wird die Flüssigkeit rasch durch den Magen geschleust.

3.2.6 Erbrechen

Erbrechen kann zahlreiche Ursachen haben und tritt primär, d. h. bei direkter Beteiligung des Magens oder aber sekundär infolge anderer Auslöser auf. Mögliche alimentäre Ursachen sind übermäßige Futteraufnahme, Hemmung der Magenentleerung infolge hoher Nährstoffkonzentrationen im Duodenum, starke Quellung der Nahrung im Magen, das Abschlucken von schwer abbaubaren Nahrungsbestandteilen (Knochen, Gras) bzw. Fremdkörpern sowie Aufnahme von Futtermitteln, die verdorben sind oder stark abweichende Geruchs- oder Geschmacksqualitäten aufweisen. Aufnahme von Toxinen wird ebenfalls häufig als Ursache vermutet, nachgewiesen sind entsprechende Wirkungen bei Schimmelpilztoxinen, Giftpflanzen oder auch Schwermetallen. Auch psychische Belastungen können Ursache für chronisches Erbrechen sein. Das bei laktierenden Hündinnen in der dritten und vierten Laktationswoche vorkommende „Erbrechen" ist gewöhnlich nicht krankhaft, sondern diente ursprünglich der Welpenversorgung. Von säugenden Wölfinnen ist bekannt, dass sie angedautes Futter nach Rückkehr vom Beutefang den im Lager verbliebenen Welpen durch Erbrechen zur Verfügung stellen. Über krankhafte Ursachen des Erbrechens siehe Kap. 7.5.5.

Das Erbrechen wird durch antiperistaltische Bewegungen des Magens eingeleitet und nach Öffnung der Kardia durch inspiratorischen Unterdruck im Brustraum (bei Einatmung mit geschlossener Glottis) unter Mithilfe der Bauchpresse abgeschlossen.

3.2.7 Dünn- und Dickdarmpassage

Der Mageninhalt wird entsprechend den oben genannten Steuerungsfaktoren durch rhythmische, alle 15–20 Sekunden erfolgende Kontraktionen der Pylorusmuskulatur schubweise in den Dünndarm gedrückt und durch periodische Segmentierung und Pendelbewegungen des Darmes allmählich mit den Darmsekreten vermischt und weiterbefördert. Der Chymus erreicht 60–90 Minuten nach Übergang in das Duodenum den Dickdarm.

Dünndarmpassage

Während der Dünndarmpassage beginnen die entscheidenden Schritte der Verdauung, d. h. die Zerlegung der Nahrungsstoffe in lösliche Teilstücke sowie die Aufnahme dieser Stoffe über die Darmwand (Absorption).

Am Ende des Ileums ist bei hochverdaulichen Rationen die Verdauung der Eiweiße und Fette nahezu vollständig abgeschlossen, nicht dagegen bei schwer verdaulichen Futtermischungen (▶ Tab. 3.9).

Dickdarmpassage

Im Dickdarm hängt die Verweildauer des Chymus insbesondere von der Menge an unverdaulichen Komponenten in der Nahrung ab. Mit zunehmendem Anteil an Ballaststoffen in der Futterration wird die Chymuspassage beschleunigt. Für eine optimale Peristaltik und Passage der Nahrung im Dickdarm sind geringe Mengen an schwer löslichen, unverdaulichen Komponenten (pflanzliche Fasern, Keratin, Ascheanteile) im Futter notwendig, da u. a. der Füllungsdruck im Dickdarm für die Peristaltik von Bedeutung ist. Der Wildkanide nimmt solche Stoffe mit den Beutetieren auf (Keratin aus Horn und Haaren, pflanzliche Fasern aus dem Darminhalt, Aschebestandteile aus dem Skelett).

In der Nahrung des Hundes sind aus diätetischen Gründen daher 1–2 % Rohfaser oder andere unverdauliche Stoffe als zweckmäßig anzusehen. Dadurch wird die Verdaulichkeit des Futters insgesamt noch nicht nachhaltig beeinträchtigt, andererseits aber bereits eine deutliche Erhöhung der Peristaltik und Beschleunigung der Dickdarmpassage erreicht (▶ Tab. 3.7).

▶ **Tab. 3.7** Einfluss des Rohfaseranteils im Futter auf die Geschwindigkeit der Nahrungspassage (Bestimmung mit gefärbten Futterpartikeln).

Rohfasergehalt in der Futtertrockensubstanz (g/100 g)	Beginn der Partikelausscheidung (h)	Ende der Partikelausscheidung (h)
0,7	9–12	60–69
4,6	7–15	44–48
8,0	12–18	34–38

Quelle: Riklin 1973.

Verweildauer

Die Verweildauer des Chymus im Dickdarmbereich wird auch durch Rasseneinflüsse sowie vom Defäkationsverhalten des Hundes, das individuell sowie je nach Erziehung bzw. vorhandenen Möglichkeiten variiert, bestimmt.

Im Dickdarm werden normalerweise nur noch geringe Anteile des Chymus verdaut, z. T. durch mitfließende Verdauungsenzyme aus dem Dünndarm, überwiegend jedoch durch mikrobiell gebildete Enzyme. Die Höhe der Umsetzung wird durch die Menge an vergärbarem Material aus dem Dünndarm ebenso wie von der Verweildauer des Chymus im Dickdarm bestimmt.

Absorption

Über die Dickdarmschleimhaut können Stoffe absorbiert werden, insbesondere die durch mikrobielle Aktivität entstehenden flüchtigen Fettsäuren, in geringeren Mengen auch Aminosäuren sowie Ammoniak, Schwefelwasserstoff, Wasser und Mineralien (Natrium, Chlorid und auch Kalzium). Nach teilweiser Entfernung des Dünndarms kann der Dickdarm kompensatorisch Verdauungs- und Absorptionsvorgänge übernehmen.

3.2.8 Kotzusammensetzung und -absatz

Die weder durch körpereigene noch mikrobielle Vorgänge abgebauten Futterbestandteile werden über den Enddarm ausgeschieden.

Die Fäzes (Kot) enthalten neben dem **unverdauten Material** auch **Bakterien** sowie **Substanzen endogener Herkunft**, wobei es sich im

Wesentlichen um Sekrete aus Verdauungsdrüsen, Epithelzellen sowie Schleim handelt. Häufig finden sich im Kot auch Haare oder andere strukturierte Partikel, die der Hund aufgenommen hat und die für körpereigene und mikrobielle Enzyme unverdaulich waren.

Häufigkeit

Die Frequenz des Kotabsatzes unterliegt Variationen in Abhängigkeit von tierindividuellen Faktoren, daneben spielen Erziehung und Haltungsbedingungen, aber auch Rasseneinflüsse eine erhebliche Rolle. Bei gleicher Fütterung neigen Hunde großer Rassen dazu, häufiger Kot abzusetzen (geringeres Darmgewicht; ▶ Tab. 2.4). Futterzusammensetzung und -verdaulichkeit sind weitere relevante Einflussgrößen. Bei Verabreichung hochverdaulicher Rationen, z.B. auf der Basis von Fleisch, setzen Hunde selten, teils nur einmal in zwei Tagen Kot ab. Werden dagegen faserreiche Rationen eingesetzt, z.B. im Rahmen diätetischer Maßnahmen, kann sich die Absatzfrequenz auf bis zu viermal pro Tag erhöhen. Neben physiologischen Faktoren können auch krankhafte Zustände, z.B. chronische Darmentzündungen, zu gesteigerter Defäkationsfrequenz führen.

Beschaffenheit

Der Kot sollte gut geformt sein, sodass er einfach beseitigt werden kann, allerdings nicht so fest, dass die Defäkation für das Tier erschwert wird. Der normale Wassergehalt liegt zwischen 75 und 55%, wobei neben der absoluten Menge an Wasser auch die Bindung des ausgeschiedenen Wassers an die unverdauten Bestandteile (Kotmatrix) entscheidend ist. Hier wirken physikalische und chemische Einflüsse, indem Wasser z.B. an das Molekülgerüst von Faserstoffen adsorbiert und dadurch fixiert wird oder aber mit anderen Inhaltsstoffen eine chemische Verbindung eingeht. Eine unerwünscht weiche Kotbeschaffenheit wird häufiger bei großen und Riesenrassen nach Aufnahme von Feuchtalleinfutter gesehen und insbesondere nach Verabreichung überhöhter Mengen bindegewebereicher Schlachtabfälle. Aber auch bei präzäkal nicht oder wenig verdaulichen Kohlenhydraten (z.B. Laktose) sowie bei einem zu geringen Gehalt des Futters an pflanzlichen Faserstoffen besteht die Tendenz zu weichem Kot. Daraus erklären sich auch die in der Praxis zu beobachtenden günstigen Wirkungen durch geringe Zulagen von Kleie, Trockenmöhren oder auch Zellulose (etwa 1–2 g/kg KM/Tag). Auch Knochenasche bzw. Bolus alba können bei der angegebenen Dosierung eine nachhaltige Verfestigung der Fäzes bewirken. Die Gabe höherer Mengen fermentierbarer Kohlenhydrate (Pektin, Guar-Gummi u. Ä.) kann aufgrund veränderter wasserbindender Eigenschaften zu einer Erweichung der Kotkonsistenz führen.

Menge

Die Frischkotmenge wird durch die Verdaulichkeit des Futters und den Wassergehalt im Kot bestimmt. Dabei wirkt die Verdaulichkeit nachhaltig auf die Kotmenge: Sinkt z.B. die Verdaulichkeit der Futtersubstanz von 92,5 auf 85%, so verdoppelt sich die Kotmenge.

Farbe

Die Farbe der Fäzes wird maßgeblich von der Futterzusammensetzung beeinflusst. Bei gängiger Rationsgestaltung, d.h. Verabreichung eines Mischfutters mit tierischem und pflanzlichem Eiweiß, Stärke und Fett, ist die Kotfarbe meist dunkelbraun durch die ausgeschiedenen und im Laufe der Darmpassage mikrobiell veränderten Gallenfarbstoffe. Milch und Knochen bzw. große Mengen an hartem Rindertalg führen zu einer gelblichen bzw. helleren Färbung der Fäzes, eine grüne bzw. olive Farbe resultiert aus der Verabreichung bestimmter Gemüsesorten. Möhren können zu einer Rotfärbung führen. Manchmal ist eine fast schwarze Farbe der Fäzes festzustellen, wenn der Hund Futtermittel wie Lunge, Sehnen oder Blutmehl in größeren Mengen aufgenommen hat. Farbstoffe aus Futtermitteln können ebenfalls die Kotfärbung beeinflussen. Daneben gibt es krankhafte Ursachen für eine veränderte Kotbeschaffenheit: Blutungen im vorderen Verdauungstrakt können zum Absatz von dunklem, pechähnlichem Kot führen, bei gestörter Fettverdauung weisen die Fäzes eine helle, pastöse Beschaffenheit auf. Erhöhte Anteile unverdauter Partikel treten infolge einer chronischen Insuffizienz des exokrinen Pankreas auf und können ihrerseits die Kotbeschaffenheit beeinflussen. Beimengungen frischen Blutes deuten auf Blutungen im Dickdarm, sei es durch sperrige Futtermittel oder eine Erkrankung, hin.

▶ **Tab. 3.8** Durchschnittliche Kotzusammensetzung beim Hund bei unterschiedlicher Fütterung.

	Fleisch bzw. Schlachtabfälle[1]	Feuchtalleinfutter	Trockenalleinfutter
Trockensubstanz (g/100 g FS)	30–45	20–30	25–35
Rohasche (g/100 g TS)	7–15	45	20–25
Rohprotein (g/100 g TS)	35–55	25–50	20–25
Rohfett (g/100 g TS)	20	5–10	4–6
Rohfaser	5–10 (+NfE[2])	5–10	5–10
N-freie Extraktstoffe (g/100 TS)	–	10–15	30–50

[1] ohne Zusätze
[2] N-freie Extraktstoffe

Geruch

Der Geruch des Kotes hängt von Futterart, Passagezeit (Fehlgärungen) und Wassergehalt ab. Nach Zufuhr größerer bzw. überhöhter Mengen tierischer Eiweiße und zu geringer Rohfaserversorgung wird im Zusammenhang mit langsamer Futterpassage und/oder Übergang von nur teilweise im Dünndarm verdauten, eiweißhaltigen Komponenten ein unangenehm faulig riechender Kot abgesetzt. Mit zunehmendem Rückgang des Wassergehaltes ist der Geruch weniger intensiv.

Zusammensetzung

Die Zusammensetzung des Kotes variiert je nach Futterart und Verdaulichkeit des Futters (▶ Tab. 3.8). Der Rohaschegehalt in der Trockenmasse kann je nach Aschegehalt in der Nahrung zwischen 7 und 45 %, bei knochenreicher Nahrung auch noch höher liegen. Während das Rohprotein, das neben unverdautem Nahrungseiweiß Muzine, Darmepithelien und Bakterieneiweiße umfasst, ein Viertel bis die Hälfte der gesamten Kotmasse ausmacht, liegt der Fettgehalt in der Regel unter 10 %, bei hochverdaulichen Rationen um 20 % und mehr, da der Kot stets eine bestimmte Menge an Fetten endogener Herkunft (ca. 50–60 mg Fett/kg KM/Tag) enthält. Der Gehalt an Rohfaser und N-freien Extraktstoffen wird im Wesentlichen durch die Zusammensetzung der Ration bestimmt. Nach Fütterung überwiegend pflanzlicher Kost erreichen diese Komponenten bis zu 50 % der Gesamtmasse unter entsprechender „Verdünnung" der übrigen Anteile.

Je nach bakterieller Umsetzung im Kolon kommen m. o. w. große Mengen an flüchtigen Fettsäuren (Essig-, Propion-, Buttersäure) im Kot vor, ebenso wie Milchsäure. Unter üblichen Fütterungsbedingungen liegt der pH-Wert im Kot um 6–7, bei fermentativen Diarrhöen und forcierter intestinaler Milchsäurebildung unter 6, oft bei gleichzeitigem Anstieg der Gesamtmenge an flüchtigen Fettsäuren auf über 250 mmol/kg FS.

3.2.9 Dauer der Nahrungspassage

Die Aufenthaltsdauer der Nahrung im Verdauungskanal kann mit markierten Substanzen geschätzt werden. Im Allgemeinen beginnt die Ausscheidung der unverdauten Verdauungsbestandteile bereits nach 12 Stunden, erreicht ihren Höhepunkt nach 24–30 Stunden und ist nach 40–60 Stunden abgeschlossen (▶ Tab. 3.7). Die mittlere Aufenthaltsdauer liegt um 24–36 Stunden. Futterart, Futterverdaulichkeit, Häufigkeit der Fütterung sowie andere äußere Einwirkungen auf das Tier können diesen Rhythmus erheblich variieren. Mehrmalige Fütterung am Tag wirkt beschleunigend. Nach ausschließlicher Fütterung hochverdaulicher Rationen (Fleisch) dauert die Passage durch Stase im Dickdarm wesentlich länger. Körperliche Belastungen unmittelbar nach der Fütterung (bis zu 2 Stunden) scheinen die Passagezeit zu verzögern, während Bewegungen zu einem späteren Zeitpunkt eher gegenteilig wirken. Die Verweildauer des Chymus in den verschiedenen Abschnitten des Gastrointestinaltrakts beträgt 2–8 Stunden im Ma-

3.3 Verdauung und Absorption

gen, 1–2 Stunden im Dünndarm und 18–24 Stunden im Dickdarm.

3.3.1 Organische Futterinhaltsstoffe

Qualitative Aspekte

Eiweißverdauung

Die Verdauung der Eiweiße (▶ Abb. 3.9) beginnt im Magen durch Einwirkung von Pepsin, das aus den Pepsinogenen unter Salzsäureeinwirkung entsteht. Das **Pepsin** besitzt eine hohe Affinität zu nahezu allen Eiweißkörpern einschließlich kollagenhaltigen Bindegeweben. Allein Muzine, Ovomukoide und Keratine können aufgrund ihres spezifischen Aufbaus durch Pepsin nicht zerlegt werden. Bei einer einseitig überhöhten Aufnahme von bindegewebereichen Futtermitteln kann die Eiweißverdauung im Magen ihre Grenzen erreichen. Pepsin spaltet Peptidbindungen im Inneren des Eiweißmoleküls (Endopeptidase) vorrangig dort, wo aromatische Aminosäuren an den Bindungen beteiligt sind. Es entstehen größere lösliche Teilstücke (Peptone). Da das Wirkungsoptimum für Pepsin zwischen pH 1,5 und 3,5 liegt, ist eine ausreichende Salzsäureproduktion im Magen Voraussetzung für den Beginn der Eiweißverdauung.

Pankreasenzyme Im Dünndarm werden die Peptone zunächst intraluminal durch die Enzyme des exokrinen Pankreas (Trypsin, Chymotrypsin) zerlegt, indem die Endopeptidasen zentral gelegene Peptidbindungen an bestimmten Stellen spalten (Trypsin: Bindungen zwischen Lysin bzw. Arginin und anderen Aminosäuren; Chymotrypsin: Bindungen mit aromatischen Aminosäuren).

Das Wirkungsoptimum wird dabei im schwach alkalischen Milieu (pH 7–9) erreicht. Die im Pankreassaft vorkommenden Carboxypeptidasen lösen terminal gelegene Peptidbindungen. Das Enzym Elastase ist insbesondere in der Lage, das im Bindegewebe vorkommende Elastin zu zerlegen, das durch Trypsin und Chymotrypsin nur unvollkommen angegriffen wird. Bindegewebe verlangen eine ausreichende Vorbereitung durch das Pepsin im Magen (Quellen). Die im Bürstensaum der Dünndarmschleimhaut lokalisierten Aminopeptidasen spalten die entstandenen Bruchstücke (Oligo- und Dipeptide) zu Aminosäuren.

Nukleoproteide werden teilweise schon im Magen durch Pepsin/Salzsäure angegriffen und

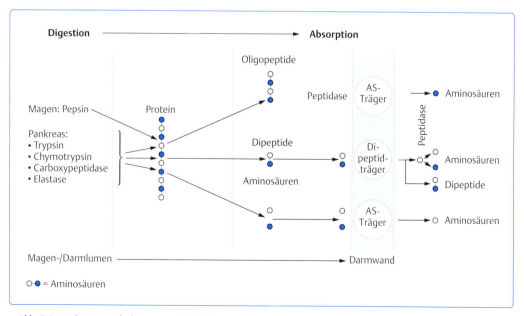

▶ **Abb. 3.9** Verdauung und Absorption der Proteine.

die freigesetzten Nukleine im Dünndarm weiter abgebaut, sodass Nukleinsäuren entstehen, die durch Nukleasen der Darmschleimhaut in Nukleoside und Phosphorsäure gespalten werden.

Absorption im Dünndarm Die freigesetzten Aminosäuren werden mithilfe spezifischer Träger vor allem im Dünndarm absorbiert. Bisher sind 5 verschiedene Systeme bekannt, die für bestimmte Aminosäurengruppen den Transport übernehmen. Dabei können einzelne Aminosäuren einer Gruppe um den Träger konkurrieren, sodass bei einer Aminosäurenimbalance im Futter die Aufnahme der limitierten Aminosäuren beeinträchtigt sein kann. Zu einem erheblichen Teil gelangen auch noch Peptide über entsprechende Träger bis in das Innere der Enterozyten, wo sie durch Peptidasen in Aminosäuren gespalten werden (▶ Abb. 3.9). Ketoanaloga von Aminosäuren werden ebenfalls über die Mukosazelle aufgenommen und dort bereits teilweise aminiert (Leucin, Valin, Isoleucin).

Abbaufähigkeit Zwischen den Eiweißen bestehen in Abhängigkeit von Struktur, Begleitstoffen und Vorbehandlung erhebliche Unterschiede in der Abbaufähigkeit und -geschwindigkeit, sodass der Verlauf der postprandialen Aminosäurenabsorption stark variieren kann. Die Fütterung von reinen Aminosäurengemischen führte nach einer halben bis einer Stunde, von Kasein nach einer Stunde, von Fleisch nach ein bis zwei und von Zein aus Mais erst nach vier bis sechs Stunden zu maximalen Aminosäurenkonzentrationen im Pfortaderblut.

Abbau im Dickdarm Beim mikrobiellen Abbau N-haltiger Substanzen im Dickdarmlumen entsteht in Abhängigkeit vom Umfang der Fermentationsvorgänge Ammoniak, das bei pH-Werten von über 7 in größerem Umfang über die Schleimhaut die Blutbahn erreicht. Frei werdende Aminosäuren können ebenfalls die Dickdarmschleimhaut passieren, doch quantitativ kommt diesem Prozess eine geringe Bedeutung zu. Insgesamt kann der Hund aus den im Dickdarm verdauten N-haltigen Substanzen keinen besonderen Nutzen ziehen, da das anfallende Ammoniak allenfalls zur Synthese nicht essenzieller Aminosäuren genutzt werden kann.

Durch verstärkte mikrobielle Umsetzungen im Dickdarm (bei erhöhtem Zufluss nicht verdauter organischer Substanzen) kann die N-Absorption und damit auch die Verdaulichkeit in diesem Bereich zurückgehen, einerseits infolge verstärkter N-Bindung durch Bakterien, andererseits durch Senkung des pH-Wertes und eine reduzierte Ammoniakabsorption.

Unverdaute Eiweiße bzw. größere Eiweißbruchstücke werden von der intakten Schleimhaut nicht aufgenommen. Unter bestimmten Bedingungen (Epithelschäden der Darmschleimhaut, Regulationsdefekt, ggf. auch chronische Entzündungen) scheinen jedoch größere Eiweißbruchstücke bis zum schleimhautassoziierten Immunsystem vorzudringen und später evtl. als Antigene zu wirken, sofern sie nicht intrazellulär hydrolysiert werden (Futtermittelallergien; Kap. 7.9).

Fettverdauung

Die Fettverdauung beginnt bereits im Magen, Hauptlokalisation ist aber der Dünndarm.

Dünndarm Nach Aufnahme größerer Futtermengen kann es zu einem Rückfluss von lipasehaltigem Dünndarmchymus in den Magen kommen. Die Fette werden nach Emulgierung, bei der die Gallensäuren und Phospholipide unterstützend wirken (▶ Abb. 3.10), im oberen Dünndarm durch die Pankreas- und Darmsaftlipase vor allem in 2-Monoglyzeride und Fettsäuren gespalten.

Die Spaltprodukte der Fette bilden mit den Gallensäuren Aggregate, sog. Mizellen, die aus einer zylindrischen Hülle von Gallensalzmolekülen bestehen, in der sich die Fettabbauprodukte mit den wasserlöslichen Enden nach außen und den unlöslichen Abschnitten nach innen lagern. So werden die Spaltprodukte wasserlöslich und transportfähig (▶ Abb. 3.10).

Chylomikronen Nach Passage des Darmepithels werden die Bruchstücke des Fettabbaues wieder verestert. Durch Einwirkung von bzw. Reaktion mit Lipoproteinen und Phospholipiden bilden sich in der Zelle Chylomikronen, die ähnlich wie die Mizellen im Darmlumen wasserlöslich sind und über die Zellwand abgeführt werden können.

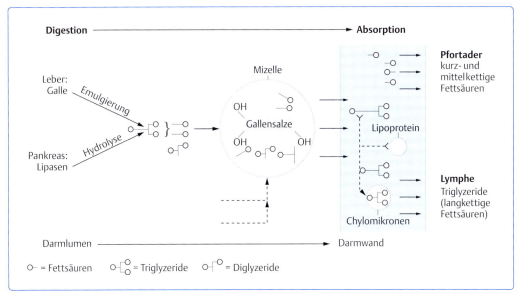

▶ Abb. 3.10 Fettverdauung und Fettsäurenabsorption.

Der größte Teil gelangt über die Lymphgefäße in den Milchbrustgang und unter Umgehung der Leber in das Kreislaufsystem (vordere Hohlvene). Nach reichlicher Fettaufnahme kann der Chylus bis zu 10 % Fett aufweisen. Kurz- und mittelkettige Fettsäuren aus dem Fettabbau werden jedoch über die Epithelzellen direkt in das Pfortadersystem geleitet. Von praktischer Bedeutung ist die Beobachtung, dass manche Fette, die überwiegend aus mittellangen Fettsäuren (C 6–12) bestehen (z. B. Kokosnussöl oder Palmkernfett), nach Erfahrungen bei anderen Spezies ohne vorherige Spaltung durch Lipasen über die Epithelmembran aufgenommen werden können.

Abbaugeschwindigkeit Die Geschwindigkeit des Fettabbaues und die Absorption der entstehenden Teilstücke bestimmen im Wesentlichen die Futterpassagezeit. Aufgrund der langsameren Entleerung von Fetten aus dem Magen werden die Abbauprodukte der Fette zeitlich später als die Eiweiße absorbiert. Durch Spaltung der Fette vor der Fütterung kann ihre Verdauung nicht beschleunigt werden. 3 Stunden nach der Aufnahme waren noch 50 % der Fette im Magen nachweisbar – unabhängig vom Anteil an freien Fettsäuren im aufgenommenen Fett.

Kohlenhydratverdauung

Die Verdauung der Kohlenhydrate beginnt beim Hund im Dünndarm. Speichel ebenso wie Magensaft weisen keine kohlenhydratspaltenden Enzyme auf. Gleichwohl kann es im Magen bei kohlenhydratreicher Fütterung zu einem geringgradigen Abbau durch Enzyme kommen, die mit dem Futter aufgenommen oder durch Bakterien gebildet werden bzw. durch Rückfluss aus dem Dünndarm in den Magen gelangen. Milchsäure entsteht als Stoffwechselprodukt beim mikrobiellen Kohlenhydratmetabolismus und ist in Magen und Dünndarm nachzuweisen. Unter pathologischen Verhältnissen ist eine verstärkte mikrobielle Vergärung von Kohlenhydraten im Magen möglich (s. Kap. 7.5.8).

Die mit dem Chymus in den Dünndarm gelangende Stärke wird zunächst von der α-Amylase in verschiedene Spaltprodukte zerlegt (Maltose, Maltotriose, α-Limit-Dextrine; ▶ Abb. 3.11).

Während die Amylase des Pankreas die linear aufgebauten Amylosemoleküle der Stärke in zweigliedrige Teilstücke (bis auf das Endstück) zu zerlegen vermag, sodass schließlich Maltose und Maltotriose entstehen, können die verzweigten Ketten der Stärke (das Amylopektin) ebenso wie auch das Glykogen infolge der 1,6-α-glykosidischen Bin-

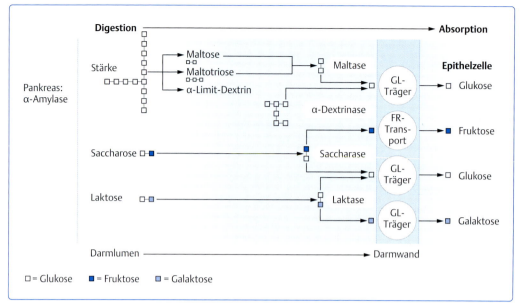

▶ **Abb. 3.11** Verdauung und Absorption der Kohlenhydrate (Batt 1979, modifiziert). GL = Glukose; FR = Fruktose.

dung nicht in gleichem Maße aufgespalten werden, sodass neben Maltose und Maltotriose verschieden große Oligosaccharide (sog. α-Limit-Dextrine) gebildet werden (▶ Abb. 3.11).

Die α-Amylase des Pankreas vermag die Getreidestärken mit einer kleineren Körnung (z. B. Hafer, Reis) gut anzugreifen, nicht dagegen die größeren Stärkegranula, die für die meisten Knollen (Kartoffeln, Maniok), aber auch für Mais typisch sind. Diese Stärken müssen durch Behandlung mit feuchter oder trockener Wärme oder auf mechanischem Wege so verändert werden, dass der Eintritt der Amylase in das Stärkemolekül erleichtert wird. Nach der luminalen Phase des Stärkeabbaus werden die Spaltprodukte durch substratspezifische, im Bürstensaum lokalisierte Enzyme in die Bausteine, das Monosaccharid Glukose, zerlegt (▶ Abb. 3.11).

❗ Der ausgewachsene Hund verfügt, wie Enzymbestimmungen und praktische Erfahrungen zeigen, über eine hohe Kapazität für den Abbau von Stärke und ihren Teilstücken, sodass bis zu zwei Drittel der Gesamtfutterenergie in Form von Stärke zugeteilt werden können. Durch allmähliche Gewöhnung lässt sich der Abbau der Stärke infolge vermehrter Amylasebildung verbessern (▶ Tab. 3.6).

Disaccharide Die mit der Nahrung aufgenommenen Disaccharide Rohrzucker (Saccharose) und Milchzucker (Laktose) werden ebenfalls durch membranständige Enzyme zerlegt. Der Hund verfügt nur über eine begrenzte Kapazität für den Abbau von Rohrzucker (▶ Tab. 3.6). Dennoch werden bei langsamer Gewöhnung bis zu 5 g Rohrzucker/kg KM/Tag im Allgemeinen ohne Schwierigkeiten vertragen. Die Aufnahme höherer Mengen kann, muss jedoch nicht zwangsläufig infolge ungenügender Spaltung zu Verdauungsstörungen bis zu Durchfällen führen.

Milchzucker Während der in der Muttermilch enthaltene Milchzucker von Saugwelpen (Aufnahme bis 5 g/kg KM/Tag) aufgrund der hohen Laktaseaktivität gut verdaut wird, nimmt die Abbaukapazität für diesen Zucker mit zunehmendem Alter ab, allerdings mit einer erheblichen individuellen Variabilität. Im Allgemeinen werden bis

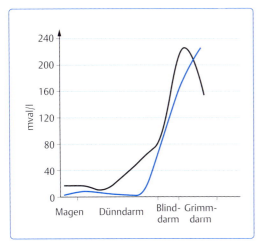

▶ **Abb. 3.12** Konzentration an flüchtigen Fettsäuren im Gastrointestinaltrakt des Hundes (12 Stunden nach der Fütterung; schwarze Linie: Fleischration, blaue Linie: kohlenhydratreiche Fütterung) (nach Banta et al. 1979).

1 g, maximal 2 g Laktose/kg KM/Tag (entsprechen 20 ml Kuhmilch) von den meisten ausgewachsenen Hunden noch ohne Schwierigkeiten verdaut.

Absorption der Monosaccharide Die Absorption, d. h. die Passage der den Bürstensaum begrenzenden Membran, ist bei den hydrophilen Monosacchariden allein mithilfe von Trägern möglich. Solche Systeme sind für Glukose und Galaktose bekannt, zwischen beiden besteht eine Konkurrenzsituation um den Transporter. Generell ist die Absorption von Fruktose ebenso wie die anderer Hexosen (Mannose und Xylose) langsamer und niedriger als die von Glukose oder Galaktose.

Zellulose, Pentosane, Pektine Für den Abbau von Zellulose, Pentosanen und Pektinen verfügt der Hund über keine körpereigenen Enzyme. Diese Substanzen können jedoch teilweise durch die Darmflora unter Bildung flüchtiger Fettsäuren (▶ Abb. 3.12) zerlegt werden. Ihre Konzentration ist im Dünndarm niedrig, steigt aber bereits im Ileum und dann im Zäkum und Kolon erheblich an, insbesondere, wenn größere Mengen an fermentierbaren Substanzen zufließen.
Die flüchtigen Fettsäuren werden über die Dickdarmwand absorbiert und normalerweise nur in geringen Mengen über die Fäzes ausgeschieden. Nach überschlägigen Berechnungen decken die enteral gebildeten flüchtigen Fettsäuren durchschnittlich 7 % des Energieumsatzes im Basalstoffwechsel, sie haben aber erhebliche Bedeutung als Energiequellen für die Darmwand, insbesondere die Buttersäure im Kolon.

Quantitative Aspekte
Verdaulichkeit

Quantitative Vorgänge Neben den qualitativen Vorgängen bei Verdauung und Absorption sind für die Fütterungspraxis vor allem die quantitativen Umsetzungen im Darmkanal von Bedeutung, d. h., welcher Anteil der aufgenommenen Nahrung die Darmwand zu passieren vermag. Diese Größe kann durch Bestimmung der scheinbaren Verdaulichkeit der Rohnährstoffe hinreichend genau beurteilt werden. Sie gibt an, wie viel Prozent der aufgenommenen Futterinhaltsstoffe nicht wieder mit dem Kot ausgeschieden werden. Da dieser Anteil jedoch sowohl aus dem Abbau von Futterinhaltsstoffen durch körpereigene Enzyme als auch aus mikrobiellen Fermentationsprozessen im Dickdarm resultiert, ist es für manche Fragestellungen notwendig, die Verdaulichkeit von Futtermitteln bis zum Ende des Dünndarms zu bestimmen (sog. ileale oder präzäkale Verdaulichkeit).

Eiweiße Bei den Eiweißen liegt die tatsächliche Verwertung (wahre Verdaulichkeit) jedoch höher als die scheinbare Verdaulichkeit, da mit den Verdauungssekreten N-haltige Stoffe in das Darmlumen eintreten, die nicht vollständig absorbiert und somit über den Kot ausgeschieden werden. Auch die scheinbare Verdaulichkeit der Fette kann bei geringer Fettaufnahme durch den endogenen Fettzufluss in das Darmlumen oder bakterielle Fettsynthese unterschätzt werden.

Rohnährstoffe Die Verdaulichkeit der Rohnährstoffe wird einerseits durch die Zusammensetzung und Behandlung der Futtermittel, zum anderen auch durch die Fütterungstechnik sowie durch das Tier selbst beeinflusst.

Einflussfaktoren Die Futterverdaulichkeit schwankt zwischen gesunden Individuen oder auch Rassen, die unter gleichen Umweltverhältnissen gefüttert und gehalten werden, im Allgemeinen nicht erheblich. Geschlecht und Alter (nach Abschluss der Säugephase) sind ebenfalls von untergeordneter Bedeutung. Bei 9–12 Jahre alten gesunden Hunden wurden ähnliche Verdauungswerte ermittelt wie bei Tieren im Alter von 3 Monaten bzw. 2 Jahren. Andererseits kann die psychische Verfassung des Tieres die Verdaulichkeit beeinflussen. Hunde, die erregt, ängstlich und unruhig sind, reagieren oft mit einer schlechteren Verdauungseffizienz, möglicherweise durch die raschere Futterpassage. Bei größeren und sehr lebhaften Hunden mit Neigung zu weicherer Kotkonsistenz ist gleichzeitig eine geringere Elektrolytverdaulichkeit festzustellen. Die Häufigkeit der Fütterung bzw. die pro Mahlzeit aufgenommene Futtermenge verändert, sofern keine Extreme vorliegen, die Höhe der Verdaulichkeit der organischen Substanz nur geringgradig. Selbst bei Welpen im Alter von 3 Monaten wurde bei täglich einmaliger Futterzuteilung (Trockensubstanzaufnahme bis 33 g/kg KM) keine Reduktion der Verdaulichkeit beobachtet. Die Futterzubereitung (Zerkleinern, Erhitzen, Kochen) wirkt sich bei den einzelnen Rohnährstoffen unterschiedlich aus, sodass diese Effekte in den nachfolgenden Abschnitten geschildert werden.

Eiweiße

Sekretorische Vorgänge Für die Bewertung der Verdaulichkeitsangaben von Eiweißen sind nicht allein die absorptiven, sondern auch die sekretorischen Vorgänge in den einzelnen Darmabschnitten zu berücksichtigen (s. ▶ Abb. 3.8). Vor allem in den vorderen Bereich des Verdauungskanals fließen über Verdauungssekrete und Schleim, aber auch durch Diffusion (Harnstoff) N-haltige Substanzen in das Darmlumen ein, deren Menge von der Höhe der Sekretion an Verdauungssäften, der Schleimproduktion sowie dem Plasmaharnstoffspiegel abhängt und auf mindestens 150 mg N/kg KM/Tag veranschlagt werden kann (davon können 30–50 mg in den Dickdarm übergehen). Erhöhte Sekretion und Schleimbildung (durch Aufnahme schwer verdaulicher Stoffe) fördern den Zufluss N-haltiger Substanzen. Da die Diffusion von Harnstoff aus der Blutbahn in den Dünndarm nahezu vollständig konzentrationsabhängig erfolgt, steigt bei Hunden mit einer Niereninsuffizienz und erhöhten Harnstoffwerten im Blut, aber auch bei vermehrtem ileozäkalen Wasserfluss der Übergang von Harnstoff in den Dickdarm, wo durch bakterielle Ureasen eine rasche Spaltung in Ammoniak und Kohlendioxid erfolgt. Während bei Hunden mit normalem Plasmaharnstoffspiegel und einem ileozäkalen Wasserfluss von 10 ml/kg KM/Tag etwa 3 mg Harnstoff/kg KM den Dickdarm erreichen, sind es bei Urämikern (angenommene 50 mmol Harnstoff/l Plasma) bei unverändertem Wasserfluss 30, bei verstärktem Wasserfluss (50 ml/kg KM/Tag) 150 mg Harnstoff/kg KM/Tag.

In den Dickdarm gelangen N-haltige Substanzen vor allem mit dem Schleim, während der von der Blutseite her eindiffundierende Harnstoff offenbar durch die in der Schleimschicht produzierten bakteriellen Ureasen gespalten wird. Nur ein geringer Teil des freigesetzten Ammoniaks scheint in das Darmlumen zu gelangen, der größere in die Blutbahn zurückzudiffundieren.

Einflussfaktoren Die Verdaulichkeit der Eiweiße hängt von ihrer Struktur, Herkunft sowie Behandlung, z. T. auch von der Gegenwart besonderer Inhaltsstoffe ab (▶ Tab. 3.9). Von den Eiweißfuttermitteln tierischer Herkunft weisen frisches Fleisch, Organe und Milch die höchste Verdaulichkeit auf (über 95 %, davon wird nur ein sehr kleiner Teil im Dickdarm verdaut). Durch stärkere Zerkleinerung des Fleisches geht die Verdaulichkeit eher zurück, vermutlich infolge einer rascheren Magenpassage. Frische Schlachtabfälle erreichen trotz z. T. hohen Bindegewebegehalts ebenfalls eine hohe Verdaulichkeit, ein etwas größerer Anteil des Eiweißes wird jedoch im Dickdarm abgebaut. Die im Vergleich zum Fleisch geringere Verdaulichkeit von Pansen hängt möglicherweise mit dem Anteil an Keratinen (s. u.) zusammen. Auch die Verdaulichkeit der im Knorpel vorliegenden Eiweiße (Kollagen) ist hoch, wenn sie isoliert verfüttert werden, jedoch erheblich niedriger, wenn z. B. Knochen in größeren Mengen in toto aufgenommen werden, weil dann die das Eiweiß umschließenden Mineralien nicht vollständig gelöst werden und den Zutritt der Verdauungsenzyme verhindern. Das Eiweiß aus dem rohen Eidotter wird gut verdaut, das Eiklar jedoch (durch einen enthaltenen Trypsinhemmstoff) wesentlich schlechter. Erst nach Kochen (Inaktivierung des Trypsinhemmstoffs) steigt seine Verdaulichkeit auf ca. 90 %. Durch trockenes

▶ **Tab. 3.9** Scheinbare Verdaulichkeit verschiedener Eiweiße (%).

	insgesamt	bis zum Ende des Dünndarms	im Dickdarm
Fleisch, frisch	98	96	1–2
Organe (Leber, Lunge), frisch	95	93	2
Milch, frisch	95		
Pansen	93	88	5
Griebenmehl	93	85	8
Geflügelmehl	86	79	7
Geflügelmehl (aschearm)	87	78	9
Sehnen, Knorpel	90–95		
Knocheneiweiß, isoliert	94		
Knocheneiweiß, Knochen insgesamt	33–46		
Eidotter, roh	94		
Eiklar, roh	50–70		
Eiklar, gekocht	90		
Fischmehl	83–89		
Fleischmehl	90	86	4
Quark	85	80	5
Federmehl, aufgeschl.	50–65		
Hornmehl	60		
Getreidekleber	90–94	88–90	2–4
Sojabohnen	77	70	7
Sojabohnen, phytatarm	77	69	8
Sojaextraktionsschrot	82–84	80–83	1–4
Sojaextraktionsschrot, phytatarm	79	74	5
Sojaextraktionsschrot, oligosaccharidarm	82	72	10
Sojaextraktionsschrot, phytat- und oligosaccharidarm	82	75	7
Sojaproteinisolat	94	91	3
Erbsen	85		
Erdnussextraktionsschrot	80		
Ackerbohnen	74	65	9
Leinkuchen	54		
Gemüse (Kohl, Spinat)	63		

Quellen: Meyer et al. 1981, Meyer et al. 1989, Yamka et al. 2005 a,b, Kempe u. Saastamoinen 2007.

3 Nahrungsaufnahme und Verdauung

Erhitzen (nicht Kochen) geht die Verdaulichkeit von Eiweißen zurück, wie die Werte für Fleischmehl, Grieben oder Fischmehl zeigen.

Tierische Eiweiße Von den Eiweißen tierischer Herkunft werden die Keratine aus Haaren, Federn und Epithelien aufgrund ihrer festen Tertiärstruktur am schlechtesten verdaut. Selbst durch die heute üblichen Aufschlussverfahren kann ihre Verdaulichkeit nur in begrenztem Umfang verbessert werden.

Pflanzliche Eiweiße Unter den Eiweißen pflanzlicher Herkunft erreichen die im Getreide vorkommenden Kleber die höchste Verdaulichkeit bei nur geringen Umsetzungen im Dickdarm. Die Leguminoseneiweiße, ausgenommen die isolierten Proteine (Hydrolysate, Isolate aus Sojabohnen), werden deutlich schlechter verdaut (auch nach Inaktivierung von teilweise enthaltenen Trypsinhemmstoffen), zudem entfällt ein größerer Anteil der Verdauung auf den Dickdarm. Bei den Eiweißen aus Gemüse wirken vor allem die gleichzeitig in größeren Mengen enthaltenen pflanzlichen Strukturstoffe depressiv auf die Verdauung, ein Effekt, der durch Kochen wenig verändert werden kann.

Bei Kombination von Eiweißen mit schwer verdaulichen Kohlenhydraten kann ihre Verdaulichkeit erheblich zurückgehen (s. u.).

Fette

Fette und Öle werden beim Hund zu einem hohen Prozentsatz verdaut (▶ Tab. 3.10). Dies gilt vor allem für Schweine- und Geflügelfett sowie Pflanzenöle. Fette von Wiederkäuern zeigen eine größere Streubreite aufgrund der teilweise sehr hohen Gehalte an Stearinsäure und ihres hohen Schmelzpunktes bei geringen Anteilen an mehrfach ungesättigten Fettsäuren.

Bei gesunden Hunden übt die Höhe der Fettaufnahme (bis zu 10 g/kg KM/Tag) keinen nachteiligen Einfluss auf die Fettverdauung aus, auch besteht kein erhöhtes Risiko einer Pankreatitis. Begleitende andere Futterinhaltsstoffe beeinflussen die Fettverdauung, die ausschließlich im Dünndarm stattfindet, nur geringgradig, ausgenommen Dysbakteriosen im Dünndarm (s. Kap. 7.5.9) und hohe Ca-Mengen (Seifenbildung, z. T. geringere Fettverdaulichkeit in Fisch- oder Tiermehlen).

▶ **Tab. 3.10** Scheinbare Verdaulichkeit verschiedener Fette und Öle.

Fett/Öl	Verdaulichkeit (%)
Rinderfett	84–99
Schweineschmalz	96
Gänseschmalz	98
Fischöl	97
Butterfett	95–97
Sojaöl, frisch	96
Sojaöl, frittiert	93
Erdnussöl	97
Leinöl	97
Baumwollsaatöl	97–99
Maisöl	97
Olivenöl	98
Kokosfett	97

Quellen: Meyer et al. 1981, Mühlum et al. 1989.

Die bei Getreide und Getreidenachprodukten z. T. beobachtete niedrige scheinbare Fettverdaulichkeit wird bei absolut geringen Aufnahmen (< 1,5 g Fett/kg KM/Tag) durch die endogenen fäkalen Fettabgaben (50–70 mg/kg KM/Tag) vorgetäuscht. Die wahre Verdaulichkeit ist deutlich höher.

Kohlenhydrate

Sie können ohne jede Vorbereitung vollständig absorbiert werden. Die Verdaulichkeit der Disaccharide erreicht meistens 98–100 %. Beim Milchzucker kann jedoch bei adulten Hunden ein erheblicher Teil aufgrund der ungenügenden Spaltung im Dünndarm im Dickdarm mikrobiell fermentiert werden.

Von den Oligosacchariden (Raffinose, Stachyose), die vor allem in Leguminosen vorkommen, wird ebenfalls eine hohe Gesamtverdaulichkeit erreicht, doch zu einem bis zwei Drittel erfolgt bei diesen Stoffen ein mikrobieller Abbau, der mit der Bildung organischer Säuren einhergeht.

Getreide Die Verdaulichkeit verschiedener Getreidestärken (▶ Tab. 3.11) unterscheidet sich nicht

▶ **Tab. 3.11** Scheinbare Verdaulichkeit verschiedener Stärken.

Stärke	Verdaulichkeit (%)
Weizen, roh	91–97 (97)
Weizen, aufgeschlossen	99 (99)
Mais, roh	94–99 (94)
Mais, aufgeschlossen	99 (98)
Mais, extrudiert	99 (90)
Mais, extrudiert, amylosereich	73 (64)
Maisstärke, extrudiert, amylosereich	77 (63)
Hafer, roh	94
Hafer, gekocht	96
Reis, gekocht	100 (100)
Kartoffel, roh	0–20 (0)
Kartoffel, gekocht	95 (94)
Banane, roh	57
Banane, gebacken	78
Brot	74–79
Maniokstärke, roh	90 (50–70)
Maniokstärke, gekocht	99 (94)

Werte in Klammern: Verdaulichkeit bis zum Ende des Dünndarms
Quellen: Meyer et al. 1981, Meyer 1989, Struckmeyer 1989, Murray et al. 1999; Gajda et al. 2005.

erheblich. Sie werden überwiegend durch körpereigene Enzyme im Dünndarm abgebaut. Der Einfluss der Vorbehandlung (Kochen, Mikronisieren) scheint gering zu sein, wenn die Stärke zuvor fein vermahlen wurde. Gröbere Partikel nativer Getreidestärken werden dagegen weniger gut verdaut.

Knollen Unter den nativen Knollenstärken wird die Kartoffelstärke im Dünndarm nicht und im Dickdarm nur in geringem Umfang abgebaut (▶ Tab. 3.11). Dies gilt in abgeschwächter Form auch für nicht aufgeschlossene Maniokstärke, die jedoch im Dickdarm noch in größerem Umfang mikrobiell zerlegt wird. Auch die Stärke aus rohen Bananen weist eine geringe Verdaulichkeit auf.

Hemizellulosen Von den Hemizellulosen (Pentosane) wird je nach Begleitstoffen (Ligningehalte) und Passagezeit eine Verdaulichkeit von 30–40 % erreicht, bei Pektinen und den gummi- oder schleimartigen Stoffen z. T. auch mehr.

Interaktionen zwischen verschiedenen Nährstoffen

❗ Die Gesamtverdaulichkeit der organischen Substanz in einer Ration oder in einem Futtermittel entspricht nicht immer der Summe der Verdaulichkeiten der Inhaltsstoffe bei isolierter Fütterung.

Einfluss von Eiweiß Der Anteil an Eiweiß in der Nahrung beeinflusst die Verdauung von Kohlenhydraten und Fetten nicht nachhaltig. Allenfalls bei eiweißarmen Rationen ergibt sich eine Reduktion der Verdaulichkeit, die durch Zulage von Protein aufgehoben werden kann. Höhere Fettmengen wirken sich im Allgemeinen nicht ungünstig auf die Verdaulichkeit der anderen Futterkomponenten aus, vielmehr kann es, bedingt durch eine längere Verweildauer des Futters im Magen, zu günstigeren Verdauungsbedingungen für andere Komponenten (Protein) kommen.

Einfluss von Stärke und Zucker Stärke und Zucker beeinträchtigen auch in größeren Mengen nicht oder nur in geringem Umfang die Verdaulichkeit von Fetten, beeinflussen aber die der Proteine. Gut verdauliche Stärken aus Reis oder Haferflocken senken die Proteinverdaulichkeit im Dünndarmbereich um bis zu 5 %, schwer verdauliche dagegen um bis zu 20 %, wobei die Gesamtverdaulichkeit nicht nachhaltig niedriger zu sein braucht infolge kompensatorischer Fermentationsvorgänge im Dickdarm. Die Verlagerung der Eiweißverdauung vom Dünndarm in den Dickdarm bedeutet jedoch eine geringere Nutzungsmöglichkeit der absorbierten N-haltigen Substanzen. Bei stärkeren Fermentationen im Dickdarm kann auch die Gesamtverdaulichkeit der Proteine nachhaltig beeinträchtigt werden (N-Fixierung durch Bakterien, geringere Ammoniakabsorption durch pH-Wert-Senkung).

3 Nahrungsaufnahme und Verdauung

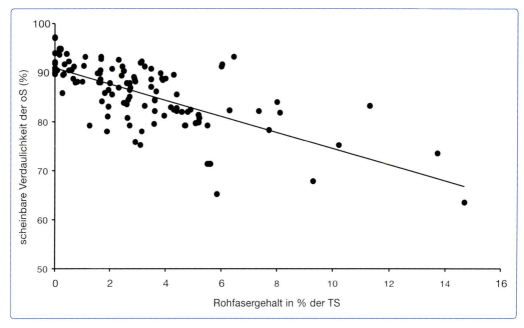

▶ **Abb. 3.13** Scheinbare Verdaulichkeit der organischen Futtersubstanz (Y) beim Hund in Abhängigkeit vom Rohfasergehalt (X) in der Gesamtration (Y = 90,8 – 1,56X) (Opitz 1996).

Einfluss von Rohfaser Negativ beeinflusst wird die Gesamtverdaulichkeit der Ration vom Rohfaseranteil im Futter. Dieser Effekt ist nicht allein durch die geringere Verdaulichkeit der Faserstoffe an sich zu erklären, sondern auch durch zusätzliche Wirkungen wie Umschließung der übrigen Nährstoffe, Viskositätserhöhungen oder Beschleunigung der Futterpassage. Bei einer Zunahme des Rohfasergehalts in der Ration um 1 % in der Trockensubstanz geht die Verdaulichkeit der organischen Substanz im Durchschnitt um ca. 1,6 % zurück (▶ **Abb. 3.13**). Von dieser Verdauungsdepression scheint das Fett am wenigsten, die NfE-Fraktion am stärksten betroffen zu sein. Da die N-freien Extraktstoffe auch bei Zulage isolierter Rohfaserträger (z. B. Holzschliff) schlechter verdaut werden, dürfte die Verdauungsdepression dieser Stoffe vor allem durch eine geringere mikrobielle Zerlegung im Dickdarm (infolge der schnelleren Futterpassage) verursacht werden. Höhere Anteile an viskositätssteigernden pflanzlichen Faserstoffen führen zu einer Depression der Futterverdaulichkeit. Hohe Aschegehalte in der Ration beeinträchtigen ebenfalls die Verdaulichkeit.

Die organische Knochensubstanz wird bei Verfütterung ganzer Knochen wesentlich schlechter verdaut als bei isolierter Fütterung. Die negative Wirkung größerer Aschemengen kann durch Abpufferung von Säuren im Magensaft (geringe Pepsinwirkung), evtl. auch durch Beschleunigung der Futterpassage zustande kommen. Hohe Ca-Mengen können darüber hinaus durch Bildung von Seifen die Verdaulichkeit der Fette beeinträchtigen.

3.3.2 Mineralien und Wasser

Die mit dem Futter aufgenommenen Mineralien müssen vor der Absorption zunächst durch Magensalzsäure oder auch durch organische Säuren bakterieller Herkunft aus anorganischen oder organischen Bindungen gelöst werden. Zum Teil werden die Mineralien auch durch Bindung an organische Säuren oder Gallensäuren in eine absorbierbare Form überführt.

Kalzium und Magnesium

Kalzium (Ca) und Magnesium (Mg) werden z. T. bereits im Dünndarm absorbiert, beim Hund aber überwiegend im Dickdarm. Kalzium kann mithilfe eines in der Darmschleimhaut lokalisierten, durch

Vitamin D induzierten kalziumbindenden Proteins aktiv transportiert werden.

Aufgrund dieser Regelmechanismen wird verständlich, dass im Allgemeinen mit steigendem Ca-Angebot bzw. abnehmendem Ca-Bedarf die scheinbare Verdaulichkeit des Kalziums fällt, jedoch nicht proportional zum Angebot, während sie umgekehrt bei geringem Angebot oder hohem Bedarf (wachsende, laktierende Tiere) ansteigt. Entsprechend nimmt generell mit dem Alter die Ca-Verdaulichkeit ab. Allerdings scheinen diese Regulationsmechanismen bei jungen Hunden, insbesondere bei einer Überversorgung, weniger gut ausgeprägt zu sein.

Voraussetzung für eine ausreichende Ca-Absorption ist eine vorherige Freisetzung dieses Minerals aus den mit dem Futter aufgenommenen Verbindungen. Die Verwertung von Kalzium kann durch Bindung an andere im Futter vorkommende Stoffe (Phytinsäure, Oxalsäure) beeinträchtigt werden. Während die Oxalsäure unter praktischen Verhältnissen keine große Bedeutung besitzt, ist die Hemmung der Ca-Verwertung durch Phytinsäure, die in größeren Mengen in Getreidekörnern und Getreidenachprodukten, aber auch in vielen pflanzlichen Eiweißträgern vorkommt, sehr wohl zu beachten (Bildung von Kalziumphytat). Liegt Phosphor nicht in Form von Phytinsäure vor, so ist seine depressive Wirkung auf die Ca-Absorption wesentlich geringer und erst bei sehr hohem Überschuss wirksam. Eine Beeinträchtigung der Ca-Absorption durch hohe Fettgehalte (Seifenbildung) ist unter praktischen Verhältnissen selten. Ähnliches gilt für die antagonistische Wirkung überhöhter Mg- und Fe-Gehalte im Futter.

Die Absorptionshöhe des Magnesiums ist vom Angebot weitgehend unabhängig, sodass hohe Aufnahmen zu einer verstärkten renalen Ausscheidung führen.

Durch Zulage von Laktose wird die Absorption von Magnesium – ähnlich wie von Kalzium – im Allgemeinen verbessert, während hohe Ca- und Phytinsäuremengen depressiv wirken.

Phosphor

Phosphor (P) wird sowohl im Dünn- als auch Dickdarm absorbiert. Über die Verdauungssekrete, insbesondere über Galle und Darmsaft, gelangen schätzungsweise 5–6 mg P/kg KM/Tag in den Darmkanal. Davon wird der größte Teil jedoch wieder im Dickdarm absorbiert. Im Gegensatz zum Kalzium variiert die scheinbare Verdaulichkeit von Phosphor in Abhängigkeit vom Angebot mit dem Futter wenig, sodass mit steigendem Gehalt in der Nahrung die renale P-Exkretion zunimmt.

Phosphor aus Futtermitteln tierischer Herkunft wird zu einem höheren Prozentsatz verdaut als aus pflanzlichem Material mit Phytinsäure (Getreide, Leguminosen). Dieser Ester aus Inosit und 6 Phosphatmolekülen muss durch Phytasen aufgespalten werden, die z. B. in größeren Mengen in Weizen- und Roggenkörnern (wenig in Mais und Hafer) sowie im Darmkanal (mikrobielle Herkunft) vorkommen. Auch im Bürstensaum der Schleimhaut wurde Phytaseaktivität nachgewiesen. Bei starkem Ca-Überschuss nimmt die Verwertung des Phytinphosphors ab (Bildung schwer löslicher, durch Phytasen nicht mehr spaltbarer Kalziumphytate). Durch zusätzliche Vitamin-D-Gaben kann die P-Absorption erhöht werden.

Extreme Überschüsse an Kalzium ebenso wie an Magnesium und Eisen beeinträchtigen die Verdaulichkeit von Phosphor (gleichgültig welcher Herkunft), während überhöhte Eiweiß- und Fettmengen nur einen geringen Einfluss auf die Verdaulichkeit ausüben.

Natrium

Natrium (Na) fließt in großen Mengen mit den Verdauungssekreten in den Magen-Dünndarm-Bereich ein (100–150 mg/kg KM/Tag; s. ▶ Tab. 3.3). Es wird jedoch zum größten Teil bis zum Ende des Dünndarms absorbiert. Gleichwohl können – bei starker Wasserbindung im Chymus durch unverdaute Futterkomponenten – bis zu 100 mg Natrium/kg KM/Tag in den Dickdarm gelangen, wo dann eine verstärkte Absorption stattfindet. Die fäkalen Na-Verluste gehen bei knappem Angebot bis auf 2 mg/kg KM/Tag zurück, steigen bei stärkeren fermentativen Umsetzungen im Dickdarm oder höheren Gehalten an schwer verdaulichen Komponenten (rohfaserreiche Futtermittel, Federmehl) in der Ration aber auf über 20 mg/kg KM/Tag an.

3 Nahrungsaufnahme und Verdauung

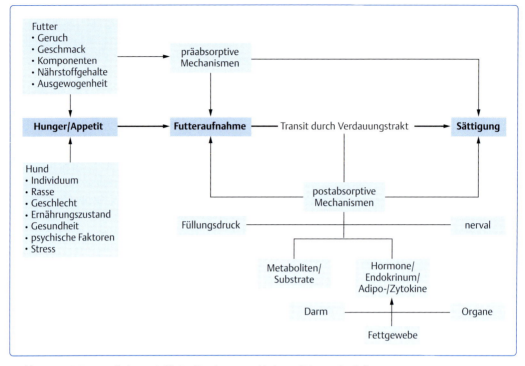

▶ **Abb. 3.14** Die Futteraufnahme wird beim Hund von verschiedenen Faktoren beeinflusst.

Kalium

Die Absorption von Kalium (K) erfolgt überwiegend im Dünndarm. Die scheinbare Verdaulichkeit ist relativ konstant und liegt in der Größenordnung von 80–95 %. Sie wird durch hohe Mengen an Federmehl, Weizenkleie und Trockenschnitzeln in der Ration beeinträchtigt, ebenso durch Na-Mangel und starke fermentative Umsetzungen im Dickdarm.

Chlorid

Chlorid (Cl) gelangt außer mit dem Futter in größeren Mengen über den Magensaft in den Verdauungskanal. Die scheinbare Verdaulichkeit erreicht 90–98 %.

Wasser

Die mit dem Trinkwasser und den Verdauungssekreten (100–150 ml/kg KM/Tag) in den Verdauungskanal gelangenden Wassermengen werden im Dünndarm zu einem hohen Prozentsatz absorbiert. Bei hochverdaulichen Rationen fließen nur ca. 5 ml Wasser/kg KM/Tag vom Dünndarm in den Dickdarm, bei weniger gut verdaulichen Rationen sind es etwa 10–20 ml. Enthält die Nahrung Stoffe, die im Dünndarm nicht vollständig abgebaut werden oder Wasser binden (z. B. Pektine) bzw. osmotisch wirken (Laktose), so kann der Wasserfluss vom Dünn- in den Dickdarm auf 50–100 ml/kg KM/Tag ansteigen. Bei intakter Dickdarmschleimhaut wird davon der überwiegende Teil absorbiert, sodass nicht zwangsläufig Durchfälle entstehen.

3.4 Futteraufnahme und ihre Regulation

Jeder gesunde Hund zeigt das Bedürfnis, Futter in m. o. w. festen Intervallen aufzunehmen. Dieses Verlangen unterliegt vielfältigen Einflussfaktoren, die sich akut oder erst langfristig auswirken und vom Futter, der Umgebung sowie von endogenen, im Tier selbst lokalisierten Mechanismen ausgehen (▶ **Abb. 3.14**). Die vom Darm und aus der

▶ **Tab. 3.12** Futteraufnahme bei ausgewachsenen Hunden in Abhängigkeit von der Energiedichte (Futterangebot: 45 min).

	Energiedichte MJ/100 g TS	Trockensubstanzaufnahme g/kg KM	Energieaufnahme kJ/kg KM
Feuchtalleinfutter	1,67	11,0	184
Feuchtalleinfutter + Zellulose	0,96	19,6	188

Quelle: Janowitz u. Grossman 1949.

Peripherie einlaufenden Signale werden zentral im Gehirn vom Hypothalamus verarbeitet und umgesetzt.

3.4.1 Sensorische Reize

Sensorische Reize des Futters bestimmen kurz- bis mittelfristig seine Akzeptanz, wobei der Geruch im Vorfeld, der Geschmack und die Konfektionierung (z. B. die Konsistenz) erst bei der Nahrungsaufnahme wirksam werden. Viele Hunde reagieren aufgrund der empfindlichen Sinnesorgane bereits auf geringe Änderungen in der Futterzusammensetzung und -qualität.

Nachweisbare sensorische Reaktionen ergeben sich bei Verabreichung bestimmter Aminosäuren (z. B. Prolin, Alanin, Lysin), von Nukleotiden sowie Mono- und Disacchariden. In seltenen Fällen kann eine längerfristige Mangelernährung zu beeinträchtigter Futteraufnahme führen, insbesondere ein extremes Vitamin-B- oder Eiweißdefizit. Für die Fütterungspraxis ist die Frage bedeutsam, ob ein besonders akzeptables Futter bei freiem Angebot längerfristig infolge eines vermehrten Konsums die Entwicklung von Übergewicht oder eine Verfettung begünstigt. Bei entsprechend veranlagten Hunden ist eine Überforderung körpereigener Regulationsmechanismen nicht auszuschließen, wobei dieses Risiko sowohl bei Fertigfutter als auch bei hausgemachten Rationen besteht. Häufig ist zu beobachten, dass Tiere ein neues Futter in den ersten Tagen in größeren Mengen aufnehmen und sich die Futteraufnahme in der Folgezeit wieder reduziert.

3.4.2 Magenfüllung und -entleerung

Nach der eigentlichen Futteraufnahme gehen wesentliche Regulationsmechanismen zunächst von der Dehnung der Magenwand aus, die sowohl von der aufgenommenen Futtermenge als auch von der Entleerungskinetik abhängt. Inwieweit voluminöse, rohfaserreiche Futtermittel beim Hund, ähnlich wie beim Menschen, ein mechanisch bedingtes Sättigungsgefühl auslösen können, ist umstritten, aufgrund der großen Dehnungsfähigkeit des Hundemagens und der hohen Futteraufnahmekapazität aber weniger bedeutsam und daher z. B. bei der Adipositasbekämpfung kaum zu nutzen (▶ Tab. 3.12).

Neben der Magenfüllung und -dehnung spielt der Chymusabfluss eine wichtige Rolle in der Regulation der Futteraufnahme. Da Fette die Magenentleerung verzögern, ebenso Futtermittel, die nur schwer vom Magensaft durchtränkt werden können und bei denen nur ein langsamer hydrolytischer Abbau erfolgt, kann bei solchen Futtermitteln die Aufnahme zurückgehen. Bei Tieren mit erhöhtem Energiebedarf (Laktation, Arbeit, Haltung unter ungünstigen Klimabedingungen) scheint sich die Magenentleerung zu beschleunigen, sodass eine Steigerung des Futterverzehrs resultiert.

Neben diesen mechanischen, präabsorptiv wirkenden Faktoren sind bestimmte Substrate oder Metaboliten in Darminhalt oder Blut direkt oder indirekt in der Lage, die Futteraufnahmebereitschaft kurz- bis mittelfristig zu beeinflussen. Viele Mechanismen laufen über endokrine Rückkopplungen bzw. werden von der Leber und dort lokalisierten Chemorezeptoren über nervöse, meist vagale Mechanismen gesteuert. Unter den verschiedenen Enterohormonen scheint dem Cholecystokinin eine appetitsenkende Wirkung zuzukommen,

▶ **Tab. 3.13** Aufnahme an Futtertrockensubstanz (g/kg KM/Tag).

Lebensphase	g/kgKM/Tag
Erhaltung	12–20
Wachstum	bis 50
Laktation	bis 80

gleichartige Effekte üben auch Glukagon und Insulin aus (▶ Tab. 3.2).

3.4.3 Langfristige Regulationsmechanismen

Weniger gut untersucht sind beim Hund langfristige Regulationsmechanismen der Futteraufnahme. Hier spielen verschiedene Regelsysteme zusammen. Fettspeicherzellen bilden z. B. das Hormon Leptin, das direkt und indirekt zu einer Appetitreduktion beiträgt. Weitere nervale und endokrine bzw. metabolische Mechanismen, z. B. die Höhe der Glykogenspeicherung oder auch die Insulinfreisetzung, können die Futteraufnahmebereitschaft hemmen. Unter Hunden zeichnen sich neben individuellen Unterschieden in der Fähigkeit, die Körpermasse konstant zu halten, auch charakteristische Differenzen zwischen einzelnen Rassen ab, die sich insbesondere in unterschiedlicher Disposition für die Adipositas ausdrücken, vermutlich aufgrund einer genetisch bestimmten Zahl an Adipozyten (s. Kap. 7.4). Offensichtlich werden „Normalwerte" für die im Organismus in Form von Fett oder auch Glykogen gespeicherte Energie z. T. auch genetisch determiniert. Als extreme Beispiele sind Mops und Windhund zu nennen.

Langfristige Regulationsmechanismen sorgen keineswegs immer für eine Ausgewogenheit zwischen Energiebedarf und Futteraufnahme, die zu einer – im Erhaltungsstoffwechsel erwünschten – Körpermassenkonstanz auf rassetypischem Niveau führt. Während Windhunde oder Setter z. B. in der Lage waren, sich an wechselnde Energiedichten im Futter mit adäquater Anpassung des Futterverzehrs zu adaptieren, war ein entsprechendes Verhalten bei Beagles nicht nachzuweisen.

Deutliche Rückwirkungen auf die Futteraufnahme sind auch infolge der Sexualaktivität zu erkennen. Während der Läufigkeit nimmt die Futteraufnahme bei vielen Hündinnen ab, auch Rüden in der Umgebung läufiger Hündinnen reagieren mit reduziertem Futterverzehr. Scheinträchtige Hündinnen zeigen nicht nur Verhaltensanomalien, oft ist bei ihnen gleichzeitig die Futteraufnahme vermindert. Kastrierte Tiere neigen eher zu übermäßiger Futteraufnahme als unkastrierte.

3.4.4 Beeinflussung durch Krankheiten

Von besonderer Bedeutung für die Futteraufnahmebereitschaft sind auch Krankheiten, insbesondere fieberhafte, schmerzhafte oder degenerativ-neoplastische können die Futteraufnahme nachhaltig senken. Hier spielen neben physikalischen Faktoren (Hyperthermie, Passagehindernisse) auch als Reaktion auf Entzündungen oder Tumoren gebildete Zytokine, z. B. Interleukine und der Tumor-Nekrose-Faktor, eine wichtige Rolle. Aversionen können sich gegenüber bestimmten Futtermitteln oder -typen ergeben, wenn der Hund mit deren Aufnahme eine unangenehme Erfahrung verbindet. Daher kann es sinnvoll sein, bei Erkrankungen, längeren Klinikaufenthalten oder im Rahmen langfristiger Therapien ein dem Tier unbekanntes Futter zu geben.

Im Zusammenhang mit der Futteraufnahme ist auch die Umwelt des Hundes zu beachten. So können z. B. Ortswechsel (Urlaub, Umzug) oder starke Konkurrenzsituationen im Rahmen ungefestigter Rangordnungen bei Meutehaltung und Gruppenfütterung bei nachrangigen Individuen zu verminderter Futteraufnahme führen. Unter Umständen kann sich bei Geselligkeit aber auch eine gesteigerte Futteraufnahme ergeben, z. B. bei Welpen, die in Gruppen aufgezogen werden (Futterneid).

Im Durchschnitt ist mit der in ▶ Tab. 3.13 dargestellten Aufnahme an Futtertrockensubstanz zu rechnen.

4 Energie und Nährstoffe – Stoffwechsel und Bedarf

4.1 Energie

4.1.1 Allgemeine Grundlagen des Energiestoffwechsels

Der Hund benötigt wie alle Lebewesen Energie, nicht nur zur Aufrechterhaltung seiner Körpertemperatur, sondern auch für Funktionen wie Atmung, Kreislauf, Nahrungsaufnahme, Verdauung oder Ausscheidung. Besondere Leistungen wie Bewegung, Gravidität, Laktation oder Wachstum erfordern zusätzliche Energie.

> ❗ Die Einheit der Energiebewertung ist Joule (J), sie gilt gleichermaßen auch für die Arbeit (1 J = 1 Newtonmeter) und die Wärme (1 J = 1 Wattsekunde). In der Praxis wird meistens mit der Einheit Kilojoule (kJ = 1000 J) bzw. Megajoule (MJ = 1000 kJ) gerechnet. Manchmal wird auch die alte Einheit Kalorie [cal] verwendet: 1 J = 0,239 cal; 1 cal = 4,1868 J).

Energiegewinnung

Die Energiegewinnung vollzieht sich im Organismus durch schrittweise Oxidation der absorbierten organischen Nahrungsbestandteile, wobei Fett und Kohlenhydrate die Hauptlieferanten sind und Eiweiße nur bei Überschuss bzw. einem Energiemangel oxidiert werden.

Fette

Die Brennwerte der Fette liegen mit ca. 39 kJ/g am höchsten, Kohlenhydrate einschließlich der Rohfaser liefern mit ca. 17 kJ/g deutlich weniger Energie (▶ Tab. 4.1).

Eiweiße

Der Brennwert der Eiweiße erreicht fast 24 kJ/g. Im Stoffwechsel wird dieser Wert aber nur bei der Synthese von Geweben erreicht, bei der Verwendung als Brennstoff ist er um ca. 20 % tiefer (s. u.).

Kohlenhydrate

Die Bausteine der Kohlenhydrate sind Monosaccharide, im Wesentlichen Glukose, Galaktose und Fruktose.

Glukose Glukose wird nach der Absorption teilweise direkt in der Leber zu Glykogen umgebaut oder aber in die glukoseverbrauchenden peripheren Gewebe transportiert. Hier kann entweder eine Zwischenspeicherung in Form von Glykogen oder aber eine direkte Verbrennung erfolgen.

Fruktose Fruktose wird in der Leber metabolisiert, nur bei sehr hoher Aufnahme kommen geringe Konzentrationen im Blut oder auch im Harn vor.

Galaktose Auch Galaktose wird überwiegend in der Leber zu Glykogen umgesetzt, erst bei Aufnahme höherer Mengen ist Galaktose auch im Harn nachzuweisen. Obwohl Glukose beim Hund meist nur einen kleinen Teil der gesamten benötigten Energie liefert, ist sie für einige Organe, insbesondere das zentrale Nervensystem, die Plazenta und die Frucht sowie das Gesäuge essenziell.

▶ **Tab. 4.1** Brennwerte verschiedener Nährstoffe bzw. Substanzen.

Nährstoff	Bruttoenergie (kJ/g)
Stärke, Glykogen	17,3
Saccharose	16,5
Glukose	15,6
Fett	39,3
Protein	23,8
Harnstoff	10,6
Rohfaser	17,8

Quelle: Kirchgessner 2008.

▶ **Tab. 4.2** Metaboliten des Kohlenhydrat- und Fettstoffwechsels im Blutplasma bzw. Serum (nüchtern) von Hunden.

	mg/dl	mmol/l
Glukose	65–110	5,5 (3,5–6,1)
Laktat	<9	1
nach Belastung		6–33
Triglyzeride	25–340	0,29–3,88
Cholesterin	125–300	3,3–7,8
HDL-Cholesterin	51–125	

Quellen: Meyer 1990, Kraft u. Dürr 2005, Willard et al. 1994.

Pflanzliche Faserstoffe Die pflanzlichen Faserstoffe stellen mit Ausnahme des Lignins Kohlenhydratverbindungen dar, die aufgrund der besonderen Bindung der Zuckermoleküle und assoziierten Substanzen erst im Dickdarm des Hundes mikrobiell fermentiert werden, wobei kurzkettige Fettsäuren (Essig-, Propion- und Buttersäure) entstehen, die für den Organismus und im Fall der Buttersäure auch durch das Darmepithel energetisch nutzbar sind. Der energetische Wert der Rohfaser wird mit 17,8 kJ/g veranschlagt, bei den N-freien Extraktstoffen ist mit 17,3 kJ/g zu rechnen (Bruttoenergie).

Kohlenhydratmangel Das ZNS greift nur ersatzweise auf andere Energiequellen, z. B. Ketonkörper, zurück. Sinkt der Blutglukosespiegel krankheitsbedingt ab, so können über einen eintretenden Energiemangel im Gehirn Krämpfe ausgelöst werden. Der Blutglukosespiegel liegt beim gesunden Hund um 5,5 mmol/l (▶ Tab. 4.2) und wird über Insulin und Glukagon gesteuert, sodass die postprandialen Schwankungen nur gering sind, selbst bei hoher Rohrzuckeraufnahme (10 g/kg KM/Tag). Eine renale Glukoseausscheidung tritt erst auf, wenn die Blutzuckerwerte auf über 10 mmol/l steigen und die Nierenschwelle überschritten wird. Über die Plazenta werden zur Versorgung der Früchte erhebliche Mengen an Glukose aufgenommen, gegen Ende der Gravidität etwa 5–10 g/kg KM/Tag, wohingegen die Glukoseaufnahme der Milchdrüse während der Laktation nur 1,5–2 g/kg KM/Tag erreicht. Wird dem Organismus über die Nahrung nicht ausreichend Glukose bereitgestellt, erfolgt eine Glukoneogenese aus Glyzerin, das aus dem Fettstoffwechsel stammt, sowie aus einigen Aminosäuren. Insgesamt gesehen sind Kohlenhydrate keine essenziellen Nahrungsbestandteile für den Hund, außer bei Hündinnen, die während der Gravidität und Laktation bei gleichzeitig knapper Versorgung mit Protein (d. h. fehlende Möglichkeit zur Glukoneogenese) eine Mindestmenge an Kohlenhydraten aufnehmen sollten. Überschüssige Kohlenhydrate werden im Organismus in Form von Fett deponiert, die Glykogenreserven in Leber und Muskulatur sind demgegenüber vergleichsweise gering.

Stoffwechselmetabolite

Fette

Die nach der Absorption resynthetisierten Fette können nach einer fettreichen Mahlzeit im Blut erheblich ansteigen (▶ Tab. 4.2). Nach Aufnahme in die Zelle und Aufspaltung durch intrazelluläre Lipasen stehen die Fettsäuren zur Verbrennung zur Verfügung. Andererseits können Fette auch in erheblichem Umfang in Geweben (Muskulatur, Leber), insbesondere aber in Fettdepots (Unterhautbindegewebe, Netz im Bauchraum) gespeichert werden. Das aus dem Fett freigesetzte Glycerol wird entweder unmittelbar verbrannt oder zu Glukose umgebaut.

Aminosäuren

Die resorbierten Aminosäuren, aber auch Di- und Tripeptide, werden über die Blutbahn unmittelbar für die Synthese neuen Gewebes, einschließlich Bluteiweißen, aber auch bei der ständigen Regeneration aller Körpergewebe eingesetzt. Im Überschuss aufgenommenes Eiweiß kann nicht gespeichert werden, sondern wird als Brennstoff verwertet. Vor dieser Verwendung müssen die Aminosäuren desaminiert (Abspaltung der Aminogruppen), das entstehende Ammoniak in der Leber entgiftet (Bildung von Harnstoff) und die nicht verwertbaren Stoffe aus dem N-Stoffwechsel – vor allem Harnstoff – renal ausgeschieden werden. Die Stoffumsetzungen und die Abgabe noch oxidierbarer Substanzen (Harnstoff hat einen Brennwert von 10,6 kJ/g) bedingen eine geringere Effizienz der energetischen Verwertung der Eiweiße.

Die Grundgerüste einiger Aminosäuren können für die Synthese von Glukose genutzt werden (Glukoneogenese).

Energielieferung und -speicherung

Der Zufluss an energieliefernden Substanzen aus dem Verdauungskanal verläuft diskontinuierlich, d. h. nur einige Stunden nach der letzten Mahlzeit. Der Organismus verfügt über die Fähigkeit einer Zwischenspeicherung, sodass kontinuierlich die jeweils benötigte Energie bereitgestellt werden kann.

Die Zelle enthält energiereiche Phosphate (Adenosintriphosphat) und Glykogen, ein Polysaccharid als Speicherform der Kohlenhydrate. Die Glykogenmenge, insbesondere in Muskelzellen (ca. 50 mmol/kg) und Leber, ist jedoch relativ gering. Wichtiger sind daher die Fettreserven. Sie werden bei erheblichen Mehranforderungen an Energie, z. B. bei anstrengenden Körperbewegungen oder bei längerer Nahrungskarenz, mobilisiert. Bei normal ernährten Hunden können daraus 4–8 MJ pro kg KM bereitgestellt werden.

4.1.2 Bewertung der Futterenergie

Bruttoenergie

Die Bruttoenergie eines Futtermittels entspricht dem physikalischen Brennwert („Heizwert") und kann aus den einzelnen Gehalten der Rohnährstoffe (▶ Tab. 4.1) berechnet oder in einem Bombenkalorimeter gemessen werden. Diese Bruttoenergie steht dem Organismus aber nicht vollständig zur Verfügung, da Energie über Kot (unverdaute Nahrung), Harn oder Gase verloren geht. Deshalb ist sie kein geeigneter Maßstab zur Bewertung der Futterenergie.

Verdauliche Energie

Die verdauliche Energie (vE) kommt diesem Ziel näher, da die über den Kot abgehenden Energiemengen bei der Berechnung berücksichtigt werden (▶ Abb. 4.1).

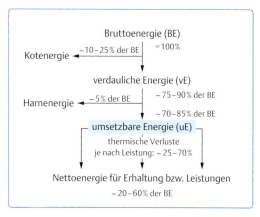

▶ Abb. 4.1 Die unterschiedlichen Stufen der Futterenergie (Bewertungsmaßstab der Futterenergie ist beim Hund die umsetzbare Energie).

Umsetzbare Energie

Noch genauer ist jedoch die umsetzbare Energie, bei der auch die Energieabgabe mit dem Harn erfasst wird. Diese variiert in Abhängigkeit von der Eiweißzufuhr und bleibt – außer bei erheblicher Eiweißüberfütterung – meistens unter 10 %. Energieabgaben durch Gase (Wasserstoff, Kohlendioxid), die bei der mikrobiellen Verdauung im Darm entstehen, sind beim Hund gering, ebenso die dort entstehende Fermentationswärme. Daher bleiben sie bei der Berechnung der umsetzbaren Energie (Tab. II, Anhang) unberücksichtigt, ebenso wie selten auftretende Energieabgaben durch renale Zuckerausscheidung. Für die Fütterungspraxis ist die berechnete umsetzbare Energie ausreichend genau.

Die umsetzbare Energie kann allerdings nicht gänzlich in Leistungen (Nettoenergie) umgesetzt werden. Bei Muskelarbeit gehen nur ca. 25 % der umgesetzten Energie in kinetische Energie über, der Rest wird als Wärme frei. Bei Erhaltung, Wachstum oder Milchbildung liegen die Transformationsraten mit 60–70 % höher, bei der Entwicklung der Früchte sehr niedrig (um 20 %).

> ⚠ Bei Hunden wird der Energiebedarf ebenso wie der Energiegehalt der Futtermittel in der Dimension umsetzbare Energie (uE) angegeben; zum Rechengang s. Kap. 5.3.

4 Energie und Nährstoffe – Stoffwechsel und Bedarf

4.1.3 Energiebedarf

Erhaltung

Für die meisten Haushunde ist nur der Energiebedarf im Erhaltungswechsel zu erfüllen. Dabei soll die Körpermasse konstant bleiben, d. h. Körpergewebe, insbesondere Fettdepots, weder in größerem Umfang auf- noch abgebaut werden. Die Energiezufuhr soll aber für die im Erhaltungsstoffwechsel üblichen spontanen Bewegungen ausreichen.

Der Energiebedarf im Erhaltungsstoffwechsel nimmt nicht parallel mit der Körpermasse zu. Große Hunde benötigen je Kilogramm Körpermasse weniger Energie als kleine Rassen. Dafür sind zwei Gründe maßgebend:
- Der Erhaltungsbedarf wird aufgrund der ständig nach außen abgegebenen Wärme (Energie) von der Körperoberfläche bzw. ihrer Relation zur Körpermasse bestimmt.
- Die Körperoberfläche ist bei großen Hunden – bezogen auf die Körpermasse – relativ geringer als bei kleinen Hunden. Sie geben daher über die Körperoberfläche bezogen auf ihre Masse weniger Energie ab.

Um unabhängig von der Körpergröße zu einem einheitlichen Maßstab für Bedarfsangaben zu kommen, wird der Bedarf im Erhaltungsstoffwechsel daher auf die Stoffwechselmasse bezogen, die sich aus der Körpermasse zur 3/4-Potenz errechnet (= Körpermasse in $kg^{0,75}$). Die Körperoberfläche eines Hundes lässt sich näherungsweise nach folgender Formel abschätzen: $0,105\ m^2 \times kg\ KM^{0,67}$.

▶ **Tab. 4.3** Empfehlungen für die Energieversorgung von Hunden im Erhaltungsstoffwechsel[1].

Alter (Jahre)	umsetzbare Energie (MJ/kg $KM^{0,75}$)
< 2	0,56
3–7	0,52
> 7	0,42

[1] höher bei temperamentvollen, kurzhaarigen Hunden sowie bei Zwingerhaltung; niedriger bei trägen, phlegmatischen, langhaarigen Hunden sowie in geheizten Wohnungen.

> ⚠ Als Faustzahl gilt: Hunde im Erhaltungsstoffwechsel benötigen in Abhängigkeit von Rasse und Alter 0,5 MJ uE pro kg $KM^{0,75}$/Tag (▶ Tab. 4.3). Dabei sind im Einzelfall in Abhängigkeit von Rasse, individuellen Faktoren und Alter Abweichungen vom Mittelwert von −25 bis +50 % möglich.

Aus dieser Zahl können die praktisch wichtigen Werte pro kg KM leicht berechnet werden (▶ Tab. 4.4). Die Empfehlung schließt Energieaufwendungen für übliche spontane, ungerichtete Bewegungen mit ein. Wird ein Hund länger bewegt, sind Zuschläge notwendig (s. Körperbewegung).

Individuelle Unterschiede

Die genannten Richtzahlen sind – unabhängig von den Größenklassen der Hunde – nicht schematisch zu sehen, denn es gibt zahlreiche Variationsfaktoren. Das beginnt beim Einzelindividuum: Temperamentvolle Hunde setzen mehr Energie um als phlegmatische, kurzhaarige mehr als langhaarige. Im Laufe des Alters ist ein genereller Rückgang der Aktivität und damit des Erhaltungsbedarfs bekannt (▶ Tab. 4.3). Auch einzelne Rassen haben – unabhängig von der Größe – offenbar einen unterschiedlichen Bedarf. So setzten Doggen und Terrier bis zu 20 % mehr Energie um als andere Rassen. Für Neufundländer wurde dagegen ein unterdurchschnittlicher Bedarf ermittelt.

Umweltbedingungen

Der Energiebedarf hängt weiterhin von den Umweltbedingungen ab. Erhöhte Luftfeuchte und verstärkte Luftbewegungen fördern den Wärmeabfluss über die Haut und erhöhen den Energiebedarf. Dies trifft auch zu, wenn die Außentemperaturen kritische Grenzen unterschreiten. Hierbei spielen die subkutanen Fettpolster sowie Felldichte und -länge eine entscheidende Rolle. Bei nordischen Hunden (Huskies) wurde die untere Grenztemperatur mit 10–15 °C ermittelt, für lang- bzw. kurzhaarige Hunde gilt ein Bereich von 15–20 bzw. 20–25 °C. Nach Absenkung der Umgebungstemperatur von 22 auf 4–5 °C stieg der Energieumsatz bei Hunden um 60 %. Selbst unter extremen Temperaturbedingungen (−48 bis −78 °C) waren gut genährte Hunde in der Lage, ihre Körpertem-

▶ Tab. 4.4 Richtwerte für die Versorgung von Hunden mit umsetzbarer Energie im Erhaltungsstoffwechsel (je Tier und Tag bzw. je kg KM).

KM[1]	jüngere, aktive Tiere		ältere, weniger aktive Tiere	
kg	MJ/kg KM	MJ/Tier	MJ/kg KM	MJ/Tier
2	0,47	0,94	0,35	0,71
5	0,37	1,87	0,28	1,40
10	0,31	3,15	0,24	2,36
15	0,28	4,27	0,21	3,20
20	0,26	5,30	0,20	3,97
25	0,25	6,26	0,19	4,70
30	0,24	7,18	0,18	5,38
35	0,23	8,06	0,17	6,04
40	0,22	8,91	0,17	6,68
50	0,21	10,5	0,16	7,90
60	0,20	12,1	0,15	9,05
80	0,19	15,0	0,14	11,2

[1] ausgewachsen

peratur über längere Zeit konstant zu halten. Bei Überschreiten der oberen kritischen Temperatur, etwa ab 30 °C, nimmt der Energieaufwand zur Regulation der Körpertemperatur ebenfalls zu, vor allem durch Hecheln.

Erkrankungen

Auch Erkrankungen beeinflussen den energetischen Erhaltungsbedarf. So bedeuten fieberhaft erhöhte Körpertemperaturen eine Zunahme des Bedarfs an Energie in Höhe von etwa 40 kJ/kg KM. Stark energiezehrende Tumoren sowie Überfunktionen der Schilddrüse können ebenfalls zu einer Zunahme des Energiebedarfs führen. In seltenen Fällen begrenzen schließlich Nährstoffmängel die Ausnutzung der Nahrungsenergie, z. B. ein Magnesium-, Nikotinsäure- oder auch Pantothensäuredefizit, sodass ein erhöhter Energiebedarf resultiert.

Körperbewegung

Muskelarbeit erfordert zusätzliche Energie für die Eigenbewegung sowie evtl. für Zuganforderungen. Bei Greyhounds stieg der Erhaltungsbedarf in der Trainingsperiode auf 650 kJ/kg KM^{0,75} an. Zuschläge zum Erhaltungsbedarf sind bei Jagd-, Wach- und Hütehunden vorzunehmen. Extrembeispiele für einen erhöhten Energiebedarf finden sich bei Schlittenhunden während lang andauernder Renn- und Zugbelastungen.

Muskelkontraktion

Die Muskelkontraktion beruht auf einem chemischen Vorgang, wobei energiereiches Adenosintriphosphat (ATP) für das Ineinandergleiten der Muskelfilamente verbraucht wird. Kurzfristig stehen als Energiequellen neben ATP und dem Kreatinphosphat auch Glukose, Glykogen sowie Fett- und Aminosäuren in der Zelle zur Verfügung. Für die längerfristige Energieversorgung greift die Muskulatur auf Metaboliten aus dem Blut zurück, beim Hund allerdings weniger auf Glukose als vielmehr auf freie Fettsäuren, die 70–90 % der erforderlichen Energie liefern. Der Nachschub regelt sich durch Freisetzung aus hepatischen Reserven sowie aus dem Fettgewebe.

4 Energie und Nährstoffe – Stoffwechsel und Bedarf

▶ **Tab. 4.5** Beispiele zur Berechnung des zusätzlichen Bedarfs für die Bewegung, den Erhaltungsbedarf und den gesamten Energiebedarf bei Arbeitshunden mit unterschiedlichen Bewegungsleistungen.

Art des Gebrauchshundes	KM	angenommene Dauer der Bewegung	Geschwindigkeit	Gangart	zusätzlicher Bedarf an Energie		Erhaltungsbedarf	Gesamtbedarf
	kg	h	km/h		kJ/km/kg KM	MJ uE	MJ uE	MJ uE
Diensthund	35	7,5	4	Schritt	3,6	3,8	7,5	11,2
Jagdhund	25	4	4	Schritt	4,2	1,7	5,8	9,6
	25	1	15	Trab	4,2	1,6		
	25	0,2	20	Galopp	5,6	0,6		
Schlittenhund für Eigenbewegung	25	6	7	Trab	4,2	4,4	5,8	18,6
Schlittenhund für Zugaufwand						8,4[1]		

[1] Gesamtarbeit bei 50 N Zugkraft und 42 000 m Wegstrecke = 2,1 Millionen Newtonmeter (1 Newtonmeter = 1 Joule, daher hier 2,1 MJ Energieaufwand, Ausnutzung der Energie für die Bewegungsleistung von 25 % unterstellt, daher: 2,1/25 · 100 = 8,4 MJ uE als zusätzlicher Bedarf).

Horizontale Eigenbewegung

Bei langsamer, überwiegend horizontaler Eigenbewegung wird nur vergleichsweise wenig Energie zusätzlich benötigt. Allerdings kommt es auch bei verhaltener Bewegungsintensität durch m. o. w. ausgeprägte Verlagerungen des Körperschwerpunktes, Vorführbewegungen der Gliedmaßen, Beschleunigungs- und Bremsvorgänge sowie vermehrte Aktivität von Atmungs- und Kreislauforganen und Aufwendungen für die Temperaturregulation zu einem erhöhten Energiebedarf. Bei schneller Bewegung im Galopp wächst der Aufwand, insbesondere für die Verlagerung des Körperschwerpunktes sowie die Beschleunigungs- und Bremsvorgänge erheblich an (▶ Tab. 4.5).

Bei mittelschweren Hunden ist davon auszugehen, dass bei horizontaler Eigenbewegung im Schritt je kg KM ein mittlerer Zuschlag zum Erhaltungsbedarf in Höhe von ca. 4,7 kJ uE je Kilometer erforderlich ist. Bei kleinen Hunden ist dieser Aufwand etwas höher (ca. 7,3 kJ uE/kg KM · km), große Hunde kommen mit 3,6 kJ/kg KM · km aus. Bei höherer Bewegungsintensität (Galopp, > 16 km/h) ist bei einem mittelgroßen Hund mit einem zusätzlichen Energiebedarf von 5,6 kJ uE/kg KM · km und mehr zu rechnen.

Kurzfristige Höchstbelastung

Bei kurzfristiger Höchstbelastung (Sprints) greift der Hund nach Verbrauch der in ATP bzw. Kreatinphosphat verfügbaren Reserven auf die anaerobe Energiegewinnung zurück. Dabei wird Glukose nicht vollständig verbrannt, sondern ohne Sauerstoffverbrauch bis zur Milchsäure abgebaut. Der Vorteil liegt in der unmittelbaren Energieverfügbarkeit sowie in der dadurch kurzfristig möglichen hohen Leistungskapazität auch bei begrenzter Sauerstoffzufuhr. Selbst bei hohen Umsetzungen im Muskel ist jedoch die anaerobe Energiegewinnung mit einem Anteil von maximal 5 % an der gesamten Energiebereitstellung eher unbedeutend.

Milchsäure Hunde reagieren auf körperliche Belastungen nur mit einem vergleichsweise geringen Anstieg der Milchsäuregehalte im Blut. Bei Schlittenhunden waren nach Rennbelastung (22 km Distanz, 36 km/h) bis zu 8 mmol Milchsäure je Liter Serum festzustellen, bei Greyhounds können bei längeren Sprintstrecken Konzentrationen von über 35 mmol/l auftreten.

Zusätzlicher Energiebedarf

Beim Zug ergibt sich der zusätzliche Energiebedarf für die Arbeit aus der aufzubringenden Kraft (in Newton, N) und dem zurückgelegten Weg (in m). Da 1 Joule definitionsgemäß einer Arbeit von 1 Nm entspricht, kann die zusätzlich benötigte Energie leicht errechnet werden. Dabei ist zu berücksichtigen, dass die Ausnutzung der Energie für Bewegungszwecke mit nur 25 % zu veranschlagen ist, sodass zur energetischen Abdeckung der netto geleisteten Zugarbeit über das Futter etwa die 4-fache Menge Energie erforderlich ist (▶ Tab. 4.5).

Vertikale Bewegungen, z. B. das Überwinden von Hindernissen beim Sport, erfordern aufgrund der dabei erfolgenden Schwerpunktverlagerungen deutlich höhere Energieaufwendungen. Je Meter Vertikalbewegung entstehen Energieaufwendungen in Höhe von ca. 28 J uE/kg KM. Bei spielerischer Beschäftigung können Hunde in der Summe etwa 150 m pro Tag an Vertikalbewegungen absolvieren, sodass je kg KM ein zusätzlicher Energiebedarf in Höhe von 4,2 kJ uE resultiert.

🛈 Arbeitshunde haben einen Energiebedarf, der je nach Beanspruchung (Dauer x Intensität) 1,5- bis 3,5-fach über dem Erhaltungsbedarf liegt.

Der Energiebedarf von Arbeitshunden kann aus den Zahlen in ▶ Tab. 4.5 abgeschätzt werden. Die Futtermengenzuteilung sollte jedoch nicht streng schematisch erfolgen, sondern Körperverfassung und Umweltbedingungen (Temperatur, Bodenverhältnisse etc.) berücksichtigen.

Gravidität und Laktation

Gravidität

Zuchthündinnen nehmen während der Gravidität etwa 20–25 % ihrer Körpermasse zu. Diese Zunahme verteilt sich wie folgt (in %):
- Früchte 55
- Fruchtwasser und Eihäute 12
- extragenitaler Zuwachs (Fett, Wasser) 33

Während der Gravidität soll die Hündin Reserven anlegen, vor allem als Fett (ca. 5 % der KM), um eine ausreichende Energieversorgung während der Laktation sicherzustellen. Andererseits darf sie während der Gravidität nicht überfüttert werden, da sonst das Risiko einer verminderten Milchleistung besteht.

Fruchtentwicklung Die Fruchtentwicklung (▶ Abb. 2.1) verläuft zweiphasig, wobei erst in der zweiten Hälfte der Gravidität eine deutliche Zunahme der fetalen Gewichte zu verzeichnen ist. Dadurch entsteht vergleichsweise spät – eigentlich erst in den letzten 20 Tagen – ein erhöhter Energiebedarf (▶ Tab. 4.6). Allerdings ist zu berücksichtigen, dass viele Hündinnen gegen Ende der Trächtigkeit weniger fressen, sodass sich die zusätzliche Energiezufuhr auf die letzten 5-Wochen verteilen sollte.

🛈 Bei tragenden Hündinnen erreicht der Energiebedarf in Abhängigkeit von der zu erwartenden Wurfmasse während der 2. Trächtigkeitshälfte das 1,3- (kleinere Rassen) bis 1,5-Fache (größere Rassen) des Erhaltungsbedarfs.

Hinsichtlich der Art der Energieversorgung hat sich gezeigt, dass ein Teil auf jeden Fall in Form von Kohlenhydraten erfolgen sollte, sonst können, insbesondere bei knapper Proteinversorgung bei den Welpen, Entwicklungsstörungen auftreten, da der Organismus der Hündin zur Glukoneogenese auf glukoplastische Aminosäuren zurückgreift.

▶ Tab. 4.6 Empfehlungen für die Versorgung von Zuchthündinnen mit umsetzbarer Energie (MJ uE je Tier und Tag).

KM (kg)	Gravidität (ab 5. Woche)	Laktation, Welpenzahl		
		<4	4–6	>6
5	2,4	2,8	4,0	4,6
10	4,1	5,2	7,7	8,7
20	7,4	9,4	14,5	16,5
35	11,8	15,3	24,2	27,8
60	18,6	24,6	39,9	46,1

Quelle: modifiziert nach Gesellschaft für Ernährungsphysiologie 1989.

Laktation

Bei laktierenden Hündinnen steigt der Erhaltungsbedarf in geringem Umfang, der höchste Energiebedarf ergibt sich durch die Milchsekretion, die bis 8 % der KM erreichen kann. Der Energiegehalt der Hundemilch variiert nur wenig (▶ Tab. 2.8), die Milchmenge hängt dagegen sowohl von der Welpenzahl als auch von dem Laktationsstadium ab. Der in ▶ Tab. 4.6 dargestellte Energiebedarf der Hündin wird in den ersten beiden Laktationswochen über die Futteraufnahme oft nicht gedeckt, sodass auf körpereigene Reserven zurückgegriffen werden muss. Bei großen Würfen und ungenügender Energiedichte des Futters treten Energiedefizite auch in der 3. und 4. Woche, in der Phase der höchsten Milchproduktion, auf.

> ⚠ Aufgrund der meist kleineren Würfe benötigen laktierende Hündinnen kleinerer Rassen etwa das Doppelte der Energiemenge im Erhaltungsbedarf, bei Riesenrassen kann der Bedarf während der Säugeperiode das 4-Fache des Erhaltungsbedarfs erreichen.

Wachstum

Bei Welpen und Junghunden resultiert ein zusätzlicher Energiebedarf durch die Gewebeneubildung. Der Erhaltungsbedarf von Saugwelpen liegt in den ersten Lebenswochen deutlich unterhalb der Werte erwachsener Hunde, da sie sich wenig bewegen und der Aufwand für die Thermoregulation aufgrund der noch nicht vollständig entwickelten Steuerungsmechanismen geringer ist. Zudem liegen Welpen meist eng beieinander oder in unmittelbarem Kontakt mit dem Muttertier, sodass bei optimaler Gestaltung der Umwelttemperaturen und aufgrund der guten Isolationswirkung durch das dichte Fell nur geringe Wärmeverluste zu kompensieren sind.

Etwa ab der 3. Lebenswoche nimmt der Erhaltungsbedarf zu, da die Welpen dann beginnen, aktiver zu werden und die niedrigeren Umgebungstemperaturen im Allgemeinen eine erhöhte endogene Wärmeproduktion erfordern. Bei Kalkulation der notwendigen Energieaufnahmen wachsender Hunde (▶ Tab. 4.7) wurden durchschnittliche Wachstumsraten (▶ Tab. 2.9) sowie mittlere Energiegehalte im neu gebildeten Gewebe zugrunde gelegt.

Tagesbedarf an Energie

Der Gesamttagesbedarf an umsetzbarer Energie ist im ersten Lebensmonat trotz der hohen Tageszunahmen gering, was jedoch durch den geringeren Erhaltungsbedarf, einen geringeren Fett- und damit Energiegehalt des Zuwachses sowie die hohe Ausnutzung der Milchinhaltsstoffe zu erklären ist. Ab dem 2. Lebensmonat steigt der Energiebedarf von Welpen erheblich an, da sich dann Änderungen im Erhaltungsbedarf, der Wachstumsrate sowie der Zusammensetzung des neu gebildeten Gewebes bemerkbar machen. Zwischen den Rassen ergeben sich während des 3. und 4. Lebensmonats nur vergleichsweise geringe Differenzen, da großwüchsige Hunde zwar einen höheren Bedarf für die Gewebeneubildung haben, der Erhaltungsbedarf pro Kilogramm Körpermasse jedoch geringer ist als bei kleinwüchsigen Hunden. In der Folgezeit kommt es dann jedoch zu einer deutlichen Differenzierung mit höheren Bedarfswerten bei den großwüchsigen Hunden.

Empfehlungen für Energiezufuhr

Für wachsende Hunde können, ähnlich wie bei adulten, nur Durchschnittswerte für die Energiezufuhr empfohlen werden, da individuelle und exogene Bedingungen den Bedarf stark variieren. Zudem kommen rassespezifische Unterschiede in der Zusammensetzung und dem Energiegehalt des Zuwachses vor. Ein erhöhter Bedarf besteht bei Kolonie- (mehr Bewegung) oder Außenhaltung (evtl. niedrige Umgebungstemperaturen). Zuschläge bis zu 30 % können unter solchen Bedingungen notwendig werden. Junge Doggen sollten ca. 20 % mehr Energie aufgrund eines höheren energetischen Erhaltungsbedarfs erhalten. Bei der Beurteilung der Energieversorgung von Junghunden ist stets die Körperverfassung kritisch zu beachten. Zu schnelles Wachstum infolge zu hoher Energieaufnahme geht nicht unbedingt mit von außen sichtbarer Verfettung einher, es kann jedoch schnell zu einer Überlastung des unreifen Skelettsystems kommen (Kap. 7.10).

▶ Tab. 4.7 Empfehlungen für die Versorgung von wachsenden Hunden mit umsetzbarer Energie in verschiedenen Lebensmonaten (je Tier und Tag bzw. je kg KM)[1].

MJ uE/kg KM/Tag	KM des ausgewachsenen Hundes	Monat					
		1	2	3	4	5 + 6	6–12
	5	0,93	0,76	0,78	0,70	0,58	0,49
	10	0,94	0,84	0,74	0,65	0,52	0,42
	20	0,95	0,78	0,71	0,59	0,45	0,38
	35	0,89	0,81	0,68	0,54	0,41	0,34
	60	0,91	0,76	0,70	0,58	0,47	0,34
MJ uE/Tier/Tag							
	5	0,46	0,88	1,47	1,83	2,01	2,17
	10	0,69	1,54	2,42	3,07	3,36	3,56
	20	1,02	2,43	4,15	5,31	5,52	6,10
	35	1,33	3,84	6,49	7,80	8,19	8,89
	60	1,94	5,01	9,17	11,8	13,7	14,1

[1] Besonders bei großwüchsigen Rassen Ernährungszustand und Gewichtsentwicklung beachten.
Erhaltungsbedarf ab dem 3. Monat mit 0,66 MJ uE/kg $KM^{0,75}$ (Riesen: 0,75) angenommen; Energiegehalt im Zuwachs im ersten Monat 4,2 MJ/kg, in den folgenden Monaten um 20 % erhöht
Quelle: nach Gesellschaft für Ernährungsphysiologie 1989, modifiziert.

4.1.4 Energiemangel und -überschuss

Überschuss

Energieüberschuss führt bei adulten Hunden zur Verfettung mit allen damit verbundenen Problemen (Kap. 7.4), bei wachsenden Tieren entwickeln sich leicht Erkrankungen des Skelettsystems, sowohl die Gelenke als auch das Knochengerüst betreffend.

Mangel

Eine Energieunterversorgung tritt unter heutigen Fütterungsbedingungen nur noch selten auf. Sie ist insbesondere dann zu erwarten, wenn Arbeitshunden oder auch laktierenden Hündinnen ein Futter mit geringer Energiedichte verabreicht wird, sodass die notwendige Futtermenge nicht aufgenommen werden kann. Auch bei schweren Erkrankungen kann ein Energiedefizit auftreten, sei es, dass der Gastrointestinaltrakt temporär nicht funktionsfähig ist oder aber ein chronisch erhöhter Energiebedarf vorliegt.

Kompensation

Ein kurzfristiger Energiemangel wird von gesunden Hunden problemlos kompensiert, indem zunächst Glykogenreserven in Leber und Muskulatur, später auch Fette, abgebaut werden. Merkliche KM-Verluste treten erst bei mehrwöchiger Nahrungskarenz auf. Bei einem unterstellten täglichen Energiebedarf von beispielsweise 2,9 MJ uE müsste ein 10 kg schwerer Hund theoretisch ca. 74 g Fett pro Tag mobilisieren, um seinen Erhaltungsbedarf zu decken. Hunde können einen Energiemangel vergleichsweise lange tolerieren – nach vorliegenden Beobachtungen bis zu 100 Tage –, wenn sie keine besonderen Leistungen vollbringen müssen, Wasser ausreichend verfügbar ist und thermoneutrale Bedingungen eingehalten werden. Die beim Menschen üblichen erhöhten Ketonkörpergehalte waren beim Hund nicht zu beobachten. Nach 14-tägigem Nahrungsentzug und einem

KM-Verlust von 20 % konnten Hunde noch tägliche Strecken von 4,6 km bei einer Geschwindigkeit von 7 km/h bewältigen. Kommt es durch längeren Nahrungsentzug zum Abbau von Körpereiweiß, so werden Immunfunktion sowie Stoffwechselprozesse in Leber und Muskulatur zunehmend beeinträchtigt bzw. kommen völlig zum Erliegen.

4.2 Eiweiß

4.2.1 Funktion und Stoffwechsel

Der Hund benötigt Eiweiß für die Erhaltung der Körpersubstanz und für die Neubildung von Gewebe, z. B. im Wachstum oder während der Reproduktionsphase oder für die Milchsekretion. Eiweiß besteht aus räumlich angeordneten Ketten von Aminosäuren, die über eine Peptidbindung zwischen jeweils einer Amino- und Karboxylgruppe miteinander verknüpft sind. Eine solche Kette kann einige tausend Aminosäuren enthalten, wobei die Reihenfolge der ca. 20 in Futtermitteln und im Organismus vorkommenden Aminosäuren genetisch determiniert ist. Neben der Aminosäurensequenz und dem Gehalt an essenziellen, unbedingt vom Organismus benötigten Aminosäuren wird der Wert eines Futterproteins maßgeblich von seiner Verdaulichkeit bestimmt (▶ Tab. 3.9). Diese hängt von seinen physikalischen Eigenschaften, insbesondere der durch Faltungen und Quervernetzungen gebildeten Sekundär- und Tertiärstruktur ab. Hochwertige Proteinquellen haben eine hohe präzäkale Verdaulichkeit.

Essenzielle Aminosäuren

Der Hund hat wie andere Monogastrier keinen Proteinbedarf im wörtlichen Sinne, sondern benötigt die im Eiweiß enthaltenen lebensnotwendigen (essenziellen) Aminosäuren. Diese Aminosäuren kann der Hund im Organismus im Gegensatz zu den nicht essenziellen Aminosäuren nicht selber über Transaminierungsvorgänge aus stickstoffhaltigen Vorstufen herstellen. Allerdings ist auch bei den essenziellen Aminosäuren in einem gewissen Umfang eine Kompensation möglich.

So lässt sich ein Methionindefizit durch Cystein ausgleichen, die aromatische Aminosäure Phenylalanin ist teilweise durch Tyrosin zu ersetzen.

Für den Hund essenzielle Aminosäuren
Histidin
Lysin
Leucin
Isoleucin
Valin
Threonin
Tryptophan
Arginin
Methionin (teils durch Cystein ersetzbar)
Phenylalanin (teils durch Tyrosin ersetzbar)

Arginin

Arginin wird vom Hund, ähnlich wie bei der Katze, nur in ungenügendem Umfang synthetisiert, sodass dem Arginin im Gegensatz zu den Verhältnissen beim Menschen und bei vielen anderen Tierarten eine Essenzialität zuzusprechen ist, und zwar nicht nur bei Jungtieren. Eine mangelhafte Argininversorgung, die unter Praxisbedingungen jedoch kaum zu erwarten ist, führt zu Erbrechen und Krämpfen aufgrund einer Hyperammonämie. Diese entwickelt sich durch den Funktionsverlust des Harnstoffzyklus in der Leber.

Alle essenziellen Aminosäuren müssen in der L-Form aufgenommen werden, eine Verwertung von synthetisch hergestellten D-Aminosäuren wurde jedoch beim Hund für Tryptophan, Methionin und Phenylalanin nachgewiesen. Hunde sind im Gegensatz zur Katze in der Lage, die Aminosulfonsäure Taurin selbst aus schwefelhaltigen Aminosäuren zu synthetisieren, allerdings scheint es Rassen mit verminderter Synthesekapazität zu geben, so für Neufundländer nachgewiesen.

Proteinabsorption

Ein überwiegender Teil des aufgenommenen Futterproteins wird über die Darmwand absorbiert, entweder in Form von Aminosäuren oder teilweise auch als Peptide, und gelangt in das Pfortadersystem. Aufgrund der erheblichen Sekretionsvorgänge im Gastrointestinaltrakt sowie über die Zellmauserung der Darmepithelien fließen wiederum in erheblichem Umfang Harnstoff, Eiweiße und Aminosäuren endogener Herkunft in das Darmlumen. Ihre Menge wird auf ca. 1 g/kg KM/Tag geschätzt (▶ Abb. 4.2). Höhere Werte sind bei Urämie aufgrund des dann erhöhten Harnstoffein-

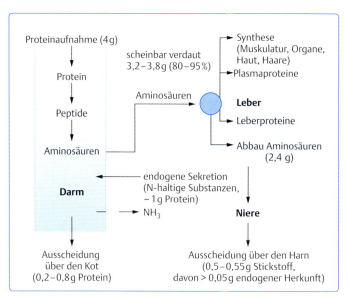

▶ Abb. 4.2 Verdauung und Stoffwechsel der Proteine (Beispielangaben pro kg KM/Tag).

stroms in das Darmlumen oder beim intestinalen Eiweißverlustsyndrom (Protein-losing enteropathy [PLE]) zu erwarten.

Proteinverwertung

Die Verwertung des Futterproteins hängt von der Art des Proteins, der Höhe des Eiweißangebots, dem Aminosäurenspektrum in der Ration sowie möglichen interferierenden Inhaltsstoffen des Futters ab. Hochwertige Futtereiweiße weisen eine hohe präkale Verdaulichkeit auf (▶ Tab. 3.9), d. h., sie werden zum überwiegenden Anteil bereits im Dünndarm enzymatisch aufgeschlossen und die freigesetzten Aminosäuren weitgehend dort absorbiert. Die im Dickdarm (postileal) ablaufende Verdauung ist fast ausschließlich mikrobieller Natur und für den Organismus weniger gewinnbringend, im Gegenteil, es entstehen bei starker mikrobieller Fermentation von Proteinen in erheblichem Umfang Ammoniak und Amine, die den Organismus belasten.

Überhöhte Eiweißaufnahme

Bei überhöhter Eiweißaufnahme wird ein großer Teil der Aminosäuren in der Leber desaminiert unter Freisetzung von Ammoniak, das eine hohe Zelltoxizität aufweist und daher dort schnell über den Harnstoffzyklus entgiftet werden muss. Auch bei bedarfsgerechter Proteinversorgung wird stets ein Teil der Aminosäuren in der Leber desaminiert, allerdings in wesentlich geringerem Umfang. Die in der Leber umgewandelten oder freigesetzten Aminosäuren werden vom Organismus für Synthesevorgänge genutzt, überwiegend in der Muskulatur, aber auch in Organen, Haut und Haaren. Die Halbwertzeit in den einzelnen Proteinpools variiert zwischen wenigen Tagen und mehreren Wochen, besonders hoch sind die Umsatzraten in der Leber sowie im Gewebe des Gastrointestinaltraktes. Bei hoher Proteinzufuhr kann der Proteingehalt in den Körperzellen in einem gewissen Umfang ansteigen, da in allen Körpergeweben Reserven angelegt werden, die im Bedarfsfall schnell mobilisierbar sind. Neben dem Proteinauf- und -abbau im Erhaltungsstoffwechsel synthetisieren reproduzierende Hündinnen sowie wachsende Hunde erhebliche Eiweißmengen, die einen erhöhten Proteinbedarf bedingen.

Gesamteiweißgehalt

Im Blut zirkulieren stickstoffhaltige Substanzen im Wesentlichen in Form von Eiweiß, freien Aminosäuren und Eiweißabbauprodukten. Der Gesamteiweißgehalt umfasst Albumine und Globuline. Er liegt beim gesunden adulten Hund etwa bei 65 g/l (▶ Tab. 4.8), wobei der Informationsgehalt zur Beurteilung der Fütterung sehr begrenzt ist. Die Globulinfraktion ist von der Eiweißaufnahme weitge-

4 Energie und Nährstoffe – Stoffwechsel und Bedarf

▶ **Tab. 4.8** Stickstoffhaltige Substanzen im Blut (Plasma bzw. Serum) beim Hund (nüchtern, adult).

	pro l		pro dl	
Gesamteiweiß	g	65 (54–75)	g	6,5 (5,4–7,5)
Albumin	g	30 (25–47)	g	3,0 (2,5–4,7)
Globulin	g	25 (20–35)	g	2,5 (2,0–3,5)
freie Aminosäuren	mg	400	mg	40
Ammoniak	µmol	<60	µg	<100
Harnstoff	mmol	3,3–5,0	mg	20–30
Kreatinin	µmol	35–106	mg	0,4–1,2
Harnsäure	mmol	6–65	mg	0,1–11
Bilirubin	µmol	<3,4	mg	<0,2

Quellen: Kaneko 1989, Willard et al. 1994, Kraft u. Dürr 2005.

hend unabhängig, der Albumingehalt wird sowohl von der Proteinversorgung als auch von der hepatischen Syntheserate beeinflusst.

Proteindefizit

Bei einem alimentär oder endogen bedingten Proteindefizit fällt der Plasmaalbuminspiegel innerhalb von ca. 2 Wochen auf unter 10 g/l. Die Gesamtmenge an freien Aminosäuren im Plasma variiert nur wenig in Abhängigkeit von der Proteinversorgung, gleichwohl unterliegt ihr Spektrum deutlichen nutritiven Einflüssen. Nach der Fütterung steigen die Konzentrationen einzelner Aminosäuren im Blut bis auf das Doppelte der Nüchternwerte an. Auch Erkrankungen können den Aminosäurenspiegel im Plasma beeinflussen. Insbesondere bei Leberzelldegeneration kommt es evtl. zu einer verminderten hepatischen Aufnahme aromatischer Aminosäuren, sodass sich unter diesen Bedingungen die molare Relation von aromatischen zu verzweigtkettigen Aminosäuren im Blut, die normalerweise bei 3–4/l liegt, in pathologische Bereiche (<2/l) verschiebt.

Harnstoff

Von den im Blut zirkulierenden Eiweißabbauprodukten kommt dem Harnstoff die größte Bedeutung zu. Ammoniak ist im Blut nur bei Funktionsstörungen der Leber sowie schwerwiegenden Eiweißdysfermentationen im Dickdarm in erhöhtem Umfang nachzuweisen, üblicherweise liegen die Konzentrationen unter 60 µmol/l. Die normalen Plasmaharnstoffspiegel bewegen sich bei gesunden Hunden in einem Nüchternbereich von 3,3–5 mmol/l und steigen nach Futteraufnahme erheblich an, wobei eine straffe Korrelation zur Proteinzufuhr besteht, da die Anflutung temporär die renale Ausscheidungskapazität übertrifft. Bei extremer Eiweißüberversorgung mit Proteinaufnahmen von über 20–30 g/kg KM/Tag erreichen die Plasmaharnstoffspiegel postprandial Größenordnungen von mehr als 17 mmol/l.

Andere Abbauprodukte

Die anderen aus dem endogenen Proteinabbau entstehenden Substanzen liegen in deutlich geringeren Konzentrationen im Blut vor. Bei gesunden Hunden bewegen sich die Kreatininspiegel um 35–106 µmol/l. Harnsäure ist bei den meisten Hunden nicht oder allenfalls in geringen Mengen nachzuweisen. Aufgrund einer Besonderheit des Nukleinsäurestoffwechsels erreichen ihre Konzentrationen im Blut von Dalmatinern Größenordnungen von 50–80 µmol/l, wobei ein deutlicher Effekt der Protein- bzw. Nukleinsäureaufnahme besteht. Indikan, ein Abbauprodukt des Tryptophans, das im Intestinaltrakt mikrobiell entsteht, ist normalerweise nur in geringen Konzentrationen im Blut nachzuweisen (bis 20 µmol/l). Seine Gehalte steigen jedoch bei übermäßiger Aufnahme schlecht verdaulicher Eiweiße bzw. bei intestinalen Dysfermentationen durch die dann vermehrt ablaufenden Eiweißumsetzungen deutlich an. Die aus dem Proteinstoffwechsel anfallenden Metaboliten werden über den Harn ausgeschieden. Je nach Eiweißzufuhr exkretieren Hunde ca. 200–800 mg Stickstoff/kg KM/Tag über den Harn, wobei 80–90 % auf Harnstoff, bis 10 % auf Ammoniak und ein Rest auf Kreatinin, Allantoin, Harn- und Hippursäure sowie Indikan entfallen.

Proteinausscheidung

Die renale Proteinausscheidung liegt beim gesunden Hund unter 10 mg/kg KM/Tag. Die Eiweißkonzentrationen erreichen Werte bis zu 100–200 mg/l Harn, bei Vorliegen von Nierenschäden kann es zur Proteinurie kommen (bis 2000 mg/l). Aminosäuren werden normalerweise nur in geringem Umfang renal ausgeschieden, nur bei Saugwelpen können höhere Gehalte vorliegen. Störungen renaler Reabsorptionsmechanismen treten in einigen Rassen (z. B. Dachshund und Basset) für Cystein, parallel auch für weitere Aminosäuren auf, sodass eine Cystinurie mit Disposition für Cystinsteine resultiert. Die renale Allantoinausscheidung ist mit 50–100 mg/kg KM/Tag zu beziffern, wobei etwa die Hälfte aus dem endogenen Nukleinsäurenkatabolismus stammt. Insbesondere bei Dalmatinern, aber auch bei einzelnen Hunden anderer Rassen wird vermehrt Harnsäure über den Urin ausgeschieden, da die Allantoinbildung aufgrund eines Urikasemangels reduziert ist. Die renale Harnsäureexkretion erreichte bei Beagles bis 4 mg/kg KM/Tag, bei Dalmatinern können dagegen Werte bis zu 1000 mg/kg KM/Tag auftreten. Insbesondere purinreiche Futtermittel wie Innereien können bei dieser Rasse das Risiko einer Uraturolithiasis erhöhen und sollten aus diesem Grund nur in geringen Mengen in der Ration enthalten sein (s. Kap. 7.12).

Bewertung des Futtereiweißes

Das Futterprotein wird im Wesentlichen nach seiner Aminosäurenzusammensetzung und der Verdaulichkeit bewertet. Je nach Art der Eiweißfuttermittel, ihrer Verarbeitung und Behandlung sowie Zusammenstellung der Gesamtration ergeben sich erhebliche Unterschiede.

Aminosäurenzusammensetzung

Die Aminosäurenzusammensetzung, insbesondere das Vorkommen der essenziellen Aminosäuren, ist für die Stoffwechselprozesse von entscheidender Bedeutung. Im Erhaltungsstoffwechsel werden Aminosäuren für den permanenten Gewebeaustausch benötigt, wobei die Umsetzungen in Haut, Gastrointestinaltrakt und Leber wesentlich zum Gesamtbedarf beitragen. Ein erhöhter Aminosäurenbedarf und damit besondere Ansprüche an die Proteinqualität ergeben sich in der Wachstumsphase sowie während der Trächtigkeit und Laktation.

Die Zusammensetzung der neu gebildeten Gewebe bzw. Sekrete ist genetisch determiniert, das Muster und die Sequenz der enthaltenen Aminosäuren können über die Fütterung nicht beeinflusst werden.

Einfluss des Futterproteins

Daraus resultiert auch, dass das Futterprotein im Aminosäurenmuster mit den zu bildenden Produkten möglichst gut übereinstimmen sollte. Je besser diese Übereinstimmung, desto höher ist die biologische Wertigkeit des Futterproteins. Fehlen eine oder mehrere essenzielle Aminosäuren, so wird die Proteinsynthese eingeschränkt. Man spricht in diesem Fall von limitierenden Aminosäuren. Der Vergleich des Aminosäurengehaltes im neu gebildeten Gewebe von Welpen mit einem Protein hoher (Fleisch, Soja) bzw. geringer (Mais) biologischer Wertigkeit zeigt den Unterschied zwischen verschiedenen Futtereiweißen recht deutlich (▶ Abb. 4.3). Im Maisprotein wirken insbesondere Lysin und Tryptophan, aber auch Arginin und Threonin limitierend, Fleischeiweiß und auch Sojaprotein stimmen demgegenüber wesentlich besser mit der Gewebezusammensetzung von Welpen überein. Je nach Art des gebildeten Gewebes bzw. Exkretes können sich der Aminosäurenbedarf und damit die biologische Wertigkeit des Futterproteins ändern.

4 Energie und Nährstoffe – Stoffwechsel und Bedarf

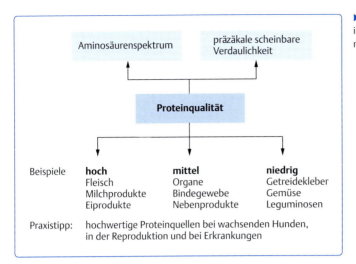

▶ **Abb. 4.3** Vergleich der Proteinqualität in verschiedenen eiweißreichen Futtermitteln.

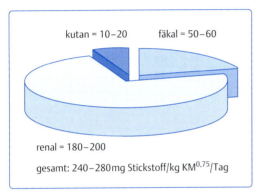

▶ **Abb. 4.4** Endogene N-Verluste beim Hund (mg/kg KM^{0,75}/Tag). Während des Haarwechsels steigen die kutanen Verluste bei kurz- bzw. langhaarigen Hunden auf 45 bzw. 145 mg.

4.2.2 Bedarf

Erhaltung

Da die Verdaulichkeit der Proteine nicht nur durch ihre native Zusammensetzung, sondern durch mögliche Einflüsse seitens der Be- und Verarbeitung sowie durch Interaktionen mit anderen Futterinhaltsstoffen beeinflusst wird und in erheblichem Umfang schwanken kann (< 35 bis > 90 %; s. ▶ Tab. 3.9), wird der Einweißbedarf des Hundes in der Dimension verdauliches Eiweiß angegeben.

Hunde sollen im Erhaltungsstoffwechsel den Eiweißbestand im Organismus konstant halten. Sie müssen Gewebe ersetzen und Protein für den Ausgleich unvermeidlicher fäkaler, renaler und kutaner Verluste aufnehmen. Diese Verluste ergeben sich aus den Abgaben über Kot (Schleim, Enzyme, Epithelien, Bakterien), Harn (durch permanente Abbauvorgänge im Körper) und Haut (Haar, Epithelien).

Angesichts der weiten Spanne in den Körpergewichten wird der Eiweißbedarf – ähnlich wie bei der Energie – auf die Stoffwechselmasse (kg^{0,75}) bezogen. Die unvermeidlichen Stickstoffverluste belaufen sich im Erhaltungsstoffwechsel auf insgesamt 240–280 mg/kg KM^{0,75}/Tag, wobei der überwiegende Anteil auf die renale N-Ausscheidung entfällt (▶ Abb. 4.4). Bei einer angenommenen Verwertung der absorbierten Aminosäuren in Höhe von 70 % errechnet sich für den Erhaltungsstoffwechsel ein täglicher Mindestbedarf von ca. 2,0–2,5 g verdaulichem Rohprotein/kg KM^{0,75}/Tag.

Bei diesen Zahlen handelt es sich um Mindestwerte, die für die Fütterungspraxis aber nur unter bestimmten Bedingungen, z. B. im Rahmen diätetischer Maßnahmen, zu empfehlen sind. Eine Proteinzufuhr, die über den Mindestwert hinausgeht, führt bei adulten Hunden dazu, dass sich ein Gleichgewicht zwischen Aufnahme und Ausscheidung auf höherem Niveau einstellt. Um die Bildung ausreichender Eiweißreserven sicherzustellen, die dem Organismus bei besonderen Belastungen wie Infektionen, Blutverlusten oder anderen Stresssituationen zur Verfügung stehen, wird ein Sicherheitszuschlag vorgenommen.

Faustzahlen: Eiweißbedarf im Erhaltungsstoffwechsel

5 g verdauliches Rohprotein/kg KM^{0,75}/Tag
bzw. ca. 10 g verdauliches Rohprotein/1 MJ uE
(entspr. 12 g Rohprotein/1 MJ uE)
Empfohlene Höchstmengen für Rohprotein/kg KM/Tag:
kleine Hunde nicht > 7 g
mittelgroße nicht > 5 g
große Hunde nicht > 4 g

▶ **Tab. 4.9** Empfehlungen für die tägliche Versorgung von Hunden im Erhaltungsstoffwechsel mit verdaulichem Rohprotein (g).

KM	Mindestproteinzufuhr[1]	Empfehlungen für Normalbedingungen[2]	
kg	pro kg KM	pro kg KM	pro Tier
5	1,7	3,3	17
10	1,4	2,8	28
15	1,3	2,5	38
20	1,2	2,4	47
25	1,1	2,2	56
30	1,1	2,1	64
35	1	2,1	72
60	0,9	1,8	108

[1] Mindestmenge, z. B. im Rahmen diätetischer Maßnahmen
[2] Werte bei langhaarigen Hunden während des Haarwechsels um ca. 20 % anheben
Quelle: nach Gesellschaft für Ernährungsphysiologie 1989, modifiziert.

Empfehlungen zur Proteinversorgung

Daraus errechnen sich die in ▶ Tab. 4.9 zusammengefassten Empfehlungen zur Versorgung mit verdaulichem Rohprotein für Hunde im Erhaltungsstoffwechsel. Bei langhaarigen Hunderassen, insbesondere kleineren mit einer relativ großen Oberfläche, sollte die Proteinzufuhr während der Zeit des Haarwechsels im Frühjahr und im Herbst um 20 % erhöht werden, wobei besonders die Versorgung mit schwefelhaltigen Aminosäuren (Methionin und Cystin) zu beachten ist. Alle Empfehlungen zur Proteinversorgung gelten unter der Voraussetzung, dass im Futter eine ausgewogene Relation von **verdaulichem Rohprotein** zu **umsetzbarer Energie** vorliegt, sodass Aminosäuren nicht in verstärktem Umfang zur Energiegewinnung herangezogen werden müssen.

Ältere Hunde Bei älteren Hunden sollte sich die Proteinversorgung an den in ▶ Tab. 4.9 angegebenen Empfehlungen für Normalbedingungen orientieren, sofern keine Organstörungen vorliegen, die eine Proteinrestriktion erfordern. Allerdings sollten Eiweißquellen verwendet werden, deren Verdaulichkeit im Dünndarm hoch ist, sodass der Organismus möglichst wenig mit Eiweißabbauprodukten aus der mikrobiellen Fermentation im Dickdarm belastet wird. Fieberhafte Erkrankungen, Operationen oder auch größere Verletzungen führen zu einem erhöhten Proteinbedarf. Auch bestimmte Tumoren können eine Zunahme des Proteinbedarfs bewirken. Der Bedarf an essenziellen Aminosäuren für adulte Hunde, Hündinnen sowie für Welpen ist in ▶ Tab. 4.10 zusammengefasst.

Arbeitshunde

Bei Fütterung von Arbeitshunden bzw. Tieren, die stärkere Bewegungsleistungen vollbringen, ist im Wesentlichen ein erhöhter Energiebedarf zu berücksichtigen. Die Proteinversorgung sollte allerdings proportional zur zugeführten Energiemenge ansteigen, da aufgrund der höheren Futteraufnahme auch erhöhte endogene Stickstoffverluste anfallen und es bei Belastungs- und Stresssituationen günstig ist, die schnell verfügbaren labilen Proteinreserven aufzufüllen und ausreichend Aminosäuren für die Glukoneogenese bereitzustellen.

Positive Effekte einer erhöhten Eiweißbereitstellung auf Plasmavolumen, Blutbildung und Stressresistenz wurden bei Sporthunden beobachtet. Weiterhin ist der Proteingehalt im Futter wichtig für die Akzeptanz, wobei für Arbeits- und Sporthunde eine Relation von verd. Rohprotein zu ums. Energie von ca. 10 g/MJ einzuhalten ist.

Eine übermäßige Eiweißversorgung ist dagegen bei Leistungshunden zu vermeiden, da negative Rückwirkungen auf das Leistungsvermögen nicht auszuschließen sind (Kap. 6.4).

4 Energie und Nährstoffe – Stoffwechsel und Bedarf

▶ **Tab. 4.10** Empfehlungen für die tägliche Versorgung von Hunden mit essenziellen Aminosäuren (mg/kg KM).

	Erhaltung[1]	späte Gravidität und Laktation[2]	Wachstum[3]
Arginin	56	568	359
Histidin	32	249	176
Isoleucin	61	402	294
Methionin	56	175	157
Methionin + Cystin	107	351	320
Leucin	112	1136	588
Lysin	56	513	398
Phenylalanin	76	471	294
Phenylalanin + Tyrosin	122	697	588
Threonin	71	591	366
Tryptophan	23	69	104
Valin	81	739	307

[1] ausgewachsener Hund, 15 kg, Aufnahme ca. 4 MJ uE/Tag
[2] Hündin, 22 kg, 8 Welpen, Aufnahme ca. 20 MJ uE/Tag
[3] Welpe, 5,5 kg, 3 Mon. alt, Aufnahme ca. 4 MJ uE/Tag
Quelle: National Research Council 2006.

▶ **Tab. 4.11** Empfehlungen für die tägliche Proteinversorgung von Zuchthündinnen während der Gravidität bzw. Laktation in g verd. Rohprotein pro Tier.

KM[1] kg	Erhaltung	Gravidität (2. Hälfte)	Laktation		
			< 4 Welpen	–6 Welpen	> 6 Welpen
5	17	23	29	44	50
10	28	41	54	84	97
20	47	73	100	160	184
35	72	118	164	260	312
60	108	187	266	447	519

[1] ausgewachsen
Quelle: Gesellschaft für Ernährungsphysiologie 1989.

Gravidität und Laktation

Zuchthündinnen benötigen mehr Eiweiß für
- das Wachstum der Plazenta, Früchte und Eihäute
- die Anlage von Reserven während der Gravidität
- die Ausbildung des Gesäuges
- die Milchbildung

Gravidität

Aufgrund der zunächst langsamen fetalen Entwicklung (▶ **Abb. 2.1**) besteht in der ersten Hälfte der Gravidität kein zusätzlicher Proteinbedarf.

Die Versorgungsempfehlungen in ▶ **Tab. 4.11** beziehen sich auf die 2. Hälfte der Gravidität und liegen bei kleinen Rassen aufgrund der meist kleineren Würfe um 40 %, bei großen Hunderassen um 70 % über dem Erhaltungsbedarf. Bei kohlenhydratfreier Fütterung, beispielsweise auf der Basis von Schlachtabfällen und fettreichen Ergänzungen, muss die Proteinversorgung um 50 % gegenüber den Tabellenwerten angehoben werden. Unter diesen Bedingungen ist ein erhöhter Bedarf an Aminosäuren für die Glukoneogenese zu veranschlagen, da die Früchte Energie in Form von Glukose aufnehmen.

Laktation

Mit Einsetzen der Laktation steigt der Proteinbedarf der Hündin, insbesondere bei großen Würfen, erheblich an. Bei Milchleistungen von 40–60 ml scheiden Hündinnen, bezogen jeweils auf 1 kg Körpermasse, über die Milch 3,4–5 g Protein/Tag aus. Um eine ausreichende Proteinsynthese zu ermöglichen, ist eine Eiweißzufuhr von 10–11 g vRp/kg KM/Tag erforderlich, dies entspricht einer Steigerung um das 3-Fache bei kleinen Rassen und das 4- bis 5-Fache bei großwüchsigen Hündinnen. Voraussetzung für eine bedarfsdeckende Versorgung ist die Verwendung von Proteinquellen hoher biologischer Wertigkeit, z. B. Fleisch und hochwertige Schlachtabfälle. Mit den Empfehlungen zur Proteinversorgung (▶ **Tab. 4.11**) wird auch der Aminosäurenbedarf laktierender Hündinnen sicher gedeckt.

▶ **Tab. 4.12** Empfehlungen für die tägliche Proteinversorgung wachsender Hunde (in g verd. Rohprotein pro Tier bzw. pro kg KM).

KM des ausgew. Hundes (kg)	Lebensmonat					
	1.	2.	3.	4.	5. + 6.	7.–12.
	pro kg KM					
5	14	8–10	7–8	6–7	5–6	3–4
10	14	8–10	7–8	6–7	4–5	3–4
20	14	9–11	7–8	5–6	4–5	3–4
35	13	9–11	6–8	5–6	4–5	3–3,5
60	14	9–11	6–8	5–6	4–5	2,5–3,5
	pro Tier					
5	7	10–12	13–16	16–19	17–20	17–20
10	10	16–19	22–26	27–32	28–34	28–34
20	15	28–34	39–47	47–56	47–56	50–60
35	20	44–53	62–74	70–84	70–84	73–87
60	29	58–70	82–98	100–120	111–133	103–123

Quelle: Gesellschaft für Ernährungsphysiologie 1989, ergänzt; höhere Werte bei geringerer Eiweißqualität.

Wachstum

Welpen müssen aufgrund ihrer hohen Zuwachsraten ausreichend Protein mit hoher biologischer Wertigkeit aufnehmen, um eine adäquate Körperentwicklung zu gewährleisten. Ihr Erhaltungsbedarf ist dem adulter Hunde vergleichbar.

Der Eiweißansatz geht von täglich etwa 6 g Protein bei mittelgroßen Hunden auf 0,5 g/kg KM/Tag im zweiten Lebenshalbjahr zurück. Unterschiede zwischen verschiedenen Rassen ergeben sich aufgrund variierender Wachstumsraten.

Empfehlungen zur Versorgung

Die in ▶ Tab. 4.12 zusammengestellten Empfehlungen zur Versorgung gelten unter der Maßgabe, dass Eiweiße hoher biologischer Wertigkeit eingesetzt werden.

Bedarf der Welpen

Der Bedarf der Welpen an essenziellen Aminosäuren (▶ Tab. 4.10) ergibt sich aus der Zusammensetzung des neu gebildeten Gewebes und der Nutzung der mit dem Futter aufgenommenen Aminosäuren. Nach vorliegenden Beobachtungen liegt der Bedarf in ähnlicher Höhe wie bei wachsenden Ratten, abgesehen vom Lysinbedarf, der bei Welpen deutlich geringer ist. Dies wird durch die niedrigen Lysingehalte in der Hundemilch (Tab. IV, Anhang) bestätigt.

Der Bedarf an S-haltigen Aminosäuren sollte zu 50 % über Methionin gedeckt werden. Labradorwelpen hatten einen höheren Methioninbedarf als Beagles, sodass von weiteren Rassenunterschieden auszugehen ist.

Aminosäureimbalancen

Aminosäureimbalancen kommen in der Praxis selten vor. Sie können zu Wachstumsstörungen und Erkrankungen führen. Eine einseitige Erhöhung der Cystinzufuhr beeinträchtigte die Methioninverwertung und begünstigte Hauterkrankungen. Überhöhte Zulagen von Lysin förderten einen Argininmangel mit Hyperammonämie und Erbrechen.

Ein unausgeglichenes Aminosäuremuster im Futtereiweiß kann durch höhere Eiweißgaben nicht ausgeglichen werden, da dann der Abbau

4 Energie und Nährstoffe – Stoffwechsel und Bedarf

▶ **Tab. 4.13** Relation von verdaulichem Rohprotein und Rohprotein (g) zu ums. Energie (MJ) sowie Empfehlungen zu Mindestgehalten an Rohprotein in der Gesamtration (g/100 g Futter) von Hunden in Abhängigkeit vom Energiegehalt.

		vRp/uE (g/MJ)	Rp/uE[1]) (g/MJ)	Energiegehalt im Futter (MJ uE/100 g) Trockenfutter / Feuchtfutter				
				1,9	1,7	1,5	0,5	0,4
				erforderlicher Gehalt an Rohprotein (g/100 g) [1])				
Erhaltung, Arbeit		10	12	22	20	18	6	5
Gravidität 2. Hälfte		10	12	22	20	18	6	5
Laktation		12	14	27	24	21	7	6
Wachstum (Monat)	1.	15	18	34	30	26	9	7
	2.	14	16	31	28	25	8	7
	3.	13	15	29	26	23	8	6
	4.	12	14	27	24	21	7	6
	5.–6.	11	13	25	22	19	6	5
	7.–12.	10	12	22	20	18	6	5

[1]) bei einer angenommenen durchschnittlichen Verdaulichkeit des Proteins von 85 %

von Aminosäuren in der Leber insgesamt angeregt wird. Dies gilt nicht für Leucin.

4.2.3 Eiweißgehalte in der Gesamtration

Empfehlungen

Empfehlungen über Proteingehalte im Futter können allenfalls eine Orientierung darstellen, da die erheblichen Variationen im Energiegehalt von Futtermitteln für Hunde diese Bezugsgröße vergleichsweise unsicher machen. Besser ist es daher, die Proteingehalte nicht auf die Gewichts-, sondern auf die Energieeinheit zu beziehen. Die in ▶ Tab. 4.13 zusammengefassten Werte geben Empfehlungen für die Relation zwischen Rohprotein und ums. Energie in Futtermitteln für Hunde sowie für die notwendigen Gehalte an Rohprotein in 100 g Futter mit bekanntem Energiegehalt. Bei Hunden mit hohem Eiweißbedarf (Laktation, Wachstum), die gleichzeitig mehr Energie benötigen, ist die erforderliche Protein-Energie-Relation im Futter aufgrund der höheren Futteraufnahme nicht so stark verändert, wie vielleicht zunächst erwartet.

Verdaulichkeit

Unterdurchschnittliche Verdaulichkeiten des Proteins selbst oder aber Komponenten in der Ration, wie bestimmte fermentierbare Rfa-Quellen, die zu einer geringeren Proteinverwertung führen, können höhere Proteingehalte erforderlich machen. Technologische Faktoren sind ebenso zu beachten, da hohe Temperatureinwirkungen zu einer verminderten Proteinverwertung führen können. Zur präkalen Aminosäurenverdaulichkeit liegen bei Hunden nur wenige Daten vor, die allerdings auf erhebliche Unterschiede in Abhängigkeit von der Art des Proteinträgers hinweisen.

4.2.4 Eiweißmangel und -überschuss

Eiweißmangel

Eine unzureichende Proteinversorgung hat vielfältige Auswirkungen auf den Organismus. Zunächst kommt es zu verminderter Fresslust. Über eine durch Eiweißmangel beeinträchtigte Immunfunktion lassen sich erhöhte Anfälligkeit für Hautinfektionen sowie bei Junghunden eine Disposition für Diarrhöen oder Parasitenbefall erklären.

Das Fell wird bei länger bestehendem Eiweißmangel stumpf und brüchig, auch die Verdaulichkeit des Futters kann bei beeinträchtigter Enzymproduktion zurückgehen. Im Blut fallen verminderte Albumin- und Harnstoffgehalte auf, während der Globulingehalt selbst bei extremem Mangel konstant bleibt, evtl. zu Lasten anderer Gewebe, insbesondere der Muskulatur und Haut. Als Symptom fortgeschrittenen Eiweißmangels stellt sich Anämie ein, zudem ist die Glukosetoleranz vermindert (diabetogene Wirkung).

Welpen reagieren auf eine unzureichende Proteinversorgung zunächst nicht mit Minderwachstum. Sie setzen weniger Protein und kompensatorisch in höherem Umfang Fett an. Sie zeigen neben einem stumpfen, brüchigen Fell nur wenig Anteilnahme an der Umgebung und wirken träge.

Bei extremer Mangelernährung kommt es zu Gewichtsverlusten und verzögertem Skelettwachstum, wobei Gelenk- und Wachstumsknorpel betroffen sind. Bei schweren Fällen ist infolge osteoporotischer Veränderungen auch die Mineralisierung des Skeletts beeinträchtigt. Bei der Zuchthündin kann sich ein lange bestehender Proteinmangel negativ auf die Fertilität auswirken. Tiere, die von Jugend an proteinarm gefüttert wurden, hatten bis zu 50 % Totgeburten bzw. brachten lebensschwache Welpen zur Welt. Neben Entwicklungsstörungen waren nervöse Ausfallerscheinungen festzustellen. In der Laktation kommt es bei unzureichender Proteinaufnahme zur Erschöpfung des Muttertieres, zu einer reduzierten Milchleistung und daraus resultierend einer verminderten Entwicklung der Welpen.

Eiweißüberschuss

Während die Unterversorgung mit Protein unter den heutigen Fütterungsbedingungen selten ist, hat eine Überversorgung durchaus praktische Bedeutung, auch wenn sich nicht immer unmittelbar erkennbare nachteilige Folgen ergeben.

Auswirkungen im Verdauungskanal

Deutliche Konsequenzen sind jedoch nach Aufnahme überhöhter Mengen qualitativ minderwertiger Proteine im Verdauungskanal zu beobachten. So zeigt sich bei Aufnahme bindegewebereicher Produkte oft eine unerwünscht weiche Kotkonsistenz und eine zunehmende Durchfallhäufigkeit, die mit Dysbiosen im Intestinum, z. B. durch selektive Zunahme eiweißverwertender Keime wie Clostridien, und einer entsprechenden Stoffwechselaktivität zu erklären ist.

Systemische Wirkungen

Eiweißabbauprodukte aus dem Intestinaltrakt können neben lokalen auch systemische Wirkungen entfalten und führen zu einer Leberbelastung. Im Überschuss aufgenommene Aminosäuren werden in der Leber desaminiert und die Abbauprodukte renal ausgeschieden. Unter diesen Bedingungen finden sich in Blut und auch Harn erhöhte Harnstoffgehalte. Bei sehr hohem Proteinangebot können auch die Harnmenge und kompensatorisch die Wasseraufnahme ansteigen.

Die Frage, inwieweit eine längerfristige massive Eiweißüberversorgung zu einer Organschädigung, insbesondere der Leber oder der Nieren, führen kann, ist umstritten: Nachteile sind besonders bei älteren Hunden sowie bei bereits vorliegender Schädigung von Leber oder Nieren nicht auszuschließen, gesundheitliche Vorteile nicht zu erwarten, insbesondere keine Leistungsverbesserungen.

Aus diesem Grund sollten die in ▶ Tab. 4.13 genannten Richtwerte nicht wesentlich überschritten werden. Bei bestimmten Erkrankungen kann temporär oder dauerhaft eine erhöhte oder reduzierte Proteinversorgung indiziert sein (Kap. 7).

4.3 Mineralstoffe: Mengenelemente

Die für den Organismus lebensnotwendigen anorganischen Stoffe werden in Mengen- und Spurenelemente unterteilt. Diese Trennung bedeutet keine funktionelle Differenzierung, sondern ergibt sich allein aus der Höhe ihrer Konzentration im Organismus. Während die Gehalte der Mengen-

4 Energie und Nährstoffe – Stoffwechsel und Bedarf

▶ **Tab. 4.14** Mineralstoffgehalte im Blutserum bzw. -plasma von Hunden.

	pro l		pro dl	
Kalzium[1]	2,3–2,8	mmol	9–11,3	mg
Phosphor[2], anorg.	1,0–2,0	mmol	3–6,2	mg
Magnesium	0,7–1,0	mmol	1,8–2,4	mg
Natrium	139–152	mmol	320–350	mg
Kalium	4,1–5,1	mmol	16–20	mg
Chlorid	100	mmol	350	mg
Eisen	14–32	µmol	80–180	µg
Kupfer	8–16	µmol	50–100	µg
Zink	9–20	µmol	60–130	µg
Jod, gesamt	0,5–0,6	µmol	6–8	µg
Jod, hormongebunden	0,08–0,1	µmol	1–1,5	µg

[1] Welpe 10–13 mg/dl (2,7–3,2 mmol/l)
[2] Welpe 8–10 mg/dl (2,6–3,2 mmol/l)
Quellen: Meyer 1983, Kaneko 1989.

elemente (Kalzium, Phosphor, Magnesium, Natrium, Kalium, Chlor) im Grammbereich pro Kilogramm Körpertrockensubstanz liegen, bleiben die Spurenelemente unter 500, in der Regel unter 100 mg/kg TS bzw. nach einer weiteren Definition unter 50 mg/kg Körpermasse.

4.3.1 Kalzium (Ca) und Phosphor (P)

Funktion und Stoffwechsel

Vorkommen

Der Organismus des Hundes enthält ca. 10–15 g Kalzium/kg KM, davon liegen 98 % im Skelett vor. Bei Phosphor (5–8 g/kg KM) beträgt der im Skelett deponierte Anteil etwa 80 %. Diese Verteilung deutet auf die wichtige Funktion beider Mineralien für die Stabilität und Funktion des Skeletts hin. Darüber hinaus sind die Aufgaben beider Elemente aber unterschiedlich.

Funktionen

Kalzium kommt in sehr geringen Mengen (40 bis 300 mg/kg) in Weichgeweben vor (ionisiert oder eiweißgebunden) und steuert verschiedene Stoffwechselabläufe wie die Blutgerinnung oder die Kontraktion der Muskulatur. Außerdem ist es für die Permeabilität der Blutkapillaren von Bedeutung. Phosphor, das in Konzentrationen von 1–4 g/kg in Weichgeweben vorliegt, ist Bestandteil von Nukleinsäuren, Nukleotiden, Phospholipiden (z. B. Lezithin) und vielen Proteinen. Es hat eine zentrale Funktion bei der Aktivierung verschiedener Substrate im Stoffwechsel (Phosphorylierung) und für den zellulären Energiestoffwechsel (Bildung energiereicher Phosphate, z. B. Adenosintriphosphat [ATP] oder Kreatinphosphat).

Regelmechanismen

Nach der Absorption gelangen Kalzium und Phosphor in die Blutbahn (Normalgehalte im Blut: ▶ Tab. 4.14).

Kalzium Der Ca-Spiegel im Blut wird über Hormone der Nebenschilddrüsen (Parathormon) und C-Zellen der Schilddrüse (Calcitonin) sowie über Vitamin-D-Metaboliten in engen Grenzen reguliert. Bei zu geringem Ca-Angebot und einem temporären, geringgradigen Rückgang des Ca-Spiegels im Blut wird vermehrt Parathormon gebildet, das die Freisetzung von Kalzium aus dem Skelett sowie die Ca-Absorption (über Aktivierung von Vitamin D) fördert und die – beim Hund allerdings nur geringe – renale Ca-Abgabe reduziert. Umgekehrt wird bei einem überhöhten Ca-Angebot und einem temporären Anstieg des Ca-Spiegels im Blut vermehrt Calcitonin von der Schilddrüse ausgeschüttet, das vorrangig die Freisetzung von Kalzium aus dem Skelett hemmt. Eine unmittelbar nach der Nahrungsaufnahme zu erwartende Hyperkalzämie wird vermutlich durch kurzfristige Steigerung der Calcitoninfreisetzung aufgrund der stimulierenden Wirkung einiger im Verdauungskanal entstehender Hormone (Gastrin, Glukagon, Cholecystokinin) verhindert. Die genannten Regelmechanismen können jedoch unter extremen Ernährungsverhältnissen bei gleichzeitig hohem Ca-Umsatz überfordert werden, sodass der Blut-Ca-Spiegel stärker variiert.

Ein Abfall des Blut-Ca-Spiegels wird gelegentlich bei laktierenden Hündinnen beobachtet (vermutlich infolge ungenügender Ca-Versorgung bei hohen Ausgaben über die Milch oder durch primäre Störungen der Regulationsmechanismen). Auch bei einer Mg-Unterversorgung sind Hypokalzämien möglich (infolge Hemmungen der beim Ca-Abbau aus dem Skelett beteiligten Phosphatasen bzw. geringerer Parathormonwirksamkeit). Erhöhte Ca-Gehalte im Blut entstehen nach Vitamin-D-Überdosierung, ebenso nach einem überhöhten Ca-Angebot bei gleichzeitigem P-Mangel.

Über die Niere werden normalerweise nur geringe Ca-Mengen (um 10 mg/kg KM/Tag) ausgeschieden. Bei Störungen im Säuren-Basen-Haushalt (Säurenüberschuss) kann die renale Exkretion ebenso wie nach parenteraler Ca-Zufuhr erheblich ansteigen.

Phosphor Der Gehalt an anorganischem Phosphor im Blut (▶ Tab. 4.14) wird weniger straff reguliert. Er schwankt in Abhängigkeit von Ernährung und Alter. Während bei wachsenden Welpen Werte von 2,6–3,2 mmol/l als normal anzusehen sind, gehen die Gehalte mit fortschreitendem Alter auf 1–2 mmol/l zurück. Bei ungenügendem Angebot von Phosphor ist der Organismus zunächst in der Lage, durch erhöhte Absorption und geringere renale Exkretion den Blutspiegel an der unteren Grenze des Normbereiches zu halten. Sind diese Möglichkeiten erschöpft, ergeben sich stärkere Abweichungen (Abfall auf unter 1 mmol/l).

Phosphor wird vorwiegend über die Nieren exkretiert. Die P-Menge im Harn variiert in Abhängigkeit vom Angebot, bei extrem hoher P-Aufnahme aber nicht proportional zur Zufuhr. Generell steigt jedoch die P-Konzentration im Harn an (Risiko der Harnsteinbildung; s. Kap. 7.12).

Funktionen

Die im Knochen deponierten Ca- und P-Mengen haben metabolische und funktionelle Aufgaben. Während die metabolisch wirksamen Anteile in unmittelbarer Nachbarschaft zu den Blutgefäßen liegen und in regem Austausch mit dem Blut stehen, sichern die funktionellen Mengen die mechanische Stabilität des Knochens. Die Austauschvorgänge sind besonders intensiv bei jungen, aber

▶ Tab. 4.15 Empfehlungen für die tägliche Mineralstoffversorgung von Hunden im Erhaltungsstoffwechsel sowie während der Gravidität und Laktation (mg/kg KM).

Mineralstoff	Erhaltung	Gravidität[1]	Laktation (Anzahl der Welpen)		
			<4	4–6	>6
Kalzium	80	165	250	425	495
Phosphor	60	120	175	290	335
Magnesium	12[2]	15	18	26	30
Natrium	50	60	75	105	115
Kalium	55	65	87	125	140
Chlorid	75	90	110	190	210

[1] ab 30. Trächtigkeitstag
[2] Reduktion auf 8–10 mg bei Disposition für Struvitsteine
Quelle: Gesellschaft für Ernährungsphysiologie 1989, ergänzt und modifiziert (Mg-Verwertung 40 %).

auch laktierenden und graviden Hunden. Sie hängen zusätzlich von der Bewegungsaktivität des Organismus ab. Während längerer Immobilität (Lahmheit, Krankheit etc.) muss mit größeren Ca- und P-Verlusten aus dem Skelett gerechnet werden.

Bedarf

Empfehlungen für die Versorgung des Hundes mit Kalzium und Phosphor enthält ▶ Tab. 4.15. Im Gegensatz zu den Angaben für Energie und Protein handelt es sich nicht um verdauliche Mengen, sondern um Bruttowerte, da die Ausnutzung von Kalzium und Phosphor nur zum Teil durch Futtereigenschaften, überwiegend aber von der Versorgungslage des Organismus bestimmt wird. Bei Rationsberechnungen sind die im Futter enthaltenen Brutto-Ca- und -P-Werte zugrunde zu legen. Der Bedarf an diesen Mineralien wird unmittelbar auf die KM bezogen, sodass im Gegensatz zu Angaben über den Eiweiß- und Energiebedarf eine Differenzierung nach Körpergröße entfällt.

Ausgewachsene Hunde Bei ausgewachsenen Hunden ist die tägliche Zufuhr von ca. 80 mg Kalzium und 60 mg Phosphor pro kg KM für die Erhaltung des Ca- und P-Bestandes im Organismus ausreichend, auch für ältere Tiere oder unter be-

▶ **Tab. 4.16** Empfehlungen für die tägliche Kalzium- und Phosphorversorgung wachsender Hunde (mg/kg KM).

Lebensmonat	Körpermasse des ausgewachsenen Hundes (kg)									
	5		10		20		35		60	
	Ca	P	Ca	P	Ca	P	Ca	P	Ca	P
1.	420	265	445	275	470	290	445	280	475	295
2.	390	205	440	230	520	265	585	300	555	285
3.	400	190	450	215	490	230	520	245	520	245
4.	355	170	385	180	405	190	380	180	420	195
5. + 6.	240	130	255	135	250	135	250	135	305	160
7.–12.	130	85	130	85	145	90	145	90	140	90

Quelle: Gesellschaft für Ernährungsphysiologie 1989, modifiziert.

sonders belastenden Bedingungen (erhöhte Ausscheidung, geringe Absorption). Durch intensive Bewegung (Gebrauchs- und Sporthunde) steigt der Bedarf an Kalzium und Phosphor nicht an, da keine Ca- und P-Verluste entstehen. Bei Zuchthündinnen ist in den letzten 4 Wochen der Gravidität der Ca- und P-Bedarf gegenüber dem Erhaltungsstoffwechsel verdoppelt, bei laktierenden Hündinnen steigt er in Abhängigkeit von der Welpenzahl auf das 2- bis 5-Fache an.

Welpen Bei Welpen wird der Gesamtbedarf durch die Wachstumsrate und den Ca- und P-Ansatz in den verschiedenen Lebensmonaten bestimmt. Er ist in den ersten 3 Monaten infolge des verstärkten Skelettwachstums und der zunehmenden Mineralisierung der Knochen besonders hoch (▶ Tab. 4.16), bei Welpen großer Rassen besteht auch noch im 4.–6. Lebensmonat ein hoher Bedarf.

Versorgungssicherung

Mit den angegebenen Mengen wird eine ausreichende Versorgung gesichert, selbst bei Unterschreiten der Werte bis 20 % sind keine Mineralisationsstörungen zu erwarten (vorausgesetzt, das Ca : P-Verhältnis ist optimal, die Vitamin-D- und Mg-Versorgung ausreichend).

Ca:P-Verhältnis

Aus den Versorgungsempfehlungen ist abzuleiten, dass in Abhängigkeit vom Alter der Hunde ein Ca : P-Verhältnis von 1,3 bis 2 : 1 im Futter eingehalten werden sollte. Mäßige Abweichungen von diesen Relationen werden ohne Nachteile toleriert, wenn die absolut notwendigen Mengen zur Verfügung stehen. Stärkere Abweichungen von den angegebenen Relationen (insbesondere ein Ca : P-Verhältnis deutlich unter 1 : 1) sind jedoch bei absolut niedrigen Gehalten aufgrund der gegenseitigen Beeinflussung der Elemente bei der Absorption, aber auch im intermediären Stoffwechsel zu vermeiden.

Angaben über die notwendigen Gehalte an Kalzium und Phosphor (bzw. anderer Nährstoffe) in Futterrationen (auch bezogen auf TS) sind missverständlich, da der Energiegehalt pro Gewichtseinheit erheblich variieren kann. Daher sind die wünschenswerten Mengen von Mengenelementen, Spurenelementen sowie Vitaminen jeweils auf 1 MJ uE bezogen (Tab. II, Anhang). Aus diesen Angaben kann für jede beliebige Ration – sofern der Energiegehalt bekannt ist – der notwendige Gehalt eines bestimmten Nährstoffes berechnet werden. Richtwerte für Mineralien und Vitamine in einem Standardtrockenalleinfutter sind in ▶ Tab. 5.9 aufgeführt.

4.3 Mineralstoffe: Mengenelemente

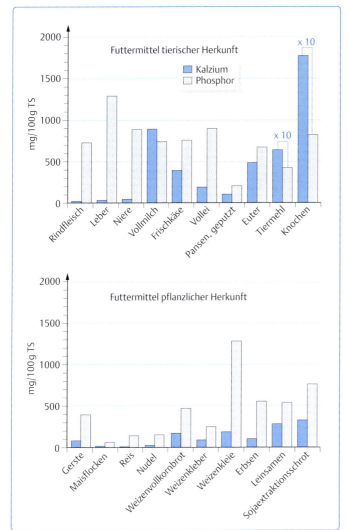

▶ **Abb. 4.5** Kalzium- und Phosphorgehalte in Futtermitteln für Hunde (Meyer u. Heckötter 1986).

Versorgung

Die Versorgung des Hundes mit Kalzium ist bei Einsatz haushaltsüblicher Einzelfuttermittel oft nicht ausreichend, während Phosphor gelegentlich im Überschuss aufgenommen wird. Vor allem Fleisch (ohne Knochen), viele Schlachtabfälle, Getreide und Getreidenachprodukte ebenso wie Brot und Kartoffeln sind arm an Kalzium, während die Konzentration an Phosphor eher hoch ist (▶ **Abb. 4.5**). Das Ca : P-Verhältnis liegt in diesen Futtermitteln daher meist deutlich unter 1 : 1. Zu den Ca-reichen, gleichzeitig aber auch P-reichen Futtermitteln zählen Knochen, Karkassen, Tier- und Fischmehle (da Skelettanteile enthalten sind) sowie Milchprodukte (Tab. V, Anhang). In der Fütterungspraxis müssen daher selbst hergestellte Rationen häufig mit Kalzium, seltener auch mit Phosphor ergänzt werden.

Mangel

Eine ungenügende Versorgung des Organismus mit Kalzium oder Phosphor kann, je nach Ausmaß des Defizits im Vergleich zum Bedarf, temporär durch Freisetzung des sog. metabolischen Kalziums und Phosphors aus den Knochen kompensiert werden. Nach Erschöpfung der körpereigenen Reserven (bei einer länger dauernden erheblichen Unterversorgung) sind jedoch schwere Skeletter-

4 Energie und Nährstoffe – Stoffwechsel und Bedarf

krankungen wie Rachitis oder Osteomalazie zu erwarten (Kap. 7.10).

Kalzium Ein Ca-Mangel während der Gravidität beeinträchtigt die Mineralisation des fetalen Skelettes nicht, allerdings wurde eine verminderte Entwicklung von Welpen beobachtet, deren Mütter während der Gravidität und Laktation extrem Ca-arm ernährt worden waren. Besteht während der Laktation ein Ca-Defizit, können infolge der Ca-Verluste über die Milch die endokrinen Mechanismen zur Konstanthaltung des Blutkalziumwertes überfordert werden. So sind besonders bei Zwergrassen (Pinscher, Pudel, Malteser, Foxterrier) um die Geburt sowie in der 2.–4. Laktationswoche hypokalzämische Tetanien (Eklampsien) bekannt, die in vielen Fällen auf einem primären Ca-Mangel beruhen können.

Phosphor Ein isolierter P-Mangel kommt beim Hund selten vor. Geringe P-Gehalte in der Nahrung beeinträchtigen die Futteraufnahme. Generell sind neben Skelettveränderungen geringere Wachstumsleistungen, im Extrem ein allgemeiner Körperverfall zu erwarten.

Überschuss

Der von Hunden tolerierte Überschuss an Kalzium oder Phosphor hängt vom Alter, dem gleichzeitigen Angebot des jeweils alternativen Elements (Ca oder P) sowie ggf. auch von der parallelen Zufuhr anderer Nährstoffe (z. B. Zn) ab. Welpen und Junghunde sollten bei ausgeglichenem Ca : P-Verhältnis möglichst nicht mehr als das 1,5-Fache, adulte Tiere nicht mehr als das Doppelte der empfohlenen Mengen erhalten (▶ Tab. 4.15 u. ▶ Tab. 4.17).

Kalzium Ein einseitiger Ca-Überschuss kann bei großwüchsigen Rassen erhebliche Störungen der Knochenentwicklung auslösen, zudem vermindert er nicht nur die Verwertung von Phosphor, sondern auch von Magnesium und Zink, vermutlich auch von Kupfer, sodass sich sekundäre Mangelerkrankungen einstellen können.

Phosphor Ein Überschuss an Phosphor, insbesondere als Phytin, einer in vielen pflanzlichen Futtermitteln vorkommenden Bindungsform mit Neigung, zweiwertige Ionen zu komplexieren, beeinträchtigt die Absorption von Kalzium sowie von Magnesium, Zink oder Eisen. Die Absorption von Phosphor wird vom Organismus nicht dem Bedarf entsprechend reguliert. Daher gelangt er bei überhöhter Aufnahme vermehrt in den Organismus und muss über die Niere wieder eliminiert werden. Nicht auszuschließen ist, dass Hunde bei erheblicher Überversorgung mit Phosphor, insbesondere in höherem Alter und bei nachlassender Nierenleistung, Nierenschäden entwickeln. Eine erhöhte P-Konzentration im Harn disponiert zudem für Struvit-Harnsteine (je nach pH-Wert im Harn). Die in ▶ Tab. 4.15 empfohlenen Bedarfswerte sollten daher nicht um mehr als das Doppelte überschritten werden.

4.3.2 Magnesium (Mg)

Funktion und Stoffwechsel

Vorkommen

Das Magnesium erreicht im Organismus des Hundes im Mittel 0,26 g/kg KM und verteilt sich zu jeweils 50 % auf Weichgewebe und Skelett.

Funktionen

Als Bestandteil zahlreicher Enzyme, insbesondere der Phosphatasen, ist es im Kohlenhydrat-, Fett- und Eiweißstoffwechsel unentbehrlich. Nach der Absorption, die im Mittel etwa 40 % erreicht, wird Magnesium auf die Körpergewebe verteilt.

Regelmechanismen

Im Überschuss aufgenommene Mengen werden über die Nieren ausgeschieden. Von dem im Knochen deponierten Magnesium ist ein Teil austauschbar. Normalwerte für den Mg-Spiegel im Blutserum liegen zwischen 0,7 und 1 mmol/l. Eine straffe Regulation besteht nicht, sodass die Variation in Abhängigkeit von der absorbierten Menge erheblich sein kann.

Bedarf

Der Mg-Bedarf des ausgewachsenen Hundes ergibt sich aus ▶ Tab. 4.15. Für Hunde im Erhaltungsstoffwechsel oder die Muskelarbeit verrichten, reichen 10–12 mg Mg pro kg KM zur Bedarfsdeckung aus. Während der letzten Wochen der Gravidität, vor allem aber während der Laktation steigt der

Bedarf nachhaltig an. Bei wachsenden Hunden wird eine ungestörte Entwicklung je nach Alter bei einer Zufuhr von ca. 25 (Welpen) bis 13 (2. Halbjahr) mg pro kg KM gesichert (▶ Tab. 4.17).

Versorgung

Für Hunde reichen, unabhängig von der jeweiligen Leistung, zur optimalen Versorgung 0,05–0,09 g Mg pro 100 g Trockenalleinfutter. Diese Werte enthalten eine – im Hinblick auf mögliche absorptionshemmende Komponenten in der Nahrung – ausreichende Sicherheitsspanne. Der gewünschte Mg-Gehalt wird in den wichtigsten Futtermitteln für Hunde erreicht (Tab. V, Anhang). Allenfalls bei Rationen aus Mg-armen Futtermitteln (Zucker, Weißmehl, Fette) oder mit großen Mengen Mg-absorptionshemmender Komponenten (Kalzium, Phytinsäure) ist eine suboptimale Versorgung möglich, Laktulose und vermutlich auch andere fermentierbare Kohlenhydrate können die Mg-Verdaulichkeit steigern.

Mangel

Ein Mg-Mangel führt vor allem bei wachsenden Tieren zu geringer Futteraufnahme und Gewichtsentwicklung, Muskelschwäche, Bewegungsstörungen durch Relaxation des Bandapparates (plantigrade Fußung), in fortgeschrittenen Fällen auch zu nervösen Erscheinungen, die zunächst durch Trismus, später durch generalisierte tonisch-klonische Krämpfe gekennzeichnet sind. Pathologisch-anatomisch wird eine starke Verkalkung an den großen Gefäßen sowie am Herzmuskel beobachtet. Unter diesen Bedingungen fällt der Mg-Spiegel im Blutserum unter 0,5 mmol/l, der des Kalziums auf suboptimale Werte, während die Konzentration an anorganischem Phosphor zunimmt.

Überschuss

Eine Überversorgung, vor allem mit schwer löslichen Magnesiumverbindungen, verursacht Diarrhöen und beeinträchtigt die Ca- und P-Verwertung. Außerdem steigt die Mg-Konzentration im Harn und begünstigt bei gleichzeitig überhöhtem Protein- und P-Angebot die Bildung von Harnsteinen (Magnesium-Ammonium-Phosphat). Sedierende Wirkungen sind erst bei einem stark überhöhten Blut-Mg-Spiegel zu erwarten (möglich bei gleichzeitigen renalen Ausscheidungsstörungen).

▶ Tab. 4.17 Empfehlungen für die tägliche Magnesium-, Natrium-, Kalium- und Chloridversorgung wachsender Hunde (mg/kg KM).

Monat	Magnesium	Natrium	Kalium	Chlorid
1.	27[1]	120	132	250
2.	23[1]	108	127	210
3.	23[2]	88	91	150
4.	21[2]	73	75	110
5. + 6.	17[2]	60	65	100
7.–12.	13[2]	53	57	90

[1] Verwertung mit 60 % angenommen
[2] Verwertung mit 40 % angenommen
Quelle: Gesellschaft für Ernährungsphysiologie 1989, ergänzt.

Beurteilung

Die Versorgungslage des Organismus kann über Blutanalysen relativ sicher beurteilt werden. Gehalte unter 0,5 mmol/l sprechen für eine ungenügende, von über 1,25 mmol/l Serum (bei Hunden mit normaler Nierenfunktion) für eine überhöhte Mg-Zufuhr.

4.3.3 Natrium (Na) und Chlorid (Cl)

Funktion und Stoffwechsel

Vorkommen

Die Na- bzw. Cl-Konzentrationen erreichen im Gesamtkörper ca. 1,2 bzw. 1,1 g/kg KM (▶ Tab. 2.5). Im Gegensatz zum Kalium sind Natrium und Chlorid vorwiegend extrazellulär, besonders im Blut, lokalisiert. Daneben finden sich nicht unbeträchtliche Na-Mengen (fast 50 % des Körperbestandes) im Skelett, während Chlorid in höheren Konzentrationen in der Haut und im Magen vorkommt.

Funktionen

Beide Elemente sind für die Regulation des osmotischen Druckes im extrazellulären Raum und damit für den Wasserbestand im Organismus von Bedeutung, außerdem für die Erhaltung des Säuren-Basen-Gleichgewichtes sowie die neuromuskuläre Erregbarkeit.

4 Energie und Nährstoffe – Stoffwechsel und Bedarf

Regelmechanismen

Die Gehalte beider Elemente im Blutserum (▶ Tab. 4.14) werden durch die Mineralkortikoide der Nebennierenrinde straff reguliert, im Überschuss aufgenommene Mengen werden über die Nieren exkretiert.

Bedarf

Der Na-Bedarf ausgewachsener Hunde im Erhaltungsstoffwechsel ergibt sich aus den unvermeidbaren Verlusten über Darm, Niere und Haut. Ihre Höhe ist bei gesunden Tieren mit maximal 25–30 mg/kg KM anzusetzen, sie reduziert sich allerdings bei knapper Zufuhr (3,5 mg/kg KM/Tag) infolge effektiver Drosselung der fäkalen und renalen Verluste deutlich. Unter Berücksichtigung einer bei Hunden recht hohen Verwertungsrate von 80 % ergibt sich ein minimaler Na-Bedarf von unter 20 mg/kg KM, für die Versorgung im Erhaltungsstoffwechsel werden 50 mg/kg KM/Tag empfohlen (▶ Tab. 4.15). Der Cl-Bedarf, der allerdings noch nicht experimentell bestimmt wurde, ist bei Hunden im Erhaltungsstoffwechsel mit etwa 75 mg/kg KM/Tag anzusetzen.

Erhöhter Bedarf

Nach stärkeren Blutverlusten steigt der Bedarf für beide Elemente an, während chronisches Erbrechen vorrangig den Cl-Bedarf (Cl- bzw. Na-Gehalt im Magensaft 3,5–5 bzw. 1,5 g/l), lang anhaltende Durchfälle den Na-Bedarf erhöhen. Besonders bei Welpen wird chronisches Erbrechen von Hypochlorämien und Alkalosen begleitet, starker Durchfall von einer Hämokonzentration. Dabei ist zu beachten, dass Chlorid vorwiegend im Dünndarm, Natrium dagegen im Dickdarm resorbiert wird.

Auch chronische Nierenerkrankungen können den Na-Stoffwechsel beeinflussen, da die renalen Na-Verluste auf bis zu 100 mg/kg KM/Tag ansteigen können. Die Toleranz von nierenkranken Hunden gegenüber erhöhten Salzgaben ist reduziert, da es bei zu hoher Aufnahme zu negativen Rückwirkungen auf den Blutdruck kommt. Auch bei Nebennierenerkrankungen (Hypoadrenokortizismus), Diabetes mellitus oder langfristiger Verwendung von Diuretika ist mit höheren renalen Abgaben und erhöhtem Bedarf zu rechnen. Während bei körperlichen Aktivitäten – anders als beim Menschen – keine verstärkten Elektrolytverluste entstehen (da der Hund kaum Schweißdrüsen besitzt), nimmt der Bedarf bei Zuchthündinnen sowie wachsenden Tieren entsprechend Ansatz oder Ausgaben zu (▶ Tab. 4.15 u. ▶ Tab. 4.17), sodass die Zufuhr bis zum 1,5- bis 2-Fachen des Erhaltungsbedarfes angehoben werden muss.

Versorgung

Trockenalleinfutter sollten etwa 1,2 g Natriumchlorid je 100 g enthalten. In Getreideflocken, aber auch in gut entblutetem Fleisch werden die notwendigen Na-Gehalte nicht erreicht, sodass bei entsprechenden Eigenmischungen Kochsalzergänzungen notwendig werden.

Mangel

Eine länger dauernde extreme Na-Unterversorgung (< 4 mg/kg KM/Tag) führt nach Erschöpfung der Kompensationsmöglichkeiten (Reduktion der renalen und fäkalen Na-Abgabe, Mobilisierung von Natrium aus dem Skelett) zur Reduktion des Wasserbestandes im Körper, verbunden mit Dehydratationsanzeichen, verringertem Blutvolumen (unter Konstanthaltung der Na-Konzentration), verstärkter Unruhe und Lecksucht sowie Schwierigkeiten beim Abschlucken der Nahrung. Die Tiere verlieren Gewicht, Hämatokrit sowie Herz- und Atemfrequenz steigen an. Darüber hinaus nimmt die Leistungsfähigkeit (schnelle Ermüdung infolge Kreislaufstörungen) und nach Erfahrungen beim Menschen vermutlich auch die Empfindlichkeit der Geruchsorgane ab. In fortgeschrittenen Fällen wird der Na-Mangel von einer erhöhten Wasserausscheidung (infolge ungenügender Wasserrückresorption, verbunden mit einer vermehrten Wasseraufnahme) begleitet.

Überschuss

Gesunde Hunde sind – sofern ausreichend Wasser zur Verfügung steht – gegenüber hohen Kochsalzgaben relativ tolerant. Mengen bis zu 2,5 g/kg KM wurden vertragen, wobei sich der anfänglich gestiegene Blutdruck allmählich wieder normalisiert hat. Eine Steigerung der Wasseraufnahme und ein erhöhter Harnfluss werden erst bei > 1 g NaCl/kg KM gesehen. In der Praxis sind vereinzelt nach Aufnahme von Pökellake, gesalzenen Fleisch- und Fischabfällen oder Meerwasser akute Salzvergiftungen (Diarrhö, Gehirnödem, Krämpfe) beschrieben worden.

Beurteilung
Zur Beurteilung der Na-Versorgung können die Na-Gehalte im Harn bzw. Kot herangezogen werden. Na-Konzentrationen im Harn < 50 mg/l weisen auf eine ungenügende Na-Zufuhr hin (sofern keine starke Diurese vorliegt) ebenso wie Na-Gehalte im Kotwasser von < 500 g/l (bei Anstieg der K-Gehalte auf über 3 g/l).

4.3.4 Kalium (K)
Funktion und Stoffwechsel
Vorkommen
Der Organismus des Hundes enthält ca. 1,7 g Kalium/kg KM (▶ Tab. 2.4). Der größte Teil liegt intrazellulär (ca. 90 %) vor.

Funktionen
Kalium ist für die Regulierung des osmotischen Druckes in den Zellen unentbehrlich, aber auch für die Aktivität zahlreicher Enzyme, die bei der Glykolyse sowie der oxidativen Phosphorylierung beteiligt sind.

Regelmechanismen
Der Organismus kann nur begrenzte Mengen Kalium (vorwiegend in Leber und Muskulatur) speichern. Überschüsse werden weitgehend über die Nieren exkretiert. Der K-Gehalt im Blutserum ist relativ straff über das Nebennierenrindensystem reguliert. Erst bei länger dauernder, schwerer Unterversorgung (1 mg/kg KM/Tag) wurde ein deutlicher Rückgang (von 4,1 auf 3,3 mmol/l) registriert. Bei starker körperlicher Beanspruchung wurden reduzierte K-Gehalte im Blut festgestellt.

Bedarf
Der minimale K-Bedarf beträgt unter Berücksichtigung der unvermeidbaren endogenen Verluste nur 6–10 mg/kg KM. Der optimale Wert wird mit 55 mg/kg KM angesetzt. Der Bedarf steigt bei chronischem Erbrechen (K-Gehalte im Magensaft ca. 400–800 mg/l; s. ▶ Tab. 3.3), Durchfällen durch Fehlgärungen im Dickdarm (Verwendung schwer verdaulicher Futtermittel) ebenso wie bei chronischem Einsatz von Glukokortikoiden oder Aldosteron. Während forcierter Bewegung tritt Kalium vermehrt aus den Muskelzellen ins Blut über und geht über die Nieren zum Teil verloren. Gravide Tiere benötigen etwa 65, laktierende 90–140 mg K/kg KM/Tag, um den Ansatz bzw. die entstehenden Ausgaben abzudecken (▶ Tab. 4.15). Der Bedarf von Saugwelpen, der zunächst über 130 mg/kg KM/Tag liegt, geht in den folgenden Monaten bis zum Ende der Wachstumsphase auf Werte annähernd wie im Erhaltungsstoffwechsel zurück (▶ Tab. 4.17).

Versorgung
Mangel
Eine ungenügende K-Versorgung führt nach anfänglichen internen Kompensationsvorgängen zu tiefgreifenden Störungen im Organismus. Bei wachsenden Hunden stehen geringe Gewichtszunahmen, Unruhe und paralyseartige Erscheinungen im Vordergrund, bei ausgewachsenen Hunden Leistungsschwäche, Blutdruckabfall und Abnahme der Nierendurchblutung.

Der K-Gehalt pro MJ uE (Tab. II, Anhang) bzw. im Futter kann in ähnlicher Größenordnung wie beim Natrium liegen. Die notwendigen Konzentrationen werden in den meisten Futtermitteln erreicht oder deutlich übertroffen, außer in poliertem Reis, Weißmehl, Fett oder Zucker (Tab. V, Anhang). Durch Waschen und Wässern (z. B. Schlachtabfälle) wird der K-Gehalt im Futter verringert.

Überschuss
Hohe K-Mengen im Futter werden vom Hund relativ gut toleriert, sofern ausreichend Wasser zur Verfügung steht und der Organismus sich an diese Situation anpassen kann. Mengen bis zu 2 g/kg KM/Tag wurden ohne verstärkte Diurese vertragen.

Beurteilung
Zur Diagnose einer K-Unterversorgung kann die renale K-Exkretion herangezogen werden. Gehalte unter 50–100 mg/l Harn sprechen für eine ungenügende Versorgung (sofern keine extreme Diurese vorliegt), höhere Werte schließen einen Mangel jedoch nicht aus.

4.4 Mineralstoffe: Spurenelemente

4.4.1 Eisen (Fe)

Funktion und Stoffwechsel

Vorkommen

Von der Gesamteisenmenge im Körper (▶ Tab. 2.5) entfallen fast zwei Drittel auf das Hämoglobin in den roten Blutkörperchen und etwa ein Zehntel auf den roten Farbstoff (Myoglobin) der Muskulatur. Rund 20% des Körpereisens liegen als Reserve im Ferritin und Hämosiderin vor.

Funktionen

Eisen ist zentraler Bestandteil sauerstoffübertragender Verbindungen (Hämoglobin, Myoglobin) ebenso wie von Enzymen, die den Sauerstofftransfer in den Zellen regulieren (Peroxidasen, Katalasen, Zytochrome).

Regelmechanismen

Eisen wird im Dünndarm dem jeweiligen Bedarf entsprechend aktiv absorbiert. Für die Absorption ist jedoch die Löslichkeit der aufgenommenen Fe-Verbindungen von erheblicher Bedeutung. Das im Blutmehl vorkommende Eisen wird z. B. weniger gut verwertet, bei hohem Angebot scheint die Abspaltung aus dem Hämoglobinmolekül erschwert zu sein. Die Ausnutzung des in pflanzlichen Futtermitteln (z. B. Weizenkleie, Hafer, Weizen, Hefe) vorkommenden Eisens ist im Mittel nicht ungünstiger als bei Futtermitteln tierischer Herkunft, da Eisen in den Schalenbestandteilen der Getreidearten vorwiegend als Monoeisenphosphat vorliegt und löslich ist.

Im Blut dienen Transferrine als Transportmedium für Eisen. Der Serum-Fe-Gehalt schwankt zwischen 14 und 32 μmol/l (▶ Tab. 4.14). Neben der Fe-Zufuhr wird er auch von anderen Faktoren beeinflusst, so reduziert sich der Wert bei Entzündungen im Rahmen einer Akute-Phase-Reaktion. In Leber, Lymphknoten sowie Knochenmark kann Eisen gespeichert werden (als Ferritin oder Hämosiderin).

Bedarf

Der tägliche Fe-Bedarf ausgewachsener Hunde im Erhaltungsstoffwechsel ist unter Einschluss einer erheblichen Sicherheitsspanne mit etwa 1,4 mg/kg KM anzusetzen (▶ Tab. 4.18). Selbst bei stark anämischen Hunden reichen bereits 0,6 mg Eisen pro kg KM/Tag aus, um eine schnelle Regeneration des Blutbestandes zu erreichen. Nach massiver Depletion erreichten die Fe-Gehalte im Blut bereits innerhalb weniger Tage den Normbereich. Das beim Ab- bzw. Umbau von roten Blutkörperchen freigesetzte Eisen kann jeweils wieder genutzt werden. Der Bedarf nimmt nach größeren Blutverlusten (aufgrund der hohen Fe-Konzentration im Blut), evtl. auch während des Haarwechsels bei langhaarigen Hunden (hoher Fe-Gehalt in pigmentierten Haaren) zu.

▶ **Tab. 4.18** Empfehlungen für die tägliche Versorgung des Hundes mit Spurenelementen (pro kg KM).

Spurenelement		Erhaltung und Muskelarbeit	Gravidität[1]	Laktation	Wachstum
Eisen	mg	1,4	4,0–6,8	2,4	1,2–4,8
Kupfer	mg	0,1	0,16	0,67	0,14–0,5
Zink	mg	1,0	2,4	5,4	1,1–4,1
Mangan	mg	0,07	0,08	0,12	0,07–0,11
Kobalt	μg	5–10	10	10	10
Jod	μg	15[2]	50	50	40
Selen	μg	5	5	5	5

[1] zweite Hälfte
[2] höherer Bedarf bei Hunden mit vermehrter Bewegungsaktivität
Quellen: Gesellschaft für Ernährungsphysiologie 1989, ergänzt; NRC 2006.

Gegen Ende der Gravidität steigt der Bedarf deutlich an und liegt höher als während der Laktation, da in den Feten pro Tag erheblich höhere Fe-Mengen retiniert (0,4–0,5 mg/kg KM der Hündin) als später über die Milch ausgegeben werden (0,25 mg/kg KM). Saugwelpen benötigen etwa 3 mg/kg KM. Nach dem 2. Lebensmonat geht der Bedarf zurück (▶ Tab. 4.18).

Versorgung
Zufuhrempfehlungen
Auf 1 MJ uE sollten 4–7 mg (bei hochgraviden Tieren bis 20 mg) Eisen entfallen, das entspricht etwa 6–11 mg (bei hochtragenden Tieren 32 mg) Eisen pro 100 g eines Trockenalleinfutters. Dieser Wert wird auch in Einzelfuttermitteln fast immer erreicht oder überschritten (Tab. V, Anhang), sodass Fe-Mangelkrankheiten beim Hund unter praktischen Bedingungen selten sind.

Mangel
Bei einseitiger Verwendung fett- bzw. zuckerreicher Futtermittel sowie von Milch und Milchprodukten in Kombination mit poliertem Reis ist die Aufnahme an Eisen jedoch marginal und insbesondere im letzten Drittel der Gravidität nicht bedarfsdeckend. Bestimmte Fe-Verbindungen wie Eisenoxid oder Fe-Carbonat haben eine geringe Verfügbarkeit und sind daher als Ergänzung ungeeignet. Auch bei vermehrten Blutverlusten (1 ml Blut enthält ca. 0,5 mg Eisen), Ekto- und Endoparasitenbefall, blutigen Durchfällen oder Blutverlusten mit dem Harn können Fe-Mangelzustände auftreten. Die Fe-Aufnahme über die Milch ist bei Welpen knapp und kann Anämie, Herzvergrößerung oder eine erhöhte Anfälligkeit für Infektionen oder Invasionen verursachen.

Überschuss
Überhöhte Fe-Gaben können, abgesehen von lokalen Wirkungen im Darmkanal (Reizung, Verätzung), zu Absorptionsstörungen anderer Nährstoffe (Mangan, Phosphor) führen. Zu einer toxischen Fe-Speicherung mit letalem Ausgang kam es nach parenteraler Gabe von über 2 g Fe pro kg KM.

Beurteilung
Zur Beurteilung der Fe-Versorgung ist die Bestimmung der Erythrozytenzahl bzw. des Hämoglobingehaltes im Blut nur bedingt geeignet. Stark erniedrigte Plasma-Fe-Spiegel (< 14 µmol/l) können Hinweise geben, allerdings liegen beispielsweise auch bei akuten Infektionen subnormale Werte vor. Eine Aussage über die Fe-Reserven im Körper liefern der Serum-Ferritin-Gehalt sowie die Hämoglobingehalte der Retikulozyten.

4.4.2 Kupfer (Cu)
Funktionen
Kupfer, das nur in geringen Mengen im Organismus vorkommt (davon etwa ein Drittel in der Leber; ▶ Tab. 2.5), hat als Bestandteil spezifischer Enzymsysteme Bedeutung, z. B. von Phenyloxidasen (Pigmentbildung), Ferrioxidasen (Fe-Transport und Blutbildung), Zytochromoxidasen (zellulärer Energiestoffwechsel) oder der Lysyloxidasen (strukturelle Integrität der Bindegewebskomponenten Elastin und Kollagen).

Regelmechanismen
Kupfer wird vor allem im oberen Dünndarmbereich mittels spezifischer Transportsysteme an der Schleimhautoberfläche fixiert und in das Zellinnere transportiert. Ein in der Zelle vorkommendes schwefelhaltiges Protein (Metallothionein) reguliert die weitere Passage in das Blut. Hohe Mengen von Kalzium, Zink, Eisen, Molybdän, Sulfat und Cadmium vermögen die Cu-Verwertung zu beeinträchtigen. Einige in Futtermitteln vorkommende Cu-Verbindungen oder -Komplexe (z. B. Kupferphytat, Kupfersulfid, Hämatoporphyrin sowie Kupfer aus rohem Rindfleisch) werden nur in geringem Umfang verwertet.

Der normale Cu-Gehalt im Serum schwankt zwischen 8 und 16 µmol/l (▶ Tab. 4.14). Bei chronischen Infektionen ist mit einer Erhöhung zu rechnen. Kupfer wird überwiegend mit der Galle in den Darm (nur in Spuren über die Niere) ausgeschieden.

Normalwerte und Störungen

Die Leber-Cu-Werte schwanken in Abhängigkeit von der Cu-Zufuhr (▶ Tab. 4.19). Bei Bedlington-Terriern kommt eine erhebliche Cu-Speicherkrankheit vor, bei der fortschreitend mit dem Alter Kupfer in der Leber angereichert wird (▶ Tab. 4.19) und in der Folge degenerative Leberveränderungen auftreten. Diese Störung findet sich nur bei Individuen, die homozygot für ein Gen sind, das die hepatale Cu-Exkretion steuert. Nach neueren Beobachtungen kommt die Cu-Speicherkrankheit auch unter Westhighland-White-Terriern, Dobermännern, Deutschen Schäferhunden, Cockerspanieln und anderen Rassen vor, oft sekundär – nicht genetisch – infolge einer Leberschädigung. Zur Vorbeugung sind neben züchterischen Maßnahmen auf Basis genetischer Tests bei disponierten Tieren niedrige Cu-Gehalte im Futter sowie erhöhte Zn-Gaben (2 mg/kg KM/Tag) zu empfehlen.

Bedarf

Der Cu-Bedarf ausgewachsener Hunde wird in Analogie zu anderen Spezies auf etwa 0,1 mg/kg KM/Tag geschätzt (▶ Tab. 4.18). Bedarfserhöhungen sind bei langhaarigen Hunden während des Haarwechsels zu erwarten sowie bei Störungen der Absorption (überhöhte Gehalte an Eisen, Kalzium oder Zink im Futter, allgemeine Verdauungsstörungen). Von der Hündin werden pro kg KM und Tag in den letzten 21 Tagen der Gravidität etwa 20 µg Cu in den Früchten retiniert, während der Laktation dagegen 135 µg Cu pro Tag mit der Milch abgegeben. Bei graviden Hündinnen steigt der Bedarf daher nur geringgradig, bei laktierenden Hündinnen jedoch erheblich (▶ Tab. 4.18).

Während der Gravidität speichert die Hündin Kupfer in der Leber, sodass die hohen laktogenen Ausgaben i. d. R. kompensiert werden können. Wachsende Welpen benötigen bis zum 5-Fachen des Erhaltungsbedarfs.

Versorgung

Die notwendigen Cu-Gehalte von 0,4–0,8 mg/100 g eines Trockenalleinfutters (bei Welpen bis 1,5, bei laktierenden Hündinnen bis 2,5) werden nicht in allen Futterrationen erreicht, insbesondere nicht bei einseitiger Fütterung von Milch, Milchnachprodukten, fettem Fleisch, Weißmehl, Schokolade etc.

▶ Tab. 4.19 Kupfergehalte in der Leber von Hunden.

gesunde Hunde	µg/g Leber TS
ausreichende Kupferzufuhr	100–300
ungenügende Kupferzufuhr (< 0,1 mg/100 g Futter-TS)	< 10
überhöhte Kupferzufuhr (> 9,0 mg/ 100 g Futter-TS)	700
homozygote[1] Bedlington-Terrier	
< 2 Jahre	1200–3000
> 2 Jahre	4000–6000

[1] siehe Text
Quellen: Meyer 1983, Kienzle 1988.

Mangel

Die Cu-Versorgung von Saugwelpen ist dank der relativ hohen Cu-Gehalte in der Hundemilch (▶ Tab. 2.8) unter üblichen Bedingungen ausreichend, wenngleich der Welpe nur mit geringen Cu-Depots in der Leber zur Welt kommt. Unter praktischen Bedingungen sind bisher nur bei Welpen mit einseitiger Fütterung (ausschließlich Fleisch, überhöhte Ca- und P-Gaben) eindeutige Cu-Mangelzustände beobachtet worden, die durch Grauwerden pigmentierter Haare (besonders um Nase und Augen), Anämie sowie Störungen in der Knorpelbildung (O- und X-Beinigkeit, Durchtrittigkeit) gekennzeichnet sind.

Überschuss

Liegt ein Cu-Überschuss in der Nahrung vor, wird Kupfer vermehrt in der Leber gespeichert. Bei gesunden Hunden ist jedoch, anders als bei der Cu-Speicherkrankheit (▶ Tab. 4.19), nicht mit einer so starken Cu-Retention zu rechnen, dass Leberschädigungen entstehen.

Beurteilung

Die Cu-Versorgung des Hundes kann intra vitam nur in begrenztem Umfang durch Blutanalysen, in besonderen Fällen in Leberbiopsien, post mortem jedoch durch Bestimmung des Cu-Gehaltes in der Leber beurteilt werden. Liegen die Blutserum-Cu-

Werte mit < 5 µmol/l deutlich unter den Normalwerten (▶ Tab. 4.14), besteht der Verdacht einer ungenügenden Cu-Versorgung. Aber auch bei Werten im Normalbereich ist eine ungenügende Cu-Versorgung nicht auszuschließen. Leberkupferwerte unter 50 µg sprechen für einen mäßigen, unter 10 µg pro g TS für einen ausgeprägten Cu-Mangel, während Gehalte über 500 µg eine Überversorgung bzw. Störungen im Leber-Cu-Stoffwechsel signalisieren.

4.4.3 Zink (Zn)

Funktionen

Zink, das in Konzentrationen von 85 mg/kg KM im Körper vorkommt, vor allem im Skelett, ist Bestandteil zahlreicher Metalloenzyme, die für die Stabilität quartärer Proteinstrukturen und Biomembranen unentbehrlich sind. Es findet sich auch in vielen anderen Enzymsystemen des Kohlenhydrat-, Fett- und Nukleinsäurestoffwechsels. Ausfallerscheinungen an der Haut (Parakeratose), aber auch Störungen der Spermatogenese und Kollagensynthese ebenso wie bei der Desaturierung essenzieller Fettsäuren und der Antikörperbildung bei einem Mangel weisen auf die vielfältigen Funktionen dieses Elements hin. Pigmentkörner aus Zink-Eiweiß-Komplexen im Tapetum lucidum der Netzhaut reflektieren das Licht und verbessern das Dämmerungssehen. Zellwachstum und -vermehrung sind ohne Zink nicht möglich, sodass es auch bei der Wundheilung zu beachten ist.

Regelmechanismen

Das im Lumen des Verdauungskanals aus den Futtermitteln freigesetzte Zink wird von einem Liganden gebunden und für die Schleimhautpassage vorbereitet. Im Zellinneren reguliert ein Metallothionein den weiteren Transport zur Blutbahn, wobei es mit Kupfer konkurrieren kann. Die Verwertung von Zink wird durch Phytinsäure, insbesondere in Gegenwart hoher Ca-Mengen, aber auch allein durch einen Ca- und Cu-Überschuss beeinträchtigt. Auch bei einer Unterfunktion des Pankreas wird Zink schlecht verwertet, sodass Hunde mit einer Pankreasinsuffizienz typische Zn-Mangelsymptome aufweisen können.

Normalwerte für den Zn-Gehalt im Blutserum bewegen sich zwischen 9 und 20 µmol/l (▶ Tab. 4.14). Zink wird vorwiegend über den Darm ausgeschieden. Geringe Mengen kommen bei höherer Aufnahme im Harn vor.

Bedarf

Der Zn-Bedarf ausgewachsener Hunde wird im Erhaltungsstoffwechsel mit ca. 1 mg/kg KM sicher gedeckt (▶ Tab. 4.18). Er kann sich erhöhen bei langhaarigen Hunden während des Haarwechsels (infolge verstärkter Zn-Retention), durch Beeinträchtigung der Zn-Absorption in Gegenwart von hohen Mengen an Phytinsäure (Weizenkleie-Sojaschrot-Fütterung), Kalzium und Kupfer im Futter sowie bei Störungen der Pankreasfunktion. Während der Gravidität (durchschnittlicher täglicher Zn-Ansatz in den letzten 3 Wochen der Gravidität ca. 0,1 mg/kg KM der Hündin) steigt der Zn-Bedarf mäßig, stärker jedoch während der Laktation aufgrund der relativ hohen Zn-Gehalte in der Milch (Abgabe ca. 0,5 mg/kg KM/Tag). Bei einer angenommenen Verwertung des Zinks von etwa 25 % nimmt der Bedarf während der Gravidität um das 2,5-, während der Laktation um das 3- bis 5-Fache, während des Wachstums bis zum 4-Fachen des Erhaltungsbedarfs zu. Nach Erfahrungen aus der Humanmedizin können bei älteren Individuen Zn-Zulagen die Wundheilung verbessern, sofern die Zn-Versorgung marginal ist. Eine zusätzliche Zn-Versorgung (s. u.) empfiehlt sich evtl. nach Operationen.

Versorgung

Trockenalleinfutter sollen etwa 6, Spezialfutter für Zuchttiere 10 mg Zink/100 g enthalten. In den meisten Getreidearten und Getreiderückständen ebenso wie im Sojaextraktionsschrot werden diese Werte nicht erreicht.

Mangel

Bei einem primären oder sekundären Zn-Mangel sind neben Störungen in der Fertilität – auch bei Rüden – vor allem Veränderungen an Haut und Haaren zu erwarten (Pigmentaufhellung, Haarverlust, borkige, rissige Haut, ebenso die Zn-reaktive Dermatose bei Siberian Huskies; s. Kap. 7.8).

Überschuss

Störungen durch einen Zn-Überschuss sind bisher beim Hund kaum beschrieben. Nach Aufnahme Zn-haltiger Gegenstände (z. B. Pennystücke) wurden gelegentlich Vergiftungserscheinungen beobachtet (Apathie, Anorexien, hämolytische Anämien, erhöhter Zn-Plasmaspiegel).

Beurteilung

Zur Beurteilung der Zn-Versorgung kann der Zn-Gehalt im Serum nur bedingt herangezogen werden. Bleibt der Zn-Plasmawert über längere Zeit unter 8 µmol/l, so besteht der Verdacht einer ungenügenden Versorgung. Ein Rückgang der Zn-Gehalte im Serum ist aber auch bei Lebererkrankungen, Infektionen, Trächtigkeit sowie generell bei hormonellen Störungen zu erwarten.

4.4.4 Mangan (Mn)

Funktionen

Der Mn-Gehalt im Organismus des Hundes liegt mit ca. 2 mg/kg fettfreie Substanz extrem niedrig. Dieses Spurenelement ist jedoch für die Funktion verschiedener Enzyme, die z. B. bei der Mucopolysaccharidsynthese oder der Phosphorylierung mitwirken, unentbehrlich.

Bedarf

Der Mn-Bedarf des Hundes (▶ Tab. 4.18) scheint relativ niedrig zu liegen. Bei Aufnahme von ca. 10 µg Mn pro kg KM/Tag traten bei wachsenden und ausgewachsenen Hunden keine Mangelsymptome auf. Hohe Ca-, P- und Fe-Gehalte im Futter können nach Erfahrungen bei anderen Spezies die Mn-Verwertung beeinträchtigen.

Der Mn-Bedarf ist mit etwa 0,07 mg/kg KM oder 0,2–0,35 mg pro MJ verd. Energie anzusetzen (▶ Tab. 4.18), entsprechend 0,3–0,5 mg/100 g eines Trockenalleinfutters. Diese Gehalte werden in nahezu allen üblichen Futtermitteln (außer Milch, Lunge, Eiprodukte) erreicht.

Mangel

Berichte über spontane Mn-Mangelzustände sind beim Hund bisher nicht bekannt. Nach Beobachtungen bei anderen Spezies sind bei einem Mangel Skelettveränderungen und Fruchtbarkeitsstörungen sowie Missbildungen am Skelett des Fetus zu erwarten.

Überschuss

Die Toleranz für Mangan ist im Allgemeinen hoch. Extreme Mn-Gehalte im Futter beeinträchtigen jedoch die Fe-Absorption (sekundärer Fe-Mangel).

4.4.5 Kobalt (Co)

Kobalt kommt als Zentralatom im Vitamin B_{12} vor und ist für dessen Synthese, die nur durch Mikroorganismen erfolgen kann, essenziell. Bei adäquater Vitamin-B_{12}-Versorgung ist eine zusätzliche Co-Gabe entbehrlich. Da auch beim Hund eine enterale Vitamin-B_{12}-Synthese (und -Nutzung) erfolgt, können orale Co-Gaben evtl. die Vitamin-B_{12}-Versorgung verbessern. Als Sicherheitszusatz sind 5–10 µg/kg KM zu empfehlen, d. h. 35–70 µg/100 g eines Trockenalleinfutters.

Diese Mengen sind in den meisten Futtermitteln pflanzlicher oder tierischer Herkunft enthalten (außer bei Milch und Milchprodukten). Die Toleranz für Kobalt wurde beim Hund bisher nicht speziell ermittelt. In abgestuften Dosierungsversuchen wirkten bis 50 µg/kg KM nicht nachteilig.

4.4.6 Jod (I)

Funktion und Regelmechanismen

Jod kommt im Organismus in Mengen von etwa 0,20–0,35 mg/kg fettfreie Körpersubstanz vor und ist – als Bestandteil der Schilddrüsenhormone Thyroxin und Triiodthyronin – vor allem in der Schilddrüse konzentriert. Das mit dem Futter aufgenommene Jod wird zu einem hohen Prozentsatz absorbiert. Der Gesamt-I-Gehalt im Blutserum liegt (je nach Zufuhr) zwischen 0,5 und 0,6 µmol/l, der hormongebundene Serum-I-Gehalt um 0,1 µmol/l (▶ Tab. 4.14). Jod wird vorwiegend über die Nieren ausgeschieden.

Bedarf

Der tägliche I-Bedarf ausgewachsener Hunde liegt um 15 µg/kg KM (▶ Tab. 4.18). Generell steht er mit der Stoffwechselaktivität (Energieumsatz) in unmittelbarer Beziehung. Bei wachsenden und laktierenden Hunden ist daher mit einem erhöhten Bedarf (50 µg/kg KM) zu rechnen, ebenso bei Hunden mit vermehrter Muskeltätigkeit. Zwischen Individuen, Geschlechtern und Rassen bestehen vermutlich Unterschiede im Bedarf. Für Hunde im Erhaltungsstoffwechsel sollten in 100 g Trockenalleinfutter 50–120 µg Jod enthalten sein, für Zuchthunde die dreifache Menge (über Gehalte pro 1 MJ uE s. Tab. II, Anhang).

Versorgung

Der erwünschte Jodgehalt wird in vielen Einzelfuttermitteln nicht erreicht (Tab. V, Anhang). Insbesondere bei einseitiger Verwendung von Fleisch und Schlachtabfällen in Kombination mit hochgereinigten Getreideprodukten ist die Versorgung unzureichend. Durch längeres Kochen der Futtermittel können zusätzlich Jodverluste entstehen.

Mangel

Es ist möglich, dass in der Praxis primäre Jod-Mangelsituationen beobachtet werden. In manchen Futtermitteln kommen Stoffe vor, die den Jodbedarf erhöhen. So hemmen Blausäure (im Leinsamen) bzw. Glucosinolate (in Raps oder Kohlarten) die Jod-Aufnahme in die Schilddrüse oder die Synthese von Thyroxin. Höhere Nitratgehalte im Futter sollen sich beim Hund nicht nachteilig auf den I-Stoffwechsel auswirken. Zu einer temporären relativen I-Unterversorgung kann es kommen, wenn Hunde von Rationen mit einem hohen I-Anteil (Fischmehl, Algenmehl) auf Futtermischungen mit geringeren I-Gehalten umgestellt werden, da sich der Organismus nur langsam an das geringere I-Angebot anpasst. Die beim Hund häufig vorkommenden Hypothyreoidosen sind überwiegend endogener Art (Tumoren, Autoimmunkrankheiten etc.).

Jodunterversorgung führt zu einer kompensatorischen Vergrößerung der Schilddrüse, zu ungenügender Hormonbildung, allgemeinem Leistungsabfall, Lethargie, Alopezie, verbunden mit Fruchtbarkeits- und Wachstumsstörungen und Ödembildung. Bei tragenden Hündinnen wirkt sich der I-Mangel vorrangig auf die Entwicklung der Früchte aus (Kropf, Haarausfall, Ödeme, Skelettanomalien, geringe Vitalität). Laktierende Hündinnen weisen bei einem I-Mangel spontanen Milchfluss auf (infolge einer Hyperprolaktinämie). Zur Behandlung akuter I-Mangelzustände hat sich die Zugabe von Lugol-Lösung zum Trinkwasser bewährt (1 Tropfen pro Liter = ca. 250 µg I pro Liter Trinkwasser).

Überschuss

Eine Jod-Überversorgung, z. B. durch chronisch überhöhte Zulagen, ist zu vermeiden, da sie die Schilddrüsenfunktion durch ungenügende Thyroxinfreisetzung einschränkt. Akute I-Intoxikationen sind selten über das Futter, eher durch Ablecken jodhaltiger Salben oder durch kutane Resorption von Jod über großflächige Wunden möglich.

Beurteilung

Zur Beurteilung der Jodversorgung kann der I-Gehalt im Harn bzw. Blut herangezogen werden. Bei ungenügender I-Aufnahme fällt der Gesamtjodgehalt im Blut auf unter 0,3 µmol/l, der hormongebundene I-Anteil auf unter 0,08 µmol/l Serum. Zur Sicherung der I-Versorgung sind jodarme Futtermittel mit jodiertem Salz (1 g jodiertes Salz enthält im Mittel ca. 70 µg Jod) oder jodhaltigem Mineralfutter (Tab. VI, Anhang) zu ergänzen.

4.4.7 Selen (Se)

Funktionen

Das erst im Jahre 1957 als essenziell erkannte Selen ist Bestandteil der Glutathionperoxidase, die schädlich wirkende freie Radikale (Peroxide) inaktiviert. Es ist u. a. zusammen mit Vitamin E, das die Entstehung solcher Radikale hemmt, für die Integrität von Zellmembranen unentbehrlich.

Bedarf

Der Se-Bedarf des Hundes wird auf 5 µg/kg KM/Tag geschätzt (▶ Tab. 4.18), entsprechend 16 µg/1 MJ uE (Tab. II, Anhang) oder 25 µg/100 g eines Trockenalleinfutters. Durch Zulage von 10 µg Selen zu 100 g einer Vitamin-E-freien Diät konnten klinische sowie pathologisch-anatomische Veränderungen bei wachsenden Welpen verhütet werden. Ein gleichzeitig ausreichendes Vitamin-E-Angebot reduziert umgekehrt den Se-Bedarf.

Versorgung

Der Se-Gehalt in Futtermitteln weist je nach Boden- und Pflanzenart erhebliche Variationen auf, die sich auch in Futtermitteln tierischer Herkunft widerspiegeln. Leber und Niere sind selenreicher als die Muskulatur. Durch längeres Erhitzen kann der Se-Gehalt abnehmen, ebenso durch Wässern.

Mangel

Ein Se-Mangel – isoliert oder in Kombination mit einem Vitamin-E-Mangel – kann vor allem bei neugeborenen Welpen auftreten (Muskeldegeneration, Immun- und Lebensschwäche), wenn tragende Hündinnen in Se-Mangelgebieten lokal erzeugte Futtermittel aufnehmen (z. B. Fleisch oder Schlachtabfälle). Da in Deutschland viele Böden Se-arm sind und damit auch die dort wachsenden Futterpflanzen bzw. aufgezogenen Tiere, sind Mangelsituationen nicht auszuschließen. Durch Zulage von etwa 20 µg Se/kg KM/Tag an Hündinnen (als Natriumselenat) wurden Ausfallserscheinungen bei neugeborenen Welpen verhindert.

Überschuss

Selen besitzt nur eine geringe Dosierungsbreite, sodass Überversorgungen zu vermeiden sind. Nach parenteraler Applikation von täglich etwa 6 µg Se/kg KM über mehrere Monate kam es zu Se-Intoxikationen. Die Toleranz für oral gegebenes Selen liegt höher: 0,5–1 mg/100 g Futtertrockensubstanz wirkten chronisch toxisch, 2 mg führten zu Anämie, Lebernekrosen, Leberzirrhosen, Futterverweigerung und Exitus.

Beurteilung

Zur Erkennung eines Se-Mangels können nach Erfahrungen bei anderen Spezies die Se-Gehalte in Blut und Leber herangezogen werden. Während eines Se-Mangels fiel der Plasma-Se-Gehalt auf 0,28–0,42 µmol/l, der Leber-Se-Gehalt auf 0,1 µg/g Frischsubstanz. Ein sicherer Indikator ist zudem die Aktivität der Glutathionperoxidase, die auch beim Hund bei einem Se-Mangel abnimmt.

4.4.8 Fluor (F)

Fluor kommt in geringen Mengen in Skelett und Zähnen vor. Es scheint nur in Spuren lebensnotwendig zu sein. Nach Erfahrungen bei Menschen können geringe F-Mengen zur Vorbeugung von Karies und der im Alter auftretenden Osteoporose dienen. Der F-Bedarf liegt bei Ratten unter 10 µg/kg KM/Tag.

In hohen Konzentrationen ist Fluor toxisch (Osteoporose, Zahnverfärbung, bei tragenden Tieren auch Aborte). Die Toxizitätsgrenze hängt von der Löslichkeit der verwendeten F-Verbindungen ab. Gehalte von über 150 mg pro kg Futter sind kritisch zu bewerten. Hohe F-Mengen können in Knochenmehl, P-haltigen Mineralien, Holzimprägnierungsmitteln, eventuell auch im Trinkwasser vorkommen.

4.4.9 Molybdän (Mo)

Auch Molybdän zählt zu den essenziellen Spurenelementen, da es u. a. für die Funktion der Xanthinoxidase unentbehrlich ist. Der Bedarf des Hundes für Molybdän ist nicht bekannt. Bei anderen Tierarten wird mit einer Menge von 0,1 mg pro 100 g Futtertrockensubstanz gerechnet. Überhöhte Mo-Mengen (2–5 mg/kg) können bei den meisten Tierarten die Cu-Verwertung beeinträchtigen.

4.4.10 Andere Spurenelemente

Neben den genannten Spurenelementen ist in jüngster Zeit die Lebensnotwendigkeit weiterer Spurenelemente wie Chrom (Kohlenhydratstoffwechsel), Nickel (Membranfunktion), Silizium (Skelettentwicklung), Vanadium (Wachstum, Reproduktion), Arsen (Wachstum, Blutbildung) und Blei (Blutbildung) erkannt worden. Die notwendigen Mengen (z. B. Chrom 12 µg/kg KM/Tag) sind jedoch so gering, dass eine spezifische Zufuhr dieser Stoffe allenfalls in hochgereinigten Diäten beachtet werden muss; andererseits sind erhöhte Mengen (an Arsen, Vanadium und Blei) toxisch.

4.5 Vitamine

4.5.1 Allgemeines

Als Vitamine werden organische Nährstoffe bezeichnet, die in kleinen Mengen lebensnotwendig sind und von Tier und Mensch nicht oder in nicht ausreichenden Mengen synthetisiert werden können und daher mit dem Futter zugeführt werden müssen. Sie werden nach ihrer Löslichkeit (fettlösliche bzw. wasserlösliche) oder nach ihrem Wirkungsmechanismus (ohne und mit Koenzymfunktion) eingeteilt.

Die fettlöslichen Vitamine (A, D, E, K), die mit Ausnahme von Vitamin K keine Koenzymfunktion besitzen, weisen eine gewisse Ähnlichkeit in ihrem chemischen Aufbau auf (Ringsystem mit Seitenkette), während die wasserlöslichen Vitamine (B-Vitamine) hinsichtlich ihres chemischen Aufbaues keine Gemeinsamkeiten zeigen.

Zufuhr

Die fettlöslichen Vitamine werden dem Organismus mit Fetten zugeführt. Die Absorption ist mit der Verdauung der Futterlipide eng verknüpft, Störungen in der Fettabsorption, z. B. bei einer Pankreasinsuffizienz, beeinflussen somit auch die Verwertung der fettlöslichen Vitamine. Sie können in bestimmtem Umfang im Organismus (Leber, z. T. auch Depotfett und Nieren) gespeichert werden, sodass eine Unterversorgung durch Mobilisierung zunächst kompensiert wird. Andererseits führt eine über längere Zeit beträchtlich über dem Bedarf liegende Zufuhr dieser Vitamine zu erheblicher Retention, evtl. auch zu Intoxikationen.

Funktionen

Im Gegensatz zu den fettlöslichen wirken die wasserlöslichen Vitamine vorwiegend als Koenzyme im intermediären Stoffwechsel der Zelle. Sie werden (außer Vitamin B_{12}) nur in geringem Umfang im Organismus gespeichert, sodass eine kontinuierliche Zufuhr mit der Nahrung notwendig ist. Bei Bedarfsangaben ist zu berücksichtigen, dass ein Teil dieser Vitamine auch durch die Darmflora synthetisiert und über die Darmwand aufgenommen werden kann. Daher muss bei Ausschaltung der Darmflora oder Störungen im Verdauungskanal mit einer geringeren internen Vitaminversorgung als unter physiologischen Bedingungen gerechnet werden. Im Gegensatz zu den fettlöslichen besteht bei den wasserlöslichen Vitaminen kein Risiko durch Überdosierungen, da sie kaum gespeichert und bei Überschuss in der Regel renal ausgeschieden werden.

4.5.2 Fettlösliche Vitamine

Vitamin A (Retinol)

Funktionen

Das Vitamin A_1, eines von mehreren Polyenalkoholen mit Vitamin-A-Wirksamkeit, wird – da am stärksten wirksam – allgemein als Vitamin A bezeichnet. Neben seiner Wirkung auf Epithelien (Epithelschutzvitamin) beeinflusst es die Expression zahlreicher Gene und damit die Eiweißsynthese (Wachstumsvitamin), das Knochenwachstum (Erhaltung der Osteoklastentätigkeit) und den Sehvorgang (Bestandteil des Sehpurpurs).

Die Beteiligung an der Synthese von Mucopolysacchariden, die als Gerüst- und Schleimstoffe zum Aufbau, zur Abdeckung und Abdichtung der Epitheloberfläche benötigt werden, und zwar sowohl an der äußeren Haut als auch an den Schleimhäuten des Atmungs-, Verdauungs- sowie Harn- und Geschlechtsapparates, erklärt u. a. seine Bedeutung für die Infektionsabwehr. Bei einem Vitamin-A-Mangel trocknen die Schleimhäute aus und verhornen.

Der Hund kann das in grünen Pflanzen und Möhren vorkommende β-Carotin im Gegensatz zur Katze in Vitamin A umwandeln. Die Ausnutzungsrate ist variabel und hängt vom Versorgungsgrad des Tieres bzw. dem Angebot an Carotin ab. Im Mittel werden aus 1 mg β-Carotin etwa 500 IE Vitamin A gebildet, 1 IE entspricht 0,3 µg Retinol.

Regelmechanismen

Nach der Absorption, die bei Störungen im Magen-Darm-Kanal und Pankreaserkrankungen ebenso wie bei unterbrochenem Gallefluss beeinträchtigt sein kann, wird Vitamin A über die Blutbahn unmittelbar in die Gewebe bzw. Speicherorgane (Leber, Niere) transportiert.

Der Vitamin-A-Gehalt im Serum des Hundes ist weniger straff reguliert als bei anderen Spezies und variiert bei ausreichender Zufuhr in der Größenordnung von 4000–6500 IE/l (▶ Tab. 4.20). Im Gegensatz zu anderen Tierarten liegt Vitamin A (Retinol) beim Hund überwiegend als Retinylester vor, die von Lipoproteinen transportiert werden. Entsprechend schwanken deren Werte erheblich in Abhängigkeit von der Zufuhr. So fallen sie nach ungenügender Versorgung und nach Entleerung des Leberdepots auf unter 300 IE/l, steigen bei Überdosierungen (15 000 bis 30 000 IE/kg KM/Tag) aber bis auf 30 000 IE/l, nach extremen Dosierungen (300 000 IE/kg KM) sogar bis auf 200 000 IE/l an.

Vitamin A wird von gesunden Hunden je nach Höhe des Vitamin-A-Spiegels im Blut in Form von Retinol oder Retinolestern mit dem Harn ausgeschieden.

> **Cave**
>
> Bei chronischen Nierenschäden sind verstärkte Vitamin-A-Verluste zu erwarten (bis zu 9000 IE/Tier/Tag).

Die Höhe der Vitamin-A-Retention wird von der Vitamin-A-Aufnahme bestimmt. Wachsende Hunde speichern erst bei Zufuhr von mehr als 200 IE Vitamin A/kg KM/Tag in der Leber, Hündinnen lagern mehr als Rüden ein. Nach extrem hohen Vitamin-A-Gaben (6000 bzw. 10 000 IE/kg KM/Tag) werden Gehalte bis zu 30 000 IE/g Leber erreicht. Hohe Vitamin-A-Mengen kommen auch in der Niere vor.

Bedarf

Der Vitamin-A-Bedarf des Hundes hängt von Alter, Leistung und speziellen Belastungen (Infektionen etc.) ab. Ausgewachsene Hunde im Erhaltungsstoffwechsel sollen etwa 75–100, Welpen sowie ältere oder kranke Tiere 250 IE/kg KM/Tag erhalten (▶ Tab. 4.21), ähnlich wie hochtragende und laktierende Hündinnen. Vitamin A passiert zwar nicht die Plazenta (die Welpen werden mit relativ niedrigen Vitamin-A-Gehalten in der Leber geboren). Eine ausreichende Vitamin-A-Versorgung während der Gravidität ist jedoch für hohe Gehalte im Kolostrum und in der Milch unabdingbar.

▶ **Tab. 4.20** Gehalte an fett- und wasserlöslichen Vitaminen im Blutserum (pro l) von Hunden.

Vitamin		ausreichende Versorgung	ungenügende Versorgung
Vitamin A[1]	IE	4000–6500	< 3000
Vitamin E (α-Tocopherol)	mg	5–8	< 3
Vitamin B_1	µg	50–110	< 50
Vitamin B_2	µg	200–400	< 40
Pantothensäure	µg	150–400	< 100
Folat	µg	2,3–18	–
Cobalamin	ng	300–800	< 300

[1] Retinol, Retinolazetat, Retinolpalmitat
Quellen: Meyer 1983, Baker et al. 1986, Williams 1987, Schweigert 1988, Tran et al. 2007.

▶ **Tab. 4.21** Empfehlungen für die tägliche Versorgung des Hundes mit Vitaminen (pro kg KM).

Vitamin		Erhaltung	Wachstum/Reproduktion
Vitamin A	IE[1]	75–100	210–250
Vitamin D	IE[2]	10	20
Vitamin E	mg[3]	1	1–2
Vitamin K	µg	16	44–60
Vitamin B_1	µg	38	60–80
Vitamin B_2	µg	88	500–600
Vitamin B_6	µg	25	70–90
Vitamin B_{12}	µg	0,6	1,6–2
Pantothensäure	µg	250	680–850
Nikotinsäure	µg	250	680–850
Biotin	µg	2	4
Folsäure	µg	4,5	12–15

[1] 1 IE entspricht 0,3 µg Vitamin-A-Alkohol (= 0,344 µg Vitamin-A-Azetat)
[2] 1 IE entspricht 0,025 µg Vitamin D_2 bzw. D_3
[3] 1 IE entspricht 0,67 mg d-alpha-Tocopherol bzw. 0,91 mg dl-alpha-Tocopherol
Quellen: Gesellschaft für Ernährungsphysiologie 1989, modifiziert und ergänzt; NRC 2006.

Versorgung

Um die Versorgung des Hundes mit Vitamin A sicherzustellen, sind etwa 250–800 IE/MJ uE vorzusehen (Tab. II, Anhang) bzw. 400–1000 IE/100 g eines Trockenalleinfutters (▶ Tab. 5.9). Diese Gehalte, ebenso wie entsprechende Werte für β-Carotin, werden nur in wenigen Futtermitteln erreicht (Tab. V, Anhang).

Der wichtigste natürliche Vitamin-A-Lieferant ist die Leber. Sie kann zwischen 30 und 3000 IE Vitamin A pro Gramm enthalten, teils auch erheblich mehr. Je nach Versorgungsstatus der landwirtschaftlichen Nutztiere werden hohe Werte bei Lebern vom Rind (besonders von Weidetieren), aber auch vom Geflügel und Schwein festgestellt. Auch Vollmilch und Eier sind Vitamin-A-reich. Viel Carotin enthalten grüne Pflanzen (Salate), Luzernegrünmehl und Möhren. Zur Sicherung der Vitamin-A-Versorgung sind oft vitaminierte Mineralfutter, aufgewertete Beifutter oder Alleinfutter notwendig.

Mangel Eine Unterversorgung mit Vitamin A führt bei wachsenden Hunden innerhalb von 1–4 Monaten (je nach Angebot und Umfang der Vitamin-A-Speicher in der Leber) zu geringerer Futteraufnahme, Wachstumsstörungen, Bindehautentzündungen, Hornhauttrübungen, erhöhter Anfälligkeit für Infektionen und Parasitenbefall, Störungen im Knochenwachstum (infolge geringerer Osteoklastentätigkeit) mit Ataxien und Koordinationsstörungen sowie Ausfallerscheinungen an den Seh- und Hörnerven. Bei ausgewachsenen Hunden treten diese Erscheinungen erst bei länger bestehendem Mangel auf. Eine ungenügende Versorgung tragender Tiere erhöht das Risiko für Missbildungen und Lebensschwäche der Welpen.

Überschuss Andererseits können langfristig auch stark überhöhte Vitamin-A-Gaben Gesundheitsstörungen verursachen (geringe Gewichtszunahmen, Übererregbarkeit, Abbau von Knochensubstanz, Hyperkaliämie, Frakturneigungen). Die Grenze der Vitamin-A-Toleranz ist beim Hund wegen der besonderen Bindungsform im Blut höher als bei anderen Spezies. Nach 15 000–30 000 IE/kg KM/Tag (3 Monate; oral) traten noch keine Ausfallerscheinungen auf, wohl aber nach 300 000 IE/kg KM/Tag. Bei einseitiger Verfütterung von Leber (10 g/kg KM/Tag) werden u. U. tägliche Aufnahmen von über 30 000 IE/kg KM erreicht.

Beurteilung Zur Beurteilung der Vitamin-A-Versorgung können (sofern die Vitamin-A-Reserven in der Leber erschöpft sind) der Blut-Vitamin-A-Spiegel sowie post mortem der Vitamin-A-Gehalt in der Leber herangezogen werden. Blutserum- bzw. Leberwerte von unter 3000 IE/l bzw. 100 IE/g Leber sprechen für eine knappe bzw. ungenügende Vitamin-A-Versorgung. Der Vitamin-A-Blutspiegel (▶ Tab. 4.20) sagt andererseits nichts über die Höhe der Reserven in der Leber aus.

Vitamin-D-Gruppe (Calciferole)

Funktionen

Von den verschiedenen Substanzen mit Vitamin-D-Wirksamkeit sind das Cholecalciferol (Vitamin D_3) und Ergocalciferol (Vitamin D_2) die wichtigsten. Sie fördern vor allem die Ca- und P-Absorption im Darm, während der Einfluss auf die Mineralisierung der Wachstumszone sowie die Austauschvorgänge im Knochen umstritten ist. Im Zusammenwirken mit Parathormon wird die renale P-Exkretion gesenkt.

Eine Umwandlung von 7-Dehydrocholesterol zu Cholecalciferol in der Haut durch UV-Strahlen findet beim Hund offenbar nicht statt. Das aus Pflanzen stammende Vitamin D_2 hat beim Hund eine annähernd gleich große Wirkung wie das im tierischen Organismus vorkommende Vitamin D_3. Cholecalciferol und Ergocalciferol werden in der Leber am C-25-Atom und in der Niere am C-1-Atom der Seitenkette hydroxyliert. Die entstehenden 1,25-Dihydroxycholecalciferole sind die eigentlich aktiven Substanzen.

Bedarf

Der Vitamin-D-Bedarf des Hundes hängt sowohl vom Ca-Bedarf als auch von der P-Zufuhr ab. Wachsende Tiere benötigen bei einer optimalen Ca- und P-Zufuhr und einem ausgewogenen Verhältnis zwischen diesen Elementen täglich maximal 20 IE Vitamin D/kg KM (▶ Tab. 4.21). Bei suboptimalem Ca-Angebot sowie einem zu weiten oder zu engen Ca : P-Verhältnis nimmt der Bedarf zu. Über diesen Bedarf hinausgehende Vitamin-D-Gaben sind überflüssig. Für ausgewachsene Hunde reichen 10 IE Vitamin D/kg KM/Tag aus. Während der Laktation und Gravidität sollte die doppelte Menge zugeführt werden. Höhere Gaben sind bei Hunden mit Störungen der Galleproduktion (geringere Absorption) oder degenerativen Nierenerkrankungen (ungenügende Hydroxylierung des Vitamin D) notwendig.

Versorgung
Zur Erfüllung des Bedarfes sind etwa 22–65 IE/l MJ uE (Tab. II, Anhang) oder 35–100 IE (= ca. 2 µg) pro 100 g eines Trockenalleinfutters (▶ Tab. 5.9) vorzusehen. Unter den üblichen Futtermitteln des Hundes sind Leber, Milch und Fische Vitamin-D-reich, die meisten anderen Futtermittel, insbesondere pflanzlicher Herkunft (außer bestrahlter Hefe), dagegen Vitamin-D-frei oder -arm. Zur Ergänzung der Ration können vitaminierte Mineralfutter verwendet werden (Tab. VI, Anhang).

Mangel Eine suboptimale Vitamin-D-Versorgung kommt heute kaum vor. Sie äußert sich in ungenügender Mineralisierung des Skeletts.

Überschuss Eine Überversorgung mit Vitamin D begünstigt überhöhte Ca- und P-Gehalte im Blut, Gefäßverkalkung, Polyurie, blutige Diarrhöen etc. Die Empfindlichkeit der Tiere ist individuell und in Abhängigkeit vom gleichzeitigen Ca-, P- und Mg-Angebot variabel. Nach langfristiger täglicher Zufuhr von 10 000 IE bzw. einmaliger Gabe von 200 000 IE Vitamin D_3/kg KM wurden Nierenverkalkungen beobachtet. Generell sollte die Vitamin-D-Zufuhr (selbst bei therapeutischen Maßnahmen) das 10-Fache des Normalbedarfs nicht überschreiten.

Vitamin E (Tocopherole)

Funktionen
Als Vitamin E wird eine Reihe von chemisch nahe verwandten Stoffen (Tocopherole) mit Vitamincharakter bezeichnet, von denen das α-Tocopherol die höchste Aktivität aufweist. In Futtermitteln ebenso wie im Organismus vermögen die Tocopherole die Bildung von Peroxiden infolge Eigenoxidation zu verhindern. Sie schützen somit auch oxidationsempfindliche essenzielle Stoffe wie ungesättigte Fettsäuren, Carotinoide, Vitamin A oder Sulfhydrylgruppen und bewahren lipidreiche Membranen vor Zerstörung durch Peroxidation. Nur in dieser Funktion kann das Vitamin durch andere Antioxidanzien ersetzt werden. Vitamin E hat darüber hinaus Bedeutung in der Atmungskette sowie bei der Synthese langkettiger Fettsäuren, von Vitamin C oder Desoxyribonukleinsäuren. Tocopherole werden in geringerem Umfang in Leber und Körperfett gespeichert. Als Normalwerte im Blutserum gelten Gehalte von über 5 mg/l (▶ Tab. 4.20).

Bedarf
Der Vitamin-E-Bedarf des Hundes variiert insbesondere in Abhängigkeit von der gleichzeitigen Aufnahme an ungesättigten Fettsäuren. Bei Futterrationen mit 15 % Saflöröl konnte z. B. die tägliche Zulage von 11 mg Vitamin E/kg KM (ca. 100 mg/kg Trockenfutter) alle Mangelerscheinungen verhindern. Unter praxisüblichen Bedingungen reichten bei wachsenden Welpen 0,6 mg Vitamin E/kg KM/Tag aus, um eine normale Entwicklung zu sichern. Bei tragenden und laktierenden Hündinnen liegt der Bedarf höher (▶ Tab. 4.21).

Versorgung
Die Versorgung ist in Abhängigkeit vom Gehalt an ungesättigten Fettsäuren in der Ration zu modifizieren. Pro Gramm ungesättigter Fettsäuren sollen mindestens 0,6 mg Vitamin E im Futter enthalten sein. Auch bei Aufnahme von Futtermitteln mit Peroxiden (ranzige Fette) steigt der Vitamin-E-Bedarf. Ein erhöhter Vitamin-E-Bedarf besteht zudem bei Galleflussstörungen (geringe Absorption) sowie bei Herzmuskelerkrankungen. Bei Rennhunden werden zur Sicherung der Muskelzellmembranen bis zu 3 mg/kg KM/Tag empfohlen. Pro 1 MJ uE sind etwa 2,5–6,5 mg Vitamin E notwendig (Tab. II, Anhang), entsprechend 4–10 mg/100 g eines Trockenalleinfutters.

Die Vitamin-E-Versorgung kann insbesondere über Getreidekörner, Getreidenachprodukte und Getreidekeime, evtl. auch über Rückstände der Ölverarbeitung gesichert werden. Futtermittel tierischer Herkunft enthalten im Allgemeinen wenig Vitamin E, insbesondere Milchnachprodukte und fettarme Schlachtabfälle.

Mangel Bisher sind unter praktischen Bedingungen typische Vitamin-E-Mangelzustände selten beobachtet worden, vermutlich wegen ihres zunächst unspezifischen Charakters (Wachstums- und Bewegungsstörungen infolge Schäden an der Skelett- und Herzmuskulatur). In fortgeschrittenen Fällen sind zentralnervöse Störungen, Retinopathien sowie Verfärbungen des Körperfettes (Gelbfettkrankheit) charakteristisch. Im Blutserum kommt es zu einem Anstieg der Kreatinphosphokinase. Hündinnen, die während der Gravidität größere Mengen an Sonnenblumenöl erhielten, brachten Welpen mit derartigen Mangelerscheinungen zur Welt.

Überschuss Die Toleranz des Hundes gegenüber Vitamin E ist höher als bei Vitamin A und D. Die tägliche Zufuhr von 11 mg α-Tocopherol/kg KM, 4 Monate lang, wurde komplikationslos vertragen. Nach Beobachtungen bei anderen Spezies können extreme Dosierungen jedoch Schäden verursachen.

Vitamin K
Funktionen
Vitamin K ist für die Prothrombinbildung sowie Produktion anderer Blutgerinnungsfaktoren (VII, IX, X) notwendig, ebenso für die Synthese bestimmter Proteine (Osteocalcin). Ein Mangel verzögert die Blutgerinnung; in schweren Fällen treten Blutungen (Blutergüsse) auf.

Bedarf
Der Hund ist nicht ausschließlich auf eine exogene Zufuhr an Vitamin K angewiesen, da offenbar erhebliche Vitamin-K-Mengen (verschiedene Menaquinone, Vitamin K_2) von der Darmflora synthetisiert und vom Wirt genutzt werden. Aus diesem Grunde liegen die Bedarfswerte bei erwachsenen Tieren mit vollentwickeltem Darmtrakt wesentlich niedriger (16 µg) als bei neugeborenen (40–60 µg/kg KM/Tag). Für reproduzierende Hündinnen sollte aus Sicherheitsgründen die doppelte Menge des Erhaltungsbedarfs vorgesehen werden. Futtermittel mit einem Gehalt von 60 bis 210 µg/100 g TS vermögen den genannten Bedarf zu decken.

Versorgung
Unter den Futtermitteln sind besonders Fischmehl, Leber, Grünfutter und Grünmehl reich an Vitamin K (ca. 10 mg/100 g TS). Zur Substitution stehen Vitamin-K-Präparate zur Verfügung, so das Phyllochinon (Vitamin K_1) und das Provitamin K_3 (2-Methylnaphtho-1,4-chinon; Menadion). Dieses ist bei gestörter Darmflora wenig wirksam, da erst nach Ankoppelung der Phytylseitenkette durch die Keimflora im Darmkanal die volle Aktivität erreicht wird.

Mangel Spontane Vitamin-K-Mangelzustände wurden bisher bei ausgewachsenen Hunden nicht beobachtet. Ein sekundärer Mangel ist bei Störungen des Galleflusses, Vernichtung der Darmflora durch hohe Dosen enteral wirksamer Antibiotika oder Sulfonamide möglich, ebenso wie nach Aufnahme von Vitamin-K-Antagonisten (Dicumarole), die in Rattengiften verwendet werden. Blutgerinnungsstörungen bei neugeborenen Welpen, deren Mütter offenbar unterversorgt waren, ließen sich durch Vitamin K erfolgreich behandeln.

4.5.3 Wasserlösliche Vitamine
Vitamin B_1 (Thiamin)
Funktionen
Ähnlich wie beim Menschen wurden auch beim Hund schon Anfang des 20. Jh. die Folgen einer B_1-armen Ernährung erkannt: Beriberi. Inzwischen ist die zentrale Rolle dieses Vitamins im Stoffwechsel aufgeklärt. Es ist vor allem für die Decarboxylierung der Brenztraubensäure notwendig, ebenso für die α-Ketoglutardehydrogenase im Citratzyklus und die Transketolasereaktion im Pentosephosphatzyklus. Vitamin B_1 kann in geringen Mengen in der Herz- und Skelettmuskulatur sowie in der Niere, weniger in der Leber gespeichert werden.

Bedarf
Der Bedarf des Hundes an Vitamin B_1 hängt in hohem Maße vom Stoffumsatz sowie von der Zusammensetzung des Futters ab. Bei wachsenden und laktierenden Tieren, ebenso wie bei verstärkter körperlicher Bewegung (Jagdhunde), tiefen Umgebungstemperaturen oder Überfunktion der Schilddrüse muss mit einem erhöhten Umsatz ge-

rechnet werden. Der Bedarf nimmt auch mit steigendem Kohlenhydratanteil in der Nahrung zu. Während sich in den meisten Untersuchungen eine tägliche Zufuhr von 20 µg Vitamin B_1/kg KM – auch unter belastenden Bedingungen – als ausreichend erwies, scheint bei Junghunden und Zuchttieren der Bedarf höher zu liegen (▶ Tab. 4.21).

Versorgung

Unter Berücksichtigung dieser Werte sind etwa 0,1–0,2 mg/MJ uE (Tab. II, Anhang) oder 0,2–0,3 mg/100 g eines Trockenalleinfutters vorzusehen. Diese Forderungen werden in den meisten Futtermitteln erreicht. Besonders reich an Vitamin B_1 sind Hefe, Schweinefleisch, Mühlennachprodukte sowie der Magen-Darm-Inhalt von Pflanzenfressern.

Mangel Dennoch kommen in der Praxis gelegentlich Mangelsituationen vor, und zwar
- nach einseitiger Verwendung Vitamin-B_1-armer Futtermittel (polierter Reis, Weißmehle, Süßwaren, fettreiche Futtermittel)
- durch Wässern und Kochen der Futtermittel und Entfernung des Wassers
- nach Verfüttern von rohen Süßwasserfischen oder Heringen, die ein hitzelabiles B_1 zerstörendes Enzym (Thiaminase) enthalten
- nach länger dauernder Zufuhr von Antibiotika

Unter solchen Bedingungen treten zunächst unspezifische Symptome auf (Fressunlust, Koprophagie), später – infolge fundamentaler Störungen im Kohlenhydratstoffwechsel, die sich insbesondere im Zentralnervensystem auswirken – nervöse Erscheinungen (Sternguckerkrankheit, Nachhandlähmungen), Krämpfe sowie Kreislaufstörungen (Bradykardie). In der Endphase folgt eine irreparable Gehirnerweichung. In Frühstadien des Vitamin-B_1-Mangels können tägliche Gaben von 4 mg B_1/kg KM noch zu rascher Besserung führen.

Überschuss Die Toleranz für Vitamin B_1 ist hoch. Überschüssige Mengen werden renal exkretiert. Die Zufuhr von über 100 mg/kg KM/Tag wurde ohne Nachteile vertragen.

Beurteilung Zur Diagnose des Vitamin-B_1-Mangels kann in fortgeschrittenen Fällen die Transketolaseaktivität in den Erythrozyten herangezogen werden. Bei marginaler Zufuhr geht der Vitamin-B_1-Gehalt im Harn rasch zurück, begleitet von einem gleichzeitigen Abfall des Vitamin-B_1-Gehaltes im Blutserum, der bei fortschreitender Verarmung < 50 µg/l erreicht (▶ Tab. 4.20).

Vitamin B_2 (Riboflavin)

Funktionen

Das Riboflavin (auch Lactoflavin genannt) ist als Bestandteil der Flavoenzyme am Wasserstofftransport (in der Atmungskette) bzw. an der Wasserstoffübertragung (z. B. im Citronensäurezyklus) beteiligt.

Bedarf

Der Bedarf des Hundes hängt vom Wachstumsstadium sowie allgemein vom Stoffumsatz ab. Adulte Hunde benötigen täglich etwa 90 µg/kg KM. Bei tiefen Umgebungstemperaturen (unter 10 °C) ebenso wie bei starker körperlicher Bewegung steigt der Bedarf an. Saugwelpen nehmen mit der Muttermilch über 500 µg/kg KM/Tag auf. Bei Absetzwelpen reichten unter experimentellen Bedingungen 100 µg/kg KM/Tag aus, um eine normale Entwicklung zu sichern. Für laktierende Hündinnen sind aufgrund der hohen Ausgaben über die Milch (0,3–0,9 mg/100 ml) täglich 500–600 µg/kg KM vorzusehen (▶ Tab. 4.21). Der Bedarf an Vitamin B_2 wird durch 0,24–1,9 mg/MJ uE (Tab. II, Anhang) oder 0,3–2,8 mg/100 g Trockenalleinfutter sicher abgedeckt.

Versorgung

In den üblichen Futtermitteln werden diese Mengen erreicht, häufig auch überschritten (Tab. V, Anhang). Reich an Vitamin B_2 sind Milch, Hefe, Leber, Lunge, Vormägen, ärmer dagegen Getreideflocken.

Mangel Unter praktischen Verhältnissen wurden bisher keine Vitamin-B_2-Mangelzustände diagnostiziert. Nach experimentellen Befunden sind bei wachsenden Hunden Appetitlosigkeit, Wachstumsstörungen, Muskelschwäche, Dermatitis und Trübung der Hornhaut zu erwarten. In fortgeschrittenen Fällen kommt es zu Herzrhythmusstörungen, Abfall der Körpertemperatur, Hypoglykämie, Leberverfettung und plötzlichen Todesfällen. Ein Mangel während der Gravidität beeinflusst das Wachstum der Frucht (Risiko von Missbildungen).

Vitamin B_6

Funktionen

Die Vitamin-B_6-aktiven Stoffe Pyridoxin, Pyridoxal und Pyridoxamin sind für den Stoffwechsel der Aminosäuren und Eiweiße unentbehrlich, besonders bei Transaminierungs- und Decarboxylierungsvorgängen sowie beim Aminosäurentransport über die Zellmembran. Bei einem Mangel an Vitamin B_6 wird u. a. infolge Hemmung der Kynureninase die Umwandlung von Tryptophan zu Nikotinsäure blockiert, sodass Xanthurensäure (ein Zwischenprodukt) in größeren Mengen über die Nieren ausgeschieden wird. Dieser Defekt wird auch zur Diagnose eines Vitamin-B_6-Mangels herangezogen. Weiter hat sich gezeigt, dass bei einem Mangel an Vitamin B_6 die Umwandlung von Glyoxylsäure gestört ist, sodass vermehrt Oxalsäure gebildet und über die Nieren ausgeschieden wird (Risiko für die Bildung von Oxalatsteinen).

Bedarf

Der tägliche Bedarf an Vitamin B_6 wird für ausgewachsene Hunde mit 25 µg, für wachsende und reproduzierende mit 70–90 µg/kg KM angesetzt (▶ Tab. 4.21). Diese Empfehlungen enthalten – werden sie z. B. mit der Vitamin-B_6-Aufnahme von Saugwelpen über die Milch (12 µg/kg KM) bzw. den Ausgaben der Hündin mit der Milch (ca. 3,5 µg/kg KM) verglichen – eine erhebliche Sicherheitsspanne. Die Vitamin-B_6-Syntheserate im Darm ist nicht bekannt. Sie scheint unter physiologischen Verhältnissen jedoch für die Höhe des exogenen Bedarfs von Bedeutung zu sein.

Eiweißreiche Rationen ebenso wie ein Mangel an essenziellen Fettsäuren steigern im Allgemeinen den Vitamin-B_6-Bedarf. Andererseits kann, wie Untersuchungen bei anderen Spezies zeigen, durch Zulage von Vitamin B_6 zu proteinarmen Rationen die Ausnutzung bestimmter Aminosäuren, insbesondere der schwefelhaltigen, verbessert werden. Bei einseitiger Verwendung von ungekochten Leinsaatrückständen nimmt der Bedarf infolge Aufnahme eines Vitamin B_6 inaktivierenden Stoffes (Linatin) zu.

Versorgung

Zur Versorgung des Hundes sollten etwa 0,1–0,3 mg Vitamin B_6/MJ uE (Tab. II, Anhang) oder 0,2–0,4 mg/100 g eines Trockenalleinfutters vorgesehen werden. Die meisten Futtermittel (Tab. V, Anhang) weisen ausreichende Mengen an Vitamin B_6 auf, sodass Mangelerkrankungen nicht zu erwarten und auch in der Praxis nicht bekannt geworden sind. Ein experimenteller Vitamin-B_6-Mangel führte bei wachsenden Hunden zu Appetitverlust, gestörtem Wachstum, ausgeprägten Anämien (mikrozytär und hypochrom, verbunden mit erhöhtem Serumeisenspiegel). In fortgeschrittenen Fällen treten Kreislaufstörungen (Herzdilatation) sowie epileptiforme Krämpfe auf. Eine suboptimale Versorgung scheint auch die bedingten Reflexe zu verzögern.

Vitamin B_{12} (Cobalamin)

Funktionen

Zu den Aufgaben von Vitamin B_{12}, das nahezu in allen Körperzellen vorkommt, zählt u. a. die Übertragung von Methylgruppen (im Zusammenwirken mit Folsäure). Mangelerscheinungen machen sich zunächst in Geweben mit rascher Zellteilung bemerkbar, z. B. bei den Knochenmarkzellen.

Regelmechanismen

Oral aufgenommenes Cobalamin wird im Magen durch Magensäure und Pepsin freigesetzt und an ein Rezeptorprotein gebunden, das aus Speichel oder Magensaft stammt. Dieser Komplex unterliegt im Dünndarm der proteolytischen Spaltung durch Pankreasenzyme, sodass freies Cobalamin entsteht, das wiederum mit einem Trägerstoff (Intrinsic Factor, der beim Hund nicht nur im Magen, sondern auch im Pankreas gebildet wird) reagieren kann. Damit sind die Voraussetzungen für die Absorption geschaffen, die ausschließlich am Ende des Dünndarms erfolgt. Sie wird durch Erkrankungen des Magens, Pankreas und Ileums, aber auch durch verstärkte bakterielle Besiedlung des Dünndarms (verstärkter Abbau der Trägerstoffe bzw.

Verbrauch durch die Flora) gestört, sodass der Blutspiegel abfällt. Bei Riesenschnauzern ist ein rezessiv vererbter Absorptionsblock für Vitamin B_{12} bekannt (verbunden mit Anorexie, Neutropenie, Anämie), der durch Fehlen entsprechender Rezeptoren an der apikalen Seite des Bürstensaums der Ileumenterozyten zu erklären ist.

Bedarf und Versorgung

Der Bedarf des Hundes an Vitamin B_{12} lässt sich nicht punktuell angeben, zumal bei ungestörter Darmfunktion mit einer erheblichen enteralen Vitamin-B_{12}-Synthese und -Nutzung zu rechnen ist (in Gegenwart von Kobalt). Nach experimentellen Daten reicht bei ausgewachsenen Hunden die tägliche Zufuhr von 0,6, bei wachsenden von 2 µg/kg KM/Tag aus, um Gesundheit und Wachstum zu sichern (▶ Tab. 4.21). Vermutlich erhöht ein starker Parasitenbefall ebenso wie eine verstärkte bakterielle Besiedlung des Dünndarms den Bedarf (Senkung der Absorption). Vitamin B_{12} sollte in Mengen von 4–10 µg/100 g eines Trockenalleinfutters vorgesehen werden. Das Vitamin kommt nur in Futtermitteln tierischer Herkunft vor, insbesondere in Lebern. Eine Ergänzung ist stets bei rein vegetarischen Rationen angezeigt.

Mangel Die Ausfallerscheinungen bei Vitamin-B_{12}-Mangel, die beim Hund (außer bei genetisch bedingten Absorptionsstörungen) spontan nicht beobachtet wurden, sind charakterisiert durch Blutarmut sowie erhöhte Fettgehalte in der Leber. Nach einer zeitweiligen Unterversorgung sind nicht sofort klinische Auswirkungen zu erwarten, da einerseits Vitamin-B_{12}-Reserven in der Leber mobilisiert werden können, andererseits die intestinale Vitamin-B_{12}-Synthese solche Situationen temporär überbrücken kann.

Pantothensäure

Funktionen

Pantothensäure ist als Bestandteil des Koenzyms A bei allen Azetylierungsvorgängen beteiligt. Normalwerte für den Pantothensäuregehalt im Blutserum liegen um 300 µg/l (▶ Tab. 4.20). Ein Überschuss wird über die Nieren eliminiert.

Bedarf

Für wachsende Hunde werden 850, für ausgewachsene 250 µg/kg KM/Tag empfohlen. Saugwelpen nehmen über die Milch etwa 450 µg/kg KM auf. Für gravide und laktierende Tiere sind ähnliche Bedarfsmengen wie für Welpen anzusetzen (▶ Tab. 4.21).

Versorgung

Bei dem angenommenen Bedarf sind etwa 0,7–3 mg/MJ uE (Tab. II, Anhang) oder 1–4 mg/100 g eines Trockenalleinfutters vorzusehen. Diese Gehalte werden in den meisten Futtermitteln erreicht oder erheblich überschritten.

Mangel Eine ungenügende Versorgung des Hundes mit Pantothensäure ist unter praktischen Verhältnissen kaum zu erwarten, spontane Mangelsituationen wurden bisher nicht bekannt. Nach experimentellen Beobachtungen führt ein Pantothensäuremangel zu unspezifischen Erscheinungen wie Appetitverlust, Wachstumsstillstand, Haarausfall, Erbrechen, intermittierendem Durchfall, nervösen Symptomen, in hochgradigen Fällen auch zu komatösen Zuständen. Eine kurzfristige Unterversorgung soll bedingte Reflexe, die durch Übung oder Erfahrung erworben werden, beeinträchtigen.

Nikotinsäure

Funktionen

Das aus Nikotinsäure gebildete Nikotinsäureamid ist als Bestandteil von Oxidoreduktasen (NAD und NADP) an Redoxvorgängen in der Zelle beteiligt, insbesondere bei der Wasserstoffübertragung.

Der Bedarf des Hundes an Nikotinsäure hängt vom Ausmaß der enteralen Synthese, vom Wachstums- und Reproduktionsstadium, aber auch vom gleichzeitigen Tryptophanangebot ab, da aus Tryptophan Nikotinsäure gebildet werden kann. 1 g L-Tryptophan liefert etwa 7,6 mg Nikotinsäure. Werden hochwertige Eiweiße mit ausreichenden Tryptophangehalten gefüttert (z.B. Kasein), geht der Bedarf an Nikotinsäure deutlich zurück.

Der Nikotinsäurebedarf wird bei ausgewachsenen Hunden mit etwa 250, bei wachsenden und reproduzierenden Tieren mit 850 µg/kg KM/Tag angenommen (▶ Tab. 4.21). Saugwelpen nehmen über die Milch wesentlich höhere Mengen auf (1000 µg/kg KM).

Versorgung
Für eine ausreichende Versorgung des Hundes werden etwa 0,7–3 mg/MJ uE (Tab. II, Anhang) oder 1–4 mg/100 g eines Trockenalleinfutters benötigt. In den meisten Futtermitteln werden diese Gehalte erreicht oder überschritten, insbesondere bei Fleisch, Schlachtabfällen, Hefe etc. (Tab. V, Anhang). In Getreidekörnern (bes. Mais) und -nachprodukten liegt der größte Teil, in Ölsaaten ca. 40 % der Nikotinsäure in gebundener, schwer verwertbarer Form vor, sodass die analytisch fassbare Nikotinsäuremenge nur zum Teil bei Rationskalkulationen berücksichtigt werden kann. Durch alkalische Behandlung wird die Nikotinsäure verfügbar. Die in Futtermitteln tierischer Herkunft ebenso wie in Hefen enthaltene Nikotinsäure kann dagegen voll verwertet werden.

Mangel In der Praxis ist bei einseitiger Verwendung von Mais (wegen der geringen Verfügbarkeit der Nikotinsäure und des geringen Tryptophangehaltes) ein Nikotinsäuremangel (ähnlich der Pellagra des Menschen) möglich. Er ist durch Fressunlust, ungenügende Entwicklung, insbesondere aber durch entzündliche Veränderungen an der Haut und den Schleimhäuten (Innenfläche der Oberlippe sowie Rachen-, Zungen- und Darmschleimhaut) charakterisiert. Wegen der dunkelpurpurnen Zungenfarbe ist diese Mangelerkrankung auch als „Black tongue" bekannt. Infolge der entzündlichen Veränderungen in der Darmschleimhaut, verbunden mit Ulzerationen, treten Störungen in der Absorption von Wasser und Mineralien und Durchfälle sowie Leberverfettungen auf. Degenerative Veränderungen an den Neuronen führen zu nervösen Ausfallerscheinungen.

Überschuss Nach Aufnahme von 65 mg Nikotinsäure pro kg KM/Tag kam es zu einer Reduktion des Cholesteringehaltes im Blut. Die intravenöse Applikation von Nikotinsäure (nicht von Nikotinsäureamid) bedingt eine temporäre Vasodilatation, 133 mg/kg KM/Tag führten nach oraler Gabe zu Durchfall, Krämpfen und Todesfällen.

Biotin
Funktionen
Das Vitamin Biotin kommt als prosthetische Gruppe in zahlreichen Enzymen vor, besonders in Carboxylasen. Neben seiner Bedeutung im Kohlenhydrat- und Fettstoffwechsel ist seine Rolle im Eiweißstoffwechsel von praktischer Bedeutung, denn es ist u. a. für die Synthese von Keratin, der Grundsubstanz von Hautepithelien, Haaren und Krallen, unentbehrlich.

Bedarf und Versorgung
Der Bedarf des Hundes an Biotin lässt sich nicht punktuell angeben, da eine erhebliche enterale Synthese und auch Nutzung dieses Vitamins besteht. Nach Erfahrungen bei anderen Tierarten wird Biotin nur in Spuren benötigt. Als Richtwerte (Sicherheitszusatz) können für ausgewachsene Hunde 2 µg, für wachsende und reproduzierende 4 µg/kg KM/Tag angesetzt werden (▶ Tab. 4.21). Saugwelpen nehmen über die Muttermilch bis zu 15 µg/kg KM/Tag auf. Die angegebenen Bedarfswerte erfordern 5–13 µg Biotin pro 1 MJ uE (Tab. II, Anhang) oder 8–20 µg/100 g eines Trockenalleinfutters. Diese Werte werden bei den meisten Futtermitteln erreicht. Besonders reich an Biotin sind Hefe, Leber, Melasse und Milch. Nach Beobachtungen bei anderen Tierarten ist das im Getreide enthaltene Biotin jedoch nur zum Teil nutzbar.

Mangel Eindeutiger Biotinmangel wurde in der Praxis bisher nur nach Verfütterung von rohen Eiern oder sprühgetrocknetem Eipulver beobachtet, da im Eiklar ein Stoff vorkommt (Avidin), der mit dem Biotin im Darmkanal eine unlösliche Verbindung eingeht. Die in einem rohen Ei vorliegende Avidinmenge von ca. 2 mg vermag etwa 20 µg Biotin zu binden. Durch Kochen (nicht durch Trocknen) kann dieser Stoff inaktiviert werden. Mangelerscheinungen sind durch glanzloses, trockenes und sprödes Haar, Ergrauen der Haare, Haarausfall, Verhornungsstörungen und vermehrte Schuppenbildung, schließlich auch durch Dermatitiden mit Verschorfung, Verdickung der Haut und erhöhten Juckreiz gekennzeichnet. Histologisch zeigen sich Erweiterungen der Räume zwischen den Stachelzellen und den jungen Hornzellen und eine stärkere Zergliederung der Papillarkörper in der Lederhaut. Eine ungenügende Versorgung tragender Hündinnen mit Biotin wirkt sich auf die Vitalität der neugeborenen Welpen nachteilig aus (Lungenödem, späteres Öffnen der Augenlider).

Bei verschiedenen Hauterkrankungen (u.a. auch dem seborrhoischen Ekzem) wurde ein Biotinmangel, der auch bei Vernichtung oder Schädigung der Darmflora möglich ist, vermutet; bei einem Teil der Fälle scheint durch Substitution von 0,5 mg Biotin/kg KM/Tag eine Besserung erzielt worden zu sein. Eine größere Disposition für die Demodikose wurde bei Biotinmangel nicht festgestellt. Bei einem Mangel ist mit einem erheblichen Rückgang der Biotinausscheidung über die Niere zu rechnen. Gehalte von unter 1,1 pg/ml Harn weisen auf eine ungenügende Versorgung hin, während 10 pg/ml als „normal" angesehen werden können.

Folsäure und Folate

Funktionen

Folsäure und eine Reihe chemisch verwandter Stoffe (konjugierte Formen des Vitamins = Folate) werden in der Zelle zu Tetrahydrofolsäure umgebaut, der eigentlich aktiven Form des Vitamins. Diese Substanz ist vor allem bei der Übertragung von Methylgruppen im intermediären Stoffwechsel unentbehrlich.

Regelmechanismen

Folsäure kommt in Futtermitteln meistens gebunden vor und muss durch Enzyme der Dünndarmschleimhaut freigesetzt werden (Folatdekonjugase), bevor sie durch spezifische Träger im oberen Teil des Dünndarms absorbiert werden kann. Wird die Dünndarmschleimhaut in diesem Bereich geschädigt, so kann der Blutfolatspiegel abfallen.

Bedarf und Versorgung

Andererseits synthetisieren Mikroorganismen im Darmkanal erhebliche Folatmengen, sodass bei ausgewachsenen Hunden mit normaler Darmfunktion nur ein geringer exogener Bedarf besteht (ca. 4,5 µg/kg KM/Tag; ▶ Tab. 4.21). Bei wachsenden Hunden scheint er höher zu liegen, vermutlich nicht allein aufgrund der geringen enteralen Synthese, sondern auch wegen des erhöhten Stoffumsatzes. Saugwelpen nehmen über die Milch allerdings nur etwa 0,5 µg/kg KM/Tag auf. Nach Erfahrungen bei Katzen gehen größere Mengen an Folsäure während der Gravidität in die Frucht über. Diese Mengen – konzentriert in den Erythrozyten und im Plasma – dienen postnatal offenbar als Reserven. Der Folsäurebedarf gravider Hündinnen ist deshalb zu beachten und ähnlich wie bei wachsenden Hunden anzusetzen.

Aufgrund der angegebenen Bedarfswerte sind 12–50 µg Folsäure/MJ uE vorzusehen (Tab. II, Anhang), entsprechend 20–70 µg/100 g eines Trockenalleinfutters.

Reich an Folsäure sind neben grünen Pflanzen vor allem Hefe und Leber.

Mangel Eine Unterversorgung mit Folsäure wurde unter praktischen Verhältnissen bisher nicht bekannt. Experimentell ermittelte Mangelerscheinungen bei einem Folsäuredefizit bestehen in verändertem Appetit, hypochromer Anämie, Leukopenie und einer verzögerten Antikörperbildung. Ein Mangel bei graviden oder laktierenden Hündinnen kann nach Erfahrungen bei Katzen schon bei Welpen zu Ausfallerscheinungen führen (geringes Wachstum, Anämie, Thrombozytopenie, Läsionen der Zunge).

4.6 Sonstige essenzielle bzw. semiessenzielle Stoffe

4.6.1 Ungesättigte Fettsäuren

Einige ungesättigte Fettsäuren können vom Hund nicht selbst gebildet, sondern müssen mit der Nahrung aufgenommen werden. Dazu zählen folgende mehrfach ungesättigte Fettsäuren als Stammformen: Linolsäure (C 18:2, n- bzw. Omega 6) und die α-Linolensäure (C 18:3, n- bzw. Omega 3) (▶ Abb. 4.6).

Die Essenzialität der Linolsäure wird durch die Doppelbindung in der n-6-Stellung bedingt. Der Hund ist im Gegensatz zur Katze in der Lage, durch entsprechende Enzyme u.a. in der Leber (nicht in der Haut) die Kette zu verlängern und zu desaturieren, sodass die Dihomo-γ-Linolensäure (DHG,

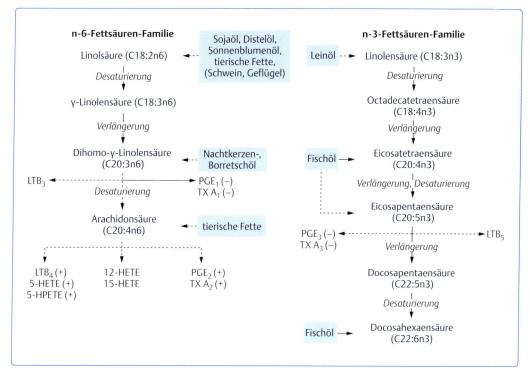

▶ Abb. 4.6 Stoffwechsel der essenziellen, mehrfach ungesättigten n-6- und n-3-Fettsäuren; HETE = Hydroxyeicosatetraensäure; HPETE = Hydroxyperoxydoeicosatetraensäure; PGE = Prostaglandin E; LTB = Leukotrien B; TX = Thromboxan; (+) = entzündungsfördernd; (–) = entzündungshemmend

C 20:3, n-6) und Arachidonsäure (C 20:4, n-6) entstehen. Liegen diese Umwandlungsprodukte der Linolsäure, die vorwiegend in tierischen Fetten vorkommen, in der Nahrung vor, so geht der Bedarf an Linolsäure zurück, wenngleich auch eine Eigenfunktion der Linolsäure anzunehmen ist. Die Lebensnotwendigkeit der α-Linolensäure (C 18:3, n-3) und ihrer Abkömmlinge (die ebenfalls aus der Verlängerung und Desaturierung der Grundform entstehen) ist beim Hund noch nicht sicher nachgewiesen. Gleichwohl sollte diese Säure beachtet und in Mengen von mindestens 50 mg/kg KM/Tag zugeführt werden.

Funktionen

Mehrfach ungesättigte Fettsäuren sind für verschiedene physiologische und pathophysiologische Prozesse von Bedeutung. Dieses konnte insbesondere für die mehrfach ungesättigten Fettsäuren der n-3-Fettsäuren-Familie gezeigt werden, die den Stoffwechsel der Eicosanoide (Prostaglandine, Leukotriene, Hydroxyeicosatetraensäuren) beeinflussen. n-3-Fettsäuren können entzündungshemmend wirken, indem sie mit den n-6-Fettsäuren um dieselben Enzyme (Elongasen und Desaturasen) konkurrieren. Dadurch kann die Bildung von Eicosanoiden mit stark entzündungsfördernden Eigenschaften aus n-6-Fettsäuren reduziert und vermehrt Metaboliten mit weniger entzündungsfördernden Eigenschaften gebildet werden (▶ Abb. 4.6). Dieses lässt sich diätetisch bei Patienten mit chronischen Entzündungen ausnutzen, insbesondere hat sich die Verabreichung von Fischölen oder auch dem Dihomo-γ-Linolensäurereichen Nachtkerzen- oder Borretschöl bei Patienten mit Hauterkrankungen bewährt. Letzteres ist zwar eine n-6-Fettsäure, bewirkt aber bei entsprechend hoher Dosierung eine vermehrte Bildung von weniger entzündungsfördernden Prostaglandinen der Serie 1. Neben dem Einfluss auf den Eicosanoidstoffwechsel haben n-3-Fettsäuren weitergehende Effekte, z. B. auf die Expression von

Genen sowie die Signalübertragung von Immunzellen.

Linolsäure
Die Linolsäure und ihre Abkömmlinge finden sich vorrangig in Phospholipiden der Zellmembranen.

Bedarf
Der Bedarf des Hundes an Linolsäure und ihren Umwandlungsprodukten wird im Erhaltungsstoffwechsel auf 180, für laktierende Hündinnen auf 700 und für Welpen auf 500 mg/kg KM/Tag geschätzt. Pro MJ uE sind etwa 1–2 g Linolsäure vorzusehen bzw. 1–3 g pro 100 g eines Trockenalleinfutters. Die meisten Rationen enthalten höhere Linolsäuremengen.

Versorgung
Die erforderlichen Gehalte werden in fettarmen Futtermitteln oder Rationen (z. B. bei Kombination von Rinderschlachtabfällen mit Reis oder bei starker Zuckerfütterung) nicht erreicht, sodass Ausfälle möglich sind. Reich an Linolsäure sind viele pflanzliche Öle, an Eicosapentaensäure (▶ Tab. 7.30) die Öle der Kaltwasserfische, während Leinsamenöl auch große Mengen an Linolensäure, Nachtkerzenöl an Gammalinolensäure enthält. Der Linolensäuregehalt in der Hundemilch ist wesentlich höher als in der Kuhmilch (▶ Tab. 6.33), sodass die essenziellen Fettsäuren bei der mutterlosen Aufzucht von Welpen beachtet werden müssen.

Mangel
Für einen Mangel sind raues, trockenes Haarkleid, Hautverdickungen (Parakeratosen), Haarausfall, verstärkte Ohrschmalzbildung, erhöhte Infektionsneigung der Haut und schlechte Wundheilung charakteristisch. Die Hautveränderungen, die durch Fettsäurenzulage erfolgreich behandelt werden können, beginnen am Unterbauch und können sich über den ganzen Körper ausbreiten. Besonders betroffen sind die am schnellsten wachsenden Welpen des Wurfes. Eine geringe relative Luftfeuchtigkeit verstärkt die Symptome. Die Gewichtsentwicklung der Welpen erscheint zunächst kaum beeinträchtigt. Ein länger dauernder, schwerer Mangel führt auch zu Störungen in der Herzfunktion, zu Unruhe und Nervosität sowie zu Infertilität bei weiblichen und männlichen Tieren.

4.6.2 Ascorbinsäure (Vitamin C)

❗ **Die Ascorbinsäure ist für den Hund (im Gegensatz zum Menschen) kein echtes Vitamin, da sie normalerweise in ausreichenden Mengen in Leber und Niere synthetisiert wird.**

Daher ist eine Zufuhr über das Futter im Allgemeinen nicht notwendig. In Versuchen mit Welpen, die Vitamin-C-freies Futter erhielten, wurden keine Ausfallserscheinungen und auch kein Rückgang des Vitamin-C-Blutspiegels (Normalwert: 2–3 mg/l) beobachtet.

Aus der Praxis wird gelegentlich berichtet, dass besonders bei rasch wachsenden Welpen klinische Erscheinungen, wie sie bei einem Vitamin-C-Mangel des Menschen (Bewegungsstörungen, Skelettveränderungen infolge ungenügender Kollagenbildung) zu beobachten sind, teilweise durch hohe orale Vitamin-C-Gaben (ca. 10 mg/kg KM/Tag) geheilt werden konnten. Experimentelle Untersuchungen, in denen Vitamin C zusätzlich gefüttert wurde, um Skeletterkrankungen (z. B. Hüftgelenksdysplasie bzw. Osteochondrose) zu verhüten, waren jedoch nicht erfolgreich. Dennoch könnte bei einzelnen Tieren die Eigenproduktion nicht ausgereicht und/oder temporär ein stark erhöhter Bedarf für die Kollagenbildung des Skeletts während der Hauptwachstumsphase vorgelegen haben. Unter diesen Bedingungen ist temporär eine zusätzliche Vitamin-C-Gabe sinnvoll, ebenso wie nach größeren Operationen, schweren Brandwunden (Stimulierung der Bindegewebebildung), Lebererkrankungen sowie bei Infektionen. Auch bei stark geforderten Schlittenhunden hat sich eine temporäre Zulage von Vitamin C (60–80 mg/kg KM/Tag) bewährt.

Nach oraler Substitution hoher Mengen und Anhebung des Blutspiegels wird Ascorbinsäure vermehrt renal ausgeschieden. Überhöhte Gaben (Vitamin-C-Bedarf des Menschen: etwa 1 mg/kg KM/Tag) sind daher nicht sinnvoll, zumal sich bei 1 g Natriumascorbat/kg KM/Tag bereits eine Depression der phagozytären Leukozytenaktivität andeutete.

4.6.3 Cholin

Funktionen

Cholin, ein trimethyliertes Äthanolamid, kann im Organismus selbst synthetisiert werden und zählt somit nicht zu den echten Vitaminen. Es ist Bestandteil membranbildender Phosphatide (z. B. Lezithin) und dient – ähnlich wie die Aminosäure Methionin – als Methylgruppendonator. Aus diesem Grunde kann Methionin cholinsparend wirken. Unter bestimmten Bedingungen (schnelles Wachstum, hoher Fett- sowie geringer Methionin- und Cystingehalt im Futter, Mangel an Vitamin B_{12}) scheint die Cholinsynthese beim Hund nicht auszureichen, sodass Ausfallerscheinungen (Wachstumsstörungen, Verlängerung der Blutgerinnungszeit, Abfall des Cholesteringehaltes im Blut, insbesondere aber Leberverfettungen) auftreten. In anderen Spezies wurden bei einem Cholinmangel auch Störungen im Bewegungsapparat beobachtet. Die bei Mangel auftretende infiltrative Leberverfettung, vermutlich infolge ungenügender Lezithinbildung, erweist sich nach Cholingabe innerhalb kurzer Zeit als reversibel.

Bedarf

Der tägliche Bedarf an Cholin liegt bei wachsenden Hunden um 50, bei ausgewachsenen um 25 mg/kg KM, entsprechend etwa 150 mg/100 g eines Trockenalleinfutters, sofern keine cholinsparenden Komponenten in der Nahrung sind (größere Mengen an hochwertigem Eiweiß, insbesondere an Methionin). Die meisten Futtermittel tierischer Herkunft enthalten ausreichende Mengen (insbesondere fettreiche). Reich an Cholin sind Fisch- und Lebermehl (400–800 mg), Sojaschrot (300 mg) und Hefe (400 mg), während Mais relativ arm ist (50–70 mg/100 g Futtertrockensubstanz).

4.6.4 Carnitin

Funktionen

L-Carnitin, ein Aminosäurederivat, das für die Passage von Fettsäuren durch die Mitochondrienmembran besonders in der Herz- und Skelettmuskulatur notwendig ist, wird im Körper selbst synthetisiert, sodass es bisher nicht zu den essenziellen Nährstoffen gezählt wird.

Bedarf und Versorgung

Die Eigensynthese, schätzungsweise etwa 0,5 μg/kg KM/Tag, und die übliche exogene Zufuhr mit der Nahrung reichen unter bestimmten Bedingungen für eine optimale Versorgung offenbar nicht aus. So ist bei einseitiger vegetarischer Kost mit einer Zufuhr von < 0,2 mg/kg KM/Tag zu rechnen (bei fleischreicher Nahrung mit > 15 mg/kg KM/Tag), sodass eine Ergänzung notwendig werden kann. Allerdings liegen noch keine verlässlichen Daten über den Bedarf vor. Andererseits hat sich gezeigt, dass bei besonders hohen sportlichen Belastungen eine Zufuhr von 1,5–3 mg/kg KM/Tag leistungsfördernd sein kann. Über den Einsatz von Carnitin bei Herzerkrankungen siehe Kapitel 7.13.

4.7 Ballaststoffe (Rohfaser)

Der Hund benötigt auch schwer- oder unverdauliche Stoffe in der Nahrung, die pauschal als Ballaststoffe bezeichnet werden. Sie werden in fermentierbare Fasern (Zellulose, Hemizellulosen, Pektine, Fructooligosaccharide) und nicht fermentierbare (Lignin, im weiteren Sinne auch Keratin und unlösliche Mineralien) unterteilt. Durch die Rohfaserbestimmung können diese Komponenten nicht spezifisch erfasst werden.

4.7.1 Funktionen

Die Ballaststoffe beeinflussen den Füllungsdruck im Verdauungskanal, besonders im Dickdarm, und fördern damit Peristaltik und Chymuspassage. Die nicht fermentierbaren Substanzen beeinträchtigen vor allem die Verdaulichkeit anderer Nahrungskomponenten (▶ **Abb. 3.13**), während die fermentierbaren die Darmflora sowie die Aktivität lymphatischer Gewebe in der Darmwand und die Kotkonsistenz beeinflussen. Pektine und Gums begünstigen einen weichen Kot.

4 Energie und Nährstoffe – Stoffwechsel und Bedarf

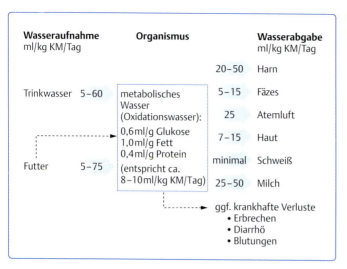

▶ **Abb. 4.7** Wasserstoffwechsel beim Hund; schematisiert (Anderson 1981, modifiziert).

4.7.2 Anforderungen an den Rohfasergehalt des Futters

Der Mindestanteil an Rohfaser in einer Ration muss in Abhängigkeit von der aufgenommenen Futtermenge und der Zusammensetzung der Rohfaser festgelegt werden und sollte bei Hunden im Erhaltungsstoffwechsel mind. 1,5 (ältere Tiere 1,8), bei wachsenden, laktierenden und arbeitenden Hunden 1–1,5 % der Futtertrockensubstanz betragen (sofern keine höheren Mengen an schwer verdaulichen tierischen Proteinen, z. B. Keratine oder unverdauliche Asche, im Futter vorliegen). Rohfasergehalte von über 3 % sind (außer aus diätetischen Gründen) zu vermeiden, da dadurch die Verdaulichkeit des Futters insgesamt zurückgeht und die Kotmengen erheblich ansteigen.

4.8 Wasser

Wasser ist für die Lösung der Futterkomponenten im Verdauungskanal, für den Transport der Nährstoffe aus dem Darmtrakt über die Blutbahn zu den Geweben, für den Zellstoffwechsel selbst, aber auch für die Ausscheidung von harnpflichtigen Stoffen über die Nieren und die Regulation der Körpertemperatur unentbehrlich.

4.8.1 Regelmechanismen

Der Wasserbestand im Organismus (▶ Tab. 2.5) wird in relativ engen Grenzen konstant gehalten, um die oben genannten Funktionen zu sichern. Der Wasserhaushalt wird zentral reguliert. Als wichtigste periphere Signalgeber dienen der osmotische Druck im Blut sowie Veränderungen des extrazellulären Flüssigkeitsraumes.

4.8.2 Bedarf

Die Höhe des Trinkwasserbedarfs ergibt sich aus der Wasserbilanz, d. h. aus der Differenz zwischen den Wasserverlusten einerseits und dem über das Futter aufgenommenen bzw. im intermediären Stoffwechsel neu gebildeten Wasser andererseits. Der Organismus verliert Wasser über Kot, Harn, Atmungsweg, Haut und ggf. Gesäuge (▶ Abb. 4.7).

4.8.3 Abgabe

Kot

Die Verluste über den Kot resultieren aus der Kotmenge (abhängig von Futterverdaulichkeit) sowie dem Wassergehalt im Kot. Bei einer täglichen Aufnahme von 20 g TS/kg KM, einer Futterverdaulichkeit von 90 % und bei einem Kotwassergehalt von 75 % sind es etwa 6 ml Wasser/kg KM. Steigen Verdaulichkeit und Trockensubstanzgehalt im Kot, kann dieser Wert auf die Hälfte zurückgehen, andererseits bei schwer verdaulichen Futtermitteln deutlich zunehmen (auf 10–15 ml/kg KM/Tag). Noch stärkere Verluste entstehen bei Diarrhöen (mit Wassergehalten im Kot von 90 % und mehr) oder kontinuierlichem Erbrechen. Der nach Nahrungsentzug zu beobachtende Rückgang in der Wasseraufnahme (auf etwa die Hälfte) beruht im Wesentlichen auf geringeren fäkalen Verlusten.

Nieren

Die tägliche Wasserabgabe über die Nieren variiert bei gesunden Hunden zwischen 20 und 50 ml/kg KM. Sie ist im Wesentlichen abhängig vom Wasserüberschuss bei der Futteraufnahme sowie der Höhe der harnpflichtigen Stoffe im Organismus. Wegen des hohen Konzentrationsvermögens der Hundeniere steigern Na-, K- oder Proteinaufnahmen auf das 2- bis 3-Fache des Bedarfs den Harnfluss nur in geringem Umfang (bis zu 30 %). Störungen in der Nierenfunktion oder Nierenerkrankungen (chronische interstitielle Nephritis) führen andererseits zu einem erheblichen Anstieg der renalen Wasserabgaben. Auch bei zuckerkranken Hunden nehmen die renalen Wasserverluste zu.

Verdunstung

Wasserverluste entstehen zudem bei der Regulation der Körpertemperatur über Atmungstrakt und Haut, d. h. durch Wasserverdunstung. Der Hund besitzt wenige Schweißdrüsen, die kutanen Verluste ergeben sich überwiegend durch Perspiration. Wesentlich höher sind die Wasserabgaben über den Atmungsweg, insbesondere, wenn der Hund hechelt. Dann steigt die Atmungsfrequenz bis zum 20-Fachen der Norm. Die Luft wird dabei über die Nase ein- und über die Maulhöhle ausgeatmet unter Verdunstung von Flüssigkeit, die sowohl über Speichel- als auch Nasendrüsen in den Nasen-Rachen-Raum fließt. Etwa 20–40 % der verdunsteten Flüssigkeit stammen aus den Nasendrüsen. Bei ruhiger Haltung und thermoneutraler Umgebung liegen die Wasserverluste durch Verdunstung in der Größenordnung um 25 ml/kg KM/Tag (1 ml/kg KM/h), allerdings mit erheblichen individuellen Variationen (10–115 ml/kg KM/Tag), abhängig vor allem vom Temperament der Hunde. Mit steigenden Umgebungstemperaturen und vermehrter körperlicher Aktivität nehmen die Verluste zu. Umgebungstemperaturen von 26–32 °C führten zu Verdunstungsverlusten von 4 ml/kg KM/h. Bei Bewegung im leichten Trab (10 km/h) stiegen die evaporativen Wasserverluste auf ca. 5 ml/kg KM/h Nach stärkeren körperlichen Anstrengungen bei höheren Umgebungstemperaturen sind noch größere Wasserverluste zu erwarten.

Muttermilch

Die Wasserabgabe laktierender Hündinnen liegt bei Milchmengenleistungen von 3–6 % der KM und einem Wassergehalt in der Milch von 80 % zwischen 25 und 50 ml Wasser/kg KM/Tag. Das bei Welpen im Zuwachs eingelagerte Wasser ist im Vergleich zum Erhaltungsbedarf gering.

Der Gesamtwasserbedarf wird zum Teil durch das bei der Verbrennung von Nährstoffen im Stoffwechsel gebildete Wasser (ca. 10 ml/kg KM bei Aufnahme von 20 g TS) sowie das im Futter enthaltene Wasser gedeckt. Der zusätzliche Bedarf (▶ Tab. 4.22) muss über das Trinkwasser aufgenommen werden. Er hängt vom Feuchtigkeitsgehalt des Futters, der Umgebungstemperatur und der physischen Aktivität ab. Bei Verwendung von Trockenfuttern (90 % TS), die pro kg KM nur ca. 2 ml Wasser zusätzlich liefern, muss der größte Teil des Wasserbedarfs über Trinkwasser gedeckt werden.

Werden Feuchtalleinfutter mit 80 % Wasser eingesetzt, so nehmen die Hunde mit 20 g Trockensubstanz bereits 80 ml Wasser, bei Futtern mit 70 % Wasser ca. 45 ml Wasser/kg KM auf, sodass es nicht überrascht, wenn Hunde bei dieser Fütterung nur wenig Wasser trinken. Nach körperlichen Belastungen oder bei hohen Umgebungstemperaturen trinken Hunde, falls die Möglichkeit besteht, vermehrt. Da sie mit der Wasserabgabe gleichzeitig

▶ **Tab. 4.22** Täglicher Trinkwasserbedarf des Hundes (ml pro kg KM).

	Umgebungstemperatur	Trockenfutter	Feuchtfutter
normale körperliche Aktivität	< 20 °C	40–50	5–10
	> 20 °C	50–100	20–50
erhöhte körperliche Aktivität	< 20 °C	bis 100	bis 50
	> 20 °C	bis 150	bis 100

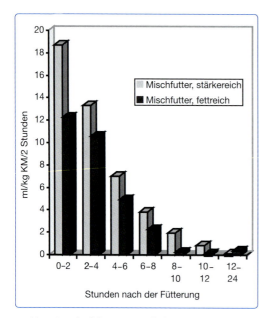

▶ **Abb. 4.8** Verlauf der Wasseraufnahme von Hunden bei Fütterung von stärke- bzw. fettreichem Trockenfutter (Hess 1990).

keine Mineralien verlieren, können sie ihren Wasserbestand immer wieder rasch normalisieren. Dies ist z. B. bei Jagd- oder Laufhunden besonders wichtig.

Jeder Hund sollte stets Wasser zur freien Verfügung haben, sodass er sich nach seinem Bedarf versorgen kann. In der Regel nehmen Hunde das Wasser unabhängig von der Tageszeit nach dem Fressen auf (▶ Abb. 4.8) mit einer zeitlichen Verzögerung von 1–2 Stunden, offensichtlich, um das während des Verdauungsvorganges aus dem Körperinneren in das Darmlumen einströmende Wasser (> 100 ml/kg KM; ▶ Tab. 3.3) zunächst zu ersetzen. Nach dem Füttern geht das Plasmavolumen vorübergehend um 20–30 % zurück.

4.8.4 Wasserdefizit

Ein vollständiges Wasserdefizit überleben Hunde je nach Umgebungstemperatur nur wenige Tage, eine Nahrungskarenz wird dagegen über mehrere Wochen toleriert. Bei Bewegungsleistungen führt ein Wassermangel rasch zu Leistungseinbußen. Bei Wassermangel versucht der Organismus zunächst, durch Senkung der Wasserausgaben über Kot und Harn (Anstieg des spezifischen Gewichts des Harns bis auf 1,076) zu kompensieren. Gleichzeitig wird Wasser aus verschiedenen Geweben, insbesondere aus der Haut (extrazelluläres Wasser) und der Muskulatur (intrazelluläres Wasser), mobilisiert, während der Wasserbestand in der Leber konstant bleibt. Aus Haut und Muskelgewebe können bis zu 30 ml Wasser pro kg KM freigesetzt werden. Sind diese Kompensationsmöglichkeiten erschöpft, schrumpft schließlich das Blutvolumen (angezeigt durch Anstieg des Proteingehaltes im Blutserum). Ein Wasserdefizit wird stets von ausgeprägten Gewichtsverlusten begleitet (nach 3-tägiger Wasserkarenz ca. 7,5 %).

Grundlagen der Fütterung

5	Futtermittelkunde	100
6	Praktische Fütterung	130

5 Futtermittelkunde

5.1 Allgemeines

Hunde werden mit Energie und Nährstoffen durch die Kombination verschiedener Einzelfuttermittel oder durch Mischfutter versorgt. Die Einzelfuttermittel sind Ausgangserzeugnisse, die vom Hundehalter zu einer Gesamtration zusammengestellt werden. Dafür sind einige Kenntnisse über ihre Zubereitung, Schmackhaftigkeit, Lagerung, Haltbarkeit, Zusammensetzung und Verträglichkeit erforderlich. Mischfuttermittel sind bei den meisten Hunden einfach einzusetzen, Informationen über ihre Inhaltsstoffe und Komponenten sind die wichtigsten Beurteilungsmöglichkeiten.

Futtermittel, die in Verkehr gebracht werden, unterliegen den Bestimmungen des Futtermittelrechts. Die wesentlichen Regelungen finden sich im Lebensmittel-, Bedarfsgegenstände- und Futtermittelgesetzbuch (LFGB) und in der Futtermittelverordnung (FMVO).

Für Käufer von Hundefuttermitteln sind einige Regelungen von Bedeutung, z. B.:
- Futtermittel dürfen nicht gesundheitsschädigend sein.
- Futtermittel müssen von handelsüblicher Reinheit und Unverdorbenheit sein (sofern keine besonderen Angaben gemacht werden).
- In der Futtermittelverordnung festgelegte Gehalte an unerwünschten Stoffen dürfen nicht überschritten werden.
- Futtermittel dürfen nicht unter irreführenden Bezeichnungen in den Handel gebracht werden.
- Werbeaussagen, die sich auf die Beseitigung und Linderung von Krankheiten beziehen, sind verboten (außer Angaben zur Verhütung von Krankheiten, die durch einen Mangel an Nährstoffen verursacht werden, oder bei Diätfuttermitteln, für die erweiterte Kennzeichnungsvorschriften gelten).
- Mischfuttermittel dürfen nur amtlich zugelassene Zusatzstoffe (▶ Tab. 5.4) enthalten.
- Mischfuttermittel müssen mit bestimmten Angaben gekennzeichnet sein, sodass der Käufer Wert und Einsatzmöglichkeit beurteilen kann.
- Mischfuttermittel dürfen nur in verschlossenen Packungen in Verkehr gebracht werden, ein direkter Verkauf aus geöffneten Packungen an Tierhalter ist möglich.

5.1.1 Zubereitung, Konservierung, Lagerung

Zubereitung

Vor der Verfütterung müssen die meisten Futtermittel zubereitet werden, um schädliche Inhaltsstoffe zu inaktivieren, die Verdaulichkeit bzw. Akzeptanz zu erhöhen oder ihre Aufnahme zu erleichtern.

Futtermittel tierischer Herkunft

Erhitzung Futtermittel tierischer Herkunft sollten ausreichend erhitzt werden, da sie mit Parasiten und Infektionserregern, die auf Fleischfresser übertragbar sind, kontaminiert sein können.

> **Cave**
>
> Bei Schlachtnebenprodukten von Wiederkäuern sind möglicherweise enthaltene Parasitenzwischenformen (Bandwurmfinnen) für den Hund gefährlich.

Parasitenzwischenformen lassen sich durch Kochen oder Lagerung bei minus 18–20 °C über mindestens 24 Stunden inaktivieren. Schlachtabfälle werden meist tiefgefroren gehandelt, allerdings werden möglicherweise im Ausgangsmaterial enthaltene Bakterien oder Viren dadurch nicht abgetötet.

Die bovine spongiforme Enzephalopathie (BSE) stellt hingegen für den Hund keine Gefahr dar, die Erkrankung ist zudem durch effektive Bekämpfungsmaßnahmen nahezu eliminiert.

Auch andere Fleischarten können ein Infektionsrisiko darstellen, durch enthaltene pathogene Bakterien, z. B. Salmonellen in Geflügel- oder Schweinefleisch oder das für Hunde gefährliche Virus der Aujeszky-Krankheit. Die Verabreichung roher tierischer Futtermittel ist grundsätzlich möglich, allerdings aus den genannten Gründen sowohl für den Hund als auch für die Umgebung aufgrund der beschriebenen Risiken problematisch. Untersuchungen an Hunden zeigen, dass es nach Verabreichung von rohen Futtermitteln tierischer Herkunft zu einem vermehrten Auftreten von Salmonellen in den Ausscheidungen kommt.

Bindegewebereiches Material wird nach dem Kochen insgesamt nicht wesentlich höher verdaut, doch scheint ein größerer Teil durch körpereigene Enzyme im Dünndarm unter Zurückdrängung mikrobieller Abbauvorgänge im Dickdarm zerlegt zu werden. Oft wird durch Kochen oder Dünsten auch die Akzeptanz gesteigert.

Zerkleinerung Schlachtabfälle im Stück sollten vor der Zuteilung zerkleinert werden. Eine längere Beschäftigung mit ihrer Aufnahme durch Beißen und Reißen ist aus verhaltensphysiologischer Sicht nicht notwendig, wenn der Hund anderweitig ausreichend beschäftigt wird. Ohnehin findet er z. B. innerhalb einer Wohnung kaum Platz, um große Teile zerlegen zu können. Werden Fleisch- oder Schlachtabfälle in zu großen Stücken gefüttert, besteht – ebenso wie bei Obst oder rohen Kartoffeln – das Risiko, dass hastig abgeschluckte, zu große Bissen die Speiseröhre verstopfen oder wieder erbrochen werden. Mit häufigen vergeblichen Schluckversuchen werden eventuell auch größere Luftmengen aufgenommen (Gefahr der Magentympanie und -drehung; Kap. 7.5.8). Viele Hunde fressen gut zerkleinertes Material lieber als grobe Stücke.

Futtermittel pflanzlicher Herkunft

Futtermittel pflanzlicher Herkunft müssen in der Regel vorbereitet und gekocht werden, um ihre Aufnahme zu verbessern und die Verdaulichkeit zu erhöhen.

Getreidekörner werden geschrotet oder gequetscht, faserreiche Materialien (Gemüse etc.) fein geschnitten. Pflanzliche Stärke wird durch Kochen oder allgemein durch feuchte Wärme so verändert, dass die Verdauungsenzyme besser angreifen können. Im Haushalt lässt sich dieses Ziel durch Übergießen mit heißem Wasser oder Erwärmen erreichen, im kommerziellen Bereich durch Behandlung mit Infrarotstrahlen (Mikronisieren), Walzen bzw. Pressen unter Zusatz von Heißdampf, Expandieren, Extrudieren oder Druckerhitzungsverfahren.

Geringe Mengen an Gemüse können, wenn der Hund daran gewöhnt ist, auch roh anderen Futtermitteln zugemischt werden. Meistens werden sie mit wenig Wasser kurz aufgekocht, wobei die Zellwände zerreißen und der Zellinhalt austritt. Um Vitaminverluste so gering wie möglich zu halten, sind Druckkochtöpfe geeignet, die in kurzer Zeit eine ausreichende Wirkung sichern. Bei üblicher küchenmäßiger Zubereitung von Rationen sind Verluste an wasserlöslichen Vitaminen von 15 bis 30 %, bei der Folsäure auch bis 50 % zu erwarten.

Konservierung

Kühlung Wasserreiche Futtermittel sind nur begrenzt haltbar und müssen konserviert werden. Frische Schlachtabfälle lassen sich im Kühlschrank bei 0–5 °C für einige Tage aufbewahren. Während der kühleren Jahreszeit können frische Schlachtabfälle für einige Tage auch draußen unter Wasser lagern (wegen der Extraktion wasserlöslicher Nährstoffe ist das Wasser möglichst mitzuverwerten). Längere Lagerung von frischen Schlachtabfällen ist allein durch Tiefgefrieren möglich (unter –15 °C).

Trocknung Die meisten Futtermittel werden durch Trocknen konserviert und damit lagerfähig. Bei Futtermitteln pflanzlicher Herkunft muss der Wassergehalt unter 13–14 %, bei Futtermitteln tierischer Herkunft unter 10 % (bei Trockenmilchprodukten unter 5–7 %) liegen, um Verderb oder Qualitätsminderung zu vermeiden.

Lagerung Nach der Trocknung sind die Futtermittel so zu lagern, dass sich der Wassergehalt nicht erhöht, d. h. in luftigen, trockenen, gleichmäßig temperierten Räumen, in denen sich kein Kondenswasser bilden bzw. kein Wasser aus der Luft aufgenommen werden kann. Gegenüber Boden- und Wandfeuchtigkeit schützt die Stapelung auf Paletten bzw. anderen Isolierschichten. Falls sich der Wassergehalt im Futter erhöht, vermehren sich Pilze, Hefen, Bakterien oder Milben mit nachhaltigen Folgen für Akzeptanz und Verträglichkeit. Über die Folgen des Futterverderbs siehe Kapitel 7.2.3.

Herstellung von Fertigfutter

Bei der industriellen Mischfutterproduktion kommen verschiedene Verfahren zum Einsatz, je nachdem, um welche Produktkategorie es sich handelt.

Trockenfutter

Trockenfutter werden mit wenigen Ausnahmen mithilfe eines Extrusionverfahrens hergestellt. Dabei wird die Futtermischung unter Anwendung von Druck und Wärme durch eine Düse gepresst. Dadurch erfolgt einerseits ein Aufschluss des Futters aufgrund der hohen Temperaturen, die kurzfristig 140 °C oder mehr erreichen, andererseits ist es möglich, den Futterbrocken eine bestimmte Form zu geben. Diese sogenannten Extrudate zeichnen sich durch eine ansprechende Form und eine hohe Akzeptanz aus.

Feuchtalleinfutter

Bei der Herstellung von Feuchtalleinfutter werden die gefüllten Behälter, entweder Dosen oder Beutel aus Metallfolie, unter Anwendung hoher Temperaturen (ca. 121 °C) und Drücke sterilisiert (Autoklavierung). Auf diese Weise wird eine lange Haltbarkeit ohne weitere Konservierungsmaßnahmen erreicht.

Auswirkungen auf die Produkte

Sämtliche thermischen Verfahren beeinflussen die Verdaulichkeit des Futters, den Geruch und den Geschmack und die Gehalte an thermolabilen Inhaltsstoffen. Insbesondere bei den Vitaminen ist mit teils erheblichen Verlusten zu rechnen, die bei der Rezepturgestaltung zu berücksichtigen sind. Mit der Bildung von sogenannten Maillardprodukten, die sich durch die Reaktion von reduzierenden Zuckern mit Aminosäuren ergeben, sind sowohl die sensorischen Veränderungen als auch thermisch bedingte geringere Verdaulichkeiten von Aminosäuren erklärbar. Neben den genannten Prozessen wird eine Vielzahl weiterer Verfahren für die Herstellung von Spezialprodukten eingesetzt. Dazu zählen flüssige oder tablettenförmige Artikel, Aufbereitungen natürlicher Produkte und Verfahren für die Herstellung von spielzeugähnlichen Gegenständen, die einen Beschäftigungseffekt für den Hund erzielen sollen.

5.1.2 Akzeptanz

Die Akzeptanz beschreibt die Bereitschaft des Hundes, bestimmte Futtermittel aufzunehmen. Sie wird durch die Summe jener Eigenschaften bestimmt, die der Hund bei der Aufnahme durch verschiedene positive oder negative Sinneseindrücke (über Nasen- und Rachenraum) registriert.

Einflussfaktoren

Diese Eindrücke gehen vorrangig von Geruchs- und Geschmackseigenschaften, also Inhaltsstoffen, Komponenten und Verarbeitungsverfahren, aber auch von der Konsistenz (Textur) der Futtermittel aus.

Inhaltsstoffe Meistens werden Futtermittel mit höheren Gehalten an Feuchtigkeit, Fett und Eiweiß bevorzugt aufgenommen, entsprechend dem Grundmuster der natürlichen Nahrung. In Abhängigkeit von der Rezeptur kann auch der Gehalt an Salz, Zucker oder Aromen einen positiven Effekt auf die Akzeptanz haben, allerdings ist deren Bedeutung nicht zu überschätzen. Auch bestimmte Aminosäuren können bei Hunden Geschmacksempfindungen auslösen.

Die Bewertung dieser Eigenschaften kann von Tier zu Tier variieren und wird auch von der Gewöhnung an das Futter, äußeren Stressfaktoren, evtl. auch von Rasse und Alter des Hundes bestimmt. Der Geruchssinn, der beim Hund in erster Linie zum Finden und Identifizieren von Nahrung dient, kann nach unangenehmen Erfahrungen evtl. eine Aversion auslösen, sodass das Futter nicht angerührt oder kaum gefressen wird. Beim Vergleich von verschiedenen Futtermitteln sind auch Gewöhnungseffekte zu berücksichtigen.

Die Akzeptanz für Futtermittel ist für die Mischfutterindustrie von besonderer Bedeutung. Sie wird geprüft, indem in Wahlversuchen gleichzeitig mehrere Futtermittel angeboten und über einen längeren Zeitraum die jeweils aufgenommenen Mengen registriert werden.

Futtermittel tierischer Herkunft werden meistens lieber gefressen als pflanzliche Produkte, dabei scheinen die Futtermittel von den Hunden in nachstehender Reihenfolge ausgewählt zu werden: Eier, Milch, Fisch, Fleisch, Vormägen, Leber, Milz. Bei einem Vergleich verschiedener Fleischsorten wurde im Allgemeinen Fleisch von Schwein und Rind dem von Schaf, Geflügel und Pferd vorgezogen.

Verarbeitung Weiter ließ sich aus diesen Versuchen ableiten, dass gekochtes oder gebratenes Fleisch besser als rohes, zerkleinertes lieber als unzerkleinertes gefressen wird. Beim Kochen oder Braten des Fleisches (oder bei längerer Lagerung) entstehen Eiweißabbauprodukte, die eine positive Geschmacksempfindung auslösen. Durch Zusatz tierischer, aber auch pflanzlicher Fette wird die Akzeptanz der Futtermittel meistens gesteigert.

Süße Süße Produkte werden im Allgemeinen neutral schmeckenden vorgezogen, sodass durch Zusatz von Zucker oder anderen süß schmeckenden Substanzen die Akzeptanz des Futters meistens verbessert wird. Allerdings lässt sie sich durch noch so hohe Zuckerzulagen nicht so steigern, dass pflanzliche Futtermittel mit tierischen konkurrieren können. Unter den Zuckern scheint die stärkste Wirkung von D-Fruktose und Rohrzucker, die geringste von D-Galaktose und Laktose auszugehen. Saccharin wird vom Hund eher negativ bewertet und wirkt depressiv auf die Futteraufnahme. Solche Effekte scheinen außer von Bitterstoffen (z. B. in Roggen, Leguminosen, Bierhefe) vor allem auch von hohen Rohfaser- und Rohaschegehalten auszugehen.

Modifizierung der Akzeptanz
Neuigkeit
Die Akzeptanzeigenschaften der Futtermittel sind nicht absolut. Sie werden vielmehr durch verschiedene Einflüsse modifiziert. In Präferenztests fällt z. B. auf, dass Hunde nach Bereitstellung eines Futters, das sich in länger dauernden Tests als wenig akzeptabel erwies, dieses in den ersten Tagen nach der Zuteilung gegenüber einem langfristig besser akzeptierten Futter bevorzugen, jedoch innerhalb von 3–4 Tagen zum alten Futter zurückkehren.

Gewöhnung durch Geruch und Geschmack
Auch Gewöhnung und physischer Zustand des Tieres können modifizierend wirken. Welpen werden evtl. schon durch Geruchs- und Geschmacksstoffe, die in der Muttermilch vorkommen, geprägt, sodass sie später bekannte Futtermitteleigenschaften favorisieren. Ältere Tiere lassen sich zwar durch Training an bestimmte Geruchs- und Geschmacksstoffe gewöhnen, doch ist durch positiv registrierte Substanzen keine langfristige Prägung möglich. Negative Geruchs- und Geschmackserfahrungen wirken dagegen über längere Zeit nach. Von Wölfen ist beispielsweise bekannt, dass sie keine Schafe mehr reißen, wenn sie einmal Fleisch von Schafen aufgenommen haben, die zuvor mit Lithiumsalzen gefüttert worden waren. Weiter spielt der Ernährungszustand eine Rolle.

Hunger
Hungrige Hunde überschreiten gewisse Akzeptanzschwellen eher als gesättigte. Schließlich sollte nicht übersehen werden, dass das Futteraufnahmeverhalten bei Angebot verschiedener Futtermittel individuell stark schwanken kann. Was manche Hunde vollständig ablehnen, wird von anderen gierig gefressen.

5.2 Einzelfuttermittel

5.2.1 Einteilung und allgemeine Eigenschaften

Die Futtermittelausgangserzeugnisse können tierischer, pflanzlicher oder mineralischer Herkunft sein. Traditionell dominieren in der Hundeernährung Futtermittel, die von Tieren stammen. Pflanzliche Produkte haben jedoch ihren festen Platz und in den letzten Jahren mehr und mehr an Bedeutung gewonnen.

Charakteristisch für Futtermittel tierischer Herkunft sind:
- hohe Proteingehalte und stark unterschiedliche Fettgehalte, dadurch bedingte Variabilität in der Relation von Eiweiß zur Energie
- geringe Mengen an Kohlenhydraten, erwähnenswert sind Glykogen in Leber und Muskulatur oder Milchzucker in Milch und Milchprodukten
- Tierische Futtermittel enthalten keine faserigen Komponenten (Rohfaser).

- Mineralstoffgehalte variieren in Abhängigkeit vom Anteil an verarbeiteten Skelettteilen, diese beeinflussen nicht nur die Konzentration an Kalzium, Phosphor und Magnesium, sondern auch den Proteingehalt und die -qualität. Spurenelemente finden sich besonders in Leber, sonst nur in geringeren Mengen.
- Der Gehalt an wasserlöslichen Vitaminen ist als günstig anzusehen, es sei denn, es treten starke Verarbeitungsverluste auf. Fettlösliche Vitamine sind nur in wenigen Produkten enthalten, z. B. in Vollmilch oder Leber.
- Futtermittel tierischer Herkunft werden im Allgemeinen gut verdaut, ausgenommen keratinhaltige Materialien (Haare, Haut, Federn), stark mineralisierte Produkte (Knochen) sowie Futtermittel mit Enzymhemmstoffen (Eiklar). Weiterhin besteht nur eine eingeschränkte Verdauungskapazität für Laktose in adulten Hunden (altersbedingte Abnahme der Laktaseaktivität).
- Futtermittel tierischer Herkunft können pathogene Bakterien, Viren oder Parasiten enthalten, ein hygienisches Risiko besteht bei unsachgemäßer Zubereitung.

Charakteristisch für Futtermittel pflanzlicher Herkunft sind:
- hohe Gehalte an Kohlenhydraten, insbesondere Stärke in Getreideprodukten
- Vergleichsweise hohe Proteingehalte in Leguminosen und Nebenprodukten der Ölgewinnung, in geringerem Umfang auch in verschiedenen Nachprodukten der Getreideverarbeitung. Die Wertigkeit des Proteins ist im Vergleich zu tierischen Produkten meistens schlechter.
- Im Gegensatz zu den Futtermitteln tierischer Herkunft enthalten sie unter Umständen hohe Anteile an Rohfaser.
- Die Mineralstoffgehalte sind unausgewogen, insbesondere sind geringe Gehalte an Kalzium, Natrium und teilweise auch Spurenelementen zu erwähnen. Antinutritive Inhaltsstoffe, z. B. Phytinsäure, können die Verfügbarkeit reduzieren.
- Die Vitamingehalte hängen von der Produktart ab, es bestehen starke Einflüsse seitens der Verarbeitung. Meistens sind die Gehalte an wasserlöslichen Vitaminen eher günstig.
- Der hygienische Zustand des Ausgangsmaterials schwankt, es kann insbesondere bei erhöhten Feuchtigkeitsgehalten durch Pilz-, Bakterien- oder Milbenbefall verderben und bei Bildung von Pilztoxinen (Mykotoxine) schädlich wirken (Kap. 7.2.3).

5.2.2 Futtermittel tierischer Herkunft

Fleisch

- eiweiß-, teils auch fettreich
- stark variable Protein-Energie-Relation
- arm an Kalzium, Natrium und Vitaminen A und D
- hoch verdaulich

Fleisch ist die Skelettmuskulatur mit anhaftendem oder eingelagertem Fett, Bindegewebe sowie sonstigen Bestandteilen. Die hauptsächlichen Inhaltsstoffe von Fleisch und Fleischprodukten sind Eiweiß und Fett. Manche Fleischsorten (z. B. von Pferd, Geflügel oder Kaninchen) sind fettarm, Schweinefleisch oder Schaffleisch können fettreicher ein, sodass sich die Nährwerte stark unterscheiden. Ausmästungsgrad, Alter der Schlachttiere und Teilstück bestimmen den Fettgehalt. Das Eiweiß weist eine optimale Aminosäurenzusammensetzung auf und ist daher besonders günstig für wachsende und laktierende Hunde. Die Verdaulichkeit von Fleisch liegt um 98 %, bei bindegewebereicheren Produkten aufgrund der geringeren enzymatischen Abbaubarkeit des Kollagens etwas niedriger.

Inhaltsstoffe Der Gehalt an umsetzbarer Energie wird vom Fettgehalt bestimmt, sodass Schwankungen zwischen 0,5 und nahezu 2 MJ uE/100 g auftreten, mit Protein-Energie-Relationen von 6–47 g vRp pro 1 MJ uE (▶ Tab. 7.31). Durch sehr fettreiches Fleisch kann der Proteinbedarf unter Umständen nicht erfüllt werden. Andererseits kann fettreicheres Fleisch günstig sein, wenn spezielle eiweißärmere Diäten erforderlich sind, z. B. bei Hunden mit chronischer Niereninsuffizienz.

Der Mineralstoffgehalt – vor allem Kalzium, Natrium, Jod, Kupfer oder Mangan – ist niedrig, ähnlich wie die Gehalte an den Vitaminen A und D. Günstiger ist die Ausstattung mit wasserlöslichen Vitaminen (besonders Schweinefleisch ist reich an Vitamin B_1). Muskelfleisch enthält nur geringe Mengen an Kohlenhydraten in Form von Glykogen. Höhere Gehalte kommen eventuell im Pferdefleisch vor, seine Verträglichkeit und Verdaulichkeit werden dadurch allerdings nicht beeinträchtigt.

Bewertung Fleisch ist als alleiniges Futtermittel für Hunde nicht geeignet. Neben wichtigen Mineralien (sehr enges Ca : P-Verhältnis) und Vitaminen fehlen auch strukturierte, schwer verdauliche Komponenten, die für eine ausreichende Peristaltik sorgen. Nach einseitiger Fleischfütterung sind evtl. neben Skeletterkrankungen (Demineralisierung) bzw. Störungen der Schilddrüsenfunktion (Kropfbildung durch Jodmangel) auch Fehlgärungen im Dickdarm (Absatz von schmierigem, übel riechendem Kot) möglich.

Blut, Wurstwaren und Speck

- einseitig zusammengesetzt
- teilweise sehr fett- und salzreich

Neben Fleisch fallen bei der Schlachtung von Tieren Nebenprodukte an, die in der Tierernährung verwendbar sind. Unter den wertvollen Schlachtkörperteilen ist Blut zu nennen.

Blut
Inhaltsstoffe Blut enthält hochwertiges Eiweiß, daneben große Mengen an Natrium und Eisen sowie alle Vitamine. Es ist jedoch schlecht haltbar und muss durch Aufkochen oder sofortige Kühlung vor Verderb geschützt werden. Einfacher ist die Verwendung von Blutmehl.

Verdaulichkeit Blut ist hochverdaulich und kann in begrenzten Mengen zur Aufwertung eiweißarmer Futtermittel (wie Getreideflocken, Kartoffeln etc.) eingesetzt werden.

Vielfach werden auch Verarbeitungsprodukte aus Blut in der Rezepturgestaltung eingesetzt. Blutplasma ist der zellfreie Anteil des Blutes und kann flüssig oder auch in getrockneter Form verarbeitet werden. Die Akzeptanz und die Verdaulichkeit sind günstig, die manchmal unterstellten funktionellen Eigenschaften durch enthaltene Immunglobuline und andere biologisch aktive Inhaltsstoffe jedoch unzureichend belegt und aufgrund der üblicherweise angewandten Temperaturen in der Mischfutterherstellung nicht relevant. Die verbreitete Annahme, dass durch Fütterung von frischem Blut die Schärfe des Hundes gesteigert wird, ist nicht erwiesen.

Speck und Wurstwaren
Inhaltsstoffe Durchwachsener Speck ebenso wie Rückenspeck sind vor allem Energielieferanten, die eine sehr hohe Akzeptanz aufweisen. Wurstwaren aus dem Lebensmittelbereich zeichnen sich in der Regel durch einen hohen Fett-, mittleren Protein-, aber geringen Mineralstoff- und Vitamingehalt aus.

Bewertung Eine einseitige Verfütterung ist – ähnlich wie beim Fleisch – abzulehnen. Wursthüllen aus Kunststoff und die z. T. zum Abbinden der Wurstenden verwendeten Metallklammern sind zu entfernen. Auch Alleinfutter werden in Form von Würsten für Hunde angeboten.

Leber und Niere

- eiweißreich
- Leber mit vielen Spurenelementen, Vitamin A, B_{12}, B_2 und Biotin

Inhaltsstoffe Beide Organe sind eiweißreich (20 %) und relativ fettarm (ca. 5 %). Leber enthält je nach Herkunft und Schlachtbedingungen ca. 2 % Glykogen. Während die Ca-Gehalte ähnlich niedrig wie in der Muskulatur sind, weist die Leber hohe Mengen an Eisen und Kupfer sowie Vitamin A auf. Auch die Gehalte an Vitamin B_2, B_{12} und Biotin sind beachtlich. Dadurch kann Leber gut als Ergänzung von Rationen mit entsprechenden Defiziten in der Nährstoffzusammensetzung eingesetzt werden. Allerdings sind die Nährstoffgehalte stark schwankend und hängen von der Herkunft sowie der Fütterung der Schlachttiere ab. Leber kann sehr hohe und extrem variable Gehalte an Vitamin A aufweisen.

Verdaulichkeit Die Verdaulichkeit beider Organe ist hoch, sodass ähnliche Energiegehalte wie im fettarmen Fleisch erreicht werden. Größere Lebermengen wirken leicht abführend, da das im Dünndarm schwer verdauliche Glykogen im Dickdarm mikrobiell zerlegt wird. Leberzulagen von 1–2 g/kg KM/Tag haben sich bei wachsenden, graviden und laktierenden Hunden ebenso wie bei Rekonvaleszenten bewährt.

Bewertung Eine überhöhte, einseitige Verfütterung dieser Organe ist aus ähnlichen Gründen wie beim Muskelfleisch falsch und bei der Leber auch infolge der hohen und zudem stark schwankenden Gehalte an Vitamin A, evtl. auch an Kupfer, nicht risikolos – abgesehen von den Auswirkungen auf die Kotkonsistenz. Eine Gefährdung durch Schadstoffrückstände besteht dagegen unter den hiesigen Bedingungen nicht, die regelmäßig durchgeführten Rückstandsuntersuchungen zeigen eine günstige Situation.

Milch und Milchprodukte

- eiweißreich, hohe Proteinqualität
- kalziumreich, arm an Spurenelementen
- durch Laktose abführende Wirkung und eingeschränkte Verträglichkeit bei adulten Tieren

Milch

Inhaltsstoffe Zu den Vorteilen der Milch zählt der hohe Anteil an hochwertigem Protein, Mengenelementen und Vitaminen. Die Schwächen liegen in den geringen Gehalten an den meisten Spurenelementen und essenziellen Fettsäuren bei gleichzeitig größeren Mengen an kurz- und mittelkettigen Fettsäuren, die vom Hund weniger gut vertragen werden.

Verdaulichkeit Limitierend in der Fütterung ist vor allem der hohe Gehalt an Milchzucker (ca. 5 g/100 ml), denn dieser kann von vielen ausgewachsenen Hunden im Dünndarm nicht vollständig zerlegt werden, sodass es nach übermäßiger Aufnahme zu Fehlgärungen im Dickdarm kommt, begleitet von Durchfall oder weichem Kot. Daher ist die Zufuhr von Milch je nach individueller Verträglichkeit zu beschränken.

Fütterungsempfehlungen Trotz hoher Akzeptanz und Verdaulichkeit sollten ausgewachsene Hunde nicht mehr als 20 ml Milch/kg KM/Tag bekommen, bei nachgewiesener Toleranz kann die Menge bis auf maximal das Doppelte gesteigert werden, ähnlich wie bei Welpen bis zum 3.–4. Lebensmonat. Kondensmilch wird manchmal in geringen Mengen eingesetzt, sie muss wegen des erhöhten Laktose- (10 g/100 ml) und Fettgehaltes (7,5 g/100 ml) auf 10 ml/kg KM/Tag beschränkt werden.

Milchprodukte

Dickmilch oder **Quark** werden wegen des geringeren Laktosegehaltes (ca. 4 g/100 g) in höheren Mengen toleriert.

Die verschiedenen **Käsearten**, insbesondere Hart- und Schnittkäse, können aufgrund ihres niedrigen Laktosegehaltes in der Fütterung von Hunden eingesetzt werden. Hüttenkäse ist ein proteinreiches und vergleichsweise laktosearmes Produkt, das sich durch eine gute Verträglichkeit bei Hunden auszeichnet und für diätetische Zwecke häufig eingesetzt wird.

Magermilch ist ähnlich wie Vollmilch zu beurteilen, der geringere Energiegehalt infolge des Fettentzuges und der Verlust an fettlöslichen Vitaminen sind zu berücksichtigen.

Gelegentlich wird Joghurt in geringen Mengen verwendet, da man sich von den enthaltenen Milchsäurebakterien positive Effekte auf den Verdauungsprozess verspricht (probiotische Wirkung). Letztere sind aber nur im Falle der spezifisch für Hunde zugelassenen Zusatzstoffe mit probiotischer Wirkung geprüft. Molkeprodukte werden gelegentlich verwendet, sind aber aufgrund ihres sehr hohen Milchzuckergehalts in der Hundefütterung nur bedingt geeignet. Die Eiweißqualität der Molkeproteine ist hoch, allerdings gegenüber derjenigen von Vollmilchprodukten aufgrund des Kaseinentzuges etwas geringer.

Voll- oder Magermilchpulver können insbesondere in Milchaustauschern eingesetzt werden. Durch den Trocknungsprozess kann die Verdaulichkeit des Eiweißes beeinträchtigt sein. Auch die Akzeptanz wird im Allgemeinen durch den Trocknungsvorgang nicht verbessert. Molkenpulver ist, da es 50–70 % Milchzucker enthält, allenfalls bei Welpen mit hoher Laktaseaktivität in höherer Menge verwendbar. In Trockenmilchprodukten können infolge von Überhitzung Reaktionen von Aminosäuren mit reduzierenden Zuckern auftreten, die zu einer verminderten Eiweißqualität führen (Maillard-Reaktion).

Fütterungsempfehlungen Milch und Milchprodukte lassen sich – unter Berücksichtigung der genannten Grenzen – vorteilhaft zur Verbesserung der Versorgung mit essenziellen Aminosäuren, besonders bei wachsenden und reproduzierenden Hunden, verwenden. Darüber hinaus können sie die Akzeptanz weniger schmackhafter Rationen oder des Trinkwassers nachhaltig verbessern.

Eier und Eiprodukte

- protein- und fettreich
- hohe Proteinqualität
- kalziumarm (außer Eischale)

Inhaltsstoffe/Verdaulichkeit Eier enthalten – anders als Milch – keine Kohlenhydrate, sondern überwiegend Protein und Fett (Letzteres im Dotter). Sie sind hoch akzeptabel, gut verdaulich (gekocht) und weisen ein günstiges Verhältnis von Protein zu Energie (14 g : 1 MJ) auf. Bemerkenswert sind die hohen Gehalte an essenziellen Aminosäuren und Fettsäuren, die eine positive Wirkung auf den Glanz des Fells haben können. Im Dotter sind höhere Gehalte an fettlöslichen Vitaminen enthalten, weiterhin enthalten Eier Cholesterin und Lecithin. Im Vergleich zur Milch sind die Spurenelemente stärker präsent, während hohe Gehalte an Kalzium lediglich in der Eischale vorliegen.

Die Verfütterung größerer Mengen (> 2–3) an rohen Eiern ist – abgesehen von dem damit verbundenen Salmonellenrisiko – aus 2 wesentlichen Gründen nicht möglich:
- Ein im Eiklar enthaltener Trypsinhemmstoff beeinträchtigt die Eiweißverdauung und begünstigt Verdauungsstörungen.
- Das im Eiklar vorkommende Avidin bindet Biotin und führt innerhalb weniger Tage zu klassischen Mangelerscheinungen.

Beide Stoffe sind thermolabil und durch Kochen weitgehend zu inaktivieren.

Fütterungsempfehlungen Eier sind zur Aufwertung von Rationen mit geringer Eiweißqualität, zur Steigerung der Akzeptanz sowie für diätetische Maßnahmen besonders geeignet. Die in Brütereien am 5.–7. Bruttag aussortierten Eier sind bei einwandfreier hygienischer Beschaffenheit durchaus noch in der Hundefütterung verwertbar. Eipulver ist aufgrund des Avidingehaltes nur in begrenzten Mengen (< 5 % der TS) in der Hundefütterung einzusetzen.

Vormägen und Mägen

- eiweißreich
- kalziumarm
- Vitamingehalte wechselnd

Unter den Schlachtabfällen haben die Vormägen der Wiederkäuer (Pansen, Haube, Blättermagen) sowie der Labmagen und Schweinemägen den größten Futterwert.

Vormägen

Die Vormägen kommen nur noch selten ungereinigt (grüner Pansen) in den Handel. Meistens sind sie gereinigt (weißer Pansen) und frei von Inhaltsresten, die von Hunden sehr gern gefressen werden. Heute dominieren getrocknete, in Dosen konservierte oder tiefgefrorene Produkte.

Inhaltsstoffe Die Eiweißqualität der Vormägen ist geringer als beim Fleisch, aufgrund der starken Wandmuskelschicht aber noch befriedigend. Von den übrigen Nährstoffen sind die niedrigen Gehalte an Kalzium (enges Ca : P-Verhältnis) sowie fettlöslichen Vitaminen zu beachten, während der Anteil an wasserlöslichen Vitaminen, besonders, wenn noch Futterreste verblieben sind, erheblich sein kann.

Verdaulichkeit Die Verdaulichkeit der Vormägen erreicht 92–98 %. Bei einem Gehalt von durchschnittlich 20 g vRp pro 1 MJ uE (Tab. III, Anhang) sind die Produkte als eiweißreich zu bezeichnen. Eine einseitige Fütterung ist – ähnlich wie beim Fleisch – unzweckmäßig.

Mägen

Schweinemägen weisen je nach Trockensubstanzgehalt neben 15 % Protein bis zu 15 % Fett auf, sodass sie energiereicher als Vormägen sind und ein engeres Verhältnis von verd. Rohprotein zu ums. Energie (Tab. III, Anhang) erreichen. Mineralstoff- und Vitamingehalte sind ähnlich wie in den Vormägen.

Sonstige tierische Nebenprodukte

Dazu zählen Lunge, Euter, Milz, Ohren, Sehnen, Schwarten, Grieben, Knorpel, Geflügelkarkassen u. a.

- eiweißreich
- teils problematische Verträglichkeit durch den hohen Bindegewebeanteil
- je nach Knochenanteil unterschiedlicher Mineralstoffgehalt

Nebenprodukte, die bei der Schlachtung von Tieren anfallen und die nicht von Menschen verzehrt werden, können in der Tierernährung eingesetzt werden. Sie stammen ausschließlich von Tieren, die zur Fleischerzeugung geschlachtet wurden und deren Schlachtkörper als genusstauglich eingestuft worden sind.

Inhaltsstoffe Die tierischen Nebenprodukte sind mehr oder weniger bindegewebereich und dadurch weniger wertvoll als die Mägen. Sie sind zwar eiweißreich, doch das Eiweiß hat eine weniger günstige Aminosäurenzusammensetzung und wegen kreuzförmiger Vernetzung der Eiweißfäden im Kollagen auch eine geringere präkäkale Verdaulichkeit. Bei höherem Fettanteil (Euter, Geschlinge) nimmt der Energiegehalt zu. Die Mineralstoff- und Vitaminausstattung ist noch ungünstiger als beim Fleisch, allenfalls das Euter weist bei Milchresten höhere Ca-Gehalte, die Milz einen erhöhten Fe-Gehalt auf. Sofern die Produkte Knochenanteile enthalten, können sie ebenfalls mineralstoffreich sein. Dieses trifft insbesondere auf Geflügelkarkassen zu. Teils werden diese Produkte in Mischfuttermitteln verarbeitet oder aber frisch oder getrocknet gehandelt. Sie sind im Allgemeinen hoch akzeptabel für Hunde.

Verdaulichkeit Die Gesamtverdaulichkeit liegt meistens knapp unter 90 %. Das Protein wird zu einem höheren Anteil im Dickdarm bakteriell abgebaut (▶ Tab. 3.9). Bei einseitiger Fütterung steigt der Besatz an Clostridien, auch im Dünndarm, außerdem kommt es infolge verstärkter mikrobieller Umsetzungen im Dickdarm zu Flatulenz und schmierigem, übel riechendem, oft dunkel bis schwarz gefärbtem Kot.

Fütterungsempfehlungen In der Ration sollten nicht mehr als 4–5 g Trockensubstanz/kg KM/Tag aus diesen Produkten stammen, d. h. bei 25 % Trockensubstanz nicht mehr als 16–20 g frisches Material.

Fische und Fischprodukte

- eiweißreich
- variabler Fettgehalt
- hoher Anteil an mehrfach ungesättigten n-3-Fettsäuren
- Thiaminaseaktivität bei rohem Fisch

Fische werden von Hunden gern gefressen. Ganze Fische einschließlich Skelett und Organe bieten eine ausgeglichene Nährstoffzufuhr. Kleinere Gräten stellen kein besonderes Risiko dar, größere sind zuvor zu entfernen und Fischköpfe ggf. auf Angelhaken zu kontrollieren.

Frischfisch

Frische Fische sind stets zu kochen, um Thiaminasen (Vitamin B_1 spaltende Enzyme) sowie Parasitenzwischenformen und Bakterien zu vernichten. Gleichzeitig wird ein eisenbindender Stoff (Trimethylamin) inaktiviert, der bei lang dauernder einseitiger Fütterung Anämien verursachen kann.

Fischmehle

Inhaltsstoffe/Verdaulichkeit Fischmehle werden aus ganzen Fischen oder Fischresten hergestellt. Sie enthalten hohe Mengen an wertvollem Eiweiß sowie Kalzium, Phosphor, Natrium und – je nach Herstellungsart – auch an wasserlöslichen Vitaminen. Der Fettgehalt wird auf maximal 12 % eingestellt. Durch den Trocknungsprozess kann die Proteinqualität beeinträchtigt werden. Die Verdaulichkeit des Eiweißes im Fischmehl erreicht ca. 85 %.

Der Anteil an mehrfach ungesättigten Fettsäuren ist hoch, das Fischfett weist ein besonders wertvolles Spektrum an mehrfach ungesättigten n-3-Fettsäuren (Eicosapentaensäure C 20:5 n3, Docosahexaensäure C 22:6 n3) auf. Trotz der relativ günstigen Futtereigenschaften sind Fische und Fischmehle nur in begrenzten Mengen einzusetzen, da der Hund schnell nach Fisch riecht.

Tierische Nebenprodukte

- eiweißreich
- geringere Verdaulichkeit als Frischprodukte

Die Verwendung von Tierkörperteilen zur Herstellung von Futtermitteln für Heimtiere unterliegt besonderen gesetzlichen Reglementierungen. In der Europäischen Union sind ausschließlich tierische Nebenprodukte der von der EU definierten „Kategorie 3" erlaubt. Diese umfasst die tierischen Nebenprodukte aus Schlachtung, Zerlegung und Fleischverarbeitung, die zum menschlichen Verzehr freigegeben sind, aber nicht zu diesem Zweck verwendet werden (Verordnung [EG] Nr. 1774/2002). Diese Verordnung enthält tierseuchen- und hygienerechtliche Vorschriften für tierische Nebenprodukte, um zu verhindern, dass diese Erzeugnisse die Gesundheit von Mensch oder Tier gefährden.

Zur Herstellung von Heimtierfutter dürfen *nicht* genutzt werden:
- Tierische Nebenprodukte, die von Tieren stammen, die von Tierseuchen betroffen waren (auch transmissible spongiforme Enzephalopathie, TSE) sowie spezifiziertes Risikomaterial („Kategorie 1").
- Tierische Nebenprodukte von Tieren, die aus anderen Gründen als durch eine Tierseuche und auch nicht durch Schlachtung gestorben sind („gefallene" Tiere). Außerdem Tierkörperteile von Tieren, die nicht schlachttauglich waren sowie Tierkörper von Tieren, die nicht zur Schlachtung zugelassen wurden („Kategorie 2").

Inhaltsstoffe/Verdaulichkeit Tierische Nebenprodukte sind eiweißreich (40 bis 60 %) und können Fettgehalte von bis zu 10 % aufweisen. Die Verdaulichkeit kann je nach Asche- und Keratinanteil zwischen 60 und 90 % variieren. Infolge des meist hohen Bindegewebeanteils sind nur begrenzte Mengen (10–20 % der Gesamtfuttertrockensubstanz oder 1,5–3 g/kg KM/Tag) in der Hundefütterung einzusetzen, z. B. in Kombination mit eiweißarmen Getreideprodukten.

Geflügelmehl

Geflügelmehl umfasst Nebenprodukte aus der Geflügelschlachterei und erreicht ca. 60 % Rp. Der überwiegende Anteil wird für die Produktion von Heimtiernahrung verwendet. Im Herstellungsprozess erfolgt eine Sterilisierung, das Risiko einer Re-Kontamination mit Salmonellen besteht bei unsachgemäßer Handhabung.

Andere Tierkörpermehle

Werden einzelne Teile der Schlachtkörper separiert, so entstehen Fleisch-, Fleischknochen-, Blut-, Leber-, Feder- oder Knochenmehl. Die Nährstoffgehalte sind ähnlich wie in den Ausgangsmaterialien (s. o.), jedoch infolge des Wasserentzugs absolut höher. Reine Fleischmehle sind selten im Handel, Fleischknochenmehle schwanken in ihrem Mineralstoffgehalt in Abhängigkeit von der verarbeiteten Knochenmenge. Höhere Aschegehalte sprechen für geringere Qualitäten. Das eiweißreiche Federmehl (ca. 85 % Rp) wird so vorbehandelt, dass das enthaltene Keratin noch zu über 70 % verdaut wird. Es wirkt andererseits aber auch als unverdaulicher Ballaststoff.

Knochen

Inhaltsstoffe Knochen gelten vielfach noch als unabdingbarer Teil einer Hundefutterration. Sie enthalten neben Bindegewebe und Fett vor allem Kalzium und Phosphor, aber auch Magnesium, Natrium und Zink. Knochen können somit in geringen Mengen zur Ergänzung mineralstoffarmer Rationen eingesetzt werden.

Unter dem Aspekt der **Zahngesundheit** sind Knochen von jüngeren Schlachttieren als günstig einzustufen. Die mit ihrem Einsatz verbundene vermehrte Verwendung des Gebisses führt zu einem Reinigungseffekt und kann somit in gewissem Umfang der Plaquebildung vorbeugen. Bei der Fütterung von Knochen sind Herkunft, Dosierung und Erhitzung zu berücksichtigen.

Zur **Mineralstoffergänzung** können weniger harte Knochen von jüngeren Tieren (Kalb, Mastschwein, Geflügel) oder bestimmter Herkunft (Rippen, Brustbein) dienen. Knochen von Wildtieren oder älterem Geflügel sollten wegen möglicher mechanischer Verletzungen (Aufsplitterung) nicht verwendet werden, wenngleich Zwischenfälle nach Aufnahme von Geflügelknochen kaum noch beobachtet werden. Für die Ergänzung der Ca- und P-Versorgung im Erhaltungsstoffwechsel reichen 1 g frische Knochen/kg KM/Tag aus.

Zur **Beschäftigung** sind auch härtere Knochen (aus Oberarm oder -schenkel) geeignet, die nicht oder nicht vollständig gefressen werden, allerdings besteht ein Risiko für Zahnfrakturen.

Fütterungsempfehlung Die Gesamtaufnahme von Knochen sollte 10 g/kg KM/Tag nicht übersteigen, da anderenfalls schwere Obstipationen (Knochenkot) auftreten können. Knochen sollten aus hygienischen Gründen vor der Zuteilung gekocht werden. Die Zusammensetzung von Verarbeitungsprodukten aus Knochen ist in ▶ Tab. 5.2 zusammengefasst.

Die aus bindegewebereicheren Ausgangsmaterialien hergestellte Gelatine, die fast nur Eiweiß enthält, wird z. T. bei Knochen- und Gelenkerkrankungen empfohlen. Gelatine ist hydrolysiertes Kollagen, das aus Haut oder Knorpel bzw. Knochen, vor allem vom Schwein und Rind, stammt. Gelatine enthält große Mengen an Hydroxyprolin und Glycin, demgegenüber nur wenig an essenziellen Aminosäuren. Die Wirksamkeit in der Behandlung von Skeletterkrankungen ist beim Hund nicht nachgewiesen.

5.2.3 Futtermittel pflanzlicher Herkunft

Getreidekörner

- stärkereich, je nach Getreideart
- eiweißarm, mäßige Proteinqualität aufgrund geringer Gehalte an essenziellen Aminosäuren
- geringer Rohfasergehalt, außer bei Hafer und Gerste
- fettarm, ausgenommen Hafer und Mais
- kalziumarm, Phosphor überwiegend an Phytinsäure gebunden, mäßiger Gehalt an Spurenelementen

Getreidekörner (Reis, Hafer, Mais, Weizen, Hirse, Gerste, Roggen) bestehen aus den miteinander verwachsenen Frucht- und Samenschalen, einer darunter liegenden eiweißreichen Aleuronschicht und dem ca. 80 % umfassenden inneren stärkereichen Endosperm. Auf Gersten- und Haferkörnern verbleiben nach dem Drusch noch Spelzen, die jedoch vor Fütterung an Hunde entfernt werden.

Inhaltsstoffe Getreidekörner sind stärkereich und rohfaserarm. Der Stärkegehalt ist zwischen den einzelnen Getreidearten unterschiedlich, weiterhin unterscheiden sich die Stärkestrukturen. Je nach Relation von Amylose zu Amylopektin und der Größe und der Struktur der Stärkekörner kommt es zu deutlichen quantitativen Unterschieden in der präkäkalen Verdaulichkeit. Der Rohproteingehalt ist relativ gering (10–15 %), sodass die Protein : Energie-Relation nur 6 g : 1 MJ erreicht. Die Aminosäurenzusammensetzung des Proteins ist für wachsende oder laktierende Tiere nicht optimal. Von den übrigen Nährstoffen ist der relativ günstige Gehalt an wasserlöslichen Vitaminen (in der äußeren Schicht) und Vitamin E (in der Keimanlage) hervorzuheben. Bei mittleren Gehalten an Phosphor (überwiegend als Phytat) sind die Ca- und Na-Mengen ebenso wie die Gehalte der meisten Spurenelemente gering. Getreidekörner enthalten somit keineswegs alle Nährstoffe und können im Wesentlichen als energieliefernde Aktionskomponenten betrachtet werden. Die Akzeptanz für Getreidekörner ist im Allgemeinen hoch, mit Einschränkungen bei Roggen und Hirse.

Verdaulichkeit Getreidekörner müssen vor der Verfütterung zubereitet werden. Hafer und Gerste werden entspelzt, Reis meistens geschält oder poliert unter Verlust von B-Vitaminen und Rohfaser. Weizen, Mais und Hafer kommen meistens als Flocken in den Handel.

Durch die bei der Flockenherstellung gleichzeitig einwirkende Wärme und den Druck der Walzen wird die Stärkestruktur verändert und die Verdaulichkeit verbessert. Dies ist beim Mais wegen seiner schwer angreifbaren Stärkegranula besonders notwendig. Unter den Getreideflocken weisen die Haferflocken den höchsten Gehalt an Fett (und ungesättigten Fettsäuren) sowie eine hohe Akzeptanz und Verdaulichkeit auf und haben schon allein aus diesen Gründen eine weite Verbreitung in der Hundefütterung gefunden. In Maisflocken liegt der Fettanteil tiefer, aber noch erheblich höher als bei anderen Getreideflocken.

Sollen im Haushalt ganze Körner (oder Getreideschrote, die alle Teile des Korns enthalten) verwendet werden, so sind sie zu kochen. Unter diesen Bedingungen hat der Reis Vorteile, da er nicht verkleistert. Ungeschälter Reis ist wegen seines reicheren Nährstoffgehalts, insbesondere des höheren Rohfasergehalts, poliertem Reis vorzuziehen. Wenn dagegen aus diätetischen Gründen eine besonders hohe Verdaulichkeit im Dünndarm erforderlich ist, stellt polierter Reis eine in der Praxis häufig genutzte Futterkomponente dar.

Getreidemehle, Brot und Nudeln

- stärkereich
- arm an sonstigen Nährstoffen

Getreidemehle

Bei der Herstellung von Getreidemehlen gehen mehr oder weniger große Anteile der Frucht- und Samenschale sowie die Keimanlage verloren und damit wertvolle Bestandteile (Rohfaser, wasserlösliche Vitamine, Vitamin E, Mineralien). Die verschiedenen Ausmahlungsgrade des Mehls werden durch Typennummern zwischen 405 und 1600 gekennzeichnet. Die Typenzahl errechnet sich aus dem Mineralstoffgehalt in Gramm pro 100 kg Mehl (Aschegehalt x 1000), d. h., Typen mit höheren Nummern enthalten mehr Bestandteile des Ausgangskorns. Die Getreidemehle und die daraus hergestellten Produkte (Brot, Nudeln) sind damit einseitiger zusammengesetzt als das Getreidekorn.

Brot

Der Nährstoffgehalt von Broten wird durch Zusatz von Hefe oder Sauerteig sowie Salz etwas aufgewertet. Die organische Substanz des Brotes ist für den Hund im Durchschnitt zu 75 %, das Rohprotein nur zu 66–70 % verdaulich (vermutlich durch Bildung enzymresistenter retrogradierter Stärkeverbindungen). Brot kann insofern nur als Rationskomponente verwendet werden und bedarf der weiteren Ergänzung. Nach Verfütterung von frischem Brot können Fehlgärungen eintreten, abgelagertes Brot ist daher vorzuziehen.

Nudeln

Nudeln und andere Teigwaren weisen eine ähnliche Zusammensetzung, aber eine höhere Verdaulichkeit als Brot auf. Nudeln werden aus unterschiedlichen Ausgangsmaterialien hergestellt. Neben Weizen- oder Hartweizengrieß werden meistens auch Eier und andere Zutaten eingesetzt.

Nebenprodukte der Getreideverarbeitung

- wechselnder Stärke-, Rohfaser- und Proteingehalt
- geringer Anteil an Mineralstoffen
- häufig höherer Anteil an Nicht-Stärke-Polysacchariden, dadurch bedingt antinutritive Wirkungen

Die bei der Verarbeitung von Getreidekörnern zu Mehl, Stärke, Bier etc. anfallenden Nebenprodukte werden nur in begrenztem Ausmaß in der Hundefütterung verwendet.

Weizenkeime

Vor dem Vermahlen wird beim Weizen in der Regel die Keimanlage abgetrennt. Die anfallenden Weizenkeime sind reich an Vitamin E und wasserlöslichen Vitaminen sowie an ungesättigten Fettsäuren, werden jedoch leicht ranzig.

Nach- und Futtermehle

Nach- und Futtermehle, die bei der Siebfraktionierung der Getreideschrote zur Mehlherstellung anfallen, haben ähnliche Nährstoffgehalte wie die Getreidemehle, allerdings ist der Anteil an Gerüststoffen (bis 5 %) ebenso wie an Mineralien und B-Vitaminen höher. Aufgrund dieser Eigenschaften sind sie reinen Mehlen vorzuziehen.

Weizenkleie

Weizenkleie enthält 10–12 % Rohfaser und weist nur eine mäßige Verdaulichkeit (ca. 65 %) und Akzeptanz auf. Da die unverdaulichen Gerüststoffe der Kleie Wasser binden, den Füllungsdruck im Dickdarm erhöhen und die Peristaltik anregen, kann Kleie zur Regulierung der Darmtätigkeit – besonders in Kombination mit höher verdaulichen Stoffen (Schlachtabfälle, Getreidemehle) – mit gutem Erfolg verwendet werden (ca. 5 % der Futtertrockensubstanz).

Biertreber

Biertreber, frisch oder getrocknet, sind aufgrund des relativ hohen Rohfasergehaltes (15 %) nur in begrenztem Ausmaß (bis 10 %) in Hundefutterrationen zu verwenden. Bei hohen Mengen entstehen Akzeptanzprobleme. Getrocknete Getreideschlempe, die neben rohfaserhaltigen Anteilen des Getreidekorns (ca. 15–20 % Rohfaser) vor allem auch höhere Gehalte an wertvollem Eiweiß (20 % und mehr) aufweist, kann ebenfalls in Mengen bis etwa 10 % ohne Nachteile in Futterrationen verwendet werden. Diese Produkte fallen im Rahmen der Bioethanolproduktion in größerem Umfang an. Der Einsatz höherer Mengen kann zu einer Depression der Verdaulichkeit führen.

Kleber

Mais- oder Weizenkleber sind eiweißreich (ca. 60–70 % Rp) und weisen eine hohe Verdaulichkeit auf (90 %). Das Eiweiß wird nahezu ausschließlich im Dünndarm verdaut, sodass diese Produkte in moderaten Mengen (10–20 % der Ration) als Eiweißquelle bei Hunden eingesetzt werden können. Die biologische Wertigkeit ihrer Eiweiße ist jedoch deutlich geringer als bei Eiweißmitteln tierischer Herkunft. Im Maiskleber ist insbesondere auf die geringen Tryptophangehalte hinzuweisen.

Nachteilig wirkt evtl. die Tendenz zu Verklebungen in der Maulhöhle, besonders beim Weizenkleber.

Erbsen und Bohnen

- proteinreich, mäßige Proteinqualität
- kalziumarm
- limitierte Verträglichkeit durch schwer verdauliche Oligosaccharide

Erbsen und Bohnen sind deutlich proteinreicher (ca. 25 %) als Getreidekörner. Die Fraktion der N-freien Extraktstoffe enthält jedoch neben Stärke die im Dünndarm weitgehend unverdaulichen Oligosaccharide, die im Dickdarm fermentiert werden (Risiko für weichen Kot und Flatulenz). Trotz des relativ hohen Rohfasergehaltes (bis 6 %) erreichen diese Leguminosen nach Erhitzung eine Verdaulichkeit von 85–95 %, das Rohprotein von 85–90 %. Die Mineralstoff- und Vitaminausstattung ist ähnlich wie im Getreidekorn (enges Ca : P-Verhältnis!). Die genannten Eigenschaften limitieren die Verfütterung von Erbsen und Bohnen an Hunde (5–10 % der Ration). Im Übrigen müssen sie in jedem Fall gekocht werden, da sie verschiedene antinutritive Stoffe (Tannine, Lektine, Glykoside, Alkaloide) enthalten.

Ölsamen und Ölsamenrückstände, Nüsse

- proteinreich
- je nach Verarbeitung variabler Fettgehalt
- kalziumarm

Von den ölreichen Samen und ihren Rückständen lassen sich Sojabohnen, Lein, in geringerem Umfang Erdnuss- und Rapsrückstände verwenden.

Soja

Für die Ölgewinnung werden die Sojabohnen zunächst gereinigt und getrocknet, anschließend zerkleinert und die Hüllbestandteile entfernt. Danach entstehen nach Konditionierung und Walzen die Sojaflocken. Extrahierte Flocken werden so belassen oder zu Sojaextraktionsschrot bzw. Sojamehl weiterverarbeitet.

▶ **Tab. 5.1** Verarbeitungsprodukte der Sojabohnen (%).

	Rp	Rfa	Oligosaccharide		Verdaulichkeit des Rohproteins	
			Raffinose	Stachyose	präzäkal	gesamt
Sojaextraktionsschrot	44–48	6,2	1–1,2	4,5–5	81	84
Sojamehl	47	4,3	1–1,2	4,5–5		
Sojaeiweißkonzentrat	62–69	3,8	<0,2	<3	83–86	85–89
Sojaproteinisolat	86–87	0,3	<0,1	<0,2	91	94

Inhaltsstoffe Sojaproteinkonzentrate entstehen durch Extraktion der löslichen Kohlenhydrate und enthalten mindestens 70 % Rp. Texturierte Konzentrate werden mittels Extrusionstechnologie weiterverarbeitet, es sind auch Varianten auf dem Markt, bei denen durch höhere Temperaturen und längere Einwirkzeit die Eiweißstruktur und die Antigenität verändert werden. Sojaeiweißisolate sind die durch Fällung aufkonzentrierten Proteine der Sojabohne. Das nach der Entfettung der Bohne entstehende Sojaextraktionsschrot und das Sojaeiweißkonzentrat enthalten noch hohe Anteile an den allein im Dickdarm mikrobiell abbaubaren Oligosacchariden (Stachyose, Raffinose; ▶ Tab. 5.1), sodass ihr Einsatz limitiert werden muss (Flatulenz, weicher Kot).

Die Eiweißqualität ist in allen Sojaprodukten entsprechend dem Ausgangsmaterial hoch. Neben dem geringen Ca-Gehalt (0,1–0,3 g/100 g) ist der hohe Gehalt an Phosphor (0,6 g/100 g) zu beachten, der vorwiegend als Phytat vorliegt. Fettlösliche Vitamine fehlen, während die wasserlöslichen Vitamine ähnliche Konzentrationen wie in Getreidekörnern erreichen.

Verdaulichkeit Die Gesamtverdaulichkeit der organischen Substanz erreicht nur 75–80 %, davon entfallen etwa 20 % auf den Dickdarm. Insgesamt wird die Verwendung von Sojaextraktionsschrot, das nicht mehr als 10 % der Gesamtration ausmachen sollte, zugunsten der übrigen in ▶ Tab. 5.1 genannten Sojaprodukte zurückgedrängt. Sie stellen heute die wichtigste Eiweißquelle pflanzlicher Herkunft in Hundemischfutter dar.

Leinsamen

Leinsamen weisen einen hohen Fett- (über 40 %) und Eiweißgehalt (20 %) auf. Als Besonderheit ist der hohe Anteil an Schleimstoffen zu nennen, die im Wasser leicht aufquellen. Sie können im Darm größere Wassermengen binden (bis zum Verhältnis 1 : 8) sowie die Schleimhaut von Magen und Darm mit einem schützenden Film überziehen. Auf diesen Eigenschaften beruht die günstige Wirkung der Leinsamenschleime, besonders bei Jungtieren mit Darmerkrankungen.

Die Eiweißqualität der Leinsamen und ihrer Rückstände ist bei einem Lysingehalt von ca. 10 g/kg weniger günstig als von Sojaextraktionsschrot. Bei einem Anteil von ca. 4 % in einer Futterrezeptur waren noch keine negativen Effekte auf die Nährstoffverdaulichkeit zu beobachten, darüber hinaus kann es zu einer Depression der Verdaulichkeit kommen.

Das Fett der Leinsamen besteht überwiegend aus ungesättigten Fettsäuren (80–90 %) mit 20–30 % Öl- und Linolsäure sowie 40–60 % Linolensäure. Leinsamen sind in der Regel selenreich, weisen aber auch blausäurehaltige Glykoside sowie einen Vitamin B_6 inaktivierenden Stoff auf. Sie müssen geschrotet oder gequetscht werden (da die feste Schale eine ausreichende Verdauung verhindert) und gekocht werden, um die erwähnten Inhaltsstoffe zu inaktivieren. Wegen der Oxidationsempfindlichkeit der ungesättigten Fettsäuren sind zerkleinerte Leinsamen (sofern keine Antioxidanzien zugesetzt werden) nur kurzfristig lagerfähig (Ranzigwerden, Vitamin-E-Abbau).

Erdnuss

Erdnussextraktionsschrote aus enthülster Saat weisen einen ähnlich hohen Rohproteingehalt wie Sojaextraktionsschrote auf (bei weniger Rohfaser). Die biologische Wertigkeit des Eiweißes ist jedoch geringer als im Sojaextraktionsschrot, günstig dagegen der hohe Gehalt an B-Vitaminen. Aufgrund des Risikos der Kontamination mit Mykotoxinen (Aflatoxin) werden sie nur noch selten verwendet.

Raps

Rapskörner sind wegen ihrer geringen Akzeptanz in der Hundefütterung nicht einsetzbar. Die Rückstände nach der Entfettung wurden zwar in Mengen bis zu 15 % im Trockenfutter ohne Nachteil eingesetzt, doch schlechte Akzeptanz, Vorkommen von antinutritiven Substanzen sowie die unerhebliche biologische Wertigkeit des Eiweißes limitieren ihre Verwendung.

Nüsse und Mandeln

Nüsse und Mandeln sind fettreich. Zur besseren Verdauung sollten sie zerkleinert werden. Mandeln können Blausäure enthalten und – auch wegen des meist hohen Salzgehaltes in zubereiteten Chargen – nur sehr begrenzt verwendet werden.

Hefen

Futterhefen, die als Bierhefe vorrangig aus dem Brauereigewerbe stammen, sind eiweißreich (50–60 % Rp). Die biologische Wertigkeit ist hoch, doch können 5–10 % des Eiweißes auf Nukleinsäuren entfallen. Daher ist ihre Verwendung bei Hunden mit einer Disposition zu Harnsäuresteinen (Kap. 7.12) nicht zu empfehlen. Der besondere Vorteil der Hefen liegt in ihrem hohen Gehalt an B-Vitaminen (vor allem Vitamin B_1, nicht B_{12}), sodass Futterhefe in kleinen Mengen (2–3 % der Futtertrockensubstanz) häufig als natürliche Vitamin-B-Quelle eingesetzt wird. Wegen des leicht bitteren Geschmacks müssen Bierhefen (falls in größeren Mengen oder als Zusatzpräparat verwendet) zuvor entbittert oder sorgfältig mit anderen Futtermitteln vermischt werden.

Kartoffeln und Rüben

- Kartoffeln sind stärkereich und enthalten hochwertiges Eiweiß, allerdings in geringen Mengen
- Rübenprodukte sind pektinreich und arm an Protein

Kartoffeln

Als energielieferndes Futtermittel und wegen ihrer guten Akzeptanz hat die Kartoffel in der Hundefütterung durchaus ihren Platz.

Inhaltsstoffe Sie ist stärkereich und eiweißarm. Unter den Mengenelementen ist der hohe Gehalt an Kalium bemerkenswert, während Spurenelemente wenig enthalten sind. Fettlösliche Vitamine fehlen, wasserlösliche Vitamine kommen in Kartoffeln vor.

Verdaulichkeit Kartoffeln müssen stets gekocht werden (gegebenenfalls auch mit Schale), damit sie vollständig verdaut werden. Zuvor sind sie zu reinigen, Keime zu entfernen, ebenso grün gewordene Knollen aufgrund des hohen Gehalts an Solanin. Dieses ist ein an Saponin gebundenes Steroidalkaloid und weist eine vergleichsweise hohe Toxizität auf. Es kommt in Nachtschattengewächsen vor, bei Verwendung grüner Kartoffeln geht es auch in das Kochwasser über. Kartoffelflocken (oder Püree) sind ähnlich wie das Ausgangsmaterial zusammengesetzt. Der K-Gehalt kann niedriger, der Na-Gehalt höher sein. Kartoffeln und ihre Fertigprodukte werden gut vertragen und können bis zu 50 % der Ration ausmachen.

Rüben

Möhren bestehen vor allem aus Pektinen und Zucker und enthalten hohe Mengen des Provitamins A, das β-Carotin. Sie können wegen ihrer guten Akzeptanz frisch gefüttert werden. Die meisten Hunde fressen sie ausgesprochen gern, sodass sie auch als Belohnung gut einsetzbar sind. Trockenprodukte stehen ebenfalls zur Verfügung (Würfel, Flocken). Ihr Einsatz sollte auf 2–4 g Trockensubstanz/kg KM/Tag (frisch ca. 15 g) beschränkt bleiben, da größere Mengen die Kotkonsistenz ungünstig beeinflussen.

Weiterhin kann **Rote Bete** verfüttert werden, sie enthält jedoch kein β-Carotin. Ähnliches gilt für **Kohlrabi**. Die bei der **Zuckerrübenverarbeitung** anfallenden Trockenschnitzel sind reich an Pektinen, die im Dickdarm mikrobiell fermentiert werden. Trockenschnitzel werden häufig zu Anteilen von 5–10 % der Gesamtration als Ballaststoff eingesetzt.

Gemüse und Kräuter

Gemüse

Bei richtiger Zubereitung (zerkleinern, kochen) können auch verschiedene Gemüsearten an Hunde verfüttert werden. In ballaststoffarmen Rationen sind sie evtl. sogar notwendig. Grüner Salat, verschiedene Kohlarten, Spinat, Petersilie oder Schnittlauch sind faserreich (Verdaulichkeit 40–70 %). Bei üblichen Mengen (bis 5 % der Gesamttrockensubstanz) kann damit jedoch nicht der Bedarf an Mineralien und Vitaminen abgedeckt werden. Tomaten und Tomatenmark (Rückstand von der Tomatenverarbeitung) sind pektinreich. Sie können, ähnlich wie die zuvor genannten Produkte, zu diätetischen Zwecken verwendet werden.

Kräuter

Für Hunde werden in zunehmendem Maße auch Kräutermischungen angeboten, die gesundheitsfördernd wirken sollen. Abgesehen von spezifischen Produkten, für die eine erfolgreiche Beeinflussung bestimmter Störungen nachgewiesen wurde (z. B. Kamille mit entzündungswidriger Wirkung, Bärentraubenblättertee für Blasenleiden oder Lindenblütentee zur Sekretionsförderung), sollte man kritisch sein.

Zwiebeln/Knoblauch

Ihnen wird eine (nicht bewiesene) vermizide Wirkung nachgesagt. Zwiebeln im Übermaß (> 5 g/kg KM/Tag) sind schädlich, da ein S-haltiger Inhaltsstoff (Allylpropyldisulfid) die Erythrozytenmembran angreift und Anämie verursacht. Auch Knoblauch kann bei Gabe höherer Mengen toxisch wirken. Zudem legen Geruchsveränderungen des Hundes eine maßvolle Verwendung nahe.

Obst und Faserstoffe

- wasser- und faserreich
- wasserlösliche Vitamine
- teils abführende Wirkung

Obst

Frisches Obst (Äpfel, Birnen) kann in kleinen Mengen an Hunde verfüttert werden. Es enthält neben ca. 85 % Wasser Pektine, verschiedene Zucker sowie wasserlösliche Vitamine. Überhöhte Mengen (> 10 g/kg KM/Tag) können zu Veränderungen der Kotkonsistenz führen. Pflaumen (frisch oder getrocknet) haben eine stärkere abführende Wirkung. Die Kerne müssen entfernt werden, um Darmverstopfungen zu vermeiden, insbesondere bei kleineren Hunderassen.

Bananen sind stärke- und kaliumreich, doch eiweißarm, also vorrangig Energielieferanten. Bei Verwendung größerer Mengen sind sie zu dämpfen, da die rohe Stärke im Dünndarm schwer verdaulich ist.

Faserstoffe

Grünmehl aus Luzerne oder Gras, das im Landhandel zu beziehen ist, kommt ggf. als Zusatz zu ballastarmen Rationen (Schlachtabfälle, Kartoffeln, Getreide) oder zur Reduzierung des Energiegehalts der Ration infrage (bis 5 % der Trockensubstanz). Es enthält ca. 20 % Rohfaser und ist schwer verdaulich.

Futterzellulose wird als Ballaststoff eingesetzt. Bei weitgehender Befreiung von Lignin wird noch eine relativ hohe Verdaulichkeit (ca. 40–50 %) erreicht.

Für die Herstellung eigener Rationen, aber auch für die Mischfutterproduktion, können verschiedene andere Faserstoffe genutzt werden. Die Produkte unterscheiden sich hinsichtlich ihrer Gehalte an Rohfaser sowie hinsichtlich der qualitativen Eigenschaften der Faserstoffe. Verwendet werden Mais- und Reiskleie, Soja- und Erdnussschalen oder Weizenkeime. Neben pektinreichen Futterkomponenten (z. B. Apfelpektin) stehen auch entpektinisierte Obsttrester zur Verfügung. Je zellulose- oder ligninreicher die Produkte sind, desto mehr wirken sie als unlösliche Ballaststoffe. Höhere Anteile an Pektin bzw. Hemizellulosen bewirken eine höhere Löslichkeit und eine stärkere Fermentierbarkeit durch die intestinalen Mikrobiota.

Süßigkeiten

✳ • zuckerreich
  • nährstoffarm

Schokolade, Bonbons und andere Süßigkeiten werden gelegentlich gefüttert, da sie wegen des süßen Geschmacks gern gefressen werden. Aus ernährungsphysiologischer Sicht ist ihre Fütterung überflüssig und eher nachteilig. Es handelt sich meistens um einseitig zusammengesetzte, reine Energielieferanten ohne essenzielle Nährstoffe. Infolge der guten Akzeptanz besteht stets die Gefahr einer überhöhten Energieaufnahme bei gleichzeitig ungenügender Versorgung mit anderen Nährstoffen. Verfettung und Mangelkrankheiten ebenso wie nachteilige Wirkungen auf die Zahngesundheit sind mögliche Folgen. Schokolade enthält mehr oder weniger große Theobrominmengen, die für Hunde toxisch wirken können (besonders dunkle Schokolade). Bei Salzgebäck ist der hohe Salzgehalt zu berücksichtigen, insbesondere bei Hunden mit Herzerkrankungen. Über die speziell für den Hund hergestellten „Leckerli" siehe Kapitel 5.3.4.

5.2.4 Futtermittel zur Energieaufwertung

Fette und Öle

Fette und Öle sind in der Fütterung als Energielieferanten von Bedeutung. Außer essenziellen Fettsäuren und evtl. fettlöslichen Vitaminen enthalten sie keine weiteren Nährstoffe. Ihre Akzeptanz und Verträglichkeit ist im Allgemeinen gut. Butterfett mit kurzkettigen (< C 8) sowie Palmkernfett und Kokosöl mit mittellangen Fettsäuren (C 8–C 12) sind in größeren Mengen wegen ihrer abführenden und emetischen Wirkung weniger verträglich.

Öle pflanzlicher Herkunft

Öle pflanzlicher Herkunft enthalten meistens viele ungesättigte Fettsäuren. Zwischen den einzelnen Ölen existieren erhebliche Unterschiede. Linolsäure ist insbesondere im Sonnenblumen-, Distel- und Maiskeimöl enthalten. α-Linolensäure findet sich dagegen in größeren Mengen im Leinöl, auch Rapsöl enthält einen größeren Anteil. Olivenöl ist reich an Ölsäure und enthält nur in geringem Umfang mehrfach ungesättigte Fettsäuren.

Tierische Fette

Tierische Fette sind durch einen höheren Anteil an gesättigten Fettsäuren gekennzeichnet. Deren Anteil ist in Wiederkäuerfetten am höchsten und nimmt über das Schweine- und Geflügelfett bis zu Fischöl ab. Fette (Öle) mit höheren Mengen an ungesättigten Fettsäuren werden leichter ranzig, sodass sie mit Antioxidanzien stabilisiert werden müssen. Andererseits erreichen solche Fette die höchste Verdaulichkeit (▶ **Tab. 3.10**). Nur sehr harte Fette von Wiederkäuern bleiben in der Verdaulichkeit unter 90 %.

Fütterungsempfehlung In der Fütterungspraxis können sowohl Gemische aus tierischen Fetten als auch Öl von Soja, Mais, Leinsamen, Sonnenblumen oder Oliven eingesetzt werden, besonders bei Hunden mit hohem Energiebedarf, z. B. Schlittenhunden oder laktierenden Hündinnen. Durch eine Linolsäureaufnahme von > 0,5 g/kg KM/Tag lässt sich bei Hündinnen der Gehalt dieser Säure im Milchfett erhöhen. Spezielle Öle, z. B. Nachtkerzen- oder Fischöl, werden in der Diätetik eingesetzt (s. Kap. 7.8).

Stärke und Zucker

Stärke oder Zucker kommen in isolierter Form für Spezialdiäten infrage. Sie dienen ausschließlich der Energieversorgung und enthalten keine anderen Nährstoffe. Isolierte Stärke von Kartoffeln oder Maniok muss thermisch aufgeschlossen werden. Unter den Monosacchariden ist die Glukose für diätetische Zwecke geeignet. Fruktose wird etwas langsamer absorbiert. Rohrzucker und vor allem Milchzucker sollten wegen der begrenzten Aufschlussfähigkeit im Darm nicht in überhöhten Mengen zugeteilt werden.

▶ **Tab. 5.2** Mineralstoffhaltige Futtermittel (Gehalte pro 100 g).

	Kalzium (g)	Phosphor (g)	Natrium (g)	Jod (mg)
kohlensaurer Futterkalk	37	–	–	–
Dikalziumphosphat (x 2 H_2O)	21	16	–	–
Eischalen, getrocknet	37	0,2	0,1	0,01
Kalziumzitrat (x 4 H_2O)	21	–	–	–
Kalziumlaktat (x 5 H_2O)	13	–	–	–
Viehsalz (Kochsalz), jodiert	–	–	38	7
Knochenfuttermehl	30	15	–	–
Futterknochenschrot	20	11	0,6–1	–
Seealgenmehl	1–3	–	3–4	50–150

Spurenelemente: NaI (68 % I); KI (76 % I); $CuSO_4$ x 5 H_2O (25 % Cu); $ZnSO_4$ x 7 H_2O (23 % Zn) und Na_2SeO_3 (46 % Se)

5.2.5 Einzelfuttermittel zur Ergänzung von Mineralien und Vitaminen

Viele Futtermittel für Hunde sind einseitig zusammengesetzt und müssen mit Mineralien und Vitaminen ergänzt werden. Dazu stehen natürliche, bei Vitaminen auch synthetisch hergestellte Produkte zur Verfügung.

Mineralien und Spurenelemente

Zur Substitution des oft fehlenden Kalziums können kohlensaurer Futterkalk (Kalziumkarbonat) oder, sofern auch Phosphor supplementiert werden muss, phosphorsaurer Futterkalk (Dikalziumphosphat) verwendet werden (▶ Tab. 5.2). In natürlicher Form liegt Kalziumkarbonat auch in Ei- oder Muschelschalen vor, die fein zerkleinert ebenfalls als Kalziumquelle infrage kommen. Teure organische Ca-Verbindungen werden – bei einem Ca-Defizit – nicht besser resorbiert.

Für die Natriumergänzung ist Viehsalz – möglichst jodiert – ausreichend. Die aus Knochen hergestellten Produkte Futterknochenschrot (enthält noch 25 % Eiweiß) oder Knochenfuttermehl haben den Vorteil einer hohen Akzeptanz, sie enthalten gleichzeitig aber auch noch Phosphor (der oft nicht zusätzlich benötigt wird) sowie Magnesium, Natrium und Zink.

Algenmehl ist reich an Spurenelementen, besonders Jod. Überdosierungen sind vor allem bei tragenden Hündinnen zu vermeiden, da evtl. Schäden an den Früchten auftreten können.

Vitamine

Für die Versorgung mit Vitamin A und D werden heute überwiegend synthetische Produkte als Futterzusatzstoffe eingesetzt (▶ Tab. 5.4). Als natürliche Quellen dienen Leber oder Milch. Zur Ergänzung von Vitamin E wird vorrangig Weizenkeimöl, von wasserlöslichen Vitaminen Hefe verwendet. Sämtliche Vitamine stehen außerdem als Futterzusatzstoffe zur Verfügung.

5.3 Mischfuttermittel

5.3.1 Allgemeines

Das Angebot von Mischfuttermitteln für Hunde ist nahezu unübersehbar groß. Die Produkte lassen sich in Alleinfutter und Ergänzungs- bzw. Beifutter sowie Diätfuttermittel unterteilen (▶ Tab. 5.3). Hundekuchen wurden bereits in den 70er-Jahren des 19. Jahrhunderts in England hergestellt. Die Produktion von Dosenfutter begann erst nach dem 1. Weltkrieg.

Für Mischfutter werden die in Kapitel 5.2 genannten Futterausgangserzeugnisse in wechselnden Mengen und nach unterschiedlicher Zubereitung verwendet. Dazu zählen auch mineralstoff-

▶ **Tab. 5.3** Einteilung und Definition industriell hergestellter Futtermittel für Hunde.

Alleinfutter	sollen bei ausschließlicher Verwendung alle Nahrungsbedürfnisse des Hundes erfüllen Einteilung in: • Trockenfutter • Feucht-(Dosen)futter • halbfeuchte Futter
Ergänzungsfuttermittel	sollen bestimmte Futtermittel so ergänzen, dass die Gesamtration alle notwendigen Nährstoffe enthält Einteilung in: • kohlenhydratreiche Ergänzungsfutter • eiweißreiche Ergänzungsfutter • Mineralfutter bzw. vitaminierte Mineralfutter (>40 % Asche)
Beifutter[1]	kann zusätzlich zu Alleinfutter oder gemischten Rationen gegeben werden: • zum „Verwöhnen" • zur Belohnung • zur Reinigung der Zähne • zur Beschäftigung (Kauknochen)
Diätfuttermittel	sollen den besonderen Ansprüchen von Tieren dienen, bei denen Störungen der Verdauung oder des Stoffwechsels vorliegen

[1] keine futtermittelrechtlich verbindliche Bezeichnung

reiche Produkte (▶ Tab. 5.2), ferner werden zugelassene Zusatzstoffe eingemischt (▶ Tab. 5.4).

Futterzusatzstoffe

Futterzusatzstoffe sind hinsichtlich ihrer Wirksamkeit und Unbedenklichkeit geprüft und müssen EU-weit zugelassen werden. Die Regelungen sind in der Verordnung (EG) Nr. 1831/2003 über Zusatzstoffe zur Verwendung in der Tierernährung verbindlich festgeschrieben.

Einteilung

Zusatzstoffe werden in 5 Gruppen unterteilt, von denen allerdings nur 4 für Hunde relevant sind: ernährungsphysiologische, technologische, sensorische und zootechnische Zusatzstoffe (▶ Tab. 5.4).

Spurenelemente und Vitamine In der Herstellung von Mischfutter für Hunde haben insbesondere die aus ernährungsphysiologischen Gründen zugesetzten Vitamine und Spurenelemente Bedeutung, da sie für die Komplettierung des Nährstoffangebots im Futter unbedingt erforderlich sind.

Unter den Zusatzstoffen mit Nährstoffcharakter sind Höchstmengen für Eisen, Zink, Kupfer,

▶ **Tab. 5.4** Zusatzstoffe, die in Futtermitteln für Hunde eingesetzt werden*.

Zusatzstoffe	Beispiele	Deklarationsangaben	Mengenangabe Pflicht[1]	freiwillige Angabe
1. technologische Zusatzstoffe				
Konservierungsstoffe	organische Säuren und ihre Salze, Natriumbisulfit, Natriumnitrit	„mit Konservierungsstoff" oder „konserviert mit" und der Bezeichnung[2]		
Antioxidanzien	Tocopherole (Vitamin E), Vitamin C, Butylhydroxytoluol (BHT), -anisol (BHA), Ethoxyquin, Gallate u. a.	„mit Antioxidans" und der Bezeichnung[2]		
Emulgatoren, Stabilisatoren, Verdickungs- und Geliermittel	Algenprodukte, Guar-Gummi, Gummi arabicum, Pektine, Zellulose, Glyzerin, Pentanatriumphosphat, Polyethylenglykol, Propandiol u. a.			

▶ **Tab. 5.4** Zusatzstoffe, die in Futtermitteln für Hunde eingesetzt werden*. (Fortsetzung)

Zusatzstoffe	Beispiele	Deklarationsangaben	Mengenangabe Pflicht[1]	freiwillige Angabe
Bindemittel, Fließhilfsstoffe, Gerinnungshilfsstoffe	Zitronensäure, Kaolinit, Tone, Kieselsäure, Stearate u. a.	Zitronensäure, Bentonit-Montmorillonit		
Säureregulatoren	Ammoniumchlorid, Kalziumkarbonat, verschiedene Salze, Schwefelsäure			
2. sensorische Futterzusatzstoffe				
färbende Stoffe	Canthaxanthin, Patentblau, Brillantsäure-Grün, Stoffe, die in gemeinschaftlichen Vorschriften zur Färbung von Lebensmitteln zugelassen sind	„mit Farbstoff" oder „gefärbt mit"		
Aromastoffe und appetitanregende Stoffe	alle natürlich vorkommenden Stoffe und die ihnen entsprechenden synthetischen Stoffe, Neohesperidin-Dihydrochalcon			
3. ernährungsphysiologische Zusatzstoffe				
Vitamine und vitaminähnliche Stoffe	Vitamine A, D, E, K, B_1, B_2, B_6, B_{12}, C; β-Carotin, Biotin, Pantothensäure, Folsäure, Nikotinsäure, Cholin, Inosit, Carnitin, Taurin, essenzielle ungesättigte Fettsäuren	Vitamine A, D (IE/kg), Vitamin E (mg/kg)	+	Mengen müssen bei Namensnennung angegeben werden
Spurenelemente	Eisen, Jod, Kobalt, Kupfer, Mangan, Kupfer, Molybdän, Selen, Zink		+ (Kupfer)	andere Spurenelemente
Aminosäuren und ihre Salze	Lysin, Methionin, Threonin, Tryptophan			
4. zootechnische Futterzusatzstoffe				
Stabilisatoren der Darmflora, sonstige zootechnische Futterzusatzstoffe	probiotisch wirkende Mikroorganismen: *Enterococcus faecium*, *Lactobacillus acidophilus* (stammspezifisch)	Gehalt, Haltbarkeitsdauer, Registernummer		

*vollständige Auflistung sämtlicher zugelassener Futterzusatzstoffe siehe http://www.bvl.bund.de
[1] + = Mengenangaben vorgeschrieben
[2] Angabe des zugesetzten Stoffs nicht zwingend bei Verpackungen unter 10 kg, wenn die Bezeichnung „EWG-Zusatzstoff" genannt ist. Auf Anfrage muss der Stoff durch den Hersteller genannt werden.

Mangan, Jod, Kobalt, Selen, Vitamin A und Vitamin D festgesetzt. Während diese Nährstoffe in kleinen Mengen lebensnotwendig sind, können überhöhte Aufnahmen zu Intoxikationen führen.

Aminosäuren Bestimmte essenzielle Aminosäuren können in Mischfuttermitteln eingesetzt werden, um das Aminosäurenmuster zu optimieren.

Antioxidanzien Für die Stabilisierung von Fetten mit einem hohen Anteil an ungesättigten (d. h. leicht oxidierbaren) Fettsäuren werden neben den natürlichen bzw. naturidentischen Antioxidanzien, den γ-Tocopherolen oder der Ascorbinsäure, auch technisch hergestellte Substanzen eingesetzt, wie z. B. Ethoxyquin, Butylhydroxytoluol und -anisol sowie Gallate. Die dem Ethoxyquin nachgesagten schädlichen Wirkungen haben sich bisher experimentell nicht bestätigt. Die synthetischen sind gegenüber natürlichen Produkten generell wirksamer und preisgünstiger, sodass zur Sicherung der Fettstabilität und zur Vermeidung von toxisch wirkenden Oxidationsprodukten (Peroxide) auf diese Stoffe nicht vollkommen verzichtet werden kann.

Konservierungsmittel Konservierungsmittel, vor allem Säuren, sind in halbfeuchten Futtermitteln, seltener im Trockenfutter üblich. Propionsäure und ihre Salze sowie Sorbate sind z. B. in der Lage, das Wachstum von Schimmelpilzen zu hemmen. Weitere zugelassene Konservierungsstoffe sind Sulfite (Natriumsulfit, Natriumbisulfit und Natriummetabilsulfit) bis 500 mg insgesamt pro kg Alleinfutter, ausgedrückt als Schwefeldioxid und Natriumnitrit (bis 100 mg/kg Alleinfutter).

Als Konservierungsstoff, der gleichzeitig auch als Energielieferant und zur Herstellung eines formbaren Futterbreies dient, hat sich das 1,2-Propandiol (Propylenglykol) bewährt. Es kann in Mengen bis zu 5,3 % im lufttrockenen Futter verwendet werden, wird rasch vom Darm absorbiert und im intermediären Stoffwechsel vollständig abgebaut (über Milchsäure zu Brenztraubensäure). Überschreitet Propandiol einen bestimmten Schwellenwert im Blut, wird es über die Nieren, evtl. auch über den Speichel ausgeschieden. Die Prüfung auf chronische Toxizität ergab bei Dosierungen von 2 g/kg KM (ca. 10 % im Futter) noch keine nachteiligen Wirkungen.

Säureregulatoren Säureregulatoren beeinflussen den pH-Wert des Futters, können aber auch auf den pH-Wert des Urins Einfluss nehmen. Es sind verschiedene Salze (Phosphate, Karbonate) und Säuren zugelassen.

Emulgatoren, Stabilisatoren, Verdickungs-, Gelier- und Bindemittel Die große Gruppe der Emulgatoren, Stabilisatoren, Verdickungs- und Geliermittel sowie der Bindemittel dient vor allem dazu, Aussehen und Konsistenz der Futtermittel zu beeinflussen oder Wasser zu binden. Eine ernährungsphysiologische Indikation besteht nicht. Es handelt sich um gelierende Substanzen, z. B. Alginate oder Carrageen, die in der Herstellung von Feuchtalleinfutter Bedeutung haben. Überhöhte Gehalte an Geliermitteln scheinen jedoch die Kotkonsistenz ungünstig zu beeinflussen. Pentanatriumtriphosphat, das aufgrund seiner stabilisierenden Eigenschaften geformten Fleischstücken oder Schlachtabfällen zugemischt wird, um ihre Struktur zu erhalten, darf bis 5 g/kg Mischfutter (88 % TS) eingesetzt werden.

Farbstoffe Als färbende Stoffe sind sowohl in der Natur vorkommende (z. B. gelbrote Oxycarotinoide aus verschiedenen Pflanzen) als auch synthetische Produkte zugelassen. Sie dürfen jedoch nur unter den im Lebensmittelrecht festgelegten Bedingungen zugemischt werden. Hunde sind weitgehend farbenblind, sodass durch Farbzusätze keine Verbesserung des Futterwertes (höhere Akzeptanz) erreicht wird. Die Farben sollen in erster Linie den Käufer beeinflussen. Beim Kauf sollte man daher berücksichtigen, dass nicht immer ursprüngliche Farben der verwendeten Futterkomponenten das Aussehen des angebotenen Produktes bestimmen.

Geschmackskorrigenzien Eine in der Praxis oft überschätzte Bedeutung haben sensorische Zusätze im Sinne von Geschmackskorrigenzien in Mischfuttermitteln. Neben Vanillin, Anis, Fenchel sowie Natriumglutamat werden verschiedene andere Substanzen zugesetzt, um bestimmte Geschmackstönungen, wie sie in natürlichen Produk-

▶ **Tab. 5.5** Beispiel für Deklarationsangaben.

Inhaltsstoff	deklarierte Angaben in % (g/100 g)
Feuchte	78
Rohprotein	10
Rohfett	4,5
Rohfaser	0,5
Rohasche	2

ten vorkommen (Leber, Huhn, Fleisch etc.), zu simulieren. Die Annahme, dass der Hund durch diese Zusatzstoffe auf bestimmte Geschmacksrichtungen geprägt und ein Futterwechsel erschwert wird, ist wissenschaftlich nicht nachgewiesen. Wichtiger für die Akzeptanz eines Futters ist die Grundrezeptur.

Probiotika Zootechnische Futterzusatzstoffe haben bei der Herstellung von Mischfuttern für Hunde bislang keine weite Verbreitung gefunden. Mikroorganismen, die dem Futter zugesetzt werden, um die Darmflora zu stabilisieren („Probiotika"), werden teilweise in der Praxis verwendet. Für die Anwendung in der Ernährung von Hunden sind spezifische Stämme von *Lactobacillus acidophilus* und *Enterococcus faecium* zugelassen. Anwendungsgebiet ist im Wesentlichen die Stabilisierung des Verdauungsprozesses.

Viele Tierhalter vermuten ein allergenes Potenzial von Futterzusatzstoffen, allerdings bestehen dazu bisher keinerlei Hinweise. Die meisten Zusatzstoffe sind chemisch einfach aufgebaute Substanzen ohne allergene Potenz, theoretisch ist jedoch eine Haptenwirkung nicht auszuschließen.

Kennzeichnungsvorschriften

Die Vorschriften über die Kennzeichnung von Mischfuttermitteln sollen den Käufer hinreichend über Art und Verwendungszweck des Produkts informieren. Neben einer eindeutigen Bezeichnung (Allein-, Ergänzungs-, Mineralfutter) sind die Angaben über die Inhaltsstoffe sowie die verwendeten Einzelfuttermittel für den Käufer von Interesse.

Vorschriften für die Kennzeichnung von Mischfuttermitteln für Hunde

1. Bezeichnung des Futtermittels (Allein- oder Ergänzungsfuttermittel), ggf. Verwendugnszweck
2. Angaben über
   - Feuchtigkeit (wenn > 14 %, d. h. bei Feucht- oder halbfeuchten Futtermitteln)
   - Inhaltsstoffe in % der Originalsubstanz in Alleinfutter und Ergänzungsfutter (außer Mineralfutter):
     – Rohasche
     – Rohprotein
     – Rohfett
     – Rohfaser
   - Inhaltsstoffe in % der Originalsubstanz in Mineralfutter:
     – Kalzium
     – Phospor
     – Natrium
   - enthaltene Einzelfuttermittel bzw. Futtermittelgruppen (▶ Tab. 5.7)
   - Zusatzstoffe (▶ Tab. 5.4)
   - Nettogewicht (Nettomasse)
   - Mindesthaltbarkeitsdatum
   - Bezugsnummer der Partie
3. Name und Anschrift des Verantwortlichen, der das Futter in den Verkehr gebracht hat, Zulassungskennnummer des Betriebs

Energiegehalt und Energie-Eiweiß-Verhältnis

Aus den Zahlen über die Inhaltsstoffe können der Energiegehalt und das Energie-Eiweiß-Verhältnis abgeschätzt werden. Ein Beispiel für Inhaltsstoffe bzw. Deklarationsangaben gibt ▶ Tab. 5.5.

1. Berechnung der Trockensubstanz:

   100 – Feuchte
   hier: 100 – 78 = 22 %

2. Berechnung der N-freien Extraktstoffe (NfE). Diese werden nicht deklariert, sind jedoch für die Energieberechnung erforderlich (im Wesentlichen entsprechend dem Stärke- und Zuckeranteil des Futters):

   NfE = Trockensubstanz – (Rohprotein + Rohfett + Rohfaser + Rohasche)
   Hier: 22 – (10 + 4,5 + 0,5 + 2,0) = 5 g NfE/100 g

3. Berechnung der umsetzbaren Energie (pro 100 g FS).
Es stehen verschiedene Verfahren zur Verfügung, die zur Einschätzung des Energiegehaltes in Mischfuttermitteln durch den Käufer dienen können. Für Deklarationszwecke sollte die ums. Energie im Verdauungsversuch unter Verwendung kalorimetrischer Verfahren bestimmt werden.
Anhand des nachfolgend dargestellten Schätzverfahrens kann der Gehalt an umsetzbarer Energie mithilfe von 4 Rechenschritten abgeleitet werden.

a Berechnung der Bruttoenergie durch Multiplikation der Gehalte an Nährstoffen mit ihren Brennwerten (▶ Tab. 5.6), alternativ Bestimmung durch Bombenkalorimetrie.

b Schätzung der scheinbaren Verdaulichkeit anhand des Rohfasergehalts in der Trockensubstanz. Zunächst wird der Rohfasergehalt von FS auf TS umgerechnet:

Rfa in g/100 g TS = Rfa (g/100 g in FS)/TS (g/100 g) × 100
Hier: 0,5/22 × 100 = 2,27 g Rfa in 100 g TS
Scheinbare Verdaulichkeit der organischen Substanz (sV oS; %) = 91,2 – 1,43 × % Rfa in TS
Hier: 91,2 – 1,43 × 2,27 = 87,95 %

c Schätzung der verdaulichen Energie (DE) aus der Bruttoenergie und der scheinbaren Verdaulichkeit der organischen Substanz:

Verdauliche Energie in kJ/100 g = scheinbare Verdaulichkeit der organischen Substanz (%) × Bruttoenergie in kJ/100 g
Hier: 87,95 × 511 : 100 = 449 kJ/100 g

d Umrechnung auf umsetzbare Energie (uE) durch Korrektur der verdaulichen Energie um die erwarteten Energieverluste durch die renale Stickstoffausscheidung:

umsetzbare Energie = verdauliche Energie – (4,35 kJ × % Rp)
Hier: 449 – 43,5 = 406 kJ/100 g

(Quelle: National Research Council 2006)

Das exakteste Verfahren besteht aus der Bestimmung der verdaulichen Energie im Verdauungsversuch und Erfassung der Ausscheidung an Harnenergie. Dieses Verfahren ist für den Vergleich von Futtermitteln durch den Tierhalter allerdings zu aufwendig und wissenschaftlichen Fragestellungen vorbehalten. Ersatzweise ist die Korrektur der verd. Energie auf die Stufe der umsetzbaren Energie durch Abzug von 4,35 kJ/g aufgenommenes Rohprotein möglich.

Futterqualität

Aus den Angaben über die verwendeten Einzelfuttermittel ergeben sich Hinweise auf die Qualität des Futters. Dabei gilt, dass die Einzelfuttermittel entweder in % (dann alle) oder in absteigender Reihenfolge ihrer Gewichtsanteile aufgeführt werden müssen. Bei Feuchtfutter sichert diese Bestimmung allerdings keine eindeutige Aussage über die trockene Menge der eingemischten Futtermittel. Werden beispielsweise wasserreiche (Fleisch) und trockene Produkte (Sojaeiweiß) verwendet, so kann, selbst bei hohem Fleischanteil, mehr Eiweiß pflanzlicher Herkunft im Produkt sein wegen des geringeren Wassergehaltes bezogen auf die

▶ **Tab. 5.6** Berechnung der Bruttoenergie anhand der deklarierten Inhaltsstoffe eines Futtermittels.

	deklarierte Angaben in % (g/100 g)		Bruttoenergie in kJ/g		Bruttoenergie in kJ
Feuchte	78				
Rohprotein	10	×	23,9	=	239
Rohfett	4,5	×	39,4	=	177
Rohfaser	0,5	×	17,2	=	9
Rohasche	2				
NfE (errechnet)	5	×	17,2	=	86
Summe					511

▶ **Tab. 5.7** Definitionen für Futtermittelgruppen, die bei der Kennzeichnung von Hundefuttermitteln verwendet werden können.

Fleisch und tierische Nebenerzeugnisse	alle Fleischteile geschlachteter, warmblütiger Landtiere, frisch oder durch ein geeignetes Verfahren haltbar gemacht, sowie alle Erzeugnisse und Nebenerzeugnisse aus der Verarbeitung von Tierkörpern oder Teilen von Tierkörpern warmblütiger Landtiere
Milch und Molkereierzeugnisse	alle Milcherzeugnisse, frisch oder durch ein geeignetes Verfahren haltbar gemacht, sowie die Nebenerzeugnisse aus der Verarbeitung
Eier und Eiererzeugnisse	alle Eiererzeugnisse, frisch oder durch ein geeignetes Verfahren haltbar gemacht, sowie die Nebenerzeugnisse aus der Verarbeitung
Fisch und Fischnebenerzeugnisse	Fische oder Fischteile, frisch oder durch ein geeignetes Verfahren haltbar gemacht, sowie die Nebenerzeugnisse aus der Verarbeitung
Getreide	alle Arten von Getreide, ganz gleich in welcher Aufmachung, sowie die Erzeugnisse aus der Verarbeitung des Mehlkörpers
Öle und Fette	alle tierischen und pflanzlichen Öle und Fette
Gemüse	alle Arten von Gemüse und Hülsenfrüchten, frisch oder durch ein geeignetes Verfahren haltbar gemacht
pflanzliche Nebenerzeugnisse	Nebenerzeugnisse aus der Aufbereitung pflanzlicher Erzeugnisse, insbesondere Getreide, Gemüse, Hülsenfrüchte, Ölfrüchte
pflanzliche Eiweißextrakte	alle Erzeugnisse pflanzlichen Ursprungs, deren Proteine durch ein geeignetes Verfahren auf mindestens 50 % Rp, bezogen auf die Trockenmasse, angereichert sind und umstrukturiert (texturiert) sein können
Bäckereierzeugnisse	alle Erzeugnisse aus der Backwarenherstellung, insbesondere Brot, Kuchen, Kekse sowie Teigwaren

Trockensubstanz. Eine weitere Verwässerung der Informationen erlaubt die Möglichkeit, Einzelfuttermittel zu Gruppen zusammenzufassen (▶ Tab. 5.7). Unter der Bezeichnung Fleisch und tierische Nebenerzeugnisse kann sich hochwertige Muskulatur, aber auch bindegewebereiches Schwartenmaterial verbergen. Das Vorhandensein eines oder mehrerer Einzelfuttermittel (z. B. Fleisch) darf nur hervorgehoben werden, wenn sie für die Merkmale des Mischfutters wesentlich sind und der Gehalt in Prozent aufgeführt wird.

Weitere Angaben sind möglich, wenn sie sich auf nachweisbare objektive, insbesondere messbare Faktoren beziehen (z. B. weitere Inhaltsstoffe) oder auch auf die physikalische Beschaffenheit (Kroketten, Flocken etc.).

Der Energiegehalt von Mischfuttermitteln darf nicht angegeben werden, ausgenommen in Diätfuttermitteln gemäß Anlage 4 der Futtermittelverordnung. Im Hinblick auf die Futtermengenzuteilung wäre dieser Wert informativ. Sofern keine durchschnittlichen Zahlen zugrunde gelegt werden sollen (▶ Tab. 5.8), kann der Gehalt aus den deklarierten Inhaltsstoffen abgeleitet werden, so wie oben dargestellt.

5.3.2 Alleinfutter

Alleinfutter werden in der Hundefütterung bevorzugt. Sie sind einfach zu handhaben und bieten in der Regel ein ausgeglichenes Nährstoffangebot. In der Bundesrepublik Deutschland werden ca. 75 % der insgesamt von Hunden benötigten Energie durch diese Futtermittel gestellt, die sich umsatzmäßig etwa je zur Hälfte auf Feucht- und Trockenfutter verteilen.

▶ **Tab. 5.8** Inhaltsstoffe[1] in handelsüblichen Mischfuttermitteln für Hunde im Erhaltungsstoffwechsel und empfohlene Richtwerte (pro 100 g).

	handelsübliche Mischungen[2]	Richtwerte[3]
Trockenalleinfutter (n = 25)		
Feuchte (%)	9,32 (8–12)	< 12
Rohasche (%)	7,0 (4,7–8,7)	< 10
Rohprotein (%)	25 (20–42)	> 18
Rohfett (%)	12 (6–17)	> 5
Rohfaser (%)	2,9 (2–4,5)	> 1
ums. Energie (MJ/100 g)	1,5 (1,3–1,8)	
Feuchtalleinfutter (n = 32)		
Feuchte (%)	77 (65–85)	< 80
Rohasche (%)	1,8 (0,7–3)	< 2
Rohprotein (%)	11 (8–20)	> 5,5
Rohfett (%)	6,6 (3–10)	> 1
Rohfaser (%)	0,6 (0,1–2,2)	> 0,2
ums. Energie (MJ/100 g)	0,47 (0,33–0,66)	
kohlenhydratreiche Ergänzungsfutter (n = 6)		
Feuchte (%)	10 (8–12)	
Rohasche (%)	5,3 (2–8)	
Rohprotein (%)	12 (10–13)	
Rohfett (%)	3 (2–5)	
Rohfaser (%)	3 (2–5)	
ums. Energie (MJ/100 g)	1,3 (1,2–1,4)	

[1] Inhaltsstoffe in % der Originalsubstanz
[2] in Klammern Schwankungsbereiche
[3] Wert, der bei einem angenommenen Energiegehalt von 1,5 (Trockenalleinfutter) bzw. 0,4 MJ uE/100 g Feuchtalleinfutter möglichst nicht über- bzw. unterschritten werden sollte.

⚠ **Alleinfutter müssen nach Maßgabe des Futtermittelrechts so zusammengesetzt sein, dass bei ausschließlicher Verwendung weder ein Mangel noch ein Überschuss an essenziellen Nährstoffen eintritt.**

Diese Futtermittel können ohne Ergänzungen verfüttert werden. Auf der anderen Seite können aber auch andere Produkte (Beifutter) oder frische Futtermittel (Leber, Eier, Milch oder Gemüse) in geringen Mengen zugefüttert werden, wenn die Alleinfuttermenge entsprechend reduziert wird. Eine Notwendigkeit für derartige Ergänzungen liegt aus ernährungsphysiologischer Sicht jedoch nicht vor.

Alleinfutter kommen in verschiedenen Zubereitungsformen auf den Markt (▶ Tab. 5.3) und zunehmend auch für eine differenzierte Verwendung. Es gibt Produkte für Hunde im Erhaltungsstoffwechsel, für Alt- oder Jungtiere, für Zucht- oder Sporthunde. Auch für kleine, mittelgroße und große Hunde bzw. für bestimmte Rassen werden besondere Mischungen angeboten. Dieses hat häufig seine Begründung in Marketingstrategien der Hersteller. Allerdings ist bekannt, dass es zwischen verschiedenen Rassen Unterschiede im Energiebedarf gibt. Umfassende Untersuchungen zu eventuell vorhandenen Unterschieden im Nährstoffbedarf in Abhängigkeit von der Rasse liegen nicht vor. In der Verträglichkeit für bestimmte Komponenten bestehen jedoch deutliche Unterschiede in Relation zur Rassengröße.

Trockenalleinfutter

Trockenalleinfutter gewinnen zunehmend an Bedeutung. Die meisten Produkte bestehen zu etwa 50 % aus Getreide (überwiegend Mais, Weizen, auch Getreideprodukte) neben tierischen (meist Geflügel- und Griebenmehl) und pflanzlichen Eiweißen (Sojaeiweiß, Maisnachprodukte u. a.) bzw. Fetten sowie anderen quantitativ weniger auffallenden Komponenten zur Nährstoffkomplettierung der Ration (Hefe, Gemüse, Mineralien, Vitamine). In gewissem Umfang kann auch Frischfleisch verwendet werden. Trockenfutter unterscheiden sich in ihrer Textur: Sie werden in festen, homogenen, einheitlichen Stücken (Pellets,

Biskuits, Kroketten) oder als Gemische (Getreideflocken mit verschiedenen Zusätzen) geliefert.

Pelletierte Futter, die durch Pressen (Verdichten) der zuvor genannten Komponenten entstehen, haben heute keine Bedeutung mehr, da Aussehen und Akzeptanz nicht den Verbraucherwünschen entsprechen. Eleganter und als Standard in der Mischfutterindustrie etabliert ist das Extrusionsverfahren, bei dem die Mischung in einer Schnecke unter hohem Druck und ggf. unter Einleitung von Wasserdampf durch eine Düse in verschiedene Formen gepresst wird (z. B. Kroketten).

Durch Aufsprühen von Vitaminen sowie Lösungen aus Eiweißhydrolysaten oder Fetten werden die Nährstoffe komplettiert bzw. die Akzeptanz erhöht.

Verschiedene Geschmacksrichtungen bzw. die geschmacklichen Eigenschaften der Hydrolysate können die Akzeptanz des Futters entscheidend beeinflussen. Manche Trockenfutterrezepturen enthalten neben verschiedenen aufgeschlossenen Getreideflocken eiweißreiche Brocken sowie Trockengemüse, sodass die Produkte für den Käufer attraktiv erscheinen.

Verdaulichkeit Bei Verwendung geeigneter Komponenten und sorgfältiger Herstellung liegt die Verdaulichkeit der organischen Substanz zwischen 85 und 90 %, kann jedoch bei einzelnen Produkten bis auf 80 % abfallen.

Energiegehalt Der Gehalt an Energie erreicht im Mittel 1,5 MJ uE/100 g lufttrockenes Futter. Er hängt vor allem vom Fett-, aber auch Rohasche- und Rohfasergehalt ab. Bei Zunahme des Fettgehaltes um 5 % (absolut) steigt der Energiegehalt um ca. 0,1 MJ/100 g Futter. Überhöhte Rohasche- (> 10 %) oder Rohfasergehalte (> 3 %) reduzieren den Gehalt an umsetzbarer Energie. Bei der Rohfaser sind zu geringe (ungenügende Darmtätigkeit), aber auch überhöhte Gehalte (abnehmende Akzeptanz und Verdaulichkeit, größere Kotmengen) unerwünscht.

Eiweißgehalt Der Eiweißgehalt in Trockenalleinfuttern variiert in marktgängigen Produkten zwischen 18 und 34 % (▶ Tab. 5.8). Normwerte lassen sich allein in Abhängigkeit von der Verwendung sowie dem Energiegehalt des Futters formulieren.

Bei mittleren Fett- und Energiegehalten sind die in ▶ Tab. 5.8 aufgeführten Richtwerte für Hunde im Erhaltungsstoffwechsel zu empfehlen. Bei einer optimalen Relation von Rohprotein zu Energie von etwa 10 : 1 für Hunde im Erhaltungsstoffwechsel sind selbst bei sehr energiereichen Produkten (> 2 MJ uE/100 g) 25 % Rohprotein ausreichend. Andererseits müssen Futter für Zuchthunde und Welpen mehr Eiweiß enthalten. Da Protein zum Teil für die Akzeptanz des Futters von Bedeutung ist, besteht die Tendenz zu höheren Werten, doch eine Überschreitung der Empfehlungen um mehr als 50 % bringt eher Nach- als Vorteile. Produkte mit sehr hohen Rohproteingehalten sind deshalb nicht besser oder gesünder.

Fettgehalt Zur Sicherung der Versorgung mit essenziellen Fettsäuren sollte der Fettgehalt mindestens 5 % betragen. Dadurch wird eine ausreichende Aufnahme von Linolsäure gewährleistet.

Mineralien und Vitamine Die Gehalte an Mineralien und Vitaminen müssen sich ebenfalls an dem Verwendungszweck (▶ Tab. 5.9), aber auch am Energiegehalt orientieren. Mit steigender Energiedichte geht die täglich erforderliche Futtermenge zurück, die pro kg Körpermasse notwendigen Nährstoffe müssen dann in entsprechend höheren Konzentrationen im Futter vorliegen. Die als optimal angesetzten Gehalte (▶ Tab. 5.9) an Kalzium und Phosphor werden in einigen Produkten merklich überschritten. Vorteile sind damit nicht verbunden, eher Nachteile durch Senkung der Akzeptanz sowie Beeinträchtigung der Verwertung anderer Nährstoffe. Unter den übrigen Nährstoffen ist gelegentlich ein zu hoher Gehalt an den Vitaminen A und D zu beanstanden.

Beurteilung

Trockenalleinfutter sind leicht zu handhaben und zu dosieren. Die früher nachgesagte geringere Akzeptanz gegenüber Feuchtfuttern ist durch bessere Konfektionierung oder auch höhere Fettgehalte weitgehend aufgehoben. Bei sehr fettreichen Produkten kann es bei Ad-libitum-Fütterung zu einer Hyperphagie kommen. Neben Kostenvorteilen wird bei harten Trockenfuttern auch eine günstige Wirkung auf die Zahngesundheit von Hunden vermutet. Hier ist aber nicht nur die Härte der Futter-

▶ **Tab. 5.9** Wichtige Mineralstoffe und Vitamine in handelsüblichen Mischfuttermitteln für Hunde im Erhaltungsstoffwechsel* und empfohlene Richtwerte (pro 100 g).

		handelsübliche Mischungen		empfohlene Richtwerte[1]	
		urspr. Substanz	Trockensubstanz	urspr. Substanz	
Trockenalleinfutter					
Kalzium	g	1,5 (0,9–2,5)[2,3]	1,7	0,8	(1,2)[4]
Phosphor	g	1,0 (0,8–1,9)	1,1	0,6	(0,9)
Natrium	g	0,4 (0,2–0,8)	0,4	0,4	(0,6)
Vitamin A	IE	1230 (600–1800)	1365	850	(1700)
Vitamin D	IE	130 (60–225)	145	85	(170)
Vitamin E	mg	8 (1–15)	9	8	
Feuchtalleinfutter					
Kalzium	g	0,28 (0,2–0,5)[5]	1,3	0,23	(0,35)
Phosphor	g	0,21 (0,1–0,35)	1,0	0,13	(0,26)
Natrium	g	0,20 (0,1–0,35)	0,9	0,12	(0,18)
Vitamin A	IE	325 (180–620)	3600	250	(500)
Vitamin D	IE	22 (15–40)	100	25	(50)
Vitamin E	mg	3,4 (0,7–9)	15	2,5	

* aufgrund der Deklaration von 54 bzw. 15 Mischfuttermitteln
[1] für Hunde im Erhaltungsstoffwechsel bei angenommenem Durchschnittsenergiegehalt von 1,5 bzw. 0,4 MJ uE/100 g
[2] in Klammern Schwankungsbreite
[3] bei 90 % TS
[4] in Klammern oberer Wert, der möglichst nicht überschritten werden sollte
[5] bei 22 % TS

brocken maßgebend, sondern auch deren Konsistenz, Größe und Form. Bei speziellen Produkten werden die Oberflächen der Futterbrocken mit komplexbildenden Substanzen (Phosphate) behandelt, die einer Bildung von Zahnplaque entgegenwirken.

Trockenfutter können zunächst aufgrund der deklarierten Inhaltsstoffe und nach dem Energiegehalt bewertet werden. Bei Preisvergleichen ist nicht nur an die unterschiedliche Qualität der verwendeten Komponenten, sondern auch an den Energiegehalt sowie die Akzeptanz, Verdaulichkeit und Verträglichkeit zu denken. Die letztgenannten Kriterien lassen sich erst nach der Verfütterung etwas besser beurteilen (Fresslust des Hundes, Haut und Haarkleid, Kotmenge und -konsistenz; Kap. 6.1). Größere Kotmengen sprechen für eine geringere Verdaulichkeit, wenngleich beachtet werden muss, dass der Kot 60–80 % Wasser enthalten kann (▶ Tab. 3.8).

Neben den genannten Kriterien können auch subjektive Eindrücke zur Beurteilung herangezogen werden. Unter den heutigen Produktionsbedingungen sind Fehlchargen oder Mangelprodukte seltene Ausnahmen.

Verderb Gelegentlich kommt es zu Überlagerungen beim Endverkäufer. Die äußere Verpackung liefert bereits erste Qualitätshinweise: Bei fettreichen Produkten deuten Fettränder an den Papiersäcken auf eine ungenügende Verpackung bzw. zu hohe Aufsprühmengen oder eine Überlagerung hin, evtl. auch auf Ranzigkeit des Fettes. Defekte in der äußeren Verpackung, besonders an den Ecken, ermöglichen Schädlingsbefall.

Nach Öffnen der Verpackung sollte der Geruch frisch und angenehm sein. Abweichungen (sauer, ranzig, muffig etc.) sprechen für eine Beeinträchtigung der Qualität. Sofern es sich um Futtermischungen mit nicht zu stark zerkleinerten Stücken oder um Pellets handelt, können die einzelnen Komponenten der Futtermittel weiter identifiziert werden, wie Getreideflocken (Weizen, Hafer, Mais), Gemüse (Möhren), Hülsenfrüchte oder extrudierte Schlachtabfälle etc. Bei der visuellen Beurteilung sollte man auf Fremdkörper (Mäusekot, Insekten, Larven, Milben etc.) achten. Nach längerer Lagerung bei höheren Temperaturen und Wasseraufnahme können sich Insekten oder Milben entwickeln und vermehren. Einen Hinweis auf eine sorgfältige Verarbeitung des Futters liefert der sich am Boden einer Tüte oder eines Sackes ansammelnde Abrieb, der möglichst gering sein sollte.

Bei pelletiertem Futter ebenso wie bei Keksen und gebackenen Produkten weisen dunkle Verfärbung, evtl. Verkohlung an den äußeren Rändern auf Verdichtungs- und Überhitzungsschäden hin.

Halbfeuchte Alleinfutter

Die Verbreitung halbfeuchter Alleinfutter, die Wassergehalte von 15–20 % aufweisen, scheint eher rückläufig. Die Vorteile dieser Futtermittel liegen in ihrer guten Akzeptanz sowie den günstigen Verarbeitungsmöglichkeiten. Allerdings müssen konservierende Stoffe zugesetzt werden (u. a. Propylenglykol, Zucker, Sorbate, Säuren), um Verderb zu verhindern. Als Ausgangsmaterialien dienen ähnliche Produkte wie in Trockenalleinfuttermitteln. Durch Zulage wasserbindender Zusätze kann das Material plastisch geformt werden (Ringe, fadenförmige Stränge oder Würfel).

Bei ähnlicher Verdaulichkeit wie Trockenfutter liegt der Energiegehalt – aufgrund des höheren Wassergehaltes – um bis zu 10 % tiefer als bei Trockenprodukten. Für die übrigen Inhaltsstoffe gilt Entsprechendes.

Die halbfeuchten Futter werden in Brockenform oder in Klarsichtfolien verpackt, gelegentlich auch in Wurstform gehandelt. Mögliche Nachteile durch geringere Lagerfähigkeit oder für die Zahngesundheit (Zuckergehalte bis zu 10 %) sind bisher nicht sicher nachgewiesen worden. Von manchen Hundebesitzern wird der weniger intensive Geruch im Vergleich zu Feuchtfuttern geschätzt.

Feuchtalleinfutter

Die Feuchtalleinfutter werden traditionell in Dosen, heute auch in Aufreißschalen oder sterilisierfähigen Aufreißbehältern sowie Folienbeuteln angeboten. Die frühere Bezeichnung Dosenfutter ist nicht zutreffend, da inzwischen auch eiweißreiche Produkte (z. B. Pansen) in Dosen gehandelt werden.

Als Ausgangsmaterialien dienen in der Regel neben geringen Mengen an Muskelfleisch Innereien und Organe, aber auch verarbeitete Geflügelkarkassen, pflanzliche Eiweiße sowie stärkereiche Produkte, wie z. B. Reis. Die Ausgangsmaterialien werden entweder homogenisiert oder aber in Stücken verarbeitet. Letztere bestehen teilweise aus vorgebackenen tierischen und pflanzlichen Ausgangsmaterialien. In manchen Produkten wird eine sauceartige Flüssigkeit eingesetzt und durch Geliermittel gebunden. Grundsätzlich ist auf eine ausreichende Sterilisierung Wert zu legen (Autoklavierung bei 126 °C Kerntemperatur). Die durch Erhitzung entstehenden Vitaminverluste (besonders Vitamin B_1 und Folsäure) müssen durch erhöhte Zulagen kompensiert werden. Die Verdaulichkeit erreicht 90 % und mehr.

Inhaltsstoffe Wegen des hohen Wasseranteils (72–81 %) sind die Nährstoffgehalte nicht direkt mit denen der Trockenfutter vergleichbar. Der Energiegehalt erreicht knapp ein Drittel desjenigen in Trockenprodukten. Bezogen auf die Trockensubstanz liegen die Gehalte an Rohprotein, Rohfett, z. T. auch Rohasche höher als im Trockenfutter. Überhöhte Protein- und Mineralstoffgehalte (vgl. ▶ Tab. 5.8 u. ▶ Tab. 5.9) sind nicht selten. Für die Beurteilung gelten die bereits bei Trockenfuttern gemachten Anmerkungen. Durch Zusatz von Leber kann der Vitamin-A-Gehalt Werte bis 4000 IE/100 g erreichen. Sehr eiweiß-, mineralstoff- und vitaminreiche Feuchtfutter können ohne Nachteil bis zu 40 % (Trockensubstanzbasis) mit kohlenhydratreichen Ergänzungsfuttermitteln (Getreideflocken, Kartoffeln, Reis, Brot etc.) kombiniert werden, sodass eine bedarfsgerechte Versorgung erfolgt.

5 Futtermittelkunde

Akzeptanz Die Feuchtalleinfutter zeichnen sich allgemein durch eine hohe Akzeptanz und nahezu unbegrenzte Haltbarkeit aus. Vermutlich aufgrund der hohen Anteile an tierischen Eiweißen bzw. der zugesetzten Gelier- und Dickungsmittel ist der Kot meistens weicher als bei Verwendung von Trockenfutter. Dies kann bei empfindlichen Hunden und insbesondere bei großen Rassen zum Problem werden und ihren Einsatz limitieren.

Beurteilung

Verderb Bei Beurteilung dieser Futtermittel ist zunächst die Integrität der Dosen bzw. Verpackung zu beachten. Korrosionen oder Aufbeulen der Dosen (Gasbildung durch Verderb) kommen heute äußerst selten vor und weisen auf eine fehlerhafte Sterilisierung hin. Die meistens am Boden eingestanzten Zahlen geben über Herstellungsdatum und Charge Auskunft und sind bei Reklamationen anzugeben. Nach Öffnen der Dose können Geruchsabweichungen (sauer, muffig, faulig etc.) auf Veränderungen hinweisen. Eine stärkere Fettschicht an der Oberfläche des Dosenfutters (oder am Unterrand des Deckels) braucht nicht generell für ein fettreiches Produkt zu sprechen. Sie ist häufig Folge einer Entmischung des Doseninhaltes während der Temperaturbehandlung. Der Inhalt ist im Allgemeinen von pudding- bzw. geleeartiger Konsistenz aufgrund der zugesetzten Geliermittel. Die Separierung von Wasser muss nicht auf einen relativ hohen Wassergehalt, die vollständige Bindung des Wassers nicht auf das Gegenteil hinweisen.

Feuchtegehalt Besondere Beachtung verdient die Angabe über den Feuchtegehalt. Dabei ist nicht zu übersehen, dass Gehalte von 80 oder 78 % bereits einen Unterschied im Futterwert von 10 % bedeuten, denn es werden dann pro kg Futter 200 oder 220 g Trockensubstanz, das ausschließlich nährstoffhaltige Substrat, geliefert. Es lohnt sich demnach, bei diesem Futtertyp besonders auf die Feuchtedeklaration zu achten (▶ Tab. 5.8) und die Trockensubstanzmenge mit dem Preis zu vergleichen.

Alleinfutter für Spezialzwecke (Welpen, alte Hunde, Diätfuttermittel etc.) werden in Kapitel 6 (Fütterungspraxis) bzw. Kapitel 7 für diätetische Anwendungen beschrieben.

5.3.3 Ergänzungsfuttermittel

Ergänzungsfuttermittel sollen verschiedene Grundfuttermittel so ergänzen, dass die Gesamtration vollwertig wird. Nach dem Marktangebot können eiweißarme und eiweißreiche sowie mineralstoff- und vitaminhaltige Produkte unterschieden werden.

Eiweißarme Ergänzungsfutter

Aus der früher üblichen Praxis, Schlachtabfälle mit Reis oder Haferflocken zu kombinieren, sind die eiweißarmen (ca. 10 % Rp), kohlenhydratreichen Ergänzungsfutter hervorgegangen. Sie bestehen überwiegend aus Getreideflocken mit ausreichend aufgeschlossener Stärke und können daher meistens ohne besondere Zubereitung mit eiweißreichen Futtermitteln verfüttert werden. Nicht alle Produkte sind ausreichend mineralisiert, während die Vitaminierung meistens genügt. Dies ist bei der Rationsgestaltung zu berücksichtigen.

Eiweißreiche Ergänzungsfutter

Eiweißreiche Ergänzungsfutter spielen eine weniger große Rolle. Sie stehen heute als getrocknete oder in Dosen konservierte Schlachtabfälle (30–70 % Rp) zur Verfügung und können mit eiweißarmen Futtermitteln wie Kartoffeln, Reis, Haferflocken etc. kombiniert werden. Die meisten Produkte sind nicht mit Mineralien und Vitaminen ergänzt, sodass darauf bei der Rationsgestaltung geachtet werden muss. Dies gilt nicht für besonders eiweiß-, mineralstoff- und vitaminreiche Feuchtfutter, die evtl. mit eiweißarmen Futtermitteln gestreckt werden können und so als Ergänzungsfutter dienen.

Vitaminergänzungsfutter

Zur Ergänzung von hauseigenen Rationen werden von der Industrie auch vitaminierte Mineralfutter, zum Teil auch isolierte Vitaminpräparate angeboten. In der Regel sind die Mineralfutter gleichzeitig auch vitaminiert. Dies ist ein besonderer Vorteil gegenüber den Einzelmineralien (▶ Tab. 5.2), da sich die Fütterung stark vereinfacht. Außerdem wird durch Granulieren, Coaten oder Zusatz von Geschmackskorrigenzien versucht, ihre Akzeptanz zu verbessern. Besonders bei wählerischen Hunden ist es aber dennoch notwendig, diese Ergänzungsfutter sorgfältig mit anderen Rationsbestandteilen zu vermischen.

Bewertung
Die Zusammensetzung der genannten Produkte variiert erheblich (Tab. VI, Anhang), sodass es nicht immer einfach ist, das richtige Produkt zu finden. Im Allgemeinen fehlen in den üblichen Grundfuttermitteln Kalzium, Vitamin A, evtl. auch B-Vitamine, daher ist auf die Gehalte an diesen Nährstoffen in Ergänzungsfuttermitteln besonders zu achten. In Kapitel 6 über die Rationsgestaltung werden weitere Hinweise für die richtige Auswahl gegeben.

5.3.4 Beifutter
In den letzten Jahren kommen zunehmend weitere Produkte auf den Markt, die nicht primär einem Ernährungszweck (Zufuhr von Nährstoffen) dienen. Sie sollen vielmehr dem Hund eine besondere Freude machen (verwöhnen) oder ihn belohnen (z. B. nach besonderen Leistungen). Daneben gibt es aber auch Futtermittel, die der Beschäftigung und spezifisch der Zahngesundheit dienen sollen. Insgesamt können diese Produkte unter dem Begriff Beifutter zusammengefasst werden, wobei eine scharfe Trennung zu den Ergänzungsfuttern nicht immer möglich ist, da manche neben rein energieliefernden Komponenten auch noch andere Nährstoffe enthalten.

Verwöhnen oder Belohnen
Zum Verwöhnen oder Belohnen stehen neben den konventionellen, ernährungsphysiologisch weniger wünschenswerten Substanzen aus der Humanernährung (Bonbons, Pralinen, Schokolade) spezifisch für den Hund hergestellte Produkte zur Verfügung. Dazu werden oft bewusst besonders geschätzte schmackhafte Erzeugnisse aus der Humanernährung wie Drops, Snacks, Kuchen, Schokoladenriegel, verschiedene Biskuits (in Form von Brötchen, Croissants, Stäben, Spießen etc.) oder selbst „Hamburger", Käsestangen oder Eiscreme etc. angeboten. Zum Teil handelt es sich um einseitig zusammengesetzte reine Energielieferanten. Andere sind aber auch ähnlich wie Alleinfutter, d. h. vollwertig, zusammengesetzt, oft unter Betonung besonders hochwertiger Komponenten (z. B. Joghurt, Käse, Hefe).

Infolge ihrer ausgesprochen hohen Akzeptanz besteht stets das Risiko einer Energieüberversorgung und Verfettung des Hundes, bei einseitiger Zusammensetzung oder Fütterung dieser Produkte auch das der Mangelernährung. Sofern das Beifutter ähnlich wie ein Alleinfutter konzipiert ist, entfällt der letztgenannte Punkt. Gleichwohl wird die für den Hund notwendige Nährstoffmenge damit weitaus teurer eingekauft als bei Einsatz eines Alleinfutters. Schließlich sollten mögliche nachteilige Wirkungen auf die Zahngesundheit bei klebrigen Süßigkeiten nicht übersehen werden.

> **Cave**
>
> Nach einseitiger, länger dauernder Verfütterung von Schokolade besteht infolge der kumulativen Wirkung des enthaltenen Theobromins Vergiftungsgefahr.

Aus ernährungsphysiologischer Sicht ist die Verfütterung solcher Beifutter weitgehend überflüssig, evtl. sogar schädlich. Bei ihrer Verfütterung spielen eher anthropogene Vorstellungen über die Nahrungsaufnahme eine Rolle. Solche Beifutter sind beim Hund in gewissem Umfang zu tolerieren, z. B. wenn ihr Anteil 5 % der täglichen Gesamtenergieaufnahme nicht übersteigt.

Beschäftigung
Von den vorgenannten Produkten sind Beifutter zu unterscheiden, die den Hund kauend beschäftigen und damit seine Zahngesundheit positiv beeinflussen sollen. Traditionell zählen dazu die Knochensubstitute, z. B. aus Leder (Büffelhaut). Von ihnen gehen, anders als von Produkten aus Kunststoff, keine Risiken aus, da sie im Allgemeinen so weit zerbissen werden, dass Teilstücke aufgrund ihrer Elastizität den Verdauungskanal ohne Schwierigkeiten passieren. Bei der Verarbeitung von Büffelhaut ist auf Freisein von Schadstoffen (Arsen) zu achten.

Es werden für den oben genannten Zweck auch hartgebackene Biskuits mit bürstenartig angeordneten pflanzlichen Faserstoffen angeboten, die zusätzlich die Zahnoberfläche reinigen sollen. Die Biskuits enthalten z. T. auch Mineralien und Vitamine, sodass sie in geringen Anteilen im Austausch gegen ein Alleinfutter verwendet werden können.

6 Praktische Fütterung

6.1 Allgemeines zur Rationsgestaltung und Fütterungspraxis

Hunde können mit Alleinfutter, einer Kombination von Einzelfuttermitteln mit einem Ergänzungsfutter sowie durch eigene Futtermischungen bedarfsdeckend ernährt werden. Da Hunde unabhängig von der Art des Futters bei entsprechender Sachkenntnis adäquat mit Nährstoffen versorgt werden können, sind für die Auswahl meistens persönliche Gründe, z. B. Präferenzen, ökonomische und zeitliche Beweggründe, entscheidend. Sollen Lebensmittel oder Essensreste regelmäßig verfüttert werden, so sind Kenntnisse über ihre Zusammensetzung sowie evtl. besondere Inhaltsstoffe unbedingt erforderlich.

6.1.1 Alleinfuttermittel

Alleinfutter werden heute in großer Vielfalt angeboten. Bei bedarfsgerechter Zusammensetzung, die in den folgenden Abschnitten für die einzelnen Alters- und Leistungsgruppen erläutert wird, ist der Tierhalter üblicherweise nur noch gefordert, das Futter in der richtigen Menge einzusetzen. Bei adäquater Energiezufuhr muss ein Alleinfutter automatisch auch den Bedarf an allen sonstigen Nährstoffen abdecken. In der Praxis wird diese Forderung nahezu immer erfüllt, oft sogar übertroffen. Insbesondere bei den Feuchtalleinfuttern ergibt sich häufig eine Überversorgung mit Eiweiß, obwohl in den letzten Jahren deutliche Anpassungen in der Rezeptur vorgenommen wurden. Wenn ein Futtermittel anhand der Deklaration als sehr eiweißreich anzusehen ist, kann es mit einem proteinarmen Ergänzungsfutter verschnitten werden. Bei der Festlegung der Futtermenge kann man sich entweder an den Empfehlungen des Herstellers orientieren oder aber den Energiegehalt des Futters anhand der in Kapitel 5.3 erläuterten Formel schätzen und dann die Menge entsprechend dem Energiebedarf des Hundes zuteilen. Die Auswahl eines Alleinfutters kann sich am Preis orientieren, es ist jedoch praxisüblich, weitere Faktoren zu berücksichtigen, insbesondere Akzeptanz und Verträglichkeit, die durch individuelle Faktoren bestimmt werden. Der Preis ist nicht unbedingt ein Merkmal für die Qualität. Die Nährstoffversorgung ist durch preiswerte Produkte problemlos zu sichern, die Verwendung hoch verdaulicher Komponenten mit kontrollierter Qualität ist eher bei den sogenannten Premiumprodukten zu erwarten.

Kriterien zur Auswahl eines Alleinfutters
- Trocken- oder Feuchtfutter (▶ Tab. 6.1)
- Akzeptanz des Futters
- Wertigkeit der enthaltenen Einzelfuttermittel, Beurteilung nach Deklaration des Herstellers (▶ Tab. 5.7–▶ Tab. 5.9)
- individuelle Verträglichkeit des Futters: Beschaffenheit der Fäzes sowie von Haut und Haarkleid
- Preis: je 100 g Trockensubstanz oder je 1 MJ ums. Energie

6.1.2 Eiweißreiche Produkte in Kombination mit einem Ergänzungsfutter

Die meisten Fleischsorten und Schlachtabfälle sind proteinreich (▶ Tab. 6.2), der geeignete Beurteilungsmaßstab ist das Verhältnis von verd. Rohprotein zu ums. Energie. Der Proteingehalt allein kann sehr täuschen, da fettreiche Fleischstücke relativ gesehen „proteinarm" sein können, wenn die Relation zum Energiegehalt zugrunde gelegt wird.

Durch Kombination von Fleisch und Schlachtnebenprodukten mit eiweißarmen Ergänzungsfuttermitteln (sog. „Flockenfutter"; Relation von verd. Rohprotein zu ums. Energie meist unter 8 g : MJ) lässt sich auf einfache Weise eine bedarfsdeckende Ration konzipieren. Dazu ist es erforderlich, ausreichend mineralisierte und vitaminierte Flockenfutter einzusetzen oder ggf. zusätzlich ein vitaminiertes Mineralfutter zu verwenden. Bei Zusammenstellung der kombinierten Ration kann man

6.1 Allgemeines zur Rationsgestaltung und Fütterungspraxis

▶ Tab. 6.1 Kriterien für Trocken- und Feuchtalleinfutter.

	Vorteile	Nachteile
Trockenalleinfutter	• leichte Handhabbarkeit • gute Lagerungsfähigkeit/Haltbarkeit • meist preiswerter (pro Energieeinheit)	• gelegentlich geringe Proteinqualität
Feuchtalleinfutter	• gute Akzeptanz • hohe Proteinqualität • hohe hygienische Qualität • höhere Wasserzufuhr	• manche Produkte zu proteinreich • gelegentlich Verträglichkeitsprobleme; weicher Kot • Preis meist höher • höherer Müllanfall

▶ Tab. 6.2 Verhältnis von verd. Rohprotein in verschiedenen Futtermitteln.

Futtermittel	vRp/uE (g/MJ)
Bauch, Schw.	6
Brust, Schaf	7
Kotelett, Schw.	10
im Erhaltungsstoffwechsel gewünscht	10
Vollmilch, Rd.	11
Schulter, Schaf	12
Keule, Schw.	13
Kopffleisch, Rd.	13
Eisbein, Schw.	14
Vollei, getrocknet	16
Keule, Schaf	17
Magen, Schw.	18
Lunge, Schw.	27
Kaninchenfleisch	29
Pansen, grün	33
Pferdefleisch, fettarm	33
Sojaextraktionsschrot	33
Niere, Schw.	34
Leber, Rd.	35
Rindfleisch, fettarm	37
Brust, Huhn	46

„systematisch probieren" oder aber die genauen Anteile von zwei Futtermitteln berechnen. Im ersten Fall kann man ohne große Fehler von einem eiweißreichen Futtermittel (z. B. Schlachtabfälle) etwa 20–30 % einsetzen, den Rest über ein Flockenfutter. Ein mäßiger Eiweißüberschuss ist bei gesunden Hunden zu tolerieren. Wenn das Flockenfutter ausreichend mineralisiert und vitaminiert ist, bedarf es keiner weiteren Ergänzung (prinzipieller Rechengang s. ▶ Tab. 6.3). Anderenfalls ist ein Mineralfutter zuzumischen, ähnlich wie in ▶ Tab. 6.3 erläutert.

6.1.3 Eigene Rationen

Im Gegensatz zu den beiden erstgenannten Methoden ist für die Erstellung eigener Rationen auf der Basis verschiedener Einzelfuttermittel mehr Sachkenntnis erforderlich. Bei Beachtung einiger Grundsätze ist die Versorgung des Hundes mit allen lebensnotwendigen Nährstoffen auch auf diese Weise in vollem Umfang zu sichern. Hinsichtlich der Vorgehensweise stehen verschiedene Möglichkeiten zur Verfügung.

Schrittweises Vorgehen zur Rationserstellung
1. Auflistung der verfügbaren Einzelfuttermittel mit ihren wichtigsten Inhaltsstoffen
2. Ermittlung des Bedarfs an ums. Energie und verd. Rohprotein für den zu versorgenden Hund (▶ Tab. 4.4 und ▶ Tab. 4.9)
3. Kalkulation der zur Deckung des Energie- und Eiweißbedarfs erforderlichen Futtermengen unter Verwendung je eines überwiegend energie- bzw. proteinreichen Futtermittels (▶ Abb. 6.1)

6 Praktische Fütterung

adulter Hund, Arbeitshunde	Prinzip des Rationsaufbaus	Zuchthündin, wachsende Hunde
35–45 %	I. eiweißreiche Futtermittel z. B. Fleisch, Schlachtabfälle	45–55 %
45–55 %	II. Getreideprodukte z. B. Haferflocken, Nudeln	35–45 %
5 %	III. rohfaserreiche Ergänzungen z. B. Weizenkleie, Gemüse	5 %
5 %	IV. Pflanzenöl oder Schweineschmalz	5 %
0,5 g/kg KM/Tag	V. vitaminiertes Mineralfutter mit rd. 20 % Kalzium	2,5 g/kg KM/Tag

Beispiel: Hund, 20 kg KM, adult
160 g Fleisch (Huhn)
185 g Haferflocken
20 g Gemüse
20 g Pflanzenöl
10 g Mineralfutter
(mit Vitaminzusatz)

▶ **Abb. 6.1** Eigene Rationen können nach dem Baukastenprinzp aus verschiedenen Einzelfuttermitteln vollwertig zusammengesetzt werden (Mengenangaben als Orientierungsgrößen zur Konzeption eigener Rationen).

4. Einsatz von Pflanzenöl oder Schweineschmalz zur Sicherung der Versorgung mit essenziellen Fettsäuren (mindestens ca. 0,3 g Fett/kg KM/Tag)
5. Überprüfung der Rohfaserversorgung, ggf. Zulage von Weizenkleie, Trockenmöhren oder Gemüse (ca. 1–2 g/kg KM/Tag), die Auswahl erfolgt je nach Verfügbarkeit und Akzeptanz
6. Überprüfung der Mineralstoff- und Vitaminzufuhr, Ausgleich bestehender Lücken über ein vitaminiertes Mineralfutter, evtl. auch durch Knochenschrot und vitaminreiches Ergänzungsfutter oder Leber

In ▶ Tab. 6.3 wird beispielhaft eine Ration für einen 10 kg schweren Hund im Erhaltungsstoffwechsel berechnet.

Einleitend sind Zusammensetzung der verfügbaren Futtermittel und Bedarf an Nährstoffen zu notieren. Davon werden in der Beispielsrechnung nur die wichtigsten aufgeführt.

Rohfaser Die notwendige Rohfasermenge soll mindestens 1,5 % der Futtertrockensubstanz erreichen. Daher und aus anderen Gründen wird auch die aufgenommene Trockensubstanz mit berücksichtigt.

Energie- und Proteinbedarf In einem ersten Schritt wird versucht, durch Kombination geeigneter Futtermittel den Bedarf an ums. Energie und verd. Rohprotein annähernd zu erfüllen. Dies gelingt z. B. durch 90 g Rindfleisch und 90 g Nudeln.

Fettsäuren und Rohfaser Bei den anderen Nährstoffen bleiben dann aber noch erhebliche Lücken. Sie sind quantitativ am größten bei den ungesättigten Fettsäuren und der Rohfaser. Durch Zulage von 5 g Maiskeimöl und 15 g Weizenkleie (Schritte 4 u. 5, s. ▶ Tab. 6.3) gelingt es, die Lücken zu schließen. Die Rohfaser erreicht nun mit 1,7 g etwa 1,2 % der Trockensubstanz.

6.1 Allgemeines zur Rationsgestaltung und Fütterungspraxis

▶ Tab. 6.3 Beispiel einer Rationsberechnung für einen adulten Hund mit 10 kg Körpermasse (jeweils relevante ergänzte Nährstoffe sind dunkelgrau gekennzeichnet)[1]

		TS (g)	uE (MJ)	vRp (g)	Rfa (g)	Linolsäure (g)	Ca (mg)	P (mg)	Vit. A (IE)
1. Zusammensetzung der verfügbaren Einzelfuttermittel je 100 g									
Rindfleisch		42	1,19	18		0,4	9	132	50
Nudeln, Gewicht roh		88	1,54	12		0,8	20	120	
Maiskeimöl		100	3,85			39,0			
Weizenkleie		86	0,84	7	11	2,3	160	1100	
vitaminiertes Mineralfutter		95					21 000	8000	25 000
2. Ermittlung des Bedarfs des Hundes, KM in kg: 10		X	2,8	28	X	1,5	800	600	1000
	Futtermengen in g/Tag	Ration							
3. Deckung des Energie- und Eiweißbedarfs									
Rindfleisch	90	38	1,1	16		0,36	8	119	45
Nudeln	90	79	1,4	11		0,72	18	108	
Summe 1	180	117	2,5	27		1,08	26	227	45
4. Sicherung der Versorgung mit essenziellen Fettsäuren									
Maiskeimöl	5	5	0,2			1,95			
Summe 2	185	122	2,7	27		3,03	26	227	45
5. Überprüfung/Optimierung der Rfa-Versorgung									
Weizenkleie	15	13	0,1	1,05	1,7	0,35	24	165	
Summe 3	200	135	2,8	28	1,7	3,38	50	392	45
6. Überprüfung/Optimierung der Mineralstoff-/Vitaminversorgung									
vitaminiertes Mineralfutter	4	4					840	320	1000
Summe 4	204	139	2,8	28	1,7	3,38	890	712	1045

[1] Anleitung zur Berechnung mittels PC s. Tab. VII, Anhang.

Mineralien und Vitamine Die weiterhin bestehenden Defizite an Mineralien und Vitaminen sind leicht durch ein geeignetes vitaminiertes Mineralfutter aufzufüllen (Schritt 6). Dabei kann es bei einzelnen Nährstoffen evtl. zu einer überhöhten Zufuhr kommen, die aber zu tolerieren ist, wenn die im Kapitel 4 genannten kritischen Grenzen nicht überschritten werden. In diesem Fall wurden 4 g eines Mineralfutters eingesetzt, das gleichzeitig auch den Bedarf an Spurenelementen und Vitaminen abdeckt.

Einfacher ist es, anstatt der vergleichsweise zeitaufwendigen Berechnungen von Hand einen Computer zu benutzen, der mit einer Tabellenkalkulation (z. B. Excel) oder einem speziellen Rations-Kalkulationsprogramm (z. B. Diet Check Munich©) ausgestattet ist. Das Vorgehen mit einer Tabellenkalkulation ist in Tabelle VII (Anhang) dargestellt.

6.1.4 Futtermengen, Häufigkeit und Zeitpunkt der Fütterung

Futtermenge

Die Futtermenge ergibt sich aus dem Energiebedarf des zu versorgenden Hundes sowie dem Energiegehalt der eingesetzten Mischung. Empfehlungen für Hunde im Erhaltungsstoffwechsel, Leistungshunde, reproduzierende Hündinnen sowie Jungtiere finden sich in den folgenden Kapiteln.

Häufigkeit

Die Futteraufnahmekapazität von Hunden ist aufgrund des außerordentlich dehnbaren Magens hoch, sodass Tiere im Erhaltungsstoffwechsel ohne weiteres einmal täglich gefüttert werden können. Empfindliche sowie arbeitende, wachsende oder laktierende Hunde, die aufgrund besonderer Leistungen höhere Futtermengen benötigen, sollten dagegen mindestens zweimal täglich, unter Umständen sogar dreimal gefüttert werden. Eine häufigere Verabreichung kleinerer Futtermengen führt zu einer geringeren Belastung des Magens, die Magensäure kann zudem den Nahrungsbrei schneller durchdringen (geringeres Risiko für bakterielle Gärungen und daraus resultierende Gasbildung; Kap. 7.5.8).

Zeitpunkt

Hinsichtlich des Fütterungszeitpunktes sollten feste Regeln eingeführt werden. Dadurch wird verhindert, dass der Hund ständig um Futter bettelt, zudem führt ein regelmäßiger Rhythmus dazu, dass sich der Organismus anpasst und über Reflexe eine Vorbereitungsphase einleitet: Hantieren mit dem Futter führt zu beginnender Speichel- und Verdauungssekretion. Es ist ungünstig, wenn der Hund vor oder unmittelbar nach der Fütterung Belastungen oder Stresssituationen ausgesetzt wird. Dadurch wird die Verdauungstätigkeit gestört und das Risiko von Unverträglichkeitsreaktionen ist gegeben. Die postprandiale Ruhepause sollte sich möglichst über ca. 3 Stunden erstrecken. Auch für Berufstätige ist es ohne Weiteres möglich, einen Hund morgens zu füttern und ihn für mehrere Stunden zu Hause zu lassen. Das Tier muss dann im Verlaufe des Nachmittags ausreichend Gelegenheit bekommen, sich zu lösen. Auch eine abendliche Fütterung ist möglich, wobei dann in den späten Abendstunden oder aber am folgenden Morgen Gelegenheit zum Kotabsatz bestehen sollte.

Nahrungskarenz

Zeitpunkt und Häufigkeit der Fütterung sind für die Ausnutzung der Nahrung nicht von Belang. Manche Hundehalter lassen ihr Tier gelegentlich oder auch regelmäßig einmal in der Woche hungern. Dieses Vorgehen kann in großen Hundehaltungen aus arbeitswirtschaftlichen Gründen, z. B. am Wochenende, praktisch sein. Ernährungsphysiologische Gründe sprechen nicht für die Einhaltung eines Fastentages, eine wie auch immer zu erklärende „Darmreinigung" ist nicht zu erwarten. Zudem ist bei der gemeinsamen Haltung mehrerer Hunde in einem Zwinger oder Freiareal unter Umständen damit zu rechnen, dass Nahrungskarenz zu verstärktem Aggressionsverhalten in der Gruppe führt.

Futterwechsel

Genauso wenig, wie sich ein Fastentag ernährungsphysiologisch rechtfertigen lässt, ist ein häufiger Futterwechsel unbedingt nötig. Bei ausgewogener Zusammensetzung besteht kein Anlass, das Futter zu wechseln. Allerdings ist bei Hunden häufig zu beobachten, dass die Futteraufnahmebereitschaft nach einiger Zeit nachlässt. Hier kann ein Wechsel die Akzeptanz steigern, wenngleich meist nur kurz. Grundsätzlich sollten Futterwechsel nur langsam erfolgen, insbesondere, wenn von einem Trockenfutter auf ein Feuchtalleinfutter umgestellt wird oder umgekehrt. Die Umgewöhnung sollte sich auf 3–4 Tage erstrecken, um das Risiko für unerwünschte Veränderungen der Kotkonsistenz bzw. Durchfall zu vermindern.

6.1.5 Zubereitung und Zuteilung der Futtermittel

Zubereitung

Eine besondere Zubereitung ist bei Feuchtfuttern sowie Trockenalleinfuttern nicht notwendig, außer eventuellem Einweichen von Trockenfutter, das von manchen Hundehaltern praktiziert wird.

Manche Hundehalter bevorzugen es, Futtermischungen auf der Basis roher, das heißt nicht durch Kochen zubereiteter Komponenten zu verwenden („BARF"-Fütterung, aus dem Englischen am ehesten sinngemäß zu übersetzen mit: „Knochen und rohes Futter", „bones and raw foods". Auch hier ist in besonderem Umfang auf die Hygiene Wert zu legen, da ein erhöhtes Risiko für Verderbnisprozesse besteht. Auf die Problematik einer Belastung mit Salmonellen wurde bereits hingewiesen, weitere mögliche Gefahren entstehen durch Infektionen mit der Aujetzky-Krankheit oder Parasiten. Durch Kochen lassen sich diese Erreger wirksam inaktivieren. Rohes Gemüse kann in beschränktem Umfang verfüttert werden, allerdings gibt es einige Besonderheiten zu beachten (Kap. 5.2). Knochen werden bei der BARF-Fütterung zur Deckung des Mineralstoffbedarfs der Hunde eingesetzt, hierbei sollten nicht zu große Mengen (maximal 10 g/kg KM/Tag) verfüttert werden, um der Entstehung von schweren Verstopfungen (sogenannter Knochenkot) vorzubeugen. Splitternde Knochen oder unzerkaute Knochenteile können außerdem zu Verletzungen im Mund- und Rachenraum und im weiteren Verlauf des Magen-Darm-Trakts führen. Insbesondere Röhrenknochen vom Geflügel können, sofern sie von älteren Tieren stammen, sehr stark splittern und sollten nicht an Hunde verfüttert werden.

Bei der Verwendung von selbst hergestellten Rationen aus Einzelfuttermitteln dienen verschiedene Maßnahmen, insbesondere das Kochen, sowohl der weitgehenden Abtötung von Infektionserregern als auch der Verbesserung der Verdaulichkeit, z. B. durch Aufschluss der enthaltenen Stärke. Hunde sollten Futter weder in gefrorenem Zustand noch direkt aus dem Kühlschrank erhalten. Dadurch können Erbrechen oder auch Durchfall provoziert werden. Vorheriges Anwärmen auf Raum- oder Körpertemperatur steigert nicht nur die Verträglichkeit, sondern auch die Akzeptanz. Bringt auch Anwärmen des Futters bzw. Übergießen mit warmem Wasser oder ggf. Milch keine Akzeptanzsteigerung, ist ein Futterwechsel angezeigt. Oft ist festzustellen, dass Kochen, Braten oder Dünsten die Akzeptanz fördern. Feuchtes Futter sollte aus hygienischen Erwägungen nicht unnötig lange angeboten werden, auch nicht gefressenes Futter ist nach gewisser Zeit zu entfernen. Die meisten Hunde gewöhnen sich dadurch an eine zügige Futteraufnahme.

Zuteilung

Fressnäpfe sollten ausreichend groß, leicht zu reinigen und rutschfest sein. Geeignete Materialien sind z. B. Edelstahl, Keramik oder Kunststoff. Eckige Gefäße sind schwerer zu reinigen bzw. auch für den Hund weniger gut zu leeren, sodass häufiger Futterreste verbleiben, die zu Problemen durch bakteriellen Verderb, im Sommer auch zum Befall mit Fliegenmaden führen können. Kombinierte Fress- und Tränkgefäße werden im Handel angeboten, erscheinen jedoch aus hygienischer Sicht weniger günstig. Fress- und Wassernäpfe sollten immer an ruhigen, geschützten Orten stehen. Werden mehrere Hunde gemeinsam gehalten, so empfehlen sich getrennte Futterplätze. Prinzipiell ist es zwar möglich, alle Tiere gemeinsam zu füttern, dadurch kann es aber bei nicht gefestigter Rangordnung innerhalb der Gruppe schneller zu Beißereien kommen, die Versorgung von Einzeltieren ist zudem weniger gut zu steuern.

6 Praktische Fütterung

▶ **Tab. 6.4** 9-stufiges Schema zur Beurteilung des Ernährungszustandes von Hunden.

Stufe[1]	Bewertung	Beschreibung
1	kachektisch	Rippen, Lendenwirbel, Beckenknochen und andere Knochenvorsprünge deutlich sichtbar und direkt unter der Haut liegend, kein erkennbares Körperfett, Verlust an Muskelmasse
3	mager	Rippen leicht tastbar bzw. teils sichtbar, Dornfortsätze der Lendenwirbel sichtbar, Beckenknochen stehen hervor, sehr deutliche Taille, von der Seite sichtbare starke Einziehung der hinteren Bauchgegend, allenfalls geringe Fettabdeckung
5	normal	**Rippen leicht tastbar mit geringer Fettabdeckung, Taille erkennbar, von der Seite sichtbare Einziehung der hinteren Bauchgegend**
7	korpulent	Rippen nur unter Druckanwendung zu fühlen, Fettauflagerungen im Lendenbereich und am Schwanzansatz, beginnende abdominale Umfangsvermehrung
9	verfettet	Rippen, Hüfthöcker, Dornfortsätze mit massiven Fettauflagerungen, Fettablagerungen am Hals und deutliche abdominale Umfangsvermehrung

[1] Zwischenstufen können vergeben werden.

6.1.6 Wasserversorgung

Wasser muss stets zur freien Verfügung stehen. Der Trinkwasserbedarf von Hunden (▶ Tab. 4.22) variiert in erster Linie in Abhängigkeit vom Wassergehalt des Futters. Nach Feuchtalleinfutter mit ca. 80 % Feuchtigkeit nehmen die meisten Hunde nur noch wenig Trinkwasser auf, da auf 1 Teil Futtertrockensubstanz ca. 4 Teile Wasser entfallen. Bei Trockenfuttern erreicht die Trinkwasseraufnahme dagegen etwa 2–3 ml/g TS. Weiterhin beeinflussen Umgebungstemperatur und Aktivität des Hundes den Wasserkonsum (Kap. 4.8).

Auch bei sehr hohen Salzgehalten im Futter wird ein vermehrter Trinkwasserkonsum beobachtet. Die meisten Hunde nehmen unmittelbar bzw. in den ersten 3–4 Stunden nach der Fütterung den Großteil an Trinkwasser auf (▶ Abb. 4.8), entsprechend den Sekretions- und Exkretionsvorgängen im Verdauungskanal. In dieser Phase muss also frisches Trinkwasser bereitstehen, ansonsten bedient sich der Hund aus Pfützen oder anderen Wasserquellen mit dem Risiko, kontaminiertes Wasser aufzunehmen. Genau wie beim Futter sollte auch beim Wasser darauf geachtet werden, dass die Temperaturen in etwa der Umgebungstemperatur entsprechen. Eiskaltes Wasser kann den Magen reizen mit der Folge von Erbrechen oder evtl. auch Durchfall.

6.1.7 Beurteilung des Fütterungserfolgs

In der Praxis ist es oft nicht möglich, die Nährstoffversorgung sicher zu beurteilen. Der Hundehalter hat aber Möglichkeiten, seine Fütterung anhand einiger weniger Parameter am Hund zu prüfen.

❗ **Folgende Punkte sprechen für eine ausgewogene Art der Ernährung:**
- **bei ausgewachsenen Tieren ein konstantes, der Rasse oder dem Typ des Hundes angemessenes Gewicht**
- **normale Kotabsatzfrequenz (1- bis 2-mal/Tag), feste Kotkonsistenz**
- **glänzendes Fell, rassespezifische Behaarung, keine übermäßige Schuppenbildung**
- **lebhaftes Verhalten**

Hilfen zur Beurteilung

Zur Beurteilung der Körperkondition von Hunden sind verschiedene Schemata verfügbar. In der Regel bedient man sich entweder einer 5- oder 9-stufigen Skala, wobei der niedrigste Wert jeweils einer hochgradigen Abmagerung und der höchste Wert einer Verfettung entspricht (▶ Tab. 6.4).

Körpermasse

Veränderungen der Körpermasse müssen nicht zwangsläufig mit der Fütterung in Zusammenhang stehen, sondern können auch auf Erkrankungen hindeuten, wie Parasitenbefall, chronische Magen-Darm-Erkrankungen und Tumoren. Hormonelle Imbalancen, z. B. Unterfunktion der Schilddrüse (Hypothyreose) oder auch eine Fehlfunktion der Nebenniere (Cushing-Syndrom), gehen oft mit Gewichtszunahme einher. Daher sollte bei nicht erklärbaren Veränderungen der Körpermasse eine Abklärung erfolgen.

Kotabsatz

Probleme beim Kotabsatz können fütterungsbedingt sein, z. B. infolge einer zu hohen Knochenzufütterung oder bei Aufnahme größerer Mengen faseriger Partikel, beispielsweise durch die Aufnahme von Holzstücken. Eine fütterungsbedingte beschleunigte Darmpassage tritt auf, wenn die Ration laxierende Komponenten, z. B. Laktose, oder auch zu viel ungeeignetes Eiweiß (bindegewebereiche Produkte) enthält. Neben den osmotischen Effekten können auch Interaktionen von Futterkomponenten mit der intestinalen Mikrobiota zu Verdauungsproblemen führen.

Fell und Haut

Das Fell und die Haut von Hunden sind sehr gute Indikatoren für die Futterqualität und reflektieren insbesondere längerfristige Fütterungsfehler. Nach Aufnahme minderwertiger Eiweißquellen oder einseitig zusammengesetzter Rationen mit Mangel an essenziellen Aminosäuren ist glanzloses, schuppiges Fell charakteristisch (▶ Tab. 7.29).

Verhalten

Auch das Verhalten von Hunden bei der Fütterung gibt Aufschluss über die Futterqualität, insbesondere die Akzeptanz des Futters. Kurzfristig nachlassende Futteraufnahme kann aber auch im Zusammenhang mit äußeren Einwirkungen, z. B. hohen Umgebungstemperaturen, Umgebungs- oder Personenwechsel, bei Rüden auch mit der Anwesenheit einer läufigen Hündin, stehen. Längerfristig wirkt sich die Futterzusammensetzung evtl. auf das Temperament sowie das Verhaltensmuster aus. So förderten größere Mengen qualitativ minderwertiger Eiweiße die Neigung zu gesteigerter Aggressivität bzw. zu ausgeprägterer Territorialverteidigung. In diesem Zusammenhang kommt dem Ammoniak und den Aminosäuren Tyrosin und Tryptophan besondere Bedeutung zu, da sie die Bildung von Metaboliten beeinflussen, die für das Verhalten von Hunden bedeutsam sind.

6.1.8 Aufnahme von Kot, Gras u. a. Fremdmaterialien

Kotaufnahme

Viele Hunde nehmen mehr oder weniger regelmäßig Kot von Pferden, Rindern, Schafen oder auch von anderen Hunden auf, wenn sie Gelegenheit dazu haben. Häufig wird ursächlich ein Nährstoffmangel (Energie, B-Vitamine, Eiweiß) vermutet. Doch das scheint die Ausnahme zu sein. Selbst bei ausgewogener Fütterung wird dieses Verhalten beobachtet. Da Koprophagie bei fast allen Tierarten vorkommt, ist sie nur bei exzessivem Auftreten als bedenklich einzustufen.

Wenn Schlittenhunde in Zeiten stärkster Arbeitsbelastung manchmal ihren eigenen Kot fressen, kann ein akuter Energiemangel zugrunde liegen. Krankheitsbedingtes Kotfressen wird beobachtet, wenn die Funktion der Bauchspeicheldrüse gestört ist. Dieses ist durch entsprechende Untersuchungen abzuklären und kann heute effektiv behandelt werden. In manchen Fällen scheinen Stresssituationen Koprophagie auszulösen.

Durch Aufnahme von Kot anderer Hunde entsteht ein Risiko durch Aufnahme von Parasiten oder evtl. auch Bakterien oder Viren. Die bei fast allen Hunden zu beobachtende gelegentliche Aufnahme von Rinder-, Pferde- oder Schafkot erscheint dagegen unproblematisch.

Grasfressen

Für das Grasfressen lässt sich keine eindeutige Begründung geben. Eine ungenügende Nährstoffversorgung erscheint als Ursache unwahrscheinlich, da auch ausgewogen gefütterte Tiere entsprechende Verhaltensweisen zeigen. Es liegen sogar Beobachtungen vor, dass Hunde trotz Verabreichung hochwertiger Futtermischungen gruppenweise ein entsprechendes Verhalten zeigen. Experimentell ließ sich kein Zusammenhang zwischen der Grasaufnahme und dem Rohfasergehalt im

Futter finden. Grasfressen löst auch nicht regelmäßig Brechreiz aus. Viele Hunde zeigen dieses Verhalten, ohne dass sie erbrechen. Da im Allgemeinen keine nachteiligen Konsequenzen zu erwarten sind, kann Grasfressen toleriert werden.

Aufnahme anderer Fremdmaterialien

Bei anderen Fremdmaterialien, z. B. Holz oder auch Kunststoff, entsteht ein Risiko durch mechanische Einwirkungen. Neben Verletzungen im Bereich der Maulhöhle können sich unter ungünstigen Bedingungen größere Partikel im Darm festsetzen und Verstopfung oder Perforationen verursachen.

6.2 Hunde im Erhaltungsstoffwechsel

6.2.1 Energie- und Nährstoffbedarf im Erhaltungsstoffwechsel

Aufgrund der heutigen Haltungsbedingungen ist bei der überwiegenden Mehrzahl der Haushunde davon auszugehen, dass der Energie- und Nährstoffbedarf im Erhaltungsstoffwechsel zu erfüllen ist. Anhaltspunkte über den Bedarf an umsetzbarer Energie sowie Nährstoffen liefern ▶ Tab. 6.5 und ▶ Tab. 6.6. Die Energiezufuhr muss entsprechend dem individuellen Bedarf modifiziert werden, am besten in Abhängigkeit von der Entwicklung der Körpermasse. Individuelle Abweichungen von den mittleren Versorgungsempfehlungen können hoch sein und unter praktischen Bedingungen ist eine Spanne von ± 30 % in Betracht zu ziehen aufgrund von Alter, Aktivität, Haltungsbedingungen oder auch Rasse (Kap. 4.1.3).

Heute werden viele Hunde mit Alleinfuttermitteln versorgt, die so zusammengesetzt sein müssen, dass sie sämtliche lebensnotwendigen Nährstoffe liefern. Bei Hunden größerer Rassen wird aus finanziellen Erwägungen sowie aus Gründen der Verträglichkeit oft Trockenalleinfutter bevorzugt, bei kleinen Rassen häufiger Feuchtalleinfutter. Richtwerte für die Zusammensetzung eines Trocken- bzw. Feuchtalleinfutters für Hunde im Erhaltungsstoffwechsel finden sich in den ▶ Tab. 5.8 und ▶ Tab. 5.9. Die Höhe der erforderlichen Nährstoffgehalte variiert in Abhängigkeit von der Energiedichte, d. h. insbesondere vom Fettgehalt, in den Futtermitteln. Die Werte wurden so kalkuliert, dass auch bei großen Hunderassen mit einer – bezogen auf 1 kg Körpermasse – vergleichsweise geringeren Futteraufnahme der Nährstoffbedarf gedeckt wird. Für kleine Hunderassen können die Nährstoffgehalte aufgrund ihrer je kg KM relativ höheren Futteraufnahme niedriger liegen.

Während ein Nährstoffmangel bei Verabreichung industriell hergestellter Mischfutter unter Praxisbedingungen so gut wie nicht mehr auftritt, ist eine hohe Versorgung insbesondere mit Protein, aber auch mit Mineralien oder Vitaminen keine Seltenheit. Die Toleranzbreite ist für die einzelnen Nährstoffe unterschiedlich. Zu hohe Aufnahmen können unter bestimmten Bedingungen, insbesondere bei älteren Tieren, zu Problemen führen. Bei Alleinfuttermitteln sind zusätzliche Ergänzungsfuttermittel nicht notwendig und auch für den Hund nicht förderlich. Die häufige Eiweißüberversorgung, besonders bei Verabreichung bestimmter Feuchtalleinfutter, kann abgeschwächt werden, indem diese mit proteinärmeren Futtermitteln gemischt werden, z. B. mit Haferflocken, Reis oder auch einem eiweißarmen Ergänzungsfutter. Wird so verfahren, dann sollte sicherheitshalber – soweit anhand der Deklaration möglich – auch die Aufnahme weiterer Nährstoffe, stellvertretend Kalzium, Phosphor, Vitamine A und D, rechnerisch geprüft werden.

Bei dem in ▶ Tab. 6.7 dargestellten Beispiel ergibt sich bei bedarfsdeckender Energiezufuhr durch ein Mischfuttermittel ein Proteinüberschuss von 26 g bzw. um das 1,6-Fache gegenüber dem

▶ **Tab. 6.5** Empfehlungen für die tägliche Versorgung mit Energie von Hunden im Erhaltungsstoffwechsel.

Körpermasse des Hundes (kg)	5	10	15	20	35	60
umsetzb. Energie (MJ)	1,4–1,9	2,4–3,2	3,2–4,3	4,0–5,3	6,0–8,1	9,0–12,1
verd. Rohprotein (g)	17	28	38	47	72	108

Erhaltungsbedarf. Bei gesunden Hunden ist dieses problemlos möglich, nur bei Einschränkungen der Leber- oder Nierenfunktion sollte die Proteinzufuhr strikter auf bedarfsdeckende Mengen ausgerichtet werden. Unter diesen Bedingungen sind Überschüsse zu vermeiden.

Für selbst gemischte Rationen können die Beispiele in ▶ Tab. 6.8 als Richtwerte dienen. Es ist bei der Formulierung von Futtermischungen nicht möglich, den Energie- und Nährstoffbedarf des Hundes in allen Aspekten exakt abzudecken. Eine Unterversorgung ist zu vermeiden, eine Überversorgung muss teilweise in Kauf genommen werden, soweit die in Kapitel 4 angegebenen Toleranzschwellen nicht überschritten werden.

Futtermenge und Fütterungstechnik

Die adäquate Futtermenge ergibt sich aus dem Energiebedarf des zu versorgenden Hundes und dem Energiegehalt der Futtermischung. Entscheidend für die Bewertung eines Futtermittels ist die Energiedichte in der Frischsubstanz, da in der Praxis immer nach „Frischgewicht" zugeteilt wird. Liegt beispielsweise der Bedarf des Hundes bei 5,3 MJ uE/Tag und enthält das Futter je 100 g Frischsubstanz 1,45 MJ uE, dann wären 366 g Futter (5,3 : 1,45 x 100 = 366 g) zuzuteilen (s. auch ▶ Tab. 6.7). Diese Menge ist in Abhängigkeit von der Körpermassenentwicklung anzupassen (▶ Tab. 6.10). Generell sollte die Energiezuteilung bei Hunden ab einem Alter von ca. 7 Jahren stärker berücksichtigt werden, um der Gefahr einer Adipositas entgegenzuwirken. Insbesondere bei kastrierten Hunden ist eine restriktivere Fütterungspraxis zu empfehlen. Haltung im Freien, in Gruppen sowie bei ungünstigen Klimabedingungen führt zu erhöhtem Energiebedarf und ist entspre-

▶ Tab. 6.6 Empfehlungen für die tägliche Versorgung mit Nährstoffen von Hunden im Erhaltungsstoffwechsel.

Mineralstoffe/Spurenelemente je kg KM		
Kalzium	mg	80
Phosphor	mg	60
Magnesium	mg	12
Natrium	mg	50
Kalium	mg	55
Chlorid	mg	75
Eisen	mg	1,4
Kupfer	mg	0,1
Zink	mg	1
Mangan	mg	0,07
Kobalt	µg	5–10
Jod	µg	15
Selen	µg	5
Vitamine je kg KM		
A	IE	75–100
D	IE	10
E	mg	1
B_1	mg	0,04
B_2	mg	0,09
B_6	mg	0,025
B_{12}	µg	0,6
Pantothensäure	mg	0,25
Nikotinsäure	mg	0,25
Biotin	µg	2
Folsäure	µg	4,5

▶ Tab. 6.7 Zuteilung eines Alleinfutters für einen Hund mit 20 kg Körpermasse im Erhaltungsstoffwechsel.

	umsetzb. Energie (MJ)	verd. Rohprotein (g)
Bedarf des Hundes	5,3	47
Energie- und Proteingehalt im Futter (je 100 g)	1,45	20
Futtermenge, um den Energiebedarf zu decken: 5,3/1,45 x 100 = 366 g. Sie enthält:	5,3	73

▶ **Tab. 6.8** Rationsbeispiele für adulte Hunde. Futtermengen für einen Hund mit 15 kg Körpermasse[1] in Gramm je Tag.

Futtermittel	Ration I	Ration II	Ration III
1. eiweißreiche Futtermittel			
Rindfleisch (Keule)	120		
Pansen		200	
Leber		25	
Hühnerfleisch (gem.)			145
2. energieliefernde Futtermittel			
eiweißarmes Ergänzungsfutter	180		
Kartoffeln, gekocht		650	
Reis, Trockengewicht			170
3. Fettergänzungen			
Fett/Öl	10	10	10
4. ballaststoffreiche Futtermittel			
Möhren		25	
Weizenkleie			10
5. Mineralstoffe/Vitamine			
vitaminiertes Mineralfutter, ca. 20–25 % Ca		5	4
Kalziumkarbonat	1		
jod. Kochsalz		1	1
Energie- und Proteingehalte			
uE (MJ/100 g)	1,2	0,41	1,1
vRp (g/100 g)	12,3	4,2	11,6
vRp/uE	10,2	10,3	10,1

[1] Umrechnungsfaktoren für andere Gewichtsklassen siehe ▶ Tab. 6.9.

chend bei der Futtermengenzuteilung einzubeziehen. Zusätzliches Futter (Beifutter, Essensreste) ist zu berücksichtigen.

Da es sehr aufwendig wäre, die Futtermenge täglich genau abzuwiegen, kann man zur Arbeitserleichterung Messbecher oder Gefäße mit Skalierung verwenden. Wird Feuchtalleinfutter verabreicht, gestaltet sich die Zuteilung aufgrund der geringeren Packungsgrößen einfacher. Manche Hunde sind zudem sehr gut in der Lage, ihre Futteraufnahme dem Bedarf anzupassen, sodass bei ihnen ohne Weiteres eine Ad-libitum-Fütterung möglich ist. Oft ist jedoch zu beobachten, dass individuelle oder rassetypische Verhaltensweisen dazu führen, dass die Tiere verfetten.

Rationsgestaltung

Aus ▶ Tab. 6.10 kann bei bekanntem Energiegehalt in einer Futtermischung die adäquate Futtermenge für einen Hund im Erhaltungsstoffwechsel abgeleitet werden. Die Energiegehalte in Feuchtalleinfutter variieren zwischen 0,4 und 0,55 MJ uE/100 g, in Trockenalleinfuttern dagegen zwischen 1,4 und 1,8 (bis 2) MJ uE/100 g, vorrangig in Abhängigkeit vom Fettgehalt. Bei selbst gemischten Rationen kann aus der Energiemenge pro 100 g ebenfalls die notwendige Futtermenge nach ▶ Tab. 6.10 abgeleitet werden.

> ❗ Die „richtige" Futtermenge ergibt sich letztendlich in der Praxis weniger aus dem schematischen Einhalten von Zahlen oder Empfehlungen, sondern aus dem Ernährungs- und Allgemeinzustand des Hundes.

6.2 Hunde im Erhaltungsstoffwechsel

▶ **Tab. 6.9** Rationen für adulte Hunde. Multiplikationsfaktoren zur Berechnung der Futtermengen relativ zu 15-kg-Hund.

Körpermasse des Hundes in kg	Energiebedarf MJ uE/Tag	Futtermengen (▶ Tab. 6.8)	Mineralstoffe, Vitamine
5	1,7	× 0,4	× 0,3
10	2,8	× 0,7	× 0,7
15	3,8	(▶ Tab. 6.8)	
20	4,7	× 1,2	× 1,3
35	7,2	× 1,9	× 2,3
60	10,8	× 2,8	× 4

Erhaltungsbedarf berechnet mit 0,5 MJ uE/kg KM^{0,75}

▶ **Tab. 6.10** Futtermengenzuteilung[1] bei Hunden unterschiedlicher Größe im Erhaltungsstoffwechsel in Abhängigkeit vom Energiegehalt des Futters.

Körpermasse des Hundes (kg)		5	10	15	20	35	60
Bedarf an ums. Energie (MJ/Tag)		1,4–1,9	2,4–3,1	3,2–4,3	4,0–5,3	6,0–8,1	9,1–12,1
Energiegehalt im Futter (MJ uE/100 g)	entsprechend Futtertyp	erforderliche Futtermenge in g/Tag					
0,4	Feuchtalleinfutter	350–470	590–790	800–1100	990–1320	1510–2000	2260–3020
0,5	Feuchtalleinfutter	280–370	470–630	640–850	790–1060	1210–1600	1810–2420
1	selbst gemischte Ration	140–190	240–320	320–430	400–530	600–800	900–1210
1,2	selbst gemischte Ration	120–160	200–260	270–360	330–440	500–670	760–1000
1,4	Trockenalleinfutter	100–130	170–230	230–300	280–380	430–580	650–860
1,6	Trockenalleinfutter	90–120	150–200	200–270	250–330	380–500	570–760
1,8	Trockenalleinfutter	80–100	130–180	180–240	220–290	340–450	500–670

[1] bei Annahme eines Bedarfs von 0,42 bzw. 0,56 MJ uE/kg KM^{0,75} (s. Tab. 4.3), niedrigere Werte bei älteren, weniger bewegungsfreudigen Hunden, höhere Werte bei jüngeren, aktiveren Hunden

6.3
Ernährung älterer Hunde

Der Anteil älterer und alter Hunde an der Gesamtpopulation steigt, sodass deren spezifische Ansprüche in der Ernährung verstärkt beachtet werden müssen. Bei kleinen Rassen ist im Allgemeinen ein höheres Lebensalter zu erwarten als bei größeren Hunden und insbesondere den Riesen. Daher ist auch keine zeitliche Festlegung für das Einsetzen des „Alterns" möglich, sondern allenfalls eine Spanne.

> **!** Bei großen Hunden beginnt das „Alter" etwa ab dem 7. Lebensjahr, bei kleinen Rassen dagegen erst ab 10 Jahren. In diesem Zusammenhang ist auf große Rassenunterschiede hinzuweisen, die auf einen starken genetischen Einfluss auf die Entstehung bestimmter Erkrankungen schließen lassen.

6.3.1 Alterungsprozesse

In Riesenrassen finden sich meist nur wenige Individuen mit einem Alter von über 10 Jahren. Der Alterungsprozess ist charakterisiert durch eine abnehmende Adaptations- und Kompensationsfähigkeit gegenüber äußeren und inneren Belastungs- oder Stressfaktoren, damit verbunden ist eine höhere **Krankheitsanfälligkeit**. Dieses hängt mit fortschreitender Schädigung von Zellorganellen, Ansammlung von Abfallsubstanzen (z. B. Lipofuszin), eingeschränkter Immunkompetenz und einer vermuteten, allerdings bislang nicht klar bewiesenen vermehrten Belastung des Organismus mit reaktiven Sauerstoffradikalen („oxidativer Stress") zusammen. Aus diesen Zusammenhängen leitet sich die Empfehlung ab, dass ältere Hunde ausreichende Mengen an Antioxidanzien über das Futter aufnehmen sollten.

Veränderung der Stoffwechselaktivität

Funktionseinschränkungen verschiedener Organsysteme (Herz, Niere), reduzierte körperliche Aktivität, höhere Körperfettgehalte sowie endokrine Umstellungen (z. B. erkrankungsbedingt verminderte Schilddrüsenaktivität) beeinflussen die Stoffwechselaktivität des Gesamtorganismus. In den meisten Fällen kommt es mit zunehmendem Alter zu einem **reduzierten Energiebedarf**, doch kann er sich beispielsweise infolge hormoneller Fehlfunktionen (z. B. bei Schilddrüsenüberfunktion, Diabetes mellitus) oder auch bei Tumorerkrankungen erhöhen.

Neben der korrekten Energiezufuhr im Alter kann durch eine versorgende restriktive Fütterung ein positiver Einfluss auf die Lebensdauer sowie auf altersbedingte metabolische Veränderungen und Gesundheitsstörungen erwartet werden. Bei Labrador Retrievern zeigte sich, dass eine restriktive Fütterung zu einer signifikant längeren Lebensdauer im Vergleich zu einer Ad-libitum-Fütterung führt. Ein weiterer Vorteil einer restriktiven Energiezuteilung ist eine geringere Neigung zu Osteoarthritis. Schließlich ist davon auszugehen, dass **Übergewicht** immunologische Funktionen negativ beeinflusst und damit eine grundlegende Krankheitsdisposition bedeutet.

Häufige Erkrankungen

Vorrangig zeigen sich altersbedingte Veränderungen an Haut, Verdauungstrakt, Herz-Kreislauf-System, Atmungstrakt, Harnapparat und Endokrinum, auch im Nervensystem kommt es zu strukturellen Defekten. Beschwerden am Bewegungsapparat (Arthrosen) haben negative Rückwirkungen auf die Bewegungsaktivität des Hundes und können so zu schlechterer Körperkondition und reduziertem Energiebedarf beitragen. Bei älteren Hunden treten häufig auch Verhaltensänderungen auf, z. B. durch nachlassende Lernfähigkeit.

Viele der angesprochenen Probleme sind aufgrund ihrer Effekte auf den Energie- und Nährstoffbedarf für die Fütterung des älteren Tieres relevant.

Veränderungen des Verdauungstraktes

Besondere Bedeutung haben naturgemäß jedoch Veränderungen im Verdauungsapparat selbst, vorrangig Zahnverluste und Zahnfleischerkrankungen, die die Futteraufnahme behindern können (Dysphagie). Bei sehr alten Hunden nimmt das Geschmacksempfinden ab, sodass besonders akzeptable Futtermittel anzubieten sind, um eine ausreichend hohe Futteraufnahme zu gewährleisten.

Eine verminderte Produktion von Magensäure kann bei Hunden mit Atrophie der Magenschleimhaut auftreten. Der oft unterstellte allgemeine

Rückgang in der Produktion von Verdauungsenzymen scheint nicht zwangsläufig zu sein. Experimentelle Daten weisen bei älteren Tieren im Vergleich zu jüngeren keine eingeschränkte Fähigkeit zur Futterverdauung auf. Ältere Hunde zeigen häufig eine Tendenz zur Hypomotilität des Magen-Darm-Trakts, die nicht nur mit verstärkter Flatulenz, sondern auch mit Verstopfung einhergehen kann. Dafür kommen neben intestinalen auch außerhalb des Darms liegende Ursachen infrage (Zubildungen mit Druck auf den Darm, Fehlfunktionen des Nervensystems, endokrine Erkrankungen u. a.).

Die Zusammensetzung der intestinalen Mikrobiota weist bei älteren Hunden im Vergleich zu jüngeren Tieren eine Tendenz zu reduzierten Gehalten an Laktobazillen und einem vermehrten Auftreten von Clostridien auf. Daher steht zu vermuten, dass es aufgrund einer veränderten mikrobiellen Besiedelung zu einer Disposition zu Verdauungsproblemen kommt. Wenn spezifische Organdysfunktionen, z. B. von Leber oder Nieren, vorliegen, sind diätetische Behandlungsmaßnahmen indiziert (Kap. 7).

6.3.2 Energie- und Nährstoffbedarf älterer Hunde

Für die Fütterungspraxis lassen sich aus den vorliegenden experimentellen Daten und praktischen Beobachtungen folgende Grundsätze herausstellen:

Energie Die Futtermenge (→ Energieversorgung) sollte in Abhängigkeit vom Ernährungszustand adaptiert werden, wobei sich bei KM-Zunahmen Reduktionen um bis zu 30 % gegenüber den Empfehlungen für jüngere Tiere ergeben können. Bei Untergewicht ist die Futtermenge zu erhöhen.

Eiweiß Die Eiweißversorgung sollte den Werten für Hunde im Erhaltungsstoffwechsel entsprechen, ausgenommen, wenn spezifische Erkrankungen eine Limitierung der Proteinzufuhr erfordern. Die Proteinqualität sollte möglichst hoch sein, Futtermittel mit hoher biologischer Wertigkeit und präzäkaler Verdaulichkeit wie Fleisch, Ei- oder Milchprodukte sind zu bevorzugen, Leguminosen und bindegewebereiche Produkte zu reduzieren, um den Umfang mikrobieller Fermentationsprozesse im Dickdarm zu begrenzen.

Rohfaser Rationen für ältere Hunde sollten genügend Rohfaser (> 1,5 % der Trockensubstanz) enthalten, um eine ausreichende Darmmotilität zu gewährleisten. Neben den unlöslichen Faserstoffen (z. B. Zellulose) sind auch mikrobiell abbaubare Ballaststoffe zu berücksichtigen. Pektinreiche Futtermittel, z. B. Möhren oder Trockenschnitzel sowie andere mikrobiell fermentierbare Substanzen (z. B. Fructooligosaccharide) können über die kolonalen Fermentationsvorgänge Zusammensetzung und Stoffwechselaktivität der Darmbakterien positiv beeinflussen und die Belastung des Organismus mit schädlichen Eiweißabbauprodukten, insbesondere Ammoniak, vermindern.

Kalzium Die Ca-Versorgung ist wie im Erhaltungsstoffwechsel vorzunehmen, eine unnötige Überversorgung mit Phosphor strikt zu vermeiden. Die P-Aufnahme sollte nicht höher als 50 mg/kg KM/Tag liegen. Bei sehr alten Tieren bzw. bei eingeschränkter Funktionsfähigkeit der Nieren ist eine weitere Absenkung bis auf 30 mg/kg KM/Tag (200 mg/1 MJ uE) möglich. Die Elektrolytversorgung wird den Empfehlungen für adulte Hunde angepasst, bei starker Überversorgung kann eine Flüssigkeitsretention im Organismus (Ödemneigung) bzw. eine Belastung der Exkretionsmechanismen entstehen. Aufgrund der starken Pufferwirkung im Magen sollten Futter für ältere Hunde nicht zu viel Rohasche enthalten. Die eingesetzten Mineralsalze müssen leicht löslich sein, sodass auch bei verminderter Magensäureproduktion ausreichende Mengen absorbiert werden.

Spurenelemente
- Bei der Spurenelementversorgung ist insbesondere auf Zink, Selen und Jod zu achten. Die Zinkaufnahme sollte gegenüber den Empfehlungen für adulte Hunde auf ca. 2 mg/kg KM/Tag bei normaler Kupferzufuhr angehoben werden.

Vitamine Die Vitaminversorgung kann aufgrund der zu erwartenden geringeren Absorption bzw. erhöhter renaler Verluste gegenüber den Empfehlungen für Hunde im Erhaltungsstoffwechsel ver-

▶ **Tab. 6.11** Gehalte in handelsüblichen Futtermitteln für ältere Hunde (Seniorenfutter) sowie Richtwerte[1] zur Zusammensetzung von Trocken- bzw. Feuchtalleinfutter (bei 1,5 bzw. 0,45 MJ uE/100 g).

je 100 g		Schwankungsbreite Trockenfutter[2]	Richtwerte Trockenfutter	Feuchtfutter
vRp	g	13–22	16–20	5–6
Rp[3]	g	15–25	18–22	6–7
Kalzium	g	0,8–1,4	0,6–1,0	0,16–0,30
Phosphor	g	0,4–1,0	0,4–0,8	0,12–0,22
Natrium	g	0,2–0,4	0,2–0,5	0,08–0,15
Kalium	g	0,4–1,0	0,2–0,5	0,08–0,15
Zink	mg	13–27	10–20	3–6
Selen	µg		15–25	4–7
Jod	µg	200–500	80–150	25–45
Vitamin A	IE	500–2200	1100–2000	320–600
Vitamin D	IE	50–250	110–200	30–60
Vitamin E	mg	5–50	11–20	3–6
Vitamin B_1	mg	0,6–2	0,2–0,4	0,06–0,12

[1] die höheren Werte bei Mineralstoffen und Vitaminen jeweils für größere Rassen empfohlen
[2] Auswahl handelsüblicher Produkte
[3] Verdaulichkeit von 85–90 % unterstellt.

doppelt werden. Günstig wirken sich in vielen Fällen höhere Biotingaben aus. Aufgrund der geringeren Toleranz alter Tiere gegenüber exzessiven Vitamin-A-Gaben sind bestimmte Futtermittel wie Leber oder Lebertran sowie andere Vitamin-A-reiche Produkte nur in beschränkten Mengen zu verwenden. Eine ausreichende Versorgung älterer Hunde mit Vitamin E ist zur Prävention gegenüber Zellschäden durch oxidative Metaboliten wichtig (1–2 mg Vitamin E/kg KM/Tag). Weitere antioxidativ wirkende Substanzen wie Ascorbinsäure, Flavonoide und β-Carotin können eingesetzt werden, allerdings liegen derzeit nicht genügend Kenntnisse zu den Dosis-Wirkungs-Beziehungen vor.

Cholin bzw. Lezithin können aufgrund ihrer Effekte auf den Fettstoffwechsel und insbesondere zur Unterstützung der Leberfunktion eingesetzt werden. Entsprechendes gilt für Carnitin, das für den Transport von Fettsäuren in Mitochondrien benötigt wird und das bei bestimmten Herzerkrankungen vorteilhaft wirkt (Kap. 7.13).

Futtermenge und Fütterungstechnik

● Die tägliche Futtermenge ist in 2–3 Portionen zu festen Fütterungszeiten zu verabreichen. Größere Stücke (Fleisch, Schlachtabfälle) sollten vor der Verfütterung zerkleinert werden, besonders bei Zahnschäden. Übergießen mit warmem Wasser erleichtert die Aufnahme und verbessert die Akzeptanz.

Rationsgestaltung

Empfehlungen zur Zusammensetzung von Mischfuttermitteln für ältere Hunde bzw. Rationsvorschläge finden sich in den ▶ Tab. 6.11 und ▶ Tab. 6.12.

6.4 Gebrauchs- und Sporthunde

▶ **Tab. 6.12** Rationen für ältere Hunde. Futtermengen für einen Hund mit 15 kg Körpermasse in Gramm je Tag.

	I	II	III
1. eiweißreiche Futtermittel			
Rindfleisch	90		
Putenfleisch		100	
Hühnerfleisch, Brust			110
Ei, gekocht	50		
2. energieliefernde Futtermittel			
Nudeln, Trockengewicht	150		
Weizenflocken		175	
Reis, ungeschält, Trockengewicht			185
3. Fetterergänzungen			
Fett/Öl	15	12	20
4. ballaststoffreiche Futtermittel			
Möhren	20		
Weizenkleie	5	5	
5. Mineralstoffe/Vitamine			
vitaminiertes Mineralfutter, ca. 20–25 % Ca	5	4	5
Kalziumkarbonat		1	1
jod. Kochsalz	0,5	1	1
Energie- und Proteingehalte			
uE (MJ/100 g)	1,1	1,3	1,2
vRp (g/100 g)	12,6	13,1	11,8
vRp/uE	11,1	10,4	10,0

▶ **Tab. 6.13** Rationen für ältere Hunde. Multiplikationsfaktoren zur Berechnung der Futtermengen relativ zu 15-kg-Hund.

Körpermasse des Hundes in kg	Energiebedarf MJ uE/Tag	Futtermengen (▶ Tab. 6.12)	Mineralstoffe, Vitamine
5	1,7	× 0,4	× 0,3
10	2,8	× 0,7	× 0,7
15	3,8	s. Tabelle 6.12	
20	4,7	× 1,2	× 1,3
35	7,2	× 1,9	× 2,3
60	10,8	× 2,8	× 4

Erhaltungsbedarf berechnet mit 0,5 MJ uE/kg $KM^{0,75}$

6.4 Gebrauchs- und Sporthunde

Bewegungs- und Arbeitsleistungen von Gebrauchs- und Sporthunden unterscheiden sich erheblich in Dauer und Intensität, wobei der Organismus in Abhängigkeit von der Art der Belastung auf unterschiedliche Energiequellen (im Wesentlichen Glykogen und Fettsäuren) zurückgreift (▶ Abb. 6.2). Neben der eigentlichen körperlichen Belastung sind Stress und Aufregung als weitere Faktoren mit potenzieller Bedeutung für den Energiebedarf einzukalkulieren.

6.4.1 Energie- und Nährstoffbedarf von Gebrauchs- und Sporthunden

Die Zunahme des Energiebedarfs ist bei bestimmten Belastungen eher gering, z. B. bei Rennhunden, denen nur kurzfristige Sprintleistungen abverlangt werden. Dienst- oder Führhunde, die über mehrere Stunden täglich im Schritt bewegt werden und gleichzeitig weitere Leistungen, z. B. Rauschgiftsuche oder Fährtenarbeit, erbringen, benötigen gegenüber dem Erhaltungsstoffwechsel die etwa 1,4-fache Energiemenge (▶ Tab. 6.14). Den höchsten Energiebedarf haben Schlittenhunde unter extremen Temperaturbedingungen mit dem 3- bis 4-Fachen des Erhaltungsbedarfs. Bei Jagd-, Hüte- und Meutehunden verdoppelt sich im Mittel der Energiebedarf gegenüber dem Erhaltungsstoffwechsel, abhängig vom Umfang der erbrachten Leistungen.

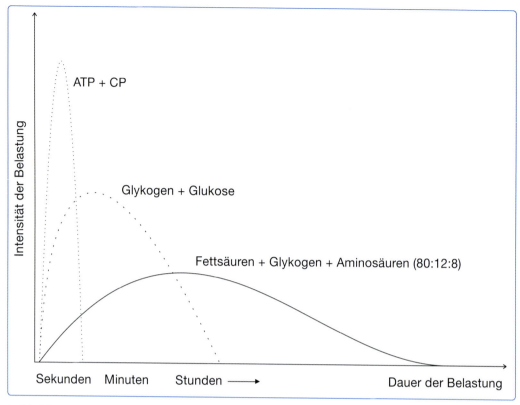

▶ **Abb. 6.2** Energiequellen des Muskels in Abhängigkeit von Intensität und Dauer der Belastung; ATP = Adenosintriphosphat; CR = Creatinphosphat (modifiziert nach Grandjean 1996).

▶ **Tab. 6.14** Täglicher Bedarf an ums. Energie von Gebrauchshunden bei unterschiedlicher Belastungsintensität und -dauer.

	KM	überwiegende Gangarten	Dauer der Bewegung	angenommene Strecke	Erhaltungsbedarf	zusätzlicher Energiebedarf für Bewegung	Gesamtenergiebedarf	Mehrfaches vom Erhaltungsbedarf
	kg		Std.	km	MJ uE/Tag	MJ uE/Tag	MJ uE/Tag	
Hütehund	25	Schritt	8	32	6,3	3,4		
		Galopp	1	14		2,0	11,7	1,9
Jagdhund	30	Schritt	4	16	7,2	2,0		
		Trab	2	20		2,5	11,7	1,6
Wachhund	35	Schritt	8	20	8,1	2,9	11,0	1,4
Führhund	30	Schritt	3	8	7,2	1,9	8,2	1,1

Rückgriff auf Energiereserven

ATP-Reserven

Kurzfristige Höchstleistungen von wenigen Sekunden Dauer werden zunächst über ATP-Reserven (Adenosintriphosphat ist ein energiereiches, universell einsetzbares, regenerierbares Energiespeichermolekül) der Muskulatur abgedeckt, wobei die Kreatinphosphatreserve eine schnelle Wiederauffüllung ermöglicht.

Glykogenreserven

Dauert die intensive Belastung länger an, greift der Muskel auf intrazelluläre Energiespeicher in Form des Glykogens zurück, zusätzlich wird Glukose aus der Extrazellulärflüssigkeit aufgenommen. Diese Nährstoffe werden anaerob, d. h. ohne Verwendung von Sauerstoff, abgebaut. Dadurch wird der Organismus in die Lage versetzt, auch wenn die pulmonale Sauerstoffaufnahme mit dem Bedarf nicht Schritt halten kann, noch Höchstleistungen zu vollbringen. Als Endprodukt der anaeroben Glykolyse entsteht Milchsäure (Laktat), die z. B. im Blut von Greyhounds nach einem Sprintrennen auf Werte von über 22 mmol/l ansteigen kann. Die Laktatakkumulation wird für den Hund bei diesen Werten belastend, da sie verschiedene enzymatische Reaktionen hemmt. Neben Beeinflussung der Glykogen- sowie Glukoseverwertung kann auch der Fettabbau beeinträchtigt werden. Bei zu starker Laktatansammlung treten subklinische Muskelschäden auf, die durch einen Anstieg der Kreatinkinase im Blut zu erkennen sind bzw. in Extremfällen sogar zu einem Ödem der Muskelfasern mit nachfolgender Degeneration führen können (Rhabdomyolyse). Selbst bei Sprintbelastungen wird ein Teil des Energiebedarfs auch über aerobe Glykolyse, d. h. unter Sauerstoffverbrauch, gedeckt, deren Bedeutung bei länger andauernden (mehrere Minuten) submaximalen Belastungen wächst (50–70 % der maximalen Sauerstoffkapazität).

Fettreserven

Je länger die Belastung dauert, desto mehr greift der Hund auf Fettsäuren als Energiequelle zurück, in geringem Umfang auch auf Glykogen oder Aminosäuren. Ein erheblicher Teil der energetisch genutzten Fettsäuren stammt aus körpereigenen Speichern, wobei diese Bereitstellung von Trainingszustand und Futterzusammensetzung (fett- oder kohlenhydratreich) beeinflusst wird. Bei trainierten, fettreich ernährten Hunden steigt die Plasmakonzentration an freien Fettsäuren deutlich an.

Energiebedarf

Ausgehend von theoretischen Überlegungen sowie praktischen und experimentellen Erfahrungen wird in Abhängigkeit von der Art der zu erbringenden Leistung eine differenzierte Energiezufuhr empfohlen. Bei Hunden, die über längere Zeit beansprucht werden, sind fettreiche Rationen günstiger als kohlenhydratreiche. Fettreiche Futtermischungen führen bei längerer Belastungsdauer und submaximaler Intensität zu höheren Leistungen, u. a. auch durch eine geringere Füllung des Magen-Darm-Kanals.

> ❗ Je länger die Arbeitsbelastung dauert, desto fettreicher sollte die Ration sein. Ein Mindestkohlenhydratanteil von 10–20 % ist generell zu empfehlen, damit die Glukoneogenese aus Aminosäuren limitiert wird. Bei Sprintbelastungen sind kohlenhydratreichere Rationen von Vorteil.

Proteinbedarf

Der Proteinbedarf von Leistungshunden erhöht sich gegenüber dem Erhaltungsstoffwechsel bei moderater Belastung nur unwesentlich. Weder verbraucht der Muskel bei der Kontraktion zusätzliches Eiweiß, noch kann die Muskelmasse durch exzessive Proteinzufuhr vermehrt werden.

Aus Gründen einer ausreichenden Akzeptanz, der Sicherstellung adäquater Eiweißreserven zur Abdeckung eines Mehrbedarfs durch eine trainingsinduzierte Muskelneubildung sowie für die Bildung von Enzymen, die mit dem Leistungsstoffwechsel des Muskels in Verbindung stehen, sollte der Proteingehalt im Futter bei Sport- und Arbeitshunden gegenüber den Werten für Hunde im Erhaltungsstoffwechsel angehoben werden. Der Gehalt an verd. Rohprotein ist dabei in Abhängigkeit von der Belastungsintensität und vom Energiegehalt des Futters einzustellen.

> **Cave**
>
> Bei unzureichender Proteinversorgung kann sich bei intensiv arbeitenden Hunden eine Anämie entwickeln.

Die Relation von verd. Rohprotein zu ums. Energie sollte bei Rennhunden 12 g/1 MJ uE betragen. Bei intensiv trainierten bzw. im Rennen eingesetzten Schlittenhunden kann eine Relation 18 g vRp/1 MJ uE empfohlen werden.

Eine zu starke Erhöhung der Proteinzufuhr und eine ungenügende Proteinqualität können sich nachteilig auf die Leistung auswirken, denn Eiweiß ist primär kein Brennstoff. Bei seiner Nutzung als Energiequelle entstehen Abbauprodukte, insbesondere Ammoniak, das nach Umwandlung in der Leber zu Harnstoff renal exkretiert werden muss. Durch diesen Vorgang wird zusätzliche Wärme freigesetzt. Auch der Wasserbedarf steigt an, sodass eine starke Eiweißüberversorgung sogar leistungsmindernd sein kann.

Bei sehr hoher Belastungsintensität unter ungünstigen Umweltbedingungen, z. B. bei Schlittenhundrennen, ist eine ausreichende Versorgung mit Protein zur Prävention von Myopathien zu beachten. Bei Rationen mit 30 % Fett in der Trockensubstanz und einem hohen Energiegehalt von 2 MJ uE/100 g TS muss der Proteingehalt 28 % bzw. über 40 % in der Trockenmasse liegen, um eine Relation von 12 bzw. 18 g verd. Protein auf 1 MJ uE zu erreichen. Bei Verabreichung fett- und damit energiereicher Rationen und gleichzeitig knapper Proteinaufnahme waren vermehrt Muskelschäden zu beobachten.

Bedarf an Vitaminen, Mengen- und Spurenelementen

Auch die Versorgung mit Vitaminen, Mengen- und Spurenelementen steht mit dem Leistungsstoffwechsel in Zusammenhang. Am Energieumsatz beteiligt sind einige Vitamine, so B_1, B_2, Pantothen- und Nikotinsäure, die als Koenzyme wirken. Bei hohem Kohlenhydratanteil sollte die Versorgung mit Vitamin B_1 besonders beachtet werden, wobei aufgrund der erhöhten Futtermenge bei Einhaltung der in Tabelle II (Anhang) vorgeschlagenen Nährstoff-/Energierelationen i. d. R. eine ausreichende Aufnahme gewährleistet ist. Neben diesen unmittelbar mit dem Energieumsatz verbundenen Vitaminen sind weitere Nährstoffe wichtig, insbesondere für die Funktion des aktiven und passiven Bewegungsapparates sowie die Blutbildung. Vitamin E verhindert zusammen mit Selen, insbesondere bei fettreichen Rationen, oxidative Einwirkungen auf Skelett- und Herzmuskel.

Für das Skelett sollten Kalzium, Phosphor, Magnesium, Vitamin D sowie Mangan, Kupfer und Zink in ausreichendem Umfang aufgenommen werden. Eisen und Vitamin B_{12} werden für die Blutbildung gebraucht. Ein Mehrbedarf an Elektrolyten (Na, K, Cl) entsteht dagegen nicht, da Hunde im Gegensatz zum Menschen kaum schwitzen.

Sonstige Nährstoffe

Sonstige Nährstoffe oder Ergänzungen, die im Zusammenhang mit der Fütterung von Arbeits- und Leistungshunden diskutiert werden, sind in ihrer Wirksamkeit häufig nicht genügend untersucht. Oft wird bei Rennhunden eine Supplementierung mit Ascorbinsäure vorgenommen, da es infolge der Belastung sowie der Stresseffekte zu einer Reduktion der Plasmakonzentrationen kommt. Während dieses durchaus sinnvoll ist, sind positive Effekte durch Carnitin (Förderung der Fettsäurenoxidation), Taurin (Herzmuskel), n-3-Fettsäuren (Einfluss auf die Membraneigenschaften der Erythrozyten), Siliziumpräparate, puffernde Substanzen (z. B. Natriumbikarbonat zur Prävention der Azidose und Erhöhung der aeroben Kapazität), Mineralpräparate mit Magnesium (Stressdämpfung) oder organische Chromverbindungen (Verbesserung der Glukosetoleranz) nicht sicher. Auch Pflanzenextrakte werden zur Leistungssteigerung angeboten. Allgemein sollten – im Gegensatz zu Werbeaussagen – keine übertriebenen Hoffnungen auf Leistungssteigerungen durch solche Mittel gehegt werden. Umfassende ernährungsphysiologische Studien an Sportlern zeigen vielmehr, dass bei bedarfsgerechter Energie- und Nährstoffaufnahme sowie optimiertem Ernährungs- und Trainingszustand die besten Leistungen erreicht werden und dass „leistungssteigernde" Supplemente in kontrollierten Studien oft ohne nachweisbare Wirkung bleiben.

▶ **Tab. 6.15** Physiologische Daten von Labrador Retrievern bei körperlicher Belastung.

	Ausgangsbasis	Belastung (Landsuche)	Belastung (Wasser- und Landsuche)
Geschwindigkeit (m/s)	–	5	2,5
Laktatkonzentration im Blut (mmol)	0,9 ± 0,32	3,8 ± 0,46	2,2 ± 0,42
Körpertemperatur (°C)	38,8 ± 0,2	40,6 ± 0,2	39,7 ± 0,2
Pulsrate pro Minute	103 ± 8	143 ± 10	119 ± 9
Atemfrequenz pro Minute	106 ± 19	181 ± 27	158 ± 22

Quelle: Steiss et al. 2004

6.4.2 Wasser und Temperaturregulation

Der Wasserbedarf von Leistungshunden steigt erheblich an, einmal aufgrund der höheren Futtermengen und der damit verbundenen erhöhten Exkretion harnpflichtiger Stoffe, dann auch für die Temperaturregulation.

> Eine ausreichende Wasserversorgung ist für die Erhaltung der Leistungsfähigkeit von Hunden genauso wichtig wie die adäquate Energieaufnahme.

Regulation der Körpertemperatur

Die Körpertemperaturen von Hunden steigen bei körperlicher Belastung auf bis zu 41 °C an, da aufgrund des vergleichsweise ungünstigen Wirkungsgrades der Muskelarbeit 70–75 % der aufgewendeten Energie in Form von Wärme freigesetzt werden (▶ Tab. 6.15).

Neben der Belastungsintensität bestimmen Umgebungstemperatur sowie Luftfeuchte und Hautisolation die Körperinnentemperatur. Der überwiegende Teil der Körperwärme wird über die Atemluft abgeführt, nur ein kleiner Teil über Strahlung und Konvektion. Erreicht der Energieumsatz eines Arbeitshundes ca. 65 kJ/kg KM/h, so werden ca. 40 kJ in Form von Wärme freigesetzt. Die Verdunstung von 1 ml Wasser führt zur Abgabe von 2,4 kJ in Form von Wärme. Zur Kompensation einer zusätzlichen Wärmelast von 40 kJ/kg KM/h müsste ein Hund also 17 ml Wasser/kg KM/h über Hecheln ausscheiden. Etwa 30–50 ml/kg KM stehen als körpereigene, kompensatorische Wasserreserven zur Verfügung.

Ist der Hund trotz maximaler Beanspruchung der Kompensationsmöglichkeiten nicht in der Lage, ausreichende Mengen an Wärme abzuführen, so steigt allmählich die Körpertemperatur und es entsteht eine Hyperthermie mit nachlassender Leistungsfähigkeit. Nachteilig wirkt sich unter diesen Bedingungen u. a. aus, dass die Hautdurchblutung gesteigert werden muss und dadurch die Blutversorgung des Muskels reduziert wird. Nach Untersuchungen an Rennhunden kommt es bereits nach kurzfristiger intensiver Belastung zu einem Anstieg des Hämatokrits und Gesamteiweißgehalts im Blut als Zeichen einer Blutkonzentrierung durch Wasserverlust. Bei unzureichender Wasseraufnahme kann die Hämokonzentration so stark sein, dass der Kreislauf zusätzlich belastet wird und es im Extremfall zum Exitus kommt. Gut trainierte Hunde weisen gegenüber untrainierten ein höheres Plasmavolumen auf, im Wesentlichen aufgrund einer höheren Wasseraufnahme, teils auch durch renale Adaptationsmechanismen.

Leistungshunde sollten aus den genannten Gründen die Möglichkeit haben, vor und möglichst während großer Belastungen Wasser in ausreichendem Umfang aufzunehmen. Eine weitere Möglichkeit, die Wasseraufnahme zu erhöhen, besteht darin, das Futter in suppiger Form anzubieten. Andere Maßnahmen, z. B. Salzzulagen, zeigen nur unsichere Effekte, zudem belasten sie unnötigerweise die Exkretionsmechanismen und sind auch aufgrund der Risiken (Salzvergiftung) nicht vertretbar.

6 Praktische Fütterung

6.4.3 Futtermenge und Fütterungstechnik

Die Wahl des Zeitpunkts der Futterzuteilung ist für die optimale Leistung von großer Bedeutung. Einerseits soll der Hund genügend verfügbare Energiereserven haben, andererseits ist eine zu starke Füllung des Gastrointestinaltrakts von Nachteil, da dadurch die Leistung gemindert wird. Greyhounds zeigten nach restriktiver Fütterung im Rennen höhere Leistungen. Aus Laufbanduntersuchungen ist bekannt, dass Hunde auch nach längerer Nüchterung in der Lage sind, hohe Leistungen zu erbringen, da der Energiebedarf während der Arbeitsbeanspruchung in erheblichem Umfang durch die Mobilisierung von Körperreserven gedeckt wird. Wenn auch experimentelle Daten zeigen, dass Hunde erst nach 5-tägiger Nahrungskarenz ihre maximale Leistung auf einem Laufband erbrachten, so empfiehlt sich unter Praxisbedingungen ein Mindestabstand zwischen Fütterung und Belastung von ca. 6–8 Stunden.

Auf keinen Fall sollten Hunde unmittelbar vor einer körperlichen Belastung gefüttert werden. Dadurch kommt es zu einer unnötigen Zunahme der Körpermasse über die vermehrte Magen-Darm-Füllung, auch der Atmungsraum wird eingeengt. Durch die Wirkung der Nahrung entsteht zudem eine thermische Belastung, der Wasserbedarf nimmt zu. Bei einem Körperfettgehalt von im Mittel 20 % (individuelle Eigenheiten, Rassenunterschiede) kann etwa die Hälfte des Körperfetts als metabolische Reserve betrachtet werden, sodass je kg Körpermasse 4 MJ zur Schließung einer Energielücke zur Verfügung stehen.

6.4.4 Rationsgestaltung für Gebrauchshunde

Gebrauchshunde, meist handelt es sich um mittelgroße oder große Rassen, werden teils im Hundesport und Schutzdienst, aber auch bei Polizei, Katastrophenschutz oder Bundeswehr mit jeweils spezifischen Beanspruchungen (z. B. des Geruchssinns bei der Opfer- oder Rauschgiftsuche) eingesetzt. Auch Blindenführhunde haben nicht zuletzt aufgrund der erheblichen Konzentrationsleistungen, die sie erbringen müssen, besondere Anforderungen an die Ernährung.

Der Nährstoffbedarf hängt einerseits von der Dauer der Belastung, von ihrer Intensität sowie evtl. zusätzlichen Umgebungs- oder Stressfaktoren ab. Da die Dienstzeiten teils mit 6–8 Stunden vergleichsweise lang bemessen sind, entsteht trotz mäßiger Arbeitsbelastung, z. B. durch Bewegung im Schritt, unter Umständen ein erheblicher Energiemehrbedarf, der das 1,5- bis 2-Fache des Erhaltungsbedarfs erreichen kann. Bei vielen Hunden ist zum Ausgleich eines stressbedingten Mehrbedarfs generell ein Energiezuschlag vorzusehen, auch ungünstige Witterungsverhältnisse können eine Erhöhung erforderlich machen. Bei extremer Beanspruchung muss ein Gebrauchshund sogar bis zum 2- oder 3-Fachen des Erhaltungsbedarfs an Energie aufnehmen. Durch die dann erforderliche erhöhte Futtermenge ist bei optimalen Rationen auch die Versorgung mit Protein und übrigen Nährstoffen gedeckt. Die Relation von verd. Rohprotein zu ums. Energie kann mit 10 g/1 MJ wie im Erhaltungsstoffwechsel eingestellt werden.

Energie In der Praxis werden meistens Trockenalleinfutter eingesetzt. Sie sollten eine Energiedichte von mindestens 1,6 MJ uE/100 g aufweisen, damit das zur Deckung des Energiebedarfs notwendige Futtervolumen nicht unnötig gesteigert wird. Entsprechend energiereiche Futtermischungen enthalten mindestens 15 % Rohfett.

Proteine Der Gehalt an Rohprotein sollte bei hoher biologischer Wertigkeit nicht über 25 % liegen, damit einerseits gute Akzeptanz und Verdaulichkeit gewährleistet sind, andererseits aber bei großen Futtermengen die Proteinaufnahme nicht unnötig hoch wird. Bei der Auswahl der Proteinquellen können hochverdauliche tierische Eiweiße mit pflanzlichen Eiweißextrakten kombiniert werden, z. B. mit Sojaproteinisolat oder Getreideklebern, die sich durch hohe Verdaulichkeit und eine gute Verträglichkeit auszeichnen.

Faserstoffe Da Gebrauchshunde bei Belastungen unter Umständen zu unerwünscht weicher Kotkonsistenz bzw. Durchfall neigen, sollte man auf schwer verträgliche bindegewebereiche Komponenten verzichten. Der Anteil pflanzlicher Faserstoffe ist auf 2–3 % der Trockenmasse zu begrenzen, wodurch eine ausreichende Motorik des

▶ **Tab. 6.16** Rationen für Gebrauchshunde. Futtermengen für einen Hund mit 15 kg Körpermasse in Gramm je Tag, Futtermengen decken das 1,5-Fache des Erhaltungsbedarfs.

	I	II	III
1. eiweißreiche Futtermittel			
Pansen	365		
Magerquark		50	
Blättermagen			425
Geflügelabfallmehl			55
Ei, gekocht			50
2. energieliefernde Futtermittel			
eiweißarmes Ergänzungsfutter	225		
Kartoffeln		500	
Nudeln, Trockengewicht			250
3. Fettergänzungen			
Fett/Öl	20	50	15
4. ballaststoffreiche Futtermittel			
Gemüse, z. B. Möhren		30	30
5. Mineralstoffe/Vitamine			
vitaminiertes Mineralfutter, ca. 20–25 % Ca	1	4	4
jod. Kochsalz	0,5		
Energie- und Proteingehalte			
uE (MJ/100 g)	0,86	0,56	1,4
vRp (g/100 g)	10,4	6,9	16,1
vRp/uE	12,1	12,2	11,5

▶ **Tab. 6.17** Rationen für Gebrauchshunde. Multiplikationsfaktoren zur Berechnung der Futtermengen relativ zu 15-kg-Hund

Körpermasse des Hundes in kg	Futtermengen (▶ Tab. 6.16)	Mineralstoffe, Vitamine
5	× 0,4	× 0,3
10	× 0,7	× 0,7
15	s. Tabelle 6.16	
20	× 1,2	× 1,3
35	× 1,9	× 2,3
60	× 2,8	× 4

Gastrointestinaltrakts gewährleistet bleibt, andererseits Probleme durch eine zu starke Verdaulichkeitsminderung vermieden werden.

Kohlenhydrate Die meisten Gebrauchshunde tolerieren aufgeschlossene Kohlenhydrate, ihr Anteil erreicht in einem Mischfutter hoher Energiedichte 35–40 %. Die Relationen der übrigen Nährstoffe können sich an den Empfehlungen für Hunde im Erhaltungsstoffwechsel orientieren (▶ Tab. 5.8 u. ▶ Tab. 5.9). Es ist auch möglich, Arbeits- und Diensthunde mit selbst hergestellten Rationen zu versorgen. Vorschläge finden sich in ▶ Tab. 6.16 und ▶ Tab. 6.17.

Besondere Anforderungen

Spezifische Anforderungen ergeben sich, wenn Hunde bei der Fährtenarbeit, im Katastrophenschutz oder bei der Rauschgiftsuche eingesetzt werden. Hier sollte die Versorgung mit Natrium und Zink wegen ihrer Bedeutung für das Geruchsempfinden besonders berücksichtigt werden.

Eine ausreichende Versorgung mit Vitamin A und Zink ist auch für die Nachtsehfähigkeit erforderlich. Ein gestörtes Riechvermögen (Hyp- oder Anosmie) tritt evtl. auf, wenn Futtermittel einen sehr penetranten Eigengeruch aufweisen. Hunde sollen so häufig wie möglich auch während der Beanspruchung Wasser aufnehmen können, insbesondere bei hohen Umgebungstemperaturen. Dadurch wird nicht nur die Thermoregulation, sondern auch das Riechvermögen unterstützt.

Die Fütterungszeiten sollten möglichst so gelegt werden, dass ein ausreichender zeitlicher Abstand zur Belastung eingehalten wird. Zu empfehlen ist generell die Fütterung nach Beendigung des Dienstes bzw. die Aufteilung der Tagesration in zwei Portionen, wobei zwei Drittel der Futtermenge abends bzw. nach der Belastung und ein Drittel spätestens 2–3 Stunden vor Arbeitsbeginn zugeteilt werden. Für manche Einsätze ist es notwendig, Tiere so zu trainieren, dass sie Futter nicht von Fremden annehmen.

▶ **Tab. 6.18** Energie- und Futtermengenbedarf von Jagd-, Hüte- und Meutehunden in Abhängigkeit von der Belastungsintensität.

KM	Erhaltungsbedarf	Bewegungsleistung	Energiebedarf für Bewegung	Gesamtbedarf	Mehrfaches des Erhaltungsbedarfs	Futtermenge bei 1,7 MJ uE/100 g
kg	MJ/Tag	Std. Trab/Tag	MJ/Tag	MJ/Tag		g/Tag
15	4,3	2	1,5	5,8	1,4	340
		4	3,0	7,3	1,7	430
		6	4,5	8,8	2,1	520
20	5,3	2	2,0	7,3	1,4	430
		4	4,0	9,3	1,8	550
		6	6,0	11,3	2,1	660
25	6,3	2	2,5	8,8	1,4	520
		4	5,0	11,3	1,8	660
		6	7,5	13,8	2,2	810
35	8,1	2	3,5	11,6	1,4	680
		4	7,0	15,1	1,9	890
		6	10,5	18,6	2,3	1090

6.4.5 Rationsgestaltung für Jagd-, Hüte- und Meutehunde

Die Ansprüche von Jagd-, Hüte- und Meutehunden sind ähnlich wie bei Gebrauchshunden, allerdings mit Differenzierungen in Abhängigkeit von der Belastungsintensität. Hüte- und Jagdhunde legen pro Tag erhebliche Wegstrecken bis zu 60 km zurück, im Extremfall sogar bis zu 150 km, bei Meutehunden sind 15–20 km anzunehmen. Der Energiebedarf steigt in Abhängigkeit von der Belastungsintensität gegenüber dem Erhaltungsbedarf bei 6-stündiger Trabbewegung um bis zum 2,5-Fachen, bei längeren Galoppstrecken, Vertikalbewegungen oder auch stressbedingt sogar noch mehr (▶ Tab. 6.18).

Die Fütterung ist sowohl mit kommerziellen Mischfuttern als auch mit eigenen Mischungen möglich, wobei ähnliche Prämissen gelten wie bei den Gebrauchshunden. Bei einer Energiedichte von 1,5–1,7 MJ/100 g TS ist eine Relation von 10–12 g vRp pro 1 MJ uE einzuhalten, sodass der Rohproteingehalt in einem Trockenfutter unter 20 % liegen kann. Sehr eiweißreiche Alleinfuttermittel sind mit Fett oder aufgrund der höheren Akzeptanz mit fettem Fleisch bzw. fettreichen Schlachtnebenprodukten zu ergänzen. Da die Futtermenge bei höherem Energiebedarf ansteigt, wird bei Verabreichung ausgewogener Futtermischungen auch ein Mehrbedarf an den Nährstoffen gedeckt, die für den Muskelstoffwechsel und die Leistungsfähigkeit wichtig sind (s. o.).

Werden eigene Mischungen bevorzugt, z. B. aus preislichen Erwägungen, sind energiereiche Futtermittel tierischer Herkunft, beispielsweise durchwachsenes Fleisch, geeignet. Sie können mit Getreideflocken oder anderen stärkereichen Produkten, evtl. auch mit einem eiweißarmen Ergänzungsfutter kombiniert werden. Zur Ergänzung eignen sich aufgrund ihrer hohen Akzeptanz auch Fette tierischer Herkunft (z. B. Rindertalg, Schmalz) oder Pflanzenöl. Der Rohfasergehalt sollte nicht über 2–3 % der Trockenmasse liegen, damit eine hohe Gesamtverdaulichkeit der Ration gewährleistet ist. Eine Ergänzung mit Mineralstoffen bzw. Vitaminen ist bei dieser Art der Fütterung am sichersten über ein kommerzielles Ergänzungsfutter zu erreichen, mit größerem Aufwand auch durch

6.4 Gebrauchs- und Sporthunde

▶ **Tab. 6.19** Rationen für Jagd-, Hüte- und Meutehunde. Futtermengen für einen Hund mit 15 kg Körpermasse in Gramm je Tag, Futtermengen decken das 2-Fache des Erhaltungsbedarfs.

	I	II	III
1. eiweißreiche Futtermittel			
Pansen	550		
Kopffleisch, Rind		480	
Schaffleisch			470
2. energieliefernde Futtermittel			
eiweißarmes Ergänzungsfutter	330		
Haferflocken		50	
Maisflocken			125
3. Fettergänzungen			
Fett/Öl	15	10	15
4. ballaststoffreiche Futtermittel			
Luzernegrünmehl		10	5
5. Mineralstoffe/Vitamine			
vitaminiertes Mineralfutter, ca. 20–25 % Ca		4	4
Kalziumkarbonat		1	2
jod. Kochsalz		0,5	0,5
Energie- und Proteingehalte			
uE (MJ/100 g)	0,85	1,4	1,2
vRp (g/100 g)	10,1	15,3	14,5
vRp/uE	11,9	11,3	12,0

▶ **Tab. 6.20** Rationen für Jagd-, Hüte- und Meutehunde. Multiplikationsfaktoren zur Berechnung der Futtermengen relativ zu 15-kg-Hund.

Körpermasse des Hundes in kg	Futtermengen (▶ Tab. 6.19)	Mineralstoffe, Vitamine
5	× 0,4	× 0,3
10	× 0,7	× 0,7
15	s. Tabelle 6.19	
20	× 1,2	× 1,3
35	× 1,9	× 2,3
60	× 2,8	× 4

„natürliche" Produkte, z. B. Knochen oder Knochenschrot jeweils in Kombination etwa mit Leber (Rationsvorschläge s. ▶ Tab. 6.19 und ▶ Tab. 6.20).

Fütterungstechnik

Die Fütterungstechnik beeinflusst die Leistungsbereitschaft bzw. das -vermögen. Vor der körperlichen Belastung muss ein ausreichender zeitlicher Abstand zur letzten Fütterung eingehalten werden. Der Hauptteil der Tagesration sollte am Abend zuvor bzw. ca. 2 Stunden nach Einsatzende verabreicht werden, wenn die Hunde sich von der Arbeit erholt haben. Eine kleinere Menge von bis zu 20 % der Gesamtfuttermenge kann bis zu 3 Stunden vor Beginn gegeben werden, wenn dadurch eine Beruhigung der Tiere zu erreichen ist.

Es ist ohne Weiteres möglich, bei diskontinuierlicher Beanspruchung, z. B. von Meutehunden, die nur einmal wöchentlich zum Einsatz kommen, 1–2 Tage vor der Arbeit eine reduzierte Futtermenge zu verabreichen und das Defizit in den verbleibenden Tagen durch reichlichere Zuteilung zu kompensieren. Aus den bereits erläuterten Gründen sollten Hunde vor und nach der Belastung, aber auch während der Arbeit, im Abstand von 1–2 Stunden Gelegenheit haben, Wasser aufzunehmen. Die Leistungsfähigkeit kann dadurch nachhaltig unterstützt werden.

Gelegentlich wird empfohlen, bei lang andauernder intensiver Belastung kleine Zwischenmahlzeiten zu verabreichen. Dies ist aufgrund der ausgeprägten Fähigkeit von Hunden, bei aerober submaximaler Belastung Fettsäuren als Energiequellen zu mobilisieren, weder notwendig noch zweckmäßig. Auszunehmen sind Problemhunde, die nach intensiver Arbeit zu einer Hypoglykämie neigen. Hier können glukosereiche Zwischenmahlzeiten sinnvoll sein.

6.4.6 Rationsgestaltung für Rennhunde

Rennhunde werden auf Strecken von 300–900 m bei 1–3 Läufen/Renntag eingesetzt, mit Geschwindigkeiten von ca. 50 km/Std. Ein zusätzlicher Energiebedarf ist beim sportlichen Einsatz auch unter dem Aspekt der mit einem Rennen verbundenen Stresssituationen zu berücksichtigen, während die körperliche Leistung selbst nicht sehr energiezehrend ist.

Auf Sprintstrecken stammt der größte Teil der verbrauchten Energie aus der ATP- bzw. intramuskulären Glykogenreserve (▶ Abb. 6.2). Bei trainierten Hunden kommt es zu einer schnelleren Aufnahme von energieliefernder Glukose aus dem Blut. Pro kg Körpermasse stehen theoretisch ca. 3 g Kohlenhydrate zur Verfügung (etwa 50 kJ). Ähnlich wie beim Menschen ist davon auszugehen, dass kohlenhydratreiche Fütterung in Kombination mit hoher Trainingsintensität (anaerobe Belastung, Intervalltraining) die Glykogenspeicherung in der Muskulatur verstärkt. Gleichzeitig werden die Enzymsysteme zur Glykogenmobilisierung trainiert, sodass als Nettoeffekt eine erhöhte Leistungsfähigkeit, allerdings nur bei kurzfristigen hohen Belastungen, resultiert. In der Leber steigen die Glykogenreserven ebenfalls an, wodurch ein schneller Ausgleich eines peripher entstandenen Energiedefizits möglich wird. Aus den genannten Gründen sollte im Futter für Rennhunde die Relation von verd. Rohprotein zu ums. Energie wie im Erhaltungsstoffwechsel liegen. Zur Sicherung der Akzeptanz bzw. für junge Tiere sind auch höhere Eiweißgehalte im Futter gerechtfertigt (12 g vRp/ 1 MJ uE).

Energiereiche Mischfuttermittel

In der Praxis können entweder energiereichere Mischfuttermittel verwendet werden, bei denen mindestens ein Drittel der Gesamtenergie aus Kohlenhydraten stammt, oder aber Rationen auf der Basis hochwertiger Einzelfuttermittel. Dazu kommen insbesondere Muskelfleisch, Ei- und Milchproteinprodukte, in geringem Umfang auch Schlachtabfälle und Organe, Fette tierischer Herkunft (Schmalz, Talg) und aufgeschlossene Kohlenhydratquellen wie Reis oder Nudeln in Betracht. Getreideflocken sowie geringe Mengen an Gemüse sind in der rennfreien Zeit als energieliefernde Komponenten bzw. als Rohfaserquellen einzusetzen. Blähende Futtermittel (Leguminosen, bindegewebereiche Schlachtabfälle) sollten nicht verwendet werden.

Mineralstoff- und Vitaminergänzung

Jede selbst gemischte Ration muss hinsichtlich der Mineralstoff- und Vitaminversorgung geprüft werden. Die sicherste Art der Ergänzung ist in diesen Fällen der Einsatz eines vitaminierten Mineralfutters, das nicht nur die Versorgung mit Mengenelementen, sondern auch mit Vitamin E und Selen gewährleisten muss, da die meisten Einzelfuttermittel nur sehr knappe Gehalte aufweisen.

Futtermenge und Fütterungstechnik

Die Futtermenge ist je nach Art und Umfang der Belastung sowie der Körperverfassung gegenüber dem Erhaltungsstoffwechsel um 20–30 % zu erhöhen. Eine regelmäßige Gewichtskontrolle empfiehlt sich, da für die Rennen oft Gewichtsklassen vorgeschrieben sind. Kurzfristige Fütterungsmaßnahmen mit dem Ziel, das Gewicht der Hunde anzupassen, wirken unter Umständen leistungsmindernd und sollten bei langfristiger adäquater Fütterungstechnik nicht notwendig sein.

Neben der bedarfsgerechten Nährstoffaufnahme ist die Fütterungstechnik bei Rennhunden wichtig. Die Verabreichung größerer Futtermengen unmittelbar vor der Belastung verbietet sich aufgrund der negativen Effekte auf das Leistungsvermögen. Bei 2-maliger täglicher Fütterung ist es allerdings möglich, die Hälfte der Tagesration etwa 6–8 Stunden vor dem Rennen anzubieten. Vertretbar ist weiterhin, den Hunden etwa 1 Stunde vor Rennbeginn die im Handel erhältlichen energie- bzw. kohlenhydratreichen „Snacks" zu geben oder 2–3 Scheiben Weißbrot, evtl. mit Sahne oder Honig. Nach Beendigung des Rennens oder Trainings kann der Hund, nach Beruhigung, durchaus kleine Futtermengen aufnehmen. Mit der Zuteilung einer Hauptmahlzeit sollte man jedoch mindestens 2 Stunden warten, da die Verdauung infolge einer Umschichtung des Blutflusses beeinträchtigt sein kann. Grundsätzlich müssen die Hunde jederzeit Gelegenheit haben, Trinkwasser aufzunehmen.

6.4.7 Rationsgestaltung für Schlittenhunde

Schlittenhunde erbringen höchste körperliche Leistungen, auch im Vergleich zu anderen Tierarten oder dem Menschen. Schlittenhunderennen haben in den letzten Jahren in vielen Ländern der Welt an Popularität gewonnen. Neben Sprintrennen, die über Strecken von bis zu 60 km gehen, werden Mittel- (150–500 km) und Langstreckenrennen veranstaltet, unter ihnen das über eine Distanz von 1049 Meilen führende, von vielen Legenden umrankte Iditarod in Alaska oder das Alpirod mit einer Gesamtlänge von etwa 1000 km. Die durchschnittlichen Laufgeschwindigkeiten hängen von der Streckenlänge ab und liegen bei den Extremstrecken um 16 km/Std. über 10–14 h/Tag.

Bei kürzeren Rennen werden höhere Durchschnittswerte (ca. 23 km/h) erreicht, sodass die Hunde zeitweise auf die anaerobe Glykolyse zur Deckung des Energiebedarfs zurückgreifen müssen bzw. sich eine Stoffwechselsituation im Übergangsbereich von aerober zu anaerober Energiegewinnung einstellt. Neben Siberian Huskies werden verschiedene weitere Rassen, u. a. Alaskan Malamutes, Samojeden oder Grönlandhunde, bzw. Kreuzungen, eingesetzt. Die Belastung der Hunde ergibt sich nicht nur aus der eigentlichen Rennleistung, sondern auch aus den mit einem Rennen verbundenen besonderen Umständen, insbesondere Transport, Haltung unter neuen Bedingungen und Umgebungswechsel.

Die unterschiedlichen Stressfaktoren tragen zu den besonderen Anforderungen von Schlittenhunden an eine adäquate Ernährung bei. Die Glykogengehalte in der Muskulatur von Schlittenhunden liegen vor der Belastung bei 50–80 mmol Glykosyleinheiten/kg und sinken nach dem Rennen deutlich ab. Im Blut von Schlittenhunden war nach Rennen ein Anstieg der Laktatgehalte auf Werte von bis zu 12 mmol/l festzustellen. Älteren Berichten aus Polarexpeditionen zufolge ist bekannt, dass ca. 40 kg schwere Schlittenhunde einen täglichen Energiebedarf in Höhe von 0,35–0,55 MJ/kg KM hatten, wenn Strecken zwischen 20 und 30 km/Tag zurückgelegt wurden.

Energie Der tägliche Energiebedarf von Schlittenhunden steigt bei intensiver Belastung bis zum 3- bis 4-Fachen des Erhaltungsbedarfs, bei extremen Belastungen unter ungünstigen klimatischen Bedingungen sogar noch höher. Schlittenhunde scheinen gegenüber anderen Rassen einen verminderten Erhaltungsbedarf zu haben, der nach praktischen Erfahrungen um 0,42–0,46 MJ uE/kg $KM^{0,75}$/Tag liegt, sodass ein ca. 20 kg schwerer Hund pro Tag dafür nur etwa 4,0–4,5 MJ uE/Tag benötigt. Der Energiebedarf steigt im Training bei mäßiger Bewegungsintensität (10–20 km/Tag im Trab) oder bei Sprintrennen auf 7,5 MJ uE an. Unter stärkster Wettbewerbsbelastung wurden Energieaufnahmen von bis über 30 MJ uE/Tag festgestellt.

Fett Schlittenhunde müssen fettreich ernährt werden. Wesentlicher Vorteil einer fettreichen Fütterung ist ein positiver Effekt auf das Leistungsvermögen, da der Hund wegen der höheren Energiedichte ein geringeres Futtervolumen aufnehmen muss und die Energiebereitstellung im Organismus über Fettsäuren begünstigt wird.

Kohlenhydrate Kohlenhydratreiche Rationen können aufgrund der höheren Insulinausschüttung die Lipolyse hemmen sowie den Wasserhaushalt in stärkerem Umfang belasten, da die fäkalen Wasserverluste ansteigen. Besonderer Nachteil kohlenhydratreicher Futtermischungen ist die potenzielle Gefährdung der Membranintegrität von Muskelzellen aufgrund eines forcierten Glykogenabbaus und einer daraus resultierenden Laktatakkumulation. Auch wächst unter diesen Bedingungen das Risiko von stressbedingten Verdauungsstörungen bzw. Durchfall. Grundsätzlich ist die Ration so zu gestalten, dass nur Futtermittel mit höchster präzäkaler Verdaulichkeit verwendet werden (▶ Tab. 3.9 und ▶ Tab. 3.11).

Protein Die Energiedichte in der Ration sollte mindestens 1,8, besser 2 MJ uE/100 g TS erreichen, um das Futtervolumen möglichst gering zu halten. Das Verhältnis von verd. Rohprotein zu ums. Energie kann in Rationen für Schlittenhunde in Phasen intensiver Leistung auf 18 g/1 MJ angehoben werden. Dadurch ist es nach praktischen Erfahrungen möglich, das Risiko einer Anämie zu minimieren und auch Muskelschäden, die bei proteinärmeren Rationen vermehrt beobachtet wurden, vorzubeugen. Bei hohen Fettgehalten von 30 % der TS und

6 Praktische Fütterung

▶ Tab. 6.21 Ration für intensiv arbeitende Hunde (Schlittenhunde).

	Futtermengen für einen Hund mit 25 kg Körpermasse in Gramm je Tag, Futtermengen decken das 3-Fache des Erhaltungsbedarfs	
1. eiweißreiche Futtermittel		
Fleisch, durchwachsen	1400	
Leber, Rind	25	
Quark, mager	100	
2. energieliefernde Futtermittel		
Haferflocken	140	
3. Fettergänzungen		
Fett/Öl	15	
4. ballaststoffreiche Futtermittel		
Luzernegrünmehl	15	
5. Mineralstoffe/Vitamine		
vitaminiertes Mineralfutter, ca. 20–25 % Ca	6	
Kalziumkarbonat	6	
jod. Kochsalz	0,5	
Energie- und Proteingehalte		
uE (MJ/100 g)	0,96	(2,4 in TS)
vRp (g/100 g)	17,3	(42,8 in TS)
vRp/uE	18,0	

mehr muss der Rohproteingehalt über 40 % der TS erreichen.

Vitamine und Spurenelemente Der Erfolg einer gelegentlich empfohlenen Ergänzung mit Ascorbinsäure ist wissenschaftlich nicht erwiesen, es kann jedoch durch Zufütterung von 100–200 mg/kg Futter-TS dem Abfall der Ascorbinsäurekonzentrationen im Plasma unter Belastungseinfluss vorgebeugt werden. Werden Schlittenhunde mit fettreichen Rationen gefüttert, so ist der Versorgung mit Selen (0,2 mg/kg Futter-TS) oder auch Vitamin E (bis 3 mg/kg KM/Tag) besondere Bedeutung zuzumessen (▶ Tab. 6.21).

Weiterhin ist die Eisen- und Vitamin-B-Versorgung zu beachten, aus praktischen Erfahrungen werden auch höhere Anteile an n-3-Fettsäuren sowie an Arginin mit der – experimentell allerdings nicht belegten – Intention empfohlen, die Membraneigenschaften (Fluidität) von Erythrozyten sowie den Harnstoffzyklus des Organismus positiv zu beeinflussen.

Fütterungstechnik

Schlittenhunde sollten keinesfalls vor der Rennbelastung, sondern mit einem zeitlichen Abstand von 2–3 Stunden nach Beendigung des Rennens gefüttert werden. Zur Sicherung eines hohen Leistungsvermögens ist insbesondere bei Langstreckenrennen eine hohe Wasseraufnahme zu gewährleisten. Trinkwasser sollte stets angeboten werden, in der Praxis wird außerdem oft versucht, durch temporäre Gabe eines suppig-eingeweichten Futters eine höhere Wasserzufuhr zu realisieren.

6.5 Zuchthunde

6.5.1 Hündinnen

Sexualzyklus und Läufigkeit

Hündinnen werden im Allgemeinen erstmals mit ca. 7 Monaten, in größeren Rassen oft erst mit 10–12 Monaten läufig. Ihr Sexualzyklus dauert 6–8 Monate, auch 12 Monate gelten noch als physiologisch. Während der ca. 3-wöchigen Läufigkeit wachsen im etwa 10-tägigen Proöstrus die Ovarfollikel heran unter gleichzeitigem Anstieg der Östrogene im Blut, die eine vermehrte Durchblutung der Genitalorgane (u. a. Schwellung der Vulva) bewirken. Vor vollständiger Reifung der Follikel wird vermehrt Luteinisierungshormon ausgeschüttet. Etwa 2 Tage später erfolgt die Ovulation. Die Eizellen erlangen jedoch erst 2–3 Tage nach der Ovulation ihre Befruchtungsfähigkeit. Parallel dazu bilden sich die Gelbkörper und verstärken die Progesteronproduktion. Die beste Konzeptionsbereitschaft erreicht die Hündin vom 2. bis 5. Tag nach der Ovulation. Die Läufigkeit endet 6–8 Tage nach den Eisprüngen.

Nährstoffbedarf und Rationsgestaltung vor dem Belegen

Die Fütterung der Zuchthündinnen muss bereits vor dem Belegtermin auf die kommenden Belastungen hin sinnvoll geplant werden. Vor der Belegung soll die Hündin in normaler Körperverfassung sein, d. h. weder Über- noch Untergewicht aufweisen. Starke Verfettung kann die Ovulationsrate beeinträchtigen. So liegt bei adipösen Hündinnen oft die Wurfzahl im unteren Bereich der Norm. Außerdem ist die folgende Laktationsleistung nicht immer befriedigend. Andererseits bestehen auch bei stark abgemagerten Hündinnen keine optimalen Bedingungen für die Reproduktion. Sollte es nicht gelingen, solche Hündinnen bereits vor der Belegung in eine normale Körperverfassung zu bringen, kann mit Beginn der Läufigkeit versucht werden, durch zusätzliche Fütterung einer fetthaltigen, energiereichen, gut akzeptierten Ration (20–50 % über Erhaltungsbedarf) eine Steigerung der Ovulationsrate zu erreichen. Die zusätzliche Futtermenge muss jedoch unmittelbar nach dem Belegen wieder zurückgenommen werden.

Nährstoffbedarf der trächtigen Hündin

Die aus den befruchteten Eiern entstandenen Embryonen werden zunächst über eine sie umgebende Flüssigkeit, die Embryotrophe, ernährt. Erst nach etwa 3 Wochen heften sich die Fruchthüllen an die Uteruswand, die Nährstoffversorgung über Blutgefäße der Plazenta beginnt (fetales Stadium). Die Embryonen, die bereits die gesamte Organogenese durchlaufen, sind recht empfindlich gegenüber Störungen. Extreme Fütterungsfehler – auch schon vor dem Belegen – wie z. B. Mangel an Energie, Vitaminen und Spurenelementen oder die Aufnahme von Mykotoxinen können zum Absterben der Embryonen oder auch zu Missbildungen führen. In dieser Phase kann auch Überfütterung das Wachstum und Überleben der Embryonen beeinträchtigen.

Etwa von der 5. Gravititätswoche an nimmt das Wachstum der Früchte rasch zu (▶ Abb. 2.1), sodass in dieser Phase nicht nur die qualitative, sondern auch die quantitative Seite der Fütterung beachtet werden muss. Empfehlungen für die Versorgung gravider Hündinnen mit Energie und Nährstoffen siehe auch ▶ Tab. 6.22 und ▶ Tab. 6.23.

Energie Energiemangel – sei es infolge zu geringer Energiedichte des Futters oder zu geringer Akzeptanz – kann die Ursache für Untergewicht und geringe Vitalität (geringere Glykogenspeicherung) der neugeborenen Welpen sein. Auch Erkrankungen der graviden Hündin, die mit einer geringeren Futteraufnahme oder Futterverdauung einhergehen, können das fetale Wachstum beeinträchtigen.

Neben der Energiemenge muss die Art der Energieträger beachtet werden, da die Feten ihre Energie ausschließlich über Glukose decken. Deshalb sollten von der zugeführten Energie mindestens 20 % auf Kohlenhydrate entfallen. Enthält die Ration keine Kohlenhydrate, so muss die Proteinzufuhr verdoppelt werden, um eine ausreichende Glukoneogenese aus Aminosäuren zu sichern.

Fette Die Versorgung mit ausreichenden Mengen an Fett ist nicht nur aus energetischen Gründen zur Sicherung einer hohen Energiedichte in der Ration empfehlenswert, sie dient gleichzeitig dazu, die Versorgung mit essenziellen Fettsäuren zu gewährleisten. Neuere Untersuchungen zeigen, dass in der Fütterung von Zuchthündinnen neben der ausreichenden Aufnahme an Linolsäure auch ein gewisser Anteil an α-Linolensäure (50 mg/1 MJ uE) sowie an längerkettigen, mehrfach ungesättigten n-3-Fettsäuren enthalten sein sollte (Summe aus Eicosapentaen- und Docosahexaensäure 30 mg/1 MJ uE). Durch die Bereitstellung von n-3-Fettsäuren in der Gravidität konnte ein positiver Effekt auf die neuronale Entwicklung von Welpen beobachtet werden. Bei den übrigen Nährstoffen

▶ Tab. 6.22 Futtermengen für Zuchthündinnen.

Futtermenge Zuchthündinnen	Erhaltungsfutter
1. Hälfte Gravidität	× 1
2. Hälfte Gravidität	
kleine Würfe	× 1,3
große Würfe	× 1,5
Laktation	
kleine Würfe	× 2
mittelgroße Würfe	× 3
große Würfe	× 4

▶ Tab. 6.23 Empfehlungen für die Energie- und Nährstoffversorgung von Zuchthündinnen pro Tag.

Körpermasse (kg)		Gravidität (ab 5. Wo.)		Laktation	
		10	35	10	35
ums. Energie[1] (MJ)		4,1	11,8	7,7	24,2
verd. Rohprotein[1] (g)		41	118	84	260
Mineralstoffe/Spurenelemente	pro kg KM	Gravidität[2]		Laktation 4–6 Welpen	
Kalzium	mg	165		425	
Phosphor	mg	120		290	
Magnesium	mg	15		26	
Natrium	mg	60		105	
Kalium	mg	65		125	
Chlorid	mg	90		190	
Eisen	mg	4–6,8		2,4	
Kupfer	mg	0,16		0,67	
Zink	mg	2,4		5,4	
Mangan	mg	0,08		0,12	
Jod	µg	50		50	
Selen	µg	5		5	

Vitamine	pro kg KM	Gravidität[2] u. Laktation
Vitamin A	IE	250
Vitamin D	IE	20
Vitamin E	mg	2
Vitamin B_1	mg	0,06
Vitamin B_2	mg	0,6
Vitamin B_6	mg	0,09
Vitamin B_{12}	µg	2
Pantothensäure	mg	0,85
Nikotinsäure	mg	0,85
Biotin	µg	4
Folsäure	µg	15,3
Linolsäure	mg	2200
Cholin	mg	25

[1] pro Tier, weitere Angaben zum Energie- und Eiweißbedarf in Abhängigkeit von der Körpermasse siehe ▶ Tab. 4.6 und ▶ Tab. 4.11
[2] ab 5. Woche

kann, nachdem die plazentare Nährstoffversorgung eingesetzt hat, der mütterliche Organismus bei Fehlernährung zum Teil kompensieren, doch bestehen Grenzen besonders bei Eiweiß, Jod und Selen.

Eiweiß Die Eiweißmenge ist stärker als die Energie zu erhöhen (12 g verd. Eiweiß pro 1 MJ ums. Energie). Die Fütterung einseitig zusammengesetzter Rationen mit wenig tierischem Eiweiß kann die Entwicklung der Frucht beeinträchtigen (geringe Geburtsgewichte, evtl. Fruchtresorption). In Zwingern, in denen gehäuft untergewichtige Welpen vorkommen, ist stets auch die Eiweißversorgung der Hündin zu überprüfen und gegebenenfalls zu verbessern. Zur Kontrolle einer ausreichenden Eiweißversorgung tragender Hündinnen ist der Proteingehalt im Blutserum geeignet. Er sollte stets über 55 g/l betragen (▶ Tab. 4.8).

Mineralstoffe/Spurenelemente Ein unausgeglichenes Angebot an Kalzium und Phosphor wird primär noch nicht die Entwicklung der Feten beeinträchtigen, jedoch Geburtsablauf sowie die folgende Laktationsleistung ungünstig beeinflussen. Überhöhte Ca- und P-Mengen stören andererseits u. a. die Zn-Verwertung. Besonderes Augenmerk ist gegen Ende der Gravidität auch auf eine ausreichende Fe-Versorgung zu legen, um bei der Hündin eine Anämie zu vermeiden.

Kritisch im Hinblick auf die Entwicklung des Fetus ist eine ungenügende Versorgung mit Jod (Kropfbildung) oder Selen (Muskelschwäche).

Vitamine Eine knappe Versorgung mit Vitamin A in der 2. Hälfte der Gravidität beeinträchtigt zwar nicht die Früchte, doch bleibt dann – ähnlich wie bei Vitamin D und Vitamin E – der Gehalt im Kolostrum niedrig und die Versorgung der Neugeborenen suboptimal. Der Fetus speichert diese Vitamine nicht, darum ist der Welpe auf ein vitaminreiches Kolostrum angewiesen. Bei höheren Gehalten an ungesättigten Fettsäuren im Futter ist eine zusätzliche Vitamin-E-Gabe wichtig, da nach einer Unterversorgung Ausfallerscheinungen bei Welpen auftreten, vermutlich infolge von Störungen der Plazentafunktion.

Rationsgestaltung der trächtigen Hündin

Für gravide Hündinnen können Eigenmischungen oder Mischfutter eingesetzt werden. Bis zum Ende der 4. Trächtigkeitswoche sind Rationen wie für Tiere im Erhaltungsstoffwechsel ausreichend (▶ Tab. 6.5 und ▶ Tab. 6.8). Ab der 5. Graviditätswoche wird auf ein Futter umgestellt, das auch während der Laktation genügt (▶ Tab. 6.23). Damit wird ein Futterwechsel zur Zeit der Geburt überflüssig. Die Energiedichte solcher Rationen sollte mit mindestens 1,7 MJ uE/100 g TS hoch genug sein, dass die Mischungen auch in der Laktation verwendet werden können.

Eigenmischungen Zur Herstellung von Eigenmischungen werden hochwertige, hygienisch einwandfreie Futtermittel, insbesondere Fleisch und wertvolle Schlachtabfälle sowie Getreideflocken neben geringen Mengen an Milch, Gemüse und Leber verwendet. Auf 1 MJ ums. Energie sollen mind. 12 g verd. Eiweiß entfallen, bei geringerer biologischer Wertigkeit der Eiweiße auch mehr. Mineralstoffe und Vitamine sind entsprechend den Empfehlungen in ▶ Tab. 6.23 vorzusehen. Dazu eignen sich vitaminierte Mineralfutter oder auch mineralstoff- bzw. vitaminreiche Einzelfutter (wie Gemüse, Hefe, Leber). Die Zufütterung von Rinderleber (ca. 1 g/kg KM/Tag, auf 2–3 Portionen pro Woche verteilt) ist aufgrund der zahlreichen essenziellen Inhaltsstoffe bei graviden Hündinnen günstig. Bei Nichtbeachtung der hygienischen Anforderungen können Gesundheitsstörungen der Hündin sowie der Welpen resultieren, z. B. durch Infektion mit Salmonellen.

Geringe Gemüsemengen (Salat, Möhren) können die Darmtätigkeit regulieren, die gerade in der letzten Phase der Gravidität durch eine Hypomotilität gekennzeichnet sein kann. Gravide Hündinnen sind oft wählerisch bei der Futteraufnahme, sodass evtl. verschiedene Futtermischungen versucht werden müssen. Manche Hündinnen zeigen in dieser Zeit sogar eine ausgesprochene Aversion gegenüber Futtermitteln tierischer Herkunft.

Mischfutter Für die Versorgung gravider Hündinnen haben sich auch Mischfutter bewährt. Sofern von Trockenalleinfuttermitteln die Qualität der enthaltenen Eiweiße nicht hinreichend bekannt ist, sind aus Sicherheitsgründen geringe Mengen an Leber (s. o.) oder pro 10 kg KM und Woche 3 gekochte Eier oder pro kg KM und Tag bis 20 ml Vollmilch zuzufüttern. Andererseits ist eine Eiweißaufwertung auch über Fleisch bzw. Quark und Käse möglich. In Feuchtalleinfuttern liegt in der Regel der Eiweißanteil ausreichend hoch, sodass sich eiweißreiche Ergänzungen erübrigen.

Fütterungstechnik

Wie bereits oben gezeigt, entsteht ein zusätzlicher Energie- und Nährstoffbedarf erst ab dem 30. Tag nach der Belegung.

Futtermenge Futteraufnahmeverhalten der Hündin und fetales Wachstum verlaufen nicht synchron, da vor allem in der letzten Woche ante partum während des stärksten Wachstums der Früchte die Futteraufnahme der Hündinnen drastisch zurückgeht, vermutlich bedingt durch Einengung des Bauchraumes und veränderte Hormonspiegel (▶ Abb. 2.1).

Aus diesem Grunde ist die Futterzuteilung etwa vom Ende der 4. Trächtigkeitswoche zu erhöhen, bei kleinen Rassen mit geringeren Wurfgrößen im Durchschnitt um etwa 30 %, bei großen Rassen um 50 % gegenüber dem Erhaltungsbedarf (▶ Abb. 6.3). Ist bei Hündinnen kleiner Rassen bekannt, dass sie zu größeren Würfen neigen, sollte schon von der 3. Trächtigkeitswoche an die Energiezufuhr erhöht werden, um eine Hyperlipämie infolge einer starken Fettmobilisierung zur Zeit der Geburt zu vermeiden. Bei solchen Tieren ist kurz vor der Geburt besonders schmackhaftes, eiweiß- und kohlenhydratreiches Futter zu geben.

6 Praktische Fütterung

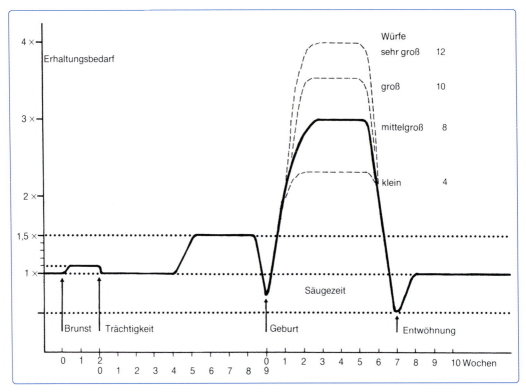

▶ **Abb. 6.3** Empfehlungen für die Energieversorgung von Zuchthündinnen (Leibetseder 1980, modifiziert).

In der letzten Woche ante partum nimmt die Hündin in der Regel nur so viel Futter auf, wie im Erhaltungsbedarf üblich. Für die Futtermengenzuteilung sind möglichst die aufgrund früherer Erfahrungen zu erwartenden Welpenzahlen zu berücksichtigen sowie die durchschnittliche Gewichtsentwicklung der Hündin. Am Ende der Gravidität (kurz vor dem Werfen) soll ihr Gewicht etwa 120–125 %, nach dem Werfen 105–110 % des Normalgewichts betragen. Dann ist eine genügende Reservestoffbildung für die nun beginnende Laktation gesichert. Jede Überfütterung muss vermieden werden, da eine starke Verfettung nicht allein zu Schwierigkeiten bei der Geburt (Einengung der Geburtswege, Wehenschwäche), sondern auch zu Störungen während der Laktation führen kann. Andererseits ist, insbesondere bei Riesenrassen mit großen Würfen, auf eine ausreichende Energieaufnahme zu achten.

Fütterungsfrequenz Das Futter wird in der ersten Phase der Gravidität 1- oder 2-mal, in der zweiten Hälfte 2-mal pro Tag zugeteilt. Eine Ad-libitum-Fütterung ist möglich bei gleichzeitiger Kontrolle der Gewichtsentwicklung (s. o.).

Nahrungsergänzung In der letzten Woche der Gravidität können Futterpassagestörungen (Obstipationen) auftreten. Dann ist eine leicht abführende Kost zweckmäßig, z. B. durch Zulage von 3–5 g Leber oder 20–25 ml Milch pro kg KM und Tag oder durch Einmischen geringer Mengen (2–3 % der TS) Weizenkleie bzw. Luzernegrünmehl. In hartnäckigen Fällen ist auch Glaubersalz (0,5–1 g/kg KM/Tag) angezeigt. Übermäßige Gaben von Knochen, die Obstipationen begünstigen, ebenso wie extrem ballastarme Produkte sind zu meiden, da eine Stase im Darmtrakt ante partum evtl. Gebärmutterentzündungen begünstigt. Die tragende Hündin soll täglich bewegt werden, damit die Darmperistaltik angeregt und die Nahrungspassage im Darmtrakt gefördert wird.

Entwurmung

Vor der Geburt muss die Hündin entwurmt werden. In der letzten Woche vor dem Werfen wird eine ausreichend große Wurfkiste vorbereitet (in der die Hündin stehen und sich drehen kann) und die Hündin mit dieser Umwelt vertraut gemacht. Durch Reinigung und Desinfektion werden Keime, insbesondere aber auch Ektoparasiten (Flohlarven, die Zwischenwirte für Bandwürmer sein können) beseitigt. Einen Tag vor der Geburt sistiert die Futteraufnahme im Allgemeinen vollständig, ohne dass jedoch gesundheitliche Komplikationen vorliegen. Die Körpertemperatur geht um ca. 1 °C zurück.

Tag der Geburt

Am Tag der Geburt ist ausreichend Wasser (wie auch während der gesamten Gravidität) bereitzustellen. Sollte die Hündin ante partum noch guten Appetit haben, so ist dennoch 2 Tage vor der Geburt die Futtermenge zu halbieren, um den Darmtrakt zur Zeit der Geburt zu entlasten. Nach der Geburt eines Welpen wird die Hündin jeweils das Neugeborene von den Eihäuten befreien und die Nachgeburt auffressen. Dadurch sind keine Komplikationen zu befürchten. Allein bei sehr großen Würfen ist es notwendig, einen Teil der Nachgeburten zu entfernen. Falls die Hündin die die Welpen umgebenden Eihäute nicht öffnet, muss man eingreifen, damit die Neugeborenen nicht ersticken. Normalerweise leckt auch die Hündin die Welpen nach der Geburt trocken. Bei Verhaltensstörungen der Hündin muss der Mensch eingreifen. Zwischen der Geburt einzelner Welpen sollte die Hündin Gelegenheit haben, Wasser aufzunehmen. Der Kot der Hündin wird nach der Geburt etwas dünn, salbenartig und dunkel, ohne dass jedoch Verdauungsstörungen vorliegen.

Aufgrund der hohen Flüssigkeitsverluste erhält die Hündin unmittelbar nach der Geburt leicht verdauliche, suppige Kost aus Haferschleim, gemischt mit Leinsamen, etwas Milch, Eidotter, zartem Fleisch unter Zusatz von Kochsalz (ca. 300 mg/kg KM), anschließend das Laktationsfutter.

Nährstoffbedarf der laktierenden Hündin

Mit Beginn der Laktation nimmt der Energie- und Nährstoffbedarf der Hündin erheblich zu, allerdings allmählich ansteigend von der 1. Woche bis zum Maximum in der 3.–5. Woche.

Der Energiebedarf erreicht bei mittelgroßen Würfen in der 1. Woche das 1,5- bis 2-Fache, in der 3.–5. Woche das 2,5- bis 3,5-Fache (bei sehr großen Würfen auch das 4-Fache) des Erhaltungsbedarfs. Die Energiezufuhr muss sich daher an der Wurfgröße orientieren (▶ **Abb. 6.3**). Während der Laktation sollte die Hündin nicht mehr als 5–10 % ihres Normalgewichts verlieren.

Die übrigen Nährstoffe sind entsprechend den Werten in ▶ **Tab. 6.23** anzuheben, das Verhältnis verd. Rohprotein zu ums. Energie auf 12 : 1 einzustellen. Unter den Mineralstoffen muss Kalzium besonders beachtet werden, da bei zu geringem Angebot nicht nur die Milchproduktion nachlässt, sondern auch hypokalzämische Tetanien auftreten können. Aufgrund der hohen Vitaminausgaben über die Milch ist insbesondere auch diese Nährstoffgruppe zu berücksichtigen.

Rationsgestaltung der laktierenden Hündin

Die Ration muss ausreichend akzeptabel sein und bei großen Rassen möglichst 1,8 MJ uE pro 100 g TS erreichen (▶ **Tab. 6.24,** ▶ **Tab. 6.25**), damit die Hündin ihren hohen Energiebedarf voll abdecken kann. Diese Forderung ist auch bei Mischfuttermitteln zu beachten. Wenn die Energiegehalte unter 1,5 MJ uE/100 g TS liegen, können die Hündinnen mit großen Würfen nicht genug Futter aufnehmen, um ihren Energiebedarf zu decken. Neben geringer Milchleistung kommt es zu Abmagerung und Erschöpfungszuständen, bei den Welpen zu vermehrter Unruhe und geringerem Wachstum. Um eine ausreichende Energiedichte in der Ration zu erreichen und den Bedarf an essenziellen Fettsäuren zu decken, sind mindestens 10 % Fett (neben anderen hochverdaulichen Komponenten) vorzusehen. Im Minimum sollten 10–20 % der Futterenergie auf Kohlenhydrate entfallen, da für die Milchzuckersynthese größere Glukosemengen benötigt werden.

Das in der Ration enthaltene Rohprotein (ca. 25 % in der Futtertrockensubstanz) sollte zu mindestens 50 % tierischer Herkunft sein, da so der Bedarf an essenziellen Aminosäuren am sichersten zu decken ist. Neben bindegewebearmen Schlachtabfällen sind Leber, Quark, gekochte

▶ **Tab. 6.24** Rationen für Zuchthündinnen (hochtragend/laktierend).

	Ration für eine Hündin mit 15 kg Körpermasse in Gramm je Tag		
	Gravidität	Laktation, 4–6 Welpen	Laktation > 8 Welpen
1. eiweißreiche Futtermittel			
Rindfleisch, mager	175	250	500
Ei, gekocht	25	25	50
Hüttenkäse	50	75	
Leber			100
2. energieliefernde Futtermittel			
Haferflocken	105	150	260
Nudeln, Trockengewicht	120	150	250
3. Fettergänzungen			
Fett/Öl	20	25	40
n-3-Fettsäuren: z. B. 1 g Fischöl			
4. ballaststoffreiche Futtermittel			
Gemüse	25	25	35
5. Mineralstoffe/Vitamine			
vitaminiertes Mineralfutter, ca. 20–25 % Ca	12	25	30
Kalziumkarbonat		3	2
Energie- und Proteingehalte			
uE (MJ/100 g)	1,1	1,0	1,1
vRp (g/100 g)	12,9	13,0	14,2
vRp/uE	12	12,4	13,6

▶ **Tab. 6.25** Rationen für Zuchthündinnen. Multiplikationsfaktoren zur Berechnung der Futtermengen relativ zu 15-kg-Hund

Körpermasse des Hundes in kg	Futtermengen (▶ Tab. 6.24)	Mineralstoffe, Vitamine
5	× 0,4	× 0,3
10	× 0,7	× 0,7
15	s. Tabelle 6.24	
20	× 1,2	× 1,3
35	× 1,9	× 2,3
60	× 2,8	× 4

Eier und Vollmilch (bis 20 ml/kg KM/Tag) geeignet. Von pflanzlichen Eiweißen kommen nur Produkte mit hoher biologischer Wertigkeit und guter Verdaulichkeit sowie Schmackhaftigkeit infrage.

Zur Ergänzung der Grundfuttermittel werden mineralstoff- und vitaminreiche Futtermittel (Knochenschrot, Leber, Hefe, Möhren) oder vitaminierte Mineralfutter eingesetzt.

Beispiele zur Rationsgestaltung sind in ▶ Tab. 6.24 aufgeführt. Auch eiweißreiche Mischfutter, insbesondere Feuchtalleinfutter, eignen sich für laktierende Hündinnen, sofern sie hinsichtlich Energiedichte und Akzeptanz befriedigen. Wenn die biologische Wertigkeit des enthaltenen Proteins nicht eindeutig beurteilt werden kann, ist (ähnlich wie bei graviden Hündinnen) hochwertiges Eiweiß in Form von Leber, Eiern oder Käse zuzusetzen.

Laktationsstadium

Die Futtermengenzuteilung richtet sich nach Laktationsstadium und Welpenzahl. Nach einer Faustzahl muss in der Hochlaktation (3.–5. Woche) pro Welpe etwa ein Viertel des Erhaltungsbedarfs zugelegt werden, d. h. bei 4 Welpen pro Wurf das Doppelte, bei 8 Welpen das 3-Fache der zur Erhaltung benötigten Futtermenge (▶ **Abb. 6.3**). Nehmen die Welpen in der 5. und 6. Woche noch nicht genügend Beifutter auf, wird die Futtermenge der Hündin gedrosselt, damit die Milchmengenproduktion nachlässt und die Welpen sich stärker für das Beifutter interessieren.

Während der Laktation erhalten Hündinnen mit großen Würfen das Futter ad libitum, bei kleinen Würfen wird es entsprechend der Gewichtsentwicklung dosiert, um eine Verfettung zu vermeiden. Feuchtalleinfutterrationen werden auf 3 Mahlzeiten pro Tag verteilt. Am 1. Tag nach der

Geburt ist die Futteraufnahme oft noch zögernd, ohne dass Störungen vorzuliegen brauchen. Dauert die Anorexie länger als 2 Tage, ist ein Tierarzt zu konsultieren.

3.–5. Woche

Sobald die Welpen im Alter von ca. 3 Wochen beginnen, aus dem Napf der Mutter mitzufressen, werden Hündin und Welpen separat gefüttert, da die Hündin das Futter mit den Jungen meist nicht teilen will und sie evtl. vom Napf abbeißt.

Erbrechen Hündinnen ihr Futter in der 3.–4. Laktationswoche, ist das in der Regel nicht krankhaft, sondern ein durchaus häufiges atavistisches Verhalten. Von laktierenden Wölfinnen ist bekannt, dass sie in diesem Stadium der Laktation das Futter im Welpenlager erbrechen, um ihren Jungen vorverdautes Futter zu bieten.

Verhaltensänderungen In der Zeit der Hochlaktation werden gelegentlich Veränderungen im Temperament der Hündin beobachtet (Aggressivität gegenüber Besuchern, vermehrte Unruhe). Sofern es sich nicht um individuelle Besonderheiten handelt, kann eine Vorstufe einer Laktationstetanie (Eklampsie) bestehen. Sie wird besonders in kleineren Hunderassen (Pinscher, Zwergpudel, Malteser, Foxterrier) beobachtet, vor allem in der 2.–4. Laktationswoche, wenn die regulativen Mechanismen zur Konstanthaltung des Blut-Ca-Spiegels überfordert werden, u. a. aufgrund einer Ca-armen Fütterung (z. B. Fleisch, Reis) während der Gravidität und Laktation oder auch aus anderen Gründen. Außerdem kann bei solchen Zuständen nach praktischen Erfahrungen auch ein Vitamin-B_6- oder -B_1-Mangel vorliegen. Durch Zugabe dieser Vitamine sowie von 250 mg Vitamin C, 2- bis 3-mal täglich, wurden günstige Wirkungen erreicht, ohne dass die Ursachen näher zu klären waren. Während der Laktation muss die Hündin ständig Wasser zur Verfügung haben.

Absetzen

Die Welpen können von der 5. Woche an von der Mutter abgesetzt werden, allerdings ist aus ernährungs- und verhaltensphysiologischen Gründen ein späteres Absetzen zu empfehlen (6–8 Wochen). Um Komplikationen zu vermeiden, wird das Futter rationiert zugeteilt (▶ Tab. 6.26).

▶ **Tab. 6.26** Fütterung der Hündin beim Absetzen.

1 Tag vor Absetzen	kein Futter
Absetztag	1/4 des Erhaltungsbedarfs
1. Tag nach Absetzen	1/4 des Erhaltungsbedarfs
2. Tag nach Absetzen	3/4 des Erhaltungsbedarfs
3. Tag nach Absetzen	Futtermenge entsprechend Erhaltungsbedarf

Wird erst nach 6 Wochen abgesetzt, reicht häufig eine kürzere und weniger gravierende Restriktion in der Futtermengenzuteilung aus, um die Milchsekretion versiegen zu lassen.

6.5.2 Zuchtrüden

Nährstoffbedarf

Zuchtrüden aus mittelgroßen Rassen werden etwa mit 6–9 Monaten geschlechtsreif.

Zur Sicherung der Deck- und Befruchtungseigenschaften ist zu beachten, dass bei ausgewachsenen Rüden die zugeführte Energiemenge nicht den Erhaltungsbedarf überschreitet. Fette Rüden werden eher deckträge. Weiterhin ist auf eine ausreichende, aber nicht überhöhte Eiweiß- und Aminosäurenzufuhr zu achten. Für die verbreitete Ansicht, besonders hohe Mengen an Eiweiß (über die optimale Zufuhr hinaus) verbesserten Libido oder Befruchtungserfolg, fehlen jegliche Hinweise.

Unter den übrigen Nährstoffen verdienen besonders die essenziellen Fettsäuren, Vitamin A und Vitamin E sowie die Spurenelemente Jod, Selen und Zink Beachtung.

Bei einer ungenügenden Versorgung sind Störungen in der Hodenentwicklung, der Spermaproduktion sowie der Spermaqualität zu erwarten. Ähnliches gilt für Mykotoxine (verdorbenes Futter) oder Schwermetalle (z. B. Quecksilber) aus kontaminierten Futtern. Fütterungsbedingte Störungen in der Spermaproduktion oder -qualität sind beim Rüden jedoch recht selten. Sollte eine solche Ursache vorgelegen haben, ist nach Futterumstellung frühestens 2–3 Monate später (Dauer der Spermatogenese) eine Besserung zu erwarten. Schmerzhafte Veränderungen im Skelett infolge einer Fehlernährung mit Mineralstoffen können Störungen in der Paarungsfähigkeit verursachen.

❗ An die Zusammensetzung der Rationen für Zuchtrüden sind ähnliche Forderungen zu stellen wie bei graviden Hündinnen.

6.6
Saug- und Absetzwelpen

6.6.1 Allgemeine Grundlagen

Die Nahrungsansprüche wachsender Welpen verändern sich im Laufe ihrer Entwicklung erheblich. Im Hinblick auf Funktion des Verdauungskanals, Nährstoffbedarf und Art der verwendeten Futtermittel ist zwischen Saug- und Absetzwelpen (bis zur 6.–8. Lebenswoche) und Junghunden (3.–9. Lebensmonat) zu unterscheiden.

Die Aufzuchtverluste bis zum Alter von 6 Wochen können hoch sein. Sie werden durch verschiedene äußere Faktoren, z. B. Hygieneprobleme und Infektionen, aber auch nur durch Fehler in der Fütterung und Haltung der Welpen und auch der tragenden Hündin verursacht. Zum Verständnis der entwicklungsbiologischen Besonderheiten von Neonaten werden zunächst einige Besonderheiten ihres Stoffwechsels und die sich daraus ergebenden Konsequenzen für den Verdauungsprozess beschrieben.

Körperzusammensetzung und Energiereserven

Der Verdauungskanal der Neugeborenen ist, bezogen auf die KM, noch wenig entwickelt, andererseits nimmt die Leber mit 7–10 % einen wesentlich größeren Anteil an der Gesamtkörpermasse ein als bei ausgewachsenen Hunden (▶ Tab. 2.3).

Bis zur ersten Nahrungsaufnahme muss der Welpe für eine m. o. w. lange Zeit den Energiebedarf durch seine Energiereserven bestreiten. Da das Neugeborene kaum Körperfett aufweist (▶ Tab. 2.5), ist es im Wesentlichen auf die in der relativ großen Leber angesammelten Glykogenmengen, die nach der Geburt rasch mobilisiert werden, angewiesen. Doch damit kann der Bedarf nur für ca. 8–10 Stunden abgedeckt werden, bei Frühgeburten mit geringeren Glykogenreserven nur für eine kürzere Zeit. Das Leberglykogen dient in erster Linie dazu, den Blutzuckerspiegel aufrechtzuerhalten, der bei neugeborenen Welpen in den ersten 48 Stunden erheblich variiert (2,2–11 mmol/l), sich aber anschließend auf Werte zwischen 3,3 und 6,7 mmol/l stabilisiert. Das im Herzmuskel ebenso wie im Lungengewebe deponierte Glykogen sichert für eine begrenzte Zeit die Funktionsfähigkeit dieser Organsysteme.

Die Glykogengehalte in der Skelettmuskulatur sind beim Welpen als Nesthocker geringer als bei Nestflüchtern. Außer geringen Energiereserven und mäßigen Gehalten an Eisen und Kupfer in der Leber stehen den Welpen Depots an anderen Nährstoffen nicht zur Verfügung. Die Vitamine A und E fehlen in der Leber nahezu vollständig, sodass ihre ausreichende Zufuhr mit dem Kolostrum besonders wichtig ist.

Thermoregulation und Wärmeansprüche

Der Welpe wechselt bei der Geburt aus dem uterinen Milieu mit einer Umgebungstemperatur von ca. 39 °C in eine wesentlich kühlere Umwelt. Nach der Geburt muss die Körpertemperatur, die zunächst jedoch tiefer als bei adulten Hunden liegt (▶ Tab. 6.27), aktiv gesteuert werden, damit die für den Ablauf des Stoffwechsels optimalen Bedingungen eingehalten werden. Anfangs kann es kurzfristig zu einem Temperatursturz (< 30 °C) kommen, bedingt durch Verdunstung von Fruchtwasser bei gleichzeitig niedrigen Umwelttemperaturen. Er ist, sofern der Welpe alsbald wieder die Normalwerte erreicht, nicht besorgniserregend.

Die Körpertemperatur wird durch die Nahrungszufuhr, mehr aber durch die Umgebungsverhältnisse beeinflusst (▶ Tab. 6.28). Bei Über- oder Unterschreiten optimaler Umgebungstemperaturen, die bei 1–2 Tage alten, mutterlos gehaltenen Tieren um 30 °C liegen (▶ Tab. 6.27), steigt bzw. fällt die Körpertemperatur rasch. Beide Extreme sind unerwünscht. Werden die für Welpen notwendigen Behaglichkeitstemperaturen nicht erreicht, beobachtet man vermehrten Bewegungsdrang, Unruhe, verstärkte Atmung und Lautäußerungen (die zur Beunruhigung der Hündin führen). Unter optimalen Verhältnissen liegt der Welpe dagegen entspannt und verbringt die meiste Zeit schlafend.

▶ **Tab. 6.27** Herz- und Atemfrequenz (pro Minute), Körpertemperatur sowie optimale Umgebungsbedingungen bei Welpen.

Alter (Tage)	Herzfrequenz[1]	Atemfrequenz[2]	Körpertemperatur (°C)	optimale Umgebungstemperatur (°C)[3]
1	160	10–18	33,3–36,1	32–30
2	224	18–36	35,0–36,7	32–30
5	220	16–32	35,6–36,7	32–30
7	220	16–32	35,6–36,7	32–30
14	212	16–32	36,3–36,9	30–28
21	192	16–32	36,9–37,5	28–26
28	195	16–32	37,5–38,3	26–24

[1] Ruhe
[2] im Lager
[3] bei mutterloser Aufzucht; bei natürlicher Aufzucht können die Temperaturen um ca. 5 °C tiefer liegen
Quellen: Strasser 1964, Fox 1966

Ein altersgemäßes Klima für den Welpen zu schaffen ist nicht schwierig, wenn die Hündin einen geeigneten Wurfplatz hat. Der Boden der Wurfkiste wird mit kurzgehäckseltem Stroh oder anderem saugfähigen Material ausgelegt. In abgeschlossenen Hütten bildet sich durch die Körperwärme der Hündin bereits ein günstiges Mikroklima, unabhängig von der Außentemperatur.

Nach der Geburt suchen die Welpen bald das Gesäuge der Mutter, das nicht nur Nahrung, sondern auch Wärme spendet. Infolge der starken Durchblutung liegt die Temperatur in diesem Organ nur wenig unter der Rektaltemperatur. Wenn die Umgebungstemperaturen zu tief sind, müssen zusätzlich Wärmelampen aufgehängt werden. Weiterhin ist auf zugfreie und trockene Bedingungen zu achten.

Verhalten der Welpen

Obwohl die Verhaltensäußerungen der Neugeborenen zunächst mehr zufällig wirken, sind sie doch durch präzise Reaktionen auf bestimmte Reize sowie vollständige Beherrschung mancher Reflexe gekennzeichnet.

Nahrungsaufnahme Der schon unmittelbar nach der Geburt ausgebildete Saugreflex ist ein Beispiel für eine angeborene Verhaltensweise, ebenso das Suchen nach dem Gesäuge. Dabei kann sich der

▶ **Tab. 6.28** Körpertemperatur neugeborener Welpen in Abhängigkeit von der Umgebungstemperatur.

Umgebungstemperatur	Ausgangswerte	Körpertemperatur 120 min später (°C)
35	37,4	39,5
30	36,8	37,1
25	37,5	36,5
20	37,2	33,7
8	36,9	28,2

Quelle: Crighton u. Pownall 1974

Welpe bereits kriechend vorwärts bewegen. Nach Trennung vom Muttertier versucht er, durch Suchpendeln (Bewegung auf einer Kreisbahn mit pendelnden Bewegungen der Gliedmaßen) wieder Kontakt zu finden. Ist dies gelungen, bewegt er sich entlang der mütterlichen Körperoberfläche bis zu dem Punkt mit der größten Wärmestrahlung (Gesäuge). Durch diesen Tropismus werden die Welpen nach der Geburt am Gesäuge zusammengeführt. Außerdem besteht die Neigung der gegenseitigen Kontaktaufnahme (Lagerung in Haufen), wodurch es zu geringeren Wärmeverlusten kommt. Wenn die Jungen die optimale Lokalisation am Gesäuge des Muttertieres nicht erreichen, schiebt oder trägt die Hündin sie an diesen Platz.

Überhöhte Umgebungstemperaturen führen zu größeren Distanzen zwischen Hündin und Nachkommen bzw. zwischen den einzelnen Welpen.

Der Saugreflex wird durch Kontaktreize in der Mundhöhle ausgelöst. Der Füllungsgrad des Magens scheint in diesem Zusammenhang unbedeutend. Die Häufigkeit des Saugens liegt in der 1. Lebenswoche um 12-mal, fällt in den folgenden 3 Wochen auf etwa 8- und geht im 2. Monat auf 5- bis 6-mal pro Tag zurück.

Die Nahrungsaufnahme, die unter intensiver Massage des Gesäuges mit den Vorderpfoten erfolgt („Welpentritt"), verläuft im Allgemeinen bei den Welpen eines Wurfes synchron. Diese Gleichzeitigkeit ist vermutlich auch der Grund, warum nach dem Absetzen einzeln gehaltene Welpen weniger Nahrung aufnehmen als bei gemeinsamer Fütterung. Nach dem Absetzen kann durch restriktive Fütterung eine stärkere Bindung der Welpen an den betreuenden Menschen erreicht werden als bei Ad-libitum-Aufzucht (▶ Tab. 6.29).

Kot- und Harnabsatz Die Reflexe für Kot- und Harnabsatz müssen in den ersten Wochen durch das Muttertier (Belecken der Analgegend) ausgelöst werden. Fehlt dieses Verhaltensmuster der Hündin, so sind Obstipation und Blähungen, manchmal auch Exitus die Folgen. Die Exkremente (deren Quantität jedoch gering ist) werden von der Mutter aufgeleckt, sodass das Lager trocken bleibt. Dieses Verhalten der Hündin endet meistens mit der ersten Beifütterung der Welpen.

Lautäußerungen, verbunden mit vermehrter Unruhe, werden in den ersten Wochen im Allgemeinen nur bei suboptimalen Verhältnissen (Schmerzen, Hunger, Kälte, Hitze) registriert. Die Temperatur spielt dabei eine dominierende Rolle, da selbst hungrige Welpen, solange sie warmgehalten werden, akustisch unauffällig bleiben.

Weitere Entwicklung Ausreichend ernährte Welpen verbringen in der 1. und auch noch 2. Woche bei optimalen Temperaturen 70–80 % der Zeit schlafend. Muskelzittern während der Ruhepausen ist physiologisch. In die 2. Woche fallen die ersten Gehversuche, das Suchpendeln verschwindet, Harn und Kot werden nun schon ohne mütterliche Hilfe und auch außerhalb des Lagers abgegeben. Mit Öffnen der Augen am 14.–16. Tag sind die Verhaltensweisen der Welpen ausdrucksvoller und vielseitiger. Neben verschiedenen Lautäußerungen (wie Bellen, Knurren, Heulen) beginnen der Spieltrieb (mit Geschwistern oder Mutter) sowie die Beschäftigung mit dem eigenen Körper (Pfoten wischen, sich belecken, beknabbern etc.). In der 3. Woche, nachdem sich Geruchs- und Gesichtssinn weiter entwickelt haben, nimmt der Spieltrieb zu. Dann sind die Tiere schon in der Lage, Nahrungsquellen aufzusuchen und insbesondere auch suppiges Beifutter aufzunehmen.

Infektionsabwehr

Mit der Geburt muss der neugeborene Welpe nicht allein seine Atmung und Ernährung umstellen sowie seinen Wärmehaushalt regulieren, sondern – da er von einer sterilen in eine keimreiche Umwelt wechselt – sich auch mit der Keimflora seiner Umwelt auseinandersetzen. Der fetale Welpe ist zwar bereits vom 40.–50. Tag an in der Lage, in geringen Mengen Antikörper zu produzieren, doch diese reichen nicht aus, um ihn post natum vor massiven mikrobiellen Infekten zu schützen.

Maternale Antikörper Nach der Geburt wird das empfindliche Neugeborene daher durch vorgefertigte Antikörper der Muttertiere geschützt. Beim Hund können bereits – ähnlich wie beim Menschen – ante partum Antikörper der Mutter auf die Frucht übergehen, doch ihre Menge ist begrenzt. Im Blut von Neugeborenen betrug der Titer für bestimmte Antikörper nur 3 % des Gehalts im mütterlichen Blut.

Die Masse der Antikörper erhält das Neugeborene über das Kolostrum, ein zur Zeit der Geburt erzeugtes Sekret der Milchdrüsen, das einen wesentlich höheren Eiweißgehalt, vor allem an γ-Globulinen, den Trägern der Antikörper, als reife Milch aufweist. Diese Antikörper können in den ersten 24 Stunden die Darmwand ungehindert passieren.

Der Antikörpergehalt im Kolostrum geht nach der Geburt infolge Verdünnung durch steigende Milchsekretion rasch zurück; auch deshalb muss der Welpe bald nach der Geburt Kolostrum aufnehmen. In größeren Würfen kann es zu ungleicher Antikörperversorgung kommen, wenn die Erstgeborenen bereits aus allen Mammakomplexen hochkonzentriertes Kolostrum aufgenommen haben. Für die Höhe der Antikörperproduktion ist

▶ Tab. 6.29 Der Welpe in den ersten 8 Lebenswochen und seine Betreuung.

Woche	Futteraufnahme	Futterart	Saug- bzw. Fütterungsfrequenz/Tag	präventive Maßnahmen	normale Entwicklung/Beurteilung des Entwicklungszustandes
1	Saugen	Muttermilch	12	Nabel kontrollieren, täglich wiegen	Kriechen, Kopf heben, Gähnreflexe, Befreiungsreflexe, Schlaf (70–80 %) nur vom Saugen unterbrochen, Interesse nur auf Nahrung gerichtet
2	ab 9. Tag: vorzeitiges Fressen (Schlecken)	Muttermilch/Milchaustauscher	8	mind. 1 × wöchentlich wiegen	Kriechlaufstadium, erste Sitzversuche, kurze Schlafpausen, Beginn der Lagerreinheit; 10.–13. Tag: Öffnen der Augen, Gleichgewichtssinn deutlich entwickelt, beginnendes Interesse für Umwelt
3	Fressen ist überwiegend Schlecken	Muttermilch/Milchaustauscher		wiegen, 1. Entwurmung	sicheres Laufen, allgemeines Klettern, Kratzversuche, Schlafpausen werden größer, deutliches Hören, erste Belllaute, Reaktion auf Geräusche, Beginn der Geschmacksdifferenzierung, Durchbruch der Milchzähne beginnt
4	Beginn des Kauens und Knabberns	Beginn der Beifutteraufnahme	3–5-mal Beifutter + Wasser	wiegen, entwurmen	normales Kratzen, Gähnen, Strecken, Lagerreinheit allgemein, Reaktion auf optische Eindrücke, deutliches Spiel- und Schimpfbellen
5	Kauen und Knabbern ist allgemein	Beifutter deckt etwa 50 % des Nährstoffbedarfs		wiegen, entwurmen, Welpen temporär von Hündin trennen	Gehörlokalisation noch ungenügend, Beginn der Wesensdifferenzierung
6	Entwöhnen	Welpen i. d. R. entwöhnt	4–6-mal Beifutter + Wasser	wiegen, entwurmen	Gehörlokalisation schon ziemlich sicher
7	Knochen werden beknabbert		4–6-mal Mischfutter	wiegen, entwurmen	Hinunterspringen, ausgesprochener „Klettersprung", Beginn des „Sexualleckens", Beginn von „Grabbewegungen", Deckversuche bei Mutter
8	versuchen noch, zu saugen, für Hündin schmerzhaft	für wachsende Hunde, ständig frisches Wasser		wiegen, entwurmen	

Quelle: Mundt 1981, unveröffentlicht.

eine vollwertige Ernährung der graviden Hündin von Bedeutung. Ein Mangel an Aminosäuren, aber auch an Vitamin E und einigen B-Vitaminen (Pantothensäure, Pyridoxin, Folsäure) senkt die Antikörperkonzentration; andererseits werden durch überhöhte Vitaminzulagen (auch Vitamin C) keine zusätzlichen positiven Effekte erzielt.

Die Spezifität der Antikörper im Kolostrum hängt von den Keimen ab, mit denen das Muttertier in den letzten Wochen ante partum Kontakt gehabt hat. Es ist daher notwendig, die Hündin möglichst 2–3 Wochen vor der Geburt in der Umwelt zu halten, in der auch die Geburt erfolgt und die Neugeborenen aufgezogen werden sollen. Damit ist die beste Gewähr gegeben, dass das Kolostrum ein milieuspezifisches Antikörperspektrum aufweist und die Welpen gegenüber diesen Keimen weitgehend geschützt sind. Fehler in der Haltung der Hündin vor der Geburt können somit bereits Störungen bei den Jungtieren programmieren.

Durch die Antikörperaufnahme mit dem Kolostrum werden, je nach Höhe und Spektrum der mütterlichen Titer, die Jungtiere 1–2 Monate vor Infektionen geschützt. Solange diese mütterlichen Antikörper noch im Blut der Welpen zirkulieren, sind Antigene, die zur aktiven Immunisierung injiziert werden, nicht sehr wirksam. Wenn die Welpen keine Gelegenheit haben, mütterliches Kolostrum aufzunehmen (Erkrankung oder Tod der Hündin), sollte ihnen Kolostrum anderer Hündinnen (das in Zuchtbetrieben von älteren Hündinnen gewonnen und tiefgefroren gelagert werden kann) verabreicht werden; bereits 2–4 ml können wirksam schützen. Wo Kolostrum fehlt, wird Blutserum erwachsener Hunde injiziert, allerdings erreichen die Antikörpertiter nicht das Niveau von Welpen, die Kolostrum erhalten haben.

6.6.2 Ernährungsphysiologische Grundlagen

Die Proportionen des Verdauungskanals sind bei Neugeborenen ähnlich wie bei adulten Tieren; der Magen ist allerdings relativ klein, sodass nur eine begrenzte Futteraufnahmekapazität besteht. Diese Limitierung wird bei Aufnahme flüssiger Nahrung durch rasche Entleerung des Magens kompensiert. Mit Beginn der Beifütterung erweitert sich der Magen erheblich.

Verdauungssystem

In funktioneller Hinsicht ist das Verdauungssystem Neugeborener – da es spezifisch auf die Verwertung der in der Muttermilch vorkommenden Nährstoffe eingestellt ist – deutlich von dem adulter Tiere unterschieden. Generell können die in der Muttermilch vorkommenden organischen und auch anorganischen Stoffe zu einem hohen Ausmaß verdaut werden (▶ Tab. 6.30), milchfremde Stoffe weniger gut.

Kohlenhydratverdauung Die für den Abbau der in der Milch enthaltenen Laktose notwendige Laktase (verschiedene Varianten) findet sich schon unmittelbar nach der Geburt in ausreichender Aktivität, insbesondere in der Schleimhaut im Duodenum und Anfangsteil des Jejunums. Mit fortschreitendem Alter nimmt die Laktaseaktivität mehr und mehr ab.

Andere kohlenhydratspaltende Enzyme, wie die zur Zerlegung des Rohrzuckers bzw. der Stärke notwendige Saccharase bzw. Amylase, fehlen zunächst fast vollständig. Die Amylaseaktivität nimmt je nach Zusammensetzung des Futters (Beschleunigung bei stärke-, aber auch proteinreichen Rationen) zu und erreicht etwa in der 12. Woche das Niveau wie bei ausgewachsenen Hunden (▶ Tab. 3.6). Die Saccharaseaktivität kann durch Beifütterung von Rohrzucker verstärkt werden. Rohrzucker, Stärke und sonstige Kohlenhydrate sind für Saugwelpen noch nicht geeignet und unverträglich (Durchfallgefahr).

Eiweißverdauung Die Eiweißverdauung im Magen verläuft in den ersten Lebenswochen anders als bei adulten Hunden. Erst etwa vom 18. Lebens-

▶ Tab. 6.30 Verdaulichkeit von Milchinhaltsstoffen bei Saugwelpen (%).

Rohprotein	92–99
Rohfett	99
N-freie Extraktstoffe	98
Kalzium	96
Phosphor	97
Natrium	95

tag an beginnt die Salzsäurebildung im Magen. Vermutlich kommt es zunächst durch organische Säuren (mikrobieller Herkunft) zu einer Ausflockung der Milcheiweiße und durch spezifische Enzyme zur Verdauung. Die anfangs geringe Salzsäurebildung im Magen erhöht das Risiko für die Passage von Mikroorganismen, da neben unschädlichen und obligaten Keimen auch pathogene Mikroorganismen den Darm erreichen können.

Fettverdauung Für den Abbau von Fetten, die den größten Teil der Milchenergie stellen, ist der Welpe besonders gut ausgerüstet. Lipasen werden vor allem vom Pankreas gebildet, ihre Wirkung wird durch Lipasen aus dem Magen sowie aus der Milch verstärkt.

Ausscheidungskapazität

Die Niere neugeborener Welpen weist bis zum 3. Monat noch eine geringe Ausscheidungskapazität auf. Wenn über die Nahrung unphysiologisch hohe Mengen an harnpflichtigen Stoffen angeboten werden bzw. sich im Stoffwechsel (Eiweißabbau) bilden, können Ausscheidungsstörungen auftreten. Nach Überfütterung, insbesondere mit weniger wertvollem Eiweiß, ebenso wie bei Wachstumsstörungen (z. B. durch niedrige Umgebungstemperaturen, Infektionen, Parasiten), die einen vermehrten Eiweißabbau induzieren, sind daher Urämien möglich. Andererseits bereitet auch die Ausscheidung überhöht zugeführter Flüssigkeitsmengen ohne gleichzeitige Salzgabe (z. B. bei Milchaustauschern, die nicht konzentriert genug sind) den Neugeborenen Schwierigkeiten. Hohe Na-Mengen toleriert der Welpe dagegen recht gut. Die Flüssigkeitszufuhr muss somit komplementär zur Aufnahme und Bildung harnpflichtiger Stoffe erfolgen, um Ausscheidungsstörungen zu vermeiden.

Auch überhöhte Umgebungstemperaturen (insbesondere verbunden mit niedriger relativer Luftfeuchte, z. B. durch Wärmelampen) können bei Welpen infolge verstärkter Verdunstungsverluste Ausscheidungsstörungen verursachen. Steigt das spezifische Gewicht im Harn auf über 1,017, so ist die Flüssigkeitsaufnahme ungenügend.

6.6.3 Fütterung von Saugwelpen

Milchaufnahme der Welpen

Selbstversorgung der Welpen Die Welpen versorgen sich, sofern sie gesund sind und auch die Milchsekretion der Hündin normal verläuft, zunächst selbstständig und ohne menschliche Eingriffe. Finden die Neugeborenen, insbesondere kleinere, nicht gleich die mütterliche Zitze, so kann nachgeholfen werden, indem eine Zitze mit einem Milchtropfen (Zitze drücken, nicht ziehen) vorsichtig in das Maul eingeführt wird. Für eine optimale Entwicklung ist entscheidend, dass alle Welpen innerhalb von 12–24 Stunden post natum Kolostrum aufnehmen zur Versorgung mit Antikörpern, aber auch mit Energie und anderen Nährstoffen, die im Kolostrum besonders konzentriert vorliegen.

Substitution Wenn einzelne Welpen zu schwach zum Saugen sind, ist eine Kolostrumsubstitution notwendig (s. o.). Anschließend wird in stündlichen Abständen über eine Sonde 5- bis 10 %ige Glukoselösung (ca. 2 % KM) eingegeben, bis die Welpen selbst saugen können, anderenfalls muss mutterlos aufgezogen werden (s. Kap. 6.6.5).

> ❗ Saugwelpen nehmen pro 100 g KM/Tag anfangs 15, später 10 ml Milch und damit 100 bzw. 70 kJ uE auf.

Ist der Wurf sehr groß oder die Milchproduktion der Hündin nicht befriedigend, so sollte die Energie- und Eiweißzufuhr der Hündin verstärkt werden (z. B. 2 gekochte Eier pro 100 g TS). Bei überzähligen Welpen oder Abdrängen einzelner Tiere wird der Wurf in zwei Gruppen eingeteilt, die alternativ während des Tages jeweils 3–4 Stunden bei der Mutter zum Saugen bleiben. In der Nacht kann der gesamte Wurf bei der Hündin sein.

Gewichtskontrolle der Welpen

Zur Überprüfung der normalen Ernährung und Entwicklung der Saugwelpen sind Gewichtskontrollen zweckmäßig. Die Welpen nehmen 1–2 Stunden nach der Geburt (vermutlich durch Verdunstung anhaftenden Fruchtwassers) geringgradig ab, spätestens 6–8 Stunden nach der Geburt wird das Geburtsgewicht aber wieder erreicht.

Die Zunahmen setzen sich kontinuierlich fort. Wenn ein Welpe an einem Tag Gewicht verliert oder an 2 aufeinander folgenden Tagen nicht zunimmt, ist zu kontrollieren, ob er abgedrängt wird bzw. ob klinische Störungen (veränderter Kot-, Harnabsatz, Blähungen, neurologische Veränderungen, Fieber) vorliegen. Abgedrängte Welpen sollen zusätzlich einen Milchaustauscher erhalten. Wenn sie in den ersten 12–24 Stunden nicht mehr als 10 % des Geburtsgewichtes verlieren, sind die Überlebenschancen bei zielstrebiger Behandlung noch günstig.

Im Allgemeinen hat sich nach 7–9 Tagen das Geburtsgewicht verdoppelt. Am Ende der 2. Woche ist etwa das 3- bis 4-Fache, nach 4 Wochen das 6- bis 7-Fache des Geburtsgewichts erreicht.

> ❗ **Die Tageszunahmen von Welpen (in g) sollten das 2- bis 3-Fache des Durchschnittsgewichts der Eltern (in kg) betragen.**

Unter optimalen Haltungsbedingungen und bei normaler Milchproduktion der Hündin wird der Energiebedarf der Saugwelpen in den ersten 3 Wochen mit der Muttermilch weitgehend gedeckt. In der 3. und 4. Woche sind die Tageszunahmen jedoch nicht so hoch wie bei der mutterlosen Aufzucht, die eine höhere Energiedosierung erlaubt.

Bei unbefriedigender Gewichtsentwicklung ist bereits in der 3. Woche mit der Beifütterung zu beginnen, während bei extrem hohen Tageszunahmen, die zur Verfettung und auch zu Verdauungsstörungen führen können, die Fütterung der Hündin eingeschränkt wird bzw. die Welpen nur noch 2- bis 3-mal pro Tag für kurze Zeit zum Saugen angesetzt werden. Eine ausschließliche Reduktion der Säugefrequenz reicht im Allgemeinen nicht aus, da die Welpen rasch lernen, pro Mahlzeit mehr Milch aufzunehmen.

Nährstoffbedarf

Mineralstoffe Die Versorgung der Saugwelpen mit den wichtigsten Mengenelementen ist über die Muttermilch generell ausreichend, da die Gehalte in der Milch unabhängig von der mütterlichen Ernährung relativ konstant bleiben. Die Ca- und P-Aufnahme mit der Milch reicht allerdings nicht aus, um den Mineralstoffgehalt in den rasch wachsenden Knochen auf einem Niveau wie zur Zeit der Geburt zu halten.

Eisen Wenn Welpen in einer Fe-armen Umwelt aufgezogen werden, sehr wüchsig sind und nur über geringe Fe-Reserven zur Zeit der Geburt verfügen (besonders untergewichtige Tiere oder Frühgeburten), kann sich – trotz Freisetzung von Eisen durch Abbau von fetalen Erythrozyten – aufgrund des geringen Fe-Gehaltes in der Milch eine Fe-Mangelanämie entwickeln. Mit der Beifütterung normalisieren sich die Werte rasch. Durch die Anämie wird die Gewichtsentwicklung in der Regel nicht beeinträchtigt. In ausgeprägten Fällen kommt es jedoch zu erschwerter Atmung, Herzhypertrophie und größerer Anfälligkeit für Infektionen und Invasionen.

Die Notwendigkeit einer zusätzlichen Fe-Versorgung hängt vom Grad der Hämoglobinsenkung sowie dem Zeitpunkt der Beifutteraufnahme ab. Nach frühzeitiger Zufütterung mit eisenreichen Komponenten oder bei Haltung in Zwingern, in denen eine zusätzliche Fe-Aufnahme durch Erdkontakt möglich ist, bedarf es in der Regel keiner Ergänzung. In schweren Fällen, insbesondere bei gleichzeitig starkem Parasitenbefall mit zusätzlichen Blutverlusten, ist eine Fe-Ergänzung in der Säugephase zweckmäßig (0,3–0,5 ml Eisendextran; ca. 30–50 mg Eisen; intramuskulär am Ende der 1. Woche). Die Dosierung sollte exakt vorgenommen werden. Nach Überdosierung sind Störungen möglich, da Eisen stark oxidierende Effekte im Organismus entfaltet. Sobald die Welpen festes Futter aufnehmen (ab der 4.–5. Woche), wird die Fe-Versorgung gezielt durch Zufütterung Fe-reicher Futtermittel (z. B. gekochte Leber) verbessert.

Kupfer Während die Cu-Versorgung neugeborener Welpen über die Milch in der Regel ausreicht, wird die laktogene Zufuhr mit Selen, Jod und den Vitaminen A, D, E und K von der Fütterung der Hündin während der Gravidität bestimmt. War sie ungenügend, z. B. für Vitamin E und Selen, können bei Welpen Muskelschwäche, Schluckbeschwerden und Todesfälle auftreten. Da im Darmrohr der Welpen in den ersten Lebenstagen mikrobiell noch wenig Vitamin K synthetisiert wird, sind sie vor allem auch auf eine ausreichende Versorgung über die Muttermilch angewiesen

(Kap. 4.5). Wasserlösliche Vitamine werden in ausreichenden Mengen mit der Milch aufgenommen.

Beifütterung

Der Zeitpunkt der Beifütterung richtet sich nach der Milchmengenproduktion der Hündin und der Zahl der Welpen. Im Vergleich zum Wachstumspotenzial des Jungtieres und der zur Verfügung stehenden Energiemenge über die Milch benötigen die Welpen ab Ende der 3. Woche zusätzliche Nahrung. Sofern bereits in den ersten 2 Wochen eine Ergänzung erforderlich wird, ist ähnlich wie bei der mutterlosen Aufzucht zu verfahren (Kap. 6.6.5). Von der 3. Woche an sind die Welpen in der Lage, Futter aus flachen Schalen aufzunehmen.

Im Allgemeinen wird aus dem Verhalten der Welpen erkennbar (vermehrte Unruhe, ständige Sauglust, Belästigung der Hündin – selbst wenn das Gesäuge keine Milch mehr bietet –, Interesse an der Nahrung des Muttertieres etc.), wann mit der Beifütterung begonnen werden muss.

Als Beifutter kommen hochverdauliche, gut verträgliche, schmackhafte Futtermittel infrage, die zunächst in flüssig-breiiger Form angeboten werden. Für diesen Zweck können Milchaustauscher, eigene Futtermischungen, aber auch Fertignahrung eingesetzt werden.

Milchaustauscher

Milchaustauschfuttermittel, wie bei der mutterlosen Aufzucht üblich, liefern ein hochverdauliches, einfach herzustellendes Beifutter. Sie werden im Allgemeinen rasch akzeptiert. Nach wenigen Tagen können sie auch mit anderen Futtermitteln (s. u.) vermischt werden.

> **Milchaustauscher für die mutterlose Aufzucht von Welpen**
> 300 ml Kuhmilch
> 50 g Eidotter
> 40 g Maiskeim- oder Sojaöl
> 540 g Quark, mager
> 10 g vitam. Mineralfutter (20 % Ca)
> 3 Wochen lang 5- bis 6-mal, später 3- bis 4-mal füttern

Mischfutter

Im Übrigen sind auch zahlreiche andere Mischungen aus bindegewebearmem Fleisch, Leber, Quark, Eiern, Mais- oder Haferflocken, Reis etc. möglich (▶ Tab. 6.31). Die Komponenten müssen stark zerkleinert (möglichst gemust) werden, um die Aufnahme zu erleichtern und Schluckstörungen zu vermeiden. Sie werden entsprechend den Angaben in ▶ Tab. 6.31 gemischt, mit wenig Wasser gekocht (ausgenommen Quark) und in flüssiger bis breiiger Form gefüttert.

Sofern die laktierende Hündin eine gehaltvolle, hygienisch einwandfreie Ration erhält, können Welpen auch diese Kost, mit etwas Flüssigkeit verdünnt, bekommen. Damit wird die Rationsgestaltung erheblich vereinfacht. Neben speziellem Futter für Absetzwelpen (Milchbrei), das am Markt ist (▶ Tab. 6.32), können Feucht- oder Trockenalleinfutter für Welpen entsprechend den Angaben der Hersteller eingesetzt werden. Diese enthalten oft mehr Protein als ernährungsphysiologisch notwendig.

Bei Verwendung optimal zusammengesetzter Beifutter sind zusätzliche Nährstoffgaben überflüssig. Vor zusätzlichen Vitaminapplikationen ist zu warnen, denn sie sind, ebenso wie zusätzliche Mineralstoffgaben, nicht risikolos.

Gewöhnung

Das erste Beifutter wird mit einer Temperatur von 35–37 °C in flachen Schalen bereitgestellt. Wenn sich die Welpen nicht spontan für das Futter interessieren, so muss man sie geduldig „auf den Geschmack" bringen, indem man vorsichtig ihre Schnauze in das Futter tupft oder etwas Futter um die Schnauze reibt, damit sie sich belecken. Zwangsmaßnahmen sind unsinnig. Sobald nur ein Welpe gelernt hat, das Futter aufzunehmen, werden die übrigen durch Beobachtung folgen.

Menge

Die zugeteilte Futtermenge richtet sich nach dem Appetit der Welpen. Aufgrund unterschiedlicher Milchmengenproduktion bei der Hündin sind in diesem Falle keine sicheren quantitativen Angaben zu machen. Im Allgemeinen soll die tägliche Trockensubstanzaufnahme aus dem Beifutter 5–10 g/kg KM zu Beginn, gegen Ende der Säugeperiode jedoch 20–30 g/kg KM betragen. Die Futtermenge

6 Praktische Fütterung

▶ Tab. 6.31 Rationen für Absetzwelpen (I u. II) sowie Junghunde (III u. IV); g/100 g FS.

	I	II	III	IV
1. eiweißreiche Futtermittel				
Ei, gekocht	5			
Rindfleisch, fettarm	50			55
Herz		60		
Kopffleisch, Rd.			40	
Labmagen			35	
Quark, mager	10			
Vollmilch		10		
2. energieliefernde Futtermittel				
Haferflocken		27		
Kartoffeln, gek.			20	
Maisflocken				40
Reis, geschält	25			
3. Fettergänzungen				
Pflanzenöl			3	
Schweineschmalz	5	3		5
4. ballaststoffreiche Futtermittel				
Möhren	5			
Weizenkleie			2	
Energie- und Proteingehalte				
uE (MJ/100 g)	0,92	0,89	0,92	1,10
vRP (g/100 g)	13,7	12,7	11,1	13,3
vRP uE	15,0	14,3	12,1	12,0
5. Mineralstoffe/Vitamine je kg KM und Tag[1]				
vitaminiertes Mineralfutter, ca. 20–25 % Ca	3./4. Monat: 2,5–2 g; 5./6. Monat: 1,5 g; 7.–12. Monat: 1–0,8 g			

[1] Mengenangaben zur einfacheren Umrechnung bei Junghunden auf 1 kg Körpermasse und Tag bezogen.

▶ Tab. 6.32 Mischfutter für Welpen[1] pro 100 g.

		Milchaustauscher, n = 8	Welpenbrei, n = 3
Trockensubstanz	g	93	91
Rohprotein	g	27 (25–35)[2]	30 (25–30)[2]
Rohfett	g	22 (20–40)	16 (10–20)
Rohfaser	g	0,2 (<0,2)	2,3 (<2)
N-freie Extraktstoffe	g	37 (<40)	36 (<45)
Energie, ums.	MJ	1,82 (>1,8)	1,61
Kalzium	g	1,1 (1)	1,6 (1,0)
Phosphor	g	0,8 (0,7)	1,2 (0,6)
Vitamin A	IE	2000 (1000)	1900 (1000)
Vitamin D	IE	200 (50)	160 (80)
Vitamin E	mg	15 (8)	11,5 (8)

[1] nach Deklarationsangaben
[2] je nach Fettgehalt
Werte in Klammern: Richtwerte bzw. Empfehlung für Mindest- oder Höchstgehalte.

wird in jedem Fall so gewählt, dass sie zügig aufgenommen werden kann. Falls das Futter nicht vollständig gefressen wird, ist bei der nächsten Mahlzeit weniger zuzuteilen.

Verhalten bei Störungen

Sollten sich Störungen einstellen (Veränderung der Kotkonsistenz, Durchfälle, Erbrechen), wird die Futtermenge sofort reduziert oder die Beifütterung einen halben oder einen Tag ausgesetzt. Die richtige Beifutterdosierung lässt sich aus der Gewichtsentwicklung der Welpen ablesen (▶ Tab. 2.9). Wird auch in der 5. und 6. Woche infolge hoher Milchproduktion der Hündin noch wenig Beifutter aufgenommen, so muss die Futterzuteilung der Hündin gedrosselt oder temporär ausgesetzt werden (geringere Milchbildung).

Das Beifutter wird den Welpen getrennt vom Muttertier zugeteilt, damit die Jungen ungestört fressen können. Solange die Welpen bei der Mutter sind, reicht eine 3-malige Zufütterung mit einem 8- bis 10-stündigen nächtlichen Intervall. Bei breiartigem Futter mit geringerem Wassergehalt ist zusätzlich frisches Trinkwasser bereitzustellen. Alle Futtereinrichtungen (Näpfe und Tränken) sind täglich gründlich zu reinigen.

6.6.4 Absetzen

Durch das Absetzen entsteht noch einmal eine kritische Phase (ähnlich wie unmittelbar nach der Geburt), denn der Welpe verliert nicht allein seine Wärme- und Nahrungsquelle, sondern vor allem auch die Möglichkeit, durch Nachahmung zu lernen. Voraussetzung für ein komplikationsloses Absetzen ist daher eine ausreichende Beifutteraufnahme. Aus diesem Grunde lässt sich der Absetztermin zeitlich nicht strikt fixieren, sondern muss sich nach der Höhe der Beifutteraufnahme richten. Welpen sind bereits im Alter von 4 Wochen absetzfähig, doch wird man sie unter praktischen Bedingungen erst in der 6. Woche von der Mutter trennen. Zum Absetzzeitpunkt sollten mindestens 20 g TS/kg KM/Tag über das Beifutter aufgenommen werden.

Fütterung beim Absetzen

Am Tag des Absetzens lässt man die Welpen nur noch einmal saugen (sofern nicht an den Tagen zuvor Hündin und Welpen schon mehr oder weniger lange getrennt wurden). Abruptes Absetzen führt bei der Hündin, wird es mit Drosselung der Futtermenge kombiniert, in der Regel zu einem raschen Versiegen der Milch, sodass zusätzliche Maßnahmen nicht notwendig werden.

Der Welpe erhält nach dem Absetzen zunächst das während der Säugezeit übliche Futter, in den ersten 3–4 Tagen in etwa gleich bleibenden Mengen. Anschließend wird, wenn keine Verdauungsstörungen auftreten, langsam erhöht entsprechend dem Bedarf nach Alter und Gewicht (Kap. 6.7).

Ortswechsel

Der mit dem Verkauf verbundene Ortswechsel sollte nicht mit einem Futterwechsel verbunden sein. Nach Anschaffung eines Welpen wird man tunlichst in den ersten Tagen Futter und Fütterungstechnik, wie vom Vorbesitzer gehandhabt, beibehalten. Falls möglich, lässt man sich von den zuvor verwendeten Futtermitteln ausreichende Mengen (für etwa 1 Woche) mitgeben. Infolge des Ortswechsels muss sich der Welpe auch an ein neues Keimmilieu gewöhnen. Daher wird zunächst knapp gefüttert. Stellen sich keine Komplikationen ein, wird 2–3 Tage nach dem Ortswechsel die vorher übliche Futtermenge gegeben, anderenfalls noch weiter restriktiv gefüttert. Der Welpe ist im Alter von 6–8 Wochen bereits so robust, dass er eine kurzfristige knappe Futterzuteilung ohne Schwierigkeiten übersteht. Eine Wachstumseinbuße wird später voll kompensiert. Der neue Besitzer ist nicht gezwungen, Fütterungsempfehlungen des Züchters permanent zu folgen, sondern kann nach der kritischen Übergangsphase auf eine andere Mischung unter langsamem Verschneiden mit der früheren überwechseln.

Trennungsstress

Neben der physiologischen Belastung durch Futter- und Ortswechsel ist nach dem Absetzen auch der psychische Stress infolge Trennung von Mutter und Geschwistern zu berücksichtigen. Der Welpe soll daher in seiner neuen Umgebung neue Bindungen mit dem menschlichen Betreuer schließen können. Dafür muss man sich Zeit nehmen und den Welpen zu „artgemäßen" Spielen anregen, denn Spielen fördert das Lernen aus eigenem Antrieb. Durch geduldiges Einüben notwendiger Verhaltensformen (Reinlichkeit, Gehorsam), durch Ermunterung und Loben (nicht Schimpfen oder Strafen) lässt sich jeder Welpe sozialisieren und in seinem Wesen festigen. Was im 2. und 3. Lebensmonat in dieser Richtung versäumt wird, kann später nicht oder nur unvollkommen nachgeholt werden.

Eingewöhnung in neuer Umgebung

Wenn in der neuen Umgebung bereits ein Hund lebt, wird dieser zunächst getrennt gehalten, damit der Neuling sich ohne sozialen Druck an die neue Umwelt gewöhnen kann. Der ältere Hund wird weniger ausgeprägte territoriale Ansprüche geltend machen, wenn er bei der Einführung des Neulings nicht präsent ist. Der erste Kontakt zwischen beiden Hunden ist sorgfältig zu überwachen.

Lager Der junge Hund erhält ein geeignetes Lager, am besten in einer kleinen, mit Decken ausgelegten Kiste. In der ersten Nacht kann eine Wärmflasche als Unterlage sein Wohlbefinden erhöhen, die Präsenz einer tickenden Uhr die fehlende Gegenwart der Geschwister überbrücken helfen.

6 Praktische Fütterung

Kot- und Harnabsatz Um den Welpen zum Kot- und Harnabsatz an bestimmten Stellen außerhalb seines Lagers zu gewöhnen, wird in seinem Aufenthaltsraum zunächst eine größere Fläche mit Zeitungspapier ausgelegt. Nach der Futterzuteilung ebenso wie am frühen Morgen oder vor der Nachtruhe wird er auf diese Fläche gestellt und nach Absatz von Kot und Harn gelobt. Nach und nach kann die Papierfläche reduziert werden, sodass schließlich nur noch ein kleiner Platz zum Defäkieren verbleibt.

Der Welpe sollte in seiner Umgebung keine harten Gegenstände haben, die er ganz oder nach Zerbeißen abschlucken kann (besonders kein Metall oder Kunststoff); dagegen sind Kauknochen oder hartes Gummispielzeug möglich. Einen Überblick zur Fütterung und Betreuung von Welpen in den ersten 8 Lebenswochen gibt ▶ **Tab. 6.29**.

6.6.5 Mutterlose Aufzucht von Welpen

Welpen müssen mutterlos aufgezogen werden bei Tod, Erkrankung oder Milchmangel der Mütter, evtl. auch bei übergroßen Würfen. Die Erfolgsaussichten sind umso günstiger, je mehr Kolostrum der Welpe unmittelbar nach der Geburt erhalten hat und je mehr die natürlichen Verhältnisse hinsichtlich Nahrungszusammensetzung, Fütterungstechnik und Mikroklima imitiert werden können. Bei Züchtern sollte für solche Fälle eingefrorenes Kolostrum bereitstehen.

Amme

Die mutterlose Aufzucht bereitet den geringsten Aufwand und die geringsten Probleme, wenn eine Amme gefunden wird. In kleinen Rassen kann auch eine laktierende Katze als Amme dienen. Zunächst werden die eigenen und fremden Nachkommen in einem warmen Handtuch zusammengelegt und mit etwas Milch der Amme benetzt, um den Geruch anzugleichen. Vor dem ersten Anlegen der fremden Welpen lässt man die Amme mindestens 2–3 Stunden nicht säugen, damit ihr Gesäuge prall gefüllt ist. Sie wird dann die Welpen bereitwilliger annehmen.

Milchaustauscher

Steht keine Amme zur Verfügung, ist ein Milchaustauscher einzusetzen. Heute können die Milchaustauscher hinsichtlich der Nährstoffe zwar „naturgetreu" zusammengestellt werden, doch enthält auch die reife Milch noch Antikörper sowie Wachstumsfaktoren, die im Milchaustauscher fehlen. Die beste Orientierung für eine optimale Zusammensetzung des Milchaustauschers liefert die Zusammensetzung der Muttermilch (▶ **Tab. 2.8**). Milch anderer Tierarten kann nur in begrenztem Umfang verwendet werden. Kuhmilch ist zu reich an Milchzucker und gleichzeitig zu arm an Protein und Fett (abgesehen von der ungünstigen Fettsäurenzusammensetzung). Als geeignete Milchsubstitute kämen Schweine- und auch Schafmilch infrage, doch stehen sie in der Regel nicht zur Verfügung.

Milchaustauscher für Welpen können über den Handel bezogen oder auch selbst hergestellt werden.

Kommerzielle Milchaustauscher

Kommerzielle Milchaustauscher enthalten überwiegend Milchprodukte (60–70%) neben 15–20% Fett, 5–10% anderen Protein- bzw. Kohlenhydratquellen und entsprechenden Mineralstoff- und Vitaminergänzungen. Bei der Zubereitung sind z.B. 3 Teile Wasser und 1 Teil Pulver zu vermischen. Aus 60 ml Wasser und 20 g Milchaustauscher ergeben sich 74 ml Tränke (da 1 g Pulver in Wasser gelöst ein Volumen von ca. 0,7 ml einnimmt). Bei einer Energiedichte von 1,85 MJ uE/100 g Pulver errechnet sich für die Tränke ein Gehalt von ca. 0,5 MJ uE/100 ml. Zubereitung und Applikation dieser Präparate sind aus den beiliegenden Fütterungsprospekten ersichtlich. Das Pulver soll langsam in heißes Wasser eingerührt werden (nicht umgekehrt), um Klumpenbildungen zu vermeiden. Milchersatzpräparate für Babys sind aufgrund ihres geringen Eiweiß- und Energiegehaltes absolut ungeeignet.

Selbst hergestellte Milchaustauschermischungen

Für selbst hergestellte Milchaustauschermischungen (S. 171) wird Kuhmilch als Basis benutzt. Sie bedarf jedoch aufgrund des geringen Gehaltes an Eiweiß, essenziellen Fettsäuren und Vitaminen sowie des hohen Milchzuckergehaltes verschiedener Zulagen. Zur Eiweißergänzung kommen Eidotter oder Magerquark in Betracht. Sie bilden im Magen keine festen Eiweißklumpen. Zur Erhöhung des Fettgehaltes sind aufgrund ihres hohen Gehaltes an essenziellen Fettsäuren Pflanzenöle und Eidotter geeignet. Damit wird der Milchaustauscher energiereicher, aber auch das Fettsäurenmuster, das im Kuhmilchfett nicht optimal ist (▶ Tab. 6.33), verbessert. Das Fett muss ausreichend fein verteilt sein. Größere Mengen extrem zusammengesetzter Fettarten, z.B. Fischöle oder Lebertran, sind wegen Unverträglichkeit zu meiden. Insgesamt sollte die von Kohlenhydraten (Laktose) stammende Energie höchstens 10–15 % der Gesamtenergie liefern (ähnlich wie in der Muttermilch). Neben Laktose kommt allein Glukose infrage. Rohrzucker wird ungenügend verdaut und führt zu Durchfällen.

Zur Komplettierung des Mineralstoffangebotes eignen sich Einzelmineralien (wie Mono- und Dikalziumphosphat, fein gemahlenes Knochenmehl, Kochsalz), besser jedoch vitaminierte Mineralfutter (▶ Tab. 5.2), die gleichzeitig die Vitaminversorgung sichern. Überhöhte Ca-Gaben sind zu vermeiden. Vor der Fütterung wird die Ersatzmilch auf 30–35 °C erwärmt.

Verabreichung Die Welpen müssen in den ersten 2 Wochen mit Löffeln, Pipetten, Saugflaschen oder Sonden gefüttert werden, da sie noch nicht spontan aus Schalen fressen können. Während der Fütterung werden sie in ein warmes Handtuch geschlagen, mit einer Hand gehalten, mit der anderen wird die Ersatzmilch appliziert. Die Zuteilung mit Löffeln oder Pipetten ist zeitaufwendig und umständlich. Einfacher sind Flaschen mit einem Gummischnuller, wie in der Babyernährung üblich, oder spezielle Saugflaschen für Welpen. Die Öffnung der Schnuller darf nicht zu groß (Gefahr des Verschluckens), aber auch nicht zu klein sein (zu große Sauganstrengung der Welpen, Ermüdung und Nachlassen der Trinklust). Beim Umstülpen der Flasche sollte etwa 1 Tropfen pro Sekunde ausfließen. Falls notwendig, kann durch Ziehen des Saugers aus dem Maul das Schlucken stimuliert werden.

In kritischen Fällen kann die Fütterung auch mit einer Sonde (50 cm lang, 2–3 mm Ø) erfolgen,

▶ **Tab. 6.33** Verteilung der Fettsäuren im Milchfett von Hund und Kuh (Gewichtsprozente).

	Hund	Kuh
Myristinsäure	4	19
Palmitinsäure	26	26
Palmitoleinsäure	9	2
Stearinsäure	7	15
Ölsäure	40	30
Linolsäure	12	2
sonstige	2	15

Quelle: Meyer 1985

die an eine Spritze mit Ersatzmilch angeschlossen ist. Die Sonde wird nach Anfeuchten vorsichtig in die Maulhöhle eingebracht, durch Vorschieben bis zum Schlundkopf der Schluckreflex ausgelöst und anschließend ohne Druckaufwand bis in den Magen weitergeschoben. Die notwendige Einführungstiefe wird zuvor bestimmt, indem man auf der Sonde die Strecke von der Maulspitze bis zum hinteren Rippenrand markiert. Bei geringem Druck auf den Spritzenstempel muss sich der Inhalt leicht entleeren lassen. Zuvor ist zu überprüfen, ob die Sonde versehentlich in die Luftröhre gelangt ist; die Luftströmung in der Sonde verläuft dann synchron mit der Atmung.

> ⚠ **Energiebedarf Welpen: 1 kJ uE/g KM (bei jüngeren Tieren eher weniger, bei älteren mehr).**

Enthält eine Milchaustauscherlösung ca. 0,5 MJ/100 ml, dann sind täglich pro 100 g KM ca. 20 ml zuzuteilen. Ein Welpe von 500 g KM bekommt also ca. 100 ml/Tag oder bei 5 Mahlzeiten 20 ml pro Mahlzeit.

Menge Letztlich ist das Befinden der Welpen entscheidend für die jeweils zu verabreichende Menge. Wird der Welpe nicht satt, was alsbald durch Unruhe und Schreien deutlich wird, muss geprüft werden, ob die Lösung evtl. zu stark verdünnt wurde. Stellen sich Verdauungsstörungen ein, wird bei gleich bleibendem Volumen die Konzentration des Milchaustauschers reduziert, sodass der Welpe in jedem Fall die notwendige Flüssigkeit bekommt. Bei kräftigen Welpen, die nicht voll gesättigt erscheinen und nach der Tränke noch unruhig sind, kann die Menge erhöht werden. In der Regel sollten die Normen jedoch nicht merklich überschritten werden.

Fütterungsintervalle Anfangs wird 5- bis 6-mal, später 3-mal pro Tag gefüttert (mit einer 8-stündigen Nachtpause). Bei sehr schwachen Tieren sollte man bis zu 8-mal zuteilen, bei 6-stündigem Nachtintervall.

Von der 3. Woche an wird versucht, die Welpen an die spontane Futteraufnahme zu gewöhnen. Dazu erhalten sie vor der üblichen Fütterungszeit kleine Mengen des Milchaustauschers in flachen Schalen. Infolge des bestehenden Hungergefühls gelingt zu diesem Zeitpunkt die Gewöhnung am besten. Falls die Welpen noch wenig Interesse zeigen, werden sie ähnlich wie beim Anlernen zur Beifütterung (s.o.) behandelt. Spätestens am Ende der 4. Woche wird die Flaschen- oder Sondenernährung eingestellt und die übliche Aufzucht praktiziert.

Mutterersatzhandlungen

Neben der Nährstoffversorgung muss der Betreuer bei der künstlichen Aufzucht auch die zusätzlichen Funktionen des Muttertieres übernehmen. Vor dem Füttern sollten die zur Abgabe von Kot und Harn notwendigen Reflexe durch Reiben und Massieren im Anal- bzw. Abdominalbereich mit einem feuchten Tuch ausgelöst werden. Nach der Nahrungsaufnahme ist noch einmal das Absetzen von Kot und Harn zu provozieren, ebenso das Aufstoßen durch Massage der Magengegend.

Wärmezufuhr

Während der mutterlosen Aufzucht können die Welpen gemeinsam oder einzeln gehalten werden. Bei der Gruppenhaltung sind die klimatischen Ansprüche geringer, die Umgebungstemperaturen können im Mittel etwas tiefer als bei Einzelhaltung (▶ Tab. 6.27) liegen. Die Welpen werden in entsprechenden Kisten gehalten, die mit Zellstoff ausgelegt sind (keine Holzwolle oder Stroh wegen der Gefahr des Abschluckens oder Aspirierens von Fremdpartikeln). Als Wärmequelle dienen untergelegte Heizkissen, Wärmeflaschen oder Rotstrahler, die in einer Entfernung von etwa 60 cm vom Kistenboden aufgehängt werden. Zugluft ist zu vermeiden.

Zur Kontrolle wird die Temperatur auf einem neben den Welpen liegenden Thermometer abgelesen. Auch überhöhte Temperaturen können für die Welpen nachteilig sein (s.u.). Bei Gruppenhaltung entstehen evtl. Schwierigkeiten durch gegenseitiges Besaugen (Schwanz, Nase, Penis) mit der Gefahr von Entzündungen bzw. verstärktem Haarabschlucken. Durch Einzelhaltung wird dieses Risiko vermieden.

6.6.6 Ernährungs- und haltungsbedingte Krankheiten und Todesfälle

Morbidität und Mortalität sind bei Welpen in den ersten Lebenswochen erheblich (bis zum Absetzen im Mittel 15–25 %). Unter besonders günstigen Haltungs- und Ernährungsbedingungen können sie auf 5–6 % gesenkt werden. Die Verluste verteilen sich wie folgt: ein Drittel bei der Geburt, ein Viertel während der 1. Woche, ein Zehntel während der 2. Lebenswoche; dann abnehmende Tendenz, ausgenommen in der Absetzwoche.

Für die Ursachen der Verluste siehe ▶ Tab. 6.34.

▶ **Tab. 6.34** Ursachen von Welpenverlusten.

Ursache des Verlustes	Häufigkeit (%)
Totgeburten	15
Schwergeburten	11
Verletzung oder Quetschung	13
Klima und Witterung	16
Krankheit	10
Unfälle	6
schwache Welpen	5
Kannibalismus	3
Ausbleiben der Laktation	4
Parasiten	3
exzessives Lecken	3
Missbildungen	2
Sonstiges	9

Zu den wichtigsten direkt oder indirekt durch Ernährungsfehler entstehenden Ausfällen zählen:
- Totgeburten
- Sauerstoffmangel
- Missbildungen
- Hypoglykämie
- Hypothermie
- hämolytischer Ikterus
- Exsikkose
- hämorrhagisches Syndrom
- toxisches Milchsyndrom
- Asphyxie
- Durchfälle

Totgeburten

Die Zahl totgeborener Welpen steigt mit der Größe des Wurfes und dem Alter der Hündin. In großen Würfen scheinen die ungleichmäßigen uterinen Versorgungsbedingungen (hohe Gewichtsvariation bei der Geburt), aber auch die Tendenz zu etwas kürzeren Tragezeiten für die Ausfallrate mitverantwortlich zu sein. Andererseits erhöht auch jede Verzögerung der Geburt das Risiko. Als Ursachen für eine erschwerte oder verzögerte Geburt kommen neben dem Alter Überfütterung während der Gravidität (Verfettung, insbesondere der Geburtswege), aber auch Mangel an Kalzium oder Natrium infrage.

Sauerstoffmangel

Durch frühzeitige Ablösung der Plazenta oder Abreißen der Nabelschnur kann bei den Welpen ein Sauerstoffmangel eintreten, der, wenn er nicht unmittelbar zum Tode führt, in den ersten Lebensstunden die Vitalität nachhaltig beeinträchtigt. Der Sauerstoffmangel ist umso schädlicher, je höher die Körpertemperatur liegt. Bei Umgebungstemperaturen von 35 °C betrug die Überlebenszeit hypoxämischer Welpen 20–25 Minuten, stieg jedoch bei 20 °C auf 55 Minuten an, da über eine Senkung der Körpertemperatur der Energieumsatz reduziert wird. Aus diesem Grunde sind Welpen, die länger im Geburtsweg bleiben und deren Sauerstoffversorgung über die Plazenta schon unterbrochen ist, besonders gefährdet. Für die Überlebensrate hypoxämischer Tiere sind die Glykogenreserven in Leber, Herzmuskel und Lunge wichtig, da sie auch durch anaerobe Glykolyse genutzt werden können. Zur Behandlung ist neben Sauerstoff (40 %) und Herzmassage – bei zunächst niedrigen Umgebungstemperaturen – vor allem zusätzlich Energie zu applizieren (s. u.).

Missbildungen

Missbildungen haben nicht in jedem Fall erbliche Ursachen, sondern können auch durch Infektionen oder durch Fütterungsfehler bei der Hündin während der Gravidität entstehen. Insbesondere bei einer Unterversorgung mit Vitamin A (Störungen in der Augenentwicklung, Lippen- und Gaumenspalten), Jod (Kropfbildung, Wassersucht, Haarlosigkeit), Selen, Vitamin E (Muskelschwäche), Kupfer (nervöse Ausfallerscheinungen), aber auch bei extremen Mängeln an anderen Nährstoffen sind solche Veränderungen möglich. Der Nährstoffmangel zur Auslösung dieser Fehlentwicklungen muss allerdings über längere Zeit bestehen und sehr deutlich sein, da das Muttertier eine gewisse Zeit die Versorgung des Fetus durch Mobilisation eigener Reserven kompensieren kann. Andererseits führt auch eine Überversorgung, z. B. mit den Vitaminen A oder D, zu Entwicklungsstörungen bei der Frucht. Durch Behandlung tragender Hündinnen zwischen dem 17. und 22. Trächtigkeitstag mit 125 000 µg Vitamin A pro kg KM wurden z. B. schwere Missbildungen erzeugt.

Hypoglykämie

Zu den häufigsten Todesursachen von Welpen zählt ein direkter oder indirekter Energiemangel.

Die wichtigsten Faktoren, die zum Teil schon pränatal, überwiegend aber postnatal einwirken, sind in ▶ Tab. 6.35 zusammengestellt. Vor allem eine geringe Gewichtsentwicklung vor der Geburt, verbunden mit ungenügenden Glykogenreserven, sind disponierend.

Wird das normale Gewicht um mehr als 25 % unterschritten, steigt die Sterblichkeitsrate erheblich an. Welpen großer Rassen sind besonders betroffen, da ihr relatives Geburtsgewicht und damit ihr Reifegrad geringer sind als bei kleineren Rassen (▶ Tab. 2.6). Zudem sind bei den oft großen Würfen die Versorgungsbedingungen für schwächere Welpen ungünstig. Ein ungenügendes Geburtsgewicht aller Welpen eines Wurfes findet man bei Verkürzung der Trächtigkeitsdauer, Erkrankung des Muttertieres, aber auch durch Fütterungsfehler während der Gravidität (extremer Mangel an

Energie, Eiweiß oder Vitamin B_{12}). Sind nur einzelne Welpen bei der Geburt unterentwickelt, lag eine ungleichmäßige Nährstoffversorgung im Uterus (ungleichmäßige Plazentagröße) vor.

Bei untergewichtigen oder weniger ausgereiften Früchten sind meistens – aufgrund geringer Glykogenspeicher in den Organen – lebenswichtige Funktionen (Nahrungsaufnahme, Atmung, Ausscheidung) gestört. Hinzu kommt, dass solche Welpen ebenso wie überzählige Tiere durch Abdrängen bei der Milchaufnahme benachteiligt werden. Durch niedrige Umgebungstemperaturen werden die Überlebenschancen untergewichtiger Welpen zusätzlich verschlechtert, da infolge des Energiemangels Blutzuckerspiegel und auch Körpertemperatur schnell abfallen. Auch bei normal entwickelten Welpen können diese Stadien bei extrem ungünstigen Umweltbedingungen (feuchte, zugige Nester) oder längerer Nahrungskarenz eintreten. Welpen der Zwergrassen sind besonders empfindlich gegenüber einem Energiemangel. Schon eine 8-stündige Nahrungskarenz fördert Hypoglykämie, Ketose und Leberverfettung. Betroffene Welpen zeigen zunächst Unruhe, Schreien, schließlich aber – bei Unterschreiten einer Körpertemperatur von 22 °C – lethargisches Verhalten, verzögerte Atmung und kurz vor dem Exitus Schnappatmung (▶ Tab. 6.36). Der Energiemangel führt bei diesen Welpen in erster Linie zu Funktionsstörungen im Atmungs- und Kreislaufapparat, nicht primär zu Ausfallerscheinungen des Zentralnervensystems.

Wenn die untergewichtigen Welpen noch vital sind, wird man sie an die milchergiebigeren hinteren (inguinalen) Zitzen setzen, die gut entwickelten Welpen zeitweise entfernen oder einen Milchaustauscher beifüttern. Im Anfangsstadium

▶ Tab. 6.35 Ursachen ungenügender Energieversorgung bei neugeborenen Welpen.

pränatal	• ungenügende fetale Entwicklung • sehr große Würfe • Energieunterversorgung der hochtragenden Hündin • zu geringe Eiweißgehalte im Futter der Hündin (< 10 g verd. Eiweiß/MJ uE), bei kohlenhydratfreien Rationen < 15 g verd. Eiweiß/MJ uE
postnatal	• ungenügende Sauglust (Untergewicht) • Abdrängen vom Gesäuge (große Würfe, ungleiche Gewichte der Welpen) • Hündin mit geringer Milchleistung oder gestörtem Verhalten • Hündin erkrankt oder verendet • Umgebungstemperatur zu niedrig (< 30 °C) • Nest feucht und zugig

▶ Tab. 6.36 Klinische Symptome bei 24 Stunden alten Welpen mit verschiedenen Graden der Hypothermie (Quelle: Crighton and Pownall 1974).

Umgebungstemperatur °C	29	10	10	10
klinischer Status	Normothermie	milde Hypothermie	mäßige Hypothermie	schwere Hypothermie
rektale Temperatur °C	36	35,5–21	21–15,5	15,5–10
Körperoberfläche	warm	kühl	kalt	kalt
Atemzüge pro Minute	ca. 20	ca. 40	< 20	nicht feststellbar
Herzschläge pro Minute	ca. 220	200 → 40	< 40	nicht feststellbar
Lagerung	seitlich	bäuchlings	bäuchlings	seitlich
Bewegungen	keine	aktiv	starr	keine
Lautäußerungen	keine	ständig	in Abständen	wenig oder fehlend
Saugreflexe	vorhanden	abnehmend	„pseudo"	fehlend
Muskeltonus	gut	gut	schwach	Streckkrampf
Schleimhautfarbe	hellrot	hellrot	hellrot	rot bis bronze

von Hypoglykämie und Hypothermie kann eine orale Energiesubstitution lebensrettend wirken. Dazu wird eine 5%ige Glukoselösung in etwa 3-stündigen Abständen in Mengen von 3–5% der KM per os appliziert. In hochgradigen Fällen wird zunächst subkutan substituiert mit einer Lösung, die zu gleichen Teilen aus 5%iger Glukose- und Ringer-Laktat-Lösung besteht (etwa 4 ml/100 g KM), anschließend in kurzen Abständen oral. Entwickeln die Welpen innerhalb von 24 Stunden kein normales Saugverhalten, d. h., nehmen sie nicht spontan Milch aus dem Gesäuge auf, ist mit mutterloser Aufzucht zu beginnen.

Hypothermie

Stark unterkühlte Welpen werden von den Müttern oft nicht mehr angenommen, wohl aber nach Aufwärmen. Hypoglykämische und hypothermische Welpen dürfen aber nur sehr langsam (innerhalb von 2–3 Stunden parallel zur zusätzlichen Energiegabe) an optimale Umgebungstemperaturen adaptiert werden, da anderenfalls infolge Steigerung des Stoffumsatzes das Energiedefizit kurzfristig verstärkt wird.

Hämolytischer Ikterus

Tritt unmittelbar nach der ersten Milchaufnahme ein hämolytischer Ikterus auf (Gelbfärbung der Schleimhäute, dunkle Verfärbung des Harns, allgemeine Schwäche), müssen die Welpen sofort von der Mutter abgesetzt werden, da evtl. eine Unverträglichkeit für die über das Kolostrum aufgenommenen mütterlichen Antikörper besteht. Die Welpen sind 1–2 Tage mutterlos zu ernähren und können anschließend wieder angesetzt werden, weil zu dieser Zeit die in der Milch enthaltenen Antikörper die Darmwand nicht mehr passieren.

Exsikkose

Bei zu hohen Umgebungstemperaturen oder zu niedriger relativer Luftfeuchte gehen erhebliche Flüssigkeitsmengen über die Haut verloren, da die Haut des Neugeborenen noch stärker feuchtigkeitsdurchlässig ist. Im Verlauf dieser Entwicklung ebenso wie bei einer Flüssigkeitskarenz schrumpft das Blutvolumen, fällt der Blutdruck, sinkt die Exkretionsleistung der Nieren (außer für Natrium) und steigt der Gehalt an harnpflichtigen Stoffen im Blut. In solchen Fällen ist vorrangig das Wasserdefizit durch portionierte Flüssigkeitszufuhr zu regulieren (orale Gabe von stark verdünnten Milchaustauschern, etwa 50% der üblichen Konzentration). In schweren Fällen wird zunächst subkutan ein Gemisch (1:1) aus 5%iger Glukose- und Ringer-Laktat-Lösung gegeben (etwa 3–4 ml/100 g KM).

Hämorrhagisches Syndrom

In manchen Zwingern treten bei Welpen in den ersten 3–4 Tagen nach der Geburt an vielen Stellen des Körpers infolge verzögerter Blutgerinnung Blutungen auf. Die Störung kann durch eine ungenügende Vitamin-K-Versorgung bei der Hündin (infolge langer Lagerung der Futtermittel bzw. einer starken Überhitzung bei der Herstellung) bzw. durch eine geringe intestinale Vitamin-K-Synthese bedingt sein. Durch Zufütterung von 1–5 mg Vitamin K/Tag an die hochtragende Hündin bzw. Gabe von 0,01–0,1 mg Vitamin K_1 pro Welpe besteht die Möglichkeit, dieser Störung vorzubeugen bzw. sie zu behandeln.

Toxisches Milchsyndrom

Zu den indirekt durch Fütterungsfehler verursachten Störungen im Verdauungskanal wird auch das toxische Milchsyndrom gerechnet, das im Alter von 3–14 Tagen auftreten kann und vor allem durch Blähungen und allgemeine Schwäche sowie Schwellung und Rötung des Anus gekennzeichnet ist. Es scheint durch Bakterientoxine in der Milch, die die Darmperistaltik hemmen, verursacht zu werden und tritt im Zusammenhang mit einer Gebärmutterentzündung oder einer ungenügenden Rückbildung des Uterus nach der Geburt auf. Auch länger bestehende Obstipationen begünstigen diese Störung. Sofern die Hündin erkrankt ist (erhöhte Temperatur, eitriger Ausfluss), sind die Welpen abzusetzen und so lange mit Milchaustauscher zu ernähren, bis die Mutter fieberfrei ist.

Asphyxie

Durch Aufnahme zu grober Futterstücke sind Schlundverstopfungen und Erstickungstod möglich.

Durchfälle

Ursachen

Fütterungsfehler Durchfälle können u. a. durch Fütterungsfehler verursacht oder in ihrer Entstehung begünstigt bzw. in ihrer Schwere verstärkt werden. Als Ursachen sind zu große Milchmengenaufnahme, aber auch Veränderungen in der Zusammensetzung der Muttermilch infolge Futterwechsel bei der Hündin zu nennen. In der mutterlosen Aufzucht kommen fehlerhafte Zusammensetzung der Milchaustauscher (zu hohe Mengen an Milchzucker, Rohrzucker, Stärke, ungeeignete Fette, geschädigtes Milcheiweiß) sowie Fehler in der Fütterungstechnik (zu kalte Milch, zu große Mengen, plötzlicher Futterwechsel) und unhygienische Bedingungen ursächlich in Betracht. In seltenen Fällen sind Enzymdefekte (z. B. Mangel an Laktase) Ursache für Störungen im Verdauungskanal.

Hyperazidität Bei einigen Welpen scheint auch eine Hyperazidität im Magen zu einer verstärkten Peristaltik und zu Verdauungsstörungen beizutragen. Durch Senkung der Futteraufnahme, stärkere Verdünnung der Nahrung, Zugabe von Magnesiummilch (8 % Mg(OH)$_2$-Lösung; 1–3 ml in 2- bis 3-stündigen Intervallen) ist diese Anomalie zu behandeln.

Infektionen Am häufigsten werden Verdauungsstörungen durch Infektionen oder Invasionen verursacht. Als wichtigste Erreger sind Salmonellen, darmpathogene *Escherichia-coli*-Stämme, Clostridien, Campylobacter und Virusinfektionen, aber auch Spul- und Hakenwürmer zu nennen. Durch Fütterungsfehler werden diese Störungen ggf. begünstigt bzw. durch Aufnahme infizierter Futtermittel mit verursacht. Vorbeugend ist zur Stärkung der Widerstandskraft für eine ausreichende Kolostrumaufnahme zu sorgen (im Hinblick auf die Zufuhr von Antikörpern und der Vitamine A und E) sowie eine sorgfältige Fütterungstechnik (keine Überfütterung, Reinigung der Futtergefäße) einzuhalten.

Symptome

Beginnende Verdauungsstörungen kündigen sich durch Veränderungen in der Kotfarbe, -konsistenz und -abgabe an. Normalerweise ist der Kot bei Welpen fest und von blassgelblicher Farbe und wird 3- bis 6-mal pro Tag abgesetzt. Bei Verdauungsstörungen ist er zunächst gelblichgrün infolge vermehrter Galleausscheidung, dann dunkelgrau, die Konsistenz dünn-breiig bis wässrig, die Defäkationsfrequenz erhöht. Wenn diese Symptome auftreten, werden umgehend 1–2 Mahlzeiten ausgesetzt. Dadurch können häufig schon die Vorgänge im Darmkanal stabilisiert werden. In fortgeschrittenen Fällen sind zusätzliche therapeutische Maßnahmen notwendig.

Therapie

Welpen mit hochgradigen Durchfällen sind umgehend tierärztlich zu behandeln. Sie erhalten neben Medikamenten gegen die Primärursache in kurzen Abständen eine 3- bis 5 %ige Glukoselösung oral, bei starken Wasser- und Elektrolytverlusten subkutane Injektionen physiologischer Kochsalz- bzw. Ringer-Laktat-Lösung.

6.7 Junghunde

In der Wachstumsphase sollen Haltung und Fütterung so gestaltet werden, dass dem Hund eine veranlagungsgemäße Entwicklung ermöglicht wird und er bis ins hohe Lebensalter gesund und leistungsfähig bleibt.

6.7.1 Energie- und Nährstoffbedarf

Die ersten 6–8 Lebensmonate umfassen die Hauptwachstumsphase von Junghunden. Hinweise für die tägliche Energie- und Nährstoffversorgung wachsender Hunde – mittlere Zuwachsraten unterstellt – sind in ▶ Tab. 6.37 und ▶ Tab. 6.38 zusammengefasst.

Energiebedarf

Hinsichtlich der adäquaten Energiezuteilung bestehen zwischen Rassen, aber auch zwischen Individuen in Abhängigkeit von der Haltung erhebliche Unterschiede. Bei Gruppenhaltung im Freien

▶ Tab. 6.37 Empfehlungen[1] für die tägliche Energie- und Nährstoffversorgung wachsender Hunde (pro kg KM/Tag).

		Lebensmonat		
		3.–4.	5.–6.	7.–12.
ums. Energie	MJ	0,6–0,7	0,4–0,6	0,3–0,4
verd. Rohprotein	g	6–8	5–6	3–4
Kalzium	mg	355–520	240–305	130–145
Phosphor	mg	170–245	130–160	85–90
Magnesium	mg	21–23	17	13
Natrium	mg	73–88	60	53
Kalium	mg	75–91	65	57
Chlorid	mg	110–150	100	90
Eisen	mg	3,5–4,8	3,0–3,7	1,7–1,9
Kupfer	mg	0,3–0,5	0,2–0,3	0,1–0,2
Zink	mg	3,3–4,1	3,9–5,1	1,7–2,1
Mangan	mg	0,08–0,1	0,07–0,08	0,07–0,08
Jod	µg	50	50	50
Selen	µg	5	5	5

[1] abhängig von der Körpermasse des ausgewachsenen Tieres; siehe auch ▶ Tab. 4.7, ▶ Tab. 4.12, ▶ Tab. 4.16–▶ Tab. 4.18

oder intensiver Beschäftigung mit den Welpen steigt der Energiebedarf an.

Wachstumsgeschwindigkeit

Die Wachstumsgeschwindigkeit wird bei ausgewogener Futterzusammensetzung durch die Energieaufnahme nachhaltig beeinflusst. Ein Junghund, der sein Futter zur freien Verfügung hat, wächst schneller und erreicht sein vorgegebenes Endgewicht früher als verhalten gefütterte Hunde. Die Endgröße wird dadurch jedoch nicht beeinflusst, da sie überwiegend genetisch vorgegeben ist. Die bei unterschiedlicher Energiezufuhr beobachtete Variation im Wachstumsverlauf zeigt ▶ Abb. 6.4.

❗ In der Aufzucht sind nicht maximale, sondern optimale Zuwachsraten anzustreben. Das heißt nicht, dass der junge Hund in seiner Entwicklung großgehungert werden soll. Die Futtermenge ist in Abhängigkeit von der Gewichtsentwicklung festzulegen.

▶ Tab. 6.38 Empfehlungen[1] für die tägliche Vitaminversorgung wachsender Hunde (pro kg KM/Tag).

Vitamin A	IE	250
Vitamin D	IE	20
Vitamin E	mg	2
Vitamin B_1	mg	0,06
Vitamin B_2	mg	0,50
Vitamin B_6	mg	0,07
Vitamin B_{12}	µg	1,6
Pantothensäure	mg	0,68
Nikotinsäure	mg	0,68
Biotin	µg	4
Folsäure	µg	12
Linolsäure	mg	500
Cholin	mg	50

[1] abhängig von der Körpermasse des ausgewachsenen Tieres; siehe auch ▶ Tab. 4.21.

6 Praktische Fütterung

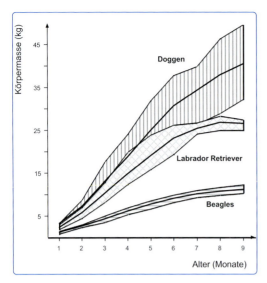

▶ **Abb. 6.4** Wachstumsverlauf bei Beagles, Labrador Retrievern und Doggen sowie Schwankungsbereiche der Wachstumskurven.

Zur Einschätzung der optimalen Futtermenge empfiehlt es sich, den Junghund regelmäßig zu wiegen und den Ernährungszustand (Rippenbögen, Dornfortsätze der Wirbelsäule leicht tastbar) zu beurteilen. Die meisten Junghunde sehen bei zu hoher Energieaufnahme nicht „fett" aus, sondern sind für ihr Alter zu groß und kräftig. Ein optimal ernährter Junghund ist spielfreudig und aktiv, er entwickelt sich langsamer als ad libitum gefütterte Tiere. Eine bedarfsdeckende Versorgung mit Energie sollte nicht nur in der Wachstumsphase, sondern auch danach eingehalten werden. Auf diese Weise kann Entwicklungsstörungen und degenerativen Erkrankungen des Bewegungsapparats nachhaltig vorgebeugt werden.

Eiweißbedarf

Der Eiweißbedarf ist bei den Absetzwelpen am höchsten und reduziert sich sukzessive, wobei in den ersten 6 Monaten eine Relation zunächst (Absetzphase) von ca. 15, später 12 g vRp/1 MJ uE zu empfehlen ist (▶ Tab. 4.13), im zweiten Lebenshalbjahr 10–12 g vRp/1 MJ uE. Der Aminosäurenbedarf wachsender Hunde wird mit hochwertigen Eiweißquellen tierischer Herkunft oder einer Kombination pflanzlicher und tierischer Eiweißträger sicher gedeckt. Bei unzureichender Proteinaufnahme oder unausgewogenem Aminosäurenspektrum steigt der Fettansatz. Die Wachstumsrate wird sich nur unter extremen Mangelbedingungen reduzieren, da die Hunde kompensatorisch vermehrt Fett einlagern. Überhöhte Eiweißmengen können den Wachstumsverlauf nicht beschleunigen, wenn nicht gleichzeitig entsprechend Energie zugeführt wird. Untersuchungen an wachsenden Doggen konnten keine nachteiligen Effekte bei einer (keineswegs empfehlenswerten) überhöhten Proteinaufnahme auf die Skelettentwicklung nachweisen.

Mineralstoffbedarf

Neben der angepassten Energieversorgung verdient die Ca- und P-Aufnahme besondere Aufmerksamkeit. Wie aus den hohen Wachstumsraten der Absetzwelpen abzuleiten, besteht der höchste Bedarf im 2. Lebensmonat (▶ Tab. 2.9). Zudem ist die Mineralisierung der Knochen von Absetzwelpen noch unzureichend, sodass dieser Rückstand zunächst aufgeholt werden muss. Bei großen Hunderassen ist die Ca-Aufnahme auf die oberen, in ▶ Tab. 6.37 genannten Empfehlungen einzustellen, kleinere Rassen kommen mit weniger Kalzium aus. Neuere Untersuchungen haben gezeigt, dass Junghunde bei adäquater Mineralstoffversorgung Vitamin D nur in geringem Umfang benötigen. Aus Sicherheitsgründen wird jedoch eine Zufuhr von 20 IE/kg KM/Tag empfohlen.

Spurenelementbedarf

Zu den weiteren Nährstoffen, die in der Ernährung von Junghunden besonders zu beachten sind, zählen Kupfer aufgrund seiner Funktion im Bindegewebestoffwechsel, Zink wegen seiner vielfältigen Koenzymfunktionen sowie die Linolsäure, die für die Zellmembransynthese des wachsenden Gewebes benötigt wird.

6.7.2 Rationsgestaltung

Bei der Fütterung von Junghunden hat der Gebrauch kommerzieller Mischfutter in den vergangenen Jahren stark zugenommen, gleichwohl bevorzugen viele Hundehalter eigene Mischungen. Bei adäquater Rationsgestaltung ist sowohl mit Fertigfutter als auch mit selbst gemischten Rationen eine bedarfsgerechte Fütterung von Junghun-

▶ **Tab. 6.39** Richtwerte[1] zur Zusammensetzung von Trocken- bzw. Feuchtalleinfutter für wachsende Hunde.

in 100 g		Trockenfutter 1,6 MJ/100 g	Feuchtfutter 0,5 MJ/100 g	Spanne bei kommerziellen Produkten (Trockenfutter)[2]
vRp	g	17–18	5–6	22–32
Rp[3]	g	20–23	6–7	24–36
Kalzium	g	0,8–1,2	0,3–0,4	0,8–1,7
Phosphor	g	0,6–1	0,2–0,3	0,7–1,3
Natrium	g	0,2–0,3	0,06–0,1	0,2–0,7
Kalium	g	0,2–0,3	0,06–0,09	0,4–0,8
Zink	mg	9–10	3	5–29
Selen	µg	11	3–4	20–50
Jod	µg	160–240	30–70	200–460
Vitamin A	IE	800–1200	160–300	925–2200
Vitamin D	IE	70–90	13–25	61–250
Vitamin E	mg	7–10	1–3	5–50
Vitamin B_1	mg	0,2–0,3	0,04–0,09	0,3–2,4

[1] Die höheren Werte bei Mineralstoffen und Vitaminen jeweils für größere Rassen empfohlen.
[2] handelsübliche Produkte (n = 18)
[3] Verdaulichkeit von 85–90 % unterstellt

den möglich. Bei Eigenmischungen ist darauf zu achten, dass sie nicht einseitig zusammengesetzt sind, z. B. ohne ausreichende Mengen hochwertiger Eiweiße oder ohne Ergänzung von Mineralstoffen und Vitaminen. Bei Zwergrassen ist zur Verhütung einer Leberverfettung die Versorgung mit hochwertigem Eiweiß, Cholin und auch Vitamin B_2 besonders zu beachten.

Mischfutter

Die einfachste und auch sicherste Art, einen Junghund zu füttern, besteht in der Verabreichung eines ausgewogenen Mischfutters. Bei großen Rassen werden überwiegend Trockenalleinfutter, bei kleineren Hunden sowie generell bei Absetzwelpen Feuchtalleinfutter, evtl. in Kombination mit Trockenprodukten, eingesetzt. Junghunde gewöhnen sich sehr schnell an die Aufnahme solcher Futtermischungen. Aufgrund der hohen Futteraufnahmekapazität kann es jedoch gelegentlich zu Unverträglichkeitsreaktionen kommen, nicht nur durch Überfressen, sondern auch durch unzureichende Qualität der enthaltenen Komponenten. Hinweise zur adäquaten Zusammensetzung von Mischfuttermitteln für wachsende Hunde sind ▶ Tab. 6.39 zu entnehmen.

Grundsätzlich sollten bei Verwendung von Mischfutter für wachsende Hunde keine Ergänzungsfuttermittel, z. B. Mineralstoff- oder Vitaminpräparate, zusätzlich gegeben werden, da die meisten Alleinfuttermittel schon höhere Gehalte aufweisen als notwendig. Für die zunehmend angebotenen Produkte, die auf unterschiedlicher Basis (Pflanzenextrakte, Gelatine, Muschelbestandteile u. a.) eine „Stärkung" des Knochengerüstes oder der Gelenkknorpel ermöglichen bzw. der Entwicklung von Skeletterkrankungen vorbeugen sollen, stehen überzeugende experimentelle Nachweise ihrer Wirksamkeit nach wie vor aus.

Eigene Rationen

Eiweiß

Für die Herstellung eigener Rationen (▶ Tab. 6.31) sollten als eiweißreiche Futtermittel hochwertige Proteine wie Fleisch, Schlachtabfälle (bes. Pansen, Blättermagen) oder auch Milch- oder Eiprodukte verwendet werden, wodurch die Versorgung mit essenziellen Aminosäuren gewährleistet wird. In Kombination mit diesen Proteinquellen ist auch die Fütterung pflanzlicher Eiweißfuttermittel möglich, da z. B. isoliertes Sojaeiweiß oder evtl. auch die preiswerten Getreidekleber eine hohe Verträglichkeit aufweisen. Sojaextraktionsschrot kann aufgrund seines günstigen Preises in Mengen von bis zu 10 % (TS) verwendet werden, allerdings ist durch die enthaltenen schwer verdaulichen Oligosaccharide seine Verträglichkeit begrenzt (Gefahr von Durchfall oder Flatulenz).

Energie

Bei Verwendung durchwachsenen Fleisches wird bereits über das enthaltene Fett ein erheblicher Teil des Energiebedarfs gedeckt. Ansonsten sind Zerealien in aufgeschlossener Form, z. B. Getreideflocken oder gekochter Reis und Nudeln, als Energielieferanten geeignet und werden von Junghunden gern gefressen und im Allgemeinen gut vertragen. Fett kann auch in Form von Rindertalg oder Schweineschmalz, ggf. in Kombination mit Pflanzenölen, zugeteilt werden.

Rohfaser

Der Rohfasergehalt in Futtermischungen für Junghunde sollte bei 1,5–2 % der Trockensubstanz liegen, wodurch eine ausreichende Darmmotilität bei hoher Gesamtverdaulichkeit der Ration gewährleistet ist. Werden pektinreiche Futtermittel (z. B. Rübenmark, Trockenschnitzel, Äpfel) oder andere Komponenten mit hohem Anteil mikrobiell fermentierbarer Kohlenhydrate verwendet, so entstehen evtl. Verträglichkeitsprobleme (weicher Kot oder Durchfall), besonders bei hoher Futtermenge. Fruktanreiche fermentierbare Kohlenhydrate werden in geringen Mengen als präbiotisch wirkende Substanzen in Mischfuttermitteln eingesetzt, um eine „Stabilisierung" der Zusammensetzung der mikrobiellen Gemeinschaft, z. B. durch Unterstützung der Laktobazillen, im Verdauungstrakt zu erreichen.

Mineralstoffe, Mengen- und Spurenelemente, Vitamine

Da nur bei aufwendiger Rationsgestaltung eine bedarfsgerechte Versorgung mit Mengen- und Spurenelementen sowie Mineralstoffen und Vitaminen aus den natürlichen Futtermitteln möglich ist, sollte eine selbst aufgestellte Ration für Junghunde grundsätzlich mit einem vitaminierten Mineralfutter ergänzt werden. Theoretisch lässt sich eine ausgewogene Versorgung auch über die Kombination mehrerer mineral- und vitaminreicher Einzelfuttermittel erreichen, jedoch ist aufgrund der schwankenden Gehalte in Naturprodukten nicht immer eine konstante Aufnahme aller essenziellen Nährstoffe gewährleistet. Wegen der schwerwiegenden gesundheitlichen Konsequenzen einer Unter- oder Überdosierung ist die adäquate Ergänzung einer Eigenmischung besonders sorgfältig zu handhaben (▶ Tab. 6.31).

6.7.3 Fütterungstechnik

Bei Einsatz von Alleinfuttermitteln besteht als einzige – allerdings sehr wichtige – Anforderung die adäquate Dosierung der Futtermenge. Darum sollte der Energiegehalt nach dem in Kap. 5.3 dargestellten Schema berechnet oder beim Hersteller erfragt werden.

Bei bekanntem Energiegehalt kann die Futtermenge für Junghunde aus den Angaben in ▶ Tab. 6.40 abgelesen werden, die einen Empfehlungsrahmen gibt, jedoch je nach Allgemeinzustand und Wachstumsverlauf des Hundes zu modifizieren ist. Die gelegentliche Beigabe geringer Mengen von Milch, hartgekochten Eiern oder auch Fleisch ist möglich, jedoch nicht zwingend erforderlich. Ein Futterwechsel sollte, insbesondere, wenn von einem Futtertyp auf einen anderen (z. B. Trocken- auf Feuchtfutter) gewechselt wird, langsam, d. h. über mehrere Tage, erfolgen. Ist der Hund bei restriktiver Fütterung unruhig, insbesondere, wenn er zuvor eine Ad-libitum-Zuteilung gewohnt war, so kann eine mechanische Sättigung durch gekochtes Gemüse, Bananen oder auch geriebene Äpfel erreicht werden. Dazu können auch diverse Trockenprodukte, beispielsweise Möhren, wie im Futtermittelhandel angeboten, verwendet werden.

In hauseigenen Mischungen (▶ Tab. 6.31) müssen die Futtermittel, insbesondere bei Absetzwelpen, stark zerkleinert werden. In der Eingewöhnungsphase ist es günstig, das Futter mit Wasser oder auch geringen Mengen Milch als Brei zu vermischen. Nach entsprechender Adaptation wird dann allmählich Futter mit festerer Konsis-

▶ **Tab. 6.40** Anhaltspunkte zur Futtermengenzuteilung bei Junghunden unterschiedlichen Alters.

KM des ausgewachsenen Hundes (kg)	Lebensmonat				
	2	3	4	5 + 6	6–12
	g Trockenalleinfutter je kg KM/Tag (1,5 MJ uE/100 g)				
5		51	52	47	39	33
10		56	49	43	35	28
20		52	47	39	30	25
35		54	45	36	27	23
60		51	47	39	31	23
	g Feuchtalleinfutter je kg KM/Tag (0,5 MJ uE/100 g)				
5		152	156	140	116	98
10		168	148	130	104	84
20		156	142	118	90	76
35		162	136	108	82	68
60		152	140	116	94	68

tenz gegeben. Die Fütterungsfrequenz sollte zunächst bei 3–4 Mahlzeiten pro Tag liegen, halbjährige Hunde erhalten 2-mal täglich Futter, nach Abschluss des Wachstums je nach Möglichkeiten 1- bis 2-mal täglich. Grundsätzlich sollte der Futternapf nach Zuteilung innerhalb von ca. 20–30 Minuten wieder entfernt werden, sodass der Welpe lernt, in einer nicht zu lang bemessenen Zeitspanne zu fressen. Werden feste Zeiten eingehalten, so beugt dies auch dem Betteln vor.

6.7.4 Haltung

Für die körperliche Entwicklung von Junghunden ist auch eine art- und altersgemäße Aktivität wichtig. Die Bewegungsintensität ist so zu bemessen, dass das natürliche Bedürfnis des Welpen befriedigt und die Ausbildung des aktiven und passiven Bewegungsapparates gefördert wird. Es empfiehlt sich keineswegs, Hunde vor Abschluss des Wachstums gezielt zu trainieren, z. B. am Fahrrad zu führen. Bei Welpen und Junghunden ist vielmehr das spielerische und freiwillige Bewegungsbedürfnis als Maßstab für den Umfang der Bewegungsaktivität heranzuziehen. Im Sinne einer Sozialisation ist der Besuch von Welpentreffs oder ähnlichen Gelegenheiten, die von Rassehund- oder Hundesportvereinen angeboten werden, zu empfehlen, aufgrund des hygienischen Risikos ist aber vorauszusetzen, dass Impfungen und Parasitenbekämpfung bei allen Teilnehmern konsequent durchgeführt werden.

Manche Junghunde neigen aufgrund ihres starken Spieltriebs dazu, Gegenstände zu zerbeißen, evtl. auch abzuschlucken. Sie sollten daher nicht ohne Aufsicht in unbekanntem Gelände gehalten werden. Sandausläufe können problematisch sein, wenn die Tiere größere Sandmengen aufnehmen, die im Magen oder auch in Teilen des Darms sedimentieren. Zeigen Junghunde dieses Bestreben in verstärktem Umfang, kann ein gesonderter Auslaufbereich Risiken vorbeugen.

Ernährungsbedingte Störungen und Diätetik

7 Ernährungsbedingte Störungen und Diätetik

7.1 Ernährung und Tiergesundheit

Fütterungsbedingte Erkrankungen

Fütterungsfehler können Gesundheitsstörungen verursachen oder begünstigen. Ernährungsfehler beeinträchtigen prinzipiell alle Organsysteme, in erster Linie den Verdauungskanal, Haut und Bewegungsapparat und beispielsweise im Falle der Adipositas wesentliche endokrine Regelkreise.

Diätetik

Unabhängig davon, ob Erkrankungen durch Fehlernährung oder anderweitige Dispositionen und Ursachen zustande kommen, treten bei Hunden Störungen im Stoffwechsel des Gesamtorganismus oder einzelner Organe (Aufnahme, Umwandlung, Ausscheidung) auf, die besondere Fütterungsmaßnahmen erforderlich machen. Diätfuttermittel werden meistens als Ergänzung der Arzneimitteltherapie, gelegentlich aber auch zur ausschließlichen Behandlung eingesetzt. Die Diätetik als spezifisches Fachgebiet innerhalb der Tierernährung geht über den einfachen Ausgleich eines Nährstoffdefizits weit hinaus. Sie soll vielmehr auf der Basis der zugrunde liegenden physiologischen und pathophysiologischen Prozesse gezielt dazu beitragen, Krankheitssymptome abzuschwächen und abnormen oder krankhaften, nicht durch Nährstoffmängel bedingten Körperzuständen vorzubeugen.

Um einen Missbrauch des Begriffs „Diätfutter" zu verhindern und eine Überprüfbarkeit entsprechender Produkte zu gewährleisten, hat der Gesetzgeber Regelungen erlassen, die im Sinne einer „Positivliste" Vorgaben zu Verwendungszwecken für den Einsatz von Diätfuttermitteln, zu den Wirkprinzipien sowie zur Deklaration machen (▶ Tab. 7.1). Diätetisch lassen sich insbesondere innere Erkrankungen beeinflussen, ein gewisser Schwerpunkt liegt in der Praxis bei der Behandlung der Adipositas, von Nierenerkrankungen und Harnsteinen sowie von Hautproblemen. Manche Erkrankungen erfordern lebenslange Anwendung,

▶ **Tab. 7.1** Verwendungszwecke für Diätfuttermittel für Hunde nach Anlage 2 a der Futtermittelverordnung.

Indikation für Hunde	wesentliche Eigenschaften
Übergewicht	niedrige Energiegehalte
Hauterkrankungen	hohe Gehalte an essenziellen Fettsäuren
Nierenversagen	niedrige Phosphor- und Proteingehalte
ungenügende Kondition (u. a. nach Erkrankungen)	hoher Energiegehalt, leicht verdauliche Stoffe
ungenügende Verdauung	leicht verdauliche Futtermittel, wenig Fett
Nährstoffunverträglichkeit (Allergien)	ausgewählte Eiweißquellen
Harnsteine aus	
Ammonium-Magnesium-Phosphat	niedriger Magnesium- u. Proteingehalt, hohe Proteinqualität, harnsäuernde Stoffe
Oxalat	niedrige Ca- u. Vit.-D-Gehalte
Cystin	niedrige Proteingehalte, mäßiger Gehalt an schwefelhaltigen Aminosäuren, harnalkalisierende Stoffe
Harnsäure	niedriger Proteingehalt, hohe Proteinqualität
Resorptionsstörungen	leicht verdauliche Futtermittel, viel Elektrolyte
Herzerkrankungen	niedriger Natriumgehalt
Leberstörungen	mittlerer Proteingehalt, hohe Proteinqualität
Diabetes	niedriger Gehalt an Kohlenhydraten
erhöhter Blutfettgehalt	geringe Fettmengen, viel essenzielle Fettsäuren
Kupferspeicherkrankheit	geringer Kupfergehalt

▶ Tab. 7.2 Spezielle Futtermittel, die zur Herstellung von Diäten genutzt werden können.

Futtermittelgruppe	Einzelfuttermittel	Charakteristik, Einsatzgebiet
proteinreich	Kasein, Magermilchpulver, Hüttenkäse	hoch verdauliche Proteinquellen
	Sojaproteinisolat oder -konzentrat, Tofu	hoch verdauliche Proteinquellen, pflanzlich
	Fleisch, mager (Huhn, Pute, Kaninchen)	hoch verdaulich, proteinreich
	Fleisch, fett (Schwein, Schaf, teils Rind)	gut verdaulich, günstige Eiweiß-Energie-Relation
fettreich	Fischöl	polyungesättigte n-3-Fettsäuren
	Maiskeimöl, Sojaöl, Distelöl	Linolsäure
	Nachtkerzenöl	γ-Linolensäure
	Weizenkeimöl	Vitamin E
faserreich	Möhren (Granulat oder frisch)	Pektine, Hemizellulosen
	Trockenschnitzel	Pektine, Hemizellulosen
	Psyllium	lösliche Faserstoffe, abführend
	Zellulose	Regulation der Darmpassage
	Weizenkleie	Zellulose, Hemizellulosen
kohlenhydratreich	Reis, gekocht	hoch verdaulich, gut verträglich
	Fruktooligosaccharide	fermentierbar, präbiotische Wirkung
	Laktose, Laktulose	pH-Absenkung im Darm durch Fermentationsprodukte
spurenelementreich, vitaminreich	Leber	Ergänzung von Rationen, Aufwertung von Futter

andere nur temporäre Maßnahmen, solange der zugrunde liegende Krankheitszustand besteht.

7.1.1 Fertigdiät oder Eigenmischung

Für diätetische Zwecke werden viele Allein- und Ergänzungsfutter kommerziell angeboten, die sich einfach handhaben lassen. Eigene Mischungen sind ebenfalls möglich. Sie müssen keineswegs besonders kompliziert sein und bieten den Vorteil größerer Flexibilität und individueller Anpassung. Hier können Eigenheiten des Hundes oder der Erkrankung berücksichtigt werden, sodass in Abhängigkeit von Zustand oder auch Akzeptanzverhalten Adaptationen möglich sind. Dadurch lassen sich erforderlichenfalls auch ausgefallenere Krankheitsbilder behandeln. Falls eine Erkrankung jedoch einen sehr konstanten Nährstoffgehalt im Futter erfordert, kann dies, bedingt durch gewisse Variationen in der Zusammensetzung der Einzelfuttermittel, bei eigenen Rationen problematisch sein. Wer regelmäßig diätetische Beratungen und Behandlungen durchführt, sollte bestimmte, häufig gebrauchte Einzelfuttermittel bzw. Supplemente bevorraten. Eine Auswahl von Produkten, die bei Rezepturen eingesetzt werden können, findet sich in ▶ Tab. 7.2.

7 Diätetik

7.2 Fütterungsprobleme und -fehler

7.2.1 Mangel oder Überschuss an Energie und Nährstoffen

Dank verbesserten Ernährungsbewusstseins und sicherlich auch durch den Gebrauch von Misch- oder Ergänzungsfuttermitteln sind heute klassische Mangelkrankheiten beim Hund selten geworden. Bei der Rationsgestaltung aus Einzelfuttermitteln oder durch Abusus von Misch- oder Ergänzungsfutter können aber durchaus noch Fehlernährungen vorkommen, häufig durch unnötig hohe oder sogar schädliche Nährstoffergänzungen. Praktisch relevante Situationen sind in ▶ Tab. 7.3 zusammengestellt.

7.2.2 Fehler in der Futterauswahl, Rationsgestaltung und Fütterungstechnik

Bei der Futterauswahl, Rationsgestaltung oder Fütterungstechnik können verschiedene Fehler vorkommen (▶ Tab. 7.4), die sich vor allem im Verdauungstrakt bemerkbar machen. Auf kritische Einzelfuttermittel wurde bereits in den Kapiteln Futtermittelkunde und Fütterungspraxis hingewiesen.

▶ Tab. 7.3 Fehler in der Energie- und Nährstoffversorgung.

	Art der Fehlernährung	praxisübliche Situation
Energie	Überschuss	alte oder kastrierte Hunde (Rassendisposition), Junghunde, schmackhafte Futtermittel, unkontrollierter Zugang zum Futter
	Mangel	evtl. bei laktierenden Hunden, Saugwelpen, Leistungshunden, sehr alten Hunden sekundär als Krankheitsfolge
Kalzium, Phosphor	Überschuss	bei der Aufzucht, kritiklose Verwendung von Mineralfuttern, Ergänzung von Alleinfutter
Kalzium	Mangel	einseitige Ernährung mit Fleisch, Schlachtabfällen, Getreide
Zink	Mangel (sek.)	getreidereiche Rationen, Kalziumüberschuss, überhöhter Kupfergehalt
Jod	Mangel	einseitige Fütterung mit Fleisch, Schlachtabfällen, Getreide
	Überschuss	Abusus Ergänzungsfuttermittel
Selen	Mangel	einseitige Fütterung mit Fleisch und Getreide
	Überschuss	Gabe von Selenpräparaten, Fehldosierung
Vitamin B_1	Mangel	kohlenhydrat-, fettreiche Futtermittel, Verwerfen von Kochwasser
Nikotinsäure	Mangel	einseitige Getreidefütterung, insbesondere Mais
Biotin	Mangel	Fütterung großer Mengen roher Eier oder Bruteier
Vitamin A	Überschuss	einseitige Fütterung von Leber, Injektionen, Abusus
	Mangel	Rationen ohne Leber, Milch, Gemüse oder Supplemente
Vitamin D	Überschuss	Abusus von Vitamin-D-reichen Ergänzungsfuttern, Injektionen, Gaben von überhöhten Lebertranmengen

▶ Tab. 7.4 Fehler in der Futterauswahl, Rationsgestaltung bzw. Fütterungstechnik.

	Beispiele für problematische Futtermittel (Mengen g/kg KM/Tag) bzw. Fütterungsfehler
Kohlenhydrate	• Milchzucker > 2–3 (Milch, Molkepulver) • Rohrzucker > 6–8 (Süßigkeiten aller Art) • Stachyose, Raffinose > 1 (Leguminosenkörner) • nicht aufgeschlossene Stärke > 5 (Kartoffel-, Maniokstärke) • bindegewebereiche Produkte > 5 (TS)
überhitzte, verdorbene oder überlagerte Eiweißfuttermittel	• z. B. Fisch, Tiermehl, Milchprodukte
Eiweißfuttermittel mit Trypsinhemmstoffen	• rohe Sojabohnen, rohe Eier
Mangel oder Überschuss an Rohfaser	• Fleisch, Schlachtabfälle ohne Ergänzung oder Überdosierung von Gemüse, Zellulose
überhöhte Asche- oder Mineralstoff-	• Knochen in zu großen Mengen, zu hohe Mineralfuttergabe
Futtermittel mit toxischen Inhaltsstoffen	• zu hohe Mengen an Zwiebeln, Knoblauch, Schokolade, Weintrauben und andere
Umwidmung von Misch- oder Ergänzungsfuttern für Geflügel oder Schweine	• Unverträglichkeiten
Verwendung von Futterkomponenten, für die der Hund sensibilisiert ist	• unverträgliche Proteine, individuelle Überempfindlichkeiten
Fehler in der Fütterungstechnik	• zu plötzlicher Futterwechsel • zu große Mengen pro Mahlzeit bei empfindlichen Hunden • zu kaltes Futter
Wasser	• fehlende Wasserversorgung • Aufnahme verdorbenen Wassers

7.2.3 Aufnahme von Schadstoffen

Mit Futtermitteln kann der Hund Schadstoffe verschiedener Art aufnehmen. Sie sind entweder bereits ursprünglich im Futtermittel enthalten oder gelangen durch Kontamination bzw. Verderb in Futtermittel oder Futtermischungen.

Futtermittel bzw. Tränke mit unverträglichen oder schädlichen Inhaltsstoffen

Futtermittel enthalten zum Teil von Natur aus antinutritive Substanzen, sodass bei einseitiger Verwendung oder falscher Zubereitung schädliche Effekte beim Hund hervorgerufen werden. In diesem Zusammenhang ist auf die Trypsinhemmstoffe (Eiklar, Sojabohnen, sonstige Leguminosen), Lektine (Sojaprodukte), auf blausäurehaltige Glykoside (Leinsamen, Mandelkerne), thiaminabbauende Substanzen (rohe Fische) und evtl. Gossypol (Baumwollsaatprodukte) hinzuweisen. Bei einseitiger, länger dauernder Verfütterung von Schokolade kann Theobromin kumulativ wirken, d. h., kleine Dosen addieren sich über einen längeren Zeitraum. Theobromin- bzw. Schokoladenvergiftungen sind beim Hund unter praktischen Bedingungen nicht selten. Besonders kritisch sind stark kakaohaltige Produkte, erkennbar an der dunklen Farbe. Im Handel werden speziell für Hunde Produkte mit reduziertem Theobromingehalt angeboten. Ob die in Sojaprodukten vorkommenden Phytoöstrogene evtl. die Fertilität des Rüden beeinträchtigen, ist nicht untersucht. Zwiebeln und Knoblauch führen nach Aufnahme überhöhter

Mengen zu Anämie und Bildung von Heinz-Körperchen.

Eine erhöhte Nitrat- bzw. Nitritaufnahme ist evtl. bei Tränken aus Pfützen oder Gewässern, die Zufluss von intensiv gedüngten Flächen erhalten, möglich. Nach Zusatz von Nitrit zu frischen Fischen und anschließender Trocknung kann sich Dimethylnitrosamin bilden, das schwere Leberschäden (Verfettung, evtl. auch Lebertumoren) verursacht.

Kochsalzvergiftungen wurden nach Aufnahme von Pökellake, Seewasser sowie gesalzenem Fleisch und Fisch beschrieben. Sie sind jedoch nur dann zu erwarten, wenn zusätzlich kein salzfreies Wasser zur Verfügung steht.

Vergiftungsrisiken bestehen auch durch Gartendünger, die Rizinussamen enthalten. Solche Dünger, die häufig mit Hornspänen vermischt werden, besitzen für Hunde offenbar eine hohe Akzeptanz. Das im Rizinussamen enthaltene Ricin wirkt für Hunde bereits in geringen Mengen hoch toxisch.

Mischfutter für landwirtschaftliche Nutztiere können für den Hund toxische Futterzusatzstoffe (z. B. Antikokzidia im Broilerfutter) enthalten und dürfen daher in keinem Fall verfüttert werden.

Kontaminationen

Anorganische Stoffe

Erhöhte Mengen an anorganischen toxischen Stoffen (Blei, Arsen, Fluor, Kupfer, Thallium) kommen nur noch selten in Futtermitteln tierischer Herkunft vor. Sie reichern sich evtl. in manchen Geweben an. So werden Fluor und Blei vorrangig in Knochen retiniert, Kupfer in Leber und Niere, Arsen in Leber und Haaren, Quecksilber in der Niere. Erhöhte Fluorgehalte wurden vereinzelt in importierten Knochenprodukten sowie stark mit Knochenschrot oder Rohphosphaten versetzten Futtermischungen nachgewiesen und verursachen Zahnverfärbungen bzw. Zahnschmelzfissuren. Akute klinische Erscheinungen (Erregungszustände, Lähmungen) treten je nach Art der Bleiverbindungen und Dauer der Exposition bei ca. 30 mg Blei/kg Futtertrockensubstanz auf. Hunde sind andererseits stärker durch Aufnahme bleihaltiger Farben oder bleihaltiger Gegenstände gefährdet. Eine Zinkvergiftung ist durch Aufnahme zinkhaltiger Münzen möglich.

Organische Stoffe

Unter den organischen Schadstoffen können in Ausnahmefällen chlorierte Kohlenwasserstoffe und Pestizide in Futtermitteln vorkommen. Sie werden vorrangig im Fett retiniert, ohne den Gesundheitszustand des Hundes zu beeinflussen. Allein bei einer Fettmobilisierung (Abmagerung, Laktation) sind Störungen möglich (u. a. bei Saugwelpen durch erhöhte Aufnahme über die Muttermilch). Diese Kontaminationsrisiken gehen aufgrund der abnehmenden Anwendung solcher Insektizide nachhaltig zurück.

Melamin ist eine heterozyklische stickstoffreiche Verbindung und wirkt in Kombination mit Cyanursäure nephrotoxisch. Eine jüngst aufgetretene Beimischung zu Futtermitteln mit dem Ziel, einen höheren Proteingehalt vorzutäuschen, war Ursache für Todesfälle bei Hunden. Durch die Aufnahme von glykolhaltigen Frostschutzmitteln kommt es zu Nierenschäden und Todesfällen.

Parasiten

Zu den Kontaminationen im weiteren Sinne ist auch der Befall eines Futtermittels mit Parasiten oder bestimmten Bakterien zu rechnen.

Bandwurmfinnen Unter den Parasitenzwischenformen haben die Bandwurmfinnen zweifellos die größte Bedeutung. Die Finne von *Taenia hydatigena* (geränderter Bandwurm) findet sich als hasel- bis walnussgroße Blase vorwiegend unter dem Bauchfell am Netz bzw. der Dickdarmserosa, evtl. auch an den Vormägen des Rindes. Besonders Fleischerhunde sind gefährdet und oft von diesem Bandwurm befallen. Die Echinokokkenfinnen (*Echinococcus granulosus* = dreigliedriger Bandwurm, *E. multilocularis* = Fuchsbandwurm) kommen als kirsch- bis apfelgroße Blasen vor allem in Lunge und Leber von Wiederkäuern und Schweinen bzw. bei kleinen Nagern vor. Relativ häufig findet sich dieser Bandwurm bei Hütehunden. Er ist für den Menschen hochgradig pathogen (alveoläre Echinokokkose).

Weiter können folgende andere Bandwurmzwischenformen durch Futtermittel aufgenommen werden:
- *Multiceps multiceps* (Quesenbandwurm, unter Hütehunden verbreitet): Schaf
- *Taenia ovis*: Schaf- und Ziegenfleisch

- *Taenia hydatigena*: Fleisch von Wiederkäuern
- *Taenia pisiformis* (unter Jagdhunden verbreitet): Kaninchen-, Hasenfleisch
- *Hydatigera taeniaeformis*: Mäuse, Ratten
- *Diphyllobothrium latum* (Grubenkopfbandwurm, in Europa selten): Fische

Einzeller Auch Infektionserreger aus der Gruppe der Einzeller finden sich gelegentlich auf Futtermitteln. So können Toxoplasmen, insbesondere in Abfällen von Schweinen und Wildtieren, sowie die für Hunde unschädlichen Sarkosporidien in Geweben von Schafen und Ziegen vorkommen. *Neospora caninum* kann durch Hunde nach Aufnahme infizierten Gewebes verbreitet werden.

Bakterien
Von den spezifischen, für den Hund pathogenen Infektionserregern sind Tuberkulose-, Bruzellose- und Milzbranderreger bei Abfällen von Schlachttieren aus dem Inland nicht mehr zu erwarten, sodass praktisch kein Risiko besteht. In importierten Futtermitteln können dagegen Milzbrandsporen, evtl. auch andere pathogene Keime, vorkommen. Salmonellen sind auf rohen Innereien, aber auch in Tiermehlen und Fischmehl nicht selten. Von den im Handel befindlichen tiefgefrorenen Schlachtabfällen waren bei einer Überprüfung bis zu 30 % mit Salmonellen kontaminiert. Auch in getrockneten Organen bzw. Tierkörperteilen (Pansenstreifen, Schweineohren, Ochsenziemer) waren Salmonellen in größerem Umfang nachzuweisen. Ob es nach Aufnahme von befallenem Material zu Krankheitserscheinungen kommt, hängt von der Salmonellenart, der Keimzahl sowie der Widerstandskraft des betreffenden Organismus ab. Ein Risiko, über Eier größere Mengen an Salmonellen aufzunehmen, besteht insbesondere nach falscher Lagerung oder Zubereitung. Salmonellen aus Futtermitteln können nicht nur den Hund infizieren, sondern sind auch humanpathogen (Zoonosenerreger). Ebenso besteht ein Übertragungsrisiko für *Campylobacter jejuni* und *Yersinia enterocolitica*, die bei Menschen zu akuten Diarrhöen führen können, während Hunde eher selten Symptome zeigen. Der Erreger der Leptospirose ist in Schlachtabfällen weniger verbreitet. Mit dem Harn von Nagetieren gelangt er gelegentlich auf Futtermittel pflanzlicher Herkunft. *Francisella-tularensis*-Infektionen sind nach Aufnahme von frischen Wildtierresten und Kaninchenfleisch möglich.

Bakterientoxine
Neben spezifisch pathogenen Keimen werden mit Futtermitteln auch andere bakterielle Erreger bzw. deren Toxine aufgenommen, die nicht obligat, sondern nur unter besonderen Bedingungen zu Krankheitserscheinungen führen. Dazu zählen u. a. *Bacillus cereus, Staphylococcus aureus, Clostridium perfringens* sowie *Escherichia coli*. Sie können sich infolge Kontamination (aber auch beim Verderb nach feucht-warmer Lagerung) in Futtermitteln anreichern. Einige dieser Bakterien produzieren bereits Toxine in den Futtermitteln, z. B. *Clostridium perfringens, Staphylococcus aureus* und *Bacillus cereus*. Ein besonderes Risiko stellt die Kontamination von Futtermitteln mit den Toxinen von *Clostridium botulinum* (Wurstvergifter) dar. Die Aufnahme toxinbelasteter Futtermittel kann, ohne dass in jedem Fall noch Toxinbildner nachweisbar sind, zu schweren Vergiftungserscheinungen (Nachhandparalyse, aufsteigende Ataxie und Lähmungen) führen.

Viren
Unter den Virusarten ist der Erreger der Aujeszky-Krankheit, der Pseudowut, besonders gefährlich, da sich der Hund bei der Aufnahme von kontaminiertem Material (rohes Fleisch oder Schlachtabfälle) vermutlich bereits im Rachenraum infiziert und diese Erkrankung stets letal verläuft. Befallene Rinder erkranken akut und werden schnell ausgemerzt, daher ist das Infektionsrisiko bei Rinderprodukten relativ gering. Das Virus kann in Schweinebeständen auftreten und bleibt vielfach unerkannt wegen der geringen klinischen Wirkung beim Schwein. Daher besteht ein Risiko bei der Verfütterung von frischen Schweineschlachtabfällen. Deutschland ist als Aujeszky-frei anerkannt, angesichts der Fleischimporte besteht aber weiterhin das Risiko einer Infektion. Durch Erhitzen kann das Virus vollständig inaktiviert werden. Gelegentlich scheint auch der Erreger der übertragbaren Gastroenteritis des Schweins durch Kontakt mit Schweinefäkalien auf den Hund überzugehen, ohne dass es regelmäßig zu klinischen Erscheinungen (wässriger, unangenehm riechender Kot) kommt. Eine Übertragung der bovinen spon-

▶ Tab. 7.5 Mykotoxine in Futtermitteln für Hunde und ihre Wirkungen.

Toxin	Pilze	Wirkung	kritische Mengen (mg/kg KM/Tag)
Aflatoxin	Aspergillus flavus	Fressunlust, Erbrechen, Leberschäden, Ikterus	0,02
Deoxinivalenol	Fusarium culmorum, F. graminearum	Futterverweigerung, Erbrechen	0,05
andere Trichothecene, z. B. T2, DAS, HT-2	Fusarium spp.	u. a. Futterverweigerung	0,1 (emetische Wirkung)
Fumonisine	Fusarium moniliforme, F. proliferatum, F. anthophilum,	Störung der Sphingomyelidsynthese	
Fusarinsäure	Fusarienarten	Fressunlust, Erbrechen, Verhaltenstörungen	
Ochratoxin A	Aspergillus ochraceus, Penicillium verrucosum	Erbrechen, Nervenschäden	0,2 (letal)
Penitrem A	Penicillium crustosum	Muskelkrämpfe	
Zearalenon	Fusarienarten	Fertilitätsstörungen, auch bei Rüden	0,025 (veränderte Blutwerte)

giformen Enzephalopathie (BSE) auf Hunde ist nicht aufgetreten, aufgrund der Bekämpfungsmaßnahmen sind die als Ursache erkannten infektiösen Prionen nur noch ausnahmsweise bei Rindern festzustellen.

Verdorbene Futtermittel

Bei ungenügender Konservierung (besonders Trocknung) kann Futter verderben. Daher sind überwiegend Trockenfutter gefährdet (überlagert, Verpackung beschädigt, Wasseraufnahme aus der Umgebung), gelegentlich aber auch hauseigene Mischungen, die gekocht und angefeuchtet im Sommer länger stehen.

Der Verderbnisprozess ist durch das vermehrte Wachstum von Bakterien, Pilzen, Hefen, aber auch von Milben und Insekten gekennzeichnet. Risiken bestehen weniger durch die dabei zersetzten Nahrungsmittel als durch die erhöhte Zahl von Mikroorganismen und ggf. durch die von ihnen gebildeten Toxine.

In Trockenfuttermitteln (insbesondere Flockenfuttern) entwickeln sich evtl. Milben und Insekten. Außer Futtermilben (*Tyroglyphidae*) werden der Gemeine Speckkäfer (*Dermestes lardarius*), bei höheren Umgebungstemperaturen auch Reismehlkäfer (*Tribolium* sp.) gefunden. Nach Aufnahme von Futtermitteln mit Insekten bzw. Milben können Erbrechen und Durchfälle auftreten. Bisher ist nicht bekannt, ob diese Schädlinge eine eigene Toxizität besitzen oder die auftretenden Symptome durch begleitende Pilztoxine (s. u.) verursacht werden. Milben sind evtl. auch für allergische Erscheinungen verantwortlich. In jedem Fall sind befallene Futtermittel kritisch zu bewerten und nicht mehr zu verfüttern. Die beim Verderb in erhöhten Mengen vorkommenden Bakterien können Saprophyten sein oder Erkrankungen auslösen.

Mykotoxine

Schimmelpilze sind deshalb besonders gefährlich, weil einige Arten Toxine (Mykotoxine) produzieren. Inzwischen wurden über 100 Mykotoxine aus verschiedenen Pilzarten isoliert. Ihre Schadwirkung kann erheblich sein, aufgrund seiner hohen Toxizität kommt dem Aflatoxin besondere Bedeutung zu. In Rückständen der Ölindustrie, aber auch in Getreide und Getreidenachprodukten sind diese Toxine am ehesten zu finden, gelegentlich auch in Lebensmitteln. Die wichtigsten Mykotoxine sowie die kritischen Mengen zeigt ▶ Tab. 7.5.

7.3 Ernährung von Intensivpatienten

7.3.1 Appetitlosigkeit

Appetitlosigkeit tritt aus unterschiedlichen Gründen auf und ist besonders als Begleitsymptom schwerer Allgemeinerkrankungen zu beachten. Gesunde Hunde können lange Zeit ohne Nahrungsaufnahme existieren und auf körpereigene Reserven zurückgreifen. Werden diese Mechanismen überfordert oder liegen krankheitsbedingt Stoffwechselstörungen mit Einschränkung der Kompensationsmechanismen vor, muss die Energie- und Nährstoffversorgung notfalls über Zwangsfütterung, entweder als enterale oder als parenterale Ernährung, sichergestellt werden.

Ein schwerer Mangel an Proteinen, Mineralstoffen oder auch Vitaminen ist nur selten Ursache einer verminderten Futteraufnahme. Stressfaktoren können in manchen Fällen einer eingeschränkten Futteraufnahme ursächlich zugrunde liegen, z.B. hohe Außentemperaturen, psychische oder physische Belastungen oder ein längerer Klinikaufenthalt. Bei der als Folge verschiedener Krankheitszustände auftretenden Appetitlosigkeit ist nach Möglichkeit die Grunderkrankung zu diagnostizieren und zu behandeln. Der Diättherapie kommt eine unterstützende Funktion zu. Diätetische Maßnahmen können dann unterstützend wirken, wenn der Hund in der Lage ist, Futter aufzunehmen und zu verdauen. Liegen schwere Erkrankungen im Bereich der Maulhöhle oder auch des Gastrointestinaltrakts vor, so ist eine orale Nährstoffzufuhr oft nicht möglich. Dann wird entweder die enterale Ernährung (Sondenernährung) oder eine parenterale Ernährung (Infusionen) notwendig (s. Kap. 7.3.5). Es stehen verschiedene Maßnahmen zur Verfügung, die bei inappetenten Tieren versucht werden können, wobei im Allgemeinen eine „aufsteigende" Reihenfolge gewählt werden sollte, so wie in ▶ Abb. 7.1 vorgeschlagen.

Bei dehydrierten Patienten wird zunächst Flüssigkeit in Form glukosehaltiger Elektrolytlösungen verabreicht, bevor eine komplexere Nahrung angeboten wird. Je nach Zustand kann dieses oral oder parenteral erfolgen. Zur Sicherung einer ausreichenden Futteraufnahme ist ein hoch akzeptables Futter mit einem höherem Protein-(Fleisch) und Fettanteil einzusetzen. Lässt sich durch die in ▶ Abb. 7.1 genannten Fütterungs- und Haltungsmaßnahmen oder über die temporäre Anwendung von Pharmaka längerfristig keine ausreichende selbstständige Futteraufnahme erzielen, muss der Patient zwangsernährt werden, entweder durch

▶ Abb. 7.1 Maßnahmenpyramide zur Sicherung der Energie- und Nährstoffversorgung von Intensivpatienten.

parenterale Ernährung

enterale Ernährung

Appetitstimulation
Pharmaka: Benzodiazepine, Kortikosteroide, Megestrolazetat

Modifikation der Fütterung
Akzeptanz ↗ (Protein, Fett), körperwarm, frisch, kleine Portionen

Patientenmanagement
ruhige Umgebung, Schmerzbekämpfung, Rehydrierung

▶ **Tab. 7.6** Sondennahrung für Hunde (g/100 g FS).

	I[1)]	II[2)]
Eigelb	10	10
Fleischbrühe bzw. Wasser	25	25
Quark, mager	35	35
Reisstärke, aufgeschlossen	30	25
Maiskeimöl	–	5
vitaminiertes Mineralfutter, ca. 20–25 % Ca (g/10 kg KM/Tag[3)])	5	5
Energie- und Proteingehalte		
uE (MJ/100 g)	0,71	0,83
vRp (g/100 g)	7,2	7,2
vRp/uE	10,1	8,6

[1)] fettarme Mischung
[2)] fett-/energiereiche Mischung
[3)] Die Mengen an Mineralergänzungen sind beispielhaft auf 10 kg KM bezogen und entsprechend der jeweiligen Körpermasse des Hundes anzupassen.

die Verabreichung kleiner Futtermengen von Hand oder mithilfe von Ernährungssonden.

7.3.2 Sondenernährung

Mischungen für die enterale Ernährung müssen nicht nur einfach zu handhaben sein (schnelle Zubereitung, gute Fließfähigkeit), sondern auch eine ausreichend hohe Energie- und Nährstoffdichte aufweisen, um vertretbare Applikationsvolumina zu gewährleisten. Bei entsprechender Auswahl der Ausgangskomponenten ist eine Energiedichte von 0,8–1,2 MJ uE/100 g fließfähiger Lösung zu realisieren, sodass zur Abdeckung des Erhaltungsbedarfs für kleinere Hunde bis 40 ml und bei größeren 20 ml/kg KM/Tag zu verabreichen sind. Es stehen verschiedene sondengängige Fertigprodukte zur Verfügung, die einfach anzuwenden sind und den Vorteil einer hohen Energiedichte haben. Aufgrund des hohen Fettgehalts (> 40 % TS) sind diese Produkte bei geringem Volumen gut geeignet, ausreichende Energiemengen zur Verfügung zu stellen. Sondennahrung kann auch durch Pürieren von Dosenfutter unter Wasserzusatz hergestellt werden. Dieses ist allerdings nur bei großlumigeren Sonden möglich. Ein Beispiel einer selbst herzustellenden Sondennahrung findet sich in ▶ Tab. 7.6.

Die Gesamtmenge sollte auf möglichst viele kleine Portionen aufgeteilt verabreicht werden, insbesondere bei der nur selten notwendigen Applikation über eine Darmsonde. In bestimmten Fällen kann die Anwendung von enzymatisch aufgeschlossener Sondennahrung sinnvoll sein. Dabei empfiehlt sich eine extrakorporale Vorverdauung, wobei der in ▶ Tab. 7.6 aufgeführten Rezeptur ein Pankreasextrakt (z. B. Pankrex® oder Pankreatin®) in einer Menge von 1 g/100 g zugesetzt wird und die Mischung über einige Stunden bei Raumtemperatur inkubiert wird.

> ❗ Zur Sicherung einer ausreichenden Flüssigkeitszufuhr sind bei Sondenernährung mindestens 50 ml Wasser/kg KM/Tag zu verabreichen.

Zu diesem Zweck können auch die in ▶ Tab. 7.6 vorgeschlagenen Mischungen mit 2 oder 3 Teilen Wasser oder Fleischbrühe verdünnt werden.

Durchführung Die Technik der Sondenernährung ist heute in vielen Kliniken und Praxen etabliert. Die Sondenzugänge werden je nach Dauer der Applikation und der Erkrankung gewählt. Einfach, aber nur kurzfristig anwendbar ist die oral eingeführte Magensonde. Bei kleinen Hunden wird eine Sonde von 0,3–0,5 cm, bei größeren Hunden mit bis zu 1,0 cm Durchmesser gewählt; die Länge ergibt sich aus der Strecke zwischen Maulöffnung und hinterem Rippenbogen. Überschreitet die erforderliche Dauer der Zwangsfütterung einen Zeitraum von 3 Tagen, so empfiehlt es sich, eine Nasen-Schlund-Sonde oder eine permanente Gastrostomiesonde anzulegen. Die Handhabung ist weitgehend unproblematisch. Da diese ein größeres Lumen als eine Nasen-Schlund-Sonde aufweist, ist es ohne Weiteres möglich, Patienten über mehrere Wochen adäquat zu ernähren. Die Ernährung über Darmsonden (Duodenum oder Jejunum) ist in Ausnahmefällen nötig, insbesondere, wenn Erkrankungen im Bereich des Magens oder aber akute Entzündungen der Bauchspeicheldrüse vorliegen. Technische Einzelheiten finden sich in klinischen Lehrbüchern.

7.3.3 Ernährung bei Traumata

Ausgedehnte Traumata führen zu nachhaltigen Veränderungen im Stoffwechsel und einem veränderten Energie- und Nährstoffbedarf. Die Ernährung von Patienten muss darauf ausgerichtet werden, einerseits den Stoffwechsel zu unterstützen und nicht zusätzlich zu belasten, andererseits Folgezustände der Erkrankungen zu kompensieren und den Heilungsprozess sinnvoll zu unterstützen (▶ Tab. 7.7).

Akute Erkrankungen und postoperative bzw. posttraumatische Zustände führen zu einer mehrphasigen Stoffwechselantwort, in der es zunächst zu einem ausgeprägten Katabolismus und in der Folge zu einer anabolen Reaktion kommt.

Bei chronischen Erkrankungen kann sich der Organismus in vielen Fällen an eine verminderte Aufnahme an Nährstoffen adaptieren, indem durch Einschränkung des Stoffwechsels eine Homöostase aufrechterhalten wird. Allerdings ist das Kompensationsvermögen meist gering, sodass zusätzliche Stressfaktoren in jedem Fall zu vermeiden sind.

Die Verweigerung der Nahrungsaufnahme kann als Folge exogener und endogener Prozesse auftreten (▶ Tab. 7.8). Sie kann akut zu beobachten sein oder aber einen chronisch adaptiven oder nicht adaptiven Verlauf nehmen. Endogene Faktoren, die zur Futterverweigerung führen, sind auf die durch die jeweilige Erkrankung ausgelösten hormonellen und metabolischen Umstellungen

▶ **Tab. 7.7** Folgen eines Defizits an Flüssigkeit, Energie bzw. Nährstoffen für den Stoffwechsel von Patienten.

Defizit	Folge für den Patienten
Flüssigkeit	Dehydratation, Hämokonzentration, Oligurie – renale Dysfunktion
Energie	Gewichtsverlust, Apathie
Eiweiß, Aminosäuren	Gewichtsverlust, Muskelabbau, immunologische Defizite (Arginin, Glutamin), verminderte Geweberegeneration, Anorexie
Elektrolyte, Mineralstoffe	kardiale Probleme, Muskelschwäche
Spurenelemente	Immundefizit, Geweberegeneration (Zink)
fettlösliche Vitamine	Immundefizit, verminderte Regenerationsfähigkeit
wasserlösliche Vitamine	Immundefizit, Anorexie, Störung des Energiestoffwechsels

▶ **Tab. 7.8** Zeitliche Abfolge der in der akuten posttraumatischen Phase auftretenden metabolischen Veränderungen.

Phase	Metabolismus	Folge
katabol	Insulin hat verminderte periphere Wirkung	Hyperglykämie
	vermehrte Glukoneogenese und Glykogenolyse	
	Proteolyse, Bereitstellung glykogener Aminosäuren	Verminderung der verfügbaren Aminosäurenreserve
	erhöhte Lipolyse, Heranziehung von Glyzerol zur Glukoseproduktion	Fettabbau, Gewichtsverlust
	Freisetzung diverser Mediatoren, z. B. Histamin, Zytokine	Fieber, erhöhter Energieumsatz, Muskelkatabolismus, veränderter Substratflux in die Leber
anabol	Normalisierung der Körpertemperatur	Senkung des Energieumsatzes
	vermehrte Fettverbrennung	Umverteilung der Präferenz energieliefernder Substrate
	Steigerung der Energie- und Nährstoffaufnahme	Anabolismus, Wiederherstellung des abgebauten Körperproteins/Gewebes

7 Diätetik

▶ Tab. 7.9 Rationen für Intensivpatienten.

	I	II	III
	\multicolumn{3}{c}{Futtermengen für einen Hund mit 15 kg Körpermasse in g/Tag[1)]}		
1. eiweißreiche Futtermittel			
Hühnerfleisch, gemischt	230		
Ei, gekocht		60	
Hüttenkäse		100	
Rindfleisch, mager		125	150
Leber			75
2. energieliefernde Futtermittel			
Reis, poliert, Trockengewicht	140		130
Nudeln, Trockengewicht		105	
3. Fettergänzungen			
Fett/Öl	15	15	15
n-3-Fettsäuren möglich: z. B. Fischöl	1	1	1
4. ballaststoffreiche Futtermittel			
Weizenkleie	10		10
Gemüse		20	
5. Mineralstoffe/Vitamine			
vitaminiertes Mineralfutter, ca. 20–25 % Ca	10	10	10
Energie- und Proteingehalte			
uE (MJ/100 g)	0,9	0,9	1,0
vRp (g/100 g)	14,1	13,1	13,7
vRp/uE	15,0	15,0	13,9

[1)] Futtermengen in Abhängigkeit vom Bedarf anpassen, ggf. erhöhen.

▶ Tab. 7.10 Rationen für Intensivpatienten. Multiplikationsfaktoren zur Berechnung der Futtermengen relativ zu 15-kg-Hund.

Körpermasse des Hundes in kg	Futtermengen (▶ Tab. 7.9)	Mineralstoffe, Vitamine
5	× 0,4	× 0,3
10	× 0,7	× 0,7
15	s. Tabelle 7.9	
20	× 1,2	× 1,3
35	× 1,9	× 2,3
60	× 2,8	× 4

zurückzuführen. In akuten Fällen sind ein vorherrschender Sympathikotonus, die vermehrte Freisetzung von Adrenokortikoiden, Glukagon, Wachstumshormon und antidiuretischem Hormon (ADH) nachzuweisen.

Traumata und operative Eingriffe belasten den Organismus in besonderem Maße. Der Energiebedarf kann infolge der physischen und psychischen Situation um den Faktor 1,5–2 höher sein als im Erhaltungsstoffwechsel. Im Extremfall, beispielsweise nach Verbrennungen, ist von einem noch höheren Energieumsatz auszugehen.

Anforderungen an das Futter

Das Futter sollte in der ersten Phase hochverdaulich sein, jedoch aufgrund der Möglichkeit hypovolämisch bedingter verminderter Ausscheidungsverhältnisse keine überhöhten Proteinmengen enthalten. Nach Operationen, die in der Regel mit Blutverlusten, Gewebezerstörungen, Flüssigkeitsverschiebungen, evtl. auch Infektionen verbunden sind, müssen die verschiedenen postoperativen Reaktionsphasen des Patienten bei der Diätetik berücksichtigt werden. Innerhalb der ersten Stunden besteht im Allgemeinen eine verstärkte Adrenalin-, später auch ADH-Ausschüttung, die zu Oligurie und verringerter Ausscheidungsleistung der Niere beiträgt. In dieser Phase ist die intravenöse Applikation von Flüssigkeit, Glukose und Elektrolyten sinnvoll. Bis zu 5 Tage nach einer Operation herrscht eine katabole Stoffwechsellage vor mit verstärktem Abbau von Protein, vor allem Muskeleiweiß (unter Freisetzung von Kalium), und Fetten. Versucht werden kann eine hochakzeptable Ration mit mäßigem Eiweißgehalt, aber erhöhten Anteilen an hochverdaulichen Kohlenhydraten (z. B. über Reis oder Haferflocken) und ausreichenden Mengen an Mineralstoffen und Vitaminen (▶ Tab. 7.9, ▶ Tab. 7.10). Anschließend beginnt die anabole postoperative Phase mit vermehrtem

Eiweißansatz. Unter diesen Bedingungen ist die Proteinversorgung genügend hoch zu gestalten, Gleiches gilt für Eisen, Zink (Blutbildung, Wundheilung), Vitamin A und E sowie die B-Vitamine, die sowohl für die Epithelisierung, Blutbildung als auch für den postoperativen Gewebeansatz benötigt werden.

Für die Fütterung kommen im Falle einer freiwilligen Aufnahme neben speziellen Diätfuttermitteln mit erhöhtem Energie- und Nährstoffgehalt auch handelsübliche Feuchtalleinfutter infrage. Die meisten weisen hohe Proteingehalte auf und sind daher recht gut geeignet (15–20 g vRp/1 MJ uE). Bei Patienten mit Knochenfrakturen oder -operationen sind von überhöhten Gehalten an Kalzium und Phosphor (über die üblichen Mengen hinaus) keine positiven Effekte auf die Heilungsvorgänge zu erwarten. Nach Darmoperationen erhält der Patient neben der parenteralen Flüssigkeitstherapie zunächst breiige Nahrung (Fertigdiäten oder Reis- oder Haferschleim mit fein püriertem, magerem Fleisch). Problematisch sein kann eine unzureichende Energie- und Nährstoffaufnahme, da die Futtermenge oft nicht nachvollzogen wird bzw. es durch Futterverweigerung oder Erbrechen zu einer unkalkulierbaren Aufnahme kommt.

7.3.4 Ernährung bei Infektionen/Fieber

Fieberhafte Erkrankungen sind von nachhaltigen Veränderungen im Stoffwechsel begleitet. Die Folgen einer Infektionskrankheit ergeben sich aus Grad und Manifestationsort. Bei Zunahme der Körpertemperatur um 1 °C steigt der tägliche Bedarf an ums. Energie um ca. 38 kJ/kg KM. Bei fieberhaften Erkrankungen wird besonders bei gleichzeitiger Inappetenz vermehrt Fett aus Körperreserven verbrannt. Daneben ist auch der Eiweißumsatz erhöht (bis zum 2- bis 3-Fachen des Normalwertes), insbesondere wenn die Fettreserven im Organismus gering sind. Andere Nährstoffe können je nach Infektionsherd in größerem Maße notwendig werden, z. B. bei Darminfektionen (Elektrolytverlust) oder bei Nieren- und Lebererkrankungen (s. Kap. 7.7 und 7.11).

Anforderungen an die Diätetik

Die Diätetik ist auf die Abschwächung der Infektionsbelastung (Erhöhung der Widerstandskraft), andererseits aber auch auf die Kompensation bzw. Beseitigung der jeweiligen Folgezustände auszurichten. Allgemein kann die Widerstandskraft gegenüber Infektionserregern durch eine vollwertige, ausgeglichene Nahrung verbessert werden, vor allem mit methionin-, tryptophan- und phenylalaninreichen Fleisch-, Fisch-, Milch- und Eiprodukten. Durch einen Eiweiß- bzw. Aminosäurenmangel wird die Bildung von Antikörpern beeinträchtigt. Ferner ist die Vitamin-A-Versorgung zu beachten, da dieses Vitamin für die Integrität der Haut und Schleimhäute, aber auch für die unspezifischen Abwehrmechanismen unentbehrlich ist. Auch eine marginale Versorgung mit Zink, Selen, den Vitaminen E und B_6, Pantothensäure und Folsäure beeinträchtigt das Immunsystem nachhaltig. Da bei Infektionskrankheiten die Nahrungsaufnahme im Allgemeinen sistiert, andererseits wasserlösliche Vitamine nicht in größerer Menge gespeichert werden und häufig auch die intraintestinale Vitaminsynthese gestört ist, verdienen diese Vitamine besonders bei länger dauernden Erkrankungen Beachtung. Für Mensch und Meerschweinchen wurde nur bei extremem Mangel an Vitamin C eine Beeinträchtigung der Immunantwort festgestellt, eine Ergänzung ist daher beim Hund mit einer ausreichenden Eigensynthese nicht angezeigt.

Fütterungstechnik

Die diätetischen Maßnahmen sind bei kurzfristigen und länger dauernden fieberhaften Erkrankungen zu differenzieren. Ist die Körpertemperatur nicht länger als 5 Tage erhöht, sind die Energie- und Proteinverluste noch nicht so gravierend, dass eine Substitution erforderlich wird. Auch die zusätzliche Gabe von Nährstoffen, die die Widerstandskraft erhöhen könnten, wird innerhalb so kurzer Zeit kaum wirksam. Solche Patienten erhalten eine hochakzeptable, leicht aufnehmbare Nahrung, die jeweils in kleinen Mengen in flüssiger oder suppiger Form angeboten wird. Neben Fleischbrühe bzw. verdünnter Milch ist Reis- oder Haferschleim, der mit gekochtem Ei aufgewertet wird, geeignet. Da infolge erhöhter Körpertemperaturen und geringer Bewegungsmöglichkeiten die Darmmotorik häufig gedämpft ist, sollte in der Ration, sofern keine Störungen in der Fettverdauung vorliegen, der Kohlenhydratanteil zur Vermeidung von Blähungen zugunsten von Fett reduziert werden.

Substitution bei Fieber

Länger dauernde fieberhafte Erkrankungen erfordern eine Substitution, insbesondere an Energie und Eiweiß. Auch die zur Steigerung der Infektionsabwehr benötigten Stoffe müssen in erhöhtem Maße zugeführt werden. Für solche Patienten sind Rationen mit 30 % hochwertigem Eiweiß, 50 % leicht verdaulichen Kohlenhydraten und 10 % Fett zu empfehlen. Die Zufuhr an Vitaminen A, E, B$_6$, Pantothensäure und Folsäure ebenso wie von Zink wird gegenüber der Normalversorgung um das 3-Fache erhöht (Rationen s. ▶ Tab. 7.9). Aufgrund der vermehrten Belastung mit Oxidationsprodukten, die im Zuge der Erkrankungsprozesse entstehen, sollten Hunde ausreichend mit Antioxidanzien versorgt werden (2 mg Vitamin E/kg KM).

7.3.5 Parenterale Ernährung

Die parenterale Ernährung ist mit hohem Aufwand (Arbeit, Kosten) verbunden. Sie wird immer dann notwendig, wenn Patienten nicht in der Lage sind, Futter aufzunehmen und/oder zu verdauen und einfachere Möglichkeiten (Zwangsfütterung, Sondenernährung, parenterale Elektrolyt-, Glukose- und Flüssigkeitszufuhr) nicht mehr durchführbar oder nicht ausreichend sind. Bei entsprechender Indikation, die sich aus dem klinischen Bild und der Dauer der Krankheit ergibt, stellt die parenterale Ernährung eine sinnvolle und unterstützende Maßnahme dar. Sie kann als partielle oder als vollständige parenterale Ernährung durchgeführt werden.

Partielle parenterale Ernährung

Häufig reicht die partielle, d. h. nicht den vollen Energie- und Nährstoffbedarf abdeckende Ernährung aus, um den Stoffwechsel des Patienten zu unterstützen. Die applizierte Energie- und Nährstoffmenge sollte so bemessen sein, dass die Hälfte des kalkulierten Bedarfs abgedeckt wird.

Flüssigkeitszufuhr Die Flüssigkeitszufuhr ist dem klinischen Zustand anzupassen und sollte den Erhaltungsbedarf (60 ml/kg KM/Tag) sowie einen evtl. notwendigen Zuschlag zum Ausgleich von Flüssigkeitsverlusten beinhalten.

Nährstoffe Für die parenterale Versorgung des Hundes haben sich Mischinfusionen mit Glukose, emulgierten Triglyzeriden (in 10- oder 20 %iger Lösung), Aminosäuren (5- bis 10 %ige Lösungen) sowie Mineralien bewährt. Hunde tolerieren relativ hohe Fettmengen. Fett hat nicht nur den Vorteil einer hohen Energiedichte, sondern ist zudem kaum venenreizend. Hyperosmotische, glukosereiche Lösungen führen dagegen leicht zu Venenirritationen, abgesehen von renalen Glukoseverlusten bei Überschreiten der Nierenschwelle. Bei Osmolalitäten von über 600 mosm/l ist die Applikation über einen zentralen Venenkatheter essenziell, periphere Venen werden ansonsten irreversibel geschädigt. Eine partielle parenterale Ernährung kann bei entsprechend geringerer Osmolalität der Infusionslösungen auch über eine periphere Vene durchgeführt werden.

Vollständige parenterale Ernährung

Bei vollständiger parenteraler Ernährung ist die Infusion ausschließlich über einen zentralen Venenkatheter zu verabreichen, da es ansonsten zu Obliterationen peripherer Venen kommt. Bleibt der Zentralkatheter über längere Zeit liegen, wird eine sorgfältige Kontrolle der Hygienebedingungen erforderlich (Einsetzen des Katheters unter sterilen Kautelen, regelmäßige Pflege, Abdeckung, evtl. prophylaktische Applikation von Antibiotika).

Dauer/Intervalle Die notwendige Infusionsdauer hängt vom Volumen ab, das dem Patienten zugeführt werden muss. Bei verminderter Glukosetoleranz bzw. eingeschränkter Triglyzerid-Clearance sind Infusionsintervalle von 24 Stunden notwendig, bei vielen Patienten sind jedoch kürzere Zeiten möglich (10–15 Std.).

Mengen Um metabolische Komplikationen insbesondere aufgrund der Insulineffekte zu vermeiden, ist am ersten Tag nur die halbe Infusionsmenge zu verabreichen. Vor dem Absetzen der parenteralen Nährstoffzufuhr sollte eine allmähliche Reduktion der Tropfgeschwindigkeit erfolgen, um die Gefahr einer Hypoglykämie post infusionem zu minimieren.

7.3 Ernährung von Intensivpatienten

▶ **Tab. 7.11** Erforderliche Infusionsmengen zur partiellen oder vollständigen parenteralen Ernährung von Hunden.

a) partielle parenterale Ernährung zur Abdeckung von 50 % des Energie- und Proteinbedarfs im Erhaltungsstoffwechsel[1)]

	Körpermasse (kg)				
	5	10	20	35	60
	erforderliches Infusionsvolumen, ml/Tag				
10 %ige Aminosäurenlösung	83	140	235	358	537
20 %ige Lipidlösung	42	70	118	179	268
50 %ige Glukoselösung	42	70	118	179	268
erforderliche Menge an Ringer-Laktat-Lösung, ml/Tag	134	320	729	1384	2527
Gesamtinfusionsvolumen, ml/Tag	300	600	1200	2100	3600
Osmolalität der Infusionslösung, mosm/l	756[2)]	680[3)]	617[4)]	573	536

b) vollständige parenterale Ernährung zur Abdeckung des Energie- und Proteinbedarfs in Erhaltungsstoffwechsel[5)]

	Körpermasse (kg)				
	5	10	20	35	60
	erforderliches Infusionsvolumen, ml/Tag				
10 %ige Aminosäurenlösung	166	280	471	716	1037
20 %ige Lipidlösung	83	140	235	358	537
50 %ige Glukoselösung	83	140	235	358	537
erforderliche Menge an Ringer-Laktat-Lösung, ml/Tag	67	240	658	1367	2653
Gesamtinfusionsmenge, ml/Tag	400	800	1600	2800	4800
Osmolalität der Infusionslösung, mosm/l	994	881	785	719	664

[1)] Zufuhr von 60 ml Flüssigkeit/kg KM/Tag, Kaliumsubstitution durch Zugabe von 1 ml/kg KM/Tag einer handelsüblichen Kaliumchloridlösung mit 1000 mmol K/l erforderlich
[2), 3), 4)] aufgrund der hohen Osmolalität nur über zentralen Venenkatheter infundieren oder die Menge an Ringer-Laktat-Lösung auf [2)]300, [3)]500 bzw. [4)]800 ml erhöhen
[5)] Zufuhr von 80 ml Flüssigkeit/kg KM/Tag, Kaliumsubstitution durch Zugabe einer handelsüblichen Kaliumchloridlösung im Bedarfsfall erforderlich.

Überwachung Zur Überwachung während der Infusion sind insbesondere Kontrollen der Blutglukose und der Triglyzeride sowie der Elektrolyte und des Phosphors zu empfehlen.

Kombinationspräparate Für die parenterale Nährstoffinfusion stehen einfach anwendbare Kombinationspräparate zur Verfügung, die direkt vor der Infusion mithilfe spezieller 3-Kammer-Beutel angemischt werden können, um die Zusammensetzung der Lösung für die Ernährung von Hunden zu optimieren. Anhaltspunkte über die erforderlichen Infusionsmengen zur partiellen und vollständigen parenteralen Ernährung von Hunden finden sich in ▶ Tab. 7.11.

7.4 Adipositas

Die Adipositas (Fettleibigkeit) ist die am häufigsten auftretende ernährungsbedingte Störung bei Hunden (▶ Abb. 7.2). Sie ist gekennzeichnet durch eine übermäßige Bildung von Fettgewebe und damit verbundener Gewichtszunahme. Untersuchungen belegen, dass rund ein Viertel der Hunde übergewichtig ist. Nicht selten wird diese Tatsache durch den Besitzer nicht wahrgenommen. Bei älteren Hunden ist sogar mit einem Anteil von bis zu 40 % zu rechnen, wobei allerdings erhebliche Rassenunterschiede bestehen.

> 10 % Übergewicht gegenüber dem Rassendurchschnitt werden als beginnende, 20 % als manifeste Adipositas eingestuft.

Körperfettgehalte, die bei normalgewichtigen Hunden 10–20 % betragen, können auf bis zu 40 % ansteigen. Unter Praxisbedingungen wird neben der Gewichtsermittlung die Körperkondition palpatorisch-visuell beurteilt (▶ Tab. 6.4). Unter Berücksichtigung rassebedingter Besonderheiten und Variationsfaktoren gestatten beide zusammen eine verlässliche Einschätzung des Ernährungszustandes. Für experimentelle Zwecke stehen genauere Verfahren zur Objektivierung des Ernährungszustandes zur Verfügung (Hautfaltenmessung, Bestimmung der Körperdichte, Ultraschall, bioelektrische Impedanzanalyse, Zweistrahl-Röntgentechnik Dexa).

7.4.1 Pathophysiologie

Phasen

Bei der Entstehung der Adipositas werden eine dynamische sowie eine statische Phase unterschieden. Während zunächst im Zuge des Aufbaus von Fettreserven eine Energieüberversorgung vorliegen muss, kann, nachdem dieser Prozess abgeschlossen und das Fettansatzvermögen erschöpft ist, eine – energetisch gesehen – völlig normale Futteraufnahme vorliegen. Der Hund wird also in der statischen Phase der Adipositas m. o. w. „normale" Futtermengen fressen, wobei hierfür neben einer verbesserten Hautisolation auch die verminderte Aktivität und endokrine Umstellungen ver-

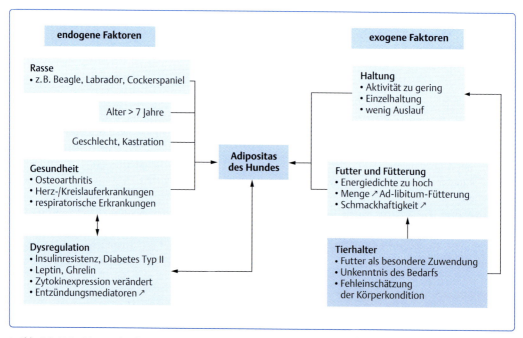

▶ Abb. 7.2 Risikofaktoren für die Entstehung von Adipositas bei Hunden.

antwortlich sind. Daher muss bei der Anamnese gezielt nicht nur die derzeitige, sondern auch die über einen längeren Zeitraum zuvor praktizierte Fütterung erfragt werden. In vielen Fällen liegt die Futteraufnahme adipöser Patienten sogar deutlich niedriger als bei normalgewichtigen.

Einflussfaktoren

Fütterung Eine Fettsucht kann sowohl auf einer Zunahme der Adipozyten (Fettspeicherzellen) als auch auf einer vermehrten intrazellulären Fetteinlagerung beruhen. Letztere scheint beim Hund zu dominieren. Neben genetischer Veranlagung sind individuelle und exogene Faktoren, nicht zuletzt der Tierhalter selbst für die Entstehung verantwortlich.

Genetik Bestimmte Rassen neigen besonders zur Hyperphagie und daraus resultierend zur Adipositas, während andere selten oder gar nicht betroffen sind.

Hormonelle Dysregulation In Einzelfällen kann auch eine hormonelle Dysregulation vorliegen, die zu einem verminderten Energieumsatz und damit verbunden bei gleich bleibender Futtermenge zu vermehrter Fetteinlagerung führt.

Kastration Kastrierte Hündinnen und auch Rüden neigen zu vermehrter Futteraufnahme und verminderter körperlicher Aktivität. Beides begünstigt den Fettansatz. Die Kastration verschiebt die Regulationsmechanismen offenbar zugunsten einer höheren Energieaufnahme und verminderten Energieabgabe. Neben einer ursächlichen Beteiligung von hormonellen Dysbalancen an der Entstehung der Adipositas hat diese wiederum selbst Rückwirkungen auf verschiedene regulative Mechanismen.

Regulationsmechanismen

- Bei adipösen Hunden steigen die Serumspiegel des Leptins stark an. Leptin wird im Fettgewebe synthetisiert und bewirkt eine Reduktion der Futteraufnahme. Obwohl erhöhte Gehalte bei adipösen Hunden nachzuweisen waren, scheint der Mechanismus der Verzehrsreduktion zur Konstanthaltung der Körpermasse nicht auszureichen.
- Adipöse Hunde zeigen eine geringere Genexpression für Thermogenin („Uncoupling protein"). Dadurch ist bei adipösen Hunden eine höhere ATP-Bildung und eine reduzierte Wärmeproduktion anzunehmen.
- Mit zunehmender Körpermasse entwickelt sich bei Hunden eine Insulinresistenz. Dieser Zustand kann als Vorstufe eines Typ-2-Diabetes angesehen werden. Die Konzentrationen an Glukose und an Insulin im Serum sind erhöht. Die Ansprechbarkeit der peripheren Gewebe auf Insulin ist reduziert, möglicherweise durch eine geringere Bildung des Hormons Adiponektin.
- Es kommt zu einer veränderten Genexpression in verschiedenen Körpergeweben, insbesondere im viszeralen Fett. Fettgewebe kann Entzündungsmediatoren und andere Regulationsfaktoren freisetzen, die möglicherweise zu den klinischen Folgen der Adipositas, insbesondere zur Entstehung der Osteoarthritis beitragen.

Bei höherem Lebensalter verstärkt sich die Tendenz zur Verfettung, möglicherweise aufgrund hormoneller Umstellungen und nachlassender Bewegungsaktivität. Eine hohe Aufzuchtintensität fördert die Adipositas später offenbar nicht.

7.4.2 Ursachen

Energiedichte

Das Risiko einer übermäßigen Energieaufnahme steigt bei besonders akzeptablen Futtermitteln sowie bei hoher Energiedichte des Futters, die vor allem vom Fettgehalt des Futters und den verwendeten Ausgangsprodukten beeinflusst wird. Auch scheint die von vielen Tierhaltern geübte Praxis, häufig wechselnde Futtermittel zu verabreichen, die Entstehung einer Adipositas zu begünstigen.

Geschmacksreize

Der Hund reagiert auf neue Geschmacksreize im Allgemeinen mit kurzfristig erhöhter Energieaufnahme. Bei gleich bleibendem Futter ist das Risiko einer Hyperphagie deutlich geringer. In diesem Zusammenhang sind auch Zwischenmahlzeiten und Snacks nicht zu unterschätzen. Die Art des Energieträgers (Fett oder Kohlenhydrate) ist vermutlich von sekundärer Bedeutung für Ablauf und Umfang des Fettansatzes.

Fütterungsfrequenz

Auch die Fütterungsfrequenz ist bei gleich bleibender Tagesmenge für die Entstehung der Adipositas von untergeordneter Bedeutung, selbst wenn geringe Unterschiede im Energieumsatz zwischen einmaliger bzw. mehrmaliger Fütterung aufgrund der postprandial zu verzeichnenden verstärkten Wärmebildung – insbesondere durch aufgenommene Fette und Proteine – nicht auszuschließen sind.

Mangelnde Anpassungsfähigkeit

Nicht alle Hunde können ihre Futteraufnahme bei variierendem Energiegehalt des verabreichten Futters anpassen. So zeigten Beagles keine Adaptationsfähigkeit, wenn die Energiedichte im Futter geändert wurde, während Setter gut in der Lage waren, die Aufnahme von Futter mit unterschiedlich hoher Energiedichte entsprechend dem jeweiligen Bedarf zu regulieren.

Erkrankungen

Differenzialdiagnostisch sind bei der Abgrenzung der alimentär verursachten Adipositas neben Ödemen auch die Hypothyreose sowie Dysfunktionen der Geschlechtsdrüsen von besonderer Bedeutung, auch eine Fehlfunktion der Nebenniere (Morbus Cushing) kann mit ähnlichen Symptomen einhergehen.

7.4.3 Folgeerkrankungen

Unabhängig davon, ob eine bestehende Adipositas selbst als Erkrankung eingestuft wird oder nicht, kann sie betroffene Hunde für eine Reihe weiterer Krankheiten disponieren, wie ein erhöhtes Risiko für Diabetes mellitus, eine Belastung von Kreislauf und Skelett sowie mögliche nachteilige Konsequenzen auf das Immunsystem, die Tumorinzidenz oder Hauterkrankungen. Verfettete Hunde haben ein erhöhtes Narkoserisiko. Weiterhin konnte gezeigt werden, dass die Lebensdauer überernährter Hunde im Vergleich zu verhalten gefütterten Wurfgeschwistern deutlich verkürzt ist. Daher nimmt die Diättherapie der Adipositas einen hohen Stellenwert in der Praxis ein. Sie stellt einen wichtigen Beitrag zur Erhaltung der Lebensqualität dar und ist somit auch als aktiver Tierschutz zu sehen.

7.4.4 Diätetik der Adipositas

Zur Therapie der Adipositas ist in der Initialphase – den Ausschluss anderer Erkrankungen vorausgesetzt – Bewegung und die Reduktion der Energiezufuhr entscheidend.

Bewegung

Nach entsprechender Adaptation kann in der Folge versucht werden, die Energieabgabe durch Bewegung zu erhöhen. Allerdings sollte man daran keine zu hohen Erwartungen knüpfen. Bei Spaziergängen an der Leine (2 Stunden, moderate Aktivität) erreicht der zusätzliche Energiebedarf nur ca. 5 % des Erhaltungsbedarfs. Außerdem reagieren Hunde bei eingeschränkter Energiezufuhr mit adaptiver Verhaltensänderung in Form reduzierter spontaner Bewegungsaktivität. Daher ist es meistens notwendig, ein Diätprogramm durch effizientes Bewegungstraining zu unterstützen. Es konnte gezeigt werden, dass Hunde durch gezielte Physiotherapie und eine dadurch gesteigerte Beweglichkeit eine nachhaltige Gewichtsreduktion erreichen. Voraussetzung ist eine aktive Kooperation des Tierhalters.

Reduktion der Energiezufuhr

Die Reduktion der Energiezufuhr ist bei adipösen Hunden als wesentliche und wichtigste Behandlungsmaßnahme zu sehen, wobei grundsätzlich 3 Möglichkeiten zur Verfügung stehen:
- totaler Nahrungsentzug
- Reduktion der Futtermenge auf ca. 60 % des Erhaltungsbedarfs (bezogen auf das angestrebte Zielgewicht) bei Weitergabe des gewohnten Futters
- Reduktionskost mit verminderter Energiedichte

Totaler Nahrungsentzug Der totale Nahrungsentzug ist nicht zu empfehlen und wäre überhaupt nur unter Klinikbedingungen realisierbar. Er setzt eine sorgfältige Überwachung des Patienten sowie eine Verabreichung von Wasser, Mineralstoffen und Vitaminen voraus. Die abgebaute Körpermasse besteht bei massiver Energierestriktion nicht nur aus Fettgewebe, sondern betrifft zum Teil auch die Muskulatur. Dies ist aus medizinischer Sicht unerwünscht und führt langfristig zu einer Verschiebung der Körperzusammensetzung. Nach langer Fastenkur können Hunde evtl. bei Wiederanfütterung die Nahrungsaufnahme verweigern. Stoffwechselstörungen im Sinne einer Azidose bzw. Ketose (wie beim Menschen oder auch bei der Katze beschrieben) sind beim Hund nicht beobachtet worden, offenbar weil er in der Lage ist, anfallende Ketonkörper und freie Fettsäuren zu verwerten. Der erzielbare Gewichtsverlust erreicht nach experimentellen Beobachtungen in der ersten Fastenwoche ca. 7 % und reduziert sich dann auf 4 % in der 3. und 4. Woche und auf 3 % nach 5 Wochen (insgesamt ca. 20 %).

Reduktion der Futtermenge Die Reduzierung der Futtermenge, um die Energiezufuhr auf 60 % des Erhaltungsbedarfs (bezogen auf Zielgewicht) zu senken, führt langsamer zum Ziel (Gewichtsverlust von ca. 1–2 % pro Woche). Problematisch ist nicht nur eine unsichere Nährstoffversorgung, sondern insbesondere das mangelnde Sättigungsgefühl des Hundes; Betteln, Aufnahme artfremder Nahrung oder auch Aggressivität können die Folge sein. Auch eine mangelnde Konsequenz in der Befolgung tierärztlicher Anweisungen führt häufig zum Misserfolg.

Abhilfe kann zum Teil durch die Zuteilung von „Füllstoffen" geschaffen werden. Dafür bietet sich gekochtes, teils auch rohes Gemüse (z. B. geraspelte Möhren, Apfel, Sauerkraut) an, auch Weizenkleie oder Zellulose können verwendet werden. Damit wird bereits ein Übergang zum 3. Behandlungsprinzip eingeleitet, dem Einsatz von Reduktionsdiäten.

Reduktionsdiäten

Reduktionsdiäten sind heute das Mittel der Wahl für adipöse Hunde. Hier besteht die Möglichkeit, eigene Mischungen zu konzipieren oder aber auf Fertigprodukte zurückzugreifen. Der Energiegehalt sollte gegenüber Standardfuttermitteln deutlich reduziert sein. Bezogen auf die Trockensubstanz ist eine Energiedichte von 1,4–1,5 MJ uE/100 g oder weniger anzustreben, vor allem durch einen verminderten Fettanteil (▶ Tab. 7.12). In manchen

▶ **Tab. 7.12** Richtwerte zur Zusammensetzung von Adipositasdiäten.

	empfohlener Gehalt je 100 g TS	Spanne bei kommerziellen Diäten
uE, MJ	< 1,4–1,5	0,9–1,7
Rohfett, g	5	4,4–17
Rohfaser, g	> 5	2–26

kommerziellen Diäten, insbesondere Feuchtfuttermitteln, liegen die Energiegehalte in der Frischsubstanz nur aufgrund erhöhter Feuchtigkeitsgehalte unterhalb üblicher Werte, in der Trockensubstanz jedoch in einem durchschnittlichen Bereich, sodass sie ihren Namen nicht verdienen. Andere Hersteller setzen in ihren Diäten rohfaserreiche Komponenten ein, um Verdaulichkeit und Energiedichte der Ration zu vermindern. Sehr rohfaserreiche Produkte werden von vielen Hunden aber nur schlecht akzeptiert. Bei starker Verminderung der Verdaulichkeit sind die erhöhten Kotmengen eine unangenehme Begleiterscheinung der Diättherapie.

Spezielle Adipositasdiät

Die Verwendung einer speziellen Adipositasdiät entbindet den Hundehalter nicht davon, die notwendige Futtermenge anhand der Daten zum Energiebedarf des Patienten sowie zum Energiegehalt des eingesetzten Mischfutters zu kalkulieren. Der „1:1-Austausch" z. B. eines Standardtrockenfutters gegen ein Diätfuttermittel wird in den meisten Fällen nicht ausreichen, um eine nachhaltige Gewichtsreduktion zu erzielen, es sei denn, der Energiegehalt der Diät liegt in einem Bereich um 1 MJ uE/100 g TS, was einer Reduktion um etwa 40 % gegenüber einem Standardprodukt entspricht. Die teils geringe Akzeptanz von Diäten kann erfordern, das gewohnte Futter allmählich zu verschneiden, bis zum vollständigen Austausch. Sollte dieses nicht möglich sein, so muss evtl. eine Mischung des gewohnten Futters mit dem Diätprodukt gefüttert werden.

▶ **Tab. 7.13** Rationen für Hunde mit Adipositas, Reduktion auf 60 % des Erhaltungsbedarfs beim Zielgewicht.

	I	II	III
	\multicolumn{3}{c}{Futtermengen für einen Hund mit 15 kg Körpermasse[1)] in Gramm je Tag}		
1. eiweißreiche Futtermittel			
Hühnerfleisch, Keule	80		
Pferdefleisch		110	
Putenfleisch, Brust			125
Leber, Huhn			25
2. energieliefernde Futtermittel			
Hafer, geschrotet	80		
Mais		75	50
3. Fettergänzungen			
Fett/Öl	15	15	15
4. ballaststoffreiche Futtermittel			
Weizenkleie	25		
Zellulose		15	15
Luzernegrünmehl			25
5. Mineralstoffe/Vitamine			
vitaminiertes Mineralfutter, ca. 20–25 % Ca	7	7	7
Energie-, Protein- und Rohfasergehalt			
uE (MJ/100 g)	1,1	1,0	0,9
vRp (g/100 g)	11,5	10,8	14,8
vRp/uE	10,2	10,4	17,1
Rfa (g/100 g TS)	5,2	8,9	10,9

[1)] Zielgewicht 15 kg

▶ **Tab. 7.14** Rationen für Hunde mit Adipositas. Multiplikationsfaktoren zur Berechnung der Futtermengen relativ zu 15-kg-Hund.

Körpermasse des Hundes in kg	Futtermengen (▶ Tab. 7.13)	Mineralstoffe, Vitamine
5	× 0,4	× 0,3
10	× 0,7	× 0,7
15	s. Tabelle 7.13	
20	× 1,2	× 1,3
35	× 1,9	× 2,3
60	× 2,8	× 4

Fleisch und Schlachtabfälle sind günstige Eiweißquellen, die von den meisten Hunden bevorzugt werden (Rationsvorschläge siehe ▶ Tab. 7.13, ▶ Tab. 7.14).

Modifikation von Standardfuttermitteln

Eine mögliche Alternative zur aufwändigeren Zubereitung eines eigenen Diätfutters bietet die Modifikation eines handelsüblichen Standardfuttermittels. Wird als Basis ein Feuchtalleinfutter gewählt, können rohfaserreiche Einzelfuttermittel untergemengt werden, die zu einer reduzierten Energiedichte und Verdaulichkeit führen. Durch die Zumischung von 10 g Zellulose zu 100 g eines üblich zusammengesetzten Feuchtalleinfutters lässt sich z. B. der Gehalt an Rohfaser von 1,5 auf ca. 14 g/100 g TS anheben. Die Beimengung von 10 g Weizenkleie führt zu einem Anstieg der Rfa-Gehalte auf ca. 5 % der TS und entsprechend größerem Futtervolumen bzw. einer zu erwartenden verminderten Verdaulichkeit des Futters. Der Vorteil liegt darin, dass die Tiere das gewohnte Futter unter Umständen besser akzeptieren als eine Fertigdiät und die Futterzusammensetzung je nach Verträglichkeit und Wirksamkeit modifiziert werden kann.

Eigene Mischungen

Als Komponenten in eigenen Diätmischungen kommen als „Ballaststoffe" je nach Verfügbarkeit und Akzeptanz beim Patienten getrocknete Möhren, Trockenschnitzel, Weizenkleie, Grünmehl oder Futterzellulose infrage. Die Gesamtmischung sollte nicht nur zur Sicherung der Versorgung mit essenziellen Aminosäuren, sondern auch zur Akzeptanzsteigerung gegenüber einem Standardfutter erhöhte Gehalte an Rohprotein aufweisen.

Halten des Gewichts

Nach Erreichen des gewünschten Gewichts müssen ehemals adipöse Hunde energiearm und kontrolliert ernährt werden. Dazu kann, ähnlich wie zuvor, ein kommerzielles Produkt mit moderater Energiedichte eingesetzt werden. Allerdings genügen sog. Light-Produkte oft nicht den an sie zu stellenden Anforderungen, sodass die Energiedichte kritisch zu prüfen ist. Die Energiedichte in Standardfuttermitteln lässt sich durch Einmischen von Gemüse oder speziellen rohfaserreichen Produkten wie Zellulose oder auch Trockenschnitzel absenken.

Diätprodukte zur Behandlung von adipösen Hunden enthalten häufig zusätzliche Substanzen, insbesondere L-Carnitin (50–300 mg/kg). Dadurch sollen die Fettoxidation und die Aufrechterhaltung der Muskelmasse unterstützt werden.

Motivation des Halters Der Tierhalter muss auf die Risiken einer Überfütterung aufmerksam gemacht werden. Auf Zwischenmahlzeiten und Snacks muss er verzichten oder die zusätzlich verabreichte Energie bei der Zuteilung der täglichen Futtermenge berücksichtigen. Nicht nur zur Prophylaxe, sondern auch zur Kontrolle und Motivation des Halters in der Reduktionsphase ist ein Gewichtsprotokoll mit regelmäßiger, wöchentlicher Erfassung der Körpermasse sinnvoll. Damit wird dem Tierhalter der Erfolg der Behandlungsmaßnahme augenfällig, gleichzeitig lässt sich der notwendige Umfang der Energierestriktion genauer einschätzen.

MTTP-Hemmer

In schweren Fällen, die sich mit rein diätetischen Mitteln nicht erfolgreich behandeln lassen, können Hemmer des mikrosomalen Triglycerid-Transfer-Proteins eingesetzt werden (Dirlotapid, Mitratapid). Diese Substanzen bewirken eine Verminderung der Effizienz der Fettresorption und Reduktion des Appetits, vermutlich durch Wirkungen auf die Hormone PYY und GLP-1. Nach erfolgreicher Gewichtsreduktion müssen jedoch diätetische Maßnahmen eingesetzt werden, um einen dauerhaften Erfolg sicherzustellen.

7.5 Erkrankungen des Verdauungstraktes

Störungen und Erkrankungen des Verdauungskanals sind bei Hunden häufig. Sie werden einerseits durch Fehler in der Auswahl, Zubereitung, Zusammensetzung, Dosierung und hygienischen Qualität der Futtermittel verursacht, zum anderen aber auch durch Erkrankungen infolge von Entzündungen, Infektionen, Parasiten und Intoxikationen. Neben allgemeinen unterstützenden diätetischen Maßnahmen, die der Behandlung akuter Fälle und den für Intensivpatienten beschriebenen Prinzipien entsprechen (Kap. 7.3), ist bei chronischen Erkrankungen des Magen-Darm-Trakts eine gezielte Diätetik notwendig. Eine Einschätzung der Lokalisation und des Schweregrads von Darmerkrankungen, die für die Auswahl der Diät wichtig ist, kann nach ▶ Tab. 7.15 vorgenommen werden, es kommen jedoch häufig auch Mischformen vor. Da die Untersuchung chronischer Verdauungsstörungen ein breiter angelegtes diagnostisches Vorgehen und die Einbeziehung des Allgemeinzustandes und weiterer Organerkrankungen erfordert, werden im Folgenden nur Untersuchungsverfahren zur Prüfung der Verdauungsfunktion vorgestellt (s. auch entsprechende Lehrbücher der inneren Medizin, Labordiagnostik bzw. Gastroenterologie).

> **Mögliche diagnostische Maßnahmen zur weiteren Abklärung von Verdauungsproblemen**
> (Quelle: Willard et al. 1994, Hall 2009)
> - Anamnese
> - Allgemeinuntersuchung
> - Blutuntersuchung
>   - Hämatologie, Differenzialblutbild
>   - klinische Chemie in Serum/Plasma
>   - Elektrolyte
>   - Albumin
>   - Alanin-Amino-Transferase
>   - alkalische Phosphatase
>   - Kreatinin
>   - Harnstoff
>   - Trypsin-ähnliche Immunreaktivität
>   - Folsäure/Cobalamin   ▼

- Harnuntersuchung
- Kotuntersuchung
  - mikrobiologisch
  - parasitologisch
- Röntgen, ggf. Kontrastaufnahme
- Ultraschall
- Darmbiopsie
  - Histologie
- Endoskopie
- diagnostische Laparotomie

▶ **Tab. 7.15** Differenzierung von chronischem Durchfall anhand klinischer Symptome.

Symptome	Störungen im	
	Dünndarm	Dickdarm
Gewichtsverlust	häufig	selten
Hyperphagie	häufig	selten
Erbrechen	gelegentlich	gelegentlich (10–20 %)
Frequenz des Kotabsatzes	normal bis vermehrt	vermehrt
Steatorrhö	gelegentlich	nein
Fäzes		
frisches Blut	nein	häufig
okkultes Blut/ Melaena	gelegentlich	nein
schleimig	nein/evtl. wenn Ileum betroffen	häufig
Tenesmus	gelegentlich	häufig

7.5.1 Diagnostische Verfahren

Makroskopische Kotuntersuchungen

Ohne großen Aufwand können wichtige Hinweise über Veränderungen im Verdauungskanal durch Untersuchungen der Fäzes gewonnen werden. Neben der visuellen Beurteilung (Farbe, Konsistenz, unverdaute Nahrungsanteile etc.) kann das Gewicht der täglich abgesetzten Mengen geschätzt oder bestimmt werden. Unter vergleichbaren Fütterungsbedingungen liegen sie bei Maldigestionen oder -absorptionen um das 3- bis 4-Fache höher als bei gesunden Hunden. Üblicherweise erreicht die Frischkotmenge bei Fleischfütterung sowie ei- weiß- bzw. fettreichem Feuchtalleinfutter mit 5–15 g/kg KM/Tag 10 bis höchstens 15 % der aufgenommenen Feuchtfuttermenge, bei kohlenhydratreichen Trockenfuttern etwa 50 % der Futtermenge.

Steatorrhö

Bei Steatorrhöen steigt die pro kg KM ausgeschiedene Fett-, aber auch Gesamtkotmenge, die Fäzes sind hell pastös. Durch Bestimmung von Fett bzw. Fettsäuren lässt sich evtl. Maldigestion oder Malabsorption differenzieren. Dazu wird eine Fäzesprobe auf einem Objektträger ausgestrichen und mit einigen Tropfen Sudan-III-Lösung (in 95 % Äthylalkohol gelöst) vermischt. Die Neutralfette (→ Maldigestion) präsentieren sich als schwach orangefarbene, lichtbrechende Kügelchen, von denen der normale Kot keine oder nur geringe Mengen enthält. Die durch Verdauungsenzyme freigesetzten Fettsäuren (→ Malabsorption), die sich mit Mineralien zu Seifen verbinden, werden nach Zusatz einiger Tropfen 36 %iger Essigsäure zum Ausstrich mit Sudan-III-Lösung nach mehrmaligem Erhitzen und Abkühlen sichtbar gemacht. Sie erscheinen bei starker Vergrößerung als tief orangefarbige Kügelchen (etwa 20–40 µm groß), die beim Erkalten unter Ausbildung feiner Spitzen an der Oberfläche schrumpfen.

Ungenügende Proteinverdauung

Wird eine ungenügende Proteinverdauung vermutet, so kann evtl. eine histologische Untersuchung Aufschluss geben. Nach Fleischfütterung sind bei gestörtem Proteinabbau noch unverdaute Muskelfasern im Kot zu sehen (Quetschpräparat: unverdaute Muskelfasern zeigen noch Querstreifen). Der Nachweis einer reduzierten proteolytischen Aktivität in den Fäzes (qualitativ mittels Gelatine- oder Filmvergärung bzw. über Chymotrypsinbestimmung) bei einer Pankreasinsuffizienz ist oft wenig aussagekräftig, da auch bei intaktem Pankreas durch mikrobielle Umsetzungen im Dickdarm die Enzymaktivitäten abnehmen können und die Werte der fäkalen Chymotrypsingehalte extrem hohe Variationen zeigen. Für die Diagnose sollten daher mindestens 3 Proben von 3 verschiedenen Tagen zugrunde gelegt werden.

Stärkeverdauung

Bei einer ungenügenden Stärkeverdauung können Stärkekörner im Kotausstrich nach Zusatz von Lugol-Lösung als blau-schwarze Granula (10–20 µm Durchmesser) erkannt werden. Normalerweise sind je Gesichtsfeld bei stärkster Vergrößerung nur bis max. 5 Stärkekörner zu sehen, höhere Anteile deuten evtl. auf eine Pankreasinsuffizienz hin.

Bei verstärkter Fermentation im Dickdarm bleiben die fäkalen Stärkemengen jedoch im Normalbereich, der pH-Wert im Kot fällt dagegen häufig unter 6 (Kot mit Wasser im Verhältnis 1:4 gründlich vermischen, pH mit Test-Stick messen). Die Bestimmung der fäkalen Laktatgehalte kann nur selten Aufklärung bringen, bei ungestörter Verdauungsfunktion ist Milchsäure nicht nachweisbar bzw. liegt unter 30 mg/100 g Fäzes (Summe D- + L-Laktat).

Mikrobiologische Kotuntersuchung

Im Falle einer vermuteten intestinalen mikrobiellen Fehlbesiedlung (Dysbiose) kann die mikrobiologische Untersuchung von Kotproben diagnostischen Nutzen bringen. Bei chronischer Diarrhö ist die Quantifizierung von *Cl. perfringens* zu empfehlen, das bei Hunden regelmäßig nachzuweisen ist und bei eiweißreicher Ration Keimzahlen von bis zu 10^8/g Fäzes erreicht. Nur der parallele Nachweis einer Enterotoxinbildung durch *Cl. perfringens* Typ A kann allerdings einen Hinweis auf die Diarrhöursache geben. Zu empfehlen sind ggf. weitere Untersuchungen auf spezifisch pathogene Keime bzw. bei ansonsten nicht zu klärender Ursache auf Giardien- oder Kryptosporidienbefall.

Blutuntersuchungen und Absorptionstests

Absorptionstests können im Einzelfall hilfreich sein, sind aber auch sehr aufwendig und daher unter Praxisbedingungen wenig geeignet.

- Für die Überprüfung der Chymotrypsinaktivität, d. h. der Pankreasfunktion, wird gelegentlich der Bentiromid-Test (BT-PABA-Test) eingesetzt. Die Testsubstanz (N-Benzoyl-l-tryrosyl-p-Aminobenzoesäure) wird durch Chymotrypsin unter Freisetzung von para-Aminobenzoesäure (PABA) gespalten. Diese wird rasch absorbiert und renal exkretiert. Für den Test werden 15 mg Testsubstanz pro kg KM mit 10 ml Wasser nach 12–24 Stunden Fasten erforderlichenfalls über eine Sonde verabreicht. Im 30-Minuten-Intervall werden 1–2 ml Blut entnommen und auf den Gehalt an PABA analysiert. Gesunde Hunde erreichen nach 120–150 Minuten Spitzenwerte von 22 mmol p-Aminobenzoesäure/l Plasma, während Patienten mit einer Pankreasinsuffizienz bzw. mit Absorptionsstörungen im Dünndarm unter 6–7 mmol/l bleiben. Bei der Interpretation von Blutwerten ist zu berücksichtigen, dass bei Niereninsuffizienz erhöhte Werte auftreten können. Aufgrund neuerer Entwicklungen (s. u.) ist der BT-PABA-Test heute nur noch selten in Gebrauch.
- Zur Überprüfung der Absorptionskapazität der Dünndarmschleimhaut für Kohlenhydrate kommt die Pentose D-Xylose infrage. Xylose ist für diesen Zweck geeigneter als Glukose, da sie im Organismus normalerweise nicht vorkommt und nur langsam metabolisiert wird. Für den Test werden dem nüchternen Patienten (12–18 Stunden) 0,5 g Xylose (in 5- bis 10%iger wässriger Lösung) pro kg KM eingegeben und in 30-minütigem Abstand der Xylosespiegel (bis zu 4 Stunden postprandial) überprüft. Maximale Werte von über 3 mmol/l Serum bzw. Plasma werden bei Hunden mit ungestörter Absorptionskapazität nach 60–90 Minuten erreicht. Der Test ist nur im positiven Fall spezifisch, da bei bakterieller Überwucherung des Dünndarms sowie bei Motilitäts- sowie Perfusionsstörungen verminderte Xyloseabsorptionsraten festgestellt werden.
- Zur Ermittlung der Amylaseaktivität kann ein oraler Stärketest verwendet werden. Dazu verrührt man 10 g Stärke zunächst mit 15 ml Wasser zu einer Paste und gibt dann 40 ml heißes Wasser zu, sodass ein klares Gel entsteht. Von dieser Lösung werden dem nüchternen Hund ca. 20 g (= 3 g Stärke)/kg KM appliziert und der Glukosespiegel im Blut in 30-minütigen Intervallen verfolgt. Hunde mit ungenügender Amylaseaktivität zeigen keine oder nur eine geringe Veränderung des Blutglukosespiegels. Für die Erkennung besonders schwerer Fälle von Kohlenhydratabsorptionsstörungen ist auch die Glukose als Prüfsubstanz möglich (1,5–2 g/kg KM). Der postprandiale Serumglukosespiegel sollte bei gesunden Hunden etwa das Doppelte

des Nüchternwertes erreichen und rasch abfallen. Bei den erwähnten Tests können Fehlergebnisse auftreten durch ungenügend oder verzögert entleerten Magen (infolge Aufregung, hypertonische Lösungen), Passage- und Durchblutungsstörungen im Dünndarm oder infolge Metabolisierung der Zucker durch starke Bakterienansiedlung im Dünndarm.

- Zur Überprüfung der Fettabsorptionskapazität stehen Belastungstests mit Fetten zur Verfügung. Ein einfaches Verfahren stellt z. B. die Fütterung von 3 ml Maisöl/kg KM und die anschließende Überprüfung der Plasmatrübung im durchscheinenden Licht (etwa 2–3 Stunden postprandial, alimentäre Hyperlipidämie) bzw. Messung der Triglyzeridgehalte dar, die bei gesunden Hunden gegenüber den Nüchternwerten um 1 mmol/l ansteigen sollten. Ein negatives Ergebnis erfordert zur Unterscheidung von Malabsorption und Maldigestion eine Wiederholung des Tests unter gleichzeitiger Zulage von Pankreatin. Ist die Magenentleerung verzögert, kann der Test undeutlich ausfallen, außerdem ergeben sich bei weniger schweren Fällen Interpretationsschwierigkeiten über den Grad der Trübung. In einem aufwendigeren und für die Praxis weniger geeigneten Testverfahren wird der Anteil an ungesättigten Fettsäuren im Plasma nach Belastung mit Leinöl (das einen hohen Anteil an ungesättigten Fettsäuren aufweist) erfasst. Nach einer 12-stündigen Fastenperiode wird zunächst eine Blutprobe gezogen und der Gehalt an ungesättigten Fettsäuren bestimmt. Anschließend erhält der Patient 1,5 g Leinsaatöl/kg KM, gemischt mit ca. 25 g Feuchtalleinfutter. Nach 1, 2, 4 und 6 Stunden werden weitere Plasmaproben gezogen und auf ungesättigte Fettsäuren untersucht. Hunde mit einer Pankreasinsuffizienz weisen nicht allein vor der Belastung einen niedrigeren Spiegel auf (ca. 750 mg/l) als normal (ca. 1400 mg/l), bei ihnen steigt der Wert auch geringer an.

Weitere Anwendung in der Praxis haben die folgenden Verfahren gefunden:
- Zur Überprüfung der Pankreasfunktion steht der TLI-Test (Trypsin-ähnliche Immunreaktivität) zur Verfügung. Dieser auf radioimmunologischen Verfahren basierende Test erfasst Trypsinogen im Blut, das in geringen Mengen aus dem Pankreas in die Blutbahn gelangt und bei gesunden Hunden ein bestimmtes Niveau (> 5,7 µg/l) aufrechterhält, obwohl es relativ schnell über die Nieren ausgeschieden wird. Bei einer chronischen Insuffizienz des Pankreas (Atrophie) gehen die Trypsinogenmengen im Blut fast auf Null zurück.
- Ein weiteres Testverfahren stellt die Überprüfung der caninen pankreatischen Elastase in Kotproben dar. Niedrige Werte sprechen für eine Insuffizienz des exokrinen Pankreas. Liegt dagegen der Verdacht einer Pankreatitis vor, kann diese mithilfe der Untersuchung der pankreatischen Lipaseaktivität erkannt werden. Werte von über 200 bzw. 400 g/l sind verdächtig für bzw. bestätigen eine Pankreatitis.
- Die Cobalamin- und Folatspiegel im Blutplasma eignen sich ebenfalls als Hilfsparameter für die Beurteilung von Verdauungs- und Absorptionsvorgängen im Dünndarm aufgrund der spezifischen Art und Lokalisation ihrer Absorption, auch wenn hier Fehlinterpretationen nicht auszuschließen sind. In ▶ Tab. 7.16 sind die wichtigsten Schlussfolgerungen aus Veränderungen der Plasmagehalte dieser Vitamine aufgeführt.

Die Diagnose von Fehlgärungen im Darmkanal durch Messung der Wasserstoffexhalation bleibt wissenschaftlichen Fragestellungen vorbehalten, kann aber im Einzelfall eine gute Information über den Umfang mikrobieller Umsetzungen im Dünndarm liefern. Die Messung unkonjugierter Gallensäuren im Serum kann Hinweise auf eine intestinale Dysbiose geben.

Diagnostische Therapie

Ohne großen analytischen Aufwand kann ein Verdacht auf eine chronische exokrine Pankreasinsuffizienz auch durch diagnostische Therapie entkräftet oder bestätigt werden. Der Patient erhält zunächst eine Diät aus leicht verdaulichen Komponenten (▶ Tab. 7.19) mit Zugabe von Pankreasenzymen (Pankreatin oder vergleichbare Präparate). Bei den meisten Malabsorptions- und Maldigestionserkrankungen ist daraufhin mit einer Besserung der Symptome zu rechnen. Setzt man nach einigen Wochen die Enzyme ab, ohne sonstige Änderungen der Fütterung vorzunehmen, so

▶ Tab. 7.16 Interpretation von Vitamin-B_{12}-Tests/Folattests beim Hund.

Normalwerte im Plasma/l		mögliche Interpretation[1]
Vitamin B_{12} > 250 ng	erniedrigt	• exokrine Pankreasinsuffizienz • bakterielle Überwucherung • Erkrankung im Ileumbereich • Atrophie der Dünndarmschleimhaut • erbliche Absorptionsstörung (z. B. Riesenschnauzer)
	erhöht	• Vitamin-B_{12}-Supplementierung
Folsäure 7,7–24,4 µg	erniedrigt	• Schleimhautschädigung im vorderen Dünndarm • exokrine Pankreasinsuffizienz
	erhöht	• bakterielle Überwucherung des Dünndarms

[1] nicht bei allen Patienten festzustellen
Quelle: Guilford et al. 1996, Texas GI Lab 2009.

wird bei Vorliegen einer Pankreasinsuffizienz eine deutliche Verschlechterung des Zustandes eintreten. Diese Methode ist zwar weniger exakt als die meisten der oben beschriebenen Verfahren und auch nicht spezifisch, sie hat aber den Vorteil, dass sofort mit einer Behandlung begonnen werden kann und gleichzeitig festgestellt wird, welche Futtermittel für den betroffenen Hund geeignet sind (und welche nicht).

7.5.2 Alimentär bedingter Durchfall bzw. unerwünschte Veränderungen der Kotkonsistenz

Ursachen

Beim Hund kommen relativ häufig Kotveränderungen und Durchfallepisoden vor, die von leichter Erweichung über schmierige Konsistenz bis hin zu starker Verflüssigung (Diarrhöe, frequenter Kotabsatz) reichen. Je nach Ursache können der gesamte Darm oder auch nur Teile betroffen sein.

> **Ursachen für alimentär bedingten Durchfall**
> • Verwendung von ungeeignet zusammengesetzten oder vorbehandelten Futtermitteln
> • ungenügende hygienische Qualität der Futtermittel (Kontamination, Verderb)
> • Fehler in der Rationsgestaltung und Fütterungstechnik
> Darüber hinaus werden solche Störungen aber oft auch durch andere Faktoren verursacht wie:
> • Parasitenbefall
> • Infektionen mit Bakterien und Viren
> • Allergien
> • Insuffizienz von Verdauungsorganen (Pankreas, Leber)

Durch unverträgliche Futtermittel ausgelöste Verdauungsstörungen treten meistens plötzlich auf und verschwinden ebenso rasch wieder, wenn die belastende Nahrung abgesetzt wird. Im Gegensatz dazu sind Durchfallerkrankungen, die primär durch Infektionen oder Intoxikationen bedingt sind, in der Regel mit schweren allgemeinen Symptomen (wie Erbrechen, Kreislaufversagen, erhöhter Körpertemperatur) verbunden, während die durch eine Insuffizienz der Verdauungsorgane sowie durch entzündliche Erkrankungen verursachten Verdauungsstörungen meist allmählich beginnen und chronisch, oft auch rezidivierend, verlaufen. Parasitär verursachte Störungen sind im Allgemeinen durch eine Kotanalyse leicht abzuklären.

Alimentär ausgelöste Verdauungsstörungen mit Durchfällen entstehen vor allem durch eine ungenügende Verdauung von Kohlenhydraten und Eiweißen, gelegentlich auch von Fetten. Wenn die genannten Futterinhaltsstoffe in Magen und Dünndarmbereich nicht ausreichend zerlegt oder absorbiert werden, ist entweder die Verdauungskapazität überfordert oder es fehlen spezifische Verdauungsenzyme. Die in diesem Zusammenhang wichtigsten Futterkomponenten und Nährstoffe sowie ihre kritischen Mengen sind in ▶ Tab. 7.4 zusammengestellt.

Aber auch Fehler in der Fütterungstechnik können zu einer unvollkommenen Verdauung beitragen, ebenso wie physische Einflüsse (Erschöpfung) oder psychischer Stress (Angst oder Aufregung, z. B. im Zusammenhang mit Orts- und Besitzerwechsel während der Ferienzeit), indem die Bildung von Verdauungssekreten gehemmt bzw. die Futterpassage beschleunigt wird. Fehler in der Futterzusammenstellung und Fütterungstechnik verschlimmern bei Hunden mit einer Insuffizienz des Verdauungskanals das klinische Bild.

Pathogenese

Die Pathogenese der alimentär bedingten Durchfälle ist durch Veränderungen im Dünndarm-, aber auch Dickdarmbereich zu erklären. Die im Dünndarm schwer oder unverdaulichen Futterkomponenten können bereits dort infolge physikochemischer Effekte (erhöhter Wasserzufluss durch osmotische Kräfte, Verdünnung der Enzymkonzentration im Chymus, Passagebeschleunigung) die Verdauung der übrigen Nahrungskomponenten reduzieren. So nimmt z. B. bei übermäßiger Laktosefütterung, aber auch von anderen schwer verdaulichen Kohlenhydraten, die präzäkale Verdaulichkeit der Eiweiße ab.

Reaktionen der intestinalen Mikrobiota

Durch die erhöhte Bildung organischer Säuren kann der pH-Wert im Dünndarmbereich abfallen und damit die Wirksamkeit der körpereigenen Enzyme eingeschränkt werden. Darüber hinaus sind spezifische Effekte bekannt, z. B. die mikrobielle Umwandlung der Ölsäure in 10-OH-Stearinsäure, die ähnlich wie die chemisch verwandte Rizinolsäure aus dem Rizinusöl abführend wirkt. Manche Bakterien (Clostridien, Laktobazillen) vermögen auch die Gallensäuren zu dekonjugieren. Die freien Gallensäuren fördern die Elektrolytsekretion und hemmen die Wasserabsorption. Treten größere Mengen an teil- oder unverdauten Substraten in den Dickdarm ein, so kommt es dort zu weiteren mikrobiellen Umsetzungen. Ihre Intensität bestimmen primär Menge und Art der zufließenden unverdauten Futterreste. Je größer dieser Anteil und je besser dieses Material als Substrat für das Wachstum von Mikroorganismen geeignet ist, umso stärker sind im Allgemeinen die Reaktionen.

Nach vermehrtem Zufluss von präzäkal schwer verdaulichen Kohlenhydraten (Stärke, Stärkeabbauprodukte, Disaccharide, andere Polysaccharide, die z. B. als Dickungsmittel eingesetzt werden wie Carrageen und Guar) entstehen hohe Mengen organischer Säuren (Essig-, Butter- und Propionsäure, auch Milchsäure). Aus der resultierenden erhöhten intraluminalen Osmolalität ebenso wie durch Reizung der Darmschleimhaut (vermehrte Peristaltik) erklärt sich die häufigere Abgabe von ungeformtem, schmierigem bis wässrigem, zum Teil sauer riechendem Kot, der relativ niedrige pH-Werte (5–6) aufweisen kann (fermentative Diarrhöen oder Gärungsdyspepsie).

Chronische Störungen in der Verdauung, verbunden mit der Abgabe von wenig, aber weichem Kot, werden bei einseitiger Fütterung eiweißreicher, ballaststoffarmer Rationen gesehen. Schlachtabfälle (insbesondere bindegewebereichere) sowie getrocknete Eiweißfuttermittel (z. B. Grieben- oder gelegentlich Tiermehl) kommen als Ursache infrage.

Die Ausbreitung proteolytischer Keime im Dick- und Dünndarm, z. B. *Clostridium perfringens*, kann die Ansiedlung von außen zugeführter Keime (z. B. Salmonellen) im Darmrohr begünstigen und damit sekundär zu Darminfektionen führen. Eine verstärkte Enterotoxinproduktion durch *Clostridium perfringens* verursacht möglicherweise wässrigen Durchfall. Neben intestinalen Dysbiosen, die schon im Dünndarm beginnen, wird der Füllungsdruck im Dickdarm evtl. so gering, dass sich die Passage stark verlangsamt und die verbleibenden Reste intensiven bakteriellen Umsetzungen unterliegen, die zu Gasbildung und zu veränderter Kotkonsistenz führen. Beim Übergang teilverdauter Eiweiße in den Dickdarm dominieren dort vor allem proteolytische Keime, die Eiweiß unter Bildung großer Mengen an Ammoniak, Schwefelwasserstoff, biogenen Aminen, Mercaptanen sowie Endotoxinen abbauen. Länger bestehende Fehlgärungen im Dickdarm bleiben in ihren Auswirkungen nicht auf den Darmkanal lokalisiert, sondern können sich u. a. auch auf den Leberstoffwechsel auswirken (toxische Leberschädigung). Selbst wenn nur geringgradige Abweichungen in der Kotkonsistenz bzw. im Kotgeruch über längere Zeit bestehen, sollte die verwendete Ration modifiziert werden, da die mikrobiellen Abbauprodukte den Organismus belasten.

Auch nach Verfütterung größerer Mengen von nicht aufgeschlossenem Federmehl können Diarrhöen entstehen. Mit Zulage geringer Mengen an pflanzlichen Faserstoffen (z. B. 0,5–1 g Weizenkleie/kg KM/Tag) kann die Passage im Enddarm beschleunigt und die Gefahr von Fehlgärungen reduziert, gleichzeitig aber auch Wasser gebunden werden.

Verdauungsstörungen durch übermäßige Fettaufnahme (erhöhte Fettgehalte im Kot; Steatorrhöen) kommen beim gesunden Hund kaum vor, da die Verdauungskapazität für Fette hoch ist und selten extrem große Mengen einseitig zusammengesetzter Fette verfüttert werden. Bei ausgewachsenen, gesunden Hunden werden bis zu 15 g gemischter Fette/kg KM und Tag in der Regel gut verdaut. Die Kapazität scheint bei jüngeren Tieren bis zum 6. Monat geringer zu sein. Die Fettverdauung kann jedoch durch eine stärkere Bakterienbesiedlung im Dünndarm (z. B. infolge von Motilitätsstörungen oder eines IgA-Defizits, insbesondere beim Deutschen Schäferhund) beeinträchtigt werden, da durch die Bakterienenzyme evtl. die Gallensäuren dekonjugiert werden und damit die Mizellenbildung, eine wichtige Voraussetzung für die Fettverdauung (▶ Abb. 3.10), nicht optimal ablaufen kann.

Daneben sind die Effekte spezieller Umwandlungsprodukte (s. o.) zu beachten. Fettsäuren mit einer Länge von weniger als 12 Kohlenstoffatomen wirken leicht abführend. Durch Zusatz von 1–5 % Butter-, Capron- oder Caprinsäure zum Futter wurden laxierende Effekte erzeugt. Ähnliche Wirkungen sowie Erbrechen traten nach Aufnahme von mehr als 3 g/kg KM einer Fettmischung, die zu 96 % aus Caprin- und Laurinsäure (C 10 und C 12) bestand, auf. Ranzige Fette, die gelegentlich vom Hund noch gern gefressen werden, scheinen nicht zwangsläufig zu Verdauungsstörungen zu führen. Frittierte Fette wurden in Mengen von bis zu 15 % ohne offensichtliche Nachteile vertragen, allerdings war die Wachstumsleistung junger Hunde geringer als beim Einsatz frischer Fette (Sojaöl).

Die früher vereinzelt nach übermäßiger Fettfütterung mitgeteilten Erkrankungen (wie Pankreasentzündungen, Haarausfall, Verdauungsstörungen, Leberverfettung) werden vermutlich durch die von Begleitstoffen induzierte Dysbakteriose, evtl. auch durch sekundäre Nährstoffmängel bedingt (essenzielle Aminosäuren, Vitamin E etc.), weniger durch das Fett selbst, da in zahlreichen anderen Untersuchungen mit fettreichen (bis zu 50 %), aber ausgeglichenen Rationen keine Ausfallerscheinungen beobachtet wurden.

Allergisch bzw. immunologisch bedingte Unverträglichkeiten

Verdauungsstörungen können auch aufgrund allergischer oder sonstiger Unverträglichkeitsreaktionen gegenüber Futtermitteln (Kap. 7.9) entstehen. Die klinischen Erscheinungen einer Allergie richten sich nach dem Reaktionsort im Verdauungskanal sowie den beteiligten Immunmechanismen. Reagiert die Magenschleimhaut auf ein mit dem Futter aufgenommenes Allergen, so stehen Speicheln, Erbrechen und allgemeines Unwohlsein innerhalb kurzer Zeit nach der Futteraufnahme im Vordergrund. Sind dagegen Dünn- oder Dickdarm betroffen, reagiert der Organismus in der Regel mit Diarrhöen, die erst mehrere Stunden nach Aufnahme des Futterallergens einsetzen. Spezielle Formen kommen auch unter dem Bild einer akuten oder auch chronisch verlaufenden Dickdarmentzündung (Kolitis) mit Abgang von frischem Blut und Schleim sowie Tenesmus und Flatulenz vor.

Diätetik Bei den erwähnten Störungen können diätetische Maßnahmen Erfolg haben, wenn die Allergene im Futter ermittelt und eliminiert werden. Zu ihrer Erkennung und entsprechender Diättherapie siehe Kap. 7.9. Beim Irischen Setter wurde eine familiäre Häufung einer Unverträglichkeit gegenüber Weizengluten und anderen Getreideprodukten beobachtet. Bei betroffenen Tieren treten neben Durchfällen Entwicklungsstörungen auf, bedingt durch eine massive Zottenatrophie im vorderen Dünndarmbereich. Sobald glutenfreie Nahrung verabreicht wird, kommt es zu einer raschen Normalisierung der Verdauung und des Wachstums.

Nicht immunologisch bedingte Unverträglichkeiten

Unverträglichkeiten treten gelegentlich auf, ohne dass spezifische Immunmechanismen beteiligt sind. Vermutlich sind diese auf die Bildung von Substanzen mit pharmakologischer Wirkung zurückzuführen. Beispiele stellen die Aufnahme von Histamin oder die Bildung von mikrobiellen Metaboliten im Intestinaltrakt dar, die wiederum mit der Verdauungsfunktion interferieren. Eine Unterscheidung dieser unspezifischen Unverträglichkeiten von immunologisch bedingten Problemen ist im Einzelfall meist nicht möglich.

Intoxikationen

Intoxikationen verursachen selten Verdauungsstörungen. Neben der (seltenen) Aufnahme von Thallium, Blei, Arsen oder Organophosphaten sind die durch kontaminierte oder verdorbene Futtermittel bestehenden Risiken im Vorbericht zu beachten. Nach Aufnahme von vermilbtem Trockenfutter wurden wiederholt Durchfälle beschrieben, die jedoch auch durch andere beim Futterverderb entstehende Stoffe verursacht werden können. Dazu zählen verschiedene Mykotoxine (▶ Tab. 7.5), vor allem das Deoxinivalenol (Vomitoxin) und verwandte Trichothecene. In verdorbenen Futtermitteln sind auch bakterielle Toxine (z. B. durch Clostridien, Staphylokokken, *Bacillus cereus*) zu erwarten, die Durchfälle auslösen oder begünstigen können.

7.5.3 Erhöhter Trockensubstanzgehalt im Kot und Obstipationen

Obstipationen, verbunden mit einem erheblichen Anstieg des TS-Gehaltes im Kot, kommen beim Hund krankheitsbedingt (z. B. Megakolon) und gelegentlich nach Aufnahme von ungeeignetem, insbesondere asche- und faserreichem Futter vor.

Knochen Nach großen Knochenmengen (mehr als 20 g Frischknochen/kg KM/Tag) steigt das Risiko für kalkreiche, trockene, harte Kotmassen im Kolon und Rektum, die nicht oder nur unter großen Anstrengungen abgesetzt werden können. Störungen im Wasserhaushalt sowie ungenügende Säurebildung im Magen können begünstigend wirken.

Faserstoffe Auch nach Aufnahme von Futterrationen mit hohen Gehalten an Faserstoffen (Holz-, Strohmehl etc., 10% und mehr in der Futter-TS) oder sehr aschereichem Tiermehl in zu großen Mengen wird der Kot sehr fest und schwer absetzbar.

Gesättigte Fette Ähnliches wurde nach Aufnahme großer Mengen an gesättigten Fetten vom Typ Tristearin und Tripalmitin beobachtet.

Diätetik der Obstipation

Diese Störungen sind durch Absetzen kritischer Futtermittel oder auch durch Mengenreduktion zu vermeiden. Während bestehender Obstipationen, die tierärztlich behandelt werden müssen, ist auf eine ausreichende Flüssigkeitszufuhr zu achten.

Werden die Passagestörungen sekundär durch mechanische Einflüsse vonseiten des Hundes (Prostatahypertrophie, Tumoren, Beckenveränderungen etc.) oder nervale Störungen der Darmmotorik verursacht, so sind leicht verdauliche, abführende Futtermittel zu verwenden. Geringe Mengen an Milch oder frischer Leber können zu Erweichung des Dickdarmchymus und Passagebeschleunigung beitragen, evtl. auch Laktose oder Laktulose. Beide werden bei älteren Hunden durch körpereigene Enzyme nicht mehr abgebaut und wirken durch die entstehenden bakteriellen Fermentationsprodukte laxierend.

7.5.4 Flatulenz

Durch ungenügenden Nährstoffaufschluss im vorderen Teil des Verdauungskanals kann es infolge verstärkter mikrobieller Tätigkeit, insbesondere anaerober Keime, z. B. auch *Clostridium perfringens*, zu vermehrter Gasbildung vor allem im Dickdarmbereich kommen, die zwar selten akute Krankheitserscheinungen auslöst, jedoch bei Haushunden unangenehm ist. Die Gase (Kohlendioxid, Wasserstoff, Schwefelwasserstoff, andere schwefelhaltige Gase) werden vorwiegend im Ileum und Kolon beim Abbau schwer verdaulicher Kohlenhydrate (Poly- oder Oligosaccharide, Raffinose, Stachyose etc.) oder auch von Eiweißen gebildet. Kohlenhydrate, die die Gasbildung fördern, kommen besonders in Leguminosen (unverdauliche α-Galaktoside in Bohnen, Erbsen, Sojabohnen) vor, sodass nach einseitiger Verwendung solcher Futtermittel eine verstärkte Gasbildung zu erwarten ist. Auch nach Fütterung hoher Mengen bindegewebereicher Schlachtabfälle oder eiweißreicher Feuchtfutter wird oft eine verstärkte intestinale Gasbildung wahrgenommen.

Diätetik der Flatulenz

Durch Futterwechsel, insbesondere Elimination der Leguminosen und Schlachtabfälle, sowie eine normgerechte Eiweißzufuhr lässt sich die Gasbildung meistens reduzieren, ebenso wie durch die Zugabe von Verdauungsenzymen. Faserreiche Futtermittel können bei gestörter Darmmotilität regulierend wirken, in manchen Fällen aber auch negativ. Bei extremem Auftreten von Flatulenz können chronische Darmerkrankungen oder auch eine chronische exokrine Pankreasinsuffizienz vorliegen.

7.5.5 Erbrechen

Ursachen

Erbrechen der Nahrung kann vielfältige Ursachen haben. Nicht in jedem Fall handelt es sich um eine krankhafte Störung, z.B. bei säugenden Hündinnen. Erbrechen ist häufig ein Symptom für Allgemeinerkrankungen (Infektionen, Nierenstörungen, Entzündungen oder Intoxikationen des Magen-Darm-Kanals etc.) oder psychische Belastungen, sodass bei wiederholtem Erbrechen eine gründliche tierärztliche Untersuchung angezeigt ist. Chronisches intermittierendes Erbrechen kann auch durch unphysiologische pH-Werte sowie erhöhte Fett- und Aminosäurenkonzentrationen im Dünndarmchymus ausgelöst werden (verzögerte Entleerung des Magens).

Alimentär bedingtes Erbrechen bzw. Brechreiz werden nach plötzlicher Futterumstellung sowie nach Aufnahme zu kalter Speisen oder sperriger Materialien (Gräser, Fasern, Knochen etc.) beobachtet, auch reflektorisch bei mechanischer Verlegung des Darmtraktes (Knochenkot, Obstipationen, Ileus), in seltenen Fällen nach Fütterung größerer Mengen trockenen Futters, das im Magen quillt (Magenüberladung oder Aufgasung) bzw. nach Aufnahme von mittelkettigen Fettsäuren vom Typ der Caprin- und Laurinsäure (> 3 g/kg KM/Tag). Verdorbene Futtermittel (stark mit Pilzen, Bakterien oder Milben befallen) lösen gelegentlich ebenfalls Unverträglichkeitsreaktionen aus (Erbrechen, auch Diarrhöen), wenn sich im Futter bereits Toxine gebildet hatten.

Diätetik des Erbrechens

Bei **akutem Erbrechen** ist eine 1- bis 2-tägige Nahrungskarenz angezeigt. Zum Ausgleich der Verluste muss eine ausreichende Flüssigkeits- und Elektrolytsubstitution sowie in vielen Fällen eine Korrektur des Säuren-Basen-Haushaltes erfolgen, meistens auf parenteralem Weg.

Handelt es sich um **chronisches Erbrechen**, kann eine dünnbreiig-flüssige Nahrung (Reis- oder Haferschleim mit Fleischbrühe) versucht werden. Zu diesem Zweck stehen auch kommerzielle Diätfuttermittel zur Verfügung.

Nach der akuten Phase können leicht verdauliche Rationen in kleinen Portionen körperwarm und suppig angeboten werden (▶ Tab. 7.18 und ▶ Tab. 7.19). Durch stärkere Verdünnung des Futters wird die Osmolalität im Mageninhalt gesenkt und damit die Magenentleerung beschleunigt. Aus diesem Grunde sind auch stark osmotisch aktive Stoffe zu vermeiden und durch komplexere Komponenten zu ersetzen (aufgeschlossene Stärke anstelle von Zucker). Fett hat in geringen Mengen eher positive Effekte auf die Integrität der Mukusschicht im Magen, höhere Mengen führen jedoch zu einer unerwünscht verzögerten Entleerung. Das Futter sollte in breiiger Form angeboten werden, damit mechanische Irritationen der Magenwand minimiert werden. Aus diesem Grunde sind rohfaserreiche Futtermittel, wie z.B. Kleie, nicht günstig. Die Tagesration wird in kleinen Portionen mindestens 3-mal täglich verabreicht. Eine Hypochlorämie infolge Erbrechens kann durch intravenöse Gabe von Elektrolytlösungen oder durch Diättränken (▶ Tab. 7.17) kompensiert werden.

7 Diätetik

▶ **Tab. 7.17** Dehydratationsgrade und Symptome des Flüssigkeitsdefizits.

Dehydrata-tionsgrad	Flüssigkeits-defizit, ml/kg KM	Symptome				
		Störung des Allgemein-befindens	Hautfalte verstreicht (in sec)	Schleim-häute	Harn	Blutdruck
leicht	30–60	(+)	< 2	ggr. trocken	konzentriert	normal
mittel	70–90	+	> 2	mgr. trocken, auch Nasen-spiegel	Oligurie	normal
schwer	> 100	++ bis +++	bleibt lange bestehen	hgr. trockene Schleimhäute	Oligurie, Anurie	erniedrigt, ggf. Schock

▶ **Tab. 7.18** Anforderungen an Diätfuttermittel für Hunde mit akuten gastrointestinalen Störungen.

	empfohlene Gehalte in 100 g TS	Spanne bei kommerziellen Produkten (Trockenfutter)	besondere Anforderungen
ums. Energie, MJ	1,5–1,8	1,6–2,0	–
Rohprotein, g	18–25	23,9–32,6	hohe präzäkale Verdaulichkeit
Rohfett, g	< 8 (bei eingeschränkter Fettabsorption)	5,4–21,7	mind. 50 % unges. Fettsäuren
Rohfaser, g	< 2	1,1–2,1	Verzicht auf mechanisch-abrasive Futterkomponenten
Natrium, mg	> 450	460–670	–
Kalium, mg	> 600	530–930	–
Vitamin A, IE	> 1100	1360–2500	–
Zink, mg	10–12	18–26	–

Diättränken

a. Beispiel einer Diättränke zur Unterstützung der Durchfalltherapie

        pro Liter Wasser (g)
    Glukose   20
    NaCl   1,5
    $NaHCO_3$ 2,2
    KCl   2,0
    KH_2PO_4 1,3

b. isotonische Kochsalzlösung: 8,9 g NaCl/l Wasser
c. alkalisierende Lösung: 35–50 g Natriumbikarbonat/l Wasser
d. kommerzielle Produkte: Instant-Produkte für Hunde

7.5.6 Akute Diarrhöe

Akute Durchfallepisoden treten bei fast jedem Hund im Laufe des Lebens auf. Besteht der Verdacht einer fütterungsbedingten Diarrhö, ist das Futter sofort abzusetzen, sofern der Hund nicht schon von sich aus die Nahrung verweigert. Der Patient erhält 1–2 Tage kein Futter, wohl aber frisches Trinkwasser und ggf. eine parenterale Flüssigkeitszufuhr.

Elektrolytsubstitution

Wenn durch Erbrechen und stark wässrigen Durchfall erhöhte Elektrolytverluste entstanden sind, wird das Trinkwasser mit Kochsalz (2–3 g/l) bzw. einer Elektrolytlösung versetzt. Ferner sind schwarzer Tee oder Kamillentee unter Zusatz von

7.5 Erkrankungen des Verdauungstraktes

▶ **Tab. 7.19** Rationen für Hunde mit gastrointestinalen Störungen.

	I hochverdaulich	II allergenreduziert	III rohfaserreich
	Futtermengen für einen Hund mit 15 kg Körpermasse, in Gramm je Tag		
1. eiweißreiche Futtermittel			
Hühnerfleisch, Keule	175		
Pferdefleisch[1)]		200	
Putenfleisch			150
2. energieliefernde Futtermittel			
Reis, poliert, Trockengewicht	160		
Kartoffeln		675	
Haferflocken			160
3. Fettergänzungen			
Fett/Öl	15	10	10
4. ballaststoffreiche Futtermittel			
Möhren, geraspelt	25		25
Zellulose			25
5. Mineralstoffe/Vitamine			
vitaminiertes Mineralfutter, ca. 20–25 % Ca	8	[2)]	8
Kalziumkarbonat		3	
Kalziumphosphat		5	
jod. Kochsalz		1,5	
Energie- und Proteingehalte			
uE (MJ/100 g)	1,0	0,4	1,0
vRp (g/100 g)	11,3	5,1	12,6
vRp/uE	11,3	12,2	12,5

[1)] oder andere Fleischsorten
[2)] Mineralfutter, falls verträglich, sonst Vitaminergänzung notwendig

▶ **Tab. 7.20** Rationen für Hunde mit gastrointestinalen Störungen. Multiplikationsfaktoren zur Berechnung der Futtermengen relativ zu 15-kg-Hund.

Körpermasse des Hundes in kg	Futtermengen (▶ Tab. 7.19)	Mineralstoffe, Vitamine
5	× 0,4	× 0,3
10	× 0,7	× 0,7
15	s. Tabelle 7.19	
20	× 1,2	× 1,3
35	× 1,9	× 2,3
60	× 2,8	× 4

2–3 % Traubenzucker als Flüssigkeitssubstitute geeignet. Auch stark verdünnte Fleischbrühen sind gut einzusetzen. Nach der Fastenperiode wird zur allmählichen Gewöhnung des Organismus auf eine leicht verdauliche Ration umgestellt und das Futter zunächst in kleinen Mengen auf 3–4 Mahlzeiten pro Tag verteilt. Längere Fastenperioden haben nachteilige Wirkungen auf die intestinale Mikroflora sowie die Integrität des Darmepithels.

Schonkost

Als Schonkost stehen industriell hergestellte Diätfutter zur Verfügung (▶ Tab. 7.18), es können jedoch auch eigene Mischungen eingesetzt werden (▶ Tab. 7.19). Sie sollten wenig Rohfaser (< 2 % der TS) und Rohasche enthalten. Zu ihrer Herstellung werden hochverdauliche tierische Eiweiße sowie pflanzliche Öle und leicht verdauliche Stärkequellen verwendet. War das Futter Ursache der Störung, sollten die angegebenen Rationen komplikationslos vertragen werden und eine rasche Besserung der Situation zu beobachten sein. Bestehen die Probleme weiterhin, sind die Ursachen aufzuklären und gezielte diätetische und therapeutische Maßnahmen einzuleiten.

7.5.7 Infektionen des Verdauungskanals

Bakterielle Infektionen

Primär bakteriell bedingte Verdauungsstörungen sind beim ausgewachsenen Hund eher selten. Die normale Darmflora lässt exogenen Keimen wenige Chancen, sich anzusiedeln oder sich zu vermehren.

Salmonellose

Eine Ausnahme stellen unter bestimmten Bedingungen Salmonellen dar, wenn sie in hohen Mengen (mind. 1 Million pro Tier) aufgenommen werden. Neben zufälliger Aufnahme aus der Umwelt können Hunde durch stark kontaminierte Schlachtabfälle, Geflügelprodukte oder auch getrocknete eiweißreiche Ausgangsmaterialien infiziert werden. Selbst wenn sich die oral aufgenommenen Salmonellen im Darmkanal ansiedeln (eine latente Infektion mit diesen Keimen scheint weit verbreitet), bedarf es in der Regel zusätzlicher Faktoren wie fütterungs- (s.o.) oder medikamentös verursachter (Antibiose) Dysbakteriosen oder besonderer Belastungen, bis es zu einer klinisch manifesten katarrhalischen oder hämorrhagischen Enteritis kommt.

Andere bakterielle Infektionen

Andere bakterielle Darminfektionen werden selten diagnostiziert, z. B. durch *Escherichia coli*, *Campylobacter jejuni* oder *Clostridium difficile*. Der Erreger der Schweinedysenterie (*Brachyspira hyodysenteriae*) kann spontan nach Aufnahme von Schweinekot auch beim Hund zu einer Dysenterie führen. Clostridien (*Cl. perfringens*) kommen bei allen Hunde in variablen Keimzahlen im Darm vor, werden oft aber auch mit Futtermitteln tierischer Herkunft aufgenommen, wenn diese nicht ausreichend erhitzt wurden. Bei enterotoxinbildenden Stämmen treten profuser, wässriger Durchfall, evtl. auch Erbrechen auf, zudem besteht z. B. unter Klinikbedingungen eine hohe Kontagiosität.

Diätetik bakterieller Infektionen

Die diätetische Behandlung erkrankter Hunde richtet sich nach dem klinischen Bild und dem Schweregrad des Durchfalls. Zu empfehlen ist bei akuten Störungen die Verabreichung von Flüssigkeit, Elektrolyten und einer leicht verdaulichen Diät (▶ Tab. 7.19).

Im weiteren Verlauf haben sich z. B. in der Behandlung der *Clostridium-perfringens*-assoziierten Diarrhö ausgewogene Mischungen mit hochverdaulichen Komponenten bewährt (günstig sind hier eher pflanzliche Eiweißträger, z. B. Sojaproteinisolat), weiterhin der Verzicht auf schwer verdauliche bindegewebereiche Produkte sowie ein erhöhter Rohfasergehalt durch Zulage von 1–2 g Weizenkleie/kg KM/Tag. Eine Aktivierung enterotoxinbildender *Clostridium-perfringens*-Stämme ist allerdings jederzeit möglich, z. B. durch Fütterung nicht ausgewogener, eiweißreicher Rationen.

Virale Infektionen

Viren sind häufig Primärerreger von Darmerkrankungen, besonders bei Junghunden. Sie infizieren die Enterozyten und können nach Eintritt über die Darmschleimhaut auch andere Körpergewebe und Organe erreichen. Als Erreger für Durchfälle sind Parvo-, Corona- und Rotaviren bekannt, die jedoch in der Regel nicht durch kontaminierte Futtermittel in den Organismus gelangen. Virusbedingte Darmerkrankungen treten selbst bei konsequenter Impfprophylaxe auf und können unter dem Bild schwerer, oft hämorrhagischer Enteritiden verlaufen. Auch die durch Viren verursachten Diarrhöen führen je nach Ausprägung zu erheblichen Wasser- und Elektrolytverlusten, häufig begleitet von Azidosen infolge erhöhter fäkaler Bikarbonatverluste, aber auch verstärkter Laktatbildung (bei Störungen der Blutzirkulation im Zusammenhang mit einer Exsikkose). Infolge degenerativer Veränderungen an der Darmschleimhaut (Zottenatrophie) ist das Krankheitsbild bei viralen Infekten häufig ausgeprägter als bei bakteriell verursachten Störungen.

Diätetik viraler Infektionen

⚠️ **Aufgrund der unter diesen Bedingungen zu erwartenden Schleimhautveränderungen muss der Darmkanal entlastet werden. Dies bedeutet: keine Fütterung, bevor sich die Schleimhaut regeneriert hat (ca. 1–3 Tage).**

In der akuten Phase der Erkrankung müssen jedoch die Wasser- und Elektrolytverluste substituiert und die evtl. bestehende Azidose korrigiert werden. Falls Elektrolytlösungen aufgenommen oder per Sonde appliziert werden können, ist dieser Weg am einfachsten. Die zugeführte Menge muss sich am Grad der Wasserverluste orientieren (geringe, mittelgradige bzw. schwere Exsikkose: 25, 40 bzw. 55 ml pro kg KM/Tag, auf mehrere Mahlzeiten verteilt). Die oral verwendeten Lösungen sollten hypoton sein (raschere Absorption vom Verdauungskanal) und wegen der meist bestehenden Hypokaliämie und Azidose neben Glukose und Natrium auch Kaliumverbindungen und Bikarbonat enthalten. In schweren Fällen ist jedoch die intravenöse Applikation entsprechender Lösungen notwendig.

Nach Überwinden der akuten Krise können allmählich Nährlösungen (wie Fleischbrühe und Hafer- bzw. Reisschleimsuppen, aufgewertet mit Eidotter oder Hüttenkäse) angeboten werden. Es stehen auch entsprechend adaptierte kommerzielle Produkte zur Verfügung. Nach Stabilisierung des Patienten sind Schondiäten einzusetzen, bestehend aus hochverdaulichen Kohlenhydraten (Haferflocken, Reis) sowie Fetten (Pflanzenöle) und Eiweißen (Fleisch, Quark, Ei), wobei das Futter körperwarm auf mehrere Mahlzeiten verteilt wird. Länger andauernde Anorexie und starker Körperverfall verlangen eine Sondenernährung.

Parasitär verursachte Verdauungsstörungen

Die durch Parasiten (Kokzidien, Giardien, Spulwürmer, Haken-, Band- oder Peitschenwürmer) verursachten Erkrankungen des Verdauungskanals sind dank der verbreiteten Prophylaxe seltener geworden.

Diätetik parasitärer Verdauungsstörungen

Bei massivem Auftreten ist zu prüfen, ob auch die für die Abwehrleistung des Organismus wichtigen Nährstoffe, vor allem Eiweiß (quantitativ und qualitativ), sowie die Vitamine A und E in ausreichenden Mengen in der Ration vorgelegen haben. Zur Unterstützung der Behandlung sind eisen- und vitaminreiche Futtermittel angezeigt, insbesondere bei Welpen und Junghunden. Über das Risiko der Parasitenaufnahme durch Schlachtabfälle siehe Kap. 7.2.3. Saugwelpen infizieren sich evtl. schon mit der Muttermilch. Bei Aufnahme von Kot anderer Tiere (Koprophagie; Kap. 6.1.8) besteht bei Kaninchen- und Schafkot kein, bei über 2 Wochen altem Pferdekot ein geringes Risiko (Aufnahme infektionsfähiger Askaridenlarven, evtl. Einwanderung in die Leber).

7.5.8 Spezifische Funktionsstörungen

Passagestörungen im Vorderdarm

Relativ selten beeinträchtigen Futterteile aufgrund ihrer Form oder Konsistenz Futteraufnahme oder -passage, gelegentlich können sich jedoch Segmente von Röhrenknochen, Knorpelringe der Luftröhre, Querschnitte von der Aorta oder anderen größeren Blutgefäßen über den Fang oder die Zunge schieben. Knorpelringe der Luftröhre und Querschnitte der Aorta gelangen teilweise bis zum Zungengrund und verursachen durch Strangulation der Zunge schwere klinische Erscheinungen. Verlegung von Schlund oder Magen durch größere Knochenstücke oder die Verletzung der Magenschleimhaut durch Knochensplitter werden heute selten gesehen, vermutlich weil stark splitternde Knochen (von älterem Geflügel oder Wildtieren) kaum noch verfüttert werden.

Zahnerkrankungen und Gebissstörungen

Fütterungsbedingte Zahnschäden können rein mechanisch, evtl. aber auch aufgrund der Zusammensetzung bzw. Konsistenz der Nahrung entstehen. Beim Zerbeißen sehr harter Knochen (von älteren Tieren, insbesondere Röhrenknochen) oder auch von Spielmaterial besteht die Gefahr von Zahnfrakturen oder auch -absplitterungen. Diese mechanisch bedingten Schäden sind bei Aufnahme von weniger mineralisierten Knochen (z. B. Rippen, Brustbein von Kalb und Schwein sowie Skelett von jungem Geflügel) nicht zu erwarten.

Veränderungen an Zähnen und Zahnfleisch (Parodontose, Karies, Zahnsteinbildung) werden häufig mit Nahrungsfaktoren in Beziehung gebracht.

Nach Beobachtungen beim Menschen sind vor allem bakterielle Beläge auf dem Zahnschmelz disponierend und führen zur Plaquebildung bzw. in der Folge zu Zahnstein. Haftvermittler können Polysaccharide sein, die von Bakterien aus Kohlenhydraten gebildet oder bereits mit der Nahrung aufgenommen werden. Je kohlenhydratreicher die Nahrung und je größer der Anteil an Zuckern, umso höher ist im Allgemeinen das Risiko für die Bildung bakterieller Beläge.

Karies Beim Hund wird Karies (infolge bakterieller Säurebildung und Entkalkung des Zahnschmelzes) generell seltener gesehen als beim Menschen, weil sich einerseits die kegelförmigen Zähne des Hundes stärker selbst reinigen, andererseits der Anteil an Kohlenhydraten in der Nahrung meist nicht so hoch ist wie beim Menschen. Gleichwohl besteht bei einseitiger Ernährung mit Süßigkeiten, aber auch bei Verwendung von halbfeuchten Mischfuttermitteln mit größeren Zuckermengen ein Risiko. Davon scheinen kleinere Hunderassen wegen der bei ihnen üblichen Fütterungspraxis oder aufgrund anatomischer Besonderheiten stärker betroffen zu sein als größere.

Zahnstein Bakterielle Beläge können durch Einlagerung von Mineralien zu Zahnstein heranwachsen. Der Zahnstein besteht vorwiegend aus Phosphor, Kalzium und Magnesium. Seine Bildung soll insbesondere durch genetische Faktoren begünstigt werden (Speichelzusammensetzung, pH-Wert in der Maulhöhle). Verstärktes Maulatmen (Verdunsten des Speichels zur Wärmeregulation) ebenso wie weiches Futter (geringere Selbstreinigung der Zähne) werden als weitere begünstigende Faktoren genannt.

Diätetik
Regelmäßige Knochenfütterung oder die Bereitstellung von Kaumaterial, z. B. aus Büffelhaut oder anderen festen Stoffen, hat einen präventiven Effekt. Sie ersetzen aber die vorherige gründliche Sanierung des Gebisses und ggf. die regelmäßige Reinigung mittels Zahnbürste nicht. Gleiches gilt für spezielle Hundebiskuits, die zur Zahnreinigung angeboten werden. Zur Prophylaxe von Zahnschäden ist eine gründliche Gebissreinigung erforderlich. Die Neubildung von Plaque bzw. Zahnstein kann durch die Gabe von speziellen Futtermitteln verzögert werden. Dazu sind Produkte auf dem Markt, die aufgrund ihrer besonderen Form und Größe zu einer vermehrten Kauaktivität und einem damit verbundenen Reinigungseffekt führen. Unterstützend wirken erhöhte Rohfasergehalte mit bürstenartig strukturierten faserigen Anteilen und Oberflächenbeschichtungen auf Trockenfutter. Diese bestehen aus Polyphosphaten, die Kalzium komplexieren können und damit eine Mineralisierung der Zahnplaque reduzieren. Zahnverfärbungen (gelbbraun), Zahnschmelzfissuren und -ablösungen wurden nach länger dauernder überhöhter Aufnahme von Fluor (ca. 15 mg/kg KM/Tag) gesehen.

Ösophagusdysfunktion
Schluckstörungen können aufgrund verschiedener Ursachen auftreten und führen in jedem Fall zu einer erheblichen Beeinträchtigung des Tieres. Häufig wird das Regurgitieren von Futter beobachtet, das nicht mit Erbrechen verwechselt werden darf. Regurgitiertes Futter zeigt keine Anzeichen von Verdauungsprozessen, riecht meistens nicht säuerlich und tritt in der Regel direkt nach oder in einem zeitlichen Zusammenhang zum Abschlucken der Nahrung auf. Bei motorischen Dysfunktionen oder bei Divertikeln ist der zeitliche Zusammenhang unter Umständen nicht offensichtlich. Für diese Symptomatik kommen anatomische, entzündliche, metabolische, tumoröse und neuromuskuläre Erkrankungen infrage.

Diätetik
So weit möglich kann versucht werden, das Futter von erhöhter Position anzubieten, sodass die Nahrung der Schwerkraft folgend in den Magen gelangt. Die Futterverabreichung kann über einen hoch gestellten flachen Napf (z. B. auf einer Treppe) oder aber durch die Gabe kleiner Futterbissen durch den Besitzer erfolgen. Die Konsistenz des Futters muss weich und gleitfähig sein, d. h. in der Praxis entweder ein püriertes Dosenfutter oder ein gründlich eingeweichtes Trockenfutter. Die Menge muss insgesamt den Bedarf des Tieres abdecken, was unter Umständen einen erheblichen Zeitaufwand für den Besitzer mit sich bringt. Sondenernährung sollte bei entsprechender Indikation frühzeitig erwogen werden, da diese das Handling des Patienten erheblich vereinfacht.

▶ **Tab. 7.21** Faktoren bei der Entstehung von Magendilatationen und -torsionen beim Hund.

Futter	• hoher Keimbesatz • leicht mikrobiell vergärbare Inhaltsstoffe (Kohlenhydrate, Proteine) • stark zerkleinert, trocken • hohe Aschegehalte → Pufferung des Mageninhalts
Fütterungstechnik	• unregelmäßige Fütterungszeiten → ungenügende Vorbereitung des Verdauungskanals • zu große Futtermengen pro Mahlzeit → langsamer pH-Wert-Abfall im Magen • eingeweichtes Futter zu lange aufbewahrt → Keimgehalt steigt • Aufregung, Anstrengungen nach der Nahrungsaufnahme → Magensaftbildung reduziert
Tier	• hastige Futteraufnahme • stärkere Wasseraufnahme nach der Mahlzeit → Oberflächenvergrößerung • geringe Magensaftsekretion oder -motorik; z. B. infolge Alter, Aufregung oder Stress • Veranlagung

Magendilatation und -drehung

Magendilatationen und -drehungen kommen insbesondere bei Hunden größerer Rassen vor. Sie sind gekennzeichnet durch eine rasche Aufgasung des Magens, meistens – jedoch keineswegs immer – im Anschluss an die Fütterung und führen vor allem durch sekundäre Veränderungen (Magendrehung → Milzverlagerung → Kreislaufkollaps) zu schweren klinischen Symptomen und ohne sofortiges tierärztliches Eingreifen schnell zum Exitus. Unruhe, Speicheln, Würgen werden beobachtet, die Bauchdecken sind gespannt und der Puls frequent. Häufig sind die Schleimhäute verfärbt. Eine Rassedisposition zeigte sich für Doggen, Schäferhunde, Berner Sennenhunde, Weimaraner, Irische Setter, Gordon Setter und Dobermänner. Meist sind mittelalte Hunde betroffen, das durchschnittliche Alter beim Auftreten der Erkrankung lag bei 6,9 Jahren.

Ursachen

Eine mögliche Begründung ist darin zu finden, dass bei älteren Hunden der Aufhängeapparat des Magens in seiner Festigkeit nachlässt, außerdem ergeben sich mit zunehmendem Alter Veränderungen der Magen- und Darmfunktion. Zusätzlich wird die Relation zwischen Thoraxtiefe und -weite als Indikator für das zu erwartende Risiko einer Magendilatation bzw. -drehung angesehen. Je größer die Tiefe des Thorax im Verhältnis zur Weite, desto höher das Risiko. Eine Zunahme von Magendrehungen bei Hunden wird oft darauf zurückgeführt, dass der Trend zur Verfütterung von kommerziellem Trockenfutter mit einem hohen Anteil an Kohlenhydraten zugenommen hat. Dieses ist aber aufgrund der gängigen Fütterungspraxis mit überwiegender Gabe von Trockenfutter bei großen Rassen nicht eindeutig.

> **Cave**
>
> Die Verabreichung großer Mahlzeiten ist der größte Risikofaktor für eine Magendrehung.

Die Gasansammlung im Magen kann durch übermäßiges Luftschlucken, Einwirkung von saurem Magensaft auf das alkalische Pankreassekret oder Karbonate aus dem Futter und dadurch bedingte Freisetzung von Kohlendioxid sowie durch bakterielle Fermentation des Mageninhaltes entstehen (▶ Tab. 7.21). Ein verstärktes Abschlucken von Luft ist nach Zuteilung zu großer Futterstücke möglich. Selten wird eine Magenaufgasung auch bei nüchternen Hunden beobachtet.

Futterzusammensetzung und -qualität, Fütterungstechnik, aber auch individuelle Eigenschaften des Hundes sind für die Pathogenese von Bedeutung. Aufnahme hoher Keimmengen mit dem Futter oder mit anderen Substraten (Erde, Wasser, Gras), Begünstigung des Keimwachstums durch ungenügende pH-Wert-Senkung im Magen (hohe Futtermengen pro Mahlzeit, aschereiche Futter), verzögerte Magenentleerung und Präsenz mikrobiell leicht zugänglicher Nahrungskomponenten scheinen zusammentreffen zu müssen, um die Gasentwicklung im Magen einzuleiten. Offenbar sind vor allem Laktobazillen sowie Streptokokken und Staphylokokken an der raschen Vergärung des

Mageninhalts beteiligt, im Magen erkrankter Hunde war der Milchsäuregehalt wesentlich höher als bei normalen Tieren; außerdem fand sich in hoher Frequenz das stark gasbildende Bakterium *Clostridium perfringens*.

> **Cave**
>
> Die Erkrankung kann sich leicht wiederholen. Zur Vorbeugung sind neben der chirurgisch-prophylaktischen Behandlung (Gastropexie) diätetische Maßnahmen notwendig.

Diätetik

Aus der Pathogenese lassen sich die wesentlichen Empfehlungen zur Futterzusammensetzung sowie zur Gestaltung der Fütterungstechnik ableiten:

- Besonders wichtig sind hygienisch einwandfreie Futtermittel.
- Der Anteil an Zuckern oder anderen leicht vergärbaren Substraten (Milchprotein, z. T. auch pflanzliche Eiweißextrakte) ist auf maximal ein Drittel der Ration zu begrenzen, demgegenüber kann der Anteil an Fetten mit langkettigen ungesättigten Fettsäuren, z. B. Schweine- oder Geflügelfett, angehoben werden.
- Überhöhte Ca-Gehalte sind zu vermeiden, nicht nur aufgrund der puffernden Effekte, sondern weil eine induzierte Gastrinausschüttung evtl. die Magenentleerung verzögert.
- Gefährdete Hunde sind zu festen Zeitpunkten zu füttern (bei den für den Hund gewohnten Vorbereitungen für die Fütterung setzt bereits die nervöse Phase der Magensaftsekretion ein), die Ration sollte auf 2–3 Mahlzeiten am Tag verteilt werden, um eine rasche Durchdringung des Magenbreies mit saurem Magensaft zu erreichen (Hemmung des Keimwachstums).
- Trockenfutter ist einzuweichen (Beschleunigung der Magenpassage), das Futter kann zudem an einem erhöhten Platz angeboten werden, um das Risiko des Luftschluckens zu vermindern.
- Schlachtabfälle sind in nicht zu großen Stücken vorzulegen, besonders bei untrainierten Hunden (vergebliche Schluckversuche führen zu erhöhter Luftaufnahme).

- Nach der Fütterung sollte man keine anstrengenden Bewegungen zulassen, Stressfaktoren hemmen die Magensaftsekretion und -motorik.

Gastritis

Bei akuter oder chronischer Gastritis, Ulzerationen bzw. übermäßiger Produktion von Magensaft sind Futtermittel zu meiden, die zu einer verstärkten Magensaftsekretion führen, z. B. Fleisch oder daraus hergestellte Brühe. Der Proteingehalt in entsprechenden Diäten sollte auf Werte eingestellt werden, wie sie für den Erhaltungsstoffwechsel empfohlen werden (10 g vRp/MJ uE) oder evtl. auch darunter liegen. Als Eiweißquellen kommen Milchprodukte (Quark, Kasein), Eier sowie hochwertiges Fleisch (Huhn, Pute) infrage.

Kohlenhydrate können in Form von Stärke eingesetzt werden, Glukoselösungen (bis 10 %) hemmen die Magensaftsekretion. Zusätzlich werden Antazida, z. B. Hemmstoffe der Säuresekretion, die H_2-Rezeptorenantagonisten bzw. Hemmstoffe der Protonenpumpe (z. B. Cimetidin oder Omeprazol), eingesetzt. Das Futter sollte in der akuten Erkrankungsphase eine weiche Konsistenz aufweisen, abrasive, mechanisch reizende Futtermittel (faserreiche, strukturierte Produkte) sind zu vermeiden.

Hypoazidität

Eine chronisch ungenügende Salzsäureproduktion (Hypoazidität) des Magens (oft mit Erbrechen verbunden) kommt gelegentlich bei Hunden vor.

Ursachen

Sie kann organisch-funktionell, psychisch (Stress), selten auch durch Cl-Mangel bedingt sein. Eine mangelhafte Salzsäurebildung erschwert die Verdauung von Eiweiß, insbesondere von Bindegewebe, da die für die Proteinverdauung wichtige Pepsinwirkung pH-abhängig ist und bei einem nicht ausreichend erniedrigten pH-Wert der Magen schneller entleert wird. Ein gleichzeitig hohes Angebot aschereicher Substanzen, die eine Absenkung des pH-Wertes im Magen verzögern, kann die Störungen verstärken. Nach einer unvollkommenen Andauung der Bindegewebe im Magen sind die proteolytischen Enzyme im Dünndarm nicht in der Lage, das Substrat vollständig zu zerlegen. Damit wird die Disposition für Diarrhöen, ähnlich wie bei übermäßiger Verwendung ungeeigneter Eiweiße, geschaffen, zumal bei der dann weniger effektiven Säurebarriere des Magens mehr Keime in den Dünndarm gelangen.

Diätetik

Diätetisch sind bei disponierten Hunden leicht verdauliche Eiweiße (Kasein, Quark, Joghurt, Muskelfleisch, Fisch, gekochte Eier) angebracht. Zur Energieversorgung kommen in größerem Umfang Fette infrage, die auch ein längeres Verweilen der Nahrung im Magen begünstigen. Die Magensaftproduktion wird durch Fleischbrühe oder andere peptonhaltige Produkte angeregt. Kohlenhydratreiche Rationen sind wegen ihres geringen Effektes auf die Magensaftsekretion unzweckmäßig. Zur Substitution können auch Pepsin-Salzsäure-Präparate versucht werden, bei Verdacht eines Cl-Mangels ist die Gabe von Kochsalz notwendig.

7.5.9 Chronische Diarrhö/entzündliche Darmerkrankungen

Maldigestion und -absorption

In der Dünndarmschleimhaut können verschiedene Stufen der Verdauung und Absorption gestört sein (Maldigestion bzw. -absorption). Meistens treten diese Probleme sekundär als Folge von Grunderkrankungen auf, wie z. B. bei entzündlichen Veränderungen der Darmwand. Häufig ist nicht ein Mangel an Verdauungsenzymen, sondern die herabgesetzte Kapazität zum Transport der abgebauten Nahrungsbestandteile die Ursache für eine verminderte Verdauungsleistung (▶ Tab. 7.22).

Enzymausfall Durch den Ausfall der in der Dünndarmschleimhaut, insbesondere im Bürstensaum lokalisierten Enzyme können Nahrungsbestandteile, die üblicherweise gut verdaut und absorbiert werden, unaufgeschlossen in den Dickdarm gelangen und dort fermentiert werden, ähnlich wie bei Verwendung ungeeigneter Futterkomponenten.

Gestörte Kohlenhydratverdauung Störungen durch ungenügenden Kohlenhydrataufschluss sind häufiger als eine verminderte Eiweißverdauung, da Polypeptide und Dipeptide noch weitgehend kompensatorisch durch die vom Pankreas sezernierten Endopeptidasen zerlegt werden können. Bei einer ungenügenden Kohlenhydratverdauung ist der Fett- und Eiweißanteil in der Ration zu erhöhen unter Reduktion der Kohlenhydrate, von denen gekochter Reis am besten verträglich ist. Wenn der Transportmechanismus in der Darmwand gestört ist, sind selbst Monosaccharide ungeeignet, da sie wegen des konzentrierten Angebotes evtl. zu einer osmotischen Diarrhö beitragen, während bei Verwendung von aufgeschlossener Stärke (z. B. Reis) die Monosaccharide nur allmählich freigesetzt werden.

Infektionen und Entzündungen Viele Malabsorptionen infolge Schleimhautschädigungen sind infektiös oder durch andauernde Entzündungspro-

▶ Tab. 7.22 Ursachen für Maldigestion und Malabsorption im Dünndarmbereich.

betroffene Gewebe und Organe	Ausfälle von bzw. Problem	Malabsorption von
Dünndarmschleimhaut	Disaccharidasen	Disacchariden
	Zucker-Carriern	Monosacchariden
	Bürstensaumpeptidasen	Oligopeptiden
	Peptid- und Aminosäuren-Carriern	Peptiden und Aminosäuren
	reduzierte Oberfläche	Fett
Bürstensaum	Laktase, Saccharase	Laktose, Saccharose
	α-Dextrinase	α-Limit-Dextrin
	Glukose/Galaktose-Carriern	Glukose, Galaktose
	Enteropeptidasen	Aminosäuren
exokrines Pankreas	Lipase, α-Amylase	Fett, Stärke
	Proteinasen	Eiweiß
Leber, Gallensalzmangel	konjugierten Gallensalzen	Fett

zesse bedingt und durch eine unvollkommene Absorption aller Nährstoffe sowie hohe sekretorische Nährstoffverluste gekennzeichnet. Sie führen in der Regel zu schweren chronischen Diarrhöen und infolge von Proteinverlusten zum Abfall des Eiweißgehaltes im Blut, zu Ödembildung und allgemeinem Körperverfall. Die Prognose ist ungünstig.

Diätetik
Bei Hunden mit akuten Erkrankungen kann temporär eine parenterale Ernährung sinnvoll sein. In chronischen Fällen sind hochverdauliche Eiweiße (Kasein, Frischkäse, Eiprotein), Aminosäurengemische, Monosaccharide sowie Mono- und Diglyzeride in Kombination mit erhöhten Mengen an Elektrolyten und Vitaminen zu versuchen. Da ein Risiko besteht, dass Hunde bei entzündlichen Veränderungen im Dünndarm vermehrt antigenwirksames Material aus dem Darmlumen absorbieren, sollten bei betroffenen Patienten möglichst Eiweißquellen verwendet werden, die üblicherweise nicht Bestandteil der täglichen Ration sind. Das Futter sollte wenig pflanzliche Faserstoffe aufweisen, daher sind die meisten pflanzlichen Eiweiße, mit Ausnahme des Sojaproteinisolates, nicht geeignet. Die Ration wird auf mehrere Mahlzeiten pro Tag verteilt.

Mikrobielle Dysbiose
Diätetik
Bei Verdacht auf eine Fehlbesiedelung des Dünndarms mit aeroben oder anaeroben Bakterien (ein Krankheitsbild, das durch chronisch rezidivierende Durchfälle gekennzeichnet ist und z. B. infolge von Motilitätstörungen, Pankreasinsuffizienz, des enteralen Proteinverlustsyndroms oder bei Immundefiziten auftritt) sollte neben einer oralen antibiotischen Therapie eine hochverdauliche, nicht zu proteinreiche Diät gefüttert werden mit ca. 8–10 g vRp auf 1 MJ ums. Energie.

Als Eiweißquellen sind ähnliche Produkte zu verwenden wie bei Malabsorptionszuständen (fein zerkleinertes Fleisch, Ei, Milchprodukte, Letztere allerdings aufgrund des hohen Laktosegehaltes in nicht zu hohen Mengen).

Aufgrund beeinträchtigter Vitaminabsorption sollte die Zufuhr von Vitamin A und Vitamin E, ggf. auch der B-Vitamine, auf das 2- bis 3-Fache der Empfehlungen für den Erhaltungsbedarf angehoben werden. Dabei ist auch die Versorgung mit Vitamin B_{12} (Cobalamin) zu beachten.

Pflanzliche Faserstoffe sollten zunächst restriktiv verabreicht werden, können aber erforderlichenfalls gezielt zugesetzt werden, um die Motilität des Darmtraktes anzuregen. Neben Zellulose ist auch Weizenkleie (1–2 g/kg KM/Tag) möglich, allerdings hängt der Erfolg von der zugrunde liegenden Erkrankung ab. Ergänzend können fermentierbare, unverdauliche Kohlenhydrate wie Fruktooligosaccharide (1–2 g/kg Trockenfutter) verabreicht werden, die positive Effekte auf die Zusammensetzung der Intestinalflora ausüben (Förderung von Laktobazillen und anderen Milchsäurebildnern).

Für Hunde sind verschiedene probiotisch wirksame Keime zugelassen (*Lactobacillus acidophilus, Enterococcus faecium*) Diese können dem Futter zugesetzt werden und haben in bestimmten Fällen einen positiven Einfluss auf den Verdauungsprozess sowie möglicherweise auch auf immunologische Vorgänge. Da manche Patienten nur durch die Gabe von Antibiotika, z. B. Metronidazol, erfolgreich zu therapieren sind, wird die Erkrankung im Schrifttum auch als antibiotikareaktive Diarrhö bezeichnet.

Inflammatorische Darmerkrankungen
Erkrankungen mit entzündlicher bzw. immunbedingter Pathogenese, inflammatorische Darmerkrankungen (IBD, inflammatory bowel disease), gehören zu den häufigsten intestinalen Problemen in der Praxis. Es handelt sich vermutlich nicht um ein monokausales Geschehen, sondern resultiert aus verschiedenen Faktoren, die insgesamt immunpathogene Effekte ausüben.

Pathophysiologie Die mukosaassoziierte Darmflora spielt allem Anschein nach eine entscheidende Rolle in der Pathogenese der IBD. Das Immunsystem der Darmmukosa hat eine wesentliche Barrierefunktion und muss in der Lage sein, auf potenziell pathogene Antigene zu reagieren und damit den Schutz des Organismus sicherzustellen.

Als Grenzfläche kommt die Darmschleimhaut mit einer vielfältigen und sehr konzentrierten mikrobiellen Gemeinschaft sowie mit einer großen

Zahl von Futtermittelantigenen in Kontakt. Die Darmschleimhaut kann durch die gereiften Zellen entweder in Richtung einer Entzündungsreaktion oder alternativ im Sinne einer Toleranz gegenüber Antigenen reagieren.

Die in der Darmschleimhaut anzutreffenden Immunzellen sind vor allem T- und B-Lymphozyten, Plasmazellen sowie eosinophile Granulozyten und Mastzellen. Als wesentliche antigenpräsentierende Zellen gelten dendritische Zellen und Makrophagen. Neben den zellulären Elementen des Immunsystems ist auch der humorale Anteil in Form der von Plasmazellen sezernierten Immunglobuline relevant. Durch ein Zusammenwirken zellulärer Faktoren sowie von Zytokinen und Chemokinen ist es möglich, dass der Darm im gesunden Zustand seine Toleranz gegenüber diversen Futter-, Bakterien- und Umweltantigenen aufrechterhält. Eine entzündliche Reaktion gegenüber Antigenen aus dem Futter oder auch gegenüber Mikroorganismen der Darmflora ist die wahrscheinlichste Ursache einer chronischen IBD.

Symptome Chronische Verdauungsstörungen im Dünndarmbereich haben besonders gravierende Auswirkungen, da sie die Nährstoffversorgung und das Allgemeinbefinden des Patienten stark beeinträchtigen. Es kommt in der Regel zu massivem Durchfall, Gewichtsverlust, weiteren Veränderungen wie Haut- und Fellproblemen sowie stark beeinträchtigtem Allgemeinbefinden. Die Verdauungsprozesse verlagern sich verstärkt in den Dickdarm, da infolge der Maldigestion bzw. Malabsorption der Einstrom unverdauten Futtermaterials ansteigt. Im Rahmen mikrobieller Fermentationsprozesse entstehen diverse Metaboliten wie Gase, organische Säuren und vor allem Abbauprodukte des mikrobiellen Proteinstoffwechsels.

Neben inkonsistenten hämatologischen Auffälligkeiten treten häufig Hypoalbuminämie, veränderte Leber- und Nierenwerte sowie abweichende Folsäure- und Cobalaminspiegel auf. Histologische Untersuchungen der Darmschleimhaut zeigen oftmals lymphoplasmazelluläre, eosinophile, histiozytäre oder immunproliferative Entzündungsformen.

Diätetik
Eine hohe präzäkale Verdaulichkeit des Futters ist besonders wichtig, wenn Verdauungsprozesse im Dünndarm gestört sind. Eine hochverdauliche, mit wenig Rohfaser und qualitativ hochwertigen Komponenten versehene Diät kann in diesen Fällen sehr hilfreich sein. Als Komponenten kommen hochwertige Proteinquellen tierischer Herkunft, insbesondere Fleisch, und als Energieträger thermisch aufgeschlossene Stärkevarianten infrage (s. ▶ Tab. 7.19). Reis hat sich in vielen Fällen besonders bewährt.

In Diäten sollte ein erhöhter Gehalt an solchen Nährstoffen vorgesehen werden, die infolge der chronisch entzündlichen Darmerkrankungen defizitär sind. Zu diesen zählen neben den fettlöslichen Vitaminen auch Natrium, Kalium und Chlorid. Sofern eine leicht verdauliche Diät allein nicht Erfolg versprechend ist bzw. weiterhin Symptome bestehen, ist die Verwendung einer antigenreduzierten Diätvariante empfehlenswert. Rationen bzw. Diätfuttermittel mit spezifizierter Zusammensetzung können in vielen Fällen zu einer deutlichen Verbesserung der Symptomatik führen.

Als Eiweißquellen kommen verschiedene Fleischsorten, z. B. von Schaf, Kaninchen, Truthahn und evtl. auch Fisch infrage. In Einzelfällen können auch andere hochwertige Proteinquellen, z. B. Ei- und Milchprodukte, verwendet werden. Um eine ausreichende Energieversorgung bei gleichzeitig nicht zu hoher Proteinzufuhr zu gewährleisten, empfiehlt sich die Verwendung nicht zu magerer Fleischsorten oder der Zusatz von Fett oder Öl. Werden sehr magere Fleischsorten verfüttert, kommt es bei alleiniger Verabreichung zu erheblicher Eiweißüberversorgung, die aufgrund der nicht auszuschließenden Permeabilitätsstörungen der Darmwand nicht erwünscht ist. Sofern sich eine bestimmte Fleischsorte als verträglich erwiesen hat, kann die Ration sukzessive mit anderen Komponenten erweitert werden, wobei z. B. Reis erste Präferenz als Kohlenhydratquelle hat. Naturreis liefert in ungeschältem Zustand zudem ausreichende Mengen an Rohfaser (ca. 9 %). Sofern verträglich, können auch andere Stärketräger (z. B. Kartoffeln) verwendet werden.

Zur Sicherung der Versorgung mit Mineralstoffen und Vitaminen kann entweder auf Kalziumphosphat, Kochsalz und eine einmal wöchentlich erfolgende Verabreichung von Leber der entsprechenden Tierart zurückgegriffen werden oder es erfolgt die Gabe von Mineralfutter mit Vitaminzusatz. Kommerzielle Mineralfuttermittel sind nicht spezifisch auf Allergiepatienten abgestimmt, in einzelnen Fällen können sie daher durch Knochenprodukte, Gelatine oder sonstige eiweißhaltige Zusätze zu Verträglichkeitsproblemen führen.

Kommerzielle antigenreduzierte Diäten sind für den Besitzer bequemer als selbst hergestellte Futtermischungen und erleichtern das Management der Allergiepatienten beträchtlich. Enzymatisch hydrolysierte Proteine stellen bei IBD-Patienten eine weitere Option dar. Die Hydrolyse führt zu einer Reduktion antigener Eigenschaften. Allerdings werden die entsprechenden Futtermittel nicht komplett hydrolysiert, sondern nur die Proteinkomponente. Stärke, Zerealien, Fette, Mineral- und Vitaminzusätze entsprechen den Zutaten konventioneller Diäten.

Proteinverlustsyndrom

Das selten auftretende Proteinverlustsyndrom (PLE, protein-losing enteropathy) ist gekennzeichnet durch eine abnorme Sekretion von Plasmaeiweiß in das Darmlumen mit Hypoproteinämie und profusem Durchfall, meist begleitet von einer bakteriellen Überwucherung des Dünndarms. Ursächlich kommen neben chronischen Entzündungen, Ulzerationen oder Tumoren auch Störungen im Blut- oder Lymphfluss (Lymphangiektasien) infrage. In bestimmten Rassen ist das Krankheitsbild gehäuft anzutreffen (Norwegischer Lundehund, Soft Coated Wheaten Terrier).

Diätetik

Die Behandlung muss zunächst auf die Bekämpfung der Primärursache und der oft vorliegenden bakteriellen Dysbiose im Dünndarm ausgerichtet sein, die Diätetik kann nur unterstützend wirken. Aufgrund des erhöhten Proteinbedarfs erhalten erkrankte Patienten eine Diät mit hochwertigen und hochverdaulichen Eiweißkomponenten sowie einem gegenüber Standardfutter erhöhten Proteingehalt (15 g vRp/1 MJ uE), z. B. auf der Basis von Reis und Frischkäse. Die Fettaufnahme sollte wegen des möglicherweise beeinträchtigten Lymphflusses unter Verwendung von Pflanzenölen mit hohem Linolsäuregehalt auf das notwendige Minimum beschränkt werden. Bedingt durch die erhöhten Verluste bzw. verminderte Absorption der fettlöslichen Vitamine und Mineralstoffe ist ihre Zufuhr bis zum Doppelten des Erhaltungsbedarfs zu erhöhen.

Glutensensitive Enteropathie

Familiär wurde bei Irish Settern eine Überempfindlichkeit gegenüber Weizenkleber beschrieben, die schließlich zu schweren Mukosaveränderungen und Zottenatrophie führt, durch Absetzen von weizen- bzw. getreidehaltigen Rationen jedoch gut zu beherrschen ist.

Störungen der Gallesekretion

Bei Störungen der Gallesekretion (im Zusammenhang mit Lebererkrankungen) oder durch Verlegung der abführenden Gallenwege (durch Gallensteine oder andere Abflusshindernisse) nimmt der Gallefluss ab. Gallensteine kommen allerdings beim Hund selten vor. Ihre Entstehung scheint durch niedrige Eiweiß- und hohe Rohrzuckergehalte im Futter begünstigt zu werden. Bei einem ungenügenden Gallefluss in das Darmlumen ist mit einer unvollständigen Verdauung der Fette und geringerer Absorption fettlöslicher Vitamine zu rechnen. Damit steigt das Risiko für Steatorrhöen (Fettstuhl) sowie für Vitaminmangelzustände (z. B. hämorrhagische Diathese oder Hauterkrankungen aufgrund eines Vitamin-K- oder -E-Mangels).

Diätetik

Bei Hunden mit einem gestörten Gallefluss ist die Fettzufuhr auf ein Mindestmaß (2–3 % der TS) zu reduzieren. Es sind nur Fette mit einem hohen Anteil an essenziellen Fettsäuren (Pflanzenöle) zu berücksichtigen, die unentbehrlich sind, andererseits aber noch relativ gut verdaut werden. Der Energiebedarf sollte vorrangig über Kohlenhydrate gedeckt werden, wobei neben gekochtem Reis auch andere Stärkearten möglich sind. Gleichzeitig ist je nach klinischen Erscheinungen eine parenterale Substitution der Vitamine A, D, E und K angebracht.

Kolitis

Eine chronisch verlaufende Kolitis ist durch Entzündung der Schleimhaut und eine ungenügende peristaltische Aktivität im Dickdarm gekennzeichnet. Sie tritt als Folge einer Futtermittelunverträglichkeit, ähnlich wie für die chronisch inflammatorischen Darmerkrankungen beschrieben, sowie eventuell auch stressbedingt auf. Gelegentlich scheint auch eine Überbesiedelung des Dickdarmes mit *Clostridium perfringens* ursächlich zu sein.

Diätetik

In Fällen von Kolitis sind ballaststoffreiche Komponenten wie z. B. Kleie, Zellulose oder pektinreiche Futtermittel wie Möhren günstig (▶ Tab. 7.19). Durch stärkere Füllung des Dickdarmes gelingt es häufig, die gestörte Darmaktivität zu regulieren, zudem haben die bei der mikrobiellen Fermentation der Faserstoffe entstehenden kurzkettigen Fettsäuren, insbesondere die Buttersäure, günstige Effekte auf die Darmschleimhaut. Da auch in der Pathogenese chronisch entzündlicher Dickdarmerkrankungen eine allergische Ursache nicht auszuschließen ist, sollten betroffene Hunde zudem eine Diät mit definierter Proteinquelle erhalten, z. B. auf der Basis von Schaf-, Puten- oder Kaninchenfleisch. Wie bei anderen chronisch entzündlichen Darmerkrankungen ist dafür Sorge zu tragen, dass die Versorgung des Hundes mit Mineralstoffen und Vitaminen beachtet wird.

7.6 Erkrankungen der Bauchspeicheldrüse (Pankreatitis und chronische exokrine Pankreasinsuffizienz)

7.6.1 Pankreatitis

Akute Pankreasentzündungen treten vergleichsweise häufig bei Hunden auf, teils auch in eher rezidivierender Ausprägung. Die Ursachen sind unklar, experimentell war es möglich, durch Gabe sehr fettreicher Diäten Entzündungen des Pankreas auszulösen. Offenbar spielen jedoch weitere Faktoren, z. B. die unkontrollierte Aufnahme von Futter bzw. Speiseresten sowie Belastungen durch Operationen eine wichtige Rolle.

Therapie und Diätetik

Erkrankte Hunde werden in erster Linie medikamentös behandelt und stellen in manchen Fällen eine Indikation zur frühzeitigen parenteralen Ernährung dar. Da die Sekretion des Pankreassaftes von der Füllung des Magens und der Zusammensetzung des Darmchymus abhängt, ist eine 2- bis 3-tägige Nahrungskarenz zu empfehlen. Nach dieser Zeit kann eine hochverdauliche protein- und kohlenhydratreiche, aber fettarme (nicht über 5%) Ration versucht werden (in 4-stündigem Intervall). Falls Erbrechen auftritt, ist die Futterzufuhr für 12 bis 24 Stunden zu unterlassen. Eine enterale Sondenernährung, insbesondere die intrajejunale Applikation fettarmer Mischungen kann zu einer Stabilisierung des Patienten beitragen, da dadurch die Pankreassekretion weniger stark stimuliert wird. Bei chronisch verlaufenden Pankreatitiden kann eine diätetische Protein- und Fettrestriktion unterstützend wirken.

7.6.2 Chronische exokrine Pankreasinsuffizienz

Eine chronische Insuffizienz des exokrinen Pankreas ist durch eine geringe Produktion wichtiger Verdauungsenzyme (Trypsin, Chymotrypsin, Peptidasen, Amylase und Lipase) gekennzeichnet. Hunde mit einer chronischen Pankreasinsuffizienz magern trotz erhaltenen oder erhöhten Appetits rasch ab und zeigen ein deutlich eingeschränktes Allgemeinbefinden. Bei betroffenen Patienten sind neben den Verdauungsproblemen weitere Abweichungen festzustellen, ein geringer Cobalamingehalt im Serum scheint mit einer ungünstigen Prognose einherzugehen. Rassendispositionen scheinen zu bestehen, die Erkrankung betrifft gehäuft den Deutschen Schäferhund. Schwere klinische Ausfallserscheinungen treten auf, wenn die Enzymproduktion auf 10% der Norm abgefallen ist. Kohlenhydratreiche Rationen verursachen eine schaumige, fettreiche eher eine pastöse Kotkonsistenz. Eventuell ist bei Kohlenhydratmaldigestion ein säuerlicher Geruch festzustellen. Der Kot wird häufig und in großen Mengen abgesetzt und enthält oft unverdaute Nahrungsbestandteile (wie Getreidekörner, Kartoffelstücke oder auch Sehnen und Bänder). Nach länger anhaltender Störung sind Rückwirkungen auf die Leber (Verfettung), vermutlich infolge Absorption verschiedener Abbauprodukte aus dem Darmrohr und Belastung durch Bakterien oder Endotoxine, zu erwarten.

Diätetik

Die diätetischen Maßnahmen zielen in zwei Richtungen: Auswahl von Komponenten, für deren Verdauung noch günstige Bedingungen bestehen und Substitution von Enzymen, um die Verdauung zu erleichtern. Obwohl das Pankreas zahlreiche Verdauungsenzyme produziert, ist die Fettverdauung am stärksten betroffen, da nur das Pankreassekret Lipaseaktivität aufweist. Weiterhin wird infolge des Ausfalls von Amylase auch die Stärkezerlegung stark beeinträchtigt, während umgekehrt die Verdauung der Eiweiße (beginnender Abbau im Magen, Zerlegung von Bruchstücken in der Dünndarmschleimhaut) nicht so stark und die der Disaccharide gar nicht betroffen ist.

❗ **Die Diät für Hunde mit einer Pankreasinsuffizienz sollte unter Verwendung von aufgeschlossenen Kohlenhydraten fettarm und eiweißreich sein.**

Eine Mindestmenge an Fett muss zugeführt werden, um einem Mangel an Linolsäure und damit Hauterkrankungen vorzubeugen. Wegen der schon beeinträchtigten Fettabsorption sollte das Linolsäureangebot 50 % über dem Mindestbedarf liegen. Fette mit mittellangen Fettsäuren haben sich beim Hund nicht bewährt. Erfahrungen mit Hunden, die mit Pankreasenzymen behandelt wurden, zeigen, dass der Fettanteil in der Diät erhöht werden kann. Dieses kann das Management erleichtern, da die Energiezufuhr verbessert wird. Von den Eiweißen werden leicht verdauliche Produkte, z. B. Eier und Fleisch, bevorzugt, pflanzliche oder bindegewebereiche Eiweißfuttermittel eher ausgespart.

Als Kohlenhydrate sind Produkte geeignet, in denen die Stärke hochverdaulich bzw. schon teilweise hydrolysiert ist. Hunde, denen das Pankreas experimentell exstirpiert wurde, konnten z. B. durch Fütterung von Rindfleisch und Rohrzucker gesund und leistungsfähig erhalten werden (bei gleichzeitiger Insulinsubstitution).

Von den übrigen Nährstoffen verdienen insbesondere Zink, Vitamin B_{12} und die fettlöslichen Vitamine (aufgrund gestörter Absorption) Beachtung. Mangelsymptome sind vorrangig durch Ausfall von Vitamin K zu erwarten, da es kaum gespeichert wird (im Gegensatz zu den Vitaminen A, D und E) und aufgrund der gestörten Verdauungsvorgänge im Dickdarm nur eine geringe bakterielle Synthese erfolgt. Vitamin B_{12} (Cobalamin) ist häufig bei Patienten mit chronischer exokriner Pankreasinsuffizienz im Serum aufgrund des Ausfalls des pankreatischen Intrinsischen Faktors reduziert. Bei parenteraler Verabreichung werden 250–1500 µg Cobalamin (für Hunde mit 5 bis > 45 kg Körpermasse) in wöchentlichem Abstand über 6 Wochen empfohlen, danach kann der Zeitraum zwischen den Behandlungen vergrößert werden.

Bei schweren Durchfällen müssen auch Kalium, Natrium und Chlorid substituiert werden. Die Rationsgestaltung richtet sich nach der Schwere der klinischen Erscheinungen. In leichteren Fällen genügen hochverdauliche Diäten (▶ Tab. 7.23, ▶ Tab. 7.24).

Enzymsubstitution

Zur Unterstützung der Verdauung dienen kommerziell erhältliche Pankreasenzyme in Pulver- oder Tablettenform (oder auch frisches bzw. durch Gefrieren konserviertes Rinderpankreas). Die Wirksamkeit solcher Zusätze kann zum Teil durch die Pepsin-Salzsäure im Magen oder tiefe pH-Werte im Duodenum (Ausfall der Bikarbonatproduktion des Pankreas) beeinträchtigt sein. Daher kann die Effizienz der Enzymbehandlung durch die Verabreichung von Antazida verbessert werden. Wenn von den zugeführten Enzymen 10–20 % der Ausgangsaktivität im Dünndarm erhalten bleiben, wird damit schon eine merkliche substitutive Wirkung erzielt. Besonders geeignet sind Präparate in pulverisierter Form, die man leicht unter das Futter mischen kann (2–3 % der Trockenmasse).

Eine effektivere Wirkung der Enzympräparate wird erreicht, wenn sie bereits vor der Fütterung den Futtermitteln zugesetzt werden und damit eine Vorverdauung insbesondere der Fette und Proteine eingeleitet wird. Mit solchen Mischungen

▶ **Tab. 7.23** Rationen für Hunde mit gering- bis mittelgradiger Pankreasinsuffizienz.

	I (fettarm)	II	III
	Futtermengen für einen Hund mit 15 kg Körpermasse in Gramm je Tag		
1. eiweißreiche Futtermittel			
Hühnerfleisch, Keule	200		
Putenfleisch		140	
Pferdefleisch			200
Ei, gekocht			50
Magerquark			50
2. energieliefernde Futtermittel			
Reis, poliert, Trockengewicht	175		
Haferflocken		160	
Nudeln, Trockengewicht			165
3. Fettergänzungen			
Fett/Öl	5		5
(Ergänzung von n-3-Fettsäuren: z. B. Fischöl)	1	1	1
4. ballaststoffreiche Futtermittel			
Möhren	25	25	25
Zellulose	3		
5. Mineralstoffe/Vitamine			
vitaminiertes Mineralfutter, ca. 20–25 % Ca[1]	8	8	8
Energie- und Proteingehalte			
uE (MJ/100 g)	0,9	0,9	1,0
vRp (g/100 g)	11,8	13,6	13,4
vRp/uE	12,9	15,7	14,2

[1] Cobalamin ggf. parenteral verabreichen.

▶ **Tab. 7.24** Rationen für Hunde mit gering- bis mittelgradiger Pankreasinsuffizienz. Multiplikationsfaktoren zur Berechnung der Futtermengen relativ zu 15-kg-Hund.

Körpermasse des Hundes in kg	Futtermengen (▶ Tab. 7.23)	Mineralstoffe, Vitamine
5	× 0,4	× 0,3
10	× 0,7	× 0,7
15	s. Tabelle 7.23	
20	× 1,2	× 1,3
35	× 1,9	× 2,3
60	× 2,8	× 4

werden auch in schweren Fällen die Ausfallerscheinungen weitgehend gemildert (▶ Tab. 7.25). Aufgrund des hohen Arbeitsaufwands empfiehlt es sich allerdings, die oben dargestellten Alternativen zu nutzen.

Fütterungsfrequenz

Wegen der insgesamt geringen Verdaulichkeit muss die Futtermenge bei pankreasinsuffizienten Hunden je nach Grad der Störung bis auf das Doppelte der Norm angehoben werden, um das Körpergewicht konstant zu halten bzw. eine Gewichtszunahme zu erzielen. Das Futter wird auf 3–4 Mahlzeiten pro Tag verteilt, um den Verdauungskanal zu entlasten. Plötzliche Futterwechsel sind zu vermeiden.

▶ **Tab. 7.25** Extrakorporal vorverdaute Ration für Hunde mit schwerer chronisch exokriner Pankreasinsuffizienz unter Verwendung eines Enzymzusatzes.

Zusammensetzung der Ration	g/100 g FS
Speisequark (mager)	60
Speiseöl	10
Traubenzucker	12,3
Eigelb (zur Emulgierung)	2,5
Wasser	10
Vitamin-Mineralstoff-Mischung[1]	1,7
Natriumhydrogen-karbonat	2,4
Cholinchlorid	0,1
Pankreatin®	1,0

in der Ration sind enthalten:
25 % Protein und 30 % Fett (bezogen auf TS); 100 g uS = 0,75 MJ uE

Herstellung der Futtermischung
Mischung (Emulsion, Haushaltsmixer) aus Speisequark, Öl, Eigelb und Natriumhydrogenkarbonat mit entsprechender Menge an Wasser und Pankreatin versetzen und mindestens 1,5 Stunden bei 37 °C im Wasserbad oder 3–6 Stunden bei Raumtemperatur halten. Anschließend Traubenzucker, Cholinchlorid und vitaminiertes Mineralfutter zugeben.

	Futtermengenzuteilung (g/kg KM/Tag)	
	zur Wiedererlangung des Normalgewichts	zur Gewichtserhaltung
kleine Rassen	75	50
mittelgroße Rassen	60	40
große Rassen	50	30

[1] z. B. mit 20 g Kalzium, 8 g Phosphor, 300 mg Zink, 50 000 IE Vitamin A/100 g
Quelle: Mundt et al. 1988.

7.7 Lebererkrankungen

7.7.1 Pathophysiologie

Erkrankungen der Leber können in Form des portosystemischen Shunts kongenital auftreten, meistens handelt es sich jedoch um erworbene, akut oder chronisch verlaufende, entzündliche, degenerative oder auch tumoröse Prozesse, die je nach Charakter, Schweregrad und Verlauf mit teils sehr unspezifischen klinischen Symptomen einhergehen. Ausschlaggebend für die klinischen und biochemischen Konsequenzen von Lebererkrankungen ist die zugrunde liegende Pathophysiologie, wobei aufgrund der zentralen Bedeutung der Leber im Stoffwechsel in unterschiedlicher Weise sowohl Synthese- als auch Ausscheidungs- und Speicherfunktionen betroffen sein können. Bei vermindertem Gallefluss resultieren auch Konsequenzen auf die Verdauungsabläufe im Dünndarm, insbesondere die Fette und fettlöslichen Vitamine betreffend (▶ Tab. 7.26).

Die Folgen einer gestörten hepatischen Funktion sind unterschiedlich. Infolge einer ungenügenden Albuminsynthese können Hypalbuminämien und Ödeme, bei einem gestörten Kohlenhydratumsatz Hypoglykämien mit Krämpfen bzw. komatösen Zuständen und bei Stauung der Galle ein Ikterus resultieren. Fortgeschrittene Lebererkrankungen begünstigen über eine Beeinträchtigung des Pfortaderkreislaufs Ödeme und Stauungserscheinungen (Aszites) oder auch eine Hepatoenzephalopathie durch Retention toxischer Abbauprodukte des Protein- und Aminosäurenmetabolismus. Beides sind prognostisch ungünstige Zeichen.

7.7.2 Diätetik

Aufgrund der Vielzahl betroffener Funktionen ist die Diätetik in erster Linie auf die Sicherstellung einer ausreichenden Versorgung des Patienten mit Energie und Nährstoffen, die nicht mehr in ausreichendem Umfang synthetisiert bzw. gespeichert werden können, auszurichten. Durch adäquate Rationsgestaltung kann die Belastung des Organismus mit Abbauprodukten aus dem Darmkanal reduziert werden, wobei insbesondere die Protein-

▶ Tab. 7.26 Funktionen der Leber im Stoffwechsel der Nährstoffe.

Nährstoffe	Funktion der Leber
Kohlenhydrate	Glukosehomöostase, Beteiligung an Insulin-/Glukagon-Stoffwechsel, Glykogenspeicherung
Fette	Verdauung, Synthese, Speicherung, Transport, Metabolisierung
Proteine	Synthese, Speicherung von Protein, z. B. Albumin, Globulin, Gerinnungsfaktoren; Ammoniakdetoxifikation durch Harnstoffsynthese
Vitamine	Aktivierung, Speicherung, besonders fettlösliche Vitamine
Spurenelemente	Speicherung, Bindung an Transportprotein, Ausscheidung

versorgung in quantitativer und qualitativer Hinsicht zu beachten ist. Inwieweit das Regenerationsvermögen des erkrankten Organs diätetisch unterstützt werden kann, lässt sich im Einzelfall schwer vorhersehen. Es ist jedoch davon auszugehen, dass sich eine verminderte Beanspruchung durch diätetische Maßnahmen sowie die Bereitstellung angepasster Nährstoffmengen auch auf das hohe Regenerationsvermögen der Leber positiv auswirkt.

Prinzipien der Diätbehandlung leberkranker Patienten

Energiezufuhr

Die Energiezufuhr sollte so bemessen werden, dass die Patienten ihr Gewicht halten und nicht in größerem Umfang Körpermasse abbauen. Anderenfalls entstehen große Mengen an unerwünschten Stoffwechselprodukten, die wiederum die Leber belasten. Neben aufgeschlossener Stärke (Reis, Mais- und andere Getreidestärken) können auch in gewissem Umfang Mono- oder Disaccharide als Energiequellen verwendet werden, ebenso Fette (von Schwein oder Geflügel), sofern nicht schwerwiegende Störungen der Fettverdauung infolge einer verminderten Gallenausscheidung vorliegen. Mittelkettige Fettsäuren, die in der Humandiätetik bei gestörter Fettabsorption eingesetzt werden, da sie ohne Beteiligung der Pankreaslipase bzw. Galle absorbiert werden können, werden vom Hund nur in beschränktem Umfang vertragen.

Proteinversorgung

Die Anpassung der Eiweißversorgung hat besondere Bedeutung. Hochverdauliche, bereits im Dünndarm weitgehend abbaubare Eiweiße sind bevorzugt einzusetzen. Überhöhte Proteingaben sollten insbesondere in der ersten Behandlungsphase vermieden werden. Aufgrund der Bedeutung von Arginin für den Harnstoffzyklus empfehlen sich Futtermittel mit höherem Gehalt dieser Aminosäure, insbesondere Fleisch- und Sojaprodukte. Die Methioninaufnahme ist möglichst zu limitieren, da der mikrobielle Abbau von Methionin im Darmkanal zu einer Belastung mit Schwefelwasserstoff oder Mercaptanen führen kann. Eiprotein ist aufgrund seiner hohen präkalen Verdaulichkeit in gewissem Umfang einzusetzen, aufgrund seines Methioningehaltes jedoch bei Hunden mit klinischen Erscheinungen einer Enzephalopathie zu limitieren (< 10 % der Gesamtration).

Unter Beachtung dieser Grundsätze stellen Fleisch (auch zur Sicherung der Akzeptanz), isoliertes Sojaprotein sowie Milcheiweiß geeignete Proteinquellen für die Fütterung leberkranker Hunde dar. Das Verhältnis von verd. Rohprotein zu ums. Energie kann sich zunächst an den Empfehlungen für den Erhaltungsstoffwechsel orientieren. In Abhängigkeit vom Albumin-, Harnstoff- und Ammoniakgehalt des Plasmas sind jedoch evtl. Anpassungen vorzunehmen.

Kohlenhydrate

Der Gehalt an pflanzlichen Faserstoffen sollte auf der einen Seite ausreichend hoch sein, um die Darmmotilität zu gewährleisten, andererseits aber nicht zu einer erheblichen Verdauungsdepression führen, da unter diesen Bedingungen die postilealen mikrobiellen Fermentationsvorgänge und die intestinale Ammoniakbildung stimuliert würden. In einer Menge von 3 % der TS erscheint der Einsatz faserreicher Produkte zur Sicherstellung einer ausreichenden Darmmotilität günstig, wobei ein größerer Teil aus fermentierbaren Faserquellen, z. B. Trockenschnitzeln, Möhren oder Apfelpektinen, stammen kann. Dadurch sowie über Laktose (2 g/kg KM/Tag) oder auch Laktulose (je nach Wirkung bis 1 g/kg KM/Tag) lässt sich eine Azidierung des kolonalen Milieus erreichen. Die Absenkung des pH-Werts des Darminhalts überführt freies Ammoniak in die Ammoniumform. Dieses wird nicht mehr über die Darmwand resorbiert und vermehrt fäkal ausgeschieden.

Mineralstoffe und Spurenelemente

Die Mineralstoff- und Spurenelementversorgung sollte sich an den Empfehlungen für Hunde im Erhaltungsstoffwechsel orientieren, allerdings ist die Na-Versorgung bei Ödembildung zu reduzieren (< 250 mg/1 MJ uE).

Unter den Spurenelementen ist insbesondere Kupfer zu beachten, da bei disponierten Hunden bzw. höhergradiger Leberdegeneration (Fibrose, Zirrhose) eine Tendenz zur Speicherung von Kupfer vorliegt und dadurch Zellschädigungen ausgelöst werden können.

Vitamine

Die Vitaminversorgung sollte so ausgerichtet werden, dass bei bedarfsdeckender Vitamin-A-Zufuhr die Versorgung mit Vitamin E und den B-Vitaminen gegenüber dem Erhaltungsstoffwechsel erhöht wird. Ascorbinsäure kann zugeführt werden, wenn aufgrund degenerativer Organveränderungen von einer reduzierten hepatischen Synthese auszugehen ist. Bei Patienten mit Lebererkrankungen kommt es zu einer vermehrten Belastung mit oxidativ wirkenden Stoffwechselprodukten. Daher kommt den antioxidativ wirkenden Vitaminen in der Diätetik große Bedeutung zu.

Fütterungstechnik

Die eingesetzten Futtermittel sollten von einwandfreier hygienischer Qualität sein, insbesondere ist darauf zu achten, dass keine Kontamination mit Schimmelpilzen bzw. ihren Toxinen vorliegt. Die Fütterungstechnik muss sich an den allgemeinen Grundsätzen zur Ernährung kranker Hunde orientieren. Die mehrmalige Verabreichung kleiner Mahlzeiten sowie ein ausreichendes Wasserangebot sind notwendig.

Hinweise zu speziellen Krankheitsbildern

Akute Lebererkrankungen

Liegen akute Erkrankungen mit Beteiligung der Leber vor, wobei die Symptome Erbrechen und Durchfall sowie Bilirubinämie oder -urie hinweisend sein können, sollte die Nahrung zunächst über ca. 3 Tage völlig entzogen werden. Auf eine ausreichende Versorgung mit Flüssigkeit und Elektrolyten (Kalium) ist zu achten, auch die Vitaminversorgung des Patienten sollte sichergestellt werden, wobei neben dem Vitamin E im Fall von Gerinnungsstörungen besonders der Vitamin-K-Versorgung Bedeutung zukommt. Bei Bedarf kann sich die intravenöse Applikation von Flüssigkeiten und evtl. eine parenterale Ernährung empfehlen. Danach sollte eine hochverdauliche, mäßig proteinreduzierte Diät eingesetzt werden, z. B. auf der Basis von Reis und Milchprotein (Relation verd. Rohprotein/ums. Energie ca. 8 g/1 MJ). Nach vorsichtiger Anfütterung kann die Menge erhöht werden. Je nach klinischem Bild und labordiagnostischen Befunden (Albumin, Ammoniak, Harnstoff) wird die Proteinversorgung modifiziert (▶ Tab. 7.27, ▶ Tab. 7.28).

Steatorrhö

Eine Steatorrhö infolge ungenügenden Galleflusses macht die Verwendung einer fettreduzierten Diät erforderlich (Fettanteil bis zu 5% in der Trockensubstanz). Die Verwendung von Fettsäuren mittlerer Kettenlänge hat sich beim Hund nicht bewährt. Um die Versorgung mit fettlöslichen Vitaminen sicherzustellen, ist die Zufuhr gegenüber den Empfehlungen im Erhaltungsstoffwechsel auf den doppelten Wert anzuheben.

Leberverfettungen

Leberverfettungen können aus verschiedenen Ursachen resultieren, wobei primäre Lipidosen durch toxische Einwirkungen (Mykotoxine, evtl. auch chronische Belastung mit mikrobiellen Stoffwechselprodukten aus dem Intestinaltrakt, z. B. Endotoxine) verursacht werden, die jedoch im Einzelfall nur schwer zu diagnostizieren sind. In einem Teil der Fälle kann eine Hepatolipidose aufgrund von Stoffwechselstörungen infolge eines länger dauernden Diabetes mellitus, einer chronischen

▶ Tab. 7.27 Rationen für leberkranke Hunde.

	I allgemeine Störungen	II kupferarm	III Hepatoenzephalopathie
	Futtermengen für einen Hund mit 15 kg Körpermasse in Gramm je Tag		
1. eiweißreiche Futtermittel			
Hühnerfleisch, Brust	110		20
Herz		50	
Quark		95	20
Sojaproteinisolat			20
2. energieliefernde Futtermittel			
Reis, ungeschält, Trockengewicht	210	170	
Haferflocken			140
Laktulose, pulverförmig			10–15
3. Fettergänzungen			
Fett/Öl	10	20	20
4. ballaststoffreiche Futtermittel			
Möhren	25	25	25
5. Mineralstoffe/Vitamine			
vitaminiertes Mineralfutter, ca. 20–25 % Ca, kupferarm	8	[1]	8
Kalziumkarbonat		2	
Kalziumphosphat		3	
jod. Kochsalz		0,5	
Energie- und Proteingehalte			
uE (MJ/100 g)	1,1	1,0	1,4
vRp (g/100 g)	11,1	10,3	13,4
vRp/uE	10,6	10,1	9,5

[1] Vitaminergänzung über entsprechendes Präparat erforderlich.

▶ Tab. 7.28 Rationen für leberkranke Hunde. Multiplikationsfaktoren zur Berechnung der Futtermengen relativ zu 15-kg-Hund.

Körpermasse des Hundes in kg	Futtermengen (▶ Tab. 7.27)	Mineralstoffe, Vitamine
5	× 0,4	× 0,3
10	× 0,7	× 0,7
15	s. Tabelle 7.27	
20	× 1,2	× 1,3
35	× 1,9	× 2,3
60	× 2,8	× 4

Darmentzündung oder durch langfristige Anwendung von Glukokortikoiden entstehen. Nutritiv bedingte Leberverfettungen resultieren aus einer – allerdings unter praktischen Bedingungen kaum zu erwartenden – Unterversorgung mit lipotropen Stoffen, u. a. Methionin, Cholin oder auch Biotin. Methionin ist am Stoffwechsel der Transportproteine beteiligt, die für eine Mobilisierung hepatischer Fettreserven sorgen. Auch Zirkulationsstörungen, evtl. im Zusammenhang mit Diabetes mellitus, können infolge hypoxischer Zustände eine Leberverfettung begünstigen. Bei adipösen Hunden ist eine sekundäre Leberverfettung möglich, jedoch nicht durch Überfütterung per se, sondern durch sekundäre Kreislaufstörungen.

Diätetik Diätetisch kann bei primären oder sekundären Leberverfettungen versucht werden, die Mobilisierung der Fette zu fördern bzw. die Anflutung von Fettsäuren zu reduzieren. Hier sollten fettarme Diäten (5–8 % Rohfett in der Trockensubstanz) in Kombination mit einer erhöhten Aufnahme lipotroper Substanzen (Methionin, Cholin, Inositol, evtl. auch Carnitin in einer Dosierung von 250–500 mg/Tag bei einem mittelgroßen Hund) versucht werden.

Da Vitamin E gegenüber toxischen Oxidationsprodukten schützt, empfiehlt sich die zusätzliche Gabe von 2 mg Vitamin E/kg KM/Tag, ebenso eine ausreichende Zn-Versorgung. Geeignete Komponenten in einer adäquaten Diät sind neben Milch (bis 20 ml/kg KM/Tag) und Milchprodukten (Quark, Joghurt) auch Fischprodukte.

Die Versorgung mit essenziellen Fettsäuren wird über die Verwendung linolsäurereicher Pflanzenöle oder auch durch Schweine- oder Geflügelfett gesichert. Fischöle mit hohem Anteil an n-3-Fettsäuren können bei Fettstoffwechselstörungen günstige Wirkungen entfalten, ebenso Lezithin (hoher Cholinanteil) und Biotin.

Leberfibrose und -zirrhose

Bei fortgeschrittenen chronischen Erkrankungen der Leber (Fibrose, Zirrhose) sind den diätetisch-therapeutischen Möglichkeiten deutliche Grenzen gesetzt. Hier ist aufgrund beeinträchtigter Strömungsbedingungen im Pfortaderkreislauf mit Stauungserscheinungen und Ödemen zu rechnen, evtl. verstärkt durch die verminderte hepatische Syntheseleistung, insbesondere für Albumin.

Diätetik Neben der sorgfältigen Austarierung der Proteinversorgung, die so bemessen sein sollte, dass die Restsynthesefähigkeit der Leber unterstützt wird, sollte die Diät zur Vermeidung bzw. Bekämpfung der Ödemneigung natriumarm sein. Da die meisten Einzelfuttermittel von Natur aus nur geringe Na-Gehalte aufweisen, ist eine entsprechende Diät vergleichsweise einfach zu erstellen. Sofern ein kommerzielles vitaminiertes Mineralfutter verwendet wird, ist ein Produkt mit geringem Na-Gehalt zu wählen. Viele Hunde mit chronischen Leberproblemen lagern vermehrt Kupfer in die Leber ein. Daher sollte die Diät kupferarm sein.

Portocavaler Shunt

Als Endstadium vieler Leberstoffwechselstörungen oder beim angeborenen portosystemischen Shunt, einer Gefäßmissbildung, treten zerebrale Symptome (Hepatoenzephalopathie) auf, die zu Apathie, Erbrechen, Krampfanfällen oder auch Wesensveränderungen führen.

Pathophysiologie Ursächlich liegt eine verstärkte Anflutung mikrobiell gebildeter Metaboliten aus dem Intestinaltrakt zugrunde, neben Ammoniak biogene Amine (Histamin, Tyramin, Tryptamin und andere), flüchtige Fettsäuren und schwefelhaltige Gase (Schwefelwasserstoff, Mercaptane). Durch Verschiebungen des Aminosäurenmusters im Plasma mit steigenden Gehalten der aromatischen Aminosäuren, die nur von der Leber metabolisiert werden, und dadurch erweitertem Verhältnis von aromatischen zu verzweigtkettigen Aminosäuren ändern sich die Resorptionsverhältnisse an der Blut-Hirn-Schranke. Es kommt u. a. zur Bildung „falscher" Neurotransmitter, die einen Teil der beobachteten Verhaltensänderungen erklären.

Diätetik Mit adäquater Diät ist es durchaus möglich, in die Pathogenese einzugreifen und eine Minderung der klinischen Symptome zu erreichen. Dazu ist in erster Linie eine Reduktion der Proteinversorgung vorzunehmen, gleichzeitig muss aber die Versorgung des Patienten mit essenziellen Aminosäuren gewährleistet bleiben. Um die intestinale mikrobielle Proteolyse möglichst gering zu halten, werden nur präzäkal hochverdauliche Proteine (Sojaproteinisolat, Fleisch, Quark, evtl. auch geringe Anteile isolierter Getreidekleber) sowie in der Initialtherapie ein intestinal gut wirksames Antibiotikum, z. B. Neomycin in einer Dosis von 20 mg/kg KM/6 h, eingesetzt.

Eine Hemmung der Ammoniakabsorption aus dem Intestinaltrakt ist zudem durch eine Ansäuerung des Chymus in den distalen Abschnitten des Gastrointestinaltraktes zu erreichen, z. B. durch Laktulose (bis 1 g/kg KM/Tag), alternativ auch Oligosaccharide (Frukto- oder Glukooligosaccharide) in einer Menge von ca. 10–20 g/kg Futtertrockensubstanz. Die Effekte der – preisgünstigen – Laktose sind weniger sicher vorhersehbar, da manche ältere Hunde noch über eine hohe Laktaseaktivität im Dünndarm verfügen. Versuchsweise kann Laktose in einer Dosierung von 2 g/kg KM/Tag eingesetzt werden. Wird dadurch keine pH-Absenkung in den Fäzes auf einen Bereich von mindestens 6,5 erzielt, kann die Dosierung erhöht werden. Langfristig ist die Ergänzung der Diät mit unlöslichen Faserstoffen zu empfehlen, wobei z. B. 5 % Weizenkleie oder Zellulose in der TS eine ausreichende Darmpassage gewährleisten.

Kupferspeicherkrankheit

Bei der genetisch bedingten Kupferspeicherkrankheit der Bedlington Terrier und anderer disponierter Rassen (u. a. Westhighland-White-Terrier, Dobermann) helfen Spezialdiäten mit reduziertem Cu-Anteil. Als kupferarme Rationskomponenten eignen sich Milchprodukte, evtl. in Kombination mit geringen Mengen an Ei- oder Fleischprotein. Mineralfutter sollten möglichst frei von Kupfer sein. Aus Sicherheitsgründen ist eine Mineralstoffsupplementierung über mineralische Einzelfuttermittel bzw. einzelne Spurenelementverbindungen zu empfehlen. Auch Knochenmehl oder Futterknochenschrot enthalten nur vergleichsweise geringe Kupfermengen, sodass diese in moderaten Fällen als Mineralstoffsupplemente infrage kommen. Die Versorgung mit Vitaminen kann mit einem vitaminreichen Ergänzungsfutter (Tab. VI, Anhang) sichergestellt werden.

Diätetik Ergeben Leberbioptate eine bereits fortgeschrittene Cu-Speicherung (▶ Tab. 4.19), so ist die Verwendung von Chelatbildnern, z. B. in Form des D-Penicillamins zu empfehlen. Es ist bei einer Dosis von 2 x 10–15 mg/kg KM/Tag wirksam. Das Präparat muss etwa eine halbe Stunde vor Verabreichung des Futters gegeben werden, ist unter Umständen jedoch schlecht verträglich (Erbrechen, Nieren- und Hautveränderungen). Alternativ kann über eine erhöhte Zufuhr an Zink die Cu-Absorption reduziert werden, da Zink die Bildung des kupferbindenen Metallothioneins in der Darmwand fördert und somit die Cu-Ausscheidung forciert. Die für Bedlington Terrier empfohlene Dosierung liegt bei 200 mg Zink/Tag, sollte aber nach spätestens 3 Monaten auf die Hälfte oder ein Viertel reduziert werden. Zur Therapiekontrolle muss unbedingt der Plasmazinkgehalt überprüft werden, der während der Therapie unter 30 µmol/l liegen soll, um eine Zn-Intoxikation zu vermeiden. Molekulargenetische Verfahren zur Erkennung veranlagter Individuen (DNA-Marker) werden zur frühzeitigen züchterischen Prävention genutzt

7.8 Hauterkrankungen

Die Haut zeichnet sich durch einen lebhaften Stoffwechsel aus. Alimentär bedingte Störungen, die allerdings nur einen Teil der in der Praxis relevanten Hauterkrankungen verursachen, können auf einem Mangel oder Überschuss an Nährstoffen, der Wirkung von Metaboliten aus dem Darmkanal oder auf einer Allergie beruhen. Hauterkrankungen treten auch bei einer Energieüberversorgung, d. h. bei adipösen Hunden auf, wobei neben der in Extremfällen zu beobachtenden Bildung von Hautfalten, die als Nischen für Bakterien dienen, auch allgemeine Störungen in der Immunantwort zugrunde liegen können.

7.8.1 Nährstoffmängel als Ursache für Dermatosen

Fütterungsbedingte Störungen, die sich eindeutig auf einen Nährstoffmangel oder eine Fehlversorgung zurückführen lassen, sind unter heutigen Ernährungsbedingungen eher selten (▶ Tab. 7.29). Hier kann die nutritive Anamnese (Futterart, -menge, -qualität) zu einer Wahrscheinlichkeitsdiagnose beitragen. Dabei stößt man meist auf eine multiple Genese, d. h., mehrere essenzielle Nährstoffe sind marginal oder absolut unzureichend in der Nahrung. Dies bedingt andererseits ein auch gegenüber nicht ernährungsbedingten Erkrankungen nicht immer eindeutig abzugrenzendes klinisches Bild. Bei der Anamnese ist zu beachten, dass Hauterkrankungen oft erst nach einer länger dauernden chronischen Fehlernährung auftreten, sodass die Fütterungspraxis bis weit in die Vergangenheit zurückverfolgt werden muss. Andererseits sind nach Substitution der evtl. fehlenden Nährstoffe oft erst nach Wochen Besserungen zu erwarten. Eine ungenügende Nährstoffversorgung kann auch die Entstehung von Hauterkrankungen anderer Genese (durch Infektionen, Ektoparasitenbefall, Sensibilisierungen oder Organerkrankungen) begünstigen bzw. verstärken. Auch in solchen Fällen, in denen die Krankheit zunächst wenig mit der Fütterung gemein zu haben scheint, ist es lohnend, die Ernährung zu überprüfen und bei der Therapie flankierende nutritive Maßnahmen zu empfehlen.

Nährstoffmängel können neben primärer (= Unterversorgung mit dem jeweiligen Nährstoff) auch sekundärer Natur sein, wenn andere Komponenten im Futter die Absorption behindern (z. B. Kalzium oder Phytinsäure, die negativ auf die Zinkverwertung wirken). Die für die Funktion der Haut und ihrer Anhangsorgane wichtigsten Nährstoffe, einschließlich der bei hochgradigem Mangel zu erwartenden Ausfallserscheinungen, sind in ▶ Tab. 7.29 zusammengestellt. Ein chronischer

▶ **Tab. 7.29** Hauterkrankungen durch Nährstofffehlversorgungen.

Mangel	Symptome	typische Ration bzw. Situation
Protein, essenzielle Aminosäuren	• stumpfes, brüchiges Fell • Hyperkeratosen • Pigmentverlust	• eiweißarme Rationen • evtl. bei wachsenden Hunden
ungesättigte Fettsäuren	• glanzloses Fell, Schuppenbildung, Seborrhö • Otitis externa • Infektionsdisposition	• fettarme Fütterung • oxidierte Fette • sekundär bei Vitamin-E-Mangel
Zink	• Haarverlust, Depigmentierung • Parakeratose • Ulzerationen	• zinkarme Rationen • sekundär bei Ca-Überschuss • hohe Phytingehalte
Jod	• Haarverlust • trockene, dünne Haut	• Fleisch/Schlachtabfälle aus Jodmangelgebieten
Kupfer	• Pigmentaufhellung	• selten • evtl. bei Zn ↑ oder Ca ↑
Vitamin A	• Hyperkeratose, geringes Haarwachstum, Haarausfall	• unzureichender Gehalt, evtl. bei hausgemachtem Futter ohne Vitaminergänzung
Vitamin E	• Schuppenbildung, Dermatitis	• hohe Aufnahme ungesättigter Fettsäuren, oxidierte Fette
B-Vitamine	• Dermatosen • sekundäre Entzündungen, Hautatrophie	• bei chron. Durchfall • orale Antibiotikatherapie • gewässerte FM
Nikotinsäure	• schuppige Dermatitis • Pellagra	• Maisfütterung ohne Ergänzung (bes. Tryptophan)
Biotin	• Haar glanzlos, spröde • Seborrhö, Ekzeme • sek. Entzündungen	• häufige Gabe roher Eier • Störungen der Darmflora

Quellen: Glättli et al. 1973/74, Hirakawa u. Baker 1985, Busch-Kschiewan et al. 2004, Tran et al. 2007, Kirby et al. 2007.

Protein- oder Aminosäurenmangel führt zu stumpfem, brüchigem Fell, Hyperkeratosen und Pigmentverlust, ist aber genau wie ein Mangel an essenziellen Fettsäuren nur sehr selten. Tyrosinmangel kann zu einer Depigmentierung und rötlichen Verfärbung der Haare bei dunkelhaarigen Individuen führen.

Fettsäuremangel

Fettsäuren sind wesentliche Bestandteile in der Ernährung von Hunden, da sie einerseits als Energiequelle dienen und andererseits teilweise essenziell sind, da sie im Körper nicht synthetisiert werden können.

Fettsäuren haben zahlreiche strukturelle Funktionen, z. B. als Bestandteil der Phospholipide in der Zellmembran. Verschiedene mehrfach ungesättigte Fettsäuren sind Vorläufer von Prostaglandinen oder Eikosanoiden. Diese sind wichtige Regulationsfaktoren und beeinflussen den Zellstoffwechsel sowie Entzündungsprozesse. Weiterhin dienen die Fette der verbesserten Resorption von fettlöslichen Vitaminen. Im Zusammenhang mit Hauterkrankungen von Hunden sollten vor allem die Linolsäure, die α-Linolensäure sowie die mehrfach ungesättigten, langkettigen Fettsäuren wie die Eicosapentaensäure und die Docosahexaensäure berücksichtigt werden.

Fettsäuren, insbesondere die Linolsäure, beeinflussen die Barrierefunktion der Haut, da die aus ihnen synthetisierten Ceramide, die zu den Sphingolipiden gehören, die Zwischenzelllagen abdichten. Die Fettsäuren im Blut sowie in der Haut können durch die Ernährung in ihrer Zusammensetzung beeinflusst werden. Bei einem Mangel an Linolsäure kann die Barrierefunktion der Haut beeinträchtigt sein. Auch α-Linolensäure ist in diesem Zusammenhang von Bedeutung. Nach Beobachtungen an Patienten mit seborrhöischer Dermatitis kann es trotz unauffälliger Fettsäurenmuster im Blut bei unzureichender Versorgung mit Linolsäure in der Haut zu einer Zunahme an Öl- und Arachidonsäure kommen, die selbst bzw. über Stoffwechselprodukte proinflammatorische Effekte entfalten können.

Zinkmangel

Unter Praxisbedingungen hat der Zn-Mangel – besonders wachsender Hunde – eine gewisse, wenn auch gegenüber früher deutlich geringere Bedeutung. Er zeichnet sich durch Haarausfall sowie parakeratotische Veränderungen an Kopf und Gliedmaßen aus, oft verbunden mit sekundären Infektionen (borkige Auflagerungen). Bei ausgewachsenen Hunden (ohne zusätzlichen Mangel an anderen essenziellen Stoffen) ist der Zn-Mangel allein durch Pigmentverluste im Kopfbereich (ohne hyper- oder parakeratotische Veränderungen) charakterisiert. Dabei ist zu beachten, dass selbst ein subklinischer Zn-Mangel die Abwehrleistung des Organismus beeinträchtigt. Bei einem Mangel an Zink ist die Verlängerung der Linolsäure zur Arachidonsäure gestört, da die dazu erforderliche Delta-6-Desaturase zinkabhängig ist. Zn-Mangel bzw. Erkrankungen, die klinisch das Bild eines solchen Mangels zeigen, möglicherweise aber auf Stoffwechseldefekten (z. B. bei Huskies) beruhen, können in manchen Fällen durch gezielte Substitution mit größeren Zn-Mengen behandelt werden. Beim Bullterrier tritt eine rezessiv vererbte Akrodermatitis auf, die auch durch hohe Zinkgaben nicht zu beeinflussen ist und letal verläuft.

Spurenelementmangel

Ein Mangel an Jod oder Kupfer ist nur bei fehlender Mineralstoffergänzung hausgemachter Rationen zu erwarten, z. B. ein I-Defizit in Jodmangelgebieten bei Verwendung lokal erzeugter Futtermittel. Der Cu-Mangel ist in der Praxis sehr selten, kann aber bei Verwendung Cu-armer Futtermittel (Milchprodukte, Fett, Stärke, Zucker) ohne entsprechende Ergänzung auftreten, bei hohen Zn- bzw. Ca-Gaben auch sekundär.

Vitaminmangel

Die Vitamine A und E können bei unausgewogener Rationsgestaltung, überlagerten Futtermitteln bzw. bei Fütterung sehr fettreicher Mischungen defizitär sein. Unter den B-Vitaminen verdienen die Vitamine B_2, B_6, Nikotinsäure und Biotin in der Praxis Aufmerksamkeit. Außer einer inadäquaten Rationsgestaltung können vermutlich auch Nieren- und Lebererkrankungen zu erhöhten Verlusten bzw. verminderter Speicherkapazität führen.

Mikrobielle Metaboliten

Neben Nährstoffmängeln können evtl. Dysbakteriosen und Fehlgärungen im Darmkanal, verbunden mit der Absorption N-haltiger Metaboliten, Hauterkrankungen auslösen. Eine Überversorgung mit schwer verdaulichen Eiweißfuttermitteln führt zu erheblichen mikrobiellen Umsetzungen im Darm unter Bildung schädlicher Abbauprodukte (Ammoniak, aromatische N-Verbindungen, Amine), auch wenn eindeutige experimentelle Beweise für deren Effekte auf die Haut ausstehen. Durch einen Futterwechsel oft zu beobachtende positive Effekte auf die Hautgesundheit sind möglicherweise durch eine „Umstimmung" der Darmflora zu erklären.

Bei der Therapie von primär nicht ernährungsbedingten Hauterkrankungen, insbesondere chronischen Entzündungen, degenerativ oder durch Autoimmunerkrankungen ausgelösten Prozessen und Seborrhöen sowie damit verbundenen Fellschäden (Haarverluste, Haarbruch), kommt der Fütterung im Rahmen eines Therapieplanes unterstützende Wirkung zu.

7.8.2 Empfehlungen zur Fütterung von Hunden mit Hauterkrankungen

Futterwechsel

Bei pragmatischer Betrachtung – sofern nicht eine der in ▶ Tab. 7.3 aufgeführten Mangelerkrankungen vorliegt – kann oft eine Besserung erreicht werden, wenn das bisher verwendete Futter gewechselt wird, erklärbar möglicherweise durch veränderte Milieu- und Fermentationsbedingungen im Intestinaltrakt und eine verminderte Belastung des Organismus mit Stoffwechselprodukten der Darmflora.

Energie- und Proteinzufuhr

Energie- und Proteinzufuhr sind so zu bemessen, dass der Bedarf gedeckt wird. Bei Hautpatienten ohne Anzeichen allergischer Erkrankungen kann unter diätetischen Aspekten eine Proteinquelle hoher biologischer Wertigkeit und Akzeptanz, z. B. Muskelfleisch, gewählt werden. Die Relation von verd. Rohprotein zu ums. Energie sollte im Bereich von 8–12 g/MJ liegen, höhere Werte sind dann anzusetzen, wenn ein Proteinmangel bzw. ein Mangel essenzieller Aminosäuren zu vermuten ist. Liegen Anzeichen einer intestinalen Eiweißdysfermentation mit Absatz von ungeformten, unangenehm riechenden Fäzes vor, sollte die Eiweißversorgung an den unteren Werten ausgerichtet werden, um die intestinale Bildung von mikrobiellen Metaboliten zu reduzieren, die nach Absorption aus dem Darm Ursache von Dermatosen sein können.

Essenzielle Fettsäuren

Die Fettversorgung von Hunden mit Hauterkrankungen sollte den Bedarf an der essenziellen Linolsäure erfüllen (ca. 150 mg/kg KM/Tag im Erhaltungsstoffwechsel).

n-3-Fettsäuren

In manchen Fällen ist es möglich, entzündungsfördernde Stoffwechselprodukte durch Zufütterung von n-3-Fettsäuren, z. B. in Form von Eicosapentaen(C 20:5)- und Docosahexaen(C 22:6) säurereichen Fischölen oder auch von γ-Linolensäure, die in Nachtkerzen- oder Borretschöl enthalten ist, zurückzudrängen. Hier handelt es sich nicht um die Zufuhr essenzieller Fettsäuren, sondern um eine gezielte Maßnahme zur Beeinflussung des Entzündungsgeschehens. Entsprechende Ergänzungs- bzw. Alleinfuttermittel mit definiertem Verhältnis von n–3- : n–6-Fettsäuren sind im Handel, alternativ können Einzelfuttermittel mit entsprechendem Fettsäurenspektrum versucht werden (▶ Tab. 7.30).

γ-Linolensäure

Über positive Effekte wurde nach Zufuhr kommerzieller Präparate berichtet, die γ-Linolensäure und/oder Eicosapentaensäure enthielten, allerdings war die Wirksamkeit nicht immer zufriedenstellend, möglicherweise durch Interaktionen mit den Fettsäuren der Basisration (oder auch durch die jeweils zugrunde liegenden Entzündungsmechanismen).

Dosierung

Die Angaben über notwendige Dosierungen an n-3-Fettsäuren variieren in Abhängigkeit von der Grundration. Einerseits scheint dem Verhältnis von n-6- : n-3-Fettsäuren Bedeutung zuzukommen, andererseits aber auch der absoluten Aufnahme. Als Richtwert für die Praxis kann 1 g Fischöl/5 kg KM angesetzt werden. Bei stark überhöhten Dosierungen sind negative Effekte möglich (Gerinnungsstörungen). Bei erhöhter Fettzufuhr ist gleichzeitig auch die Versorgung mit Vitamin E und Selen zu beachten, da insbesondere nach Gabe der mehrfach ungesättigten langkettigen Fettsäuren ein erhöhtes Oxidationsrisiko besteht. Die Zufuhr an Vitamin E sollte bei Hautpatienten bis 2 mg/kg KM/Tag betragen.

Spurenelemente

Bei der Mineralstoff- und Spurenelementzufuhr ist dafür Sorge zu tragen, dass die Aufnahme an Kalzium nicht bedarfsüberschreitend ist, da ein Antagonismus zur Absorption von Zink oder auch Kupfer besteht.

Zink

Bei Patienten mit Dermatosen wurden nach Zulage von 1–2 mg Zink/kg KM/Tag positive Effekte auf die Haut und das Haarwachstum beobachtet. Bei subnormalen Zn-Gehalten im Plasma (unter 9 µmol/l) sollte überprüft werden, ob die Ration

▶ Tab. 7.30 Gehalte verschiedener Fettsäuren in Futterfetten bzw. -ölen (Gewicht in % der Gesamtfettsäuren)[1].

Name der Fettsäure	chem. Kurzbezeichnung	Haifischöl	Heringsöl	Hühnerfett	Rindertalg	Schweineschmalz	Olivenöl	Leinöl	Kokosfett	Weizenkeimöl
Myristinsäure	C 14:0	6,2	6,5	0,5	3,0	1,2	–[2]	–	17,2	–
Palmitinsäure	C 16:0	27,9	13,0	19,1	24,8	23,5	10,7	6,0	8,6	16,5
Palmitoleinsäure	C 16:1	5,9	6,5	3,0	3,4	3,4	1,2	–	–	0,2
Stearinsäure	C 18:0	4,2	1,4	7,5	15,2	13,4	2,4	3,6	2,6	0,7
Ölsäure	C 18:1	16,3	14,9	47,2	38,9	41,2	72,4	18,2	6,7	15,1
Linolsäure	C 18:2	0,3	2,4	21,6	3,9	8,6	8,1	13,9	1,7	55,3
Linolensäure	C 18:3 (n3)	–	0,9	1,5	0,5	1,0	0,9	54,2	–	7,8
Arachidonsäure	C 20:4	5,1	–	–	0,2	1,7	–	–	–	–
Eicosapentaensäure	C 20:5 (n3)	3,5	6,2	–	–	–	–	–	–	–
Docosahexaensäure	C 22:6 (n3)	16,4	5,7	–	–	–	–	–	–	–

[1] nur Fettsäuren mit > 14 C-Atomen aufgeführt
[2] geringe Mengen bzw. nicht nachweisbar.

absorptionshemmende Komponenten, z. B. Phytinsäure durch hohe Getreide- oder Sojaanteile, enthält. Für die Zn-Ergänzung stehen organische und anorganische Spurenelementverbindungen zur Verfügung, die sich in ihrer Verfügbarkeit beim Hund nicht sehr deutlich unterscheiden. Zu empfehlen ist der Einsatz von Zinksulfat x 7H$_2$O in Mengen von 5–10 mg/kg KM/Tag oder von Zinkkarbonat mit 2–4 mg/kg KM/Tag. Bei Siberian Huskies, aber auch bei schnellwüchsigen Junghunden verschiedener Rassen kann eine zinkreaktive Dermatose durch Gabe von Zink in der genannten Dosierung behandelt werden. Eventuell ist sogar eine parenterale Applikation von Zn-Verbindungen notwendig, wofür Injektionspräparate aus der Humanmedizin zur Verfügung stehen. In manchen Fällen bleibt die Substitution von Zink wirkungslos, sodass andere Behandlungsmaßnahmen versucht werden müssen.

Jod

Die I-Versorgung ist mit den meisten kommerziellen Mischfuttermitteln gesichert, oft liegen sogar deutlich erhöhte Gehalte vor. Eine Supplementierung ist aus diätetischen Gründen nur dann angezeigt, wenn hausgemachte Rationen auf der Basis von Fleisch oder Schlachtabfällen sowie Getreideprodukten aus Jodmangelgebieten verabreicht werden. Eine Ergänzung ist über Algenmehl, Fischprodukte oder auch jodiertes Speisesalz möglich, zudem enthalten nahezu alle vitaminierten Mineralfutter Jod.

Vitamine

Die Vitaminversorgung kann temporär gegenüber den Empfehlungen im Erhaltungsstoffwechsel angehoben werden.

Vitamin A

Die Vitamin-A-Zufuhr sollte auf 200 IE/kg KM/Tag festgesetzt werden, die Vitamin-E-Aufnahme ca. 2 mg/kg KM/Tag erreichen. In Einzelfällen hat sich eine temporäre hochdosierte Verabreichung von Vitamin A (bzw. Retinoiden) bei Hunden mit Dermatosen bewährt, allerdings müssen langfristige Überdosierungen vermieden werden. Bei Tieren mit Lebererkrankungen besteht für Vitamin A eine verminderte Toleranz. Cockerspaniel mit gelegentlich auftretenden follikulären Hyperkeratosen wurden mit 10 000 IE/Vitamin A/Tag erfolgreich behandelt. Diese Dosierung sollte aufgrund evtl. toxischer Effekte nur über eine Zeit von 3 Wochen gegeben werden. Bei Applikation von 30 000 IE/kg KM/Tag können negative Auswirkungen auf die Hautgesundheit entstehen. Vitamin A bzw. synthetische Retinoide wurden auch bei Dyskeratosen sowie Seborrhöen mit Erfolg eingesetzt.

Vitamin E
Einige Dermatosen sind durch hohe Mengen von Vitamin E zu beeinflussen. Insbesondere bei Dachshunden mit Acanthosis nigricans, erythematösen Hautveränderungen sowie Dermatomyositis war nach 200 bis 400 mg Vitamin E/Tag eine klinische Besserung zu verzeichnen, ähnlich wie bei Schäferhunden mit Dermatosen. Eine erhöhte Zufuhr wasserlöslicher Vitamine ist durch Supplementierung der Ration mit Hefe oder auch grünem Pansen möglich, zudem stehen Ergänzungsfuttermittel im Handel zur Verfügung. Biotin kann bei Haarausfall, glanzlosem Fell oder Dermatitis isoliert oder in Kombination mit anderen Vitaminen gegeben werden (Dosierung 0,5 mg/kg KM/Tag).

7.9 Futtermittelallergien

7.9.1 Ursachen und Pathophysiologie

Allergien spielen in der Praxis eine zunehmende Rolle, wobei die Angaben über ihre tatsächliche Häufigkeit stark schwanken, nicht zuletzt wegen der schwierigen ätiologischen Diagnose. Nach Praxiserfahrungen soll etwa bei 4 % aller Hautpatienten eine allergische Ursache vorliegen. Viele Hunde sind nicht nur gegen eine einzelne Futterkomponente empfindlich, sondern meist gleich gegenüber mehreren. Unverträglichkeitsreaktionen äußern sich insbesondere an Haut und Gastrointestinaltrakt. Sie können sich direkt im Anschluss an die Aufnahme des Allergens entwickeln (anaphylaktische Sofortreaktion, IgE-vermittelt) oder erst verspätet auftreten (in den meisten Fällen 4–24 Stunden nach der Fütterung), wobei neben verzögerten Immunreaktionen auch weitere Mechanismen beteiligt sein können. Erbrechen und/oder Diarrhö – je nach Lokalisation und Umfang der Reaktion im Magen-Darm-Trakt wässrig, blutig oder schleimig – können allein oder in Kombination mit kutanen Symptomen (Papel- und Ödembildung, Juckreiz, Entzündungen) auftreten. Die eindeutige Unterscheidung von Erkrankungen, die auf Unverträglichkeitsreaktionen ohne Beteiligung spezifischer immunologischer Mechanismen beruhen, ist häufig nicht möglich.

Proteine
Die Allergien beziehen sich am häufigsten auf Nahrungsproteine, insbesondere auf Rindfleisch und Sojaprotein, aber auch auf Kuhmilch, Geflügelfleisch, Weizen oder Mais. Vorbehandelte oder erhitzte Produkte können ihre Allergenität verlieren. Letztlich ist aber davon auszugehen, dass alle Futterkomponenten, die regelmäßig bei Hunden verwendet werden, als auslösende Ursache infrage kommen, allerdings mit dem geringsten Risiko bei Kohlenhydraten und Fetten.

Zusatzstoffe
Zusatzstoffe (Farb-, Konservierungsstoffe) können möglicherweise als Haptene, d. h. unvollständige Antigene, wirken, werden jedoch nur selten als Ursache für eine Futterunverträglichkeit identifiziert.

Parasiten
Weiterhin ist bei allergischen Patienten eine Reaktion auf Parasiten (Futtermilben, eventuell auch Kreuzreaktionen mit Hausstaubmilben) sowie Hefen und Schimmelpilze im Futter möglich. Treten Störungen mit der vermuteten Genese nur zu bestimmten Jahreszeiten auf, so ist zu prüfen, ob der Hund evtl. zeitweilig bestimmte Beutetiere aufnimmt oder aber Kontakt zu saisonalen Allergenen hat, für die eine Atopie besteht.

Mechanismen
Die Pathogenese der Unverträglichkeit beruht darauf, dass inkomplett verdaute Bestandteile von Futterproteinen in Form von Peptiden die Darmwand passieren und dann zunächst im darmassoziierten lymphatischen Gewebe eine Immunreaktion hervorrufen.

Disponierend wirken chronische Entzündungen und Permeabilitätsstörungen der Darmwand, evtl. auch die langfristige Aufnahme überhöhter

Eiweißmengen oder deren geringer enzymatischer Abbau. Natürliche Eintrittspforten stellen auch die Peyer-Platten im Dünndarmepithel dar, die eine erhöhte Permeabilität gegenüber Peptiden aufweisen. Vermutlich muss jedoch bei allergiekranken Hunden zusätzlich ein Regulationsdefekt (überschießende Immunreaktion) vorliegen. Im Gegensatz zum gesunden Tier fehlt offenbar die Unterdrückung der Immunantwort bzw. eine verstärkte Bildung sekretorischer Antikörper (IgA-Klasse), welche die Antigene bereits in der Mucusschicht bzw. im Darmlumen neutralisieren. Die überschießende lokale Synthese von Immunglobulinen, vermutlich IgE und IgG, und ein proinflammatorisches Zytokinmuster führen zu einer Sensibilisierung peripherer Lymphozyten, woraus eine Allergie resultieren kann.

Diagnose

Bislang steht als verlässlicher Referenztest zur sicheren Identifizierung nur die Eliminations- bzw. Provokationsdiät zur Verfügung, Hauttests bzw. serologische Verfahren sind für sich allein genommen unsicher und können im Einzelfall allenfalls ergänzende Informationen liefern. So ist bei niedrigen Serumantikörpertitern gegen ein bestimmtes Nahrungsprotein eher von einer guten Verträglichkeit auszugehen. Dabei ist jedoch entscheidend, wie spezifisch der jeweilige Test IgE erfasst und in welchem Umfang außer IgE andere Immunglobuline oder -mechanismen beteiligt sind.

Neben eindeutig immunologisch bedingten Reaktionen auf Futterkomponenten können klinisch nicht zu unterscheidende Symptome eintreten, die auf völlig anderen Mechanismen beruhen (anaphylaktische Reaktionen, direkte toxische Wirkungen von Futtermitteln, z. B. über Histamin). Zur Erkennung bzw. zum Ausschluss eines Allergens bzw. der Ursache dient eine Eliminationsdiät. Diese muss so gestaltet werden, dass zunächst nur ein einziges Futtermittel verabreicht wird, von dem eine gute Verträglichkeit (keine Allergenität) erwartet werden kann.

Diätetik

Liegt nachgewiesenermaßen eine Futtermittelallergie vor, so muss das entsprechende Allergen aus der Ration eliminiert werden. Die Diätetik dient bei Allergiepatienten sowohl der Erkennung der Krankheitsursache als auch der Heilung, erfordert aber in besonderem Umfang eine konsequente Durchführung.

Anfangsdiät

Bei der Anfangsdiät setzt man zunächst ein Futtermittel ein, mit dem der Hund bislang sehr wahrscheinlich noch keinen Kontakt hatte. Dafür kommen z. B. Fleisch vom Schaf, Kaninchen, Truthahn, evtl. auch Fisch infrage. In Einzelfällen können auch andere hochwertige Proteinquellen, z. B. Ei, Milchprodukte oder bei nachgewiesener Verträglichkeit auch Rind- oder Schweinefleisch, verwendet werden. Um eine ausreichende Energieversorgung bei gleichzeitig nicht zu hoher Proteinzufuhr zu gewährleisten, empfiehlt sich die Verwendung nicht zu magerer Fleischpartien oder auch der Zusatz von Fett oder Öl. Brust oder Bauchfleisch weisen gegenüber den übrigen Teilstücken einen erhöhten Fettgehalt auf (▶ Tab. 7.31), auch Kamm, Schulter oder Kotelett liefern neben hochwertigem Protein ausreichend Energie.

Die Testphase sollte für jede neue Futterkomponente mindestens 3 Wochen dauern, in Extremfällen ist erst nach 10-wöchiger Fütterungsdauer eine eindeutige Aussage möglich.

Weitere Ernährung

Wenn sich eine bestimmte Fleischsorte als verträglich erwiesen hat, kann die Ration sukzessive mit anderen Komponenten (▶ Tab. 7.32, ▶ Tab. 7.33) erweitert werden, wobei z. B. Reis erste Präferenz als Kohlenhydratquelle hat. Naturreis liefert in ungeschältem Zustand zudem ausreichende Mengen an Rohfaser (ca. 9 %). Sofern verträglich, können auch andere Stärketräger verwendet werden. Nach und nach ist die Ration mit weiteren Futtermitteln zu ergänzen, sodass schließlich eine ausgewogene Mischung erreicht wird.

Kommerzielle Diäten

Auch der Einsatz kommerzieller Diätfuttermittel ist möglich, die Ergebnisse hängen davon ab, wie gut die Futtermittel mit dem Zustand des Patienten zusammenpassen. Diese Mischungen basieren auf Eiweißfuttermitteln, die Hunden seltener angeboten werden (Schaf-, Wild-, Hühnerfleisch, Fisch). Zusätzlich sind Getreide, Fette und Mineralien so-

7 Diätetik

▶ **Tab. 7.31** Verhältnis von verd. Rohprotein zu ums. Energie in verschiedenen Fleischsorten und notwendige Gesamtfuttermenge zur Deckung des Energiebedarfs im Erhaltungsstoffwechsel.

Fleischsorte	uE (MJ/100 g)	vRp/uE (g/MJ)	g/kg KM/Tag[1]
Bauch, Schw.	1,83	6	10–17
Brust, Schaf	1,7	7	10–18
Kotelett, Schaf	1,57	9	11–20
Kamm, Schw.	1.51	10	12–21
Kotelett, Schw.	1,47	10	12–21
im Erhaltungsstoffwechsel gewünscht:		10	
Schulter, Schaf	1,31	12	13–24
Hochrippe, Rd.	1,24	13	14–25
Keule, Schw.	1,09	13	16–29
Kopffleisch, Rd.	1,31	13	13–24
Eisbein, Schw.	0,85	14	21–37
Spannrippe, Rd.	1,19	15	15–26
Keule, Schaf	1,07	17	17–29
Kaninchen	0,7	29	25–45
Herz, Rd.	0,52	32	34–60
Pferdefleisch, fettarm	0,53	33	33–59
Rindfleisch, fettarm	0,55	37	32–57
Brust, Huhn	0,46	46	38–68

[1] höherer Wert bei kleinen Hunden, niedriger Wert bei großen Rassen

wie Vitamine enthalten. Im Einzelfall muss anhand des Vorberichtes bzw. der Deklaration des Futters die Eignung überprüft werden. In hartnäckigen Fällen können hydrolysierte Eiweißquellen verwendet werden. Durch eine enzymatische Vorverdauung wird die Größe der Proteine bzw. Peptide reduziert, sodass die Wahrscheinlichkeit, dass diese mit sensibilisierten Mastzellen reagieren können, reduziert wird.

▶ **Tab. 7.32** Diäten für Allergiepatienten aus Pferde-, Kaninchen- bzw. Schaffleisch[1].

	I	II	III
	Futtermengen für einen Hund mit 15 kg Körpermasse in Gramm je Tag		
1. eiweißreiche Futtermittel			
Pferdefleisch	90		
Kaninchenfleisch		105	
Schaffleisch			175
Leber (von der jeweiligen Tierart)	50	25	25
2. energieliefernde Futtermittel			
Kartoffeln	800		
Reis, geschält und ungeschält, Trockengewicht		140 und 40	
Maniok (Tapioka)			220
3. Fetterkänzungen			
Fett/Öl	7,5	7,5	15
4. ballaststoffreiche Futtermittel			
Zellulose		im Bedarfsfall 5–10 g	
5. Mineralstoffe/Vitamine[2]			
Kalziumkarbonat	2	2	2
Kalziumphosphat	2	3	3
jod. Kochsalz	1	1,5	1,5
Zinksulfat (x 7 H_2O)	0,1	0,1	0,1
Energie- und Proteingehalte			
uE (MJ/100 g)	0,4	1,2	0,9
vRp (g/100 g)	4,1	11,7	8,6
vRp/uE	10,2	10,1	10,0

Vitaminergänzung über entsprechendes Präparat, falls erforderlich.
[1] alternative Fleischsorten: Pute, Ente, Wild, Ziege, Fisch
[2] Bei erwiesener Verträglichkeit kann anstelle der vorgeschlagenen Ergänzungen ein vitaminiertes Mineralfutter (0,5 g/kg KM/Tag) verwendet werden.

▶ **Tab. 7.33** Diäten für Allergiepatienten aus Pferde-, Kaninchen- bzw. Schaffleisch. Multiplikationsfaktoren zur Berechnung der Futtermengen relativ zu 15-kg-Hund.

Körpermasse des Hundes in kg	Futtermengen (▶ Tab. 7.32)	Mineralstoffe, Vitamine
5	× 0,4	× 0,3
10	× 0,7	× 0,7
15	s. Tabelle 7.32	
20	× 1,2	× 1,3
35	× 1,9	× 2,3
60	× 2,8	× 4

7.10 Erkrankungen des Bewegungsapparates (Junghunde, adulte Hunde)

Erkrankungen des Skeletts können durch Fehler in der Ernährung verursacht oder begünstigt werden. Allgemein werden solche Störungen durch Fehlversorgungen mit Kalzium und Phosphor, selten durch Kupfer, Mangan oder Vitamin D gesehen. Bei Junghunden führt insbesondere eine zu intensive Aufzucht zu Ausfallerscheinungen, bei älteren Hunden ist die Adipositas eine wichtige Disposition.

7.10.1 Junghunde

Störungen in der Skelettfunktion sind bei Junghunden großwüchsiger Rassen ein ernsthaftes Problem, das sich innerhalb der Hauptwachstumsphase manifestiert. Folgende hauptsächliche Ursachen sind in Betracht zu ziehen:
- Überversorgung mit Energie
- massiver Überschuss an Kalzium bei großwüchsigen Rassen
- Mangel an Kalzium, Phosphor, Kupfer oder Zink (selten)

Energieüberversorgung

Durch eine frühe Überfütterung werden Mikroverletzungen, insbesondere in den empfindlichen Wachstumszonen oder auch im Bereich des Gelenkknorpels, begünstigt. Neben den biomechanischen Effekten beeinflusst eine hohe Energieaufnahme auch den Hormonhaushalt von Junghunden, z. B. mit Rückwirkungen auf die Sekretion von Wachstumshormon, insulinähnlichem Wachstumsfaktor I (IGF-I) sowie auf die Schilddrüsenhormone, die die Mineralisierung des neu gebildeten Gewebes steuern.

Erhöhte Blutspiegel von IGF-I fördern die Aktivität der teilungsaktiven Knorpelzellen in der Wachstumszone (▶ Abb. 7.3). Kommt es zu einer Desynchronisation zwischen Vermehrung der Knorpelzellen und deren Umwandlung in mineralisiertes Knochengewebe, wird die Anfälligkeit des jugendlichen Skeletts für mechanische Einwirkungen verstärkt (▶ Abb. 7.4). Histologische Untersuchungen von Knochen zeigen, dass bei Energieüberversorgung die Gelenkknorpel weniger gut durch spongiöses Knochengewebe abgestützt werden. Dadurch können sich Diskontinuitäten entwickeln, abgelöste Knorpelschuppen führen zum Krankheitsbild der Osteochondrosis dissecans (OCD). In der distalen Ulnaepiphyse sind röntgenologisch häufig persistierende Knorpelzapfen festzustellen, die als Indikator für eine solche Desynchronisierung gelten können.

Eine überhöhte Energieaufnahme konnte bei disponierten Tieren Skeletterkrankungen, z. B. die Hüftgelenksdysplasie, nachteilig beeinflussen. Eine moderate Aufzuchtintensität zeigte nicht nur hinsichtlich des Zustandes der Hüftgelenke, sondern auch an weiteren Lokalisationen des Skeletts eine prophylaktische Wirkung gegenüber arthrotischen Veränderungen.

Eine noch so sorgfältige und ausgewogene Ernährung kann jedoch eine vorliegende genetische Disposition nicht beseitigen. Soweit bekannt, weisen Kohlenhydrate bzw. Fette als Energiequellen im Futter kein spezifisches Risiko für die Skelettentwicklung auf. Der Energiegehalt eines Futters und meistens auch seine Schmackhaftigkeit stehen allerdings in positiver Beziehung zu seinem Fettgehalt. Wachstumsbeschleunigung durch Überfütterung großwüchsiger Rassen ist vermutlich der

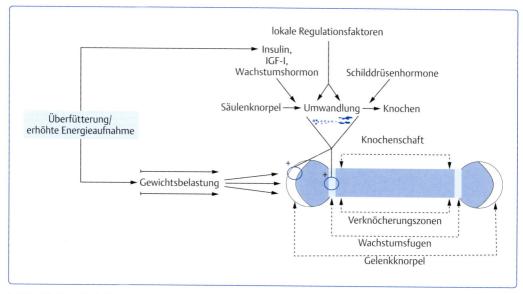

▶ Abb. 7.3 Eine überhöhte Energieaufnahme bzw. Wachstumsintensität beeinflusst Gewichtsbelastung und hormonelle Regulationsvorgänge.

▶ Abb. 7.4 Junghund mit Fehlstellungen der Vordergliedmaßen infolge von Ad-libitum-Fütterung.

wichtigste Faktor für die Entstehung orthopädischer Entwicklungsstörungen beim Hund. Schnellwüchsige, zu intensiv aufgezogene Hunde sehen meist nicht „fett" aus, sie sind in Relation zum jeweiligen Lebensalter meist sehr groß und schwer.

Mineralstoffversorgung

Im Knochen liegt das Kalzium : Phosphor-Verhältnis bei ungefähr 2 : 1, im Futter sollte es zwischen 1,2 : 1 und 1,5 : 1 betragen. Sowohl ein Mangel als auch ein extremer Überschuss an Kalzium und/oder Phosphor im Futter können zu einer Fehlmineralisierung und damit zu einer Schwächung der Knochenstabilität führen. Resultierende Krankheitsbilder sind die Rachitis, der nutritiv bedingte sekundäre Hyperparathyreoidismus sowie möglicherweise ein Hyperkalzitoninismus (▶ Tab. 7.34). Kalzium und Phosphor werden beim Hund durch aktive, Vitamin-D_3-abhängige Mechanismen, erleichterte Diffusion sowie passiv durch Diffusion aus dem Darmlumen aufgenommen.

Primäre Stellgröße ist der Kalziumgehalt im Blut, der für den Organismus lebensnotwendigerweise konstant gehalten werden muss. Dazu dienen verschiedene hormonelle Regulationsmechanismen, neben dem Parathormon das aktive Vitamin D_3 (1,25-Dihydroxycholecalciferol) sowie Kalzitonin. Parathormon und Vitamin D_3 steigern über verschiedene Mechanismen an Knochen und Darm den Blutkalziumgehalt, Kalzitonin wirkt entgegengesetzt und hemmt die Osteoklasten. Das Skelett dient als mobilisierbares Depot zur Kom-

▶ Tab. 7.34 Erkrankungen durch fehlerhafte Kalzium-, Phosphor- oder Vitamin-D-Versorgung bei Hunden.

Problem			Vorkommen/typische Ration	Konsequenz für das Skelett
Ca	P	Vit. D$_3$		
(↓)	↓	↓	• praktisch kaum vorkommend • evtl. hausgemachte Mischung und fehlende Ergänzung mit Mineralfutter	• ausbleibende Mineralisierung des Skeletts (Rachitis) • Demineralisierung der Knochen bei älteren Tieren (Osteomalazie)
↓	↑ Ca/P <1/1	±	• häufiger • hausgemachte Ration aus Getreide/Fleisch/Schlachtabfällen ohne Kalziumergänzung	• über Parathormon induzierte Freisetzung von Ca (→ nutritiv bedingter sek. Hyperparathyreoidismus) → Demineralisierung der Knochen → fibröser Umbau, Grünholzfrakturen
↑↑	± oder ↑	±	• gelegentlich • Alleinfutter + Kalziumsupplemente (Ca-Überdosierung ca. 2,5- bis 3-fach gegenüber Bedarf, evtl. + Vit. D$_3$) • Risiko bei großwüchsigen Rassen	• über Kalzitoninausschüttung Hemmung der Osteoklasten und der Knorpelzellen → beeinträchtigte Remodellierung der Knochen • evtl. verminderte Absorption von Phosphor, Kupfer oder Zink → sek. Mangel

pensation von Situationen mit alimentärer Über- und Unterversorgung mit Kalzium oder Phosphor. Dauert ein Mangel über längere Zeit an, kann die strukturelle Integrität des Knochengerüsts beeinträchtigt werden, es kommt zu Demineralisierung und verminderter Tragfähigkeit.

Elektrolytverhältnis

Die Gelenkstabilität wird evtl. auch durch die Relation von Natrium und Kalium zu Chlorid (als molares Elektrolytverhältnis [Na + K : Cl]) beeinflusst. Bei einer Studie mit verschiedenen Rassen zeigen sich Tendenzen zu vermehrter Gelenkinstabilität nach Aufnahme eines Futters mit einem weiten Elektrolytverhältnis sowie Effekte auf die Zusammensetzung und Menge der Gelenkflüssigkeit.

Spurenelementversorgung

Störungen des Skelettwachstums können auch durch einen Mangel an Kupfer, Zink und Mangan ausgelöst werden. Mangelsituationen sind unter üblicher Rationsgestaltung selten, allenfalls zu erwarten bei Mischungen auf der Basis von Kartoffeln, Milchprodukten und Getreide ohne entsprechende Mineralstoffergänzung, ggf. auch bei extremer Kalziumüberversorgung.

Proteinversorgung

Die Proteinversorgung von Junghunden scheint unter dem Aspekt der Skelettentwicklung weniger bedeutsam zu sein. Eine – in der Praxis m.o.w. regelmäßig anzutreffende – Überversorgung mit Eiweiß hat offenbar keine direkten Nachteile für die Knochenentwicklung. Wachsende Doggen zeigten nach Verabreichung von Futtermischungen mit Eiweißgehalten von 13, 21 bzw. 30 % in einem Trockenfutter keine Unterschiede hinsichtlich orthopädischer Entwicklungsstörungen. Der Eiweißgehalt des Futters beeinflusst allerdings die Schmackhaftigkeit, sodass bei Ad-libitum-Fütterung das Risiko einer zu hohen Energieaufnahme steigt. Ein Proteinmangel ist in der Ernährung von Junghunden nur ausnahmsweise festzustellen. Er kann die Wachstumsvorgänge insgesamt beeinträchtigen, Junghunde verfetten dann und bilden weniger Muskulatur.

Diätetik

Die Prophylaxe von Skeletterkrankungen, insbesondere bei jungen Hunden, ergibt sich aus der Pathogenese. Bei jedem Patienten sollte eine genaue Fütterungsanamnese erfolgen, um daraus die Energie- und Nährstoffaufnahme zu kalkulieren und ggf. nach den Vorgaben in Kapitel 6.7 zu korrigieren. Weiterhin sind die Erfassung der Körper-

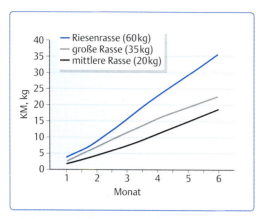

▶ **Abb. 7.5** Empfehlungen zum Wachstum von Junghunden in den ersten 6 Lebensmonaten.

masse und ein Vergleich mit Richtwerten über den Wachstumsverlauf hilfreich (▶ **Abb. 7.5**).

7.10.2 Adulte Hunde

Osteoarthritis

Bei adulten und insbesondere bei älteren Hunden treten häufig Skelettprobleme und Bewegungsstörungen im Sinne einer Osteoarthritis auf. Bevorzugt betroffen sind Hunde, die übergewichtig sind. Aus diesem Grunde empfehlen sich vorbeugend eine Gewichtskontrolle, insbesondere ab dem 7. Lebensjahr, und eine Überprüfung der Körperkondition.

Diätetik

Bei Übergewicht ist eine Reduktionsdiät einzusetzen. Vorbeugend bzw. zur Behandlung bereits eingetretener Probleme werden häufig Ergänzungsfuttermittel eingesetzt, die sogenannte knorpelaufbauende Substanzen enthalten. Dabei handelt es sich meistens um Glukosaminoglykane und Chondroitinsulfat. Häufig werden diese auch in Kombination mit n-3-Fettsäuren (Fischöl) eingesetzt. Über die klinische Wirksamkeit dieser Produkte liegen unterschiedliche Studienergebnisse vor, sodass die Erfolgsaussichten im Einzelfall nicht vorhersehbar sind. Die erhältlichen Ergänzungsfuttermittel unterscheiden sich erheblich.

Sonstige Skeletterkrankungen

Abgesehen von den zuvor beschriebenen Abnutzungserscheinungen kommen Skeletterkrankungen, die auf Fütterungsfehlern beruhen, nur selten vor. Gelegentlich wird der sekundäre nutritive Hyperparathyreoidismus beobachtet, eine Erkrankung, die sich vor allem bei marginaler Ca-Zufuhr infolge eines P-Überschusses (ungünstiges Ca : P-Verhältnis) im Futter entwickelt und durch eine fortschreitende Entmineralisierung des Skeletts mit bindegewebigem Umbau gekennzeichnet ist. Im Endstadium entwickeln sich weiche, biegsame Knochen, evtl. auch Erweiterungen der Zahnfächer mit Zahnausfall. Die Erkrankung tritt besonders bei großwüchsigen Hunden auf, wenn Fleisch, Getreide bzw. Getreideprodukte ohne Ergänzung mit Mineralstoffen gefüttert werden und das Ca : P-Verhältnis in der Ration unter 1 : 1 liegt, bei marginalen absoluten Ca-Werten. Frakturen – meistens am Os femoris – werden oft durch Traumata ausgelöst.

7.11 Chronische Niereninsuffizienz

Die Niere nimmt vielfältige Funktionen im Stoffwechsel wahr. Aufgrund der Reservekapazität fallen Störungen der Nierenfunktion bei vielen Patienten erst relativ spät auf. Insofern ist davon auszugehen, dass ein mehr oder weniger langer klinischer inapparenter Verlauf vorgelegen hat, bis der Patient für den Besitzer erkennbar auffällig wird.

7.11.1 Ursachen

Niereninsuffizienz kann akut als Folge einer hypoxischen oder toxischen Schädigung des Organs oder infolge chronischer Prozesse entstehen. Neben gelegentlichen kongenitalen Erkrankungen (nachgewiesen beim Berner Sennenhund und Bullterrier) betreffen die meisten Fälle ältere Hunde, bei denen pathologische Veränderungen im Bereich der Glomerula bzw. in Form einer tubulärinterstitiellen Nephritis auftreten, wodurch die Ausscheidungsfunktion des Organs beeinträchtigt ist. Klinische Ausfallserscheinungen werden aufgrund des hohen Kompensationsvermögens der

Nieren erst augenfällig, wenn nur noch ein kleiner Teil der Nephrone (⅓–¼) funktionsfähig ist. Ätiologisch kommen verschiedene Ursachen infrage, wobei chronische Entzündungen bzw. immunologische Vorgänge die größte Bedeutung haben. Gelegentlich können auch Toxine (z. B. Ethylenglykol, nephrotoxische Arzneimittel, Ochratoxin, Melamin in Kombination mit Cyanursäure) oder schwere Perfusionsstörungen eine Nephropathie auslösen. Die Rolle der Fütterung ist umstritten, die oft vermutete Beteiligung langfristig überhöhter Eiweißgehalte und eine daraus resultierende Schädigung der Glomerula mit nachfolgender entzündlicher Reaktion ist beim Hund nicht nachgewiesen worden. Klinisch-experimentelle Studien an partiell nephrektomierten Hunden sprechen gegen eine alimentäre Ätiologie.

7.11.2 Pathophysiologie

Der Krankheitsverlauf ist mehr oder weniger schnell progredient. Pathogenetisch entwickelt sich eine zunehmende Sklerosierung im Bereich des Glomerulums mit Gewebsverlust, einer Hypertension in den verbleibenden Glomerula und damit zunächst einer vermehrten Beanspruchung der noch intakten Anteile, die eine Aufrechterhaltung der renalen Funktion ermöglicht. Eine Dekompensation zeigt sich an einem Anstieg verschiedener Laborparameter, insbesondere der Blutkonzentrationen von Harnstoff, Kreatinin und anorganischem Phosphat sowie anhand einer eingeschränkten Kreatininclearance.

Hunde mit chronischer Niereninsuffizienz weisen eine verminderte Konzentrationsleistung der Nieren mit daraus resultierendem vermehrten Harnabsatz, geringerem spezifischen Gewicht des Harns, Inkontinenz oder Nokturie auf. Die Wasseraufnahme steigt an. Als Folge einer bereits erheblich eingeschränkten Nierenfunktion treten Erbrechen, Apathie, Inappetenz, gastrointestinale Symptome sowie ein unangenehmer Maul- oder Körpergeruch auf. Diese Begleiterscheinungen sind ursächlich über die höhere Konzentration harnpflichtiger Substanzen im Organismus zu erklären.

Neben Harnstoff und Kreatinin spielen verschiedene weitere Abbauprodukte des Proteinmetabolismus in diesem Zusammenhang eine Rolle. Solange keine klinischen Erscheinungen manifest sind, spricht man von Azotämie, anderenfalls von Urämie. Im fortgeschrittenen Stadium ist häufig eine glomeruläre oder systemische Hypertension mit chronischer Niereninsuffizienz assoziiert.

Hunde mit einem schweren Funktionsverlust der Nieren zeigen eine pathologische Aktivierung des Renin-Angiotensin-Aldosteron-Systems, der daraus resultierende arterielle Bluthochdruck führt zu einer progressiven Nierenschädigung und schließlich zum Nierenversagen. Fällt bei der Kontrolle des Harns eine Proteinurie bzw. eine erhöhte Protein-Kreatinin-Relation von über 1 : 1 auf, so zeigt dieses einen fortgeschrittenen Glomerulumschaden an.

Eine Hyperphosphatämie (> 2 mmol/l) hat nicht nur Folgen für den Kalziumstoffwechsel (vermehrte Ausschüttung von Parathormon, Induktion des osteoklastischen Knochengewebsabbaus → osteorenales Syndrom, renaler sekundärer Hyperparathyreoidismus), sondern auch für die Niere selbst, da diese einen Prädilektionsort für metastatische Verkalkungen darstellt und somit eine fortschreitende Zerstörung der noch intakten Nephrone begünstigt wird. Die Verabreichung phosphorreduzierter Diäten und der Einsatz von phosphatbindenden Substanzen können zu einer Verbesserung dieser Situation führen.

Die Hydroxylierung von Vitamin D kann bei schweren Funktionsstörungen der Nieren beeinträchtigt sein, sodass die Verabreichung von 1,25-Dihydroxycholecalciferol (Calcitriol) erforderlich werden kann. Bei Hunden mit chronischer Niereninsuffizienz und hochgradiger metabolischer Azidose in Kombination mit Hyperphosphatämie trat im Vergleich zu gesunden Kontrollen eine signifikante Reduktion des ionisierten Kalziums im Blut auf, während der Gesamtkalziumgehalt weitgehend unbeeinflusst blieb.

Defizite an Kalium und Magnesium können gelegentlich auftreten, aufgrund des zunehmenden Harnvolumens kommt es unter Umständen zu Vitaminverlusten (B-Vitamine, Vitamin A). Einer vermehrten Belastung mit Sauerstoffradikalen bzw. einer Beeinträchtigung der antioxidativen Abwehrmechanismen ist durch Zulagen von Vitamin E, C und β-Carotin zu begegnen. Durch die Retention von Wasserstoffionen kann der Organismus des nierenkranken Patienten eine metabolische Azidose entwickeln. In diesen Fällen wird über

Natriumbikarbonat eine Korrektur des Säuren-Basen-Haushaltes erreicht.

7.11.3 Diätetik bei Hunden mit Niereninsuffizienz

Frühzeitige Diät

Fütterungsmaßnahmen sollten frühzeitig und nicht erst bei schwerwiegenden klinischen Symptomen eingeleitet werden. Die Prognose verschlechtert sich zunehmend bei Urämie bzw. Hyperphosphatämie, daher sind bei älteren Hunden prophylaktische Blutuntersuchungen zu empfehlen. Bereits bei mäßig erhöhten Harnstoff-, Kreatinin- oder P-Gehalten sollten die Protein- und P-Zufuhr nach den unten gegebenen Empfehlungen eingestellt werden.

Akzeptables Futter

Die Ration sollte so schmackhaft sein, dass eine freiwillige und ausreichende Futteraufnahme gewährleistet ist. Die Menge des verabreichten Futters soll eine Gewichtskonstanz bzw. bei schlechtem Ernährungszustand eine Zunahme der Körpermasse gewährleisten.

Proteinversorgung

Die Proteinversorgung ist bei den meisten Patienten zunächst so zu bemessen, dass gegenüber den Empfehlungen für Hunde im Erhaltungsstoffwechsel eine Reduktion der Relation von verd. Rohprotein zu ums. Energie auf 8–10 g/MJ vorgenommen wird, d. h. eine moderate Restriktion. Durch labordiagnostische Kontrolle von Harnstoff, Kreatinin, Albumin- und Gesamteiweißgehalt ist der Erfolg einer Diät abzuschätzen bzw. sind ggf. Adjustierungen der Proteinaufnahme vorzunehmen. Aus Gründen der Akzeptanzsicherung, zur Auffüllung labiler Proteinreserven und zur Unterstützung des Aminosäurenbedarfs proliferierender Gewebe wie des Immunsystems ist eine stärkere Restriktion der Proteinzufuhr zunächst nicht angezeigt. Bei stärkerer Proteinrestriktion kommt es zu einer verminderten Nierenperfusion, sodass eine weitere Schädigung des Organs nicht auszuschließen ist. Zudem wächst die Empfindlichkeit gegenüber toxischen Einwirkungen bestimmter Arzneimittel und das Risiko einer metabolischen Azidose steigt.

Mineralstoffversorgung

Die Mineralstoffversorgung sollte den Empfehlungen für Hunde im Erhaltungsstoffwechsel entsprechen, ausgenommen Phosphor, bei dem eine Restriktion notwendig ist. Die P-Aufnahme sollte nicht höher als 45 mg/kg KM/Tag liegen. In der Diät kann die Relation von Phosphor zu ums. Energie bis auf 200 mg/MJ abgesenkt werden. Diese Maßnahme ist nicht nur bei bereits bestehender Hyperphosphatämie notwendig, sondern sie kann bei frühzeitigem Einsatz die Schädigung der Nieren durch Ablagerung von Mineralkonkrementen retardieren.

In experimentellen und klinischen Untersuchungen an Hunden zeigten phosphorreduzierte Diäten positive Effekte auf das klinische Bild, Nierenfunktionsparameter sowie Überlebenszeiten. Besteht eine Hyperphosphatämie trotz herabgesetzter P-Versorgung, kann die P-Absorption reduziert werden. Neben Ca-Salzen (z. B. Kalziumkarbonat zur Einstellung eines weiten Ca : P-Verhältnisses von > 3 : 1) werden in der Praxis gelegentlich aluminiumhaltige Antazida verwendet, die allerdings allenfalls im Spätstadium der Erkrankung eingesetzt werden sollten (ca. 70 mg Aluminiumhydroxid/kg KM/Tag). Bei Erbrechen oder Durchfall sind Natrium, Kalium oder Magnesium nach klinischem Bild und Laborbefund zu substituieren. Sofern eine metabolische Azidose vorliegt, wird über Natriumbikarbonat oder Kaliumzitrat (50–100 mg/kg KM/Tag) eine Korrektur versucht. Auf salzreiche Nahrung sollte wegen der möglichen blutdrucksteigernden Wirkung von Kochsalz bei nierenkranken Hunden verzichtet werden.

Vitaminversorgung

Aufgrund einer möglicherweise beeinträchtigten Hydroxylierung von Vitamin D in der Niere kann bei hochgradigen Funktionsstörungen die Ergänzung mit Vitamin D_3 notwendig werden. Calcitriol, das in der Humanmedizin bei gestörter Hydroxylierungsfunktion der Niere eingesetzt wird, ist bislang in der Praxis nicht weit verbreitet und muss aufgrund der hohen biologischen Wirksamkeit sehr vorsichtig gehandhabt werden. Generell empfiehlt es sich, die Versorgung mit Vitamin A und den B-Vitaminen auf das 2- bis 3-Fache des Erhaltungsbedarfs heraufzusetzen, da bei eingeschränk-

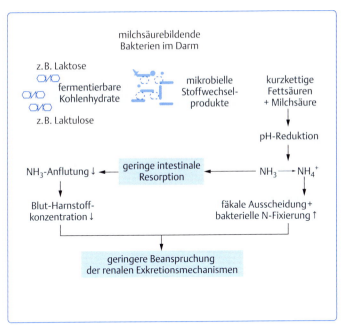

▶ **Abb. 7.6** Durch Gabe von fermentierbaren Kohlenhydraten wie Laktose oder Laktulose kann im hinteren Intestinaltrakt eine pH-Wert-Absenkung und eine vermehrte fäkale Ammoniakexkretion bewirkt werden.

ter Nierenfunktion mit erhöhten renalen Verlusten zu rechnen ist.

Urämie

Bei Urämie mit Nüchternharnstoffgehalten von > 8 mmol/l ist eine Reduktion der Eiweißgehalte im Futter auf 5–7 g vRp/MJ uE sinnvoll. In der Anfangsbehandlung kann eine temporäre orale Gabe von Antibiotika (z. B. Neomycin, 20 mg/kg KM/Tag) zur Unterdrückung proteolytischer Darmbakterien erfolgen. Eine Alternative bieten mikrobiell fermentierbare Kohlenhydrate mit darmsäuernder Wirkung (2–4 g Laktose/kg KM/Tag, bis 1 g Laktulose kg KM; ▶ Abb. 7.6), um den intestinalen Harnstoff-Ammoniak-Kreislauf abzuschwächen. Da Harnstoff aus dem Blut über die Darmwand bei Urämikern in bis zu 10-facher Menge in das Darmlumen diffundiert und dort durch die ureasepositiven Mikroorganismen zu Ammoniak gespalten wird, ist die Unterbrechung dieses Zyklus beim urämischen Hund ein wichtiges Ziel der Therapie. Eine Kontrolle der Effizienz kann über wiederholte Messungen des fäkalen pH-Wertes erfolgen, der unter pH 6,5 liegen sollte. Ein weiteres Indiz für die ausreichende Dosierung von Laktose bzw. Laktulose ist eine weichere Kotkonsistenz. Bei massiver Proteinurie besteht das Risiko einer Hypoproteinämie, evtl. muss bei solchen Patienten die Eiweißversorgung dann wieder etwas angehoben werden. Wichtig ist die hohe Eiweißqualität, wobei insbesondere Muskelfleisch, bindegewebearme Organe, Milchprodukte oder ggf. hochwertige pflanzliche Eiweißextrakte wie Sojaproteinisolat oder in geringem Umfang Weizenkleber verwendet werden sollten.

Sonstige unterstützende Maßnahmen

Mit zunehmendem Funktionsverlust der Nieren geht auch die Fähigkeit verloren, Wasserstoffionen auszuscheiden, sodass es häufig zu einer metabolischen Azidose kommt. Mögliche klinische Folgen sind Erbrechen, Anorexie, Gewichtsverlust oder Muskelabbau. Eine Azidose begünstigt zudem den Abbau von Körperprotein und führt dadurch zu einem weiteren Anfall von Säuren. Sofern eine metabolische Azidose vorliegt, ist über Natriumbikarbonat (50–100 mg/kg KM/Tag) eine Korrektur des Säuren-Basen-Haushalts möglich. In verschiedenen Studien zeigten sich Vorteile von Diäten mit höheren Anteilen an n-3-Fettsäuren. Durch die Verwendung von Fischölen, die entsprechende langkettige und mehrfach ungesättigte Fettsäuren enthalten, ist ein positiver Effekt auf den renalen Plasmafluss zu erwarten. So lässt sich der intraglo-

▶ **Tab. 7.35** Richtwerte zur Zusammensetzung von Diätfuttermitteln für Hunde mit chronischer Niereninsuffizienz.

	Empfehlung[1) je MJ uE	Spanne bei kommerziellen Produkten (Trockenfutter)	Anforderungen
vRp	mäßige Reduktion: ca. 8–10 g (< 20 g Rp/100 g TS)[1)	7–11 g/1 MJ uE (15–20 g Rp/100 g TS)	hohe biologische Wertigkeit der Proteinquellen (präzäkale Verdaulichkeit)
	starke Reduktion: bis 6 g (< 13 g Rp/100 g TS)[1)	–	–
Phosphor	< 200 mg (< 300 mg/100 g TS)[1)	119–262 mg/1 MJ uE (200–435 mg/100 g TS)	–
Vitamin A	1000 IE (1500–1800 IE/100 g TS)[1)	354–1500 IE/1 MJ uE (587–2714 IE/100 g TS)	Vitamine aufgrund erhöhter Verluste gegenüber dem Erhaltungsbedarf verdoppeln
Vitamin B_1	0,2 mg (0,3–0,4 mg/100 g TS)[1)	–	–

[1) bei mittlerem Energiegehalt (1,5–1,8 MJ uE/100 g TS), kommerzielle Produkte teils höher (1,6–2,1 MJ uE/100 g TS)

meruläre Druck reduzieren und das renale Entzündungsgeschehen vermindern.

Fütterungstechnik

Die tägliche Futtermenge wird auf 3 Mahlzeiten verteilt, frisches Wasser ist ständig anzubieten.

7.11.4 Rationsgestaltung beim nierenkranken Hund

Kommerzielle Diäten

Für die diätetische Behandlung von Hunden mit Niereninsuffizienz stehen kommerzielle Futtermittel zur Verfügung, die sich insbesondere in der Relation von verd. Rohprotein zu ums. Energie unterscheiden (mäßige bis starke Restriktion; ▶ Tab. 7.35). Bei der Auswahl der Produkte sollte die Relation bei 8–10 g vRp/MJ uE liegen (bei 1,5–1,7 MJ uE/100 g TS entsprechend einem Rohproteingehalt von 14–19 % in der TS). Die Futtermenge ist je nach Ernährungszustand des Patienten so zu bemessen, dass eine konstante Körpermasse erreicht wird. Je nach Akzeptanz, klinischem Zustand bzw. Laborbefunden kann eine Anpassung der Eiweißgehalte sinnvoll sein, zur Fütterung von hochgradigen Urämikern gibt es stark proteinreduzierte Produkte (vRp/uE bis 6 g/MJ).

Selbst hergestellte Diäten

Die Herstellung eigener Diäten für nierenkranke Hunde ist arbeitsaufwändig, bietet aber den Vorteil, dass die Zusammensetzung sowohl seitens der Nährstoffgehalte als auch der einzusetzenden Komponenten frei wählbar und somit auf den jeweiligen Patienten einstellbar ist.

Als Eiweißquellen kommen Milchprodukte, Eier und Fleisch bzw. auch hochwertige Organe in Betracht.

Durch Ergänzung mit Fetten (Pflanzenöl, aufgrund besserer Akzeptanz aber auch Rindertalg und Schweineschmalz) sowie stärkereichen Futtermitteln (Reis, Nudeln, Kartoffeln) kann der Proteingehalt der Mischung variiert werden (▶ Tab. 7.36, ▶ Tab. 7.37). Bei reduzierter Futteraufnahmebereitschaft empfiehlt sich die Verwendung von fettreichem Fleisch als Rationskomponente, z. B. (evtl. zur Akzeptanzsteigerung angebratenem) Schweinefleisch, bei dem fettreiche Teilstücke eine Relation von verd. Rohprotein zu ums. Energie von unter 8 : 1 aufweisen (▶ Tab. 7.31). Zur Ergänzung eigener Mischungen mit Mineralstoffen ist ein Ergänzungspräparat mit

▶ Tab. 7.36 Rationen für nierenkranke Hunde (g/100 g FS).

Proteinrestriktion	I gering	II mäßig	III stark
	Futtermengen für einen Hund mit 15 kg Körpermasse in Gramm je Tag		
1. eiweißreiche Futtermittel			
Fleisch, fettreicher	145	80	55
Leber, Rind	20	15	
Ei, gekocht		25	
Hüttenkäse			20
2. energieliefernde Futtermittel			
Kartoffeln, gekocht	350		
Haferflocken		125	
Reis, ungeschält			135
3. Fettergänzungen			
Pflanzenöl	12	9	26
Fischöl	3	3	3
4. ballaststoffreiche Futtermittel			
Möhren	25	20	20
5. Mineralstoffe/Vitamine			
Kalziumkarbonat	4	4	4
Natriumchlorid	1	1	1
Vitaminpräparat	jeweils zu ergänzen		
Energie- und Proteingehalte			
uE (MJ/100 g)	0,7	1,3	1,4
vRp (g/100 g)	6,1	10,8	8,6
vRp/uE	8,9	8,0	6,0

▶ Tab. 7.37 Diäten nierenkranke Hunde. Multiplikationsfaktoren zur Berechnung der Futtermengen relativ zu 15-kg-Hund.

Körpermasse des Hundes in kg	Futtermengen (▶ Tab. 7.36)	Mineralstoffe, Vitamine
5	× 0,4	× 0,3
10	× 0,7	× 0,7
15	s. Tabelle 7.36	
20	× 1,2	× 1,3
35	× 1,9	× 2,3
60	× 2,8	× 4

Fütterungstechnik

Zur Verbesserung der Akzeptanz solcher Futtermischungen ist es evtl. notwendig, sie anzuwärmen, in einer Übergangsphase hochakzeptable Futtermittel unterzumischen oder aber den Hund von Hand zu füttern. Auf möglichst frische Zubereitung ist Wert zu legen. Die Tagesfuttermenge wird in mindestens 3 Portionen verabreicht, damit der postprandiale Anstieg der Plasmaharnstoffgehalte abgemildert wird.

7.12 Urolithiasis

7.12.1 Vorkommen

Harnkonkremente – entweder Steine oder Grieß – enthalten anorganisches und/oder organisches Material und führen vorwiegend bei männlichen Tieren zu klinischen Problemen. Schwierigkeiten beim Harnabsatz sowie Harnretention können allerdings auch auf anderen Ursachen beruhen, wobei differenzialdiagnostisch insbesondere Entzündungen im Bereich der unteren Harnwege in Betracht zu ziehen sind. Einmal von einem Harnstein betroffene Patienten neigen zu Rezidiven, sodass eine entsprechende diätetische Vorbeugung zu empfehlen ist. Epidemiologische Auswertungen beim Hund zeigen, dass bei einem Gesamtanteil von 3,5 % aller Klinikfälle nach wie vor Struvitsteine mit ca. 60 % dominieren. Kalziumoxalatkonkremente werden gegenüber früheren Jahren weltweit häufiger beobachtet (ca. 15 %), in gerin-

geringem P-Gehalt einzusetzen (Tab. VI, Anhang) oder die Ration über mineralische Einzelfuttermittel (insbesondere Kalziumkarbonat, Natriumchlorid) zu komplettieren. Spurenelemente und Vitamine können dann über geeignete Ergänzungsfuttermittel, ggf. auch durch die Verfütterung von Leber abgedeckt werden. Aufgrund der möglichen positiven Effekte der n-3-Fettsäuren kann ein Teil der Fettversorgung durch Fischöl erfolgen.

▶ Tab. 7.38 Harnsteine und disponierende Faktoren beim Hund.

Steinart	pathogenetische Faktoren	
	nutritive	andere
Konkremente	• bei allen: Übersättigung des Harns, Überschreitung des Löslichkeitsprodukts	
Struvit (Ammonium-Magnesium-Phosphat; Verhältnis 0,6 : 1 : 1,3)	• zu hohe Aufnahme an N, Mg, P • den Harn alkalisierendes Futter, meist bei hohem Anteil an Karbonaten (z. B. $CaCO_3$)	• Blaseninfektionen mit ureasepositiven Bakterien
Kalziumoxalat	• evtl.: Ca-, Vit.-D_3-, protein- bzw. glycinreiche Nahrung (bindegewebereiche Produkte) • Oxalsäure ↑ • den Harn azidierendes Futter	• evtl. individuell erhöhte Ca-Resorption und -Ausscheidung, Hyperkalzämie, verminderte renale Zitratexkretion
Cystin	• vermutlich keine • evtl. bei zystinreicher Fütterung und azidierendem Futter	• Reabsorptionsstörung für Cystin und andere Aminosäuren • Dackel, aber auch Basset, Terrier, Yorkshire-Terrier, Bulldogge, Chihuahua und andere
Harnsäuresteine	• Verabreichung purinreicher Diäten (Organe, Gehirn)	• genetische Disposition, insb. Dalmatiner, Bulldogge und andere • Leberfunktionsstörungen
Silikate	kieselsäurereiche Diät	–

gem Umfang treten auch Kalziumphosphatsteine (4 %) auf. Cystin- und Uratsteine konzentrieren sich auf jeweils dafür disponierte Hunderassen, während Silikatsteine und gemischte bzw. rein organisch zusammengesetzte Konkremente eher selten festzustellen sind. Bevor eine Diät zur Prophylaxe oder Therapie verschrieben wird, muss eine Analyse der Konkrementart erfolgen, da bei falscher Diätwahl sogar eine Förderung der Kristallisation resultieren kann.

7.12.2 Pathophysiologie

Generell begünstigt eine geringe Wasseraufnahme aufgrund des verminderten Harnvolumens und relativer Übersättigung das Krankheitsrisiko. Bei der Pathogenese von Harnsteinen sind neben nutritiven Ursachen Dispositionen einzelner Rassen oder interferierende Erkrankungen, z. B. chronische Blaseninfektionen, in Betracht zu ziehen (▶ Tab. 7.38).

7.12.3 Harn-pH-Wert und Kationen-Anionen-Verhältnis

Der pH-Wert beeinflusst die Löslichkeit von Konkrementbildnern und wird in entscheidendem Umfang von der Mineralisierung des Futters (dem „Kationen-Anionen-Verhältnis") bestimmt, wobei Kalzium, Magnesium, Natrium und Kalium eine alkalisierende und Phosphat, Chlorid und Schwefel eine azidierende Wirkung haben. Das Verhältnis von alkalisierenden („Kationen") zu azidierenden („Anionen") Mineralien kann unter Berücksichtigung ihrer molaren Anteile sowie der Wertigkeit mithilfe einer Formel kalkuliert werden. Aufgrund der oft fehlenden Angaben zu den Sulfat- bzw. Methionin- und Cystingehalten – den wesentlichen schwefelhaltigen Inhaltsstoffen im Futter – kann aus Gründen der Praktikabilität ohne Einbeziehung des Schwefels gerechnet werden:

Kationen-Anionen-Verhältnis (KAV; mmol/100 g TS) = (Kalzium x 50 + Magnesium × 82 + Natrium × 43 + Kalium x 26)
minus
(Phosphor x 65 + Chlorid × 28) (Mineralstoffgehalte jeweils in g/100 g TS einsetzen)

Der Harn-pH kann anhand folgender Gleichung aus dem Kationen-Anionen- Verhältnis (KAV) geschätzt werden: mittlerer pH des Harns = (KAV × 0,019) + 6,5

Einschätzung des Kationen-Anionen-Verhältnisses

Bei einem Kationen-Anionen-Verhältnis von „0" ist im Harn von Hunden ein pH-Wert von ca. 6,5 zu erwarten, bei abweichenden Mineralstoffrelationen ergeben sich die in ▶ Tab. 7.39 aufgeführten pH-Werte. Die Beziehung kann dazu genutzt werden, risikoreiche Futtermischungen zu erkennen bzw. bei der Berechnung von Diäten eine adäquate Relation der Mineralstoffgehalte einzustellen. Sie stellt allerdings eine vereinfachte Gleichung dar, da weitere Faktoren, z. B. die alkalisierend wirkenden, nicht bestimmten Anionen im Futter (organische Ionen, aber auch Oxide und weitere), berücksichtigt werden müssten, die aber in der normalen Routineanalytik nicht erfasst werden. Daher kann es in Abhängigkeit von diesen Faktoren zu Abweichungen von den berechneten Werten kommen.

▶ Tab. 7.39 Beziehung zwischen Kationen-Anionen-Verhältnis im Futter und pH-Wert im Harn von Hunden[1].

Kationen-Anionen-Verhältnis (KAV) (mmol/100 g TS)	Erwartungsbereich des Harn-pH
−10 bis −20	6,3–6,1
0	6,5
20–25	6,8–7,0
30–40	7,1–7,3

[1] Beispiel: Diätfutter enthält in 100 g TS 0,9 g Kalzium, 0,1 g Magnesium, 0,6 g Natrium, 0,4 g Kalium, 0,8 g Phosphor und 1,0 g Chlorid; ø KAV 9,4 mmol/100 g TS; ø erwarteter Harn-pH ca. 6,7.

7.12.4 Prinzipien der Diätetik beim Hund mit Harnsteinen

Die Diätbehandlung kann sowohl prophylaktisch als auch im Falle der Struvitsteine therapeutisch erfolgen.

> **!** Die allgemeinen Ziele umfassen:
> - Reduktion der Zufuhr steinbildender Substanzen
> - Herabsetzung der Konzentration im Harn
> - Verbesserung des Löslichkeitsverhaltens der renal ausgeschiedenen Stoffe

Die Löslichkeit von potenziellen Konkrementbildnern wird durch ausreichend hohen Harnfluss, Einhaltung optimaler pH-Werte sowie die Verwendung von Lösungsvermittlern bzw. Inhibitoren der Konkrementbildung erreicht. Da die einzuhaltenden Diätprinzipien in Abhängigkeit von der Konkrementart unterschiedlich sind (▶ Tab. 7.40), muss auf alle Fälle eine Analyse des chirurgisch entfernten Steins bzw. bei konservativer Behandlung eine Untersuchung von Harnsediment bzw. Blasenspülproben erfolgen.

7.12.5 Rationsgestaltung bei Hunden mit Harnsteinen

Harndilution

> **!** Zur Behandlung von Harnsteinen ist zunächst eine Erhöhung der Wasserzufuhr anzustreben, wobei angefeuchtetes Futter als effektivste Maßnahme zu empfehlen ist.

Während Feuchtfutter mit Wassergehalten von bis zu 80 % unter diesem Aspekt günstig zu beurteilen sind, sollte Trockenfutter im Verhältnis von 3 Teilen Wasser zu 1 Teil Futter eingeweicht werden, wenn eine deutliche Erhöhung des Harnvolumens erreicht werden soll. Eine Kontrolle kann durch die Erfassung des spezifischen Gewichts im Harn erfolgen, das bei ausreichender Wasserzufuhr unter 1,030 liegen sollte. Zulage von Kochsalz in einer Menge von > 1 g/kg KM/Tag kann den Wasserkonsum von Hunden steigern, allerdings sind mit er-

▶ Tab. 7.40 Diätetische Maßnahmen zur Vorbeugung bzw. Behandlung von Harnsteinen.

Steinart		Fütterung	Empfehlung Harn-pH	zusätzliche Maßnahmen

Struvit	Vorbeugung	• Reduktion von Magnesium, Phosphor
		• Proteinaufnahme bedarfsdeckend, nicht überhöht je MJ uE:
		  • vRp: 8–10 g
		  • P: < 250 mg
		  • Mg: < 50 mg
			• 6,6–6,8	• bei chronischer bakterieller Zystitis Therapie

	Behandlung	• weitere Absenkung der Aufnahme von Konkrementbildnern je MJ uE:
		  • vRp: < 7 g
		  • P: < 200 mg
		  • Mg: < 40 mg
			• 6,0–6,5	• s. o.
				• evtl. Zulage von Ammoniumchlorid oder Methionin (200 mg/kg KM/Tag; auf 2 Monate begrenzen; nicht bei wachsenden Hunden)
				• Harn-pH kontrollieren

Kalziumoxalat		• Zufuhr von Kalzium, Vitamin D, Oxalsäure, Milchprodukten, Gemüse limitieren • ausreichend Magnesium und Vitamin B_6	• 6,8–7,2	Zulage von 150 mg Kaliumzitrat/kg KM/Tag
Cystin	Vorbeugung	• keine überhöhte Proteinversorgung • besonders Cystin und Methionin limitieren	• > 7	• N-2-Merkaptopropionylglycin, • 30 mg/kg/Tag • Zulage von 150–300 mg Kaliumzitrat/kg KM/Tag
	Behandlung			N-2-Merkaptopropionylglycin, 40 mg/kg/Tag
Harnsäure (Urat)		• bedarfsgerechte Proteinzufuhr • purinarme Diät, keine Leber, Niere, Gehirn	• 6,5–7,2	• Allopurinol 10–30 mg/kg KM/Tag • evtl. Zulage von 150 mg Kaliumzitrat/kg KM/Tag
Silikat		• Aufnahme von silikatreichen Futtermitteln vermeiden, auch Sand		

höhter Salzzufuhr auch Nachteile und Risiken verbunden, insbesondere bei älteren Tieren mit Ödemneigung infolge von Herz- oder Lebererkrankungen.

Struvitsteine

Bei Hunden, die an Struvitsteinen oder -kristallurie leiden, muss die Versorgung mit Phosphor, Magnesium und Eiweiß geprüft und auf die in ▶ Tab. 7.40 genannten Richtwerte reduziert werden. Manche Fertigfutter mit unnötig hohen Mineralstoffgehalten und ungünstigem Kationen-Anionen-Verhältnis leisten der Bildung von Struvitsteinen Vorschub. Neben einer reduzierten Zufuhr von steinbildenden Substanzen ist der pH-Wert im Harn in einem sauren Milieu zu halten, wodurch eine Auflösung bestehender Konkremente erreicht bzw. die Auskristallisation verhindert wird. Die Verabreichung von Substanzen mit alkalisierender Wirkung, z. B. Kalziumkarbonat (Futterkalk), oder

▶ Tab. 7.41 Anforderungen an Diätfuttermittel für Hunde mit Struvituroliathiasis (bei 1,5–1,7 MJ uE/100 g TS).

	in 100 g TS	Prophylaxe	Therapie
Rohprotein	g	13–19	12–14
Magnesium	mg	75–85	60–70
Phosphor	mg	300–350	< 300
KAV	mmol	< 20	< 0
Natrium	mg	> 1000	> 1000

zusätzlicher Mineralfutter zu einem kommerziellen Alleinfutter muss unterbleiben. Für die Behandlung stehen auch kommerzielle Diätfuttermittel zur Verfügung, deren Zusammensetzung den Empfehlungen in ▶ Tab. 7.41 entsprechen und die neben einem reduzierten Mg-Gehalt auch harnsäuernde Eigenschaften haben sollen. Moderne Produkte sind so konzipiert, dass der Harn mit den Konkrementbildnern stabil untersättigt wird. Dadurch kann in vielen Fällen eine gleichzeitige Vorbeugung gegen die häufigsten Konkremente erreicht werden.

Auch nach Einsatz von Fertigdiäten sollte der Harn-pH mehrfach zu verschiedenen Tageszeiten (morgens nüchtern, ca. 4 Stunden nach der Fütterung und abends) kontrolliert werden (mit entsprechenden Sticks). Aufregung des Hundes – z. B. bei einem Praxisbesuch – kann bereits zu einer leichten Verschiebung des Harn-pH in alkalische Richtung führen. Nach der Fütterung ist für einige Stunden eine Alkalisierung des Urins zu beobachten, bei morgendlicher oder abendlicher Messung sollten die pH-Werte im sauren Bereich liegen. Bei Verwendung kommerzieller Diäten muss auf jeden Fall die zusätzliche Gabe von Methionin oder Ammoniumchlorid zur Säuerung des Harns unterbleiben, da sie meistens schon im Futter enthalten sind. Liegt der Harn-pH trotz Diät über 7, können Infektionen mit ureasepositiven Mikroorganismen vorliegen, die entsprechend behandelt werden müssen. In ▶ Tab. 7.42 sind Rationen für Hunde mit Harnsteinerkrankungen aufgeführt. Ergänzend kann bei Bedarf mit Methionin oder Ammoniumchlorid behandelt werden, zunächst mit einer Dosierung von 250 bzw. 200 mg/kg KM/Tag. Je nach Effekt (→ Kontrolle Harn-pH) wird die Zufuhr ggf. reduziert.

Kalziumoxalatsteine

Kalziumoxalatsteine sind auf diätetischem Wege schwerer zu beeinflussen als Struvitsteine. Neben der Erhöhung des Harnvolumens sollte auch bei diesen Patienten die Zufuhr konkrementbildender Bestandteile reduziert werden. Dazu ist es notwendig, die Kalzium- und Vitamin-D-Aufnahme auf einen bedarfsdeckenden Wert einzustellen. Bei disponierten Hunden dürfen keine oxalsäurereichen Futtermittel verwendet werden (Gemüse), allerdings stammt der größte Teil der renal ausgeschiedenen Oxalate aus dem intermediären Stoffwechsel von Glycin, einer Aminosäure, die besonders reichlich im Kollagen des Bindegewebes enthalten ist. Daher empfiehlt es sich, keine bindegewebereichen Schlachtabfälle zu verwenden und neben bedarfsgerechter Eiweißversorgung insbesondere auch die Qualität zu beachten. In seltenen Fällen kann auch eine zu geringe Aufnahme an Magnesium oder Vitamin B_6 ursächlich an einer verstärkten Oxalsäureausscheidung beteiligt sein. Der Harn-pH muss zur Behandlung der Kalziumoxalatsteine in einem neutralen bis leicht alkalischen Bereich liegen (▶ Tab. 7.40). Günstig ist die Einstellung über Kaliumzitrat (ca. 150–200 mg/kg KM/Tag), wobei neben dem pH-Effekt über die Zitratmoleküle insbesondere eine verbesserte Löslichkeit von Kalzium in Form eines Zitratsalzes erreicht wird. Dadurch stehen weniger Ca-Ionen für die Bindung an Oxalsäure zur Verfügung. Bei rezidivierenden Fällen kann die Verabreichung von Thiazid-Diuretika notwendig sein, dieses erfordert allerdings eine regelmäßige Kontrolle des Kalium-Status aufgrund der hohen renalen Verluste.

▶ **Tab. 7.42** Rationen für Hunde mit Harnsteinerkrankungen.

	I Struvit, Prophylaxe	II Struvit, Therapie	III Urat, Prophylaxe
	Futtermengen für einen Hund mit 15 kg Körpermasse in Gramm je Tag		
1. eiweißreiche Futtermittel			
Hühnerfleisch, Keule	150		
Rindfleisch, nicht zu mager		130	40
Quark		50	75
Ei, gekocht			50
2. energieliefernde Futtermittel			
Reis, poliert, Trockengewicht	170		65
Haferflocken		70	70
3. Fettergänzungen			
Fett/Öl	10	20	15
4. ballaststoffreiche Futtermittel			
Gemüse	15	15	15
5. Mineralstoffe/Vitamine			
vit. Mineralfutter	3	2	4
Kalziumkarbonat			1
Kalziumchlorid x 6 H$_2$O	1	4	
jod. Kochsalz	2	2	2
Energie- und Proteingehalte			
uE (MJ/100 g)	1,1	1,3	1,1
vRp (g/100 g)	11,1	12,3	10,1
vRp/uE	10,0	9,5	9,1

Vitaminergänzung über entsprechendes Präparat, falls erforderlich

▶ **Tab. 7.43** Diäten für Hunde mit Harnsteinen. Multiplikationsfaktoren zur Berechnung der Futtermengen relativ zu 15-kg-Hund.

Körpermasse des Hundes in kg	Futtermengen (▶ Tab. 7.42)	Mineralstoffe, Vitamine
5	× 0,4	× 0,3
10	× 0,7	× 0,7
15	s. Tabelle 7.42	
20	× 1,2	× 1,3
35	× 1,9	× 2,3
60	× 2,8	× 4

Cystinsteine

Die diätetische Behandlung von Cystinsteinen ist aufgrund der genetischen Disposition einzelner Rassen (s. ▶ Tab. 7.38) schwierig. Eventuell überhöhte Eiweißgehalte im Futter sind auf die für den Erhaltungsstoffwechsel empfohlenen Richtwerte zu reduzieren, da bei vorliegendem Reabsorptionsdefekt im renalen Tubulus vermehrt Aminosäuren, insbesondere auch Cystin, ausgeschieden werden. Eiprotein ist sehr reich an dieser schwefelhaltigen Aminosäure und sollte aus diesem Grund nicht an veranlagte Hunde verfüttert werden. Der Harn-pH sollte zur Verhinderung einer Neubildung von Cystinsteinen um 7 liegen. Die Einstellung kann über Kaliumzitrat (150–200 mg/kg KM/Tag) oder auch Natriumbikarbonat erfolgen. Neben der Optimierung des pH-Wertes verbessert die Applikation von Ascorbinsäure (100 mg/kg KM/Tag), entweder allein oder in Kombination mit Chelatbildnern (Penicillamin 30 mg/kg KM/Tag, N-2-Mercaptopropionylglycin 2 x 15 mg/kg KM/Tag), die Löslichkeit. Allerdings können beim Penicillamin Nebenwirkungen auftreten (Erbrechen). Das Risiko einer verminderten Mineralstoffretention macht bei längerer Behandlungsdauer entsprechende Kontrollen notwendig.

Uratsteine

Bei Dalmatinern mit Harnsäuresteinen besteht ein hohes Rezidivrisiko, das sich durch Verabreichung purinarmer Diäten vermindern lässt. Bei diesen Patienten ist insbesondere die Proteinaufnahme auf bedarfsdeckende Werte zu beschränken und der Einsatz purinreicher Futtermittel, insbesondere Innereien (Milz, Leber, Niere, Gehirn), verschiedener Fischarten (Sardinen, Sardellen) sowie von Hefe zu limitieren. Gut geeignet sind dagegen Diäten auf der Basis von Ei- und Milchprodukten. Durch Beifütterung von Natrium- oder Kaliumbikarbonat bzw. Kaliumzitrat (2 x 150 mg/kg KM/Tag) kann der Harn mäßig alkalisiert werden (pH ca. 7,2). Bei zu starker Alkalisierung besteht das Risiko einer verstärkten Bildung phosphorhaltiger Konkremente. Xanthinoxidasehemmer (z. B. Allopurinol, 10–30 mg/kg KM/Tag) können die Umwandlung von Hypoxanthin zu Xanthin und von Xanthin zu Harnsäure inhibieren. Bei Harnwegsinfektionen sollte eine antibiotische Behandlung erfolgen, da durch Ammoniakfreisetzung Ammoniumharnsäure-Konkremente ausfallen können.

Silikatsteine

Silikatsteine sind bei Hunden selten (ca. 3,5 % aller Harnsteine). Zur Behandlung empfiehlt es sich, Futtermittel, die reich an löslicher Kieselsäure sind, wie Gemüse, Sojaschalen oder Reisfuttermehl, zu eliminieren.

7.13 Chronische Herzinsuffizienz

7.13.1 Pathophysiologie

Herzerkrankungen finden sich typischerweise bei älteren Hunden, chronische Formen können das Klappensystem, den Herzmuskel oder auch das Reizleitungssystem betreffen. Bei nachlassender Förderleistung und Ausschöpfung der Kompensationsmöglichkeiten in Form eines erhöhten Herzminutenvolumens bzw. einer zunehmenden Herzfrequenz treten Minderdurchblutungen einzelner Organe und Gewebe auf. Ist auch die Nierenperfusion betroffen, wird über Renin, Angiotensin und Aldosteron die tubuläre Rückresorption von Natrium forciert. Die Na-Retention führt zu einer gleichzeitigen Konservierung von Wasser im Organismus, das sich bei nachlassendem onkotischen Druck auch extravasal verteilt, sodass Ödeme entstehen, beim Hund insbesondere im Bauchraum (Aszites). Hunde mit reduzierter Herzleistung neigen häufig zu verminderter Futteraufnahme, evtl. verstärkt durch Arzneimittel. Bei Behandlung mit Herzglykosiden, Hemmstoffen des Angiotensin-Konversionsenzyms (ACE-Hemmer) sowie Diuretika können erhöhte renale K-Verluste entstehen.

7.13.2 Diätetik

Durch eine natriumarme Diät ist bei Herzerkrankungen eine Reduktion der Flüssigkeitsretention im Körper möglich.

> **Diätetik bei Herzinsuffizienz**
> Hunde mit Herzinsuffizienz sollten
> - bei Vorliegen von Ödemen eine natriumreduzierte (< 150 mg/MJ uE bzw. 240 mg/100 g TS),
> - energiedichte (> 1,6 MJ uE/100 g TS) und
> - hochverdauliche
>
> Diät in mehreren kleinen Mahlzeiten pro Tag und in restriktiven Mengen erhalten.

Natrium und Kalium

Der Na-Gehalt in der Futtertrockenmasse sollte 240 mg/100 g nicht überschreiten, viele kommerzielle Standardmischfutter (Trockenfutter bis 800 mg, Feuchtfutter bis 1600 mg/100 g TS) liegen deutlich darüber und sind daher ungeeignet. Eine natriumarme Fütterung kann bei vorliegender Exsikkose, chronischem Durchfall, interferierenden Nierenerkrankungen sowie bei graviden oder laktierenden Hündinnen problematisch sein. Sind die K-Gehalte im Serum subnormal, ist die K-Zufuhr anzuheben (> 350 mg/100 g Trockensubstanz), insbesondere bei digitalisierten Patienten, z. B. durch Kaliumchlorid oder auch Kaliumzitrat. Bei Kombination natriumarmer Diäten mit Hemmern des Angiotensin-Konversionsenzyms sind die Serumelektrolytgehalte regelmäßig zu überwachen, insbesondere die von Natrium.

Antioxidanzien und Carnitin

Neuere Erkenntnisse zeigen, dass Hunde mit Herzerkrankungen Anzeichen einer vermehrten oxidativen Belastung aufweisen. Aufgrund der antioxidativen Effekte von Vitamin E und Selen sowie guter klinischer Erfahrungen mit Carnitin können diese Stoffe bei Erkrankungen des Herzmuskels (Cardiomyopathien) unterstützend eingesetzt werden. Die Vitamin-E-Aufnahme ist auf 2 mg/kg KM/Tag einzustellen. Die Zufuhr von Carnitin in hohen Dosen (bis 300 mg/kg KM/Tag, aufgeteilt auf 3 Gaben) hat sich insbesondere bei Kardiomyopathien großwüchsiger Hunderassen (Boxer, Dobermann) bewährt, bei denen ein entsprechendes Defizit in der Herzmuskulatur auftreten kann. Viele Einzelfuttermittel weisen hohe Carnitingehalte auf, insbesondere Fleisch und Leber, aber auch Blutmehl. Beim Hund ist die renale Reabsorption von Carnitin gering, sodass bei ungenügender Aufnahme, Absorption oder Synthese aus Methionin bzw. Lysin unter Beteiligung von Ascorbinsäure, Niacin, Pyridoxin und Eisen bzw. bei erhöhten renalen Verlusten (Nephrosen) ein Mangel eintreten kann. Zur Diagnostik ist die allerdings aufwändige und Speziallabors vorbehaltene Messung der Gesamtcarnitinwerte im Plasma möglich, die bei gesunden Hunden um 25 ± 7 µmol/l liegen, der Anteil freien Carnitins beträgt ca. 90 %.

Taurin

Hunde sind von exogener Taurinzufuhr unabhängig, da sie in der Lage sind, diese Aminosulfonsäure endogen aus schwefelhaltigen Aminosäuren zu synthetisieren. In klinischen Studien zeigte sich allerdings ein Zusammenhang zwischen dem Auftreten dilatativer Kardiomyopathien und niedrigen Tauringehalten im Blut. Diese Beobachtungen konnten bei Neufundländern, Amerikanischen Cocker Spaniels und bei Golden Retrievern gemacht werden. Nach Supplementierung mit Taurin waren klinische Verbesserungen der Herztätigkeit sowie höhere Tauringehalte im Blut festzustellen. Aus diesen Beobachtungen leitet sich die Empfehlung ab, bei Patienten mit dilatativen Kardiomyopathien eine Supplementierung mit Taurin vorzunehmen. Als Praxisempfehlung wird eine Dosierung von 2 x 500–1000 mg Taurin für Hunde unter 25 kg Körpermasse und 2 x 1–2 g Taurin für größere Hunde gegeben. Taurinkonzentrationen von unter 40 nmol/ml Plasma können als Hinweis auf eine Unterversorgung gelten. Neben möglichen Rasseeinflüssen können auch bestimmte diätetische Faktoren zu einer marginalen Versorgung mit Taurin führen. Entsprechende Probleme traten nach Fütterung von Diäten auf der Basis von Soja sowie von Futtermischungen mit höheren Gehalten an Tiermehl von Lämmern auf.

Fischöl

In begrenztem Umfang liegen Erfahrungen vor, dass Fischöl bei Hunden mit Herzerkrankungen positive Wirkungen haben kann. Dieses könnte einerseits mit den Effekten auf den Eikosanoidstoffwechsel, andererseits auch mit dem Einbau der mehrfach ungesättigten langkettigen Fettsäuren in Zellmembranen, einer höheren Fluidität der Erythrozyten und den dadurch bedingten verbesserten Perfusionseigenschaften zusammenhängen.

7.13.3 Fütterungspraxis

Patienten mit Herzinsuffizienz muss die Futtermenge exakt zugeteilt werden, Rationsvorschläge finden sich in ▶ Tab. 7.44 und ▶ Tab. 7.45. Die Akzeptanz natriumarmer Mischungen ist evtl. gering. Die Tiere sollten sich in einem normalen Ernährungszustand befinden, eine Verfettung wirkt nachteilig. Bei Kachexie bzw. verminderter Fresslust können angewärmtes Futter ebenso wie besonders schmackhafte Einzelfuttermittel eine Steigerung der Futteraufnahmebereitschaft bewirken.

▶ **Tab. 7.44** Rationen für Hunde mit Herzinsuffizienz.

	I	II
	Futtermengen für einen Hund mit 15 kg Körpermasse in Gramm je Tag	
1. eiweißreiche Futtermittel		
Fleisch, fettreiches	220	
Herz, Rind		170
Ei, gekocht		50
2. energieliefernde Futtermittel		
Haferflocken	20	
Reis, poliert, Trockengewicht		60
3. Fettergänzungen		
Fett/Öl	12	40
Fischöl	3	3
4. ballaststoffreiche Futtermittel		
Gemüse	15	20
5. Mineralstoffe/Vitamine		
vit. Mineralfutter	5	6
Energie- und Proteingehalte		
uE (MJ/100 g)	1,4	1,1
vRp (g/100 g)	14,0	10,8
vRp/uE	10,2	10,0

▶ **Tab. 7.45** Diäten für Hunde mit Herzinsuffizienz. Multiplikationsfaktoren zur Berechnung der Futtermengen relativ zu 15-kg-Hund.

Körpermasse des Hundes in kg	Futtermengen (▶ Tab. 7.44)	Mineralstoffe, Vitamine
5	× 0,4	× 0,3
10	× 0,7	× 0,7
15	s. Tabelle 7.44	
20	× 1,2	× 1,3
35	× 1,9	× 2,3
60	× 2,8	× 4

7.14 Diabetes mellitus (Zuckerharnruhr) und andere Endokrinopathien

7.14.1 Pathophysiologie

Diabetes mellitus stellt eine Stoffwechselstörung dar, entweder durch eine unzureichende Insulinproduktion (Typ I) oder eine mangelnde Insulinwirkung (Typ II) hervorgerufen. In beiden Fällen ist die Glukoseaufnahme in die Zelle reduziert und der Blutglukosespiegel steigt nach der Fütterung erheblich an und kehrt nicht auf das Ausgangsniveau zurück. Bei erkrankten Hunden sind neben dem abnormen Verhalten der Glukose sowie des Insulinspiegels auch Zunahmen von glykosiliertem Hämoglobin sowie Fruktosamin zu verzeichnen und diagnostisch zu nutzen.

Hyperglykämien anderer Ursache sind differenzialdiagnostisch in Betracht zu ziehen, insbesondere der Hyperadrenokortizismus (Morbus Cushing). Oft sind ältere Hündinnen, meist eher der kleinen Rassen, von Diabetes mellitus betroffen. Disponierend wirken eine bestehende Adipositas sowie endokrine Imbalancen (progesteron- bzw. gestagenvermittelter Wachstumshormonüberschuss, dadurch Insulinresistenz).

Typ I

Der Typ I des Diabetes, der auf einer unzureichenden Insulinproduktion der Inselzellen im Pankreas beruht, kommt bei jüngeren, genetisch disponierten oder massiv überernährten Hunden vor (Zerstörung der Inselzellen im Pankreas).

Typ II

Im Gegensatz dazu ist die Insulinproduktion beim Typ II des Diabetes ausreichend, aufgrund einer verminderten Ansprechbarkeit der Insulinrezeptoren besteht jedoch eine Insulinresistenz des peripheren Gewebes. Bei erkrankten Tieren überschreiten die Glukosegehalte im Blut den Normalbereich (bis 6,5 mmol/l) unter Umständen erheblich, wobei es ab 8–11 mmol/l zu Glukosurie und Polyurie, bei Extremwerten über 27 mmol/l auch zu komatösen Zuständen kommt.

Das Krankheitsbild ist im Verlauf gekennzeichnet durch verstärkte Glykogenolyse und Glukoneogenese aus Protein mit entsprechendem Konditionsverlust und Abmagerung sowie durch eine forcierte Lipolyse, die in einem späten Stadium mit Ketoazidose einhergehen kann. Betroffene Hunde magern trotz hoher Futteraufnahme ab, zeigen evtl. auch eine reduzierte Futterakzeptanz, Erbrechen sowie sekundäre Organerkrankungen (Leber, Niere, Haut, evtl. auch Katarakt).

7.14.2 Therapie

Die Behandlung des Diabetes besteht in erster Linie in der Applikation von Insulinpräparaten, vorwiegend mit Depotwirkung.

7.14.3 Diätetik

Die Diätetik sollte mit Blick auf die Insulindosierung zunächst darauf abgestellt werden, dass eine möglichst konstante Rationszusammensetzung gewählt wird, um den Insulinbedarf nicht unnötig zu variieren. Das Futter für Diabetespatienten darf keine leicht verfügbaren Mono- und Disaccharide enthalten, somit scheiden halbfeuchte Alleinfutter mit hohen Zuckergehalten aus. Andererseits sind Diabetiker sehr wohl in der Lage, komplexe Kohlenhydrate in Form von aufgeschlossener Stärke zu verwerten, wenn deren Menge pro Mahlzeit limitiert wird. Hier sollten vorwiegend Kohlenhydratquellen verwendet werden, aus denen die Glukosefreisetzung langsam erfolgt (z. B. nicht aufgeschlossene Mais- oder Tapiokastärke, Hirse). Faserstoffe können die Glukoseabsorption aus dem Darmlumen und damit die postprandiale Belastung des Organismus vermindern, wobei sich insbesondere lösliche Fasern, z. B. in Form von Guar, aber auch Weizenkleie bzw. Zellulose bewährt haben. Bei Diabetikern können faserreiche Futtermittel in Mengen von bis 2 g/kg KM/Tag eingesetzt werden, bei Zellulose sind jedoch aufgrund der depressiven Effekte auf die Verdaulichkeit des Futters geringere Dosierungen (bis 1,5 g/kg KM/Tag) zu empfehlen.

Sofern kommerzielle Diätfuttermittel verwendet werden, sollte als Richtwert ein Rohfasergehalt von 3–5 % in der Trockenmasse nicht unterschritten werden. Der Gehalt an verd. Rohprotein kann im Bereich der Empfehlungen für Hunde im Erhaltungsstoffwechsel oder auch höher liegen, insbesondere wenn Akzeptanzprobleme bestehen oder bei nicht zufriedenstellendem Ernährungszustand.

Liegen sekundäre Schäden an Leber oder Niere vor, ist die Proteinaufnahme hingegen restriktiv zu handhaben. Da Fett von diabetischen Hunden in moderaten Mengen im Allgemeinen gut toleriert wird, stellen tierische und pflanzliche Fette eine gute Energiequelle dar. Der Kohlenhydratgehalt im Futter sollte dagegen nicht über 50 % der Trockenmasse liegen, wobei Rationen mit Werten über 30 % aus Sicherheitsgründen mindestens 5 % Rohfaser enthalten sollten.

> ❗ Ziel der Diätetik bei Diabetes mellitus ist es, die Glukoseanflutung nach der Fütterung zu limitieren und standardisieren durch
> - Verabreichung kleiner Mahlzeiten (2–3 × täglich)
> - Verzicht auf zuckerhaltige Futtermittel (halbfeuchte Futter, bestimmte Beifutter)
> - modifizierten Fasergehalt (erhöhte viskositätssteigernde Faserquelle) der Nahrung

7.14.4 Fütterungspraxis

Bei Diabetes sind wegen der erforderlichen Konstanz der Futterzusammensetzung kommerzielle Diäten das Mittel der Wahl. Dabei ist es möglich, kommerzielle Feuchtalleinfutter mit faserreichen Futtermitteln zu ergänzen, z. B. mit Weizenkleie (bis zu 2 g/kg KM/Tag) oder auch Guar. Sie wirken dämpfend auf die postprandialen Schwankungen der Blutglukosegehalte. Bei eigenen Diätmischungen sind größere Schwankungen in der Nährstoffzusammensetzung einzukalkulieren.

In fortgeschrittenen Fällen von Diabetes mellitus müssen Flüssigkeits- und insbesondere Elektrolytverluste sowie Azidosen beachtet werden. Ein K-Defizit lässt sich in der Regel durch Zusätze von Kaliumchlorid (100–500 mg/kg KM/Tag) zur Ration abdecken. In kommerziellen Diätfuttermitteln wird häufig das Spurenelement Chrom in geringen Dosierungen eingesetzt, da dieses die Glukoseverwertung begünstigt. Bei Adipositas ist wie unter Kapitel 7.4 beschrieben vorzugehen, jedoch mit Rücksicht auf die Stoffwechselsituation des diabetischen Hundes die Energierestriktion auf ca. 80 % der Energiezuteilung im Erhaltungsbedarf zu begrenzen. Diabetische Hunde werden meist 2-mal täglich gefüttert, damit der postprandiale Glukoseanstieg so niedrig wie möglich bleibt (ggf. sogar morgens 25, mittags 50 und abends 25 % der Gesamttagesration). Meist wird so verfahren, dass die Fütterung auf 2 Mahlzeiten verteilt wird in zeitlichem Zusammenhang mit der Insulinverabreichung. Bei übergewichtigen Patienten ist die Normalisierung des Ernährungszustandes eine wesentliche Voraussetzung für den Behandlungserfolg.

7.15 Tumorerkrankungen

Tumorerkrankungen sind bei älteren Hunden häufig und betreffen neben der Milchdrüse vorwiegend lymphatische und hämatopoetische Organe. Der Stoffwechsel von entarteten Zellen gleicht prinzipiell dem regulärer Körpergewebe. Als primäre Energiequellen dienen Glukose sowie glukoplastische Aminosäuren (Alanin, Glycin etc.), während Fett von vielen Tumoren nicht oder allenfalls in geringem Umfang zur Energiegewinnung genutzt werden kann. Im Vergleich zu normalen Körperzellen nimmt tumoröses Gewebe Substrate wie Glukose und auch Aminosäuren sehr effektiv auf, sodass eine hohe Zellvermehrung ermöglicht wird. Im Gegenzug können große Laktatmengen in den Stoffwechsel des Wirtsorganismus (Hyperlaktatämie) gelangen, da intrazellulär eine starke anaerobe Glykolyserate – wie bei embryonalem Gewebe – typisch ist.

Tumoren entziehen aufgrund ihrer hohen biologischen Aktivität dem Wirtsorganismus Energie und Nährstoffe. Durch Funktionseinschränkungen nicht nur des Gastrointestinaltraktes, sondern auch von anderen Organen und durch die Freisetzung von Zytokinen wie dem TNF-α (Tumor-Nekrose-Faktor) gerät der Organismus in eine katabole Stoffwechselsituation, die zum Körpermasseabbau und zur Tumorkachexie führt. Tumorpatienten zeigen bereits in einem frühen Erkrankungsstadium in Belastungstests eine reduzierte Glukosetoleranz.

Durch die Aufnahme von Aminosäuren in den Tumor steigt der Proteinbedarf des Organismus, der bei ungenügender alimentärer Zufuhr über den Abbau von Muskelmasse gedeckt wird. Aminosäuren werden zusätzlich zur Glukoneogenese benötigt und verstärkt von der Leber aufgenommen. Ein bei fortschreitendem Tumorwachstum eintretendes Proteindefizit des Organismus hat negative Konsequenzen für das Immunsystem, die Zellmauserung im Gastrointestinaltrakt sowie auch das Wundheilungsvermögen.

Mit steigender Tumormasse nehmen nicht nur die hepatischen Fettreserven ab, es kommt bereits in einem frühen Stadium zum Abbau des peripheren Fetts.

7.15.1 Diätetik

Die diätetischen Möglichkeiten in der Behandlung von Tumorpatienten sind beschränkt und vorwiegend darauf ausgerichtet, über die Sicherung einer adäquaten Energie- und Nährstoffzufuhr den Körperzustand und das Wohlbefinden des Patienten so weit wie möglich zu erhalten und die chirurgische oder medikamentöse Therapie palliativ zu begleiten.

Dabei sollten in erster Linie Defizite der Energie- und Nährstoffversorgung ausgeglichen und postoperativ die in Kap. 7.3.3 dargestellten Verfahren der Intensivernährung berücksichtigt werden.

Energie- und Nährstoffe Das Risiko, durch eine verbesserte Energie- und Nährstoffzufuhr das Tumorwachstum zu forcieren, ist bislang nicht sicher einzuschätzen. Aufgrund der prinzipiellen Gleichartigkeit der in normalen und entarteten Zellen ablaufenden Stoffwechselprozesse ist es nicht möglich, selektiv den Organismus zu unterstützen. Gewichtsverluste sind jedoch bei Tumorpatienten prognostisch ungünstig zu bewerten und sollten daher – sofern möglich – verhindert bzw. ausgeglichen werden. Der Energiegehalt von Futtermischungen für Tumorpatienten sollte bei mindestens 1,7 MJ uE/100 g Trockensubstanz (ca. 20 % Rohfett in der TS) liegen.

Fett Neben der Fettmenge ist auch das Fettsäurenspektrum, insbesondere der Gehalt an n-3-Fettsäuren, zu beachten. Experimentellen Beobachtungen zufolge ergaben sich verlängerte Überlebenszeiten, wenn mehr n-3-Fettsäuren (z. B. durch Zufütterung von 1–2 g Fischöl/kg KM/Tag) verwendet wurden. Bei Koagulopathien müssen Hunde allerdings eher restriktiv mit n-3-Fettsäuren versorgt werden. Nachteilige Effekte gesättigter Fettsäuren, die in höherem Umfang insbesondere im Rinderfett vorkommen und nach experimentellen Beobachtungen bei kleinen Versuchstieren das Tumorwachstum verstärken können, lassen vom Rind stammende Produkte weniger geeignet erscheinen. Schweine- und insbesondere Geflügelfett weisen einen höheren Anteil ungesättigter Fettsäuren auf, allerdings ist auch ihr Fettsäurenspektrum (n-3-Fettsäuren) weniger günstig als das von Fischöl (▶ Tab. 7.30).

Eiweiße Die Proteinzufuhr sollte bei Tumorpatienten höher sein als im Erhaltungsbedarf, um dem unerwünschten Abbau von Muskelprotein entgegenzuwirken (12–15 g vRp/1 MJ uE). Eine verbesserte Schmackhaftigkeit lässt sich über Proteinquellen tierischer Herkunft erreichen (Muskelfleisch oder auch bindegewebearme Innereien).

Kohlenhydrate Leicht verfügbare Kohlenhydrate in Form von Mono- oder Disacchariden sollten aufgrund des gestörten Glukosemetabolismus nicht verwendet werden, Stärke kann in geringem Umfang in der Ration enthalten sein, insbesondere, wenn beim Patienten eine Hypoglykämie besteht. Zur Sicherung einer ausreichenden Darmmotilität können Diäten einen Rfa-Gehalt von ca. 4–5 % der TS aufweisen, z. B. durch Zusatz von Gemüse (z. B. Möhren oder auch Weizenkleie).

Mineralstoffe und Spurenelemente Aufgrund der durch Zusatz von Kalzium, Kupfer, Zink und Selen zu erwartenden positiven Effekte auf das Immunsystem sowie wegen der antioxidativen und zellprotektiven Effekte verschiedener Vitamine (A, D, E, evtl. Ascorbinsäure) empfiehlt sich der Einsatz vitaminierter Mineralfutter mit erhöhten Gehalten an entsprechenden Inhaltsstoffen oder auch von vitaminreichen Ergänzungsfuttern, sodass gegenüber dem Erhaltungsstoffwechsel eine Verdopplung der Zufuhr stattfindet. Die Vitamin-E-Zufuhr kann auf 2–3 mg/kg KM/Tag angehoben werden.

Je nach Akzeptanz können bei Tumorpatienten evtl. fettreiche Mischfutter, ggf. auch proteinreiche und gleichzeitig kohlenhydratarme Feuchtalleinfutter verwendet werden, möglichst mit einem erhöhten Anteil an n-3-Fettsäuren. Aus diätetischer Sicht bieten selbst gemischte Rationen aus hochwertigen Proteinquellen wie Fleisch oder Fisch sowie mit Fett und den genannten Ergänzungen Vorteile, insbesondere, da ihre Zusammensetzung sicher bekannt und ggf. je nach Verträglichkeit und Akzeptanz leicht zu modifizieren ist.

Tabellenanhang

8 Tabellenanhang

▶ Tab. I Körpermasse, Nachkommenzahl und Geburtsmasse in verschiedenen Hunderassen.

		Ø Körpermasse (kg)		Ø Welpenzahl pro Wurf	Ø Geburtsmasse (g)
		m	w		
I.	**Zwergrassen**				
	Kleinspitz	2,9	3,6	2,9	148
	Chihuahua	3,0	2,2	3,0	138
	Yorkshire Terrier	3,2	2,5	5,0	97
	Ital. Windspiel	3,2	3,4	3,2	178
	Zwergpinscher	3,5	2,9	3,6	169
	Affenpinscher	3,9	3,2	2,8	140
	Papillon	1,5–5		2,8	118
	Malteser	3–4		2,8	156
	Zwergpudel	5,2	5,0	3,3	167
	Zwergdackel	bis 4,0	3,5	3,3	209
	Zwergschnauzer	5,5	5,1	4,4	161
	Belg. Griffon	5,5–6		4,0	260
	Pekinese	5,5–6			
II.	**kleine Rassen**				
	Boston Terrier	7–12			
	Skye Terrier	11,5		5,2	280
	Mops	8,3	8,0	4,2	196
	Jagdterrier	8,5	7,5	4,7	196
	Foxterrier	8,5	7,3	4,0	200
	Bedlington Terrier	8,5	7,9	5,2	226
	King-Charles-Spaniel	8,5	7,7	3,4	232
	Pinscher	9,0	6,5	5,3	273
	Kurzhaardackel	bis 6,5	7,0	4,2	240
	Langhaardackel	bis 6,5	7,0	3,6	191
	Scotch Terrier	10	9,1	4,5	215
	Whippet	10	11	5,8	254
	Franz. Bulldogge	11	11	5,4	214
	Basenji	11	10	5,8	

▶ Tab. I Körpermasse, Nachkommenzahl und Geburtsmasse in verschiedenen Hunderassen (Forts.).

		⌀ Körpermasse (kg)		⌀ Welpenzahl pro Wurf	⌀ Geburtsmasse (g)
		m	w		
	Puli	12	11	5,3	275
	Irish Terrier	12	12	6,0	270
	Cocker Spaniel	14	13	5,3	230
	Beagle	14	13	5,2	240
III.	mittelgroße Rassen				
	Kleiner Münsterländer	17			
	Mittelschnauzer	19	18	5,8	284
	Großpudel	25		6,6	355
	Basset	20	18		
	Bullterrier	23	20	6,8	328
	Siberian Husky	24	20	5,3	
	Airedale Terrier	25	23	7,5	341
	Chow Chow	27	21	4,4	358
	Engl. Bulldogge	27	23		
	Collie	27	23	7,3	290
	Dalmatiner	27	23	6,3	350
	Deutscher Vorstehhund	24		7,6	459
	Eurasier	23–32	18–26		
IV.	große Rassen				
	Barsoi	27	31	7,0	452
	Setter	28–30	25	7,5	404
	Greyhound	29	24	7,2	408
	Afghane, Pointer, Bobtail	30–25		6,7 (Afg.)	
	Boxer	30	28	7,3	408
	Deutscher Schäferhund	34	32	8,3	443
	Hovawart	35	33	11	436
	Labrador Retriever	35	28	7,5	
	Dobermann	37	29	8,3	411
	Alaska Malamute	39	34		
	Riesenschnauzer	35	30	8,3	402
	Bordeauxdogge	43	39	6,9	422
	Berner Sennenhund	50	45	7,6	
	Rottweiler	50	40	7,6	446

▶ Tab. I Körpermasse, Nachkommenzahl und Geburtsmasse in verschiedenen Hunderassen (Forts.).

		⌀ Körpermasse (kg)		⌀ Welpenzahl pro Wurf	⌀ Geburtsmasse (g)
		m	w		
V.	**Riesenrassen**				
	Irischer Wolfshund	54	41		
	Pyrenäenhund	55	45	5,2	703
	Leonberger	60–80			
	Deutsche Dogge	60	55	10	567
	Neufundländer	63	52	6,2	595
	Bernhardiner	80	65	7,9	642
	Mastiff	90–75			

Quellen: Sherts-Roth 1953, Lebau 1956, Lingset u. Lingset 1970, Kaiser 1971, VDH 1989, Widman-Acanal 1992.

▶ Tab. II Mineralstoff- und Vitaminbedarf pro 1 MJ ums. Energie in Abhängigkeit von der Körpermasse.

KM des Hundes in kg		Erhaltung		Gravidität		Laktation, Welpenzahl					
						<4		4–6		>6	
		5	60	5	60	5	60	5	60	5	60
Kalzium	mg	216	400	344	532	446	610	531	639	538	644
Phosphor	mg	162	300	250	387	313	427	363	436	364	436
Magnesium	mg	32	60	31	48	32	44	33	39	33	39
Natrium	mg	135	250	125	194	134	183	131	158	125	150
Kalium	mg	149	275	135	210	155	212	156	188	152	182
Chlorid	mg	203	375	188	290	196	268	238	286	228	273
Zink	mg	2,7	5,0	5,0	7,7	9,6	13,2	6,8	8,1	5,9	7,0
Eisen	mg	3,8	7,0	14,2	21,9	4,3	5,9	3,0	3,6	2,6	3,1
Kupfer	mg	0,27	0,50	0,33	0,52	1,20	1,63	0,84	1,01	0,73	0,87
Mangan	mg	0,19	0,35	0,17	0,26	0,21	0,29	0,15	0,18	0,13	0,16
Kobalt	µg	27	50	21	32	18	24	13	15	11	13
Selen	µg	14	25	10	16	9	12	6	8	5	7
Jod	µg	41	75	104	161	89	122	63	75	54	65
Vitamin A	IE	270	500	521	806	446	610	313	376	272	325
Vitamin D	IE	27	50	42	65	36	49	25	30	22	26
Vitamin E	mg	2,7	5,0	4,2	6,5	3,6	4,9	2,5	3,0	2,2	2,6
Vitamin K	mg	0,04	0,08	0,13	0,19	0,11	0,15	0,08	0,09	0,07	0,08
Vitamin B_1	mg	0,10	0,19	0,17	0,26	0,14	0,20	0,10	0,12	0,09	0,10
Vitamin B_2	mg	0,24	0,44	1,23	1,90	1,05	1,44	0,74	0,89	0,64	0,77
Vitamin B_6	mg	0,07	0,13	0,18	0,27	0,15	0,21	0,11	0,13	0,09	0,11
Vitamin B_{12}	µg	1,6	2,9	4,2	6,5	3,6	4,9	2,5	3,0	2,2	2,6
Pantothensäure	mg	0,68	1,25	1,77	2,74	1,52	2,07	1,06	1,28	0,92	1,11
Nikotinsäure	mg	0,68	1,25	1,77	2,74	1,52	2,07	1,06	1,28	0,92	1,11
Biotin	µg	5,4	10,0	8,3	12,9	7,1	9,8	5,0	6,0	4,3	5,2
Folsäure	µg	12,2	22,5	31,9	49,4	27,3	37,3	19,1	23,0	16,6	19,9

▶ Tab. II Mineralstoff- und Vitaminbedarf pro 1 MJ ums. Energie in Abhängigkeit von der Körpermasse (Forts.).

		Wachstum, Lebensmonat										
		1		2		3		4		5–6		7–12	
KM des Hundes in kg		5*	60*	5*	60*	5*	60*	5*	60*	5*	60*	5*	60*
Kalzium	mg	452	522	513	730	513	743	507	724	414	649	265	412
Phosphor	mg	285	324	270	375	244	350	243	336	224	340	173	265
Magnesium	mg	29	30	30	30	29	33	30	36	29	36	27	38
Natrium	mg	129	132	142	142	113	126	104	126	103	128	108	156
Kalium	mg	142	145	167	167	117	130	107	129	112	138	116	168
Chlorid	mg	269	275	276	276	192	214	157	190	172	213	184	265
Zink	mg	4,4	4,5									2,2	3,2
Eisen	mg	5,2	5,3									2,4	3,5
Kupfer	mg	0,54	0,55									0,29	0,41
Mangan	mg	0,12	0,12									0,14	0,21
Kobalt	µg	11	11									20	29
Selen	µg	5	5									10	15
Jod	µg	54	55									102	147
Vitamin A	IE	269	275									510	735
Vitamin D	IE	22	22									41	59
Vitamin E	mg	2,2	2,2									4,1	5,9
Vitamin K	mg	0,05	0,05									0,09	0,13
Vitamin B_1	mg	0,07	0,07									0,13	0,19
Vitamin B_2	mg	0,51	0,52									0,97	1,40
Vitamin B_6	mg	0,07	0,07									0,14	0,20
Vitamin B_{12}	µg	1,7	1,8									3,3	4,7
Pantothensäure	mg	0,73	0,75									1,39	2,00
Nikotinsäure	mg	0,73	0,75									1,39	2,00
Biotin	µg	4,3	4,4									8,2	11,8
Folsäure	µg	13,2	13,5									25,1	36,2

* KM des ausgewachsenen Hundes.

8 Tabellenanhang

▶ Tab. III Gehalt an Rohnährstoffen, verd. Rohprotein, ums. Energie und Linolsäure in Futtermitteln für Hunde (in 100 g).

	TS [g]	oS [g]	Ra [g]	Rp [g]	Rfe [g]	NfE [g]	Rfa [g]	sV [1)]	BE [MJ]	vRp [g]	uE [MJ]	vRp/uE [g/MJ]	Linolsäure [g]
1. Fleisch													
Bauch, Schwein	56	55	0,9	12,0	42,0	1,1		*	1,96	11,5	1,83	6	2,9
Brust, Huhn	26	25	1,0	23,0	0,9	1,1		*	0,60	20,9	0,46	46	0,2
Brust, Pute	26	25	1,2	24,1	1,0	0,0		*	0,61	21,9	0,46	47	0,2
Brust, Schaf	51	50	0,8	12,0	37,0	1,2			1,76	11,9	1,70	7	0,9
Eisbein, Schwein	30	29	0,9	12,0	16,0	1,1		*	0,93	11,5	0,85	14	1,1
fettarm, Pferd	26	25	1,0	19,0	4,5	1,5			0,66	17,3	0,53	33	0,1
fettarm, Rind	27	26	1,0	21,0	4,0	1,0			0,67	20,6	0,55	37	0,1
Herz, Rind	24	23	1,1	17,0	5,0	0,9		*	0,62	16,7	0,52	32	0,1
Herz, Schwein	25	24	1,4	16,0	6,0	1,6			0,64	15,4	0,55	28	0,5
Hochrippe, Rind	43	42	1,0	17,0	24,0	1,0			1,37	16,7	1,24	13	0,5
Huhn, ganz	29	28	1,0	21,0	5,6	1,4		*	0,74	19,1	0,60	32	0,7
Kamm, Schwein	49	48	0,8	15,0	32,0	1,2			1,64	14,4	1,51	10	2,2
Kaninchen	30	29	1,1	20,8	7,6	0,9		*	0,81	20,4	0,70	29	
Keule, Huhn	26	25	1,0	21,0	3,0	1,0		*	0,64	19,1	0,50	38	0,4
Keule, Kalb	32	31	1,0	20,0	10,0	1,0		*	0,89	19,6	0,77	25	0,2
Keule, Lamm	25	24	0,8	20,8	3,7	0,0		*	0,64	20,4	0,54	38	0,9
Keule, Rind	35	34	1,0	20,0	13,0	1,0		*	1,00	19,6	0,89	22	0,3
Keule, Schaf	38	37	0,9	18,0	18,0	1,1			1,15	17,8	1,07	17	0,5
Keule, Schwein	38	37	0,8	15,0	21,0	1,2			1,20	14,4	1,09	13	1,5
Kopffleisch, Rind	45	44	1,0	17,0	26,0	1,0			1,44	16,7	1,31	13	0,6
Kotelett, Schaf	49	48	0,8	15,0	32,0	1,2			1,64	14,9	1,57	9	0,8
Kotelett, Schwein	48	47	0,9	15,0	31,0	1,1			1,59	14,4	1,47	10	2,2
Schnitzel, Schwein	31	30	0,9	21,0	8,0	1,1			0,83	20,2	0,71	28	0,6
Schulter, Schaf	43	42	0,9	16,0	25,0	1,1			1,38	15,8	1,31	12	0,6
Spannrippe, Rind	42	41	1,0	18,0	22,0	1,0			1,31	17,6	1,19	15	0,4

1) scheinbare Verdaulichkeit; * geschätzt

8 Tabellenanhang

▶ Tab. III Gehalt an Rohnährstoffen, verd. Rohprotein, ums. Energie und Linolsäure in Futtermitteln für Hunde (in 100 g) (Forts.).

	TS [g]	oS [g]	Ra [g]	Rp [g]	Rfe [g]	NfE [g]	Rfa [g]	sV 1)	BE [MJ]	vRp [g]	uE [MJ]	vRp/uE [g/MJ]	Linolsäure [g]
2. Leber und Niere													
Leber, Huhn	29	28	1,4	22,0	5,0	0,6			0,73	20,7	0,59	35	0,7
Leber, Kalb	28	27	1,4	19,0	4,0	3,6			0,67	17,9	0,55	33	0,8
Leber, Rind	28	27	1,4	20,0	3,0	3,6			0,66	18,8	0,53	35	0,6
Leber, Schaf	29	28	1,4	21,0	4,0	2,6			0,70	19,7	0,57	35	0,2
Leber, Schwein	29	28	1,4	20,0	6,0	1,6			0,74	18,8	0,61	31	1,0
Niere, Kalb	25	24	1,2	17,0	6,4	0,4		*	0,66	15,6	0,54	29	0,1
Niere, Rind	25	24	1,2	15,0	8,1	0,7		*	0,69	13,8	0,57	24	0,1
Niere, Schwein	23	22	1,2	17,0	4,1	0,7		*	0,58	16,3	0,48	34	0,2
3. Wurstwaren, Blut und Speck													
Blut, frisch	19	19	0,1	19,0	0,1	0,0		*	0,46	17,3	0,34	51	
Blutwurst	61	59	2,5	14,0	44,0	0,5		*	2,07	13,4	1,93	7	2,0
Fleischwurst	44	42	2,5	11,0	30,0	0,5		*	1,45	10,7	1,34	8	1,5
Frankf. Würst.	38	36	2,5	13,0	21,0	1,5		*	1,16	12,6	1,05	12	1,1
Frühstücksspeck, durchw.	80	75	5,0	9,0	65,0	1,0			2,79	8,6	2,64	3	4,5
Leberwurst	56	54	2,0	12,0	41,0	1,0		*	1,91	11,6	1,77	7	2,0
Rückenspeck, Schwein	93	93	0,1	1,7	91,0	0,2		*	3,62	1,6	3,47	0	6,4
Salami, dtsch.	73	69	4,5	18,0	50,0	0,5		*	2,40	17,5	2,21	8	2,5
4. Milch und Milchprodukte													
Vollmilch, Rind	13	12	0,7	3,5	4,1	4,7		*	0,33	3,2	0,28	11	0,1
Magermilch, Rind	9	8	0,7	3,4	0,1	4,8			0,17	3,1	0,14	23	0,0
Kondensmilch, 10 % Fett	34	32	2,0	8,9	10,0	13,1		*	0,83	7,1	0,69	10	0,3
Kondensmilch, 7,5 % Fett	25	24	1,5	6,5	7,5	9,5		*	0,61	5,2	0,51	10	0,2
Magermilchpulver	96	89	7,0	36,0	0,6	52,4			1,79	32,8	1,45	23	
Sauermolkenpulver	94	83	11,0	13,0	0,4	69,6			1,53	11,7	1,32	9	
Süßmolkenpulver	96	89	7,3	12,0	0,5	76,2			1,62	10,6	1,41	7	
Emmentaler Käse, (40 % Fett in TS)	65	61	4,0	27,0	30,0	4,0			1,89	23,0	1,57	15	0,4

1) scheinbare Verdaulichkeit; * geschätzt

▶ Tab. III Gehalt an Rohnährstoffen, verd. Rohprotein, ums. Energie und Linolsäure in Futtermitteln für Hunde (in 100 g) (Forts.).

	TS [g]	oS [g]	Ra [g]	Rp [g]	Rfe [g]	NfE [g]	Rfa [g]	sV [1)]	BE [MJ]	vRp [g]	uE [MJ]	vRp/uE [g/MJ]	Linol-säure [g]
Frischkäse, (20 % Fett in TS)	22	22	0,5	14,0	4,5	3,0			0,56	11,9	0,44	27	
Joghurt (3,5 % Fett)	13	12	0,7	3,9	3,8	4,6		*	0,32	3,3	0,27	12	0,1
Kasein, isoliert	88	82	6,1	75,0	0,7	6,2		*	1,92	72,8	1,53	48	
Quark, mager	21	20	1,0	17,0	0,5	2,5		*	0,47	16,2	0,37	44	
Sahne, >30 % Fett	38	38	0,5	2,5	31,5	3,5			1,36	2,0	1,21	2	0,8
5. Ei und Eiprodukte													
Eipulver, getrocknet	92	89	3,0	48,0	41,0	0,0			2,75	37,9	2,30	16	7,5
Vollei, hart gekocht	27	26	1,0	13,0	12,0	1,0		*	0,80	11,4	0,69	16	1,3
Vollei, weich gekocht	26	25	0,8	13,0	11,0	1,2		*	0,76	9,8	0,63	16	1,2
Vollei, roh, ohne Schale	26	25	0,8	13,0	11,0	1,2		*	0,76	7,2	0,57	12	1,2
Eigelb, getrocknet	97	94	3,5	32,0	59,0	2,5		*	3,12	30,1	2,80	11	26,5
Eigelb, roh	50	49	1,2	16,0	32,0	0,8		*	1,65	15,0	1,49	10	5,5
Eiweiß, getrocknet	92	87	5,5	77,0	1,4	8,1		*	2,03	70,1	1,54	46	0,1
Eiweiß, roh	13	12	0,6	11,0	0,2	1,2		*	0,29	6,6	0,15	45	
6. Vormägen und Mägen													
Pansen, geputzt	20	20	0,3	12,0	7,0	0,7			0,57	11,4	0,50	23	0,1
Pansen, grün	28	27	1,2	20,0	5,0	0,7	1,1	*	0,70	19,0	0,58	33	0,1
Blättermagen, Rind	21	20	0,7	15,0	5,0	0,3		*	0,56	14,3	0,47	30	0,1
Labmagen, Rind	22	21	0,7	12,0	9,0	0,3			0,64	11,4	0,57	20	0,2
Magen, Schwein	31	30	0,9	15,0	14,0	0,4	0,7	*	0,93	14,4	0,82	18	1,0
7. bindegewebereiche Schlachtabfälle													
Darm, Rind	22	22	0,5	16,0	5,0	0,5		*	0,59	15,2	0,49	31	0,1
Darm, Schwein	29	29	0,5	13,0	15,0	0,5		*	0,91	12,5	0,82	15	0,1
Euter, Rind	24	22	1,6	13,0	8,5	0,9		*	0,66	11,7	0,55	21	0,2

[1)] scheinbare Verdaulichkeit; * geschätzt.

▶ Tab. III Gehalt an Rohnährstoffen, verd. Rohprotein, ums. Energie und Linolsäure in Futtermitteln für Hunde (in 100 g) (Forts.).

	TS [g]	oS [g]	Ra [g]	Rp [g]	Rfe [g]	NfE [g]	Rfa [g]	sV [1)]	BE [MJ]	vRp [g]	uE [MJ]	vRp/uE [g/MJ]	Linolsäure [g]
Fettenden, Schwein	35	35	0,5	11,0	23,0	0,5		*	1,17	10,6	1,08	10	1,6
Gelatine	84	84	0,1	84,0	0,1	0,0			2,00	79,8	1,55	51	
Grieben	55	54	0,6	32,0	22,0	0,4		*	1,63	28,5	1,41	20	1,5
Lunge u. Schlund, Rind, roh	30	29	1,1	18,0	10,0	0,9		*	0,84	16,2	0,67	24	0,2
Lunge, Kalb	21	20	1,0	18,0	2,0	0,0		*	0,51	16,2	0,39	42	
Lunge, Rind	19	18	1,0	15,0	2,7	0,3			0,47	13,5	0,36	38	
Lunge, Schaf	21	20	1,1	18,0	2,0	0,0		*	0,51	16,2	0,39	42	
Lunge, Schwein	26	25	1,0	17,0	7,0	1,0		*	0,70	15,3	0,56	27	0,5
Milz, Rind	25	24	1,4	19,0	2,4	2,2		*	0,58	17,5	0,46	38	
Milz, Schwein	23	22	1,1	17,0	5,0	0,0		*	0,60	15,6	0,48	32	0,4
Ochsenziemer	82	81	1,1	84,6	1,6	0,0		*	2,08	76,1	1,55	49	
Ösophagus u. Trachea, Rind	34	33	0,9	16,0	17,0	0,1		*	1,05	14,4	0,86	17	0,3
Rinderenden	20	19	0,6	15,0	4,0	0,4		*	0,52	14,3	0,43	33	0,1
Schwarten, Schwein	57	56	0,7	32,0	24,0	0,3			1,71	30,9	1,52	20	1,7
Schweineohren, getr.	90	88	2,0	65,4	25,0	0,0		*	2,54	63,2	2,18	29	
Sehnen (isoliert)	91	90	0,9	54,0	35,0	1,1			2,68	50,8	2,27	22	0,7
Hoden, Rind	16	15	1,1	12,0	2,4	0,5		*	0,39	11,8	0,33	36	
Uterus, Rind	15	14	0,9	13,0	0,8	0,3		*	0,35	12,7	0,28	45	
8. Fisch und Fischmehle													
Aal, ungeräuchert	41	40	1,0	13,0	27,0	0,0		*	1,37	12,5	1,26	10	1,2
Dorschlebermehl, fettarm, getr.	90	84	6,1	70,0	9,7	4,2		*	2,12	58,1	1,44	40	
Dorschmehl	88	65	23,0	59,0	4,0	1,7	0,3	*	1,60	49,0	1,12	44	0,1
Fischmehl 3–8 % Rfe, 55–60 % Rp	89	67	22,0	58,0	6,0	3,0			1,67	48,1	1,10	44	0,1
Hering	37	36	1,0	17,0	19,0	0,0		*	1,15	15,1	1,03	15	0,3
Heringsmehl	87	68	19,0	59,0	5,2	3,7	0,1		1,67	50,7	1,23	41	

[1)] scheinbare Verdaulichkeit; * geschätzt.

▶ Tab. III Gehalt an Rohnährstoffen, verd. Rohprotein, ums. Energie und Linolsäure in Futtermitteln für Hunde (in 100 g) (Forts.).

	TS [g]	oS [g]	Ra [g]	Rp [g]	Rfe [g]	NfE [g]	Rfa [g]	sV [g] 1)	BE [MJ]	vRp [g]	uE [MJ]	vRp/uE [g/MJ]	Linolsäure [g]
Kabeljau (Dorsch)	18	17	1,0	17,0	0,3	0,0		*	0,42	15,1	0,31	50	
Makrele	32	31	1,0	19,0	12,0	0,0		*	0,92	16,9	0,79	21	0,2
Rotbarsch	23	22	1,0	19,0	3,0	0,0		*	0,57	16,9	0,44	38	0,4
Schellfisch	19	18	1,0	18,0	0,1	0,0		*	0,43	17,3	0,34	51	
Stockfisch	86	77	8,6	75,0	2,2	0,2		*	1,87	66,0	1,36	48	
9. Tiermehle													
Blutmehl	89	85	4,0	82,0	0,6	2,4			2,02	66,4	1,34	50	
Eintagsküken, zerkl.	22	20	1,7	15,0	4,0	1,3		*	0,54	13,7	0,44	31	
Fleischknochenmehl, >30% Asche	93	59	34,0	47,0	9,0	3,0			1,52	40,9	1,16	35	0,2
Fleischmehl, >70% Rp	91	89	2,5	78,0	10,0	0,5			2,26	75,7	1,85	41	0,2
Futterknochenschrot, nicht entleimt	90	33	57,0	28,0	0,2	4,1	0,7		0,76	12,9	0,31	41	
Geflügelabfallmehl	90	87	3,0	70,0	14,0	2,5	0,5		2,27	54,6	1,61	34	2,0
Geflügelfedermehl, hydrol.	90	87	3,0	84,0	2,7	0,3			2,11	40,3	0,89	45	0,3
Hornmehl, unaufgeschl.	87	76	11,0	81,0	2,0	0,0			2,01	47,0	0,96	49	
Tierlebermehl	94	89	5,0	67,0	17,0	5,0			2,35	65,0	1,95	33	1,7
Tiermehl	90	68	22,0	58,0	6,0	3,6	0,4		1,69	45,2	1,15	39	0,1
10. Knochen und -produkte													
Knochen, Kalb	79	45	34,0	23,0	21,0	1,0		*	1,39	10,4	0,87	12	0,4
Knochen, Schwein	83	40	43,0	17,0	21,0	2,0			1,26	7,7	0,82	9	0,6
Ossein (isoliert)	98	98		98,0		0,0		*	2,33	92,1	1,79	52	
11. Getreidekörner													
Gerste, zerkl., aufgeschlossen	87	85	2,5	10,0	1,9	67,6	5,0		1,57	7,1	1,37	5	1,0
Hafer, zerkl., aufgeschlossen	89	86	2,9	11,0	4,7	60,4	10,0		1,67	8,3	1,43	6	2,8

1) scheinbare Verdaulichkeit; * geschätzt.

▶ Tab. III Gehalt an Rohnährstoffen, verd. Rohprotein, ums. Energie und Linolsäure in Futtermitteln für Hunde (in 100 g) (Forts.).

	TS	oS	Ra	Rp	Rfe	NfE	Rfa	sV	BE	vRp	uE	vRp/uE	Linolsäure
	[g]	[g]	[g]	[g]	[g]	[g]	[g]	1)	[MJ]	[g]	[MJ]	[g/MJ]	[g]
Hirse, zerkl., aufgeschlossen	89	87	1,8	12,0	3,2	67,0	5,0		1,66	9,5	1,45	7	1,0
Mais, zerkl., aufgeschlossen	87	86	1,5	9,4	4,1	69,6	2,4		1,63	6,7	1,42	5	2,1
Reis, geschält	88	88	0,5	6,9	0,6	79,3	0,7		1,57	4,9	1,48	3	0,2
Reis, poliert, roh	89	89	0,5	7,2	0,3	80,9	0,1		1,58	6,0	1,47	4	0,1
Reis, ungeschält, roh	89	84	5,3	8,6	2,2	64,2	8,7		1,56	8,2	1,38	6	0,9
Roggen, zerkl., aufgeschlossen	87	85	2,0	9,4	1,5	71,6	2,5		1,57	8,0	1,40	6	0,6
Weizen, zerkl., aufgeschlossen	88	86	1,8	12,0	1,7	70,0	2,5		1,61	10,0	1,42	7	0,8
12. Getreidemehl, -flocken, Brot und Nudeln													
Gerstenmehl (+)	89	88	1,0	11,0	1,9	72,3	2,8		1,64	7,8	1,46	5	1,1
Haferflocken, entschälte Körner (+)	91	89	1,9	12,0	7,6	66,5	3,0		1,79	9,0	1,61	6	3,0
Hafermehl (+)	89	88	1,0	11,0	1,9	72,3	2,8		1,64	8,3	1,47	6	1,1
Maisflocken, aufgeschlossen	98	96	1,8	9,0	3,0	81,9	2,3		1,79	4,9	1,52	3	1,5
Maisgrieß, aufgeschlossen	87	87	0,4	10,0	0,7	75,7	0,2		1,58	9,6	1,52	6	0,4
Maismehl (+)	86	86	0,5	8,9	2,8	73,6	0,2		1,60	7,8	1,36	6	1,4
Nudeln (+)	88	88	0,4	13,0	3,0	71,6	0,0	*	1,67	11,7	1,54	8	0,8
Roggenbrot (Haus-, Land-, Graubrot)	60	59	0,6	6,4	1,0	50,8	1,2		1,09	5,7	0,79	7	0,4
Roggenmehl, Type 1150	87	86	1,0	9,0	1,3	75,3	0,4	*	1,58	7,9	1,34	6	0,7
Roggenvollkornbrot	57	56	0,9	6,0	1,2	46,4	2,5		1,04	4,2	0,73	6	0,6
Weizenbrot (Weißbrot)	61	60	0,7	8,2	1,2	49,7	1,2		1,12	6,6	0,86	8	0,6
Weizengrieß, aufgeschlossen	88	86	1,7	10,0	1,0	75,0	0,3		1,58	9,6	1,46	7	0,5
Weizenmehl, Type 405 (+)	87	87	0,3	11,0	1,0	74,5	0,2		1,59	9,9	1,40	7	0,6

1) scheinbare Verdaulichkeit; * geschätzt; (+) aufgeschlossen (gekocht).

▶ Tab. III Gehalt an Rohnährstoffen, verd. Rohprotein, ums. Energie und Linolsäure in Futtermitteln für Hunde (in 100 g) (Forts.).

	TS [g]	oS [g]	Ra [g]	Rp [g]	Rfe [g]	NfE [g]	Rfa [g]	sV [1)]	BE [MJ]	vRp [g]	uE [MJ]	vRp/uE [g/MJ]	Linolsäure [g]
Weizenvollkornbrot	56	55	0,9	7,5	0,9	44,7	2,0		1,02	5,6	0,72	8	0,5
13. Nebenprodukte der Getreideverarbeitung													
Biertreber (Gerste), getrocknet	91	87	4,5	23,0	7,8	39,7	16,0	*	1,83	15,2	1,14	13	4,4
Maisfuttermehl, aufgeschlossen	88	86	1,9	10,0	4,5	67,6	4,0		1,66	8,8	1,38	6	2,3
Maiskeime, aufgeschlossen	91	86	5,3	15,0	19,0	40,7	11,0	*	2,00	12,5	1,62	8	8,5
Maiskleber, getrocknet	93	91	2,3	66,0	5,0	18,2	1,5		2,11	60,1	1,60	38	2,5
Maiskleie, aufgeschlossen	89	85	4,1	18,0	3,1	53,8	10,0	*	1,66	13,5	1,10	12	1,6
Weizenfuttermehl, aufgeschlossen	88	84	4,0	18,0	5,2	56,8	4,0		1,69	15,3	1,34	11	2,6
Weizenkeime, aufgeschlossen	87	83	4,3	25,0	7,1	47,3	3,3	*	1,75	21,5	1,38	16	4,4
Weizenkleber, getrocknet	91	90	0,8	78,0	0,7	11,5	0,0	*	2,08	71,0	1,56	45	0,4
Weizenkleie	86	81	5,5	14,0	3,9	51,6	11,0		1,57	7,3	0,84	9	2,3
Weizennachmehl, aufgeschlossen	88	85	3,4	17,0	4,5	60,3	2,8		1,67	12,8	1,30	10	2,3
14. Erbsen, Bohnen, Linsen													
Ackerbohnen, groß (+)	87	84	3,3	25,0	1,0	48,7	9,0	*	1,64	21,3	1,22	17	0,3
Ackerbohnen, klein (+)	87	83	4,0	25,0	1,0	48,0	9,0	*	1,62	21,3	1,21	18	0,3
Erbsen (+)	86	83	3,3	22,0	1,3	53,6	5,8		1,61	20,0	1,39	14	0,1
Gartenbohnen, weiß (+)	89	85	4,0	21,0	1,5	58,5	4,0		1,64	17,9	1,28	14	0,4
Linsen (+)	88	86	2,3	23,0	0,6	58,2	3,9	*	1,65	19,6	1,28	15	

[1)] scheinbare Verdaulichkeit; * geschätzt; (+) aufgeschlossen (gekocht).

▶ Tab. III Gehalt an Rohnährstoffen, verd. Rohprotein, ums. Energie und Linolsäure in Futtermitteln für Hunde (in 100 g) (Forts.).

	TS [g]	oS [g]	Ra [g]	Rp [g]	Rfe [g]	NfE [g]	Rfa [g]	sV [1)]	BE [MJ]	vRp [g]	uE [MJ]	vRp/uE [g/MJ]	Linolsäure [g]
15. Nüsse, Ölsaaten und Rückstände der Ölgewinnung													
Erdnüsse, enthülst	88	86	2,3	26,0	43,0	12,5	4,2	*	2,60	22,1	2,17	10	12,5
Erdnussextraktionsschrot, enthülst	87	82	5,5	50,0	1,0	25,9	4,6	*	1,76	43,0	1,27	34	0,3
Haselnüsse, ohne Schale	94	91	2,8	14,0	62,0	13,4	1,8		3,03	11,9	2,6	35	7,5
Leinextraktionsschrot	89	83	6,3	35,0	1,6	36,6	9,5		1,70	27,7	1,09	25	0,8
Leinsamen	89	84	4,6	22,0	32,0	22,7	7,7		2,31	17,8	1,80	10	16,0
Mandeln, süß	93	90	3,5	18,0	54,0	15,7	1,8	*	2,85	12,6	2,3	95	10,0
Rapsextraktionsschrot	89	81	7,6	35,0	1,7	31,7	13,0		1,68	26,6	0,99	27	0,3
Rapssamen	92	87	5,2	22,0	39,0	20,1	5,7	*	2,51	18,1	1,9	39	7,8
Sojabohnen, getrocknet	88	83	5,4	34,0	16,0	26,1	6,5		2,01	25,5	1,49	17	8,3
Sojabohnenextraktionsschrot, entschält, getoastet	89	83	5,6	51,0	0,8	28,7	2,9		1,79	43,9	1,32	33	0,4
Sojabohnenextraktionsschrot, nicht entschält, getoastet	88	82	5,9	45,0	0,9	30,3	5,9		1,74	36,9	1,23	30	0,5
Sojabohnenkonzentrat	92	86	5,8	65,0	0,5	17,3	3,4		1,93	57,9	1,33	43	0,3
Sojaproteinisolat	94	90	4,3	83,5	3,5	2,4	0,3		2,17	78,6	1,66	47	
Tofu	31	29	2,0	16,9	10,1	2,2	0,1	*	0,84	15,3	0,69	22	
Walnüsse, ohne Schale	96	94	2,3	15,0	63,0	13,9	1,8		3,11	12,8	2,68	5	18,0
16. Hefe													
Backhefe, frisch	29	27	2,5	16,0	1,2	9,0	0,3	*	0,59	14,2	0,39	36	
Bierhefe, frisch	23	21	2,3	14,0	1,0	5,7	0,0		0,47	12,5	0,32	39	
Trockenhefe, getr. Bierhefe	91	82	9,0	47,0	5,5	28,5	1,0		1,85	40,0	1,37	29	0,3

1) scheinbare Verdaulichkeit; * geschätzt

▶ Tab. III Gehalt an Rohnährstoffen, verd. Rohprotein, ums. Energie und Linolsäure in Futtermitteln für Hunde (in 100 g) (Forts.).

	TS [g]	oS [g]	Ra [g]	Rp [g]	Rfe [g]	NfE [g]	Rfa [g]	sV [1)]	BE [MJ]	vRp [g]	uE [MJ]	vRp/uE [g/MJ]	Linol-säure [g]
17. Kartoffeln, Rüben und Nachprodukte													
Kartoffelflocken, getr.	88	84	4,1	7,4	0,3	73,3	2,9	*	1,51	6,7	1,32	5	0,1
Kartoffeln, gek.	22	20	1,7	2,1	0,1	17,5	0,6		0,37	1,7	0,34	5	
Kartoffelpüree, Trockenprodukt	93	90	3,0	8,6	0,6	78,0	2,9	*	1,63	6,9	1,52	5	0,1
Kohlrabi	8	7	1,1	1,8	0,1	4,0	1,2	*	0,14	1,1	0,10	12	
Möhren	13	11	1,8	1,1	0,2	8,7	1,2		0,21	0,7	0,10	7	
Rote Bete, geschmort	11	10	1,4	1,6	0,3	6,8	0,9	*	0,18	0,8	0,09	9	
18. Gemüse und Kräuter													
Grünkohl, gek.	16	14	2,0	4,0	0,8	7,2	2,0		0,29	2,5	0,21	12	
Salat	9	7	1,7	1,7	0,3	3,8	1,0	*	0,14	1,1	0,07	16	
Spinat, gek.	12	10	1,7	2,3	0,5	6,1	1,4		0,20	1,5	0,10	15	
Tomaten, geschmort	6	6	0,7	1,1	0,2	3,8	0,5	*	0,11	0,9	0,08	11	
Tomatenmark	14	12	1,7	2,3	0,5	8,4	1,1		0,24	1,8	0,18	10	
Zwiebeln, gek.	7	6	0,8	1,7	0,3	3,0	0,8	*	0,12	1,3	0,08	16	
19. Obst													
Ananaskonserve	26	26	0,5	0,4	0,2	23,1	1,8	*	0,45	0,3	0,29	1	
Äpfel, frisch	16	16	0,3	0,3	0,2	14,4	0,8		0,28	0,2	0,15	1	0,1
Äpfel, gebacken	16	16	0,3	0,3	0,2	14,4	0,8		0,28	0,3	0,23	1	0,1
Bananen, geb.	25	23	1,8	2,7	0,4	19,6	0,5	*	0,43	2,4	0,33	7	
Bananen, roh	25	23	1,8	1,7	0,4	20,6	0,5		0,42	1,4	0,25	6	
Birnen, gekocht	18	18	0,3	0,5	0,3	15,2	1,7	*	0,32	0,4	0,25	2	
Pflaumen, erhitzt	15	15	0,4	0,6	0,3	13,2	0,5	*	0,26	0,4	0,18	2	
20. Fette, Stärke, Zucker													
Baumwollsaatöl	100	100			100,0			*	3,93		3,77		50,0
Butter	84	84		0,7	83,0	0,3			3,28		3,10		1,8
Erdnussöl	100	100			100,0				3,93		3,85		29,0
Gänseschmalz	100	100			100,0				3,93		3,85		2,0

[1)] scheinbare Verdaulichkeit; * geschätzt

▶ Tab. III Gehalt an Rohnährstoffen, verd. Rohprotein, ums. Energie und Linolsäure in Futtermitteln für Hunde (in 100 g) (Forts.).

	TS [g]	oS [g]	Ra [g]	Rp [g]	Rfe [g]	NfE [g]	Rfa [g]	sV 1)	BE [MJ]	vRp [g]	uE [MJ]	vRp/uE [g/MJ]	Linol-säure [g]
Hammeltalg	98	98			97,0	1,0			3,83		3,74		3,3
Kokosfett	100	100		0,8	99,0	0,2		*	3,91		3,81		1,8
Lebertran	99	99			99,0				3,89		3,81		2,5
Leinsamenöl	100	100			100,0			*	3,93		3,77		50,0
Maiskeimöl	100	100			100,0				3,93		3,85		39,0
Margarine	90	90	0,2	0,5	81,0	8,3		*	3,34		3,06		11,0
Olivenöl	100	100			100,0				3,93		3,77		11,0
Rapssaatöl	100	100			100,0			*	3,93		3,77		20,0
Rindertalg	98	98		0,8	97,0	0,2			3,83		3,74		2,8
Schweineschmalz	100	100			100,0				3,93		3,77		10,0
Sojaöl	99	99			99,0				3,89		3,81		52,0
Sojaöl, frittiert	98	98			98,0				3,85		3,77		
Sonnenblumenöl	100	100			100,0				3,93		3,85		55,0
Stärke, aufgeschlossen	87	86	0,2	0,3	0,2	85,9	0,1	*	1,50		1,44		
Kartoffelstärke, aufgeschlossen	84	84	0,3	0,1	0,4	83,1	0,1		1,46		1,42		
Kartoffelstärke, roh	84	84	0,3	0,1	0,4	83,1	0,1		1,46		0,30		
Maisstärke, aufgeschlossen	89	89	0,1	0,5	0,1	88,1	0,2	*	1,54		1,41		
Reisstärke, aufgeschlossen	86	86	0,4			85,6			1,48		1,47		
Weizenstärke, aufgeschlossen	88	88		0,4	0,1	87,5			1,53		1,40		
Fruktose	100	100				100,0			1,73		1,71		
Galaktose	100	100				100,0			1,73		1,68		
Glukose	100	100				100,0			1,73		1,70		
Laktose	100	100				100,0			1,73		1,64		
Maltose	100	100				100,0			1,73		1,61		
Rohrzucker (Saccharose)	100	100				100,0			1,73		1,70		

1) scheinbare Verdaulichkeit; * geschätzt.

▶ Tab. III Gehalt an Rohnährstoffen, verd. Rohprotein, ums. Energie und Linolsäure in Futtermitteln für Hunde (in 100 g) (Forts.).

	TS [g]	oS [g]	Ra [g]	Rp [g]	Rfe [g]	NfE [g]	Rfa [g]	sV 1)	BE [MJ]	vRp [g]	uE [MJ]	vRp/uE [g/MJ]	Linolsäure [g]
21. Süßigkeiten													
Bonbons	97	96	1,0	1,0	1,0	94,0		*	1,69	0,5	1,62	0	
Honig	81	81	0,2	0,4	0,0	80,8			1,41	0,0	1,33	0	
Marzipan	91			8,0	24,9								
Schokolade	99	97	2,0	9,1	33,0	54,9		*	2,46	8,3	2,21	4	1,3
22. Strukturstoffe und Sonstiges													
Futterzellulose	89	86	2,9	0,3	0,4	21,4	64,0		1,53	0,1	0,54	0	
Futterzellulose, getrocknet	88	84	4,1	1,5	0,6	51,8	30,0		1,49	0,5	0,52	1	
Holzschliff (Fichte)	88	88	0,4	0,7		81,9	5,0	*	1,52	0,6	1,22	0	
Luzernegrünmehl	94	79	15,0	16,0	2,5	41,5	19,0		1,54	10,9	0,67	16	0,4
Rübenschnitzel, getrocknet	93	89	4,3	5,0	0,5	77,3	5,9	*	1,58	1,3	1,28	1	
Stroh, gemahlen	89	84	5,0	2,6	1,5	38,9	41,0		1,52	1,0	0,59	2	

1) scheinbare Verdaulichkeit; * geschätzt; (+) aufgeschlossen (gekocht).

▶ Tab. IV Gehalt an essenziellen Aminosäuren in Futtermitteln für Hunde (in 100 g).

	Iso-leucin	Leucin	Lysin	Me-thio-nin	Cystin	Phe-nylala-nin	Histi-din	Threo-nin	Tryp-to-phan	Valin	Argi-nin
	[g]	[g]	[g]	[g]	[g]	[g]	[g]	[g]	[g]	[g]	[g]
1. Fleisch											
Bauch, Schwein	0,77	1,28	1,45	0,38	0,20	0,61	0,61	0,70	0,16	0,86	0,93
Brust, Huhn	1,21	1,57	1,71	0,62	0,29	0,87	0,84	0,89	0,27	1,07	1,35
Brust, Pute	1,22	1,85	2,11	0,63	0,26	0,88	0,84	0,97	0,22	1,24	1,57
Brust, Schaf	0,83	1,30	1,77	0,47	0,23	0,68	0,40	1,13	0,23	0,86	1,10
Eisbein, Schwein	0,94	1,57	1,78	0,47	0,25	0,75	0,75	0,86	0,22	1,06	1,14
fettarm, Pferd	1,05	1,61	1,57	1,28		0,72	0,87	0,91	0,12	1,09	1,79
fettarm, Rind	1,02	1,60	1,82	0,54	0,26	0,90	0,60	0,92	0,26	1,06	1,34
Herz, Rind	1,16	1,83	1,75	0,51	0,25	0,88	0,50	0,92	0,22	1,11	1,28
Herz, Schwein	0,93	1,55	1,76	0,46	0,24	0,75	0,74	0,85	0,22	1,04	1,13
Hochrippe, Rind	1,05	1,64	1,95	0,55	0,24	0,90	0,71	0,97	0,25	1,11	1,30
Huhn, ganz	1,33	1,84	2,11	0,66	0,31	0,94	0,63	1,04	0,29	1,22	1,44
Kamm, Schwein	1,02	1,70	1,93	0,51	0,27	0,82	0,81	0,93	0,24	1,15	1,24
Kaninchen	1,08	1,63	1,81	0,54		0,79	0,47	1,02		1,02	1,17
Keule, Huhn	0,97	1,58	1,89	0,57	0,27	0,95	0,40	0,88	0,23	1,01	1,30
Keule, Kalb	1,09	1,52	1,73	0,47	0,25	0,84	0,66	0,90	0,28	1,07	1,34
Keule, Lamm	1,02	1,69	1,89	0,53	0,17	0,82	0,60	0,89	0,20	1,12	1,39
Keule, Rind	1,17	1,82	2,16	0,61		0,99	0,79	1,08	0,28	1,23	1,44
Keule, Schaf	1,07	1,60	1,77	0,50	0,27	0,81	0,55	0,96	0,26	1,04	1,28
Keule, Schwein	0,91	1,51	1,71	0,45	0,24	0,73	0,72	0,83	0,21	1,02	1,10
Kotelett, Schaf	0,89	1,33	1,47	0,41	0,21	0,67	0,46	0,80	0,21	0,86	1,06
Kotelett, Schwein	1,05	1,74	1,97	0,52	0,27	0,84	0,83	0,96	0,25	1,17	1,26
Schnitzel, Schwein	0,68	1,05	1,44	0,41	0,20	0,57	0,50	0,65	0,17	0,72	0,89
Schulter, Schaf	0,93	1,39	1,54	0,43	0,22	0,71	0,48	0,83	0,22	1,44	1,11
Spannrippe, Rind	1,03	1,60	1,90	0,53	0,23	0,87	0,70	0,95	0,24	1,09	1,27
2. Leber und Niere											
Leber, Huhn	1,51	2,34	1,96	0,64	0,31	1,23	0,70	1,17	0,32	1,55	1,42
Leber, Kalb	1,09	1,94	1,74	0,53	0,28	1,10	0,68	1,05	0,31	1,39	1,21
Leber, Rind	0,86	1,56	1,70	0,48	0,28	1,00	0,50	0,86	0,26	1,16	1,06
Leber, Schaf	0,92	1,66	1,80	0,51	0,31	1,05	0,78	0,92	0,27	1,22	1,12
Leber, Schwein	1,34	2,12	1,83	0,63	0,32	1,13	0,68	1,07	0,31	1,45	1,36
Niere, Kalb	0,81	1,45	1,21	0,34	0,20	0,79	0,42	0,74	0,25	0,98	1,04

▶ Tab. IV Gehalt an essenziellen Aminosäuren in Futtermitteln für Hunde (in 100 g) (Forts.).

	Iso-leucin [g]	Leucin [g]	Lysin [g]	Me-thio-nin [g]	Cystin [g]	Phe-nylala-nin [g]	Histi-din [g]	Threo-nin [g]	Tryp-to-phan [g]	Valin [g]	Argi-nin [g]
Niere, Rind	0,67	1,25	1,31	0,34	0,22	0,80	0,40	0,67	0,21	0,90	0,90
Niere, Schwein	0,91	1,44	1,25	0,36	0,20	0,81	0,43	0,74	0,25	1,01	0,97
3. Wurstwaren, Blut und Speck											
Frankf. Würst.	0,64	0,94	1,05	0,28	0,16	0,48	0,35	0,54	0,11	0,66	0,91
Frühstücksspeck, durchwachsen	0,51	0,84	0,95	0,25	0,13	0,40	0,40	0,46	0,12	0,57	0,61
Leberwurst	0,60	1,04	0,97	0,26	0,15	0,56	0,37	0,54	0,14	0,77	0,77
Rückenspeck, Schwein	0,06	0,22	0,19	0,03	0,03		0,02	0,08	0,00	0,10	0,22
Salami, dtsch.	0,86	1,28	1,43	0,38	0,22	0,65	0,48	0,73	0,15	0,89	1,24
4. Milch und Milchprodukte											
Milch, Hd.	0,38	0,98	0,37	0,3 (+Cys.)		0,38	0,23	0,34		0,46	0,42
Vollmilch, Rind	0,20	0,36	0,29	0,10	0,04	0,19	0,09	0,18	0,05	0,26	0,14
Magermilch, Rind	0,22	0,34	0,27	0,09	0,03	0,17	0,09	0,16	0,05	0,24	0,13
Kondensmilch, 10 % Fett	0,56	0,96	0,73	0,24	0,07	0,47	0,25	0,42	0,13	0,63	0,34
7,5 % Fett	0,45	0,72	0,52	0,17	0,07	0,34	0,17	0,33	0,09	0,48	0,27
Magermilchpulver	2,24	3,43	2,72	0,86	0,31	1,70	0,90	1,61	0,49	2,40	1,28
Süßmolkenpulver	0,85	1,40	1,15	0,23	0,17	0,49	0,29	1,02	0,25	0,91	0,39
Emmentaler Käse (40 % Fett in TS)	1,85	2,67	2,01	0,71	0,15	1,47	0,85	1,02	0,37	1,97	1,00
Frischkäse, Hüttenkäse (20 % Fett in TS)	0,79	1,29	1,05	0,39	0,11	0,65	0,38	0,58	0,16	0,83	0,50
Joghurt (3,5 % Fett)	0,24	0,41	0,31	0,10	0,03	0,21	0,10	0,17	0,05	0,30	0,14
Quark, mager	1,00	1,85	1,45	0,48	0,15	0,93	0,60	0,80	0,18	0,99	0,81
Sahne, > 30 % Fett	0,14	0,24	0,18	0,06	0,02	0,12	0,07	0,11	0,33	0,16	0,09
5. Ei und Eiprodukte											
Vollei, getrocknet	3,06	4,05	2,94	1,44	1,07	2,66	1,10	2,29	0,76	3,42	3,02
Vollei, roh, ohne Schale	0,73	1,08	0,81	0,42	0,23	0,66	0,26	0,66	0,23	0,98	0,79
Eigelb, getrocknet	2,28	3,19	2,41	0,94	0,58	1,60	0,81	2,00	0,52	2,48	2,46

▶ Tab. IV Gehalt an essenziellen Aminosäuren in Futtermitteln für Hunde (in 100 g) (Forts.).

	Iso-leucin	Leucin	Lysin	Me-thio-nin	Cystin	Phe-nylala-nin	Histi-din	Threo-nin	Tryp-to-phan	Valin	Argi-nin
	[g]	[g]	[g]	[g]	[g]	[g]	[g]	[g]	[g]	[g]	[g]
Eigelb, roh	0,93	1,36	1,15	0,42	0,26	0,64	0,36	0,90	0,29	1,10	1,15
Eiweiß, getrocknet	5,41	7,56	5,02	3,30	1,98	5,30	1,81	3,91	1,26	6,74	4,79
Eiweiß, roh	0,62	0,90	0,64	0,39	0,20	0,64	0,24	0,53	0,20	0,86	0,59
6. Vormägen und Mägen											
Magen, Schwein	0,57	1,19	1,22	0,36	0,15	0,60	0,40	0,66	0,17	0,83	0,98
7. bindegewebereiche Schlachtabfälle											
Darm, Rind	0,63	1,01	1,20	0,36	0,20	0,57	0,40	0,65	0,20	0,75	1,05
Euter, Rind	0,31	0,75	0,72	0,14	0,13	0,38	0,30	0,42	0,68	0,51	0,81
Gelatine	1,37	2,74	3,80	0,76		1,98	0,61	1,82	0,01	2,13	7,45
Grieben	0,99	1,82	1,70	0,48	0,32	1,06	0,45	1,02	0,77	1,47	2,21
Lunge, Rind	0,73	1,63	1,50	0,43	0,09	0,80	0,35	0,66	0,22	0,92	1,07
Milz, Rind	0,85	1,57	1,44	0,37		0,83	0,44	0,81	0,22	1,11	1,05
Milz, Schwein	0,93	1,50	1,39	0,34		0,79	0,43	0,74	0,19	1,01	0,96
Sehnen (isoliert)	1,67	3,94	0,92	0,22	0,32	2,48	0,40	0,81	0,54	0,70	1,62
8. Fisch und Fischmehle											
Aal, ungeräuchert	0,92	1,67	1,36	0,53	0,13	0,73	0,46	0,87	0,18	1,19	1,10
Fischmehl, 3–8 % Rfe, 55–60 % Rp	2,58	4,56	4,08	1,74	1,08	2,64	1,30	2,58	0,72	3,00	3,66
Hering	1,04	1,75	1,75	0,66	0,24	0,75	0,52	1,04	0,21	1,21	1,18
Kabeljau (Dorsch)	0,99	1,69	2,05	0,60	0,25	0,84	0,52	0,97	0,24	1,09	1,21
Makrele	1,09	1,80	1,73	0,64	0,23	0,84	0,84	0,97	0,27	1,21	1,16
Rotbarsch	1,14	1,78	1,90	0,64	0,22	0,84	0,42	1,01	0,20	1,04	1,19
Schellfisch	1,09	1,66	1,93	0,65	0,21	0,79	0,42	0,92	0,24	1,16	1,30
Stockfisch	4,02	5,99	6,94	2,31	1,06	2,94		3,34	0,79	4,22	4,46
9. Tiermehl											
Fleischknochen-mehl, > 30 % Asche	1,20	2,65	2,35	0,50	0,40	1,55	1,10	1,40	0,21	0,19	3,65
Fleischmehl, > 70 % Rp	1,62	3,54	3,05	0,72	0,54	1,92	1,00	1,86	0,31	2,58	4,08
Geflügelabfall-mehl	2,24	4,27	3,15	1,19	0,84	2,38	0,75	2,38	0,63	2,94	4,69
Tiermehl	1,54	3,41	3,19	0,66	0,66	2,09	1,60	1,82	0,61	2,53	3,58

▶ Tab. IV Gehalt an essenziellen Aminosäuren in Futtermitteln für Hunde (in 100 g) (Forts.).

	Iso-leucin [g]	Leucin [g]	Lysin [g]	Me-thio-nin [g]	Cystin [g]	Phe-nylala-nin [g]	Histi-din [g]	Threo-nin [g]	Tryp-to-phan [g]	Valin [g]	Argi-nin [g]
10. Knochen und -produkte											
Knochen, Kalb	0,62	1,23	1,14	0,31	0,33	0,70	0,40	0,73	0,26	0,84	1,78
11. Getreidekörner											
Gerste, zerkl., aufgeschlossen	0,35	0,67	0,26	0,16	0,22	0,51	0,19	0,34	0,16	0,50	0,48
Hafer, zerkl., aufgeschlossen	0,61	0,88	0,43	0,17	0,26	0,63	0,22	0,39	0,15	0,70	0,77
Hirse, zerkl., aufgeschlossen	0,59	1,62	0,36	0,25	0,14	0,47	0,22	0,42	0,23	0,63	0,49
Mais, zerkl., aufgeschlossen	0,43	1,19	0,27	0,17	0,12	0,42	0,19	0,37	0,06	0,47	0,32
Maisflocken, aufgeschlossen	0,36	1,34	0,19	0,18	0,17	0,46	0,26	0,34	0,05	0,47	0,86
Reis, geschält	0,34	0,69	0,30	0,17	0,10	0,42	0,19	0,33	0,09	0,50	0,60
Reis, poliert, roh	0,33	0,61	0,28	0,13	0,10	0,35	0,12	0,28	0,08	0,49	0,41
Reis, ungeschält, roh	0,35	0,71	0,31	0,17	0,10	0,43	0,19	0,34	0,09	0,51	0,62
Roggen, zerkl., aufgeschlossen	0,49	0,78	0,47	0,18	0,23	0,55	0,27	0,43	0,13	0,61	0,57
Weizen, zerkl., aufgeschlossen	0,51	0,79	0,32	0,18	0,26	0,58	0,24	0,34	0,15	0,54	0,56
12. Getreidemehl, -flocken, Brot und Nudeln											
Gerstenmehl	0,42	0,69	0,33	0,14	0,20	0,51	0,18	0,33	0,12	0,50	0,51
Haferflocken, entschälte Körner, gekocht	0,71	1,03	0,51	0,20	0,30	0,74	0,25	0,46	0,18	0,82	0,91
Haferrnehl, gekocht	0,75	1,34	0,63	0,30	0,42	0,92	0,34	0,60	0,22	0,99	1,02
Maismehl, gekocht	0,41	1,16	0,26	0,17	0,12	0,41	0,19	0,36	0,06	0,46	0,32
Nudeln	0,65	0,86	0,42	0,20	0,25	0,68	0,31	0,51	0,15	0,74	0,59
Roggenbrot (Haus-, Land-, Graubrot	0,29	0,46	0,28	0,11	0,14	0,33	0,16	0,26	0,08	0,36	0,34
Roggenmehl, Type 1150	0,35	0,56	0,34	0,13	0,17	0,39	0,19	0,31	0,10	0,43	0,41

▶ Tab. IV Gehalt an essenziellen Aminosäuren in Futtermitteln für Hunde (in 100 g) (Forts.).

	Isoleucin	Leucin	Lysin	Methionin	Cystin	Phenylalanin	Histidin	Threonin	Tryptophan	Valin	Arginin
	[g]	[g]	[g]	[g]	[g]	[g]	[g]	[g]	[g]	[g]	[g]
Roggenvollkornbrot (Roggenschrotbrot)	0,31	0,49	0,30	0,12	0,15	0,34	0,17	0,27	0,08	0,38	0,36
Weizenbrot (Weißbrot)	0,41	0,64	0,22	0,14	0,19	0,45	0,19	0,27	0,08	0,42	0,33
Weizenfuttermehl	0,55	0,98	0,67	0,24	0,25	0,62	0,40	0,52	0,21	0,76	1,13
Weizenmehl, Type 405, gek.	0,49	0,83	0,25	0,18	0,22	0,59	0,23	0,32	0,13	0,50	0,50
Weizenvollkornbrot	0,34	0,57	0,22	0,15	0,17	0,39	0,16	0,26	0,11	0,39	0,34
13. Nebenprodukte der Getreideverarbeitung											
Weizenkeime, aufgeschlossen	1,24	1,80	1,62	0,43	0,30	0,96	0,73	1,42	0,28	1,44	1,93
Weizenkleie	0,64	0,94	0,64	0,10	0,30	0,50	0,32	0,46	0,24	0,74	1,10
14. Erbsen, Bohnen, Linsen											
Erbsen, gekocht	1,41	1,75	1,43	0,28	0,27	1,15	0,59	0,85	0,17	1,30	2,10
Gartenbohnen, weiß, gekocht	1,49	2,26	1,87	0,26	0,23	1,40	0,70	1,15	0,23	1,63	1,49
Linsen, gekocht	1,24	1,65	1,44	0,17	0,19	1,04	0,52	0,84	0,20	1,28	1,79
15. Nüsse, Ölsaaten und Rückstände der Ölgewinnung											
Erdnüsse, enthülst	0,88	1,66	0,91	0,29	0,34	1,30	0,70	0,68	0,29	1,09	2,91
Erdnussextraktionsschrot, enthülst	1,74	3,09	1,70	0,50	0,64	2,49	1,20	1,29	0,50	2,10	5,50
Haselnüsse, ohne Schale	0,81	0,87	0,41	0,14	0,15	0,52	0,32	0,41	0,20	0,87	2,04
Mandeln, süß	0,86	1,43	0,57	0,26	0,37	1,13	0,51	0,60	0,17	1,11	2,69
Rapsextraktionsschrot	1,39	2,33	1,82	0,68	0,60	2,09	0,90	1,31	0,50	1,92	4,22
Sojabohnen, getrocknet	1,95	3,11	2,08	0,64	0,65	2,15	0,91	1,63	0,49	1,93	2,58
Sojabohnenextraktionsschrot, entschält, getoastet	2,40	3,73	3,02	0,66	0,73	2,48	1,22	1,91	0,65	2,47	3,15
Sojabohnenextraktionsschrot, nicht entschält, getoastet	2,12	3,48	2,91	0,66	0,69	2,18	1,17	1,83	0,59	2,17	3,12

▶ Tab. IV Gehalt an essenziellen Aminosäuren in Futtermitteln für Hunde (in 100 g) (Forts.).

	Iso-leucin	Leucin	Lysin	Me-thio-nin	Cystin	Phe-nylala-nin	Histi-din	Threo-nin	Tryp-to-phan	Valin	Argi-nin
	[g]	[g]	[g]	[g]	[g]	[g]	[g]	[g]	[g]	[g]	[g]
Walnüsse, ohne Schale	0,67	1,14	0,44	0,22	0,25	0,66	0,36	0,54	0,17	0,77	2,09
16. Hefe											
Backhefe, frisch	0,89	1,30	1,23	0,29	0,14	0,77	0,40	0,82	0,15	1,00	0,73
Trockenhefe, getr. Bierhefe	2,49	3,35	3,54	0,93	0,57	2,17	1,30	2,54	0,74	2,73	2,18
17. Kartoffeln, Rüben und Nachprodukte											
Kartoffelflocken, getr.	0,33	0,59	0,69	0,08	0,14	0,42	0,29	0,36	0,07	0,49	0,61
Kartoffeln, gek.	0,11	0,12	0,10	0,03	0,02	0,09	0,03	0,08	0,03	0,10	0,10
Kohlrabi	0,09	0,08	0,06	0,02		0,05	0,04	0,06	0,01	0,06	0,01

▲ Tab. V Gehalt an Mineralstoffen und Vitaminen in Futtermitteln (100 g).

	Ca	P	Mg	K	Na	Fe	Cu	Zn	Mn	I	Vit. A	Vit. D_3	Vit. E	Vit. B_1	Vit. B_2	Vit. B_6	Vit. B_{12}	Biotin	Nikotin-säure	Panto-then-säure	Cholin
	mg	mg	mg	mg	mg	mg	mg	mg	mg	µg	IE	IE	mg	mg	mg	mg	µg	µg	mg	mg	mg
1. Fleisch																					
Bauch, Schw.	1	55	20	157	59	1,40	0,14	1,60	0,05	4	50		0,7	0,85	0,17	0,38	0,89	4,0	4,80	0,9	98
Brust, Huhn	14	212	30	264	66	1,10	0,20	1,00	0,03	3	25		0,3	0,07	0,09	0,55	0,40	6,5	10,5	0,8	80
Brust, Pute	20	333	46	1,00	0,13	1,80	0,03	0,05	0,08	0,46	0,52		11,30	0,6							
Brust, Schaf	9	155	20	294	93	2,30	0,32	2,90	0,03	3	50		0,8	0,14	0,19	0,24	2,40	2,0	4,50	0,7	84
Eisbein, Schw.	15	123	20	270	64	1,80	0,14	1,60	0,05	4	50		0,7	0,28	0,20	0,38	0,89	4,0	3,80	0,9	98
fettarm, Pfd.	15	150	20	330	40	4,70	0,20	2,50	0,03	3	70		0,08	0,11	0,38	2,00	3,0	3,40	0,5	80	
fettarm, Rd.	4	194	21	370	57	1,90	0,07	4,20	0,02	3	67		0,5	0,23	0,26	0,40	5,00	3,0	7,50	0,6	68
Herz, Rd.	5	210	25	290	110	5,10	0,40	2,00	0,06	7	0–33,3		1,4	0,52	0,96	0,22	7,80	8,1	8,00	2,0	170
Herz, Schw.	6	220	20	290	80	4,80	0,60	2,00	0,02	8	33		1,2	0,42	1,20	0,36	1,60	4,0	6,50	2,4	230
Hochrippe, Rd.	12	149	18	348	95	2,10	0,04	2,70	0,02	3	50		0,6	0,08	0,15	0,39	2,30	3,0	4,30	0,7	68
Huhn, ganz	12	200	37	359	83	1,80	0,30	0,85	0,02	3	130		0,3	0,08	0,16	0,50	0,40	2,0	6,80	1,0	80
Kamm, Schw.	5	140	20	252	76	2,20	0,14	1,60	0,05	4	0,7		0,92	0,18	0,38	0,80	4,0	3,90	0,7	98	
Kaninchen	9	180	20	300	40	2,80	0,20	1,40	0,03	3	1		0,3	0,06	0,10	0,35	8,00	1,0	5,00	0,8	80
Keule, Huhn	15	188	30	250	95	1,80	0,20	1,00	0,03	3	25		0,3	0,10	0,24	0,55	3,20	6,5	5,60	0,8	80
Keule, Kalb	13	198	16	343	86	2,30	0,25	3,30	0,02	3	50		0,9	0,15	0,27	0,40	1,20	5,8	6,60	0,9	98
Keule, Lamm	3	22	289	67	1,60	0,20	2,90	1,2	0,37	0,13	2,70										
Keule, Rd.	13	195	20	357	80	2,60	0,07	3,30	0,02	3	18		0,6	0,09	0,17	0,39	2,20	3,8	4,50	0,6	68
Keule, Schaf	10	213	23	380	78	2,50	0,10	3,70	0,02	2	50		0,8	0,16	0,22	0,29	3,00	6,0	5,20	0,6	84
Keule, Schw.	9	172	21	292	72	1,70	0,31	2,60	0,04	4	50		0,7	0,80	0,19	0,39	1,00	5,1	4,30	0,7	98
Kopffleisch, Rd.	10	160	30	350	70	3,50	0,20	3,00	0,02	3	50		0,6	0,11	0,17	0,39	2,30	3,0	5,10	0,7	68

Tabellenanhang

▲ Tab. V Gehalt an Mineralstoffen und Vitaminen in Futtermitteln (100 g) (Forts.).

	Ca	P	Mg	K	Na	Fe	Cu	Zn	Mn	I	Vit. A	Vit. D$_3$	Vit. E	Vit. B$_1$	Vit. B$_2$	Vit. B$_6$	Vit. B$_{12}$	Biotin	Nikotin-säure	Panto-then-säure	Cholin
	mg	mg	mg	mg	mg	mg	mg	mg	mg	µg	IE	IE	mg	mg	mg	mg	µg	µg	mg	mg	mg
Kotelett, Schaf	5	138	20	345	90	2,20	0,32	2,90	0,03	3	50		0,8	0,13	0,18	0,24	2,40	2,3	4,30	0,7	84
Kotelett, Schw.	11	150	24	315	65	1,80	0,14	1,39	0,06	4	30		0,7	0,82	0,20	0,50	0,89	5,5	4,30	0,5	98
Schnitzel, Schw.	3	204	27	418	56	1,00	0,05	1,90	0,08	4	50		0,7	0,90	0,23	0,50	0,89	4,0	5,00	0,7	98
Schulter, Schaf	9	155	20	249	97	2,30	0,32	2,90	0,03	3	50		0,8	0,14	0,19	0,24	2,40	2,3	4,50	0,7	84
Spannrippe, Rd.	9	132	30	327	75	2,60	0,20	3,00	0,02	3	50		0,6	0,07	0,15	0,39	2,70	3,4	4,20	0,4	68
2. Leber und Niere																					
Leber, Huhn	7	240	21	220	70	7,00	2,00	3,00	0,20	2	42667	35	0,3	0,26	2,40	0,80	23,00	80,0	8,50	7,2	500
Leber, Kalb	5	310	25	300	80	11,00	5,00	8,00	0,30		73000	60	0,4	0,24	3,60	0,17	50,00	75,0	15,00	9,7	500
Leber, Rd.	7	360	21	220	80	22,00	3,00	4,00	0,20	6	51000	34	0,4	0,23	3,20	0,65	100,00	96,0	13,00	9,3	500
Leber, Schaf	8	360	20	280	95	12,00	7,00	4,00	0,20	3	31667	35	0,5	0,37	2,70	0,50	75,00	88,0	17,00	7,0	500
Leber, Schw.	7	360	21	350	80	22,00	3,00	7,00	0,20	2	130333	0–10	0,2	0,28	3,70	0,45	23,00	90,0	16,00	7,0	540
Niere, Kalb	10	170	17	290	200	10,00	0,40	2,40	0,05		700		0,5	0,37	2,50	0,44	35,00	90,0	6,50	4,0	260
Niere, Rd.	10	220	29	310	210	8,00	0,40	1,90	0,10	2	1.100		0,2	0,29	2,10	0,34	37,00	92,0	5,80	4,1	260
Niere, Schw.	8	260	19	240	170	5,00	0,70	2,60	0,05	7	200		0,4	0,30	1,80	0,48	13,00	135,0	8,00	3,1	280
3. Wurstwaren, Blut und Speck																					
Blut, frisch	9	35	5	40	330	43,00	0,10	0,30	0,03		100			0,09	0,04	0,02					
Blutwurst	6	20	7	40	650	2,00	0,20	1,50							0,13				0,65		
Fleischwurst	14	130	13	200	820	1,70	0,20	1,40		1			0,3	0,20	0,25	0,06	1,00	2,0	1,20	0,5	
Frankf. Würst.	34	130	90	180	780	1,80	0,20	1,40		1		0–20	0,3	0,18	0,19	0,03	1,00	2,0	2,00	0,4	
Frühstücksspeck, durchw.	15	110	8	225	1.850	0,80	0,30	2,20		8			0,1	0,43	0,13	0,32	0,60	2,0	2,30	0,5	
Leberwurst	40	155	10	140	800	7,40	0,60	2,30			27667		0,1	0,21	0,92	0,14	8,00	7,0	3,60	1,5	

Rückenspeck, Schw.	35	150	10	65		11	0,18		0,20	0,37			0,7	0,08	0,05	0,15	0,18		
Salami, dtsch.	35	150	10	290		11	1,70			1,70			0,3	0,18	0,20		1,30	3,0	2,60	0,8
4. Milch und Milchprodukte																				
Milch, Hd.	220	180	12	121		89	0,70	0,30	1,20	0,02	400-800			0,05	0,30-0,90	0,08	0,07-1,30	10-12	0,70-1,00	0,1-0,5
Vollmilch, Rd.	115	95	10	145		40	0,05	0,02	0,50	0,02	100	2	0,1	0,03	0,16	0,05	0,36	4,0	0,10	0,4	19
Magermilch, Rd.	115	95	15	100		30	0,08	0,01	0,50	0,00	43	0	0,0	0,04	0,17	0,05	0,30	2,0	0,10	0,3	19
Kondensmilch 10 % Fett	280	290	35	400		160	0,10	0,04	0,70	0,01	213	5	0,2	0,05	0,30	0,04	0,10	8,2	0,20	0,7	
Kondensmilch 7,5 % Fett	230	215	35	300		100	0,13	0,04	0,70	0,01	160	2	0,2	0,07	0,37	0,04	0,10	6,3	0,20	0,7	
Magermilchpulver	1300	1000	150	1300		510	0,75	0,10	4,50	0,10	36	1	0,9	0,33	1,90	0,38	4,20	30,0	1,10	3,2	144
Sauermolkenpulver	1550	1000	130	2400		810	0,50				50			0,35	2,80	0,38	1,90	35,0	1,10	4,2	188
Süßmolkenpulver	630	640	135	2400		670	0,48	0,30	0,70	0,20	50		0,1	0,49	2,50	0,60	2,40	43,0	0,80	11,5	
Emmentaler Käse (40 % Fett in TS)	1100	810	50	95		580	0,65	0,12	4,63	0,03	903	44	0,5	0,05	0,31	0,09	1,50	1,5	0,09	0,3	
Frischkäse (20 % Fett in TS)	85	165	11	87		35	0,37	0,01	0,5		767	5	0,1	0,04	0,27	0,09	0,81	6,6	0,14	0,7	
Joghurt (3,5 % Fett)	120	92	12	157		48	0,05	0,01	0,38	0	97	2	0,1	0,04	0,18	0,05	0,09	3,5	0,09	0,4	
Kasein, isoliert	2600	1500	50					0,12		0,4		4		0,04	0,14	0,04		5	0,12	0,2	
Quark, mager	70	190	10	95		35	0,5	0,02	0,57	0,07	6	4	0	0,04	0,31	0,1	0,88	7	0,1	0,7	
Sahne, >30 % Fett	80	63	10	112		34	0,03	0,01	0,3	0,02	1050	3	0,7	0,03	0,15	0,04	0,4	3,4	0,08	0,3	

▲ Tab. V Gehalt an Mineralstoffen und Vitaminen in Futtermitteln (100 g) (Forts.).

	Ca	P	Mg	K	Na	Fe	Cu	Zn	Mn	I	Vit. A	Vit. D₃	Vit. E	Vit. B₁	Vit. B₂	Vit. B₆	Vit. B₁₂	Biotin	Nikotin-säure	Panto-then-säure	Cholin
	mg	mg	mg	mg	mg	mg	mg	mg	mg	µg	IE	IE	mg	mg	mg	mg	µg	µg	mg	mg	mg
5. Ei und Eiprodukte																					
Vollei, getrocknet	190	760	40	480	470	8,8	0,2	5	0,05	20	2667	200	3,4	0,44	1,4	0,08	9,6	84	0,2	7,4	
Vollei, hart-gekocht	50	240	10	120	110	2,3	0,03	1,5	0,02	10	1200		1	0,09	0,28	0,12	3	90	0,1	1,5	
Vollei, roh, ohne Schale	60	200	10	125	120	2,1	0,1	1,2	0,02	9	900	176	0,9	0,1	0,31	0,11	2,6	90	0,1	1,4	
Eierschalen, getrocknet	37000	150	370	72	150	16	0,4	12	0,6												
Eigelb, getrocknet	280	1100	41	185	100	13,8	0,6	5		35	3533		5,6	0,5	0,66	0,56	3,7	100	0,1	7	
Eigelb, roh	140	590	15	140	50	5,5	0,3	4,6	0,13	10	2937	223	3	0,29	0,4	0,3	2	60	0,1	3,7	
Eiweiß, getrocknet	85	110	90	1100	1400	1,6	1	0,3		10				0,15	2,1		0,8		0,7	1,1	
Eiweiß, roh	10	20	10	155	170	0,2	0,1	0,05	0,04	7				0,02	0,32		0,1		0,1	0,1	
6. Vormägen und Mägen																					
Pansen, geputzt	20	40	17	40	20	1,8	0,6	1,4	0,05		30		1	0,07	0,15	0,1	4	7	1,6	1,2	150
Pansen, grün	120	130	40	100	50	9,6	0,1	1,5	0,03		30		1	0,07	0,15	0,1	4	7	1,6	1,2	150
Blättermagen, Rind	90	80	25	60	80	3,1	0,2	2,2	0,15												
Magen, Schw.	20	115	30	130	90	2,8	0,1	1,8	0,06												
7. bindegewebereiche Schlachtabfälle																					
Darm, Rd.	120	130	25	90	80	17	0,3	2	1,2						0,18	0,02					

Darm, Schw.	120	130	25	90	80	17	0,3	2	1,2									
Euter, Rd.	115	160	20	90	155	2,9	0,2	1,4	0,08			0,8	0,18	0,36	14	2,55	1,2	0,1
Gelatine	11		11	22	32					6				0,02				
														0,01				
Lunge, Kalb	5	200	18	300	150	5,00	0,10	1,50	0,03	50	100		0,10	0,32	3,50	3,50	0,8	150
Lunge, Rd.	9	165	18	160	145	6,20	0,20	1,60	0,03		150		0,11	0,30	3,30	4,00	1,3	116
Lunge, Schaf	17	66		292	205	6,40							0,11	0,47	5,00	4,70	1,2	
Lunge, Schw.	3	200	20	210	130	16,00	0,10	1,50	0,03		100		0,09	0,29	5,70	3,40	0,9	150
Milz, Rd.	13	320	25	450	95	44,00	0,40	3,90	0,10	14	300	1,0	0,13	0,33	3,80	5,7	4,90	1,2	130
Milz, Schw.	12	241	20	400	100	21,00	0,10	2,20	0,04	10		0,6	0,13	0,33	3,40	5,0	3,80	1,1	200
Ösophagus u. Trachea, Rd.	40	70	30	80	170	7,30	0,09	1,60	0,06										
Sehnen (isoliert)	120	60	9	60	210														
Uterus, Rd.	11	125	10	200	180	2,80	0,20	1,50	0,06	30			0,12	0,11	0,01				

8. Fisch und Fischmehle

Aal, ungeräuchert	19	165	30	250	80	0,60	0,05	0,50	0,02	50	3267	800	1,0	0,15	0,31	0,20	3,00	5,0	2,20	0,2
Dorschleber- mehl, fettarm, getr.	1600	900	30	160	200	72,00	2,90	21,00	0,60	610									
Dorschmehl	5700	4100	215	800	1.000	77,00	0,70	7,10	1,60	590									
Fischmehl, 3–8 % Rfe, 55–60 % Rp	4800	3100	260	800	600	46,00	0,60	7,60	1,90	290			1,8	0,11	0,61	0,60	22,90	15,0	5,60	0,8	323
Hering	40	150	23	200	70	1,10	0,20	0,50	0,01	100	130	1068	1,1	0,06	0,24	0,28	7,00	10,0	3,50	0,9	
Heringsmehl	4000	2400	190	960	440	10,00	0,40	9,40	0,50	125			2,0	0,03	0,79	0,30	19,10	50,0	7,90	1,0	349
Kabeljau (Dorsch)	6	100	15	195	50	0,50	0,05	0,50	0,02	100	30	100	0,5	0,06	0,04	0,11	0,30	5,0	2,00	0,1	
Makrele	25	150	17	220	145	1,20	0,10	0,50	0,02	80	190	160	1,0	0,11	0,35	0,43	5,60	7,0	7,70	0,3	

▲ Tab. V Gehalt an Mineralstoffen und Vitaminen in Futtermitteln (100 g) (Forts.).

	Ca	P	Mg	K	Na	Fe	Cu	Zn	Mn	I	Vit. A	Vit. D$_3$	Vit. E	Vit. B$_1$	Vit. B$_2$	Vit. B$_6$	Vit. B$_{12}$	Biotin	Nikotin-säure	Panto-then-säure	Cholin
	mg	mg	mg	mg	mg	mg	mg	mg	mg	µg	IE	IE	mg	mg	mg	mg	µg	µg	mg	mg	mg
Rotbarsch	25	115	15	185	50	2,30	0,20	0,50	0,20	80	40	92	0,5	0,09	0,08	2,00	1,00	5,0	2,50	0,1	
Schellfisch	10	170	15	170	65	0,70	0,20	0,30	0,01	150	50		0,5	0,05	0,17	0,20	0,60	5,0	3,10	0,1	
Stockfisch	60	450		1500	500	4,30					0–150				0,11	0,20	1,00		3,50		
9. Tiermehle																					
Blutmehl	160	140	30	180	730	200	1,80	2,60	0,50	85				0,03	0,26	0,09	4,40	3,0	2,20	0,4	50
Eintagsküken, zerkl.	290	220	17	160	180	4,40	0,10	1,50	0,04												
Fleischknochenmehl, > 30 % Asche	15200	7300	260	280	940	60,00	1,60	9,10	3,00	5				0,02	0,49	0,28	5,00	30,0	5,20	0,5	180
Fleischmehl, > 70 % Rp	3700	2.100	80	450	1100	75,00															
Futterknochenschrot, nicht entleimt	18000	8700	460	280	680	55,00	0,80	7,70	1,70	5											
Geflügelabfallmehl	1.600	1.100																			
Geflügelfedermehl, hydrol.	280	120	225	90	125	0,60	1,20		1,10												
Mäuse, zerkl.	160			100	90																
Tierlebermehl	300	690	75	275				11,00		8	80000			0,02	4,30	1,10	46,00	60,0	19,00	4,2	1000
Tiermehl	5700	3750	200	645	520	58,00	1,10	7,80	1,90	85				0,02	0,37	0,10	3,00	30,0	4,20	0,3	170
10. Knochen und -produkte																					
Knochen, Kalb	13800	6200	210	140	360	10,00	0,70	7,50	0,23												
Knochen, Schw.	14700	6900	270	60	375	7,50	0,70	13,00	0,26												

11. Getreidekörner

Gerste, zerkl., aufgeschlossen	70	340	115	435	30	3,80	0,50	2,80	1,60	25		4,2	0,50	0,20	0,43	16,0	5,10	0,6	92
Hafer, zerkl., aufgeschlossen	110	310	125	445	35	5,80	0,40	3,20	4,30	15		3,2	0,62	0,14	0,96		1,42	0,7	95
Hirse, zerkl., aufgeschlossen	30	330	125	450	30	7,00	0,50	3,30	2,80	20		3,0	0,41	0,13	0,53	26,0	3,87	1,0	61
Mais, zerkl., aufgeschlossen	35	280	85	260	25	2,80	0,30	2,70	0,80	30	370	5,8	0,40	0,11	0,40	6,0	1,92	0,5	47
Reis, geschält	11	186	13	150	10	0,80	0,06	1,30	1,10	2		0,4	0,19	0,05	0,15	12,0	2,80	1,7	
Reis, poliert, roh	6	120	13	105	6	0,60	0,06	1,30	2,00	2		0,4	0,06	0,03	0,15	3,0	1,30	0,6	
Reis, ungeschält, roh	45	325	45	150	10	4,10	0,60	1,40	3,20	2		2,0	0,60	0,09	0,40		5,20		90
Roggen, zerkl., aufgeschlossen	75	285	120	515	20	4,50	0,50	2,90	4,60	17	250	3,2	0,38	0,14	0,40	6,0	1,12	0,6	50
Weizen, zerkl., aufgeschlossen	60	330	115	520	25	4,50	0,50	3,00	4,60	17	230	3,2	0,48	0,10	0,46	10,0	5,00	1,1	73

12. Getreidemehl, -flocken, Brot und Nudeln

Gerstenmehl	39	390	155	458									0,16	0,08			5,50		
Haferflocken, entschälte Körner	80	390	170	360	5	6,50	0,40	3,20	4,30	15		3,2	0,40	0,14	0,75		1,00	0,9	100
Hafermehl	55	405	131	268	6	4,20							0,56	0,12	0,20		0,93		
Maisflocken	13	59	14	120	938	2,00	0,20	0,28	0,05	1		0,1			0,07		1,40		
Nudeln	20	120	35	190	15	1,20	0,30	1,00	1,00	5		0,1	0,20	0,08	0,06	1,0	2,10	0,3	
Roggenbrot (Haus-, Land-, Graubrot)	20	130	50	230	220	1,90	0,30	2,20	1,30	9	210	2,0	0,16	0,12	0,20	1,0	0,56	0,5	

▲ Tab. V Gehalt an Mineralstoffen und Vitaminen in Futtermitteln (100 g) (Forts.).

	Ca	P	Mg	K	Na	Fe	Cu	Zn	Mn	I	Vit. A	Vit. D$_3$	Vit. E	Vit. B$_1$	Vit. B$_2$	Vit. B$_6$	Vit. B$_{12}$	Biotin	Nikotinsäure	Pantothensäure	Cholin
	mg	mg	mg	mg	mg	mg	mg	mg	mg	µg	IE	IE	mg	mg	mg	mg	µg	µg	mg	mg	mg
Roggenmehl, Type 1150	20	235	65	300	1	2,40	0,80	1,00	1,50	9			3,0	0,22	0,09	0,25		2,0	1,15	0,1	
Roggenvollkornbrot	40	220	65	290	420	3,30	0,70	2,00	1,30	9	300		2,5	0,18	0,15	0,30		1,0	0,56	0,5	
Weizenbrot (Weißbrot)	60	90	25	130	385	3,80	0,20	0,80	0,60	6			1,0	0,09	0,06	0,14		1,0	1,00	0,5	50
Weizenflocken	40	310								5				0,64	0,14	0,40			0,49	0,5	
Weizengrieß, aufgeschlossen	45	230	70	90	6	1,90	0,40	1,60	12,00	5				0,12	0,04	0,09			1,30		
Weizenmehl, Type 405	20	80	50	110	2	2,00	0,60	1,00	1,00	4	60		2,3	0,06	0,03	0,18		2,0	0,70	0,2	
Weizenvollkornbrot	95	265	50	210	370	2,00	0,30	2,00	1,00	6			2,0	0,25	0,15	0,36		1,0	3,30	0,7	
13. Nebenprodukte der Getreideverarbeitung																					
Maisfuttermehl, aufgeschlossen	70	445	180		45																
Weizenfuttermehl, aufgeschlossen	110	720	260	1200	30	8,80	0,50	7,90	11,00				1,8	1,30	0,20	0,49		2,0	8,90	1,8	98
Weizenkeime, aufgeschlossen	70	890	240	1000	20	4,40	0,90	12,00	11,00		160		2,8	2,40	0,43	0,65		20,0	3,90	1,0	255
Weizenkleber, getrocknet	80	225	60																		
Weizenkleie	160	1100	460	1.000	50	15,00	1,30	7,60	12,00	50	260		1,9	0,65	0,51	0,52		10,0	20,00	2,5	100

14. Erbsen, Bohnen, Linsen

Ackerbohnen	180	430	180	1400	2	10,00	1,00	2,00	1,70	10	100	2,5	0,46	0,16	0,28	10,0	2,10	1,0	200
Erbsen	90	480	130	1100	25	6,40	0,80	2,40	1,70	15	400	5,4	0,23	0,21	0,15	18,0	3,00	2,5	200
Gartenbohnen, weiß	180	430	180	1400	2	10,00	1,00	2,00	1,70	10	100	2,5	0,10	0,16	0,28	10,0	2,10	1,0	200
Linsen	70	340	110	800	4	9,30	1,20	1,00	1,40	10	100	3,0	0,08	0,26	0,20	10,0	2,20	2,0	200

15. Nüsse, Ölsaaten und Rückstände der Ölgewinnung

Erdnüsse, enthülst	50	340	180	680	6	4,20	1,60	4,30	1,90	40	130	8,1	0,60	0,10	0,50	18,0	15,30	2,1	
Erdnussextraktionsschrot, enthülst	145	610	340	1200	40	59,00	1,30	6,00	5,20	50			0,40	1,00	0,30			1,3	200
Haselnüsse, ohne Schale	160	330	90	610	1	3,80	0,80	2,40	2,70	9	20	14,5	0,26	0,13	0,35		1,00	0,7	
Leinextraktionsschrot	410	870	520	1100	100	30,00	1,80	6,00	4,30	95			0,87	0,26	0,30		2,70	1,3	110
Leinsamen	250	480	495	710	80	12,00	1,60	7,30	2,30	40				0,16			1,40		
Mandeln, süß	250	460	90	430	3	4,10	0,40	3,00	0,90	10	60	20,0	0,11	0,32	0,10	0,4–20	2,10	0,3	
Rapsextraktionsschrot	620	1100	500	1350	10	37,00	0,60	6,70	6,80	60									
Rapssamen	440	870	310							40									
Sojabohnen, getrocknet	265	490	210	1400	3	1,40	0,40	3,40	2,10	50	300	0,6	0,80	0,43	1,00	50,0	2,10	1,6	280

▲ Tab. V Gehalt an Mineralstoffen und Vitaminen in Futtermitteln (100 g) (Forts.).

	Ca	P	Mg	K	Na	Fe	Cu	Zn	Mn	I	Vit. A	Vit. D_3	Vit. E	Vit. B_1	Vit. B_2	Vit. B_6	Vit. B_{12}	Biotin	Nikotin-säure	Panto-then-säure	Cholin
	mg	mg	mg	mg	mg	mg	mg	mg	mg	µg	IE	IE	mg	mg	mg	mg	µg	µg	mg	mg	mg
Sojabohnen-extraktions-schrot, ent-schält, getoastet	285	680	240	2100	30	13,00	1,60	5,30	2,80	50				0,21	0,28	0,30		30,0	2,00	1,3	220
Sojabohnen-extraktions-schrot, nicht entschält, getoastet	270	620	270	1900	20	14,00	1,70	6,20	2,90	50	10		0,1	0,58	0,29	0,32			2,40	1,3	250
Walnüsse ohne Schale	50	300	130	350	4	1,30	0,60	3,00	0,80	10			1,9	0,17	0,12	0,35		2–37	0,50	0,5	
16. Hefe																					
Backhefe, frisch	30	610	60	650	30	5,00	1,60	2,60	0,60	1				1,40	2,30	0,80		30,0	17,00	3,5	400
Trockenhefe, getr. Bierhefe	230	1500	230	2150	220	50,00	5,70	8,20	1,50	4				8,20	3,20	3,90		140,0	40,00	10,0	700
17. Kartoffeln, Rüben und Nachprodukte																					
Kartoffelflocken, getr.	45	230	90	2100	100	1,00	0,50	0,60	0,60	20									1,20		
Kartoffeln, gek.	10	60	20	520	1	0,90	0,20	0,30	0,30	5				0,05	0,05	0,19			1,80	0,1	60
Kohlrabi	50	30	30	160	35	0,60	0,05	0,30	0,10	1	180			0,05	0,05	0,08		2,7	0,80	0,2	60
Möhren	50	35	20	340	30	0,70	0,10	0,40	0,30	4	6700		0,4	0,07	0,05	0,05		0,6	0,18	0,2	60
Rote Bete, geschmort	30	30	20	360	30	1,40	0,20	0,50	0,80	1				0,02	0,04	0,04					
18. Gemüse und Kräuter																					
Grünkohl, gek.	130	45	20	440	40	1,00	0,09	0,50	0,60	5	2100		1,0	0,10	0,25	0,13		1,0	2,10	0,3	

Lebensmittel																				
Knoblauch	38	134		10	170	9										0,08				0,2
Salat	30	20	10				1,40	0,30	0,04	0,20	0,20	2	630	0,5	0,04	0,06	0,04	0,7	0,30	0,2
Spinat, gek.	120	60	40	170	580	15	5,20	0,08	0,40	0,80		15	3800	0,5	0,09	0,24	0,17	1,0	0,60	0,2
Tomaten, geschmort	50	20	10		160	15	0,50	0,07	0,20	0,10		2	790	1,2	0,10	0,06	0,10	1,5	0,50	0,3
Tomatenmark	60	34	32		1.160	590	1,00									0,06	0,18		1,48	

19. Obst

Lebensmittel																				
Ananaskonserve	15	7	8	75		1	0,40	0,05	0,10			1	40		0,07	0,02	0,07	1,0	0,10	0,1
Äpfel, frisch	9	10	3	240		2	0,40	0,10	0,10	0,05		2	60	0,2	0,03	0,03	0,04	1,0	0,10	0,1
Bananen, geb.	7	30	20	350		1	0,40	0,10	0,20			1	170	0,1	0,04	0,05	0,05	5,0	0,48	0,2
Birnen, gekocht	15	20	9	130		2	0,20	0,10	0,10	0,02		1	90		0,04	0,03	0,01	1,0	0,20	0,1
Pflaumen, erhitzt	15	20	10	160		1	0,40	0,30	0,30	0,13		1	140	0,7	0,07	0,04	0,04	1,0	0,50	0,1

20. Fette, Stärke, Zucker

Lebensmittel																				
Baumwollölsaat	16					1	0,03	0,01	0,30	0,01				35,3						
Butter	16	20	4	16		4	0,20		0,30	0,003–0,04		6	2000	2,6	0,01	0,02	0,01		0,03	
Kokosfett	2	1	.	2		2	0,02			1,00				5,4						
Lebertran			1			0							99 000	3,3						
Maiskeimöl	15			1		1	1,30	0,05		1,00			140	25,6						
Margarine	13	15	5	7		104							2000	13,0						
Olivenöl						1						5	120	14,0						
Rindertalg	7		0–6	6		11	0,30	0,08					900	1,3						
Schweineschmalz	0–0,8	0–3	0–1,3	1		1	0–0,1	0–0,02				10		2,2						

▶ Tab. V Gehalt an Mineralstoffen und Vitaminen in Futtermitteln (100 g) (Forts.).

	Ca	P	Mg	K	Na	Fe	Cu	Zn	Mn	I	Vit. A	Vit. D$_3$	Vit. E	Vit. B$_1$	Vit. B$_2$	Vit. B$_6$	Vit. B$_{12}$	Biotin	Nikotin-säure	Panto-then-säure	Cholin
	mg	mg	mg	mg	mg	mg	mg	mg	mg	μg	IE	IE	mg	mg	mg	mg	μg	μg	mg	mg	mg
Stärke, aufgeschlossen	20	42	6	88	16	1,15				1					0,01	0,01			0,03		
Kartoffelstärke, aufgeschlossen	20	50	9	90	20	1,80				1											
Kartoffelstärke, roh	20	50	9	90	20	1,80	0,13	0,15	0,10	1											
Maisstärke, aufgeschlossen		30	2	120		0,50				2					0,01	0,01			0,03		
Weizenstärke, aufgeschlossen				16	2																
Rohrzucker (Saccharose)	1	0	0	2	0	0,29			0,01												
21. Süßigkeiten																					
Honig	5	18	6	47	7	1,30	0,09		0,03						0,05	0,16			0,13		
Marzipan	0,04	0,22	0,12	0,21	5	2,00	0,08	1,5						0,1	0,45	0,06		2,0	1,38	1,38	
Schokolade	220	240	100	470	90	2,50	0,30	0,20	0,10	6	177		0,5	0,10	0,23	0,02		3,0	0,60	0,6	
22. Strukturstoffe und Sonstiges																					
Luzernegrün-mehl, künstl. getrocknet	1.800	290	290	2.500	175	30,00	1,00	2,30	4,80	35	15000		2,5	0,52	1,51	0,64		30,0	3,30	3,7	112
			230	820	220	47,00	1,30	2,00	6,70	90	20										
Rübenschnitzel, getrocknet	880	100												0,04	0,06				1,50	0,2	77

▶ Tab. VI Zusammensetzung vitaminierter Mineralfutter bzw. vitaminreicher Ergänzungsfutter (Angaben je 100 g). Nach Herstellerangaben; ohne Gewähr. Stand 04/2010.

Nr.	Produkt	Hersteller	Ca g	P g	Mg g	Na g	K g	Cu mg	Zn g	Fe mg	Mn mg	I µg	Co µg	Se µg	Vit. A IE	Vit. D_3 IE	Vit. E mg	Vit. B_1 mg	Vit. B_2 mg	Biotin mg	Vit. B_6 mg	Vit. B_{12} µg
Gruppe A: Produkte mit Kalziumgehalten >20 %																						
1	FORTAN Calcium 40 (Calciumcarbonat)	Fortan	40																			
2	Knochenmehl für Hunde	Trixie Heimtierbedarf	25,7	14,7											6250	250	30					
3	FORTAN Dicalciumphosphat	Fortan	29	22																		
4	Vi-min	Bosch	21	10,5	1	5		19	150	110	125	2500	300	700	40 000	4000	125	14	20	0,8	14	75
5	Vitakalk	MFE Marienfelde	21	8	1	6		30	300	250	35	8000	1500	500	25 000	1000	100	10	10	0,5	8	100
6	FORTAN Calciumcitrat	Fortan	21																			
7	Aufbaukalk für Hunde u. Katzen	Trixie Heimtierbedarf	21	8	1	6		30	300	250	35	8000	1500	500	25 000	1000	100	5	10	0,5	8	100
Gruppe B: Produkte mit Kalziumgehalten <20 %																						
8	Caniletten	Canina	17	9,8		3,3		12	52,5	123	26	400	150	600	47 000	1000	28	8,5	10		8	98
9	Kalktabletten	Trixie Heimtier-Bedarf	11,1	3,9											12 500	500	62,5	15	10		7,5	20

▲ Tab. VI Zusammensetzung vitaminierter Mineralfutter bzw. vitaminreicher Ergänzungsfutter (Angaben je 100 g) (Forts.).

Nr.	Produkt	Hersteller	Ca g	P g	Mg g	Na g	K g	Cu mg	Zn g	Fe mg	Mn mg	I µg	Co µg	Se µg	Vit. A IE	Vit. D_3 IE	Vit. E mg	Vit. B_1 mg	Vit. B_2 mg	Biotin mg	Vit. B_6 mg	Vit. B_{12} µg
10	CaniConcept Calci Tabs/Pulver	Albrecht	15,0	7,5	0,5	0,01		5	100	150	5	1000	200	100	10000	500	250	5	12,5	1,25	5	125
11	BonaBits Calcium	Gimborn	16,8	5,8	0,24	0,72									240	48	0,66					98
12	CaniConcept Vital Tabs	Albrecht	9,1	7,0	0,6	0,01		10	200	300	10	2500	400	200	25000	1000	500	10	25	2,5	10	250
13	Korvimin Arthro	WdT	2,42	0,53	0,62	2,76	0,64	2,5	24		10,8	700		50			150					
14	Multi-vitamin Mineral	Happy Dog	12	5,0		0,3									60000		300					
15	VMP-Tabletten	Pfizer	5,4	4,2	1,8			4,5	200	600	10				70000	1000	230	50	50	1,25	25	50
16	Cafortan	Fortan	4,5	2,2	1,0		2	7,5	30	280	25	1200	1200	50	20000	1000	100	20	20	0,6	10	100
17	Befedo Min Vit Kautabletten	Pfizer	11,5	9,5	0,07			3,20	48,6	130	8,1		430		32400	800	43,6	26,0	32,4		3,30	16
18	FIT 12 mit Aufbaukalk	Gimborn	2,02	0,97	0,02	0,22									600	60	2,4	0,12	0,12			
Gruppe C: Produkte überwiegend zur Ergänzung mit Spurenelementen und Vitaminen																						
19	FIT 12	Gimborn	1,80	0,88	0,02	0,24									600	60	2,4	0,12	0,12	0,02	0,2	5
20	Hunde-Aufbaumilch + L-Carnitin + TGOS	Gimborn	0,80	0,70		0,40		1,4	5	8	0,5	150		10	1500	100	10	0,2	0,5			
21	Multivit-E-Paste	Gimborn	0,1	0,18	0,06	0,09									10000	1000	212	1,99	1,99			
22	Vi-To	Bosch	0,1	0,4	0,1	0,1	0,4	25	265	110	128	5000	10	400	25000	4000	250	16	125	0,8	16	125
23	Nutri-cal	Albrecht	0,02	0,02	0,02		0,04			8,8	15,8	8000			12233	917	83,3	25,3	2,7		12,2	30,5
24	Nutri-plus Gel	Virbac								8,8	17,65	8800			17635	882	71	35	3,5		17,6	35,35

Nr	Produkt	Hersteller															
25	V25 Vitamintabletten	Canina							44 000	1000	44	4,4	11	2	4,4	15	2250
26	CaniConcept Senior	Albrecht	60	1150	500	10	19 000	7000	50 000	1000	671	70	80	4,5		15	100
27	Canivita	Canina							20 000	850	100	60	100			25	
28	Calo-pet	Chassot			10	20	10 000		5000	200	120	40	4	5		20	40
29	Multivitamin-Paste für Hunde	Trixie Heimtier-Bedarf									50	6	6		4		
30	Multivitamin-Tabletten für Hunde	Trixie Heimtier-bedarf							25 000	1000	125	30	20	26		15	40

Tabellenanhang

Anhang

9 Literaturverzeichnis

Bücher oder Monographien über das Gesamtgebiet der Hundeernährung

In den nachfolgend aufgeführten Übersichten ist das Schrifttum zur Ernährung des Hundes (einschließlich älterer Arbeiten aus dem 19. Jahrhundert) umfassend dokumentiert. Diese Schriften werden in den folgenden Verzeichnissen für die einzelnen Kapitel nicht mehr aufgeführt, auch wenn dort zitiert.

Abrams JT. The feeding of dogs. Edinburgh: W. Green & Sons Ltd., 1962.

Alexy P. Der Hund als Modelltier in der Ernährungsforschung im 17. bis 19. Jh. Vet Med Diss, Hannover, 1998.

Burger JH, Rivers J. Nutrition of the dog and cat. Waltham Symposium Nr. 7. Cambridge University Press 1989.

Collins DR. Dog nutrition. 4th ed. New York: Howell Book House Inc., 1977.

Hemme, A. Untersuchungen an Broilern zum Einfluss verschiedener anorganischer P-Quellen im Futter auf Leistung, P-Retention, P-Gehalte im Blut sowie die Zusammensetzung und Bruchfestigkeit von Knochen. Dissertation, Tierärztliche Hochschule Hannover, 2004

Gesellschaft für Ernährungsphysiologie. Energie- und Nährstoffbedarf. Nr. 5: Hunde. Frankfurt/M.: DLG-Verlag, 1989.

Hackmann U. Studien zur Geschichte der Ernährungsforschung beim Hund. Vet Med Diss, Hannover, 1996.

Hand MS, Thatcher CD, Remillard, RL, Roudebush, P., Novotny, BJ. Small animal clinical nutrition. 5. Auflage. Mark Morris Institute, Topeka, Kansas, 2010.

Meyer H. Ernährung des Hundes. 1. Aufl. Stuttgart: Ulmer, 1983.

Meyer H, Heckötter E. Futterwerttabellen für Hunde und Katzen. 2. Aufl. Hannover: Schlütersche Verlagsanstalt, 1986.

National Research Council. Nutrient Requirements of dogs and cats. Washington: Nat Acad Press, 2006.

Oppmann H. Ernährungsphysiologische Studien am Hund (1900–1950). Vet Med Diss, Hannover, 2001.

Swennen, Q., G. P. J. Janssens, R. Geers, E. Decuypere und J. Buyse. Validation of dual-energy x-ray absorptiometry for determining in vivo body composition of chickens. 2004 Poultry Science 83: 1348–1357.

Xiccato, G., A. Trocino, A. Sartori und P. I. Queaque. Effect of weaning diet and weaning age on growth, body composition and caecal fermentation of young rabbits. 2003 Animal Science 77: 101–111.

Kapitel 1: Einführung/Der Hund – ein Fleischfresser?

Fox MW (ed). The wild canids. New York: Van Nostrand Reinhold Comp., 1975.

Müller S. Haltung und Fütterung von Jagdhunden im 16.–18. Jahrhundert. Vet Med Diss, Hannover, 1992.

Röhrs M. Domestikation von Wolf und Wildkatze – Parallelen und Unterschiede. In: Meyer H, Kienzle E. Ernährung, Fehlernährung und Diätetik bei Hund und Katze. Internationales Symposium Hannover, 1987: 5–12.

Literatur Kapitel 2: Der Hund in Zahlen

Anderson R, Carlos G, Robinson J. Zinc, copper, iron and calcium concentration in bitch milk. J Nutr 1991; 121: 81–82.

Bauer JE, Heinemann KM, Bigley KE, Lees GE, Waldron MK. Maternal diet alpha-linolenic acid during gestation and lactation does not increase docosahexaenoic acid in canine milk. J Nutr 2004; 134: 2035 s–2038 s.

Eichelberg H, Seine R. Lebenserwartung und Todesursache bei Hunden. Berl Münch Tierärztl Wschr 1996; 109: 292–303.

Gesellschaft für Ernährungsphysiologie. Energie- und Nährstoffbedarf. Nr. 5: Hunde. 1989; Frankfurt/M. DLG-Verlag,

Lawler DF, Larson BT, Ballam JM, Smith GK, Biery DN, Evans RH, Greeley EH, Segre M, Stowe HD, Kealy RD. Diet restriction and ageing in the dog: major observations over two decades. Br J Nutr 2008; 99: 793–805.

Meyer H (1981): Milchmenge und Milchzusammensetzung bei der Hündin. Hamburg: Effem-Rep 12: 1–10.

Meyer H. Untersuchungen zum Energie- und Nährstoffbedarf von Zuchthündinnen und Saugwelpen. Fortschr Tierphysiol Tierernähr 1985, Beiheft 16. Berlin, Hamburg, Paul Parey Verlag

Meyer H, Kienzle E, Zentek J. Body size and relative weight of gastrointestinal tract and liver in dogs. J Vet Nutr 1993; 2: 31–35.

Michell A.: Longevity of British breeds of dog and its relationships with sex, size, cardiovascular variables and disease. Vet Rec 1999; 145: 625–629.

Taylor R. Athletic competition in the Greyhound. Comp Anim Pract 1988; 2: 7–11.

Thomee A. Zusammensetzung, Verdaulich- und Verträglichkeit von Hundemilch und Mischfutter bei Welpen unter besonderer Berücksichtigung der Fettkomponente. Vet Med Diss, 1978, Hannover

Trangerud C, Gröndalen J, Indreb A, Tverdal A, Ropstad E, Moe L. A longitudinal study on growth and growth variables in dogs of four large breeds raised in domestic environments. J Anim Sci 2007; 85: 76–83.

VDH: http://www.vdh.de/

Watson D. Longevity and diet. Vet Rec 1996; 138: 71.

Widmann-Acanal B. Fortpflanzungs- und Welpenabgangsrate bei verschiedenen Hunderassen. Vet Med Diss, 1992, Hannover

Literatur Kapitel 3: Nahrungsaufnahme und Verdauung

Banta CA, Clemens ET, Krinsky MM, Sheffy BE. Sites of organic acid production and patterns of digesta movement in the gastrointestinal tract of dogs. J Nutr 1979; 109: 1592–1600.

Buddington RK. Postnatal changes in bacterial populations in the gastrointestinal tract of dogs. Am J Vet Res 2003; 64: 646–651.

Gajda M., Flickinger EA, Grieshop CM, Bauer CL, Merchen NR und Fahey Jr. GC. Corn hybrid affects in vitro and in vivo measures of nutrient digestibility in dogs. Journal of Animal Science 2005; 83: 160–171.

Guilford WG, Center SA, Strombeck DR, Williams DA, Meyer DJ. Strombeck's small animal gastroenterology. Philadelphia: W.B. Saunders, 1996.

Janowitz HD, Grossmann MI. Some factors affecting the food intake of normal dogs with esophagostomy and gastric fistula. American Journal of Physiology 1949; 159: 143–148.

Kempe R, Saastamoinen M. Effect of linseed cake supplementation on digestibility and faecal and haematological parameters in dogs. Journal of Animal Physiology and Animal Nutrition 2007; 91: 319–325.

Kienzle E. Enzymaktivität in Pancreas, Darmwand und Chymus des Hundes in Abhängigkeit von Alter und Futterart. Z Tierphysiol Tierern FMkde 1988; 60: 276–288.

Kraft W, Dürr UM (Hrsg). Klinische Labordiagnostik in der Tiermedizin. 5., überarb. u. erw. Aufl. Stuttgart: Schattauer, 1999.

Meyer H, Mundt HC, Thomee A. Untersuchungen über den Einfluß der Fütterungsfrequenz auf Futteraufnahme und Verdaulichkeit bei wachsenden und adulten Hunden. Kleintierpraxis 1980; 25: 267–273.

Meyer H, Schmitt PJ, Heckötter E. Nährstoffgehalt und Verdaulichkeit von Futtermitteln für Hunde. Übers. Tierernährung 1981; 9: 71–104.

Meyer H, Arndt J, Behfeld TH, Elebers T, Schünemann C. Praecaecale und postileale Verdaulichkeit verschiedener Eiweiße. In: Meyer H. (Hrsg). Beiträge zur Verdauungsphysiologie des Hundes. Fortschr Tierphysiol Tierernähr, Beiheft 19. Berlin, Hamburg: Paul Parey, 1989: 59–77.

Mühlum A, Junker S, Meyer H. Praecaecale und postileale Verdaulichkeit verschiedener Fette. Fortschr Tierphysiol Tierernähr 1989; 19: 24–30.

Murray S, Fahey G, Merchen N, Sunvold GD, Reinhart GA. High starch flours as ingredients of canine diets. J Anim Sci 1999; 77: 2180–2186.

National Research Council. Nutrient requirements of dogs and cats. Washington DC, National Academic Press, 2006.

Nickel R, Schummer A, Seiferle E. Lehrbuch der Anatomie der Haustiere. Bd. II: Eingeweide. 9. Aufl., Stuttgart: Parey in MVS Medizinverlage Stuttgart, 2004

Opitz B. Untersuchungen zur Energiebewertung von Futtermitteln für Hund und Katze. Vet Med Diss, München, 1996.

Riklin M. Untersuchungen über den Einfluß von Strukturelementen im Futter auf Verdauung, Peristaltik und Kotkonsistenz beim Hund. Vet Med Diss, Hannover, 1973.

Schünemann C, Lass N, Meyer H. Intestinaler Stoffwechsel von Calcium, Magnesium und Phosphor. Z Tierphysiol 1989; 61: 193–205.

Stadtfeld D. Untersuchungen über die Körperzusammensetzung des Hundes. Vet Med Diss, Hannover, 1978.

Struckmeyer U. Untersuchungen zur Verdaulichkeit verschiedener Stärken beim Hund (insgesamt und praecaecal). Vet Med Diss, Hannover, 1989.

Willard MD, Tvedten H, Turnwald GH. Small animal clinical diagnosis by laboratory methods. Philadelphia: W.B. Saunders, 1994.

Yamka RM, Hetzler BM, Harmon DL. Evaluation of low-oligosaccharide, low-phytate whole soybeans and soybean meal in canine foods. Journal of Animal Science 2005; 83: 393–399.

Zentek J. Untersuchungen zum Einfluß der Fütterung auf den mikrobiellen Stoffwechsel im Intestinaltrakt des Hundes. Habilitationsschrift, Tierärztliche Hochschule Hannover, 1993.

Zentek J. Influence of diet composition on the microbial activity in the gastro-intestinal tract of dogs II. Effects on the microflora in the ileum chyme. J Anim Physiol Anim Nutr 1995; 74: 53–61.

Zentek J. Bakterienflora des caninen Intestinaltrakts – Physiologie, Fütterungseinflüsse und diätetische Konsequenzen. Kleintierpraxis 2000; 45: 523–534.

Kapitel 4: Energie und Nährstoffe – Stoffwechsel und Bedarf

Anderson RS. Der Wasserhaushalt bei Hund und Katze. Wien Tierärztl Monatsschr 1981; 68: 102–109.

Baker H, Schor SM, Murphy BD, DeAngelis B, Feingold S, Frank O. Blood vitamin and choline concentrations in healthy domestic cats, dogs, and horses. Am J Vet Res 1986; 47: 1468–1471.

Frigg M, Schulze J, Völker L. Clinical study on the effect of biotin on skin conditions in dogs. Schweiz Arch Tierheilkd 1989; 131: 621–625.

Fyfe JC, Giger U, Hall CA, Jezyk PF, Klumpp SA, Levine JS, Patterson DF. Inherited selective intestinal cobalamin malabsorption and cobalamin deficiency in dogs. Ped Res 1991; 29: 24–31.

Gesellschaft für Ernährungsphysiologie. Energie- und Nährstoffbedarf. Nr. 5: Hunde. Frankfurt/M.: DLG-Verlag, 1989.

Hazewinkel HAW, Van't Klooster AT, Voorhout G, Goedegebuure SA. Skelettentwicklung bei erhöhter Ca- und P-Aufnahme. In: Meyer H, Kienzle E (Hrsg). Ernährung, Fehlernährung und Diätetik bei Hund und Katze. Hannover: Schaper, 1988.

Heard CRC. The effects of the protein values of diets and of toxocara canis infestation on the digestion and utilization of protein and carbohydrates. In: Graham-Jones O (ed). Canine and feline nutritional requirements. London/New York: 47–58. Pergamon Press, 1965.

Heikens A. Selengehalt in wirtschaftseigenen Futtermitteln in Ostfriesland. Vet Med Diss, Hannover, 1992.

Hess M. Einfluß von stärke- bzw. fettreichen Futterrationen, temporärer Wasserkarenz sowie körperlicher Aktivität auf die Gesamtwasseraufnahme des Hundes. Vet Med Diss, Hannover, 1990.

Jezyk P, Huskins M, Mackay-Smith W, Patterson D. Lethal acrodermatitis in Bull Terriers. J Am Vet Med Assoc 1986; 188: 833–839.

Kaneko J (Hrsg). Clinical biochemistry of domestic animals. 4. Aufl. New York/London: Academic Press, 1989.

Kienzle E. Spurenelementbedarf der Hunde. Übers. Tierernährung 1988; 16: 153–212.

Kirchgessner M. Tierernährung. 11. Aufl. Frankfurt/M.: DLG-Verlag, 2008.

Kraft W, Dürr UM. Klinische Labordiagnostik in der Tiermedizin. 6. Aufl. Stuttgart: Schattauer, 2005.

Lloyd D. Essential fatty acids and skin disease. J Small Anim Pract 1989; 30: 207–212.

Meyer H (Hrsg). Beiträge zur Verdauungsphysiologie des Hundes. Fortschr Tierphysiol Tierernährung, Beiheft 19. Berlin/Hamburg: Paul Parey, 1989.

Munro HN. Regulation for body protein metabolism in relation to diet. Proc Nutr Soc 1976; 35: 297–308.

National Research Council. Nutrient Requirements of dogs and cats. Washington: Nat Acad Press, 2006.

Neu H. Carnitin, Chemie, Funktion und klinische Bedeutung. Kleintierpraxis 1995; 40: 197–220.

Schaeffer M, Rogers Q, Morris J. Protein in the nutrition of dogs and cats. In: Burger J, Rivers J. Nutrition of the dog and cat. Cambridge University Press, 1989: 159–205.

Scheunert A, Trautmann A. Lehrbuch der Veterinär-Physiologie. 7. Aufl. Berlin/Hamburg: Paul Parey, 1987.

Schweigert FJ. Insensitivity of dogs to the effects of non-specific bound vitamin A in plasma. International Journal of Vitamin Research 1988; 58: 23–25.

Schweigert FJ, Thomann E. Vitamin A und E bei Carnivoren: Transport im Blut und Verteilung in Geweben. Mhft Vet Med 1993; 48: 25–29.

Smith J. Iron metabolism in dogs and cats. Comp Cont Ed Small Anim Pract 1992; 14: 39–43.

Taylor RJ. The work output of sledge dogs. J Physiol 1957; 137: 210–217.

Thoday K. Diet-related Zn-responsive skin disease: a dying dermatosis? J Small Anim Pract 1989; 30: 213–215.

Tran JL, Horvath C, Krammer S, Höller U, Zentek J. Blood vitamin concentrations in privately owned dogs fed non-standardized commercial diets and after intake of diets with specified vitamin concentrations. Journal of Animal Physiology and Animal Nutrition 2007; 91: 40–47.

Willard MD, Tvedten H, Turnwald GH (eds). Small animal clinical diagnosis by laboratory methods. Philadelphia: W.B. Saunders, 1994.

Williams A. New tests of pancreatic and small intestine function. Comp Cont Ed 1987; 9: 1167–1173.

Young DR, Price R. Utilization of body energy reserves during work in dogs. J Appl Physiol 1961; 16: 315–354.

Literatur Kapitel 5: Futtermittelkunde

Allen SE, Fahey GC, Jr., Corbin JE, Pugh JL, Franklin RA. Evaluation of byproduct feedstuffs as dietary ingredients for dogs. J Anim Sci 1981; 53: 1538–1544.

Becker M, Nehring K. Handbuch der Futtermittel. Hamburg/Berlin: Paul Parey, 1969.

Bednar GE, Murray SM, Patil AR, Flickinger EA, Merchen NR, Fahey GC Jr. Selected animal and plant protein sources affect nutrient digestibility and fecal characteristics of ileally cannulated dogs. Arch Tierernähr 2000; 53: 127–140.

Bickel H (Hrsg). Schmackhaftigkeit des Futters und Flavor-Anwendung. Fortschr Tierphysiol Tierernähr, Beiheft 11. Berlin/Hamburg: Paul Parey, 1980.

Bradshaw JWS. The Evolutionary Basis for the Feeding Behavior of Domestic Dogs (Canis familiaris) and Cats (Felis catus). J Nutr 2006; 136: 1927S-1931S.

Clapper GM, Grieshop CM, Merchen NR, Russett JC, Brent JL, Fahey GC. Ileal and total tract nutrient digestibilities and fecal characteristics of dogs as affected by soybean protein inclusion in dry, extruded diets. J Anim Sci 2001; 79: 1523–32.

Drochner W. Large amounts of feather meal in feeds for experimental dogs and a contribution to the digestion and retention of minerals and N metabolism in dogs. Dt Tierärztl. Wschrift 1977; 84: 180–185.

Gröner T. Bewertung von Einzelfuttermitteln und Möglichkeiten zur Beurteilung von Mischfuttern für Hunde. Diss Agr, Bonn, 1991.

Habernoll H. Vergleichende Untersuchungen über Verdaulichkeit und Verträglichkeit von Futtermitteln bei verschiedenen Hunderassen. Diss Med Vet, Hannover, 1995.

Johnson ML, Parsons CM, Fahey GC Jr, Merchen NR, Aldrich CG. Effects of species raw material source, ash content, and processing temperature on amino acid digestibility of animal by-product meals by cecectomized roosters and ileally cannulated dogs. J Anim Sci 1998; 76: 1112–1122.

Kitchell RL. Taste perception and discrimination by the dog. Adv Vet Sci Comp Med 1978; 22: 287–314.

Kling M, Wöhlbier W. Handelsfuttermittel. Bd. 1: Gesamtschau, Futtermittel tierischer Herkunft, Fette und Öle, Zusatzstoffe. Stuttgart: Ulmer, 1977.

Meyer H, Zentek J. Hunde richtig füttern. 2. Aufl. Stuttgart: Ulmer, 2004.

National Research Council. Nutrient Requirements of Dogs and Cats. Washington DC, National Academic Press. 2006.

Opitz B. Untersuchungen zur Energiebewertung von Futtermitteln für Hund und Katze. Vet Med Diss, München, 1996.

Quigley JD, III, Campbell JM, Polo J, Russell LE. Effects of spray-dried animal plasma on intake and apparent digestibility in dogs. J Anim Sci 2004; 82: 1685–1692.

Schmitt PJ. Die Verdaulichkeit der für die Ernährung des Hundes einsetzbaren Futtermittel. Vet Med Diss, Hannover, 1978.

Yamka RM, Jamikorn U, True AD, Harmon DL. Evaluation of low-ash poultry meal as a protein source in canine foods. J Anim Sci 2003; 81: 2279–2284.

Literatur Kapitel 6: Praktische Fütterung

Apanavicius CJ, Powell KL, Vester BM, Karr-Lilienthal LK, Pope LL, Fastinger ND, Wallig MA, Tappenden KA, Swanson KS. Fructan supplementation and infection affect food intake, fever, and epithelial sloughing from Salmonella challenge in weanling puppies. J Nutr 2007; 137: 1923–1930.

Bauer JE. Responses of dogs to dietary omega-3 fatty acids. J Am Vet Med Ass 2007; 231: 1657–1661.

Burr JR, Reinhart GA, Swenson RA, Swaim SE, Vaughn DM, Bradley DM. Serum biochemical values in sled dogs before and after competing in long-distance races. J Am Vet Med Assoc 1997; 211: 175–179.

Cetinkaya MA, Yardimci C, Saglam M. Carpal laxity syndrome in forty-three puppies. Vet Comp Orth Traum 2007; 20: 126–130.

Crabo B, Kjellgren E, Bäckgren AS. Iron content and the red blood picture in puppies during the suckling period. Svensk Vet Tidn 1970; 22: 857–61.

Crighton, GW. Neonatal diseases of the dog. III. Thermal regulation in the newborn dog. Journal of Small Animal Practice 1969; 9, 463–472.

Crighton GW, Pownall R. The homeothermic status of the neonatal dog. Nature 1974; 251: 142–144.

Fox MW. Canine pediatrics. Springfield: C.C. Thomas, 1996.

Grandjean D. Nutrition of racing and working dogs. In: Kelly NC, Wills JM (eds). Manual of companion animal nutrition and feeding. Cheltenham: BSAVA, 1998: 63–92.

Heinemann KM, Bauer JE. Docosahexaenoic acid and neurologic development in animals. J Am Vet Med Ass 2006; 228: 700–705.

Hinchcliff KW, Olson J, Crusberg C, Kenyon J, Long R, Royle W, Weber W, Burr J. Serum biochemical changes in dogs competing in a long-distance sled race. J Am Vet Med Assoc 1993; 202: 401–405.

Holloway SA, Sundstrom D, Senior DF. Effect of acute induced metabolic alkalosis on the acid/base responses to sprint exercise of six racing greyhounds. Res Vet Sci 1996; 61: 245–251.

Kronfeld DS, Ferrante PL, Grandjean D. Optimal nutrition for athletic performance, with emphasis on fat adaptation in dogs and horses. J Nutr 1994; 124 (12 Suppl.): 2745S–2453 S.

Kuzmuk KN, Swanson KS, Tappenden KA, Schook LB, Fahey GC, Jr. Diet and age affect intestinal morphology and large bowel fermentative end-product concentrations in senior and young adult dogs. J Nutr 2005; 135: 1940–1945.

Landsberg G. Therapeutic options for cognitive decline in senior pets. J Am Anim Hosp Ass 2006; 42: 407–413.

Lawler DF, Larson BT, Ballam JM, Smith GK, Biery DN, Evans RH, Greeley EH, Segre M, Stowe HD, Kealy RD. Diet restriction and ageing in the dog: major observations over two decades. Br J Nutr 2008; 99: 793–805.

Meyer H (Hrsg). Untersuchungen zum Energie- und Nährstoffbedarf von Zuchthündinnen und Saugwelpen. Fortschr Tierphysiol Tierernährg, Beiheft 16. Berlin/Hamburg: Paul Parey, 1985.

Mlacnik E, Bockstahler BA, Muller M, Tetrick MA, Nap RC, Zentek J. Effects of caloric restriction and a moderate or intense physiotherapy program for treatment of lameness in overweight dogs with osteoarthritis. J Am Vet Med Ass 2006; 229: 1756–1760.

Moyer KL, Trepanier LA. Erythrocyte glutathione and plasma cysteine concentrations in young versus old dogs. J Am Vet Med Ass 2009; 234: 95–99.

Mundt HC. unveröffentlicht; 1981

Ontko JA, Phillips PH. Reproduction und lactation studies with bitches fed semipurified diets. J Nutr 1958; 65: 211–8.

Reynolds AJ, Fuhrer L, Dunlap HL, Finke M, Kallfelz FA. Effect of diet and training on muscle glycogen storage and utilization in sled dogs. J Appl Physiol 1995; 79: 1601–1607.

Smith GK, Paster ER, Powers MY, Lawler DF, Biery DN, Shofer FS, McKelvie PJ, Kealy RD. Lifelong diet restriction and radiographic evidence of osteoarthritis of the hip joint in dogs. J Am Vet Med Ass 2006; 229: 690–693.

Steiss J H, Ahmad A, Cooper P, Ledford C. Physiologic responses in healthy Labrador Retrievers during field trial training and competition. J Vet Int Med 2004; 18: 147–151.

Strasser H. Gewinnung und Aufzucht von SPF-Welpen. Habilitationsschrift, Tierärztliche Hochschule, Hannover, 1964.

Toor AJ, van der Linde-Sipman JS, van den Ingh TSGAM, Wensing T, Mol JA. Experimental induction of fasting hypoglycaemia and fatty liver syndrome in three Yorkshire terrier pups. Vet Quart 1991; 13: 16–23.

Watson A, Fray T, Clarke S, Yates D, Markwell P. Reliable use of the ServoMed Evaporimeter EP-2TM to assess trans-epidermal water loss in the canine. J Nutr 2002; 132: 1661S-4 S.

Williamson KK, Willard MD, McKenzie EC, Royer CM, Payton ME, Davis MS. Efficacy of famotidine for the prevention of exercise-induced gastritis in racing Alaskan sled dogs. J Vet Int Med 2007; 21: 924–927.

Young DR, Mosker R, Erve P, Spector H. Body temperature and heat exchange during treadmill running in dogs. J Appl Physiol 1959; 14: 839–843.

Literatur Kapitel 7: Ernährungsbedingte Störungen und Diätetik

Backus RC, Ko KS, Fascetti AJ, Kittleson MD, MacDonald KA, Maggs DJ, Berg JR, Rogers QR. Low plasma taurine concentration in Newfoundland dogs is associated with low plasma methionine and cyst(e)ine concentrations and low taurine synthesis. (Biomarkers as Indicators of Cancer Risk Reduction Following Dietary Manipulation). J Nutr 2006; 136: 2525–2533.

Bartges JW, Osborne CA, Felice LJ, Allen TA, Brown C, Koehler LA, Bird KA, Unger LK, Chen M. Influence of four diets containing approximately 11 % protein (dry weight) on uric acid, sodium urate, and ammonium urate on urine activity product rations of healthy beagles. Am J Vet Res 1995; 56: 60–65.

Bartges JW, Osborne CA, Lulich JP, Kruger JM, Sanderson SL, Koehler LA, Ulrich LK. Canine urate urolithiasis. Etiopathogenesis, diagnosis, and management. Vet Clin North Am Small Anim Pract 1995; 29: 161–191.

Batchelor DJ, Noble PJ, Taylor RH, Cripps PJ, German AJ. Prognostic factors in canine exocrine pancreatic insufficiency: prolonged survival is likely if clinical remission is achieved. J Vet Int Med 2007; 21: 54–60.

Bauer JE, Markwell PJ, Rawlings JM, Senior DE. Effects of dietary fat and polyunsaturated fatty acids in dogs with naturally developing chronic renal failure. J Am Vet Med Assoc 1999; 215: 1588–1591.

Bauer JE. Hepatic disease, nutritional therapy, and the metabolic environment. J Am Vet Med Assoc 1996; 209: 1850–1854.

Boermans HJ, Leung MCK. Mycotoxins and the pet food industry: Toxicological evidence and risk assessment. Int J Food Microbiol 2007; 119: 95–102.

Brazis P, Serra M, Selles A, Dethioux F, Biourge V, Puigdemont A. Evaluation of storage mite contamination of commercial dry dog food. Vet Dermatol 2008; 19: 209–214.

Busch-Kschiewan K, Zentek J, Wortmann FJ, Meyer W. Exogene Einflüsse auf die Haarfarbe beim Hund – eine Literaturstudie. Kleintierpraxis 2004; 49: 101–106.

Cave NJ. Hydrolyzed protein diets for dogs and cats. (Dietary management and nutrition). Vet Clin North Am Small Anim Pract 2006; 36: 1251–1268.

Chan DL, Freeman LM, Labato MA, Rush JE. Retrospective evaluation of partial parenteral nutrition in dogs and cats. J Vet Intern Med 2002; 16: 440–445.

Edney A, Smith P. Study of obesity in dogs. Vet Rec 1986; 118: 391–396.

Elliott DA. Nutritional management of chronic renal disease in dogs and cats. Vet Clin North Am Small Anim Pract 2006; 36: 1377–1384.

Fascetti AJ, Reed JR, Rogers QR, Backus RC. Taurine deficiency in dogs with dilated cardiomyopathy: 12 cases (1997–2001). J Am Vet Med Assoc 2003; 223: 1137–1141.

Freeman LM, Rush JE, Cahalane AK, Kaplan MAPM, Markwell PJ. Evaluation of dietary patterns in dogs with cardiac disease. J Am Vet Med Assoc 2003; 223: 1301–1305.

German AJ. The growing problem of obesity in dogs and cats. J Nutr. 2006; 136(7S): 1940S–1946 S.

Glättli HR, Schatzmann H, Zintzen H. Diätetische Maßnahmen und essentielle Wirkstoffe in der Behandlung von Hautkrankheiten des Hundes. Kleintierpraxis 1973/74; 18/19: 203–210.

Glickman LT, Glickman NW, Schnellenberg DB, Simpson K, Lantz GC. Multiple risk factors for the gastric-dilatation-volvulus syndrome in dogs: a practitioner/owner case-control study. J Am Anim Hosp Assoc 1997; 33: 197–204.

Glos K, Linek M, Loewenstein C, Mayer U, Mueller RS. The efficacy of commercially available veterinary diets recommended for dogs with atopic dermatitis. Vet Dermatol 2008; 19: 280–287.

9 Literaturverzeichnis

Graham PA, Maskell E, Rawlings JM, Nash AS, Markwell PJ. Influence of a high fibre diet on glycaemic control and quality of life in dogs with diabetes mellitus. J Small Anim Pract 2002; 43: 67–73.

Guilford GW, Center SA, Strombeck DR, Williams DA, Meyer DJ. Strombeck's Small Animal Gastroenterology. Philadelphia: Saunders, 1996.

Guilford WG, Matz ME. The nutritional management of gastrointestinal tract disorders in companion animals. New Zealand Vet J 2003; 51: 284–291.

Hall E. Canine diarrhoea: a rational approach to diagnostic and therapeutic dilemmas. In Practice 2009; 31: 8–16.

Hazewinkel HA, Tryfonidou MA. Vitamin D3 metabolism in dogs. Mol Cell Endocrinol 2002; 197: 23–33.

Hellweg P, Zentek J. Risikofaktoren im Zusammenhang mit der Magendrehung des Hundes. Kleintierpraxis 2005; 50: 611–620.

Henneveld K, Beck W, Muller R. Evaluierung von Vorratsmilben in kommerziellem Hundetrockenfutter und in der Umgebung sowie ihre Bedeutung in der Tiermedizin. Tierärztliche Praxis 2007; 2007. 35: 325–330, 332.

Hirakawa D, Baker D. Sulfur amino acid nutrition of the growing puppy. Nutrition Research 1985; 5: 631–642.

Houston DM, Moore AE, Favrin MG, Hoff B. Canine urolithiasis: a look at over 16 000 urolith submissions to the Canadian Veterinary Urolith Centre from February 1998 to April 2003. Can Vet J 2004; 45: 225–230.

Ishioka K, Hosoya K, Kitagawa H, Shibata H, Honjoh T, Kimura K, Saito M. Plasma leptin concentration in dogs: effects of body condition score, age, gender and breeds. Res Vet Sci 2007; 82: 11–15.

Ishioka K, Omachi A, Sagawa M, Shibata H, Honjoh T, Kimura K, Saito M. Canine adiponectin: cDNA structure, mRNA expression in adipose tissues and reduced plasma levels in obesity. Res Vet Sci 2006; 80: 127–132.

Jergens AE, Morrison JA, Miles KG, Silverman WB. Percutaneous endoscopic gastrojejunostomy tube placement in healthy dogs and cats. J Vet Int Med 2007; 21: 18–24.

Kealy RD, Lawler DF, Ballam JM, Lust G, Smith GK, Biery DN, Olsson SE. Five year longitudinal study on limited food consumption and development of osteoarthritis in coxofemoral joints of dogs. J Am Vet Med Assoc 1997; 210: 222–225.

Kirby NA, Hester SL, Bauer JE. Dietary fats and the skin and coat of dogs. J Am Vet MedAssoc 2007; 230: 1641–1644.

Lawler DF, Larson BT, Ballam JM, Smith GK, Biery DN, Evans RH, Greeley EH, Segre M, Stowe HD, Kealy RD. Diet restriction and ageing in the dog: major observations over two decades. Br J Nutr 2008; 99: 793–805.

Leib MS. Treatment of chronic idiopathic large-bowel diarrhea in dogs with a highly digestible diet and soluble fiber: a retrospective review of 37 cases. J Vet Intern Med 2000; 14: 27–32.

Leistra MH, Markwell PJ, Willemse T. Evaluation of selected-protein-source diets for management of dogs with adverse reactions to foods. J Am Vet Med Assoc 2001; 219: 1411–1414.

LeJeune JT, Hancock DD. Public health concerns associated with feeding raw meat diets to dogs. J Am Vet Med Assoc 2001; 219: 1222–1225.

Lekcharoensuk C, Osborne CA, Lulich JP, Pusoonthornthum R, Kirk CA, Ulrich LK, Koehler LA, Carpenter KA, Swanson LL. Association between dry dietary factors and canine calcium oxalate uroliths. Am J Vet Res 2002; 63: 330–337.

Lem KY, Fosgate GT, Norby B, Steiner JM. Associations between dietary factors and pancreatitis in dogs. J Am Vet Med Ass 2008; 233: 1425–1431.

Leray V, Serisier S, Khosniat S, Martin L, Dumon H, Nguyen P. Adipose tissue gene expression in obese dogs after weight loss. J Anim Physiol Anim Nutr 2008; 92: 390–398.

Logan EI. Dietary influences on periodontal health in dogs and cats. (Dietary management and nutrition). Vet Clin North Am Small Anim Pract 2006; 36: 1385–1401.

Lulich JP, Osborne CA, Lekcharoensuk C, Allen TA, Nakagawa Y. Canine calcium oxalate urolithiasis. Case-based applications of therapeutic principles. Vet Clin North Am Small Anim Pract 1999; 29: 123–139.

Lulich JP, Osborne CA, Thumchai R, Lekcharoensuk C, Ulrich LK, Koehler LA, Bird KA, Swanson LL, Nakagawa Y. Epidemiology of canine calcium oxalate uroliths. Identifying risk factors. Vet Clin North Am Small Anim Pract 1999; 29: 113–122.

Meyer H, Zentek J, Behnsen K, Hess M. Nutritive Einflußfaktoren auf das spezifische Gewicht des Harns bei Hunden. Kleintierpraxis 1997; 42: 43–50.

Mundt HC., Kühndal R, Meyer H. Diätetische Maßnahmen bei Hunden mit exokriner Pankreasinsuffizienz. Ernährung, Fehlernährung und Diätetik bei Hund und Katze. Hannover: Schaper 1988.

Nagode LA, Chew DJ, Podell M. Benefits of calcitriol therapy and serum phosphorus control in dogs and cats with chronic renal failure. Both are essential to prevent or suppress toxic hyperparathyroidism. Vet Clin North Am Small Anim Pract 1996; 26: 1293–1330.

Newman SJ, Smith JR, Stenske KA, Newman LB, Dunlap JR, Imerman PM, Kirk CA. Aflatoxicosis in nine dogs after exposure to contaminated commercial dog food. J Vet Diagn Invest 2007; 19: 168–175.

Osborne CA, Jacob F, Lulich JP, Hansen MJ, Lekcharoensul C, Ulrich LK, Koehler LA, Bird KA, Swanson LL. Canine silica urolithiasis. Risk factors, detection, treatment, and prevention. Vet Clin North Am Small Anim Pract 1999; 29: 213–230.

Osborne CA, Lulich JP, Forrester D, Albasan H. Paradigm changes in the role of nutrition for the management of canine and feline urolithiasis. Vet Clin North Am Small Anim Pract 2009; 39: 127–141

Osborne CA, Sanderson SL, Lulich JP, Bartges JW, Ulrich LK, Koehler LA, Bird KA, Swanson LL. Canine cystine urolithiasis. Cause, detection, treatment, and prevention. Vet Clin North Am Small Anim Pract 1999; 29: 193–211.

Peterson PB, Willard MD. Protein-losing enteropathies. Vet Clin North Am Small Anim Pract 2003; 33: 1061–1082.

Polzin DJ, Osborne CA, Adams L, O'Brien TD. Dietary management of canine and feline chronic renal failure; In: Kallfelz FA. Clinical nutrition. Vet Clin North Am Small Anim Pract 1989; 19: 539–560.

Potschka H, Baumer W. Aktueller Stand in der Therapie des Diabetes mellitus bei Hund und Katze. Tierärztliche Praxis 2006; 2006. 34: 425–431.

Sanderson SL. Taurine and carnitine in canine cardiomyopathy. (Dietary management and nutrition). Vet Clin North Am Small Anim Pract 2006; 36: 1325–1343.

Sauter SN, Benyacoub J, Allenspach K, Gaschen F, Ontsouka E, Reuteler G, Cavadini C, Knorr R, Blum JW. Effects of probiotic bacteria in dogs with food responsive diarrhoea treated with an elimination diet. J Anim Physiol Anim Nutr 2006; 90: 269–277.

Scott DW, Miller WH, Reinhart GA, Mohammed HO, Bagladi MS. Effect of an omega-3/omega-6 fatty acid-containing commercial lamb and rice diet on pruritus in atopic dogs: results of a single-blinded study. Can J Vet Res 1997; 61: 145–153.

Souci SW, Fachmann W, Kraut H. Die Zusammensetzung der Lebensmittel. Nährwert-Tabellen. 7. Auflage. medpharm GmbH Scientific Publishers, Birkenwaldstr. 44, 70 191 Stuttgart, 2008.

Stevenson AE, Robertson WG, Markwell P. Risk factor analysis and relative supersaturation as tools for identifying calcium oxalate stone-forming dogs. J Small Anim Pract 2003; 44: 491–496.

Texas GI Lab: http://www.cvm.tamu.edu/gilab/

Torres CL, Backus RC, Fascetti AJ, Rogers QR. Taurine status in normal dogs fed a commercial diet associated with taurine deficiency and dilated cardiomyopathy. J Anim Physiol Anim Nutr 2003; 87: 359–372.

Tran JL, Horvath C, Krammer S, Höller U, Zentek J. Blood vitamin concentrations in privately owned dogs fed non-standardized commercial diets and after intake of diets with specified vitamin concentrations. J Anim Physiol Anim Nutr 2007; 91: 40–47.

Tryfonidou MA, Holl MS, Vastenburg M, Oosterlaken-Dijksterhuis MA, Birkenhager-Frenkel DH, van den Brom WE, Hazewinkel HAW. Hormonal regulation of calcium homeostasis in two breeds of dogs during growth at different rates. J Anim Sci 2003; 81: 1568–1580.

Tryfonidou MA, van den Brom J, van den Brom WE, Hazewinkel HA. Intestinal calcium absorption in growing dogs is influenced by calcium intake and age but not by growth rate. J Nutr 2002; 132: 3363–3368.

Willard MD, Tvedten HD, Turnwald GH. Small animal clinical diagnosis by laboratory methods. Philadelphia: W.B. Saunders, 1994.

Zentek J, Nutritional aspects in patients with digestion problems, Aktualitäten aus der Gastroenterologie. 35. Jahresversammlung, 3.-5. Juni 2004. 2004. 95–108.

Zentek J, Dämmrich K, Meyer H. Zur Pathogenese fütterungsbedingter Skeletterkrankungen bei Junghunden großwüchsiger Rassen. Kleintierpraxis 1995; 40: 469–482.

Zentek J, Hellweg P, Khol-Parisini A, Weingart C, Kohn B, Münster M. Chronisch entzündliche gastrointestinale Erkrankungen bei Hund und Katze. Kleintierpraxis 2007; 52: 356–367.

Zentek J, Meyer H, Behnsen K. Einfluß der Fütterung auf die Mengenelementgehalte im Harn beim Hund. Kleintierpraxis 1994; 39: 825–836.

Zentek J, Meyer H, Behnsen K. Einfluß der Futterzusammensetzung auf den Harn-pH beim Hund. Kleintierpraxis 1995; 40: 9–18.

Zentek J, Entwicklungen und Perspektiven der Diätetik bei Tumorerkrankungen. Übers. Tierernähr 1996; 24: 229–253.

10 Sachverzeichnis

A

α-Amylase 27, 37–38
Absetzen 163, 173
Absetzwelpen 88, 164
Absorption 35
Adipositas 188, 202–203
– Diäten, Richtwerte 205
– Diätetik 204
– Folgeerkrankungen 204
Aflatoxin 194
Akzeptanz
– Futtermittel 102
– Modifizierung 103
Alaskan Malamutes 155
Alleinfutter 118, 121, 123, 139
– Diät 189
– halbfeuchte 127
– Trocken 125
Alleinfuttermittel 138
Alleinfutters 130
Allergien 188, 211, 213, 226, 240
– Diäten 242
– Weizen 240
Alte Hunde 142–143, 246, 261
Amerikanische Cocker Spaniels 258
Aminosäuren 50, 59, 119–120
– essenzielle 61, 64–65, 107, 236, 281–286
– freie 59–60
Ammoniak 59–60, 249
Amylase 37, Siehe auch α-Amylase
Anämie 76, 170
Anfangsdiät 241
Antibiotika 224, 249
Antikörper 166
Antioxidanzien 118, 120, 258
Apathie 197
Appetitlosigkeit 195
Appetitreduktion 48
Arbeitshunde 63
Aromastoffe 119
Arsen 82
Ascorbinsäure 94
ATP 54
ATP-Reserve 147, 154
Aufzucht, mutterlose 174, 176
Aujeszky-Krankheit 100, 135, 193
Ausdauer 11
Ausscheidungskapazität, Welpen 169
Azidose 249

B

B-Vitamine 236
Bakterien 193
– Toxine 193
– Verdauungskanal 19
Ballaststoffe 95, 140 ff., 153, 198, 217
Bandwurmfinnen 192
BARF-Fütterung 135
Basset 61, 252
Bauchspeicheldrüse 17, 227
Beagle 61, 65, 182, 204
Bedarfsdeckung, Eiweiß 133
Bedarfsermittlung 133
Bedlington-Terrier 78, 234 f.
Beifutter 118, 129, 167, 171 ff.
– Welpen 171
Belastung 149
Belegen 157
Belohnung 118, 129
Berner Sennenhund 246
Beschäftigung 110, 118, 129
Beutetiere, Nährstoffgehalte 2
Bewegungsapparat 188, 243
Bewegungsleistungen 11, 54
Biertreber 112
Bindegewebe 101, 104, 108 f.
Bindemittel 119
Biotin 84, **91**, 181, **190**, 236, 268, 299–300
– Bedarf 91
– Mangel 91
Bitterstoffe 103
Blei 82, 192
Blut 5
– gerinnungsfaktoren 87
Bohnen **112**, 215, 276, 285, 295
Brennwert 49, 51
Brot 111, 123
Bruttoenergie 122
BSE 100, 194
Bulldogge 252
Bullterrier 237, 246
Bürstensaum 16, 27–28, 223

C

Carnitin 258
Chihuahua 252
Chlorid 46, 68–69, **73**, 181, 268
– Bedarf 74
Cholecalciferol 85
Cholecystokinin 21
Cholesterin 50

Cholin 95, 181
Chrom 82
Chymus 18, 28, 214
– Abfluss 47
– Passage 29, 32, 95
– Verweildauer 32
Clostridien 180, 193, 209, 212, 214, **218**, 227
Cobalamin 84, Siehe Vitamin B12
Cockerspaniel 78, 239
Cystinsteine 61, 188, 252 ff.
Cystinurie 61

D

Dachshund 61
Dackel 252
Dalmatiner 60–61, 252, 257
Darmerkrankungen, entzündliche 223
Darmflora 18, 20, 224
Darmsaft 24, 28
Darmschleimhaut 225
Defizit, Flüssigkeit 216
Defizit
– Energie 197
– Flüssigkeit 197
– Nährstoffe 197
Dehydratation, Grade 216
Dermatosen, Siehe Hauterkrankungen
Deutscher Schäferhund 78, 213, 227
Diabetes mellitus 259, 261
Diarrhö, Siehe auch Durchfall
Diät, Siehe auch Anfangs- Eliminations- Pro
– Allergie 242
– Diabetes 260
– Harnsteine 253
– Niereninsuffizienz 248
– Tumor 261
Diätfuttermittel 118, 188–189, 216, 255
– Futtermittelverordnung 188
– Niereninsuffizienz 250
Dickdarm 17, 208, 223
– Passage 32
Diensthund 54, 145
Disaccharidase 28
Dobermann 78
Dogge 52, 56, 182, 245
Dünndarm 16 ff., 36, 46, 208, 210–211, 222–223
– Passage 32
Dünndarmschleimhaut 223

Durchfall 75, 91, 106, **180**, 207
– akuter 216
– alimentär bedingter 211
– chronischer 208, 223
– Diagnostik 207
Dysbakteriose 237
Dysbiose 20, 209–210, 224

E
Ei 107, 183
Eicosanoide 93
Eigenmischungen 159
Einzelfuttermittel **103**, 117, 122, 131, 135, 206
Eiprodukte 107, 183
Eisen 9, 68, **76**, **181**, 268, 299–300
– Bedarf 76
– Mangel 77
– Welpen 170
Eiweiß 9, 13, 20, **58 ff.**, 105, 108, 112–113, 158, 183
– Abbauprodukte 60
– Funktion 58
– mangel 67
– pflanzliches 42
– Stoffwechsel 58
– tierisches 42
– verd. 159
– Verdaulichkeit 40
– Verdauung 35–36
  – Welpen 168
– Versorgung 143, 231
Eiweißbedarf, Junghunde 182
Eiweißfuttermittel 191
Eiweißgehalt, Trockenalleinfutter 125
Eiweißüberversorgung 67
Eliminationsdiät 241
Emulgatoren 118, 120
Endopeptidase 25
Energie 6, 49, 190
– zufuhr 231
– stoffwechsel 49
– Bedarf 51 ff., 242
  – Junghunde 180
  – Welpen 175
– Brutto 51
– Defizit 197
– Gehalt 51, 56, 121, 125
– Gewinnung, anaerobe 54
– Mangel 57, 190
– Menge 157
– Überversorgung 190, 243–244
– umsetzbare **51**, 66, 122, 138 ff.
– verdauliche 51, 122

– Versorgung 52, 138, 181
  – Zuchthündinnen 160
Energie-Eiweiß-Verhältnis 121
Energieaufwertung 116
Energiedichte 139, 196
Energielieferanten 116
Energiereserven, Rückgriff 147
Energieumsatz 197
Entwurmung 161, 167
Entzündungen, chronische 93
Enzyme, Siehe auch Verdauungsenzyme
– bakterielle 29
– eiweißspaltende 29
– kohlenhydratabbauende 27
– kohlenhydratspaltende 29
– proteinabbauende 25
Erbrechen 31, 194, 208, **215**
Erbsen 112, 215, 276, 285, 295
Erdnuss 114
Ergänzungsfuttermittel 118, **128**, 130, 299 f.
Ergocalciferol 85
Erhaltungsbedarf 52–56, 64, 146, 150 f.
Erhaltungsstoffwechsel **52–53**, 62–63, 124, **138–139**, 143, 201, 242
Erkrankungen, fütterungsbedingte 188
Ernährung, parenterale 195, 200–201
Ernährungszustand 140
– Beurteilung 136
Escherichia coli 180, 193, 218
Essenzialität 58, 92
Eubiose 19
Exsikkose 179, 197
Extraktstoffe
– N-freie 121, 172
– stickstofffreie 12, 34, 44

F
Farbstoffe 119 f.
Faserstoffe 115, 231
– pflanzliche 50
Fäzes, Siehe auch Kot
– Blut 208
– Untersuchungen 208
Fehlernährungen 190
Fehlgärung 106, 237
Fell 136–137, 236
Fett 2, **6**, 9, 21, 27 f., 42, 49, 108–109
– Absorptionskapazität 210
– Ergänzung 233, 251
– Ergänzungen 217, 229, 242, 256, 259

– Stoffwechsel 50
– Verdaulichkeit 42
– Verdauung 27, 36
Fettreserven 147
Fettsäuren 262
– Absorption 37
– essenzielle 133, 236, 238
– freie 53
– Futterfette 239
– Milchfett Hund 175
– ungesättigte 92, 109, 113, 216, 236
Fettsucht 203
Fettverdauung, Welpen 169
Fetus, Siehe Früchte
Feuchtalleinfutter 47, 102, **124 ff.**, 131, 141
Feuchtfutter 122, 183
Fibrose 234
Fieber 199
Fisch 108
Fischmehl 71, 81, 87, 108 f.
Fischöl 42, 81, 87, 93, 258
Flatulenz 214
Fleisch 104
Fleischfresser 2
Flockenfutter 130
Fluor 82
Flüssigkeit, Defizit 139, 197, 216
Folat 84, 92
Folattest 211
Folsäure 84, **92**, 181, 211, 268
– Bedarf 92
– Versorgung 92
Foxterrier 72, 163
Früchte 157, 159
Fruchtentwicklung 55
Früchtewachstum 7
Früchtezahl 7
Fruktose 49
Führhunde 145
Funktionseinschränkungen 142
Futter
– Auswahl 190 f.
– Häufigkeit 134
– Menge 134, 140 f., 143 f.
– Zeitpunkt 134
Futteraufnahme 47–48
– Regulation 46–47
– Welpen 167
Foeiweiß, Bewertung 61
Futterenergie, Bewertung 51
Futterinhaltsstoffe 12
– organische 35
Futterkalk 117
Futterknochenschrot 117
Futtermehle 112

10 Sachverzeichnis

Futtermittel 100 ff.
- Akzeptanz 102
- eiweißreiche 130 f.
- Fettgehalt 103
- Kohlenhydratgehalt 104
- mineralstoffhaltige 117
- pflanzlicher Herkunft 101, 104, 110
- Proteingehalt 103–104
- Schadstoffe 191
- tierischer Herkunft 102–104
- verd. Rohprotein 131
- Zusatzstoffe 118
Futtermittelgruppen 123
Futtermittelverordnung 188
Futterprotein 58
- Verwertung 59
Fütterungsfehler 188
Fütterungsprobleme 190
Fütterungstechnik 139, 150, 153–154, 184, 190, 211, 251
Futterverdaulichkeit 39
Futterwechsel 134, 238
Futterzubereitung 135
- Zuteilung 135, 159
Futterzusatzstoffe 117 ff.
- allergene Wirkung 121

G

Galaktose 38, 49
Galle 24, 29
- Sekretion 226
- Steine 226
Gastrin 21
Gastritis 222
Gastrointestinaltrakt, Siehe auch Verdauungstrakt
- Motorik 21
Gebiss 14
Gebrauchshunde 70, 145, 150
Geburt 161
Geburtsmasse 7, 265–267
Gehirn 5
Gemüse 101, **115**, 123
Geruch 103
Gerüststoffe 13
Gesamtenergiebedarf 146
Gesamtration 66
- Eiweiß 66
Gesamtverdaulichkeit 43
Gesamtwurfmasse 7
Geschmack 103, 142
Geschmackskorrigenzien 120
Geschwindigkeiten 11
Getreide 111, 123–124, 275, 284, 293
Getreideflocken 152, 159
Getreidekörner 110

Gewichtsverlust 197, 208
Gewöhnung 103
Glukoneogenese 50, 197
Glukose 49, 259
Glutenüberempfindlichkeit 226
Glykogen 27
- reserven 57, 147, 154
  - Welpen 164
- speicherung 48
Glykoside 191
Golden Retriever 258
Grasfressen 137
Gravidität 8, 50, 55, 64, 69, 72, 77–78, 86, 92, **157–159**, 162
Greyhounds 5, 53–54, 147, 150
Grönlandhunde 155

H

Haare 5, 236
Haarwechsel 78–79
Haferflocken 110 f., 128
Harn, pH-Wert 253, 256
Harnabsatz 174
- Welpen 166
Harnsäuresteine 114, 188, 252, 254, 257
Harnsteine 188, 251–253
- Diät 254
- Siehe auch Cystin- Harnsäure- Kalzium
Harnstoff 60, 249
Haut 5, 137, 142, 188
- Erkrankungen 92 f., **235 ff.**
Hautveränderungen 94
Hefe 277, 286, 296
Hefen 114, 240
Herz 5
Herz-Kreislauf-System 142
Herzinsuffizienz
- chronische 257
- Ration 259
Hundekuchen 117, 124 ff.
Hunger **103**, 176
Huskies 52, 237
Hütehunde 145, 153
Hyperglykämie 197
Hyperparathyreoidismus 245
Hyperphosphatämie 247
Hypothermie, Welpen 178

I

IBD (inflammatory bowel disease) 224
Ikterus 194
- hämolytischer 179
Immundefizit 197
Immunsystem 199, 224

Infektionen 77, 100, 168 f., 180, **193**, 199, 211, 236
- Diät 199
- Verdauungskanal 218
Infektionsabwehr, Welpen 166
Infektionserreger 193
Inhaltsstoffe, toxische 191
Innereien **105 ff.**, 153, 172, 271, 281, 288
Insekten 194
Insulin 23, 197, 231, **259**
Insulinfreisetzung 48
Intensivpatient 195, 198
Intoxikationen 214
Iod, Siehe Jod
Irischer Setter 213, 226

J

Jagdhund 54
Jagdhunde 145, 153
Jod 2, 68, 76, **80**, 117, 181, 190, 236–237, 239, 268, 299–300
- Bedarf 80
- Mangel 80
Jugendentwicklung 9
Junghunde 172, 180, 184–185, 243, 245
- Wachstum 246

K

Kalium 6, 68–69, **75**, 181, 216, 257, 268, 299–300
- Absorption 46
- Bedarf 75
Kalzium 2, 6, 45, **68–69**, 109, 126, 143, 168, 181, 190, 238, 243, 254, 268, 299–300
- Absorption 44
- Bedarf 69
- Ergänzung 117
- fehlerhafte Versorgung 245
- Mangel 71
- Überschuss 72
- Versorgung 70–71
Kalziumoxalatsteine 251–252, 254–255
Karies 82, **219 f.**
Kartoffeln 114, 278, 286, 296
Kationen-Anionen-Verhältnis 252 f.
Keimbesatz, Verdauungskanal 18
Keimgehalt 221
Kennzeichnungsvorschriften, Mischfuttermittel 121
Knochen 109, 274
Knochenfuttermehl 117
Kobalt **80**, 268, 299–300
Kochsalz 73

Kohlenhydrate 13, 27 f., 42, 49, 191, 231, 260, 262
– Absorptionsstörungen 209
– fermentierbare 249
– mangel 50
– Stoffwechsel 50
– Verdaulichkeit 42
– Verdauung 37
Kohlenwasserstoffe, chlorierte 192
Kolitis 227
Kolostrum 8, 166
Kommensalen 20
Konkremente, Siehe Harnsteine
Konservierung 101–102
Konservierungsstoffe 118 ff.
Kontamination 192, 211
Kopfdarm 14
Körperbewegung 53
Körperfettgehalt 6
Körpergewicht 136–137, 265–269
Körpermasse 4–5, 10
Körpermassezunahmen 10
Körpertemperatur 53, 149, 165
– Regulation 97, 149
– Welpen 165
Körperzusammensetzung 5
Kot 96
– Absatz 32, 136–137, 174, 208
– Absatz Welpen 166
– Aufnahme 137
– Beschaffenheit 33
– Farbe 33
– Konsistenz, Veränderungen 211
– Zusammensetzung 32, 34
Kräuter 115
Kreatinin 60
Kühlung 101
Kupfer 6, 68, **76 ff.**, 181, 233 ff., 236–237, 268, 299–300
– Bedarf 78
– Mangel 78
– Welpen 170
Kupferspeicherkrankheit 234

L

L-Carnitin 95
Labrador Retriever 65, 142, 149, 182
Laktation 8, 50, **55–56**, 61, 64, 69, 77–78, 86, 88, 90, 97, 157–158, 160 ff., 167–170
– Energiebedarf 161
Laktose 168
Läufigkeit 156
Lautäußerungen 166
Lebenserwartung 4
Leber 5, 17
– Erkrankungen 230
– Funktionen 230

– Verfettung 232
Leinsamen 113
Leistungshunde 63, 149
– Energiezufuhr 147
– Proteinbedarf 147
– Wasserversorgung 149
Lektine 191
Leptin 48
Light-Produkte 207
Linolensäure **92 f.**, 113, 116, 236, 238 ff.
Linolsäure 92 f., **94**, 116, 133, 175, 236
Lipase 26–27, 36

M

Magen 15–16, 221
– Drehung 221
Magenentleerung 30
Magenerkrankung, Diätetik 222
Magenfüllung 30, 47
Magensaft 24–26
Magensaftsekretion 222
Magnesium 44 f., **68–69**, 72, 181, 253–255, 268, 299–300
– Absorption 44
– Bedarf 72
– Mangel 73
Malabsorption 223
Maldigestion 223
Malteser 72, 163
Mangan 76, **80**, 181, 268, 299–300
Mangel, Nährstoffe 236
Mengenelemente 13, 67, 106, 148, 184
Metabolismus 197
Meutehunde 145, 153
Mikrobiota 212
Milben 127, **194**
Milchaustauscher 106, 167, 170 ff.
Milchaustauschermischungen 174
Milchmenge, Produktion 8
Milchprodukte 106, 271, 282, 289
Milchsäurebakterien 106
Milchzucker 20, 38, 106
Milchzusammensetzung 8–9
Mineralfutter 118, 299–300
Mineralien 24, 28
– Absorption 44
– Verdaulichkeit 44
Mineralstoffbedarf 268–269
– Junghunde 182
Mineralstoffe 6, 13, **67 ff.**, **76 ff.**, 126, 139, 244, 248, 253, **285 ff.**
– Ergänzung 110, 117
– Gehalte 68, 285
– Körpergehalt 6
– Versorgung 69, 133, 244, 248

– Welpen 170
Mischfuttermittel 102, **117**, 126, 154
– Inhaltsstoffe 124
– Kennzeichnungsvorschriften 121
Möhren 33, 114, 140, 172, 189, 229
Molybdän 82
Morbus Cushing 204
Mundhöhle 14–15
Muskulatur 5
Muttermilch, Siehe Kolostrum
Muzine 28
Mykotoxine 194

N

Nachkommenzahl 265–267
Nährstoffbedarf 150
Nährstoffdichte 196
Nährstoffe 12
– Defizit 190, 197, 236
– Interaktionen 43
– Versorgung 138, 181
   – Beurteilung 136
   – Fehler 190
Nahrungsaufnahme 12, 29
Nahrungspassage 32
– Verdauungskanal 34
Natrium 72 f., 268, 299–300
– Absorption 45
– Bedarf 74
– Ergänzung 117
– Versorgung 74
Nervensystem, darmeigenes 21
Neufundländer 52, 58, 258
Nickel 82
Nieren 97
– erkrankungen 74, 188, 251
Niereninsuffizienz 40
– chronische 246–247
– Diätfuttermittel 250
Nikotinsäure 84, 90, 181, 190, 236, 268
– Bedarf 90
– Mangel 91
Nitrat 192
Nitrit 192
Nudeln 111, 123
Nüsse 112, 114
Nutzungsform 11

O

Obst 115
Öl 112, 116
Oligurie 197
Ölsamen 112
Osteoarthritis 246
Osteomalazie 245
Oxalatsteine 188

P

Pankreas 209–210, 223, 227
– Insuffizienz 227, 230
  – Rationen 229
Pankreassaft 24, 26
Pankreatitis 227
Pantothensäure 84, **90**, 181, 268
– Bedarf 90
– Mangel 90
– Versorgung 90
Parasiten 100, 192, 211, 219, 240
Pathobionten 20
Pathogene 20
Pektine 115
Pepsin 26, 35
Peptidasen 36
Peristaltik 32, 95
Pestizide 192
pH-Wert 212, 222, 249, 252–254, 256
– Verdauungskanal 17
Phosphor 2, 6, 45, **68–69**, 109, 113, 126, 143, 158, 168, 181, 190, 250, 254–255, 268, 299–300
– Absorption 45
– Bedarf 69
– Ergänzung 117
– fehlerhafte Versorgung 245
– Mangel 71–72
Phytinsäure 45
Pinscher 72, 163
Probiotika 121
Protein 2, 106, 111, 231, 262
– Absorption 35
– bedarf 201
– Qualität 62
– renale Ausscheidung 61
– Stoffwechsel 59
– Verdaulichkeit 62
– Verdauung 35, 59, 208
– verlustsyndrom 226
– Versorgung 63, 245, 248
Proteingehalt, Körper 6
Proteinurie 61
Provokationsdiät 241
Pudel 72

Q

Quark 189, 196, 230, 233, 256

R

Rachitis 245
Raps 114
Rassen 4, 196
– Geburtsmasse 265–267
– Körpergewicht 265–267
– Nachkommenzahl 265–267

Ration 132 f., 153, 230
– Absetzwelpen 172
– alte Hunde 143, 145
– Beispiel für adulte Hunde 140
– Berechnung 133
– eigene 131
– Erstellung 131
– gastrointestinale Störungen 217
– Gebrauchshunde 151
– gemischte 139
– Gestaltung 190
  – Fehler 191
– Harnsteinerkrankungen 256
– Herzinsuffizienz 259
– Junghunde 172, 182
– Kalkulation mit Computer 302
– Laktation 161
– leberkranke Hunde 233
– Nierenerkrankung 251
– Schlittenhunde 156
– selbst gemischte 141
– selbst hergestellte 135, 183
– Zuchthündinnen 162
Rationsgestaltung 130
Reduktionsdiäten 205
Rehydrierung, orale 216
Reis 225, 241, 259
Rennhunde 145, 148, 153
Retinol, Siehe Vitamin A
Riboflavin, Siehe Vitamin B2
Riesenschnauzer 211
Rizinussamen 192
Rohasche 6, 12, 121, 124, 127
Rohfaser 12, 95, 103, 111–112, 115, 121, 124, 132, 172, 184, 191, 206, 216, 260
– Gehalt 44, 122
– Verdaulichkeit 44
Rohfett 6, 12, 121, 124, 127, 168, 172, 216
Rohnährstoffen, Futtermittel 270–280
Rohprotein 6, 12, 66, 121, 124, 127, 168, 172, 216, 255
– verd. 131, 138–139, 148, 161, 181, 183, 206, 229, 233, 238, 242, 251, 254, 256, 260, 270–280
– verdauliches 158, 196, 198
Rohwasser 12

S

Salmonellen 100, 180, 193
Samojeden 155
Saugreflex 165
Saugwelpen 56, 77, 88, 91, 164, 168–170
Säureregulatoren 119–120
Schadstoffe 191

Schimmelpilze 240
Schleim 40
Schleimhäute 216
Schleimstoffe 113
Schlittenhunde 54, 116, 145, 155–156
Schluckstörungen 220
Sekretin 22
Selen **81**, 113, 158, 181, 190, 238, 268, 299–300
– Bedarf 81
– Mangel 82
Seniorenfutter 144
Setter 204
Shunt
– portocavaler 234
– portoszstemischer 234
Siberian Huskies 155, 239
Silikatsteine 252, 254, 257
Silizium 82
Skelett 5
– Erkrankungen 243, 245–246
– Wachstum 245
Soft Coated Wheaten Terrier 226
Soja **112**, 184, 189, 191, 215, 233, 249, 277, 285, 296
Sondenernährung 195–196
Speck 105
Speichel 22, 24
Speicheldrüsen 16
Speichelsekretion 24
Spezialdiäten 116
Sporthunde 63, 70, 145
Spurenelemente 76 ff.
Standardfuttermittel 206
Stärke 13, 28, 37, **43**, 110–111, 116, 196, 278, 297
– Verdauung 209
Steatorrhöe 208, 213, 232
Stickstoff
– haltige Substanzen im Blut 60
– Verluste 62
Stoffwechsel 188, 197, 231
Stoffwechselaktivitäten 21
Störungen, gastrointestinale 216–217
– Diätetik 215
Struvitharnsteine, Diät 255
Struvitsteine 251 ff,
Süßigkeiten 103, 116, 280
Symbionten 20
Syndrom
– hämorrhagisches 179
– toxisches Milch- 179

T

Taurin 258
Temperaturregulation 149
Terrier 52, 252
Thermoregulation 164
Thiamin, Siehe Vitamin B1
Tiermehl **109**, 124, 191, 274, 283, 292
Tocopherol 86
Totgeburten 177
Trächtigkeit 7, 61
Tränke 191
Traumata 197
Trinkwasser, Siehe Wasser
Trockenalleinfutter **124**, 126, 131, 141, 144, 183 ff.
Trockensubstanz 12
– Berechnung 121
Trocknung, Futtermittel 101
Trypsinhemmstoffe 191
Tumorerkrankungen 261

U

Übergewicht 188, 202, 246
Umgebungstemperatur 165
Unverträglichkeiten 214
Unverträglichkeitsreaktionen, Siehe Allergien
Urämie 58, 249
Uratsteine 252, 256
Urolithiasis 251

V

Vanadium 82
Verbreitung 4
Verdaulichkeit 39, 106, 108
– Eiweiße 40
– Fette 42
– Fleisch 104
– Getreideprodukte 112
– halbfeuchte Alleinfutter 127
– Innereien 106–107
– Milchinhaltsstoffe bei Saugwelpen 168
– scheinbare der organischen Substanz 122
– Soja 113
– Stärken 43
– Trockenalleinfutter 125
– Trockenfutter 126
Verdauung 12, 35
– Regulation 21
– Störungen 219
Verdauungsenzyme 22, 28
Verdauungskanal 5, 13, 17, 188
– Aufbau 13
– Funktion 13
– pH-Wert 18

Verdauungssekrete 22, 24, 28, 40, 46
Verdauungssystem, Welpen 168
Verdauungstrakt 142, 190
– Erkrankungen 207
Verderbnis 194, 211
Verdunstung 97
Verfettung 57
Verhalten 137
Verhaltensänderungen 163
Verhaltensäußerungen, Neugeborene 165
Verhaltenstörungen 194
Verhaltensweisen 166
Verwöhnen 118, 129
Viehsalz 117
Viren 193, 218
Vitamin, Versorgung 248
Vitamin A 2, **83**, 117, 126, 181, 190, 216, 236, 239, 250, 268, 299–300
– Mangel 85
– Überschuss 85
– Versorgung 85
Vitamin A1 84
Vitamin B 114
Vitamin B1 84, **87**, 181, 190, 250, 268, 299–300
– Bedarf 87
– Mangel 87
Vitamin B12 84, **89**, 181, 211, 268
– Bedarf 90
– Mangel 90
Vitamin B2 84, **88**, 181, 268, 299–300
– Bedarf 88
– Mangel 88
Vitamin B6 84, **89**, 181, 254, 268, 299–300
– Bedarf 89
– Mangel 89
Vitamin C 94
Vitamin D 84–**85**, 117, 126, 181, 190, 254, 268
– Bedarf 85
– fehlerhafte Versorgung 245
Vitamin D3 85, 299–300
Vitamin E 84, **86**, 126, 159, 181, 236, 238, 240, 268, 299–300
– Bedarf 86
– Mangel 86
– Überschuss 87
Vitamin K 84, 87, 268
– Bedarf 87
– Mangel 87
Vitaminbedarf 268–269
Vitamine **83**, 287–288, 290, 292, 294, 296, 298–300
– Ergänzung 117, 128

– Versorgung 133
– Versorgungsempfehlungen 84
– wasserlösliche 84, 87
Vorderdarm 15, 219

W

Wachstum 9–10, 56, 65, 183
– Energieversorgung 182
– Nährstoffversorgung 182
Wasser 6, 96, 191
– Abgabe 97
– Aufnahme 30, 98
– Bedarf 96–97, 149
– Defizit 98
– Stoffwechsel 96
– Verdunstung 97
– Verluste 97
– Versorgung 136
Wassergehalt, Verdauungskanal 18
Weender-Analyseverfahren 12
Weizenflocken 145
Weizenkeime 111
Weizenkleber 112
Weizenkleie 112, 140, 172, 198
Welpen 5–6, 10, 56, 65, 70, 86, 90, 92, 94, 97, 106, 161
– Beifütterung 171
– Betreuung 167
– Energiebedarf 175
– Energiereserven 164
– Energieversorgung 178
– Entwicklung 167
– ernährungsbedingte Krankheiten 176
– Hypothermie 178
– Krankheiten 178–179
– Milchaufnahme 169
– Mischfutter 172
– optimale Umgebungsbedingungen 165
– Tageszunahmen 170
– Verlust 177
– Zahl 55–56
Welpenzahl 7
Westhighland-White-Terriern 78
Wolf 2, 103, 163
Wurstwaren 105, 271, 282, 288

X

Xylose 209

Y

Yorkshire-Terrier 4, 252

Z

Zahn, Erkrankungen 219
Zahngesundheit 109, 125, 129, 142
Zahnreinigung 118
Zink 6, 68, **79**, 181, 190, 216, 236–238, 268, 299–300
– Bedarf 79
– Mangel 79
– Überschuss 79
– Versorgung 79
Zirrhose 234
Zuchthündin 55, 64, 70, 156
– Ration 162
Zuchtrüde
– Energiebedarf 163
– Nährstoffbedarf 163

Zucker 13, 116
Zusatzstoffe 118
– Futtermittel 118
Zwergpudel 163
Zwiebeln 115
Zymogene 27

Abends noch ein geburtshilflicher Notfall?

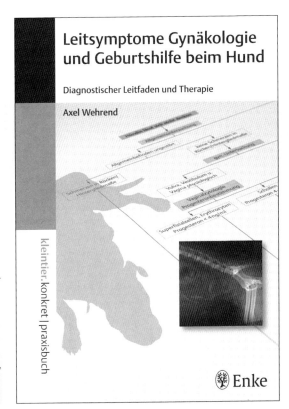

A. Wehrend
**Leitsymptome Gynäkologie
und Geburtshilfe beim Hund**
Diagnostischer Leitfaden und Therapie
2010, 195 S., 176 Abb., 13 Tab., kt.
ISBN 978-3-8304-1076-8
59,95 € [D]
Vorzugspreis für kleintier konkret Abonnenten
53,95 € [D]*
*gegen Nachweis

Was tun, wenn die Zuchthündin einfach nicht trächtig wird? Das Gesäuge angeschwollen ist? Oder sich abends noch ein geburtshilflicher Notfall in der Praxis ankündigt? Dieses Buch leitet Sie sicher von der Anamnese über die gynäkologische und geburtshilfliche Untersuchung bis hin zum Kaiserschnitt.

Profitieren Sie besonders von der problemorientierten Herangehensweise:

- Fließdiagramme als Entscheidungshilfe – zielsicher vom Leitsymptom zur Diagnose.
- Anschauliche Darstellung von Deckzeitpunktbestimmung und Trächtigkeitsuntersuchung.
- Schritt-für-Schritt-Anleitungen zu allen gynäkologischen und geburtshilflichen Operationen.
- Ausführliches Medikamentenverzeichnis.

MVS Medizinverlage Stuttgart GmbH & Co. KG
Oswald-Hesse-Str. 50, 70469 Stuttgart
Tel. 0711/8931-900, Fax 0711/8931-901
www.medizinverlage.de, kundenservice@thieme.de

Schnelle Entscheidungshilfe, Lehrbuch und Nachschlagewerk

Die 10. Auflage des „Praktikums der Hundeklinik" informiert über alle praxisrelevanten Hundekrankheiten, moderne Diagnosemöglichkeiten und neue Erfolg versprechende Therapiekonzepte.

Das internationale Autorenteam wurde um zahlreiche in Praxis und Wissenschaft erfahrene Kollegen erweitert und folgende Themen neu hinzugenommen:

- Verhaltenstherapie
- Zuchtmanagement
- Neonatologie

P. F. Suter, B. Kohn (Hrsg.)
Praktikum der Hundeklinik
10., komplett überarbeitete und
erweiterte Auflage 2006
1244 S., 628 Abb., 265 Tab., geb.
ISBN 978-3-8304-4141-0
169,95 € [D]

MVS Medizinverlage Stuttgart GmbH & Co. KG
Oswald-Hesse-Str. 50, 70469 Stuttgart
Tel. 0711/8931-900, Fax 0711/8931-901
www.medizinverlage.de, kundenservice@thieme.de